中国历代书画名家年谱系列

傀元璐年谱

丁惠增 题

谭平国 ◎ 著

文汇出版社

曾鲸绘倪元璐四十小像

会稽五云门内东商桥西倪氏故居

民国二十年重修本《上虞贺溪倪氏宗谱》

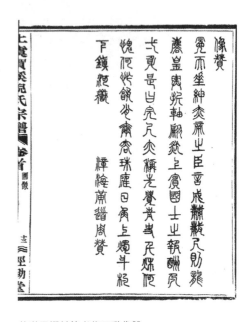

黄道周撰并篆书倪元璐像赞

倪文貞公文集

鉛山蔣之甫先生鑒訂

本衙藏板

乾隆三十七年刻本《倪文貞公文集》書影

母親。男身甚安。媳婦扵七月初一日到矣。上下大小齊俱

平安。皆

母親之慈。男只是衙門事體。干係重大。未免焦心耳

皇上聖眷尚未衰减。若得乘此脫身歸裏。便是全

福耳。目忙甚半个月不曾作家書。知

母親必多掛念也。男不能孝順。會甥夫婦一般不如

男夫婦仍不知把

母親如何凍餒思之淚下。八月初頭即差人歸壽

母親。一切俱扵後書詳悉　七月十七日男元璐百拜

男元璐稟上

倪元璐寄母亲书札

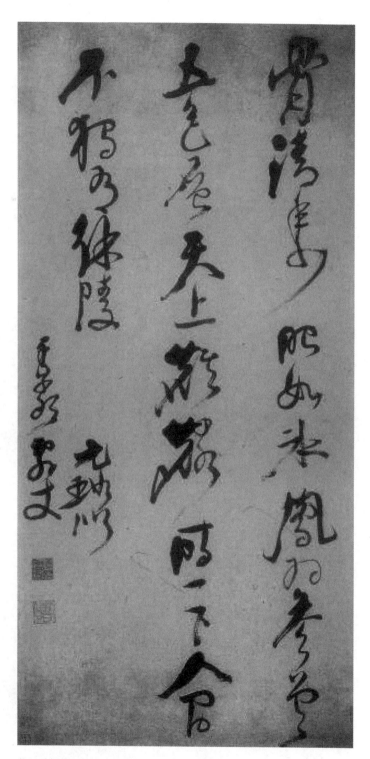

倪元璐行草书杜牧诗轴

倪元璐《山水扇面》

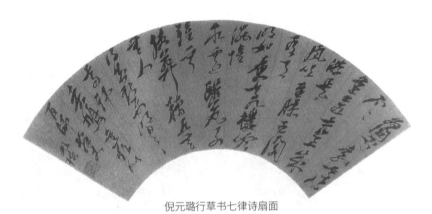

倪元璐行草书七律诗扇面

倪元璐行书七律诗扇面

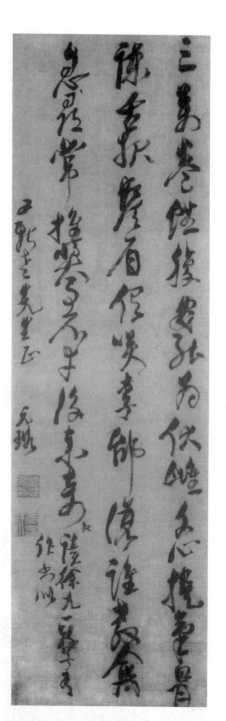

倪元璐行草草书五律诗轴　　　　倪元璐行书读徐九一疏草诗轴

倪元璐《朱竹图轴》

目录

前　言

　　倪元璐所处的时代，是一个大动荡、大变局的时代。明季灾害频仍，兵连祸结，政治败坏，国事颓危，以至激变酿成甲申之祸，导致王朝覆亡。

　　作为儒臣出身的倪元璐，自幼濡染儒家传统文化，立身行道，忠君孝悌，以正人气节为标榜；同时，他身处时代的漩涡，正色立朝，心忧天下，以力挽颓世为己任。然而，关内李自成揭竿，关外满清崛起，明王朝内外交困，败象毕露，倪元璐虽身居枢要，但世事难违，回天乏力，眼看大厦将倾，他心中充满了无奈与绝望。崇祯十七年（1644）三月十九日上午，李自成率大顺军攻陷北京内城，崇祯帝当日凌晨自缢于煤山，城中一片混乱，倪元璐不知宫中情形及皇上生死，但他下定决心以身殉节，"束带向阙，北谢天子，南谢太夫人"，题案留遗言曰："南都尚可为。死，吾分也。毋纷棺，以志吾痛。"①遂自缢身亡，年仅五十二岁。

　　烈士殉节，忠义可鉴。倪元璐带有悲剧性的忠烈壮举，树立了一个以身殉国的人格典范，也在史上留下了忠贞节烈的千秋美名。同日殉节者，有勋戚三人、文臣二十一人，以倪元璐为最先，"自此遂有继公而起者"②。故南明恤典死节诸臣，诏褒倪元璐为忠烈第一，谥曰文正。清廷赐故明殉难诸臣，谥元璐曰文贞，遣官致祭，称誉"文章华国，节义维风"③。

一

　　倪元璐（1594--1644）④，字玉汝，号鸿宝，别号园客。明浙江绍兴府上虞县人。倪氏祖籍山东青州，北宋末期随宋王室南渡入浙，遂世居上虞县之贺溪。倪氏"诗礼传家，簪缨继世"⑤，曾祖倪铠、祖父倪应蕲、父亲倪冻，以及倪元璐及长子倪会鼎，一门五世以德行高尚入祀乡贤祠。父亲倪冻，万历二年（1574）进士，官至琼州太守，有能名。

　　倪元璐自幼颖异夙慧，未入塾而诗已成诵。父亲倪冻对他期望很高，督责甚严。万历三十五年（1607），倪冻赴任海南琼州府知府，临行为元璐、元瓒兄弟各聘塾师，并留家训示二儿："两儿举业正当成毁之间，工夫不可一日错过。吾今各延一师，分塾而课之，宜时体吾心，时忆吾言。"⑥倪冻的言传身教，对元璐有着潜移默化的影响，元璐秉性刚直耿介，显然有着家族传统。倪冻中进士后授安福县知县，时赣人御史傅应祯、刘台及新进士邹元标相继弹劾权相张居正，倪冻钦佩他们"直声振海内"，予以同情并相交甚欢。倪冻的正直不阿为张居正及其党徒侧目，但对元璐的成长却充满了正能量。邹元标方正耿直，为东林党首领之一，又为江右王学的重要人物，倪冻与其为患难之交，又同官南京兵部，晨夕过从，道义缔结。元璐耳濡目染，仰慕邹元标的学问风节，于万历四十三年（1615）专程赴江西问学于元标，并乞元标为父亲撰墓铭。元璐此行在江西逗留数月，邹元标似未撰倪冻墓铭，问学的详情也无记载，但从崇祯初倪元璐为邹元标疏请易名，"以旌儒硕"，最终廷议谥"忠介"⑦，以及他与邹元标长子邹燧保持多年交往⑧，可知邹元标的思想对倪元璐有着深刻影响，故蒋士铨《倪文正公传》说："公生平学问，师邹元标，而友刘宗周、黄道周。"⑨

父亲倪冻长期任职府县及兵部车驾司，历经行政管理历练，任江西安福、福建同安知县时，治行均为天下第一。任南京兵部车驾司主事时，实施船政改革，岁省二十余万，著《船政新书》传世。再任抚州、淮安、荆州、琼州四府知府，廉明慈惠，施行仁政，所至有声。万历三十八年（1610）以后，倪冻罢官在家闲居，元璐每夜必陪父亲饮，每饮父亲必教元璐一事，传授边防、兵事、盐赋、钱粮、刑名等管理知识和经验。⑩史称元璐"负经济才"，"尤留心于经济，故其擘画设施、勾考兵食，皆可见诸施行，非经生空谈浮议者可比。"⑪

万历三十七年（1609），倪元璐中浙江举人，年仅十七岁。但进士之路却历经挫折，屡试屡踬，万历三十八年（1610）、四十一年（1613）、四十七年（1619）三试礼闱不中。天启二年（1622），第四次赴考才终于金榜题名。当年六月，倪元璐考选翰林院庶吉士，同时入馆者三十六人。他与黄道周、王铎最称交契，声气相求，闲暇时常一起商榷学问，翰墨往还，饮酒斗诗，占题分赋。正如黄道周所说：

"曩壬戌庶常之简凡六六人，惟王觉斯、倪鸿宝与我最乳合，盟肝胆，孚意气，砥砺廉隅，又栖止同笔研、为文章，爱焉者呼'三株树'，妒焉者呼'三狂人'，弗屑也。"⑫

明代翰林院为清选之地，向有非进士不入翰林、非翰林不入内阁之说。倪元璐初任编修，主要从事诰敕起草、史书纂修、经筵侍讲等，同时也在积累从政经验和人脉。而此时朝中风谲云诡，魏忠贤等阉党结党树威，专权乱政，贬逐诛杀东林党人。倪元璐虽非东林党人，但他赞同东林党的一些政治主张，与东林党的核心人物保持了密切交往，对遭受迫害惨死的东林党人也很同情。天启四年（1624），他致书岳翁朱燮元说：

"今者中朝振、瑾之祸，飙发蜂起，本由博浪之椎，一击不中，而今且京、贯比连，譬则攻痛，不消内溃，更甚北寺黄河之祸，有不忍言者，心之忧矣，其何能淑乎？"⑬

又致书同年上虞知县何凉说：

"世事波流，祸机飙发，凶锋日横，士气全销，不图盛明之朝，忽作汉唐之季。"⑭

倪元璐虽然对朝政时有"窃议"，但"身在修业之列"，至少表面上还只能保持沉默。天启五年（1625）秋天，他受命赴山东册封德藩，事竣，移疾归里省亲，直至天启七年（1627）春假满还朝。他出京长达一年半，虽然避开了朝中纷纭的党争，但回京不久，即奉命典试江西，他以"皭皭乎不可尚已"命题，以此讥刺魏忠贤晋爵上公、配祠孔庙。上一科乡试，湖广等四省命题讥刺"巨珰大蠹"，同年方逢年等八名考官削职为民，此时倪元璐命题又涉讥刺，触怒魏珰而大祸将临，同僚为之咋舌。幸而试竣还朝，新登基的崇祯皇帝朱由检清除阉党，魏忠贤等阉党首领伏诛，才化险为夷而免于祸。

二

倪元璐在朝廷首论国是并获得声名，"为正人增华，尤为文人吐气"⑮，是从为东林党辩护开始的。

崇祯登基之初，虽然魏忠贤、崔呈秀等首恶已死，然朝中阉党遗孽犹踞津要，清除未尽，被冤屈而殒命捐躯的东林党人尚未平反，被迫害而贬逐罢斥的正人君子仍未召还。时杨维垣为阉党余孽，他以攻为守，浑水摸鱼，上疏并诋东林和崔、魏同为邪党，请同加严惩。崇祯元年（1628）正月，倪元璐上《首论国是疏》，为受冤屈的东林党人辩护：

"夫以东林诸臣为邪人党，人将复以何名加崔、魏之辈？崔、魏而既邪党矣，向之首劾忠贤、重论呈秀者，又邪党乎哉？以臣虚中之心，合之事后之论，东林则亦天下之材薮也。其所宗主者，大都禀清刚之操，而或绳人过刻；树高明之帜，而或持论太深，谓之非中行则可，谓之非狂狷则不可也。"⑯

倪元璐此疏一出，海内传诵，崇祯却责以"所奏不当"。本来，元璐此疏并未点名杨维垣，而杨维垣却上疏指斥他有"四谬"。于是倪元璐再次上疏批驳杨维垣：

"东林已故及被难诸贤，自邹元标、王纪、高攀龙、杨涟之外，又如顾宪成、冯从吾、陈大绶、周顺昌、魏大中、周起元、周宗建等之为真理学、真气节、真清操、真吏治，成遣如赵南星之真骨力、真担当，其余被废诸臣，臣不敢疏名以冒荐举之嫌，而其间之为真名贤、真豪杰者，多有其人，岂有所矫激假借而然哉？"⑰

倪元璐伸张正义，义正辞严，揭露了杨维垣的巧言伪善，未料维垣再上疏辨驳，指斥元璐"必率天下东林然后已"，同为阉党余孽的河南道御史安伸也上疏为杨维垣辩护，指摘元璐为"哓哓者"，而皇上谕旨"诸臣亦宜消融意见，不得互相诋訾"，看似各打五十板，但对倪元璐显然持肯定和赞赏的态度，"疏入，上为心动，维垣辈之毒网始破。人谓倪公二疏，实为廓清首功云。"[18]蒋士铨《倪文正公传》也说："时逆案未定，奄党犹存，得公首先抗论，清议始明，而善类亦稍登进。"[19]

此时坚冰已破，清议始明，正义之士相继劾逐阉党余孽，召用大批削籍诸贤。是年五月，杨维垣被劾削籍，次年名列阉党逆案，以"交结近侍次等"遣戍。

这一年四月，倪元璐又做了一件震撼朝野的大事，即上疏力陈销毁《三朝要典》，为崇祯次年钦定阉党逆案扫清了道路。《三朝要典》是魏忠贤授意纂修，以篡改梃击、红丸、移宫三案历史，为镇压正人君子制造舆论，即"逆裆借以杀人之书也"。崇祯即位后，南京兵部主事别如纶上疏指出《三朝要典》不是信史，充满了诬陷不实之词，应予"删削"。时隔一月，倪元璐上《请毁要典疏》，进一步力主销毁《三朝要典》：

"臣观梃击、红丸、移宫之三议，哄于清流；而《三朝要典》之一书，成于逆竖……由此而观三案者，天下之公议；《要典》者，魏氏之私书。三案自三案，《要典》自《要典》，今为金石不刊之论者，诚未深思。若夫翻即纷嚣，改亦多事，以臣所见，惟有毁之而已。"[20]

翰林院侍讲孙之獬闻之，抱《要典》而哭于朝，言绝不可毁。但崇祯帝态度坚决，命即行焚毁《要典》："自今而后，官方不以此书定臧否，人才不以此书定进退。"[21]

倪元璐所上三疏，正本清源，拨乱反正，道出了天下正人的心声，也为自己赢得了巨大声誉。胡维霖《与倪鸿宝太史》说："一时正人咸望为领袖，百年泰运，先藉以吹开。"[22]元璐身为词臣而争国是，也颇为朝中权臣所侧目。辅臣来宗道见他屡上章言事，规劝说："吾翰林故事，惟香茗耳。"时谓之"清客宰相"。[23]

翰林院故事，向来馆臣不问世事，惟专心做事，循资晋升。倪元璐不甘于每日"香茗"，无所建言，"公于威庙初登大宝，凡有关国是者，必侃侃进规"[24]。如崇祯元年（1628）五月，上疏追论故相顾秉谦媚珰；崇祯四年（1631），元璐上疏请让官黄道周进行申救，称赞他为"古今第一词臣"；崇祯七年（1634），上疏陈《制实八策》《制虚八策》，从战略高度提出应时之策并讥切朝政。崇祯朝言官进言极有风险，忤旨动辄廷杖相向，但倪元璐争国是不争门户，争正义不争意气，不囿于门户之见，在党争中"屹然孤立"，"持论侃侃，中立不阿，故龃龉不得大用。"[25]他自己也说："吾一生升沉，总不得政府缘。"[26]

倪元璐上疏屡直言"国是"，经筵直讲又常讥切朝政，一方面使他素负时望，渐获重用；另一方面也招致温体仁等权臣的猜忌憎恶。《明史》倪元璐传：

"元璐雅负时望，位渐通显。帝意向之，深为体仁所忌。一日，帝手书其名下阁，令以履历进，体仁益恐。会诚意伯刘孔昭谋掌戎政，体仁饵孔昭使攻元璐，言其妻陈尚存，而妾王冒继配复封，败礼乱法。"㉗

诏下吏部议覆。元璐上疏奏辨原配陈氏以过被出，续娶王氏非妾，并无冒封事。邑人尚书姜逢元、侍郎王业浩、刘宗周及从兄倪元珙等俱公揭予以说明。吏部议覆让浙江抚按查明覆奏，温体仁票拟："登科录二氏并载，何待行勘？"吏部又议改冠带闲住，温体仁票拟革职，奉旨依吏部议，倪元璐冠带闲住，罢职归里。

倪元璐遭谗言而罢归，有知交好友来安慰他，他说："六年陟屺，七疏陈情，非荷人言，何缘子舍？今罢休已慰素心，章服尚娱斑彩，知者宜贺，何以吊为？"㉘他深知朝政不可为，意欲从此奉亲终养、绝意仕途了。

<h1 style="text-align:center">三</h1>

崇祯九年（1636）九月，倪元璐从北京启程归里，十二月抵达杭州。阔别七年的母亲施太夫人来杭礼佛，与元璐相聚于此。元璐陪侍母亲拜谒名刹，游览湖山，直到春节后才携家回到绍兴故居，开始了罢职之后的闲居生活。

摆脱了政治的烦嚣和事务的纷扰，他的生活舒适惬意，心境萧散闲逸。他在绍兴城南修筑了新居衣云阁，所构园亭，颇极工巧。以往七乞归省未能遂愿，如今终于能陪侍老母左右，娱亲尽孝。他优游林下，与祁彪佳、张岱等友人参加枫社，游园文会，吟咏赋诗，观看戏曲，待客常以五簋相招。这一时期，他创作了丰富多彩的诗、书、画作品。他的《家居即事》诗，正是此时心境的真实写照：

"闲来自觉颇仙仙，门外青山屋里泉。收七百秫已了酒，卖三十饼不论钱。攀花槛谏无春尽，卧月辕留到晓前。如此豪酣如此韵，道人无不喜枯禅。"㉙

期间，他增补奏疏、讲编、制诰旧作，嘱女婿王贻栻重印了《倪鸿宝先生三刻》。又裒辑历年酬应之文为《鸿宝应本》十七卷，属陈子龙刻印。他还潜心著述，完成了《儿易》一书的写作，这是他一生最重要的学术专著。此书他酝酿了十多年，崇祯九年（1636）九月于罢官归舟中开始写作，历时五年方才告竣。他借《易经》研究，发忧时感世之论，《四库全书总目提要》说："元璐是书作于明运阽危之日，故其说大抵忧时感世，借《易》以抒其意，不必尽为经义之所有。"㉚《儿易》既成，各地门生弟子来问奇请益者如市，不绝于门。

倪元璐借《儿易》而"忧时感世"，但在国运日趋衰颓之时，他对时局已很悲观，知朝政不可为，"即弥勒下降，亦无如之何也"㉛。朝中秉政诸臣勾心斗角，苟求富贵，"一切疆事朝事置之度外"，也让他感到不耻。崇祯十四年（1641）四月，前首辅周延儒被召还复任内阁首辅，采取一系列举措剔除弊政，起用先前罢废的大臣，由郑三俊出掌吏部，刘宗周出掌都察院，范景文出掌工部，朝中出现了中兴气象，"中外翕然称贤"。周延儒力邀倪元璐出山，"以第一流声望相推许"，延请力挺周延儒复出的复社领袖张溥写信劝说，被倪元璐婉拒："不知鄙性硁硁，不可为依草附木之小人，亦岂可为游光扬声之君子？""况弟臃肿日衰，只八十一岁老亲萦回胸中，遂无复抵掌掀髯之气。"㉜信中他还劝张溥远离党争，"著书立教，自足千古"。过了一年，周延儒再次来书邀元璐出山共襄大计，他再以母老婉辞。当年九月，朝廷正式召还他为兵部右侍郎，并敦促他赴京就职。正当他犹豫未决时，闰十一月，北京又传来了震惊消息，清军分道入塞，破山东，近京畿，朝廷檄征四方兵马驰援北京。社稷危亡之际，元璐奋然而起，决意赴召勤王，长跽告别老母，毁家募士率家徒数百人北上。临行，他有《蒙赐佐枢环召，别石斋兄兼怀诸公》诗寄别诸友：

"投林又复赋翩雛，蜡屐东山未可为。大有皋伊海内望，敢云颇牧禁中知。黄巾豕突如游釜，赤子饥驱亦弄池。鼓枻中流需共济，卬须也恐办装迟。"㉝

"鼓枻中流需共济"，此时倪元璐大义凛然："弟义无返顾，一出儿山，此身即非吾有。"㉞他率义旅冒险北上，一路风雨兼程，在淮扬、济宁、雄县等地几遇兵险，至崇祯十六年（1643）二月方才抵达北京。时城门昼闭，援兵未至，朝中诸臣闻元璐由南而来，一时皆惊，崇祯帝也闻之甚喜，说"固知是吾倪讲官也"，即日召见。五月，又超拜倪元璐为户部尚书。明初规定，浙人不得官户部，元璐上疏固辞。崇祯召他至中左门慰留，谓曰："卿志性才猷，非诸臣比，勉为朕任劳。"与他同日起用的是兵部尚书冯元飙，两人素称相知，皆负世望，主持兵、户两部，掌管天下军兵钱粮，朝野寄希望于他们能挽狂澜于既倒，崇祯也深恨不能早日用之。

史称倪元璐"负经济才"，主要指他在时局颓危之际，研究关注御敌策略、边防厄塞、商业贸易、钱赋出入等，秉持学问与事功的统一，他说："大都天下之势，不患无议论，而患无事功，不患无风节，而患无经济。"㉟崇祯七年（1634），他上《制实八策疏》《制虚八策疏》，洞悉天下时势世务，切中时弊。此时，他得到崇祯的充分信任，"五日三召，情礼有加"。崇祯曾面询倪元璐主掌户部的施政打算，他奏陈三说：一曰实做，"先准饷以权兵，因准兵以权饷，则数清而饷足"；一曰大做，"凡所生节，务求一举而得巨万，毋取纤涩，徒伤治体"；一曰正做，"以仁义为根本，礼乐为权衡，政苟厉民，臣必为民请命"。他的"三做"颇得崇祯的认可，当即褒叹："卿真学问之言，根本之计。"元璐撰《三做堂记》记述当日召见情形，并为户部尚书官署书额"三做堂"。

倪元璐即任后，提出了一系列财政等方面的改革政策。这些政策虽非系统的，但很广泛，涉及到战略、吏治、兵饷、财赋等各个方面；虽非根本的，但很长远，如盐税、军屯、漕粮等财赋制度改革，若假以时日应可行之有效；虽非激进的，但很务实，切中现行财赋管理的积弊进行改革或修补。作为一介儒臣，主掌财赋并非其所长，他缺乏朝廷中枢部门的实职历练，也没有府县基层管理的实务经验，但他仍竭尽所能，夙兴夜寐，力撑危局。

倪元璐任上最严峻的挑战，是筹措兵饷，开辟财源。战事频仍，军费开支巨大，缺饷达五百三十多万两，且各省税赋上解京师也不及时，他调拨腾挪，左支右绌，疲以应付。崇祯十六年（1643）八月，他广采群言，上《胪陈生节疏》，提出十条开源节流之策，即漕盐、钱钞、漕折、截漕、京盐、杂折、清兵、省弁、役税、洋政。这些举措，多数是长远之策，需要一定时间方能奏效。而在当时的情势之下，明王朝的财政状况已极端恶化，短期内难以见效的举措未免陷于空谈，他的努力并不能从根本上改变困局，从而挽回明王朝覆亡的命运。他在写给友人的信中说：

"弟沉苦海，不知何时得拔足振衣而出。外解不至，额内之供缺至七百余万，额外之需纷起而未已。庚癸回乎，宵旰日甚，如弟庸才，何以办此？弟所能者，惟不取一文，不与一事，谨身饬属，求免刑戮而已。"[36]

倪元璐以户部尚书兼翰林院侍读学士，事实上陷入了一种道德困境。主掌户部，关注的是财赋兵饷，道德约束力相对较弱；主讲经筵，阐发经书中的微言大义，受正统的道德伦理约束。自宋以来，经筵例不由阁臣兼之，为的就是从机制上避免这样的矛盾。倪元璐深知这一点，曾两度力辞，专司一职，均被皇上"温旨留之"。他也力图调和双重角色之间的矛盾，"有所持论，必与君德时政相依切。"[37]采取的如罪犯输资赎罪、官员捐俸充饷给予封荫诰命等权宜之举，"惟求得乎见诸《诗》《书》、近于仁义而为"。[38]尽管如此，角色的矛盾还是给他带来了麻烦。崇祯十七年（1644）二月，他在经筵讲课说到"生财有大道"时，指出加派聚敛之害。崇祯怀疑他讽切，恼怒地说："边饷匮乏，部中未见有长策，徒作此皮面语。"此刻崇祯最揪心的是"边饷匮乏"，最忌讳的是说他"聚敛"，而作为户部尚书的倪元璐，对"边饷匮乏"负有直接责任，这时听到他的讽切之词，崇祯的恼怒自然而生。虽然崇祯次日表达了悔意："讲筵有问难而无诘责，昨日之言，朕甚悔之。"[39]但君臣之间，毕竟还是产生了裂痕。

首辅陈演忌元璐大用，嗾使辅臣魏藻德言于崇祯曰："计臣才品俱优，但起家词林，钱谷终非所长，请有以易之者。"而崇祯却说："倪尚书好官，肯任事，但时势甚艰，未能速效。即撤，谁代之者？"虽然不改对他的信任，但经不住陈、魏等人反复陈言，十七年（1644）春节刚过，传旨命倪元璐专供讲职，仍视户部事等候接替。一月三十日，崇祯召对文华殿，谕户部务必筹措兵饷百万两，以济边防所需，元璐回奏说户部存现银不满二千，且外解未至，浙江又有许都之乱，路途梗阻。崇祯显然不满意倪元璐的奏对，下旨再谕户部："今内责部科，外责巡按，痛禁耗索，完额则升京堂，否者除名。"不久，遂解元璐户部尚书任，回詹事府专任讲筵。

倪元璐被解职后并不气馁，仍恪尽经筵侍讲的职守。其时，他对时局已不抱幻想，甚至做好了以身殉国的准备。他对知心好友说："今无兵无饷，无将无谋，而贼如破竹，人心瓦解，然吾心泰然……吾受恩深重，无可效者，惟有七尺耳。"[40]在京城陷落的当天中午，他北向拜阙，南向遥辞老母，以死成仁。时门士金廷策曾劝他："公何不效信国（文天祥）出外举兵图光复，奈何轻自掷？"他回答："身为大臣，而国事至此，即吾幸生，何面目对关公？"

倪元璐忠节殉国为世人所敬仰，也因不能拯颓救时为天下所深惜。《明季北略》作者计六奇论曰："陈文庄仁锡与公同年同馆，尝言公为人伦师表，又负经济才，洵为定论。然受知主上，卒不能尽其用，仅以节义终，悲夫！"[41]同年黄道周也为之痛惜不已："以天子十七载之知，不能使一词臣进于咫尺；以五日三召之勤，不能从讲幄致其功，卒抱日星与虞渊同殒。呜呼，岂非天乎！"[42]

四

倪元璐文章风节高天下，其诗文书画为世人所重。清初宋荦说："明末倪鸿宝、杨机部、黄石斋诸先生诗文书画，皆有一种抑塞磊落之气，必传无疑。"[43]

倪元璐在《方正学先生文集序》中说："古今大忠，自楚三闾至宋信国，未有不盛为文章者也……道明气昌，则文自盛。"[44]此语可谓是作者自况。倪元璐之文章，源自于他崇高的人格和深厚的学养，胸中自有一股浩然恣肆之气。其文一如其人品，特立独行，持正不阿，自有其本身的价值，而他以身殉国的悲壮之举，更增强了作品的人格力量和耀眼光芒，"所以重其人弥重其文也"。清初梁维枢评述说："（倪元璐）今古诗文新润奇崛，名重士林，举体无俗，有志道义事功。所上陈时政疏，侃侃孜孜。"[45]倪文长于说理，诸体中最具特色的是奏疏，《首论国是疏》《驳杨侍御疏》《请毁要典疏》，写得义正辞严、气势如虹，为时人传诵。《四库全书总目提要》："其诗文虽不脱北地、弇州之旧格，至其奏疏则详明剀切，多军国大计、兴亡治乱之所关，尤为当世所推重。"[46]

倪元璐幼年学诗，在诗词歌赋方面用功至深，诗名为其人品与书名所掩。所作诗歌数量不多，目前通行的二卷本《倪文贞集》诗集存诗二百八十四首，国家图书馆藏三卷本存诗三百六十九首。他的诗歌内容丰富，题材多样，呈现"新润奇崛"、光怪陆离之象。《皇极门颁历作》为早期所作馆试诗，有"凤阙开彤旭，猊炉散紫烟"句，被评为"最为典重"[47]。中年所作多指陈时弊，哀时悯政，如《戊辰春十首》《闻朝鲜堕一城愤赋》《读九一疏草》《八化诗》等。崇祯九年（1636）罢官归里，闲居七年，寄情山水："每逢月夕，辄留连庭除，倦或倚石小眠，复起叹曰：'一年几回月，有月几回明。'"[48]所作诗歌多表现萧散闲适的惬意生活，有《默坐》《体秋》《家居即事》等。

晚明时期，倪元璐以奇崛刚毅的书风独树一帜，与王铎、傅山、黄道周、张瑞图并称"晚明五大家"。他十八岁首次赴京考进士，据说因天冷"疾作迅书"，被考官认为"末艺未称"而落第。后来他发奋习书，万历四十八年（1620）备考时作《读諟》自警，有一项即"兼摹帖，有文必字"。曾从董其昌学书的倪后瞻说："倪鸿宝书，一笔不肯学古人，只欲自出新意，锋棱四露，仄逼复迭，见者惊叫奇绝。方之历代书家，真天开丛蚕一线矣。"[49]康有为也说："明人无不能行书者，倪鸿宝新理异态尤多。"[50]倪元璐"自出新意"的创造精神，使他能兼取古人之长，字形之奇，线条之辣，与时人迥然异趣，自成面貌。他的楷书作品留存不多，如无锡博物馆藏《致母家书册》，锋正力劲，非常工整。他的行草作品存世居多，也最为世人称道，秦祖永《桐阴论画》说："元璐书法灵秀神妙，行草尤极超逸。"崇祯二年（1629）作《舞鹤赋》为罕见的巨幅之作，卷轴有九米长，字大四五厘米，下笔果断而不粗率，线条圆浑，雄浑苍劲。

倪元璐亦善画，但所作数量不多。陶元藻《越画见闻》："盖倪以雄深高浑见魄力，徐（渭）以萧疏古淡见风神。廊庙山林，原不容并列，况倪有忠义之气，流露毫端，去人自远。"[51]他的绘画，多为小品，多为赠送友朋的扇面和册页。所画山水、人物精妙有致，花鸟清逸脱俗，清新简洁。董其昌《题倪鸿宝宫端画》："倪宫端在庶常时，写山水有元季黄子久、倪元镇笔法。距今十余年，一变为苍雅突兀之势，如此图者，近于化矣。"[52]

五

孟子曰："颂其诗，读其书，不知其人可乎？是以论其世也。"倪元璐长子倪会鼎所撰《倪文正公年谱》，是研究倪元璐生平事迹的主要文献。此谱会鼎生前未能刻印，至清乾隆五年（1740）才据手稿刻印，涉及时政、人事难免忌讳或隐晦，也难免在事实、编年、文字方面有所讹误。后来的研究者如李东泉《倪元璐研究》、刘恒《中国书法全集》倪元璐卷等，对倪元璐生平研究也多有贡献，但总体上还不够系统全面。近些年来，一些新的文献史料公诸于世，如《上虞贺溪倪氏宗谱》《倪文正公尺牍逸稿》等，可大大拓展我们的研究视野；倪元璐诗文集及相关古籍的珍稀版本影印出版或扫描提供阅览，为深入开展研究提供了丰富的材料；国内外公私所藏历代书画名迹陆续影印出版，以及国内外艺术品拍卖会上也有倪氏书画作品现身，为研究倪元璐书画艺术、作品断代、人物交游提供了不少原始材料；随着互联网的发展，e检索、e考证等研究方法被广泛应用，倪元璐及相关文献的检索、校核，书画作品所涉人物名、字、号，皆可利用数据库和网络资源进行考索。综上所述，倪元璐研究已具备一定的条件，可以汇集前人研究成果，搜辑追踪各种相关历史文献，突破一些薄弱点和空白点，从而把研究工作不断推向深入。

本年谱60余万字，在整理点校《倪元璐集》基础上，广泛搜辑其集外诗文尺牍及书画作品，博征史籍、方志、家谱、别集等历史文献，爬梳史料，钩沉事实，知人论世，对其家世生平、宦绩交游、诗文书画作了深入考察，翔实地再现谱主真实而饱满的人生，对倪元璐诗文进行考索系年，对所知所见倪元璐书画作品进行著录，彰显其文章气节和艺术成就，填补相关研究领域的空白，为明末政治、经济、文化研究提供有价值的参考。

①倪会鼎《倪文正公年谱》卷四，页28B。

②刘宗周《哭殉难十公用前韵》其二《大司农鸿宝倪公》序曰："及三月十九之变，公即以巳刻死。自此遂有继公而起者。"（《刘宗周集》第6册，页1022）又《李闯小史》卷二："殉难二十余人中，公最先。"（页107）《明季北略》卷二一上施邦曜传："先帝升遐，九列中最先自尽者倪文正与公，皆越人。"（页510）

③清顺治十年《谕祭文》，载《倪氏宗谱》卷首。

④倪元璐生于万历二十一年闰十一月十六日，即公元1594年1月7日。

⑤文震孟《倪氏族谱序》，《倪氏宗谱》卷首。

⑥倪会鼎《倪文正公年谱》卷一，页4B。

⑦倪元璐《望庐山云封其顶怅甚》诗注："万历乙卯（1615），公至吉水，问学于邹公，且为父琼州公乞铭焉。迨后为邹公疏请易名，云元标理学宗王文成，而经济稍逊，鲠直类海忠介，而宽大较优，宜折衷二字以旌儒硕，延议谥'忠介'，盖论定由于公云。"（《倪文贞集》诗卷下，页4A）

⑧倪元璐《答邹孝廉》："先君子之奉太翁先生为师资也，独居持以自励，接物举以相规，殷之如此其至也。至某之身，遂移此奉台兄。"（《倪文正公尺牍逸稿》卷四，页17B）

⑨⑲㊲蒋士铨《倪文正公传》（《倪氏宗谱》卷一四传赞志述，页28A）。

⑩《倪文贞集》卷一三《先考府君行述》，页1A。

⑪㉕㊻《四库全书总目提要》卷一七二，页1517上。

⑫黄道周《题王觉斯初集》，《拟山园选集》文集卷首。

⑬《复朱公恒岳燮元（一）》，《倪文贞集》卷一八，页1A。

⑭《答上虞何令君凉》，《倪文正公尺牍逸稿》卷二，页23B。

⑮邹漪《启祯野乘》卷一一，页11A，故宫博物院图书馆印行，民国二十五年（1936）。

⑯《倪文贞集》奏疏卷一，页1A。

⑰《驳杨侍御疏》，《倪文贞集》奏疏卷一，页6 A。

⑱《烈皇小识》卷一，页13。

⑳《请毁要典疏》，《倪文贞集》奏疏卷一，页13A。

㉑《国榷》卷八九，第6册，页5435。

㉒《胡维霖集·白云洞汇稿》卷一，页12B。

㉓《崇祯实录》卷一，《明实录》第88册，页27。

㉔《荷牐丛谈》卷二，页75。

㉖倪会鼎《倪文正公年谱》卷二，页14A。

㉗《明史》卷二六五，第22册，页6835。

㉘倪会鼎《倪文正公年谱》卷三，页1B。

㉙《倪文贞集》诗卷下，页11 B。

㉚《四库全书总目提要》卷五，页32下。

㉛《复彭点平虞衡》，《倪文正公尺牍逸稿》卷一，页6B。

㉜《复张天如溥》，《倪文贞集》卷二〇，页6A。此书原注"壬午"（1642）作，误，张溥卒于崇祯十四年（1641）五月，此书应作于其去世之前。

㉝《倪文贞集》诗卷下，页22B。

㉞倪元璐《致寰瀛尺牍》，《明代名贤尺牍集》，页188。

㉟《答梅长公之焕》，《倪文贞集》卷一八，页15B。

㊱倪元璐《与寰翁仁兄》，《中国书法全集（倪元璐）》第57卷，页210。

㊳《宥罪锡类疏》，《倪文贞集》奏疏卷八，页4A。

㊴《明会要》卷一四，页229。《明会要》系此事于崇祯十五年，误。

㊵《倪文正公年谱》卷四，页28A。

㊶《明季北略》卷二一上，页505。

㊷黄道周《倪文正公墓志》，《黄道周集》卷二七，页1178。

㊸宋荦《跋黄石斋先生楷书近体诗》，《漫堂书画跋》，《中国书画全书》第8册，页699下。

㊹《倪文贞集》卷七，页1A。

㊺梁维枢《玉剑尊闻》卷一，页24A。

㊼朱彝尊《静志居诗话》卷二〇，页612。

㊽倪会鼎《倪文正公年谱》卷三，页 3 A。
㊾倪后瞻《倪氏杂著笔法》，《明清书法论文选》，页 447。
㊿康有为《广艺舟双楫》，《历代书法论文选》，页 860。
(51)《中国书画全书》第 10 册，页 769 上。
(52)《容台别集》卷一，《董其昌全集》，页 814。

凡 例

一、倪元璐长子倪会鼎所编《倪文正公年谱》，为研究倪元璐家世生平最直接、可靠之文献，本谱多有引述，凡未详的加以详述，阙漏的予以裨补，存疑的申以考辨。

二、按照"文省于前，事增于后"，先述谱主事行，后征引文献，凡考释、说明、评述等以案语形式出现。每年谱文后列"本年"，选辑相关的时事和人事，有俾于知人论世。

三、各条目按时序排列，凡该年事行季、月、日无考者，系于是年谱文之末；凡季、月可征而某日无考者，系于该季、月谱文之末；凡事行时间无考者，酌情附相关内容之末。

四、本谱均采旧历，一般不作公历换算，如需用公历者，另加注明。旧历、公历对照，悉详郑鹤声编《近世中西史日对照表》，省作"郑《表》"。需要说明的是，倪元璐生于万历二十一年闰十一月十六日，即公元1594年1月7日，为避免文中表述混乱，其生卒年（1594-1644）以公元标示并加说明，其余仍采用旧历。

五、谱中所涉人物之生卒，参考吴荣光《历代名人年谱》及相关工具书，其未收或有异说的，酌加说明。所涉进士年份及名次，以《明清进士题名碑录》为据，有异说者则另加注明。

六、谱中所引倪元璐诗文以及卷数、页数，《倪文贞集》悉依文渊阁《四库全书》本，《鸿宝应本》悉依崇祯十五年刻本，《倪文正公遗稿》悉依清顺治八年刻二卷本，所引其他版本文中另当注明。凡版本不同而内容有删改的，则视考订需要校勘补充相关内容。

七、倪元璐全部诗文尺牍一千二百多篇（首），其中《倪文贞集》《鸿宝应本》约七百四十篇（首），辑佚诗文近五百篇（首）。此次对全部诗文作了系统整理，对诗文涉及的年代、人物、事件作了多维度的考证，各年谱文后附"诗文系年"。

八、书后附录《倪元璐书画作品知见录》，主要参考《中国古代书画图目》《中国书法全集（倪元璐）》《倪元璐の书法》等，并结合笔者浏览所及谱主书画作品，并尽可能著录其式样、尺寸、款识、钤印以及藏地等。然限于学力和见识，难免孤陋寡闻，仅供参考。

九、书后附录《人名索引》，仅收与谱主有交游之人物。人名按姓氏笔画排列。姓名后酌加字、号，阿拉伯数字为正文页码，以便检索。

十、凡引用文献，必详出处，其版本、版次见《征引书目》。

（一）引用旧版古籍，必详其卷数、页数、翻数（A 或 B）。新印古籍与现代著作，详其册数、页数。

（二）已见之文，再引时不再注明出处，用"引略"标示。

（三）除人名、地名等专名外，异体字一般改为规范字。避讳字径改，如"宏"改"弘"、"元"改"玄"、"正"改"祯"等。

（四）引用文献中如有误字，则将正字用"〔〕"表示其右。凡原文空缺或漫漶、原版挖去未补者，悉以"□"代之。

十一、为查检方便，本谱凡分五卷，按年月排次：

（一）卷一 越中鸿宝 万历二十一年至天启元年（1593--1621）

（二）卷二 翰林岁月 天启二年至天启七年（1622--1627）

（三）卷三 砥砺直节 崇祯元年至崇祯九年（1628--1636）

（四）卷四 冠带闲住 崇祯十年至崇祯十五年（1637--1642）

（五）卷五 靖国忠烈 崇祯十六年至崇祯十七年（1643--1644）

十二、为省繁文，部分经常引用文献文中采用简称。主要有：

（一）倪会鼎编《倪文正公年谱》，省作"倪《谱》"。

（二）《上虞贺溪倪氏宗谱》，省作"《倪氏宗谱》"。

（三）文渊阁《四库全书》本《倪文贞集》，省作"《倪文贞集》"；乾隆三十七年倪安世本《倪文贞集》，省作"倪安世本《倪文贞集》"；中国科学院图书馆藏四库底本《倪文贞集》，省作"四库底本《倪文贞集》"，此本《诗集》五七言绝句部分漫漶不清及有残缺，以上海图书馆藏倪安世本补齐。

（四）倪元璐《鸿宝应本》省作"《鸿宝应本》"；顾予咸编《倪文正公遗稿》（二卷本），省作"《倪文正公遗稿》"；康熙四十六年刻本《倪文正公遗稿》（三卷本），省作"康熙本《倪文正公遗稿》"；明末刻本《奏牍四卷》，省作"《奏牍四卷》"；王贻栻崇祯十年重刻本《代言选》，省作"《代言选》"；国家图书馆藏稿本《倪文贞公诗文稿》省作"《倪文贞公诗文稿》"；台湾"中研院"傅斯年图书馆藏清钞本《倪文正公尺牍逸稿》，省作"《尺牍逸稿》"。

（五）倪元璐《先考中议大夫雨田府君行述》，省作"《先考府君行述》"。

（六）倪元璐《光禄寺寺丞先兄三兰府君行状》，省作"《先兄三兰行状》"。

（七）黄道周《明故光禄寺寺丞三兰倪公墓志铭》，省作"黄道周《三兰倪公墓志铭》"。

（八）《天启壬戌科进士同年序齿录》，省作"《壬戌同年序齿录》"。

（九）孙矿《封文林郎江西吉安府安福县南望倪公墓志铭》，省作"孙矿《南望倪公墓志铭》"。

（十）庄起俦《漳浦黄先生年谱》，省作"《漳浦黄先生年谱》"。

（十一）荣宝斋出版社之《中国书法全集》第57卷"倪元璐"，省作"《中国书法全集（倪元璐）》"。

传　略

　　倪元璐，字玉汝，号鸿宝，别号园客。明浙江绍兴府上虞县人。父亲倪冻自上虞迁居郡城绍兴，遂家于此。倪元璐于绍兴城南五云门内东商桥营建新宅，号曰"衣云阁"，地处会稽县辖内。

　　先世为山东青州人。北宋末期，倪佽、倪俪兄弟随宋廷南渡，徙居湖州。后倪佽任绍兴判官，遂家上虞县之贺溪，是为贺溪倪氏之始祖。佽子倪忠由虞东之贺溪迁徙虞西之横山，是为横山世系之始祖。至元时，六世祖倪胜（文质）募兵御寇有功，为防御千户。七世祖倪彦中，仍袭防御千户。彦中子八世祖倪春，明洪武初诏征贤良方正，邑令首荐，以疾辞不赴。

　　明初，九世祖倪述初（1400-1472）^①，字思义，号敦睦。为倪春少子。人物魁伟，心性坦夷，礼士周贫，尤厚于族。景泰五年（1454）岁歉，输粟三千石赈饥。临山筑城，又助白金三千两。朝廷义之，赐玺书束帛，授征仕郎，不仕。生四子晟、昇、晏、浩四。

　　十世祖倪晏（1429-1470），字伯清。为倪述初第三子。赋性聪明，持身端谨，为本邑掾，两考满赴京，卒。生二子堂、屋。

　　高祖倪堂（1444-1522），字文中，号裕轩，一号慎斋。为倪晏长子。为人宽弘厚重，好义乐施。生二子铠、鏊。

　　曾祖倪铠（1489-1563），字时卫，一字右文，号抑庵。为倪堂长子。幼颖异，正德五年（1510）中举人，始授兴国学正，迁乐平县知县，三月治声大著，调繁南城。清介不阿，更徭役之法，士民称之，闻母疾即乞归养。居家三十年，勤以作业，和以处乡，日以读书课子为事，有长者风。著有《西原日记》《务本录》等。入祀乡贤。曾孙元璐殉国难，赠光禄大夫、太保、吏部尚书，配徐氏封一品夫人，年九十乃终。生三子应科、应蕲、应朝。

　　祖父倪应蕲（1524-1598），字钟甫，号南望。为倪铠次子。邑庠生。为人性淳，谨心恺悌，明敏好学，周贫睦族。科举六试不第，因致心疾。以子倪冻贵封文林郎，又以孙元璐贵，赠光禄大夫、太保、吏部尚书。配陈氏（？-1590），来安县训导陈惟岳女，赠一品夫人。著《杜咨录》《不自弃稿》等。生五子深、冻、涞、渠、涞，涞早卒。

大伯倪深（1545-1611），字本仲，号洙源。邑庠生。生有志概，幼即颖悟，既为文，名噪一时。及长，屡试不售。隆庆四年（1570）乡试，弟倪冻中举，公仍下第，于是弃举子业，综猎诸子百家，研求性理正旨。卒，邑人私谥"贞懿先生"。配陆氏，生四子。

大叔倪渠（1556-1626），字铭仲，号十洲。入庠补国学生，任舒城县丞。配陈氏，生二子。

二叔倪涑（1559-1652），字光仲，号晋源。邑庠生。器量宽宏，乐善好施。以次子元珙贵，封文林郎，晋封御史，两朝膺宠。享寿九十四岁，见曾、玄孙，晚景荣华，罕有其比。配王氏，生二子：元珂、元珙。元珙（1584-1639），字赋汝，号三兰。天启二年（1622）进士，历仕祁门县、歙县知县、监察御史、江南督学。崇祯十年（1637），有太仓监生奏劾复社乱天下，倪元珙受命查究，回奏言复社无可罪，忤旨降光禄寺录事，寻升光禄寺丞，卒于家。元珙与元璐同登甲第，仕宦清正，砥砺直节，号为"二倪"。

父倪冻（1549-1615）[②]，字霖仲，号雨田。隆庆四年（1570）举人，万历二年（1574）进士，授安福县知县，转松江府同知，寻贬山西按察使照磨，升福建同安知县，治行为天下第一。万历十二年（1584），授南兵部驾部主事，察民隐，剔奸弊，定船政，东南军卫尸祝之。历抚、淮、荆、琼四府知府，所至有声，廉明慈惠，遍著卓绩。崇祀名宦、乡贤。以元璐首殉国难，南明追赠光禄大夫、太保、吏部尚书。著有《会心录》《星会楼集》《船政新书》等。配曹氏（？-1604），无出，封一品夫人。续配兰溪王氏，生一子元璞，二女。继配施氏（1561-1659），生二子元璐、元瓒，封一品夫人。又配扬州杨氏，生一女。又配杭州李氏，生子元瑞。

兄倪元璞（1582-1644），字怀汝，号含玉。先后聘兵部员外郎陶允宜女、礼部尚书罗万化女，早殇，配西山路郡守郑萧龙女。患疯，天真无出，入继元璐次子会覃为嗣。

弟倪元瓒（1597-1663），字献汝，别号朗斋。赋性醇美，才华敏赡，谨饬谦和，性喜淡泊，朝廷复行辟荐，坚卧不起。崇祯十三、四年，岁歉民饥，易产以济郡庠，捐货以赈饥困，施财以救赤贫。元璐殉节后，极力宽慰母施太夫人。晚年居郡中若耶溪之子园，研精典籍，孝养承欢，寄怀诗酒，有陶潜之风。配叶氏，封宜人，生二子会旭、会宣，二女。卒，私谥贞靖先生。著有《理学儒传》《子园集》等。长子会旭（1614-1668），字尔升，号野鹤。邑庠生。次子会宣（1625-1710），字尔猷，号恒园。邑庠生。诚敏谦厚，抱璞遁世，割股救父，天性孝友。所居曰"万玉楼"，日以著书为事，熟算法，精隶书。著有《经史纲目》《恒园集》等。

弟倪元瑞（1604-1635），又名元瑞，字华汝。郡庠生。心性伉直，至孝，割股救母。配胡氏，矢志守节，郡志旌载，匾曰"懿贞惟则"，享年八十三。生四子会绍、会绂、会纶、会维，三女。

　　原配陈氏，浙江余姚人。先是，元璐幼聘同邑朱燮元长女，未成年而殇，继聘余姚邹学柱女，亦早殀。万历三十七年（1609）娶陈氏，为右副都御史陈克宅曾孙女，长芦盐运使陈启孙女。生四女：长适诸暨进士寿成美子孝廉自达；次适山阴尚书王业浩子袭锦衣百户贻栻；三适山阴通判朱贞元子洒溧阳令正色；幼适拜王桥进士胡镐。因失礼于倪母施太夫人，出之另居别宅。因元璐殉难，南明封一品夫人。

　　续配王氏（1599-约1690），浙江山阴人。其父石谷先生为诸生，约万历三十年（1602）卒于客舍，母袁氏守寡三十多年。王氏守妇德，明大义，崇祯初，元璐三上论国是疏，亲友俱为之担忧，惟王氏予以鼓励，一时闻者并贤夫人。生三子会鼎、会覃、会稐，二女：长适萧山吏部来方炜子孝廉垩圣，次适山阴进士刘明孝子廷桢。

　　长子倪会鼎（1621-1707），字子新，号无功。邑庠生。忠孝性成，博学多能，受学于黄道周，所与游如黄宗羲、姜希辙、董场等皆刘宗周弟子。袭父荫锦衣卫金事，累征奉政大夫，兵部职方郎中。晚年恬澹好静，讲学东山，阐明圣教，海内称高士。清康熙十年（1671）诏求山林隐逸，长吏荐于朝避匿不就。卒，私谥"孝靖先生"。著有《治格会通》等。配户部尚书姜一洪女，封恭人，生二子运彩、运建。运彩（1638-1659），字载揆，官生。善文词，笃孝行。配侍郎徐人龙孙女，无出，入继运建子长驾为嗣。运建（1645-1718），字载平，号默庵。官荫生，郡大宾。配林氏，生三子长驾、长庚、长康。

　　次子倪会覃（1624-1669），字子封，号丽成。邑庠生。出继元璞为嗣。心和性劲，具博通之才，与兄善，十七齐名。唐王摄政于越，辟监军察皖。配郑氏，生二子运彰、运宜，二女。

　　季子倪会稐（1641-1716），字子年，号敬修。官荫生。博通今古，不慕权势。娶长洲张明烈女，生一子运恭（1670-1725）。著有《满听轩集》。

　　倪元璐少颖异夙慧，就外傅读书，年十四为诸生，应童子试，郡、县、监司三试皆第一。万历三十七年（1609）浙江乡试，中第六十六名。三试礼闱不中，至天启二年（1622）及第，会试一百二十八人，廷试二甲二十名，赐进士出身，时年三十岁。礼部视政。六月，考选翰林院庶吉士。四年（1624）元月，散馆，授翰林院编修。五年（1625）秋，册封德藩，事毕，告假归里省亲。七年（1627）二月，假满北上赴京复职。八月，受命主考江西乡试。崇祯元年（1628）二月，寻进翰林院侍讲，记注起居、知制诰、纂修实录。二年（1629）四月，迁南京国子司业。三年（1630）二月，量移右春坊右中允兼翰林院编修，奉母归里，至十月还朝到任。参与修纂《万历实录》事竣，加俸一级。四年（1631）二月，充会试同考官。十月，为武会试总裁。六年（1633），迁左春坊左谕德，充经筵日讲官。七年（1634）六月，晋右春坊右庶子，掌坊事。八年（1635）六月，授国子监祭酒。

九年（1636）七月，被参以妾冒妻封，有旨罢职，冠带闲住。回绍兴故里闲居六年，崇祯十五年（1642）九月，召为兵部右侍郎，以母老辞。闰十一月，闻清军入塞，京师震动，召募数十人赴京勤王。崇祯十六（1643）二月入京，次日召对。五月，升户部尚书。十月，兼领礼部尚书事。崇祯十七年（1644）二月解户部尚书，专任日讲。三月十九日，李自成陷京师，自缢殉节，卒年五十二。南明弘光时，追赠少保、吏部尚书，谥文正。清康熙十年（1671），清廷谥文贞，特遣官致祭，并给祭田。

学问淹博，负经济才。蒋士铨《倪文正公传》："公生平学问，师邹元标，而友刘宗周、黄道周，其持论每自浅近以入深微。"精研《易》及《春秋》，通达时务，重于事功，《四库全书总目提要》："尤留心于经济，故其擘画设施、勾考兵食，皆可见诸施行，非经生空谈浮议者可比。"

刚毅倔强，耿介亢直。秉持君子气节，守正不阿，自道"鄙性硁硁，不可为依草附木之小人"。凡有关国是者，必亢直进谏。持论侃侃，中立不阿，又能审时度势，进退有度，故立朝谔谔，雅负时望。门人林时对云："文正公节义文章，吾徒师表，其评骘人品，自是千秋信史。"

至性奇情，风节高标。自幼素习儒风，注重个人修养和人格风范，身处颓世，愈重名节，清廉自守，立身行道，乃至以身殉节。儒雅风流，所构园亭，颇极工巧。参与枫社，文会园游，吟咏赋诗，待客常以五簋相招。喜着鲜衣，观剧捧角。黄道周称赞刘宗周"品行高峻"，倪元璐"至性奇情"。

诗文高古，新润奇崛。尚变求新，不随俗流，一如其人品，特立独行，张岱称之为"古文知己"。其文长于说理，所作奏疏颇具特色。《四库全书总目提要》云："其诗文虽不脱北地、弇州之旧格，至其奏疏则详明剀切切，多军国大计，兴亡治乱之所关，尤为当世所重。"

书画奇伟，自出新意。元璐年及弱冠，陈继儒见其扇面即惊为仙才。长而书法灵秀神妙，行草尤极超逸。突破了明末柔媚的书风，创造了具有强烈个性的风格，倪后瞻《倪氏杂著笔法》："倪鸿宝书，一笔不肯学古人，只欲自出新意，锋棱四露，仄逼复选，见者惊叫奇绝。方之历代书家，真天开丛蚕一线矣。"与王铎、傅山、黄道周、张瑞图并称"晚明五大家"。亦善画，喜写文石。陶元藻《越画见闻》："盖倪以雄深高浑见魄力，徐（谓）以萧疏古淡见风神。廊庙山林，原不容并列，况倪有忠义之气，流露毫端，去人自远。"

嗜学一生，著述甚富。早先有举业文《星会楼稿》传布京师，又编有《倪鸿宝制义》（一作《倪玉汝制艺》）。经学类著述有《儿易》《春秋鞠通》（一作《春秋问答》，佚）。诗文集有崇祯八、九年间诸门生编选的《代言选》《讲编》《奏牍》，崇祯十年（1637）其婿王贻栻重刻，易名《倪鸿宝先生三刻》，诰敕、奏牍俱有增补。崇祯十五年（1642）裒辑酬应之文为《鸿宝应本》十七卷，刻印属陈子龙任之。诗集《忆草》二卷，生前未刻，门生唐九经于顺治八年（1651）刻印《倪文正公遗稿》传世，又有康熙四十六年（1707 年）三卷本。乾隆三十七年（1772），玄孙倪安世校阅、蒋士铨刻印《倪文贞公集》三十八卷，计文集二十卷、奏疏十二卷、讲编四卷、诗集二卷，是为倪元璐诗文全集，亦为《四库全书》之《倪文贞集》之所本。倪元璐尺牍藏于家，原稿已佚，幸有清钞本《倪文正公尺牍逸稿》六卷存世（台湾"中研院"傅斯年图书馆藏）。编选、参评有《秦汉文尤》（又作《秦汉文定》）十二卷、《唐宋八大家文选》五十九卷等。另著有杂纂类《国赋纪略》一卷、《百官释例》（又名《升官图》）一卷、《玑屑》一卷。

①据《倪氏宗谱》卷二，倪述初"生明建文三年庚辰"（页 8A），检"庚辰"为建文二年，故其生年应为建文二年（1400）。

②据《倪氏宗谱》卷二，倪冻"卒万历四十二年甲寅十二月二十四日"（页 103A），检郑《表》，是年十二月二十四日为公历 1613 年 2 月 13 日。

上虞贺溪倪氏横山世系表

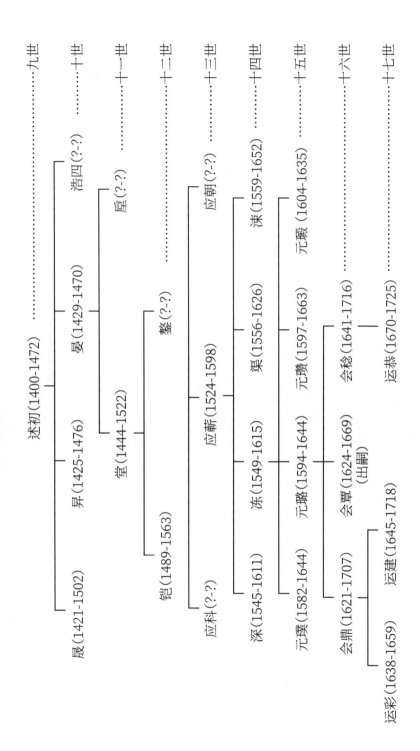

注：倪元璐生于万历二十一年闰十一月十六日，即公元1594年1月7日。

卷一 越中鸿宝

万历二十一年至天启元年

（1593-1621）

引言

　　绍兴，古称越州，又称会稽。会稽得名于境内会稽山，相传夏禹治水告成，大会诸侯于此计功，故名。

　　绍兴山明水秀，地灵人杰，风流奕世，儒雅相传，历来是人文渊薮。夏禹治水、越王勾践、兰亭修禊、阳明心学，孺孺耳熟能详；唐之贺季真（知章），宋之陆务观（游）、元之杨铁崖（维桢）、明之徐文长（渭），士人皆闻其名。在明清鼎革之际，绍兴殉难烈士尤多，前有倪元璐、施邦曜、周凤翔以身殉国于都中，后有刘宗周、祁彪佳、陆培自缢殉节于乡里。同为绍兴人的文人王思任，在致南明权臣马士英信中有句名言："会稽乃报仇雪耻之乡，非藏垢纳污之地！"这表明了绍兴人的刚正不阿、志节皎然，至今成为绍兴人的骄傲，激励着后来的仁人志士。

　　在明末甲申之变殉节忠烈中，最为世人称誉的无疑是绍兴人氏倪元璐。三月十九日上午，崇祯已自缢煤山，农民军攻入内城，士民惊惶无措，传言汹涌，倪元璐在一片混乱中从容更衣，"北谢天子，南谢太夫人"，自缢尽节，首殉国难，诏褒"忠烈第一"。

　　倪氏原籍山东青州，后随北宋王室南渡，徙居浙江湖州，再迁上虞县之贺溪，又由虞东之贺溪徙虞西之横山，倪元璐为横山一支十五世孙。倪氏先祖元朝时御寇有功，任防御千户，遂世袭为军籍。明承元制，户籍分军、民、匠、灶四籍，不同的户籍，对国家承担不同的差役。军籍属于兵部管理，承当军差，能世袭，但不得更籍，所谓"役皆永充"。军籍的设立与世袭，是为了保证军队能有完整的兵员储备，但到了明代中后期，已经名不符实，军户屯田为人所占，而军差及其赀费却未能免。

　　倪元璐出生之时，父亲倪冻已四十五岁，长子元璞自幼患有疯疾，十二岁仍"天真无出"。倪冻人到中年诞得麒麟子，阖家沉浸在喜庆的氛围里，洋溢着一种生气与希望。父亲为他起名"元璐"，字玉汝，号曰"鸿宝"。

　　当时倪冻正丁忧在家。倪冻万历二年（1574）进士，授安福县知县，转松江府同知，寻贬山西按察使照磨，升福建同安知县，有能名。万历十二年（1584）授南兵部驾部主事，万历十六年（1588）调任江西抚州府知府，在任五个月又调淮安府知府。万历十八年（1590），祖母陈氏卒于淮安官署，倪冻即辞官归里守制。

元璐还在襁褓时，父亲就发现他聪慧颖异，打小就悉心培养他。一天晚上，父亲抱着才出生数月的他说：你耳朵在此，你眼睛在此。天亮起来再问他，他就会用手指着自己的耳朵、眼睛。谪母曹夫人幼习诗赋，元璐三四岁时，曹氏常"置之膝上"，教他念诗、对对子，元璐"未入塾而诗已成诵"。父亲常让他"随事命对"，一次家里人围炉而坐，父亲说"红炉白炭"，他即对"黄卷青灯"；剃头时，父亲说"光头和尚"，他即对"麻面书生"。七岁时，他随父亲舟行，月色皎洁，父亲命他赋看舟月，他遂成五绝一首："凭栏看舟月，看月何须仰。水底有青天，舟行月之上。"九岁时，一天元璐陪侍父母赏花，回来即作《牡丹赋》数百言，于灯下为母亲诵读，父亲闻声推门而入，见文中有"紫则佳人之舞袖，黄如帝治之垂裳"之句，高兴地说：此儿"终不落人后"。

倪氏家教甚严，父亲不仅注重知识教育，更重视个人修养和道德品质的培育。元璐十五岁时，父亲复出授琼州府知府，行前为元璐及弟元瓒各聘一位塾师，并留示儿家训：两儿举业正处于成败之时，工夫不可一日错过。所立课程不得轻易作辍；不得轻事交游，如有以德行文艺相教者，则洗心受教并礼貌致谢；要成为善士，非礼之事勿使见，非礼之言勿使闻；勿说他人短长，勿纵酒玩乐，不得牵拉老师妨害功课。父亲还要求他十七岁以前不要参加邑庠考试，要让他静心修身，安心问学，不贪图虚名。倪元璐秉性刚直耿介，显然有父亲的血缘遗传；思想上亲近东林党人，显然也受到父亲的影响。倪冻与东林党魁首赵南星、李三才为同年同门进士，与邹元标为患难之交，又同官南京兵部，晨夕过从，道义缔结。倪元璐尤为仰慕邹元标的学问风节，万历四十三年（1615）专程赴江西问学于元标，并乞其为父亲撰写墓铭，元璐与邹元标长子邹燧也保持了多年交往，可谓两代世交。倪冻晚年罢官闲居，元璐每夜必侍父亲小酌，每饮父亲必教元璐一事，传授边防、兵事、盐赋、钱粮、刑名等管理知识和经验，史称元璐"负经济才"，乃得其父倪冻之真传。

倪元璐少年才华，声名远播。万历三十七年（1609）是乡试年，按例，庠生先参加郡、县、监司三级遴选，元璐三试皆第一，然后参加秋天的浙江省试，中第六十六名举人。这年，他才十七岁。他的科举文集《星会楼稿》"盛传国门"，以至书商一版再版。他十九岁时，有人将他的书扇"九日诗"带到松江，名士陈继儒见之叹为"仙才"，由此"声誉日盛"。

虽然倪元璐少年得隽，但参加进士考试却历经挫折，三试礼闱不中。万历三十八年（1610）他首次参加会试，父亲陪着他去北京应考。考试时棘闱漏夜，旧裘不能御寒，他"疾作迅书而出"，阅卷房师评曰"英年异质，惜末艺未称"，"末艺"即指书法，他竟因书法不合格而下第。万历四十一年（1613），他第二次参加会试又不中。下第后，他有《出春明门》诗云："喉头一缕气如箎，自去春明门外吹。只是蛛丝张作网，不图猱子败吾棋。输他眼底滕王阁，哭向河边漂母祠。骨是英雄应有泪，几人能读孟郊诗？"万历四十四年（1616），因父亲去世丧服未满，他缺考一科。至四十七年（1619）再赴公车入京，又不中。三试不第，他益加发愤，撰《读誌》自警张于壁，并自拟会试题目，分笺列壁，日抽一笺思之记之。"于是岁月之间，胸稿累累，果以获隽。"直至天启二年（1622）第四次赴考，才终于题名金榜。

明例，每一科进士都编印登科录，包括每位进士的姓名、字号、籍贯、年龄、科举名次，家庭与婚姻状况等。倪元璐在《天启壬戌科进士同年序齿录》登记的婚姻状况是"娶陈氏、王氏"。一般情况登记的是正妻，而他却两氏并存，也没说明原配还是续弦，正室还是配室。关于他的婚姻状况，实在有一些难以言说的情况。元璐幼时，父亲即为其张罗聘同邑提学副使朱燮元长女，惜幼年而殇，元璐年方五岁。后来，山东左布政使余姚邹学柱"见元璐文即慨然许字以女"，但仅仅六年，邹氏女又未结缡而病亡。此时元璐已十一岁，懵懂略知婚姻之事，因邹氏女之逝而伤心。万历三十七年（1609），元璐乡试中举后，正式娶妻陈氏。陈氏出自余姚望族，四世科第连绵，簪缨相继，曾祖陈克宅官至都察院右副都御史，从祖父陈有年官拜吏部尚书，父亲陈启孙仕至长芦盐运使。陈氏嫁入倪家，五年生育四女，但"以贵介故，失礼于姑"。母亲施太夫人唆使元璐出之。陈氏之出，所生四女尚年幼，元璐将陈氏另居别宅但仍在倪家，并将名下数顷田地尽给陈氏。他又续娶同邑王氏，但出于某种考虑，未明确与陈氏断绝夫妻名分。对此，邑人刘宗周看得很明白，说元璐处置"未免牵濡"。他说元璐"牵濡"并非空穴来风，后来政敌以此来攻讦他"妄冒妻封"，使他付出了沉重的代价。

万历二十一年癸巳（1593），一岁

倪元璐生。

闰十一月十六日辰时，诞生于浙江绍兴府。

《倪氏宗谱》卷二："（倪元璐）生万历二十一年癸巳闰十一月十六日辰时。"（页104A）

《壬戌同年序齿录》："倪元璐，浙江绍兴府上虞县军籍附生，字玉汝，号鸿宝，治《诗经》，行二，己亥年十一月十六日生。"（页177B）

案：郑《表》，是年闰十一月十六日为公元1594年1月7日。《壬戌同年序齿录》云"己亥年十一月十六日生"，漏一"闰"字。

字玉汝，号鸿宝，别号园客。

黄道周《倪文正公墓志》："公讳元璐，字玉汝，别号鸿宝。"（《黄道周集》卷二七，页1178）

《倪氏宗谱》卷二："（元璐）字玉汝，号鸿宝，别号园客。"（页104A）

案：元璐常署"鸿宝"，署"园客"不多见。《中国书画家印鉴款识》著录其第十一号印鉴"别号园客"，钤于《枯木竹石图》轴，然未署时间。（页744）刘恒编《倪元璐年表》云"晚号园客"（《中国书法全集（倪元璐）》附录），似未妥。《黄忠端公正气录》卷首有倪元璐序，末署："乙丑春正月园客倪元璐。"为天启五年（1625）三十三岁作。余姚市文管所藏《行书李贺四歌诗轴》，题识："书长吉四歌于渤海舟中，时己巳夏五，园客倪元璐。"（《书法丛刊》2000年第3期，页33）作于崇祯二年（1629）三十七岁时，俱中年所作。惟崇祯十一年（1638）四十六岁作《行书五言律诗四首册》，钤印"别号园客"（日本东京国立博物馆藏，《倪元璐の书法》，页218），为中晚年所作。

先世为山东青州人，倪佟、倪偶兄弟随宋南渡，徙居湖州。倪佟为上虞县贺溪之始祖。佟子倪忠又迁徙上虞县横山，是为横山之始祖。

倪《谱》卷一："在先宋之青州人，兄佟、弟偶从跸南渡，宣文阁学士文节公思，即偶仲子。而佟判绍兴，因家上虞之贺溪，佟子安徙横山。后五世孙文质，当元时募兵御寇有功，为防御千户。子彦忠，仍嗣职。彦忠子春，洪武时以贤良征，不赴。春少子述初，景泰中输粟三千石赈饥，临山筑城又助白金三千两，朝廷义之，赐玺书束帛，授征仕郎，不仕。述初子宴，宴子堂，堂生仰庵公讳铠，领正德庚午乡荐，历官南城知县。仰[抑]庵公生南望公讳应蕲，绩学孝友，以雨田公贵封文林郎。南望公生雨田公讳冻……是为文正公父。"（页1A）

案：倪《谱》所述世系，数处有误：一云"佟子安徙横山"，应为倪佟长子倪忠徙横山。《先考府君行述》："子忠又徙横山。"（《倪文贞集》卷一三，页1A）又孙矿《南望倪公墓志铭》："佟子忠乃又徙横山。"（《月峰先生居业次编》卷五，页59A）据《倪氏宗谱》卷一倪忠传："忠字天道……由贺溪而至横山，是为始迁横山之祖。"（页33A）二云"五世孙文质"，应为六世孙倪胜。《倪氏宗谱》卷一（六世）倪胜传："胜……字文质，在元为防御义民千户。"（页34B）三云倪胜"子彦忠"，应为"彦中"。《倪氏宗谱》卷一（七世）倪彦中传："彦中……在元袭父守御义民千户。"（页35A）四云"述初子宴"，应为倪晏。据《倪氏宗谱》卷二，述初四子：晟、昇、晏、浩四。（页8A）五云"仰庵公讳铠"，应为抑庵公。《倪氏宗谱》卷二："倪铠，行荣十，字时卫，号抑庵。"（页13B）《先考府君行述》："抑庵公讳铠，领正德庚午乡荐，历官南城县知县，有高行，祀于学官。"（《倪文贞集》卷一三，页1A）

原籍上虞县，父倪冻徙居郡城，位于绍兴府会稽县东商桥。

倪《谱》卷一："雨田公讳冻，万历甲戌进士，官南驾部郎，定船政，东南军卫尸祝之。历抚、淮、荆、琼四郡守，是为文正公父，徙居郡城。"（页1B）

《倪氏宗谱》卷二"倪冻"："此一枝住绍兴东商桥。"（页103A）

案：倪冻迁居郡城绍兴，位于会稽县辖内，〔康熙〕《会稽县志》卷二五："倪元璐，字玉汝，其先上虞人，移居会稽，遂为会稽人。"（页10A）

又，元璐常署"始宁倪元璐"，如上海朵云轩藏祝寿诗轴署"年犹子始宁倪元璐"（《中国书法全集（倪元璐）》，页224），首都博物馆藏《草书五律诗册》署"戊辰春十篇，始宁倪元璐"（《中国古代书画图目》第1册，页298），按东汉永建四年（129），析剡县北乡及上虞县南乡置始宁县，辖属会稽郡，隋开皇九年（589）废始宁县，上虞别称"始宁"。

是年，父倪冻四十五岁，生母施太夫人三十三岁，中年得子，阖家喜庆，号曰鸿宝。

倪《谱》卷一："初大父艰于嗣，嫡大母曹太夫人无出，伯父又以疾痼，至是年四十三矣。"（页2A）

案：倪冻生于嘉靖二十八年（1549）九月，是年四十五岁，倪《谱》云"年四十三"，误。《倪氏宗谱》卷二："冻，行重四，字霖仲，号雨田，又号的山……生嘉靖二十八年己酉九月初二日□时。"（页103A）《鸿宝应本》卷一二《先考府君行述》："嘉靖己酉秋九月戊辰生府君。"（页1A）四库全书本《倪文贞集》与倪安世本《倪文贞集》之《先考府君行述》俱云"嘉靖乙酉秋九月戊辰生府君"，"乙酉"为己酉之讹。原配曹太夫人未有生育，续配王太夫人生长子元璞惜有"疾痼"（疯疾），元璐诞日，全家充溢着喜庆与希望，故号"鸿宝"。

生母施太夫人生于嘉靖四十年（1561），时年三十三。元璐崇祯五年（1632）二月上《乞归省疏》："伏念臣母太安人施氏，行年七十有一。"（《倪文贞集》奏疏卷二，页6A）崇祯十三年（1640）《致张尔忠（肯仲）札》："老母今年八旬尚幸清安。"（《明代名人墨宝》，页68）十四年（1641）《复张天如溥》："况弟臃肿日衰，只八十一岁老亲萦回胸中，遂无复抵掌掀髯之气。"（《倪文贞集》卷二〇，页6A）又蒋士铨《倪文正公传》："都城陷日，公母在浙，八十有四矣。"（《倪氏宗谱》卷一四传赞志述，页28A）以上胪列，俱可证施太夫人生于嘉靖四十年（1561）。

生之辰，母施太夫人梦白鹤冲霄。

倪《谱》卷一："大母施太夫人梦白鹤冲霄，而府君适生。"（页2A）

父倪冻万历二年进士，眉目姣好，为人温和，待人厚德。

《万历二年进士登科录》："倪冻，贯浙江绍兴府上虞县，军籍。县学附学生。治《诗经》……浙江乡试第五十一名，会试第七十八名。"（《天一阁藏明代科举录选刊》"登科录点校本下"，页517）

《玉剑尊闻》卷一："倪冻，字霖仲，上虞人。眉目姣好如画，磊落有奇抱，策事多中……为荆州太守，相居正病卒，群张居正子弟栗甚，属所亲乘间言，倪笑曰：'即往者令佝偻致恭事，即不可知，苟云强项，又何虞乎？'待群张有加，许不籍田，如千顷为势家所侵，悉征与之，人以是服倪厚德。"（页24A）

倪冻在淮安府知府任上丁忧归里，时将服阕。

孙矿《南望倪公墓志铭》："（倪应薪）六十一从冻宦南兵部，后四年冻守抚州，又徙淮安，逾二年，陈孺人卒，冻归。"（《月峰先生居业次编》卷五，页59A）

案：倪应薪生于嘉靖三年（1524），"六十一"即万历十二年（1584）随子冻宦居南京，后四年即万历十六年（1588）调任抚州府知府，在任五月调淮安府知府，"逾二年"即万历十八年（1590）祖母陈氏卒于淮安官署。江铎《洙源公传》："庚寅，陈恭人卒于淮安官署。"（《倪氏宗谱》卷一四传赞志述，页3A）倪冻在里守制，时将服阕。

祖父倪应薪字钟甫，号南望，时年七十。科举六试不第，因致心疾。

《倪氏宗谱》卷二："应薪，行登五，字钟甫，号南望。邑庠生。习诗，为人性淳，谨心恺悌，明敏好学，周贫睦族……生嘉靖三年甲申六月二十三日申时，配晓山陈惟岳公女，封赠一品夫人。生四子：深、冻、渠、涑。一女未许……"（页99A）

案：祖父生于嘉靖三年（1524），是年七十岁，患有心疾。元璐《从母王太孺人墓志铭》："昔者王父文战不得志，卒得心疾，疾作，颠则舌出龈合，血沫委藉，以为恒。"（《倪文贞集》卷一二，页14A）孙矿《南望倪公墓志铭》："（应薪）年十六从师于邻梁氏，每读必丙夜……会晋江大司寇黄恭肃公分守浙东，都试士取公冠九庠，名益起。自后小试辄居前，远近闻者皆来学，称南望先生。"（《月峰先生居业次编》卷五，页59A）

大伯倪深家居上虞，年四十九。季子倪文熺号心韦，时年六岁。

《倪氏宗谱》卷二："深，行重三，字本仲，号洙源，邑庠生。颖悟慷慨，才大不售。生嘉靖二十四年乙巳八月初八日子时。"（页99A）

《倪氏宗谱》卷二："文熺，行文十，字羽朱，号心韦。天启辛酉举人……生万历十六年戊子九月二十六日戌时。"（页101A）

大叔倪渠，舒城县丞，时年三十八。

《倪氏宗谱》卷二："渠，行重九，字铭仲，号十洲。入庠补国学生，任舒城县丞。生嘉靖三十五年丙辰五月二十九日午时。"（页111B）

[光绪]《续修舒城县志》卷二六"县丞"："（万历）倪渠，上虞人，监生。"（页7B）

二叔倪涑时年三十五，次子元珙时年十岁。

《倪氏宗谱》卷二："涑，行重十，字光仲，号晋源。庠邑庠[生]。器量宽弘，乐善好施。以次子元珙贵，封文林郎，晋封御史，享寿九十四岁……生嘉靖三十八

年乙未二月十六日□时。"（页112B）

《先兄三兰行状》："光禄讳元珙，字赋汝，别号三兰，先中议之所命也，曰：'虞二山：兰茞、兰阜，与子而三，期子岳立芳纫耳。'昔先中议爱光禄过元璐……光禄以万历戊午举于乡，天启壬戌成进士。生甲申十月七日，卒己卯三月二十九日。"（《倪文贞集》卷一一，页20A）

案：元珙仪观甚伟。《先兄三兰行状》："光禄伟仪干，修躯廓目，广颡旋颔，口几容拳，耳不及肩者三寸。"（《倪文贞集》卷一一，页20A）黄道周《三兰倪公墓志铭》："公仪观甚伟，岳体镛声。"（《倪氏宗谱》卷一四墓铭，页20A）

长兄倪元璞字怀汝，号含玉，时年十二。患有疯疾。

《倪氏宗谱》卷二："元璞，行性一，字怀汝，号含玉。生万历十年壬午八月初四日午时。聘兵部员外郎陶公允宜女，殀；又聘礼部尚书罗文懿公万化女，殀。配西山路郡守郑公萧龙女。含玉患疯，天真无出。"（页103A）

案：长兄元璞生母为谪母王太夫人，生于万历十年（1582），自幼即患疯疾。倪《谱》卷一："伯父又以疾痼。"（页2A）

颖异凤慧，生数月即能举手自指其耳。

倪《谱》卷一："伏犀贯顶，居数月，大父漫谓之曰：'尔耳在此，尔目在此。'诘旦问耳何在，即举手自指其耳，盖凤慧天授，胜于香山'之'、'无'二字矣。"（页2A）

本年，邹元标、邢侗四十三岁。董其昌三十九岁。陈继儒三十六岁。叶向高三十五岁。孙承宗三十岁。韩爌二十九岁。米万钟二十五岁。张瑞图二十三岁。文震孟二十岁。王思任十九岁。刘宗周、韩日瓒十六岁。姚希孟十五岁。钱谦益十二岁。黄道周九岁。范景文七岁。王铎二岁。蒋德璟、吴麟征、孙承泽生。

万历二十二年甲午（1594），二岁

幼年家居。倪冻补荆州府知府，在任四月劾罢归里。

父倪冻服阕，补荆州府知府。

［康熙］《荆州府志》卷一三"明知府"："倪冻，进士。"（页23A）

倪《谱》卷一："（万历二十二年）二岁，大父内艰，服阕，补荆州府知府。"（页2A）

案：倪冻是年服阕，入都补官，授荆州府知府。《先考府君行述》："甲午，服阕上。时播酋渐梗，廷臣持剿抚两议匆能决，曰旰衡望府君来，将委郡焉。入国门明日，大司马石公星邀计事……因立条剿策，如移楚抚、调客兵、便转饷、散七姓、分土司数事，曰：'如此犹当费金、米数十万，其不然者，且百万。'司马心非之，曰'剩计耳'……府君力陈父老，愿王阳自处，遂更荆州，而播事他委。"（《倪文贞集》卷一三，页1A）

父倪冻居官仅四个月，即为漕抚所劾罢官。

倪《谱》卷一："（倪冻）居官十有二旬，而漕抚以宿憾弹去之。"（页2A）

《先考府君行述》："盖府君莅荆以月計，辛壬癸甲耳，即无不歌廉暮贾晚也。而他抚臣褚司徒鈇，已露章弹去之矣。先是，江陵相冤杀安庆士吴士奇，多鈇力，府君数口訾之，鈇闻而怨府君。至是，荆从事万君建昆以循良征，鈇媚焉，檄荆镣如干，非例也，既报命，一空函耳。而将命胥至淮，有为之谋曰：'胡不赍？'乃私致戈戈两缣，鈇见大怒，曰：'何儿弄我？'遂奏劾某上交非分，宜镌官。"（《倪文贞集》卷一三，页1A）

案："抚臣褚司徒鈇"即褚鈇（1533-1600），山西榆次人，时任户部尚书兼漕运总督。

秋，父倪冻自荆州罢归，屠隆有诗寄酬。

屠隆《倪使君闻报暂还会稽却寄》："木落天空万壑哀，主恩应许暂衔杯。家从秦望峰峦住，人自若耶烟雨回。钟磬泠泠云里出，芙蓉杳杳镜中开。更闻欲就西湖月，顿使鸥凫入梦来。"（《白榆集》诗卷五，页15B）

案：诗有"木落天空万壑哀""钟磬泠泠云里出"，当是年秋作。屠隆，浙江鄞县人，万历五年（1577）进士，时削籍家居。两人同为浙人，万历八年（1580）同宦松江府。［嘉庆］《松江府志》卷三六"松江府同知"："万历八年，倪冻，上虞人，进士。"（页15A）屠隆万历六年（1578）至十一年（1583）任青浦县知县。当时屠隆闻倪冻需次量移松江同知，颇为不平，其《与倪郡臣》曰："明台江右之政高于古人，天下有耳有目者，其谁不见闻？方期出入琐闼，扬历清华，以茂明德业，用慰父老，是朝廷之所以优劳臣，亦臣子之所以益砥节也。不意蹭蹬于时，仅以需次量移郡贰。一官方迁，四海称屈，乃今复蒙此声也……某闻报骇愕扼腕，腐心虽连，叩阍人思欲一登阶序，问其寒暄，吐其烦懑，而贵体尚在卧病，咫尺不见恩府。俯仰天地，裴徊古今，世路无凭，造物难诘，仕宦如此，真使人竹帛心灰，烟霞念起，谨遣吏恭候贵体无恙。夫风云未期，升沉有命，一官幻泡，人生亦浮。得意恒有可忧，失马安知非福？况公论久而后定，天理晦而后明，伏愿我公以从容宽舒处之。从古贤人君子多于此处着力。"（《白榆集》文集卷七，页17A）二人交谊之厚可见一斑。

倪冻家居，意甚自得，奉祖父倪应薪居郡城，具觞为乐。

《先考府君行述》："然府君意自得，归奉王父盘跚山水，洒洒然。客有怨（褚）
鈇者，辄笑解之：'非褚公，佴那得一日莱舞？君则宜为佴德褚公。'客益服雅量
焉。"（《倪文贞集》卷一三，页 1A）

孙矿《南望倪公墓志铭》："冻奉公居郡城，时具觞为乐。亦间出郊，纵千岩
万壑之观，兴至辄为诗，有陶、韦调，然不甚刻意也。"（《月峰先生居业次编》
卷五，页 59A）

本年，顾宪成、高攀龙等讲学于东林书院，议论朝政，品评人物，"东林"名始著。

万历二十三年乙未（1595），三岁

幼年家居。

本年，大学士赵志皋等极议章奏留中之弊，请尽付有司议行，不理。张国维生。
米万钟、王思任成进士。

万历二十四年丙申（1596），四岁

幼年家居。

朝廷诏求堪任郡守异材，台省以倪冻名上，适姻亲朱敬循主其事，避嫌而止。

《先考府君行述》："居岁余，诏求异材堪受阃外钺、将百万健儿者，台省以
府君名上。而播事方益炽，重庆需守，时家宰及诸大僚急推毂府君，扬言曰：'夫
夫曾策播矣如观火，守畴过夫夫者？'而主爵郎为朱公敬循，于府君同里闳婫也，
引嫌焉，而曰'谁复能古人我矣'，遂止。府君闻而更德之，曰'爱我哉'。"（《倪
文贞集》卷一三，页 1A）

案：朱敬循（？-1618），浙江山阴人。大学士朱赓子。万历二十年（1592）
进士，官礼部郎中，改稽勋，前此无正郎改吏部者，自敬循始。历太常少卿，终右
通政。[嘉庆]《山阴县志》卷一四有传。（页 42B）朱、倪二家姻亲，倪冻长女
许配朱敬循之子。《倪氏宗谱》卷二："（冻）续配兰溪王恭人，生一子：元璞；
二女：长适山阴大学士朱公懿之孙、通政敬循公子韶州通判贞元，幼适尚书徐公大
化子禹英。"（页 103A）

本年，朝廷遣中官分赴各地监收税务，并兼矿务，由是民不聊生，变乱蜂起。
张采生。

万历二十五年丁酉（1597），五岁

幼年家居。幼聘朱燮元女殇，又聘邹学柱女。

嫡母曹太夫人无出，视元璐如己出，常置之膝上口授《毛诗》。

倪《谱》卷一："五岁，曹太夫人幼习毛诗，终身不忘，恒置府君膝间，口授之，故未入塾而诗已成诵。"（页2B）

案：《倪氏宗谱》卷二："（倪冻）配三都曹御史轩辐公女弟，封恭人，赠一品夫人，无出。"（页103A）曹太夫人为诸暨县三都镇人，庠生曹正女。孙矿《南望倪公墓志铭》："冻娶庠生曹正女。"（《月峰先生居业次编》卷五，页59A）

父倪冻随事命对，皆应声立就，不假思索。

倪《谱》卷一："大父每随事命对，因围炉命'红炉白炭'，对'黄卷青灯'；因剪发命'光头和尚'，对'麻面书生'，盖自谓也。皆应声立就，不假思索。"（页2B）又："一日趋庭，大父指水仙使作破对，曰'其臭如兰，其白如玉，春风得意，脱白挂绿'。又一日舟行，大父示句曰'绿水绕青畴'，对'黄花欺碧草'，大父曰不若'彤云龙紫阁'。又一日送客，解衣指腰间金带使破对，曰'若用汝作砺，不下而道存'，大父惊异。"（页3B）

同邑商为正与倪冻乡试同年，两家相邻交好，元璐常随父过访。其长孙商周祚是年中举。

《倪文贞集》卷一二《诰封商母刘太夫人行状》："盖昔吾先大夫与故廷尉燕阳先生，同荐于乡，而交最欢。居又甚近，腹背相倚，中离一涧不可梁，为方舟如席，引绳而渡，时时往来，语笑移日以为常。当是时，先生亚嗣仲文公早殁，冢宰周祚为之长孙，方弱冠，有文章盛名。丁酉里选，先生以其试文示先大夫，先大夫读之，喜形襟袂，连呼曰'必得，必得'！撤棘之旦，先大夫栉洗已，即过先生，曰'吾榜使前驱也'，掀先生髯，笑声未卒而报者至，乃呼酒尽酣而罢。时予方五岁，或拥之太夫人所，太夫人旁午探果饵啖抚之，今忆之宛然。"（页23A）

案："燕阳先生"即商为正（1527-1602），字尚德，号燕阳。隆庆四年（1570）与倪冻同举乡试，隆庆五年（1571）进士，仕至大理寺少卿。事具陶望龄《大理寺左少卿燕阳商公墓志铭》（《歇庵集》卷一七，页1A）。文云"亚嗣仲文公早殁"，指商为正次子商维河（1555-1593），卒于万历二十一年癸巳四月，葬于二十四年丙申八月。陶望龄《内兄商仲文墓碣》："仲文商氏，初讳洛，更名维河，仲文字也。陕西行太仆卿讳廷试孙，大理寺左少卿讳为正子……卒之日犹涤椀手注以饮予，时万历癸巳四月十七日也。于是年三十有九……丙申八月朔日以大理公命奉君枢芝塘湖之山葬焉。"（《歇庵集》卷一八，页35B）"冢宰周祚为之长孙"，指商为正长孙商周祚，是年参加浙江乡试中举。〔康熙〕《会稽县志》卷二○"举人"："万历二十五年丁酉科，商周祚，廷试之孙。"（页 7B）然谓"廷试之孙"则误，应为商为正之孙，商廷试之曾孙。

九月二十四日，胞弟倪元瓒生。

《倪氏宗谱》卷二："元瓒，字献汝，号子园，又号朗斋。会稽贡士。授兵部职方司员外，七征不就，研精典籍，孝养承欢，晚年寄怀诗酒，有陶靖节、陈白沙之风。生万历二十五年丁酉九月二十四日酉时。"（页 107A）

案：倪元瓒（1597-1663）与元璐同为施太夫人所生。《倪氏宗谱》卷二："（倪冻）继配施夫人生二子：元璐、元瓒，以子元璐贵封一品夫人。"（页 103A）

幼聘同邑朱燮元长女，未成年而殇于是年。

《倪氏族谱》卷二："（元璐）聘提学副使朱燮元公女，殀。"（页 104A）

《倪文贞集》卷九《封少师兵部尚书仰思朱公暨配赠夫人赵氏合葬墓志铭》："先是公有女孙即少师冢女，未成人殇者，元璐方生五岁。"（页 1A）

案："仰思朱公"即朱璘，为同邑朱燮元之父。朱燮元长女许配元璐，惜幼年而殇。元璐《复朱公恒岳燮元》题注："公幼聘朱公长女，未及嫁而殇，故为名分翁婿。"（倪安世本《倪文贞集》卷一八，页 1A）虽为"名分翁婿"，然朱燮元对元璐垂青有加，情义甚笃，日后交往甚密。

朱燮元（1566-1638），字懋和，号恒岳。浙江山阴人。万历二十年（1592）进士，历官大理评事、苏州知府、四川副使、广东提学副使等，以右参政谢病归。家居十年，起陕西按察使，移四川左布政使。能谋善断，治事明决。天启元年（1621）受命征讨"奢安之乱"，至崇祯十年（1637）底定西南。累加至兵部尚书兼督贵州、云南、广西诸军务，赐尚方剑。著有《督蜀疏草》《朱少师奏疏》等。《明史》卷二四九有传。（第 21 册，页 6439）

受知于原任吏部尚书陈有年，亟称于同邑邹学柱，邹公以女许之。

《倪文贞集》卷一一《通政大夫山西左布政使肖岩邹公行状》："元璐自成童受知于陈恭介，恭介亟称之公，公见元璐文即慨然许字以女。"（页 13A）

案："陈恭介"名有年，浙江余姚人，时以吏部尚书乞休家居。《明神宗实录》卷二七四："（万历二十二年七月丁酉）吏部尚书陈有年十三疏乞休，乃允着驰驿去，痊可之日抚按具奏起用。"（《明实录》第 67 册，页 1301）邹学柱亦余姚人，时任山东左布政使。元璐所聘朱燮元女是年幼殇，陈有年卒于明年正月，故元璐受知于陈有年并聘邹学柱女，应为本年之事。

陈有年（？-1598），字登之，克宅子。浙江余姚人。嘉靖四十一年（1562）进士，授刑部主事，改吏部郎中，以病辞归。里居十二年，起考功郎，调文选，寻擢太常少卿，晋江西巡抚，为御史论罢归。再起南右金都御史提督操江，迁协院右副都御史，历刑、兵、吏三部侍郎，南院右都御史，特简吏部尚书。著有《陈恭介公文集》。《明史》卷二二四有传。（第19册，页5897）

邹学柱（1547-1635），字国财，号肖岩。浙江余姚人。隆庆二年（1568）进士，知溧阳县，巡抚海瑞荐授礼部仪制司。出守崇德，迁宁州兵备，累迁河南左布政使，调山东，再转山西左布政使，以病告归。屡召不起，年八十九卒。事具倪元璐《通政大夫山西左布政使肖岩邹公行状》。（《倪文贞集》卷一一，页11A）

本年，邢玠率明军支援朝鲜，抗击日军进犯。徐汧、张岱生。

万历二十六年戊戌（1598），六岁

延师课读。

就外傅，读四子五经之书。

倪《谱》卷一："六岁，就外傅。"（页2B）

《倪文贞集》卷一九《与仲弟献汝（四）》："自五六岁时出就外傅，即读四子五经之书，所谓学也。"（页6B）

性奇敏，能文词，作《牡丹赋》数百言。

蒋士铨《倪文正公传》："元璐性奇敏，五六岁即能文词，作《牡丹赋》，识者目以公辅才。"（《倪氏宗谱》卷一四传赞志述，页28A）

倪《谱》卷一："一日侍亲觞花下，退而成《牡丹赋》数百言。不敢呈大父，以呈太夫人，于灯下口自披诵琅琅然，大父自户外闻知推扉入，取视中有'紫则佳人之舞袖，黄如帝治之垂裳'之句，甚悦，谓终不落人后。太夫人亦大喜，举樽相贺。"（页3A）

十一月十三日，祖父倪应薪卒，年七十五。

《倪氏宗谱》卷二："公年七十五岁，卒万历二十六年戊戌十一月十三日戌时。"（页99A）

孙矿《南望倪公墓志铭》："公素有痰疾，万历戊戌十一月七日疾作，深、渠、涑皆自横山来，十三日，公卒，年七十五。"（《月峰先生居业次编》卷五，页59A）

案：倪应薪卒于郡城，"深、渠、涑皆自（上虞）横山来"侍疾、经理葬事。江铎《洙源公（倪深）传》："又八年戊戌，南望公疾，先生衣不解带，药必亲尝，祷天求代，卒未得效……是时先生年五十有五矣，而哀毁骨立，过于孺慕。仲弟雨田公罢荆守归田，经理丧葬之事，禀命于先生，先生曰：'吾不肖，未能荣亲，固汝之事也。'盖先生欲以成弟之孝耳。"（《倪氏宗谱》卷一四传赞志述，页3A）《先考府君行述》："己亥，丁王父艰，府君年已五十余，犹日夜孺子泣，仡仡封树之坏沙拳石，皆出十指，盖府君于此恻恻风木也，无动色毛檄理。"（《倪文贞集》卷一三，页 1A）

本年，倭据朝鲜，邢玠率师讨之，朝鲜平。陈洪绶生。

万历二十七年己亥（1599），七岁

延师课读。

随父月夜舟行，命赋五绝一首。

倪《谱》卷一："（万历）二十七年己亥，七岁，尝随大父舟行，月色皎洁，命赋看舟月，成五绝云：'凭栏看舟月，看月何须仰。水底有青天，舟行月之上。'"（页 2B）

本年，朝廷所派税使、矿监，遭致多地民众反抗。

万历二十八年庚子（1600），八岁

延师课读。

倪冻向塾师叩问所讲《左传》，元璐在旁对之，父亲嘉之称善。

倪《谱》卷一："大父敬礼宾师，夕必共饮。一日，叩所讲《左传》：'右尹子革谓倚相不能近知《祈招》之诗，焉能知远？所谓远者何指？'师不能答。先公从旁对曰：'远者即指上文坟典邱索耳。'大父嘉之，摩顶称善。"（页 3A）

二月，上虞县新安闸建成，倪冻应邑人之请撰文记之。

倪冻《新安闸碑记》："邑之东鄙为包村，环村而田者可万亩，周庐庑列，亡虑百十家。顾湍流迅急，直泻姚江，十日不雨，则田皆龟坼，而桔槔无所复施，民贫争鬻田自给，而田苦旱，直复日损，由是民贫日甚。胡侯治虞三月，而政通人和，于是巡行阡陌，问民疾苦，知包村宜闸状……自丙申嘉平始事，迄庚子如月竣工。其闸尺计之高二十有二，深半之，东西甃石为台，袤四十有五，中为水门者三，袤四十，厚各十尺，子来之众为工五千有奇，用钱五百余缗，皆田受其溉者所自效，官与他乡之民无与焉……里遂名其闸为新安，而征文于余……万历二十四年邑人倪冻撰。"（《倪氏宗谱》卷一四碑文，页 33A）

案："胡侯"即知县胡思伸。［光绪］《上虞县志》卷三："胡思伸，绩溪

人。万历乙未（1595）进士，二十四年任。"（页28A）新安闸为胡思伸倡建，上书卷二三："新安闸，在二十三都，距县东八里，地名包村港。明万历二十四年，县令胡思伸建……胡令自为记，以勒于石……邑人多其功，复乞倪冻为之记。"（页28A）胡思伸所撰碑记及倪冻之文俱载《上虞县志》卷二三。倪冻又有《咏新安闸》诗，见《倪氏宗谱》卷一六，页2A。

本年，李化龙率师进讨播州，播州平。朝廷派往各地税使、矿监成泛滥之势，李三才力陈矿税之害。

万历二十九年辛丑（1601），九岁

延师课读。

三月，商周祚中进士，父倪冻猜中第三人，里中以为美谈。

《倪文贞集》卷一二《诰封商母刘太夫人行状》："辛丑，冢宰试春官，相去几四千里，先生顾已得其文，又以示先大夫，先大夫大惊曰：'几几魁天下乎！'已而报者至，护名状甚坚，不即揭，先大夫方过之，从旁呵曰：'即第三人，何秘乎？'报者错愕，即揭状，果第三人，于是里中以为美谈也。"（页23A）

案："冢宰"即商周祚，［康熙］《会稽县志》卷二〇"进士"："（万历二十九年辛丑科张以诚榜）商周祚，吏部尚书。"（页19B）

商周祚，字明兼，号等轩。浙江会稽人。万历二十九年（1601）进士，授邵武知县，召拜给事中，兼摄数科，典繁理剧，人服其才，累官太仆寺少卿。万历四十八年（1620）巡抚福建，不征民间一钱，擒斩剧盗，抗击倭寇侵扰，离任之日，闽人为之立祠。天启五年（1625）升两广总督，擢南京兵部尚书。以母年老请告归养。崇祯十年（1637），起复都察院右佥都御史，掌院事，次年五月改吏部尚书。疏十二上得放归里，卒。［康熙］《会稽县志》卷二三有传。（页12B）

五月，岳翁邹学柱调任山西左布政使，父亲携元璐送之江浒。

《倪文贞集》卷一一《通政大夫山西左布政使肖岩邹公行状》："忆元璐舞象时，公当之晋，先大夫拏舟挈元璐送之江浒。酒间，公教元璐以文章行谊者凡百十余言，元璐终身诵之。"（页13A）

案："肖岩邹公"即邹学柱，元璐聘其女，详前。文云"忆元璐舞象时"，是年元璐九岁，邹学柱调任山西左布政使。《明神宗实录》卷三五九："（万历二十九年五月）癸丑，以山东左布政邹学柱调补山西左布政使。"（《明实录》第59册，页6713）

九月，朱赓起礼部尚书兼东阁大学士，参与机务，父倪冻着野人服为其送行。

《先考府君行述》："辛丑岁，府君家食已七年，而山阴朱文懿公赓由宗伯大拜起田间。行矣，府君以其子吏部婣，肃野人服送之，且祝之曰：'公自爱，爱我必如吏部君，慎毋露怜才半齿，落野人事。'文懿伛躬谢。"（《倪文贞集》卷一三，页1A）

案：《明史》卷二一："（万历二十九年九月）戊午，前礼部尚书沈鲤、朱赓并兼东阁大学士，预机务。"（第2册，页282）朱赓子"吏部君"朱敬循，与倪冻为儿女亲家。朱赓《明史》卷二一九有传。（第19册，页5779）

每夜读，施太夫人必坐待。

倪《谱》卷一："每府君夜读，太夫人必坐待，及入，问所诵习几何，构若何，得当则探果饵劳之始就枕，以为常。"（页3A）

父倪冻在宅院手植三槐，以公辅期望元璐。

倪《谱》卷一："手植三槐：'我不做，儿子二郎必做。'盖大父以公辅期府君。其后位司农，旧称外辅，则名亦犹公。至尊隆遇，名而不姓，则礼亦如公。及尽节，赠太保，又爵赏三公云。"（页3B）

案：崇祯末年，元璐召还兵部右侍郎，未久升户部尚书，皇上隆遇宠信，名而不姓。倪《谱》卷四："上祀太庙还，又传谕：'讲臣元璐专供讲职。'名而不姓者，惟首辅为然，隆礼异数，举朝眙。"（页20A）

又于前庭手植黄杨二棵，常固无花，然元璐中举、殉节之年二度开花。

倪《谱》卷一："大父尝于前庭手植黄杨二本，杨固无华。万历己酉一华，而府君拔解；崇祯甲申一华，而府君遂志。明年黄杨枯死，似与府君相终始者。"（页4A）

本年，女真族首领努尔哈赤始编部众为平战结合之八旗。刘宗周、商周祚、姚会嘉中进士。

万历三十年壬寅（1602），十岁

延师课读。

本年，李贽以惑乱人心罪系狱，自刎死。祁彪佳生。史可法生。张溥生。李清生。

万历三十一年癸卯（1603），十一岁

延师课读。继聘邹学柱女未结缡而亡。

18

十一月初八日，祖父倪应蕲暨祖母陈孺人合葬于白马湖之兰泽山麓，孙矿撰墓志铭。

孙矿《南望倪公墓志铭》："（倪）铠领正德庚午乡荐，历官南城知县，有高行，祀于学宫。娶徐孺人，嘉靖甲申六月二十三日生倪公。公讳应蕲，字钟甫……公素有痰疾，万历戊戌十一月七日疾作，深、渠、涷皆自横山來，十三日，公卒，年七十五……万历癸卯十一月八日，与陈孺人合葬于邑西白马湖之［兰泽］山。"（《月峰先生居业次编》卷五，页59A）

《倪氏宗谱》卷二："（应蕲）公年七十五岁，卒万历二十六年戊戌十一月十三日戌时，葬二都白马湖之兰泽山麓。"（页99A）

案：孙矿（1543-1613），字文融，号月峰，浙江余姚人，［光绪］《余姚县志》列传一三有传。（页2A）孙矿与倪冻万历二年（1574）同榜进士，又同为绍兴府人。

所聘邹学柱女未结缡而先亡，哀伤久之。

《倪文贞集》卷一一《通政大夫山西左布政使肖岩邹公行状》："忆元璐舞象时，公当之晋，先大夫挈舟挈元璐送之江浒……后又二年，公女未结缡蚤亡，元璐由此披猖失比。"（页13A）

案：邹学柱万历二十九年（1601）调任山西左布政使，其女"后又二年"亡，故系于此，元璐时年十一，略知婚姻之事，故曰"披猖失比"。

本年，冯琦卒。阎尔梅生。

万历三十二年甲辰（1604），十二岁

延师课读。

十一月，季弟倪元瓛生。

《倪氏宗谱》卷二："元瓛，行性十二，又名元瑞，字华汝。郡庠生。心性伉直，至孝，割股救母。生万历三十二年甲辰十一月十□日寅时。配白瓦衕胡氏。"（页109A）

倪廷坚《华汝公传》："先生讳元瓛，字华汝，雨田公季子。雨田公少艰举子，年过强仕始得文正公，而先生又后文正公十一年。"（《倪氏宗谱》卷一四传赞志述，页38B）

案：《倪氏宗谱》卷二："（倪冻）又配杭州李氏，生一子元瓛。"（页103A）

嫡母曹太夫人去世，哀号长恸。

倪《谱》卷一："（万历）三十二年甲辰，十二岁，大母曹逝世。方疾笃时，

搏颡呼天哀号，请代大父得所吁辞，每为长恸。"（页 4B）

案：曹太夫人无出，视元璐如己出。《先考府君行述》："丁未，遂疏起府君琼州，荷俞旨，时璐嫡母曹恭人新逝，而璐犹舞象童。"（《倪文贞集》卷一三，页 1A）"丁未"为万历三十五年（1607），此云"新逝"应为约略言之。

本年，八月，群臣伏文华门疏请修举实政，降旨切责。

万历三十三年乙巳（1605），十三岁

延师课读。

本年，诏罢天下矿税，税务划归有司。屠隆卒。

万历三十四年丙午（1606），十四岁

延师课读。

与从兄倪元珙同学五六年，读书问学，作文赋诗。

《先兄三兰行状》："光禄长元璐九岁，少同学五六年，日一赋宛鸠。"（《倪文贞集》卷一一，页 20A）

八月十五日，知县徐待聘修缮上虞县学宫，邑人感之功德，属倪冻为撰碑记。

倪冻《徐侯修学碑记》："吾虞徐侯已试乐清，有成绩，下车见学宫圮坏，喟然叹曰：'是先圣之所依凭，英才之所聚集，而榱崩栋折，人将厌之，如教育何？'即鸠工庀材，诹日戒事，踰年而告成……侯名待聘，辛丑进士，吴之海虞人。是时学宫颇完美，惟号房则为蔬圃矣。万历三十四年邑人倪冻撰。"（《倪氏宗谱》卷一四碑文，页 35B）

案：［光绪］《上虞县志》卷三"知县"："徐待聘，常熟人。万历辛丑进士，三十二年任。"（页 28A）继任者为王同谦，"三十七年任"。徐待聘万历三十四年（1606）至三十六年（1608）任上虞县知县，在任期间重视教育，修缮学校，据上引《县志》卷三三："（万历）三十五年乙巳，庙门两庑、启圣祠、两斋皆就圮，乡贤祠久废，棂星门与墙垣俱坏，知县徐待聘捐俸发赎次第创修，并建仪门于儒学甬中，以壮雅观。"（页 6B）徐待聘（1555-1626），字廷珍，号绍虹。南直常熟人。万历二十九年（1601）进士，仕至陕西按察使。［乾隆］《苏州府志》卷六三有传。（页 7A）

本年，大学士沈一贯、沈鲤致仕，朱赓独当国，疏揭月数上，然十不一下，朝政日弛。

万历三十五年丁未（1607），十五岁

延师课读。父倪冻补琼州府知府。

父倪冻起补琼州府知府，上疏乞辞，不允。

《先考府君行述》："丁未，遂疏起府君琼州，荷俞旨。时璐嫡母曹恭人新逝，而璐犹舞象童，府君雅不欲出，曰：'家孽如此，谁潦倒支蛮烟瘴雨者？'因上疏辞，不允。铨部且促驾急，不得已驱车就道，然犹次且岁余也。"（《倪文贞集》卷一三，页1A）

案：〔光绪〕《琼州府志》卷二三"知府"："倪冻，上虞人。"（页28A）

倪冻将行，为二子元璐、元瓒各延一师，分塾而课，并留训以戒。

倪《谱》卷一："时大父……乃就道发，留训以戒。训曰：'示璐、瓒两儿：两儿举业正当成毁之间，工夫不可一日错过。吾今各延一师，分塾而课之，宜时体吾心，时忆吾言。凡所立日程，毋得卤莽作辍，自堕恶趣，为不孝之子……宜导吾儿，使为善士，非礼之事勿使见，非理之事勿使闻，非系正事，勿入此堂。如或谑浪笑傲，道世情淫靡，说他人短长，又或以杯酒冶游，牵拉师傅，致妨吾儿之功者，皆非端人，吾儿宜谨绝之。凡任长善救失之责者，宜省于斯。'此训府君恒奉以诲勖子孙，故不敢遗一字。"（页4B）

曾有梦苏轼授书字笔法。

黄道周《书倪文正公帖后》："尝戏问鸿兄少时作何梦晤，公云：'吾十四五时尝梦至一亭子，见和仲（苏轼）举袖云：吾有十数笔作字未了，今举授君。'和仲亦逸少才，其深到奇隽，未必如公。然自晋宋上下，惟逸少、和仲通公一身耳。"（《黄道周集》卷二三，页993）

从兄倪文熺年二十考取县庠生。

《心韦公传》："（文熺）公幼颖悟，读书过目成诵，弱冠采芹，即以匡济天下为志，洙源公喜有传经，甚钟爱之。性豁达，虽不于拘小节，然凡所为必轨于正。"（《倪氏宗谱》卷一四传赞志述，页39A）

本年，陈大绶任浙江提学副使。于慎行卒。姜采、宋玫生。

万历三十六年戊申（1608），十六岁

延师课读。

陶望龄复书倪冻，言及元璐，"贤郎少年颖脱，文价甚高"。

陶望龄《答倪雨田太守》："翁丈宏猷远局，宜近处股肱地，令缓急可恃赖者，海甸壮游，聊为之兆，然国家饥渴贤才之道，不宜尔也……弟孱劣日甚，加以家慈多病，寝宿医经药裹之中，况味可知。身似邓攸，鬻绂梦兰，徒成虚语，仰孤厚爱，如何可言？贤郎少年颖脱，文价甚高，并以为贺。诸不一一。"（《歇庵集》卷一二，页17B）

案："倪雨田太守"即倪冻，书云"海甸壮游，聊为之兆"，可知倪冻时在琼州府知府任上。又云"贤郎少年颖脱，文价甚高，并以为贺"，指元璐少年而有声名。陶望龄（1562-1609），字周望，号石篑，浙江会稽人。万历十七年（1589）会试第一、廷试第三，仕至翰林院待讲乞归侍养。时有诏起为国子监祭酒，望龄以母老身病乞辞。事具陶奭龄《先兄周望先生行略》。（《歇庵集》卷末）

十一月，朱赓卒，年七十四。

《明史》卷二一："（万历三十六年）冬十一月壬子，朱赓卒。"（第2册，页287）

案：朱赓入阁七年，独当国二年，力请皇上更新庶政，对增阁臣、补大僚、充言路三事语尤切，皇上优诏答之而不行。朝政日弛，攻讦四起。及赓卒，赠太保，谥文懿。《明史》卷二一九朱赓传："赓醇谨无大过，与沈一贯同乡相比，昵给事中陈治则、姚文蔚等，以故蒙诟病云。"（第19册，页5779）

本年，朵颜寇蓟州，京师戒严。陈子龙生。

万历三十七年己酉（1609），十七岁

秋，浙江乡试中举，第六十六名。新婚，迎娶陈氏。

是年郡、县、监司三试皆第一。

倪《谱》卷一："府君夙成，而大父初不令应童子试，谓当待其惊人而鸣，嚄唶何益？至是郡、县、监司三试皆第一。"（页5A）

八月，应浙江乡试，主考官编修黄国鼎、刑科给事中周曰庠。

《明神宗实录》卷四六一："（万历三十七年八月）编修黄国鼎、刑科给事中周曰庠典浙江。"（《明实录》第62册，页8697）

《国榷》卷八一："（万历三十七年八月）（主试）浙江编修黄国鼎、刑科给事中周曰庠。"（第5册，页5009）

案：黄国鼎，字敦柱，号九石，福建晋江人。万历二十六年（1598）进士，授翰林院编修，三十七年（1609）典试浙江，得士九十人，多登第。仕至左谕德

兼翰林院侍讲。［乾隆］《泉州府志》卷四四有传。（页59B）

周日庠，字时化，号文所，江西临川人。万历五年（1577）进士，初授武昌知县，召拜刑科给事中。仕至大理少卿。［光绪］《临川县志》卷二二之二下有传。（页10A）

中举第六十六人，所在诗四房，房师为蔡思充。

倪《谱》卷一："（万历三十七年）是秋，遂领乡荐六十六人。时主试者，为翰编晋江黄公国鼎，给谏周公曰庤［庠］。分考诗四房者，东阳令漳浦蔡公思充也。督学使者则陈公大绶也。"（页5A）

《壬戌同年序齿录》"倪元璐"："己酉乡试六十六。"（页177B）

案：明代乡试一、二、三场的开考日期分别为八月初九、十二、十五。元璐治《诗经》，诗四房主考官为蔡思充，时任东阳知县。［康熙］《漳浦县志》卷一五："（蔡思充）己酉分考，得倪元璐于稚龄，卒为名臣。"（页50A）时浙江督学为陈大绶。

蔡思充（1559-1642），字宝卿，号元岗。福建云霄人。万历三十五年（1607）进士，初授东阳县令，有廉名。三十七年（1609）任浙闽分考，赏拔稚龄倪元璐。擢刑科给事中，历转礼、工、户科，升太常、光禄二寺卿，告归。寻起南太常寺卿，升刑部侍郎，晋工部尚书，移刑部。崇祯二年（1629年），起复南京工部尚书，再移刑部。十五年（1642）六月，因病乞归，卒于途中。［康熙］《漳浦县志》卷一五有传。（页50A）

陈大绶（？-1622），字长卿，一字端卿，号赤石。江西浮梁人。万历二十三年（1595）进士，授泾县知县，造士抚民，循声四达，止珰开矿，邑赖以宁。升工部主事，调兵部职方郎中，授浙江督学，晋常镇兵备道，寻移闽海，告养归里。天启初起尚宝少卿，转太仆寺少卿，以疾卒于官。［道光］《浮梁县志》卷一三有传。（页47A）

举业文《星会楼稿》盛传都下，一版再版。

倪《谱》卷一："府君时已有《星会楼稿》，盛传国门。市人因之贾利，摹印至三万余，板字漫灭，重锲者再。行卷之广，向所未有也。"（页5A）

案：《倪氏宗谱》卷二："（倪元璐）所著有《星会楼文稿》。"（页104A）又卷一六："（倪）文正公《星会楼文稿》。"（页1B）《星会楼稿》为举子之作，亦即科举行卷。《陔余丛考》卷三三"刻时文"："自王房仲选程墨始，其后坊刻渐众，大约有四种：曰程墨，则科场主司及士子之文；曰房稿，则十八房进士之旧作；曰行卷，则举子之作；曰社稿，则诸生会课之作。每科房考之刻，皆出于苏杭，而北方贾人市贾以去，天下群奉为的矣。"（页2B）

既得隽，适父倪冻入京大计顺道过家，遂萌生退意。

《先考府君行述》："会当大计，盖岁己酉，而璐以是秋谬乡荐云，府君归，

而曰：'鸡肋，即不得烦班头兀马长安道，我怜汝鬈弗解客也，当向导汝。'"（《倪文贞集》卷一三，页1A）

案：明例，外官三年一考察，即大计。万历三十八年（1619）大计外吏，倪冻在琼州知府任上，入京顺道省亲归里。倪冻守琼州三年，号称大治，"推卓异第一"。[光绪]《琼州府志》卷三〇"宦绩"："琼州滨海，有港可田，（倪冻）募民兴筑，得田千亩，官司其佃其半，赡诸生膏火；以其半储之备荒仓，嗣后遇浸岁，民赖以无忧。祀名宦。"（页41B）倪冻年老日衰，念家日甚，二子尚幼且值举业课读关键之时，自己却远宦数千里外；但更主要的原因，是姻亲朱赓上年卒后，朝中修隙者群起攻讦，包括倪冻等十多名浙籍官员亦受牵连，故元璐中举后倪冻萌生了退意。

娶妻陈氏，为余姚长芦盐运使陈启孙女。

《倪氏宗谱》卷二："（元璐）配余姚中丞陈公克宅孙齼使启［孙］女，封一品夫人，生四女：长适诸暨进士寿公成美子孝廉自达，次适山阴尚书王公业浩子袭锦衣百户贻杕，三适山阴通判朱公贞元子溧阳令正色，幼适拜王桥进士胡镐。"（页104A）

案：蒋士铨《倪文正公传》："盖公孝廉时娶冢宰陈有年女。"（《倪氏宗谱》卷一四传赞志述，页28A）具体娶妻时间未详，据"盖公孝廉时"之语，应在元璐中举之时或稍后。

新婚妻子陈氏为浙江余姚人，长芦盐运使陈启孙女。陈启孙为陈克宅长孙、陈有勋长子。陈克宅（1475-1541），字即卿，号省斋，正德九年（1514）进士，官至都察院右副都御史。陈有勋（1510-1586）为陈克宅长子，官光禄寺大官署正。陈有年《伯兄署正公暨嫂张硕人行状》："署正公讳有勋，字符之，别号报愚，晚更号曰安愚云……丙戌十月得寒疾，以月之二十一日不起，距生正德庚午九月二十四日，享年七十有七……男五：启孙，伯兄得之晚，比不佞郎考功，始奏补荫生，需其长也，今为袁州府通判，娶徐宪副九皋女。"（《陈恭介公文集》卷八，页36B）

本年，水旱蝗灾几遍全国。倭寇温州。吴伟业生。

万历三十八年庚戌（1610），十八岁

正月，公车入京会试，下第。
正月，公车入京，父倪冻随同至京大计。

倪《谱》卷一："（万历）三十八年庚戌，十八岁，正月，公车至都。"（页5B）

《先考府君行述》："会当大计，盖岁己酉，而璐以是秋谬乡荐云。府君归……乃携璐入春明。"（《倪文贞集》卷一三，页1A）

参加会试，下第。房师评曰："英年异质，惜末艺未称。"

倪《谱》卷一："家世俭朴，大父遗之故裘不能御朔风，棘漏夜二十刻，疾作迅书而出，不获与浓淡及简废牍。房考评曰：'此必英年异质也，惜末艺未称，暂抑以老其才，需大就耳。'"（页5B）

案：古时一刻约十五分钟，"二十刻"为五小时。元璐因旧棉裘不能御寒，疾书试卷而出，因"末艺未称"而落榜，"末艺"指书法。明代科举重书，亦风气使然。谢肇淛《五杂俎》卷一五："省试南宫，皆以文字为主，至廷试则必取字画端楷无讹者居首，以便进御宣读也。"（页284）

京中大计，倪冻竟以才不及落职。

《先考府君行述》："乃携璐入春明，既不复能割寸缣贽京贵人，出怀中刺又漫漫落落，曰'我散人耳'。比当衡议去留，其铨郎悸而曰：'宁时局是狗，曷褫之。'其冢宰憖而曰：'宁公议是矜，曷縻之。'于是乃以才不及落，三官犹为首鼠其间云。"（《倪文贞集》卷一三，页1A）

案：是年外官大计，主事者为吏部尚书孙丕扬。《明史》卷二二四孙丕扬传："（万历）三十八年大计外吏，黜陟咸当。又奏举廉吏布政使汪可受、王佐、张恕等二十余人，诏不次擢用。"（第19册，页5900）倪冻守琼州号称大治，"粤抚、按臣交章推卓异第一上"，而大计结果竟以才不及落职，显然受故相朱赓牵连，故主计之"三官犹为首鼠其间"。

下第后游西山，赋诗言怀。

倪元璐《游西山诗》："……自怜去此处无家，何事山容带离别。殷勤不许青山归，赢得山留话三夕。溪泉代酒瓮伐觞，数巡之后颜亦赤。据地呼童扫片石，大书东越云门客。"（故宫博物院藏，《中国古代书画图目》第21册，页255）

案：此诗见故宫博物院藏倪元璐行书自书诗卷，有倪元璐、黄景昉、闪仲俨、倪会宣等诗，倪诗有跋："右余十八岁庚戌上公车游西山作也。初不存草，昨偶于故友败筐中见之，恍然梦寐。然其声体固犹儿喙雏飞，老不能进，而少已不强如此，书此博粲。元璐。"倪会宣为元璐从侄，《皇清书史》卷七："倪会宣，字尔猷，号恒园，上虞人。明文贞公元璐子，工隶书。"（页2A）误以会宣为元璐子。

弟倪元瓒入学，试辄冠军。

［光绪］《上虞县志》卷九："元瓒，字献汝，元璐同母弟。年十三，试辄冠军。其学以守身事亲为本。"（页30A）

本年，东林党人遭攻讦，攻东林者亦被称齐、楚、浙党。上谕群臣各修职业，勿彼此攻讦。黄宗羲生。

【诗文系年】

《游西山诗》。

万历三十九年辛亥（1611），十九岁

里居读书。

八月二十八日，大伯倪深卒，年六十七。邑人私谥"贞懿先生"。

《倪氏宗谱》卷二："公年六十七岁，卒万历三十九年辛亥八月二十八日未时。"（页99A）

案：江铎《洙源公传》："疾革之日，沐浴正衣冠，危坐与诸子曰：'善为之，毋堕先志。'瞑目而逝。四方之吊者，渍酒生刍，日陈不绝，里人无大小，皆叹惜之。先生迹今道古，学正行纯，有太丘之高，眉山之雅，虞之君子私谥之曰'贞懿先生'，可为善谥者矣。"（《倪氏宗谱》卷一四传赞志述，页3A）

陈继儒见元璐所书诗扇，惊叹"仙才"。

倪《谱》卷一："客有携府君书扇九日诗游云间者，征君陈公继儒见之，惊叹以为仙才，遂赫蹏致殷勤身之，由是声誉日盛。"（页6A）

案：倪元璐《赠修上人》诗注："先生孟年诸作，便已惊倒一世。云间陈仲醇遥语王季重曰：'鸿宝人中龙也，不谓同时乃有此人。'"（《倪文正公遗稿》卷二七言律，页7B）陈继儒（1558-1639），字仲醇，号眉公。南直华亭人。工诗善文，兼能绘事。江南名士，名满天下，隐居于松江东畬山，屡诏征用皆以疾辞。《明史》卷二九八有传。（第25册，页7631）

借居上虞县兰芎山福仙寺，读书于此。

王振纲《三公祠碑记》："余家世居梁湖村，距兰芎山半里，暇则登览焉。忆少年时随先中翰公游，公好咏，值古迹必延立指示。山有泉清且冽，曰'此晋葛仙稚川炼丹池也'；寺有室静且幽，曰'此明倪公鸿宝读书所也'；及登峰遐眺，舜江如练，横亘山麓，有石嶻然，俯临江岸，望之使人作飘然遗世想者，曰'此刘宋隐士吾家方平公钓台也'……嗣于岁丁未卜吉，庇材葺寺之后院，移葛、倪二公像，而以方平公配焉。"（[光绪]《上虞县志》卷三一，页30B）

案："丁未"为道光二十七年（1847），邑人王振纲于上虞县兰芎山福仙寺捐建三忠祠，祀葛洪、倪元璐、王方平像。

本年，冒襄生。

万历四十年壬子（1612），二十岁

里居读书。

时父倪冻在家闲居，夜必侍饮，饮时父必教一事。

《先考府君行述》："府君于家，国务无所不腹画。元璐夜必侍府君饮，府君饮必教元璐一事。凡听其言，策寇如提婴，策边堡如布篱壁，策兵事通晓诸脱兔环龟，法如捽蚁……至于鞭杖履屣、醯粢酰卤之属，亦各有部署，不率尔置之。未尝解目语额瞬，而谈人意中了了，如曼倩猜郭舍人谜、射上林枣，无遁情者。"（《倪文贞集》卷一三，页1A）

本年，兵部请严海禁。邢侗卒。

万历四十一年癸丑（1613），二十一岁

公车入京会试，再下第。原配陈氏失礼于母，出之外宅，续娶王氏。

一月，再上公车入京会试，落榜。会试总裁为大学士叶向高、吏部左侍郎方从哲。

倪《谱》卷一："（万历）四十一年癸丑，二十一岁，再上公车，不第。"（页6A）

案：《国榷》卷八二："（万历四十一年二月）大学士叶向高、吏部左侍郎方从哲主礼闱。"（第5册，页5059）

下第后出春明门，赋诗二首。

《倪文贞集》诗卷下《出门》："出门竟不使春知，怕有看花人作诗。釜为章邯徒破耳，剑当雷焕未逢时……""喉头一缕气如箦，自去春明门外吹……骨是英雄应有泪，几人能读孟郊诗。"题注："万历庚戌。"（页1B）

案："庚戌"为万历三十八年（1610），《倪文正公遗稿》卷二亦载此诗，注曰："此癸丑淡墨再遗之作也。"（七言律，页3A）即作于万历四十一年（1613），此从《遗稿》。《倪文贞集》为元璐曾孙倪安世校定，所注人名、时间常有讹误。

春，乡试座师黄国鼎子黄日燡来书。

《尺牍逸稿》卷五《与黄世兄日燡》："自吾夫子昶其天罗，棘于笼畜，误骨为骏，借尾益貂，则弟所由抢榆枋而决起也，诚施重山岳、义足灰没者。自癸丑之春于邸中一奉函几……"（页31A）

案："黄世兄日燡"即黄国鼎子。［乾隆］《泉州府志》卷四四黄国鼎传："子

爨冠，出其所冠时衣衣之曰：'此吾冠而祖衣我者也。'"（页59B）又卷三八："黄日爨，邑庠生，以子中通贵，赠通议大夫。"（页32B）书云"自吾夫子昶其天罗，棘于笼畜"，即指黄国鼎主持浙江乡试事。上年冬，黄国鼎被劾罢职回籍，《明神宗实录》卷五○二："（万历四十年闰十一月）庚辰，吏部奏被论各官，有旨命臣部从公分别去留，除三品大臣例候圣裁，如南京兵部尚书黄克缵、礼部侍郎史继阶假回；吏部侍郎王图外；南赣巡抚牛应元、顺天府尹袁奎、应天府尹刘日升、左谕德黄国鼎俱应回籍调理。"（《明实录》第63册，页9522）时元璐会试再下第，或黄日爨来书慰之。

原配陈氏失礼于母，出之另居别宅，有田数顷尽给之。

《倪文贞集》卷一一《通政大夫山西左布政使肖岩邹公行状》："忆元璐舞象时，公当之晋，先大夫挈舟挈元璐送之江浒……后又二年，公女未结缡蚤亡，元璐由此披猖失比。十年之后，变起帷帘，于是中伤，有逾恒恸。"（页13A）

案：原配陈氏出自余姚望族，四世科第连绵，簪缨相继，从祖父陈有年官拜吏部尚书，于元璐有知遇之恩。然陈氏"以贵介故，失礼于姑"，引起施太夫人不满。据上引《肖岩邹公行状》，"十年之后，变起帷帘"，当指本年。

元璐因母命出原配陈氏之具体情形，诸书说法不一。蒋士铨《倪文正公传》："盖公孝廉时娶冢宰陈有年女，以贵介故，失礼于姑，公凛母命，不得已出之，约略如陆放翁出妇故事，而以所受郭数顷尽给之，俾长斋绣佛以老。"（《倪氏宗谱》卷一四传赞志述，页28A）又《玉堂荟记》卷下："陈氏之出，以姑妇不和之故，倪实有所难处于其间也。故登科录中序列二人，而请封则并其王氏，而虚之或待陈之没，以王为继室，或待母百年后，更图完聚，皆不可知。"此时陈氏已生四女且俱年幼，元璐因母命出之实非得已，故未明确决绝夫妻名分，仅另居别宅，并分给名下数顷田地。如此处置"未免牵濡"，虽免绝情之责，但对日后仕途发展带来极大风险，予攻讦者以口实。同乡前辈刘宗周看得很明白，倪元璐《与倪元瓒（五）》云："刘念翁是否初三日入里门，此老真圣贤，向只信为清孤，今始知其无所不有。其所议吾者，惟云此事心本无愧，人亦共明，即不早奏闻亦无关碍，人之求之原不为此，惟是其自处未免牵濡，住居本宜隔别，何当犹使得承慈息，即微人言，亦无以昭示子孙。斯语吾甚愧之，所以急议更端，非为谢彼浮言，正是惕于正论耳。"（故宫博物院藏，《中国书法全集（倪元璐）》，页132）"刘念翁"即刘宗周。清人山阴平步青《霞外攟屑》亦云："出妻乃人伦不幸之事，文正伟人，何以有此？孔昭受温唆使攻讦不必辨，观公书中刘忠瑞所言，知文正自处于理未为至当，开小人之隙，未为无因也。"（卷四，页16A）

续娶王氏，约于此年。

《鸿宝应本》卷六《寿外母节褒王〔母〕袁太孺人六十序》："余外母王太夫人之以苦节著称里闾，垂三十年，余幸得为太夫人婿，亦既二十年，习闻太夫人之义，顾尝揽髭自叹。嗟乎！元璐幸得为男子，束发读书，逾壮登仕，凡十数年来，鱼雅股随，有同茅槁，安所得一事骨升气立，仿佛太夫人千一者乎？太夫人及笄归石谷先生，先生笃行专读，不事家产，挟策上帝京，遂以客化。当此之时，太夫人年未三十……而余妇王安人即太夫人季女，当余备员史局，中多感慨，狂态时兴，指画所形，动触威贵……"（页46A）

案：倪序约作于崇祯五年（1632），文云"余妇王安人即（袁）太夫人季女"，六品官之妻封安人，元璐崇祯六年（1633）升左谕德（从五品），例封宜人，倪文既称"安人"应作于此前。再云"余幸得为太夫人婿，亦既二十年"，由崇祯五年（1632）前推二十年，则元璐续娶当在本年（1613）。蒋士铨《倪文正公传》："公凛母命，不得已出之（陈氏）……旋娶于王。"（《倪氏宗谱》卷一四传赞志述，页28A）与此契合。又王氏夫人之生年，诸书未详。据［光绪］《上虞县志》卷一一："（倪会鼎）母年九十余，会鼎年亦七十，衣皆不纯采。"（页2A）会鼎生于天启元年（1621），时生母王氏二十余岁，前推可知约生于万历二十七年（1599），本年十五岁，恰为及笄之年。

章大来《偶阳杂录》："鸿宝先生初娶陈，以他事不合，复娶王。王当字人久矣，其父母欲嫁官人，遂字倪，临遣时王氏妹失言于众曰：'姊字人有年，通国皆知，倪所娶某也，姊安得往？'父母皆出于不意，相顾愕然，遂易遣次女，而先生亦无可奈何。"（页10A）元璐所娶为王氏次女，倪文"余妇王安人即太夫人季女"可证，惟此时其父石谷先生已逝，不应有"其父母欲嫁官人"之事。据倪文，其父石谷先生游学京门，卒于客舍，"当此之时，太夫人年未三十"，则王父约卒于万历三十年（1602）。

本年，两畿、山东、江西、河南、湖广、辽东大水。顾炎武生。

【诗文系年】

《出门》。

万历四十二年甲寅（1614），二十二岁

里居读书。父倪冻卒。

二月初七日，弟倪元瓒长子会旭出生。

《倪氏宗谱》卷二："会旭，行善十二，字尔升，号野鹤，又号樵叟，又号震阳。会稽庠生。蕴璞含真，克自砥砺。生万历四十二年甲寅二月初七日午时。配白衙衎刑部主政胡应陆公女……公年五十五岁，卒康熙七年戊申十月十八日未时。"（页107A）

案：倪会旭（1614-1668）为元瓒长子。

秋，父倪涷游览杭州归，饮食不甘，医药不效，病榻不起。

《先考府君行述》："甲寅秋，自武林山水还，忽不甘匕箸，减餐，已又减，已又大减，至啜糜一盂。医数辈罄笼裹不效，祈祷四出不效，璐兄弟搏颊叩天，请身代又不效。"（《倪文贞集》卷一三，页1A）

十二月二十四日，父倪涷卒于家，年六十六。

《先考府君行述》："其始顾犹能策杖门外，对客浮白呼卢也，于辜月之念二日日南至，据榻不能起，于嘉平之念四日昏定，忽神彩焕发，呼璐起掖坐，璐全体支府君背，瓒、瑊罗侍榻下，府君则端坐垂拱，如有所对者。已，顾璐微笑，瞑矣……卒之先一夜，梦赭衣员数百，骊旃铠仗如林，肃冠一、袍一、舆一，促驾去，云当授显职，觉而光摇摇在目也。府君居恒自言曰'死当为神'，岂其验与！"（《倪文贞集》卷一三，页1A）

《鸿宝应本》卷一七《讳辰祭先大人文》："呜呼哀哉！彼一时者，实惟嘉平。辛丑之夜，内迫而兴。如决枯堤，而胡以任。终宵吃吃，一梦千醒。且医入胗，六胍如沉。以手扪之，鼻冷犹冰。呜呼哀哉！数人形影，床头鼠蹲。魂离身丈，不魇而惊。猥云庶几，百死一生。惟兹謦咳，似犹有神。晷当亭午，风飙雨零。有葬师来，与语津津。商水量沙，琅然有声。膝关不守，遗水及茵。慰儿曰喜，是为吉征。呜呼哀哉！岂为吉征，殆海将倾。昏黄金熟，索糜且频。群掖而起，三子持衾。半匙未举，双瞳上瞪。急而投剂，犹能以唇。一丝不续，万呼莫应。"（页13A）

案：《倪氏宗谱》卷二："（倪涷）公年六十六岁，卒万历四十二年甲寅十二月二十四日□时。葬二都兰泽山父茔之次。所著有《会心录》《星会楼集》《船政新书》《经济管窥》《理学度针》《保民更化录》《闲闲堂吟》行世。"（页103A）著述颇富，仅《船政新书》四卷传世，《直道编》卷一收有其任安福县知县所作诗文。

倪涷之逝，诸子哀毁过礼，少子元璐年方十一。

倪《谱》卷一："（万历四十二年）冬十二月，大父厌世，府君哀毁过礼，迄今读丧祭诸辞者，犹泣数行下。"（页6A）

倪廷坚《华汝公传》："先生讳元璐，字华汝。雨田公季子……雨田公逝，先生始七岁，哀毁过成人，亲党吊者，莫不哀怜为增泪。"（《倪氏宗谱》卷一四传赞志述，页38B）

案：《鸿宝应本》卷一七《讳辰祭先大人文》："三嫠四孤，呼天血洒。所不忍言，彼一时者。"（页13A）所谓"三嫠"，其凡五娶，原配曹氏卒于万历三十二年（1604），续配王氏、继配施氏、又配扬州杨氏及杭州李氏，其中当有一人卒于父前；"四孤"指元璞、元璐、元瓒、元璪。又，据《倪氏宗谱》卷二，元璐生于万历三十二年（1604），本年十一岁，《华汝公传》云"（元璐）始七岁"，误。

亲撰父亲倪涷行述。

《先考府君行述》："府君少壮，眉目姣好如画，五十，丰颐层额，尝手鉴自藻曰：'此庸不当耄耋耶。'而才享年六十有六。天乎痛哉！……而当世所咻咻府君者，如留京司马门石、《江右复古院志》《直道编》《刘氏邮忠录》，诸所载船政及江陵刘御史事如指掌，夫其人自为乘，岂饰说私好哉？若乃生平轶行，尚有元璐不能知而海内名公知之者，倘不秘如椽，饷只字润冢中枯，先大夫死且不朽，即元璐辈一旦蓐蝼蚁，其以是对先大夫矣，亦死且不朽。"（《倪文贞集》卷一三，页1A）

本年，大学士叶向高致仕。

【诗文系年】

《先考中议大夫雨田府君行述》。

万历四十三年乙卯（1615），二十三岁

赴江西，拜谒父执邹元标。

二月，僧德光上人募修杨梅坞，为题募缘册。

《鸿宝应本》卷一五《德光上人修杨梅坞缘册引》："今杨梅坞千三百年中兴，倚光比丘、赖光比丘使和尚性子，诸善信撑措大眼孔。而此憨和尚，沿门乞米，仗啼儿力，而彼莽措大，信口说法，唱不女音，亦请居士随众下一撺掇。于是元璐搏颊忏悔，操疏告十方曰：'咦！大众须还和尚，这和尚一座刹子，在大众纸裹中，愿大众勿疑布施，只破些子悭，讨它七宝库中天大利钱去。'万历乙卯清和日。"（页45A）

案：文末署曰"万历乙卯清和日"，应是年二月作。清和多指农历二月，亦有指为四月。袁枚《随园诗话》卷一五："张平子《归田赋》：'仲春令月，时和气清。'盖指二月也。小谢诗因之，故曰：'首夏犹清和，芳草亦未歇。'今人删去'犹'字，而竟以四月为'清和'。"（页507）德光上人募修杨梅坞，或即杭州之杨梅坞。《西湖志纂》卷五："杨梅坞，在南山，近瑞峰坞。《天中记》：'坞内有一老妪姓金，其家杨梅甚盛，所谓金婆杨梅是也。'苏轼《答参寥惠杨梅诗》：'新居未换一根椽，只有杨梅不值钱。莫共金家较甘苦，参寥不是老婆禅。'"（页24A）"德光上人"，未详其人。

赴江西吉水问学于邹元标，且为父乞墓铭。

倪《谱》卷一："（万历）四十三年乙卯，二十三岁。间关吉水，乞志铭于邹忠介公元标，以公负天下重望，与大父同官驾部，又皆江陵逐客，称患难交，故不远千里云。"（页6A）

倪元璐《望庐山云封其顶怅甚》诗注："万历乙卯，公至吉水，问学于邹公，且为父琼州公乞铭焉。"（《倪文贞集》诗卷下，页5A）

案：邹元标负天下重望，时里居讲学已二十多年。倪冻与邹元标为患难交，且与赵南星等东林党魁颇有渊源。《先考府君行述》："初府君甲戌释褐，出东阿于文定公之门，志节盖与赵公南星相伯仲，遂道义缔结。而邹公元标则患难交也，既又同官驾部，晨夕过从，互相劘切，故府君自言：'吾生平学问得梦白、南皋之助居多。'"（《倪文贞集》卷一三，页1A）倪冻与赵南星、李三才同出于慎行门下，倪元璐《拜于文定公墓》诗注："东阿于文定公名慎行，万历甲戌分校礼闱，琼州公为所取士，同门如赵忠毅南星、李淮抚三才其最著者也。"（《倪文贞集》诗卷下，页14B）

倪冻与邹元标二度交集：一次是万历二年（1574）至五年（1577），倪冻为安福县令，邹元标尚未中进士，深得王守仁心学真传，在里讲学，黄道周《三兰倪公墓志铭》："鸿宝公父雨田公，为安福令，与南皋公朝夕论道者也。"（《倪氏宗谱》卷一四墓铭，页20A）二是万历十二、十三年（1584、1585）倪冻为南京兵部车驾司主事，邹元标谪南京刑部照磨，不久迁兵部主事，两人"同官驾部"，过从甚密。元璐此行，一为问学于父执，更主要的是为父乞墓铭，然邹元标似未撰写墓铭。

邹元标（1551-1624），字尔瞻，号南皋。江西吉水人。与赵南星、顾宪成并称东林党首领。幼有神童之称，九岁通《五经》，万历五年（1577）中进士，观政刑部。张居正夺情，抗疏切谏，廷杖八十，发配贵州都匀卫。谪居六年，元标处之怡然，潜心钻研理学，学以大进。十一年（1582），召拜吏部给事中。多次上疏抨击时弊，上怒甚，遂谪南京刑部照磨，迁南兵部主事。召改吏部，陈吏治十事、民瘼八事，再调南京吏部员外郎。以疾归，居家讲学近三十年，名高天下。召为刑部右侍郎，改吏部，进左都御史，建首善书院，集同志讲学，被交章劾去，卒于家。崇祯元年（1628），谥忠介。事具《明史》卷一四三本传。（第21册，页6301）

过庐山，云封其顶，怅甚有诗。

《倪文贞集》诗卷下《望庐山云封其顶怅甚》："天风不下岭云蒸，欲识庐山竟未能。料是加冠延汲黯，谁为发被写姜肱。见龙无首庸非吉，食马至肝元不应。要已相逢通半面，莫教胸本漏嘉陵。"诗注："万历乙卯，公至吉水，问学于邹公，且为父琼州公乞铭焉。"（页5A）

案："万历乙卯"即本年，而《倪文正公遗稿》诗注曰："此丙辰赴江右谒邹南皋先生时作也。"（卷二七言律，页4A）"丙辰"为万历四十四年（1616），此从《倪文贞集》。

十二月二十四日，父亲周年讳辰，撰文祭奠。

《鸿宝应本》卷一七《讳辰祭先大人文》："父胡忍儿，而长捐舍。一瞬及期，羲驱如马。三嫠四孤，呼天血洒。所不忍言，彼一时者……呜呼哀哉！未闻失怙，而堪一载。别有春来，盖云火改。碧落黄泉，魂兮安在？庄生有言，揭竿求海。呜呼哀哉！老圃栖骸，何殊野掷？此暴彼埋，谁为长夕？白马之隈，凿深五尺。厥土惟朱，涂黄点白。千樯万春，匪汞伊石。秋以为期，请归斯室。"（页13A）

案：倪冻卒于上年十二月二十四日，此文作于周年讳日，据"未闻失怙，而堪一载"可知。又云："白马之隈，凿深五尺。厥土惟朱，涂黄点白。千樯万春，匪汞伊石。秋以为期，请归斯室。"墓地为父亲生前卜定，选在上虞白马湖之冈，"凿深五尺"，定于明年八月落葬，故曰"秋以为期，请归斯室"。

又撰文为父亲作佛事超度。

《鸿宝应本》卷一七《小祥荐先大夫疏》："爰念父某，趣不堕鬼，戒亦如僧。尝以宰官身，种异熟果，从无童女舌，谤如来缘，痛遭大故于斯，遂及小祥之日……伏冀慧日宏开，慈云平等，悯经年无父之子，垂一向为他之思，引手为航，低眉作岸……"（页17A）

案：小祥为父母逝后周年之祭礼。文云"痛遭大故于斯，遂及小祥之日"、"悯经年无父之子，垂一向为他之思"，则于父亲逝世周年所作，为作佛事超度。

本年，蓟州男子张差持梃闯慈宁宫，入狱。刑部主事王之寀揭言张差狱情，张差被处死，梃击之案自是起。

【诗文系年】

《德光上人修杨梅坞缘册引》《望庐山云封其顶怅甚》《讳辰祭先大人文》《小祥荐先大夫疏》。

万历四十四年丙辰（1616），二十四岁

家居。合葬父倪冻暨谪母曹氏。

八月，合葬父倪冻暨谪母曹氏于上虞县白马湖之冈。

《先考府君行述》："不孝元璐等，将以明年丙辰秋八月，奉府君暨曹恭人合葬于上虞白马湖之冈，穴坐乾面巽，东护王父母茔如拱，盖府君生时所自卜定，而命元璐曰：'必葬我是，吾魂魄犹从吾父母也。'元璐故痛勿敢违。"（《倪文贞集》卷一三，页1A）

倪《谱》卷一："四十四年丙辰，二十四岁。秋八月，归藏大父母于上虞之白马湖，其地大父所自卜以依亲也，封树、威仪一如制焉。"（页6B）

本年，清太祖即位，国号金，建元天命。

万历四十五年丁巳（1617），二十五岁

里居读书。

本年，两畿、河南、山东、山西、陕西、江西、湖广、福建、广东灾。

万历四十六年戊午（1618），二十六岁

里居读书。

四月初八日，照文上人发愿为土木佛像施金碧旃檀，为其募捐册撰引。

《鸿宝应本》卷一五《照文上人募引》："有土木一躯可金碧而旃檀之者，僧照文遂发一愿，而因演布施波罗义，扣众生橐中之有……照文上人以布施说法，借彼一锱一铢，为众生拔去悭根，证圆佛性，将举一切血囊肉袋，尽金碧而旃檀之，此其愿甚弘，不可与众生言也。万历戊午浴佛之日。"（页44A）

案："浴佛之日"即四月初八日，为佛祖释迦牟尼诞辰。照文上人，未详俟考。

为王思任《悔虐钞》撰序。

《倪文贞集》卷七《王谑庵悔虐钞序》："谑庵之谑，似俳似史，其中于人，忽醴忽酖。醉其谐而饮其毒，岳岳者折角气堕，期期者弯弓计穷。于是笑撤为嗔，嗔积为衅，此谑庵所谓祸之胎而悔尔……蜂虿之怨，着体即知，遂有性火上腾，妒河四决。德祖可杀，谭峭宜沈，岌乎危哉！亦谑庵之祸机矣……如此即宜公称窃取，正告吾徒，而书既国门，逢人道悔，是则谑庵谑矣。孔子曰：'罪我者，其惟春秋乎？'斯言也，谑庵读之而悚然也。"（页11B）

案：《鸿宝应本》卷七此文题注："此为王季重观察滑稽书作也。去此已二十五年，门人简呈不觉失笑，谑庵所谑即是此耳，夺数语识之。"（页6A）"门人简呈"即简臣，为上虞县知县周铨字，金坛人，崇祯十五年（1642）与陈子龙编刻《鸿宝应本》并撰序。注云"去此已二十五年"，当作于是年。王思任以善谑闻名，又以谑得罪于人，屡遭弹劾，屡遭贬黜，故云"亦谑庵之祸机矣"。张岱《王谑庵先生传》云："先生于癸丑、己未，两计两黜。一受创于李三才，再受创于彭瑞吾。人方眈眈虎视，将下石先生，而先生对之，调芜狎侮，谑浪如常，不肯少自贬损也。晚乃改号谑庵，刻《悔庵》以志已过，而逢人仍肆口谈谐，谑毒益甚。"（《张岱文集》卷四，《张岱诗文集》，页366）《悔庵》与元璐所序《悔虐钞》，殆即一书。元璐与王思任同里交善，俱善谑，《快园道古》卷一四："王季重与倪玉如皆善书，王书瘦长，倪书棱角。王戏之曰：'倪鸿宝，尔书象刺菱翻筋斗。'倪应曰：'尔

书象蚱蜢竖蜻蜓。'"（页148）

王思任（1575-1646），字季重，号遂东，又号谑庵。浙江山阴人。万历二十三年（1595）进士，知兴平，调富平。丁母忧，服阕，补当涂，升南京刑部主事，左迁山西按察司知事，再升青浦县知县。在任二年，又罢官，补山东照磨，升袁州推官，未赴任。父老，终养归。崇祯二年（1629），补松江教授，明年，升国子助教，授南工部主事，晋屯田郎中，备兵九江。九年（1636），归里闲居。明亡，绝食而死。著有《王季重十种》等。事具邵廷采《明侍郎遂东王公传》。（《思复堂文集》卷二，页130）

乡试座师黄国鼎卒，致书其子黄日燝吊唁。

《尺牍逸稿》卷五《与黄世兄日燝》："自吾夫子昶其天罗，棘于笼畜，误骨为骏，借尾益貂，则弟所由抢榆枋而决起也，诚施重山岳、义足灰没者。自癸丑之春于邸中一奉函几，不谓山颓梁萎，弹指之间五更岁籥矣。盖弟既不能如颛木之于孔子，筑室酬恩；又不能比徐孺之于黄公，炙鸡申恸。痛不自己，罪无原所。幸老世兄品恃才盘，传其家钵，西平有子，深慰世盟耳。芳讯远及，敷旨沉动，拜读传志，明德犁然。至人之行，孝子之情，盖两备矣……"（页31A）

案：黄日燝为座师黄国鼎之子。万历四十一年癸丑（1613）曾经来书，据"五更岁籥"可知此书作于本年。又据"炙鸡申恸""拜读传志"，似此时乃师黄国鼎已逝，元璐得讣致书吊唁。黄国鼎万历四十年（1614）冬被劾罢职回籍，四十五年（1617）正月拟召还复官，不报。《明神宗实录》卷五五三："（万历四十五年正月戊寅）是日，复以坊局缺人掌印，请以右庶子张邦纪改左春坊左庶子仍兼翰林院侍读，掌左坊印；原任左谕德黄国鼎升右春坊右庶子兼翰林院侍读，掌右坊印；左赞善郑以伟升右春坊右谕德兼翰林院侍读，掌司经局印，俱不报。"（《明实录》第64册，页10443）

八月，从兄倪元珙中浙江乡试十六名。

［光绪］《上虞县志》卷四"举人"："（万历）四十六年戊午，倪元珙。"（页49B）

《壬戌同年序齿录》："倪元珙……戊午乡十六名。"（页169B）

案：元璐《与弟献汝（元瓒）》："三兰兄初为秀才时，文殊秀俊，特少道断，戊午之春便道断，吾即决其必售中，二作可得榜元，今以此说举似弟，想亦不错也。"（《尺牍逸稿》卷一，页12A）"三兰兄"即倪元珙。

本年，后金努尔哈赤誓师告天，兴兵反明。起杨镐为兵部左侍郎兼佥都御史，经略辽东。九月，加天下田赋。侯方域生。朱敬循卒。

【诗文系年】

《照文上人募引》《与黄世兄日燝》。

万历四十七年己未（1619），二十七岁

里居读书。会试三次不第。

正月，三上公车入京，三试不第。主考官为吏部右侍郎史继偕、礼部右侍郎协理詹事府韩爌。

倪《谱》卷一："（万历）四十七年己未，二十七岁，三试南宫不第。"（页6B）

《国榷》卷八三："（万历四十七年）二月乙卯朔，吏部右侍郎史继偕、礼部右侍郎协理詹事府韩爌主礼闱。"（第5册，页5130）

下第出春明门，有诗。

《倪文贞集》诗卷下《出春明作》："自疑麟篆久尘埃，岂亦曾经葱肆来。明是无人解鬼语，妄云此子不仙才。去从鹃借三更月，幻作龙拿一部雷。天定未忘三债却，好烦铁研为相催。"题注："万历癸丑。"（页3B）

案："万历癸丑"即万历四十一年（1613），《倪文正公遗稿》此诗注曰："盖三刖矣，明年庚申春孟，遂有《读諆》之题。"（卷二七言律，页5B）"庚申"即万历四十八年（1620），此从《遗稿》。

下第归里，出良乡村，借宿茅店五日，与骡羊牲畜相对，懊丧之至。

《鸿宝应本》卷一五《读諆》："忆下第出良乡村，驭者逋散，猬缩茅店，与膻骡相对五日时。"（页37A）

案：良乡，辖属北京房山县。元璐三试下第，首试由父亲陪同，下第不至如此窘迫，此当二试、三试下第后之情形，姑系于此。

夏，归里途经吴江访赵士谔不遇，临行留书。

《尺牍逸稿》卷四《致旧父母赵苶庵前辈》："不奉台光，殆几廿稔，秉慕就思，不可言说……自滞公车，积久沈顿，中罹家变槁废，通诚既滥竽吹，京尘波劫，归省之词月辄一上，以为执箕旦暮，不致垂延，诚非敢以稽生弩筋自解也者。想闻斯语，有以亮之。此经锦里，汲汲枢趋，而阍人博，先一日台旌指太仓矣。怅恨冤沮，自伤迕错，感风中酒，有此情怀。既怀倚闾，乘风割缆，留筒鸣候，凌遽茫茫。"题注："旧令会稽，讳士谔。"（页10A）

案：［康熙］《会稽县志》卷二二"名宦"："赵士谔，字苶庵，吴江人。礼士爱民，不畏强御，百姓讴思，有赵元坛之称，在郎署时力救刘宗周，海内传诵。官至巡抚。"（页3A）赵士谔万历二十九年（1601）进士，授会稽县知县，在任七年，入朝为兵部职方司主事，陶望龄有《送邑侯苶庵赵公荣擢司马序》（《歇庵集》卷

五，页45B）。赵士谔在任期间，倪冻亦闲居在里，交往甚密，故云"先子所畏国士之期"。元璐落第归里过吴江访谒，其"先一日台旌指太仓矣"，故留书辞行。

本年，杨镐誓师于辽阳，明军分四道出塞进攻后金，被后金各个击败，京师大震。以熊廷弼经略辽东，代杨镐。再加天下田赋以补辽饷。

【诗文系年】

《出春明作》《致旧父母赵苍庵前辈》。

万历四十八年庚申（1620），二十八岁

里居读书。

家中不慎火灾，先人所遗旧宅火焚荡尽，家无宁居。

《尺牍逸稿》卷四《与宁绍道康观察新民》："间者舍儿不戒，干于祝融，致冒台严，动烦露冕。"（页20B）

案：《倪文贞集》奏疏卷四《七乞归省疏》："臣所受先人数椽，火焚荡尽，臣母于是迄无宁居。"（页5A）又是年所撰《读誽》，有《三忆》，其一为"忆灶下火发，矢及壁帐时。"（详下）亦指此事。时间不详，姑系于此。

一月，三试不第，发愤自警，撰《读誽》张于壁。

《读誽》主要内容包括七念、三忆，六限，四戒、三兼。见《鸿宝应本》卷一五。（页37A）

七念：一、举业迷人，岂有三立？念哉。二、毋曰嗟季，毛义何人？念哉。三、耻至不辱，世惟孔曾。念哉。四、裘敝金尽，易为嫂妻。念哉。五、荆玉无口，儿辈舌多。念哉。六、父书未布，莫知允明。念哉。七、许田不复，谓周公何？念哉。

三忆：一、忆正阳街，俟榜未发，或告以倚闾有甚者，至乃胸春面土，欲戒子孙，亲在勿读书应举时。二、忆下第出良乡村，驭者逋散，猬缩茅店，与膻骡相对五日时。三、忆灶下火发，矢及壁帐时。

四戒：一、戒沈醉。二、戒奕博等戏。三、戒应酬诗文。四、戒临文瞻瞩太高。

六限：一、月限束网十日。二、月限出门酬客五日。三、月限《书》构八题，《经》构四题。四、月限搜狩奇文，古言二十篇，今言五十篇。五、月限揣摩时事五条。六、月限不戒容止，极于三两。

案：此文题注"题壁"，末署"时泰昌庚申春孟"。倪《谱》卷一："府君既屡踬，喟然叹曰'穷达固有命'，要不堪以无用空言消磨岁月，作《读誽》自警。"（页6B）又倪元璐《出春明作》诗注："盖三刖矣，明年庚申春孟，遂有《读誽》之题。"（《倪文正公遗稿》卷二七言律，页5B）

准备应试，拟题分笺列壁，日抽一笺思之记之。

倪《谱》卷一："（万历）四十八年庚申，二十八岁。府君既屡踬……作《读諰》自警，又立之法。多拟场题分笺列壁，笺各七题，日抽一笺，伏而思之，义句皆备，则焚笺引满，不形笔墨。于是岁月之间，胸稿累累，果以获隽。"（页6B）

七月，作山水扇面赠王思任。

《山水扇面》题识："庚申相月为季重先生写。倪元璐。"（日本京都泉屋博古馆藏，《中国书法全集（倪元璐）》，页4）

案："庚申相月"即本年七月。"季重先生"即王思任，其罢职闲居在里。

有诗赠修上人，上人能诗而肥。

《倪文正公遗稿》卷二《赠修上人》："喜有僧能转法华，诗笺袖破祖袈裟。白椎拈起呵迦叶，石斧携来砍杜家。日日头颅消一下，年年身子长三叉。此题合是山门镇，请及今时罩碧纱。"自注："上人能诗而肥，时余尚孝廉。"（七言律，页7B）

案：据"时余尚孝廉"，姑系于此。修上人"能诗而肥"，未详其人。

是年，七月，神宗崩。八月，太子朱常洛（光宗）即位，大赦天下，在位一月崩。十月，皇长子（熹宗）即位，改本年八月后为泰昌元年，明年改元天启。

【诗文系年】

《读諰》《赠修上人》。

天启元年辛酉（1621），二十九岁

里居读书。长子会鼎生。

二月十七日，长子倪会鼎生，续配王氏所出。

《倪氏宗谱》卷二："（会鼎）生天启元年辛酉二月十七日亥时。"（页104A）

初夏，谒陵过诸暨延寿庵，题《松荫客话图》扇页。

《松荫客话图》扇页释文："春暮初郊外，纤堤雨后苔。远公开茗碗，胜友集兰台。不为逃禅到，还应护法来。悠然清净意，欲去更徘徊。谒陵过延寿庵，以锦麓兄出示因题。天启辛酉初夏，元璐。"（广州市美术馆藏，《中国古代书画图目》第14册，页53）

案：[乾隆]《诸暨县志》卷三五："延寿庵，县东十五里新壁山，唐大中五年（851）建。"（页15A）今尚存。"锦麓兄"，未详。

夏，评王思任《辛酉热极》诗。

王思任《辛酉热极》："百事堪支调，谁能作热逋。南天苦极此，今岁见曾无。气簸怜星喘，津干到汉枯。火云在正喜，为示雪山图。"末有评语："倪玉汝曰：斧钺甚厉。"（《避园拟存诗集》，页17A）

案：《避园拟存诗集》多有当时名卿才士评注，元璐评注多首，如对《过沛》评曰："辣口苍声，大似古柏风语。"（上书，页39B）

八月，从兄倪文熺中举，典试主考为钱谦益。

［光绪］《上虞县志》卷四"举人"："天启元年辛酉，倪文熺。"（页51B）

《心韦公传》："公名文熺，字羽朱，号心韦，洙源公之季子，与鸿宝、三兰两兄并见重于时……天启辛酉举于乡，年三十二。"（《倪氏宗谱》卷一四传赞志述，页39A）

案："年三十二"，误，《倪氏宗谱》卷二："文熺……生万历十六年（1588）戊子九月二十六日戌时。"（页101A）则是年三十四岁。是科典试考官为翰林院编修钱谦益，元璐《答钱公谦益》："某歌乡唱景，自儿时已然，亦为家仲文熺，并此师事，鸰题乌及，有其义义。"（《尺牍逸稿》卷五，页17B）

上年旧宅火灾，得宁绍道兵备康新民慰谕，致书道谢。

《尺牍逸稿》卷四《与宁绍道康观察新民》："……间者舍儿不戒，干于祝融，致冒台严，动烦露冕。此非以台台救焚之略，反风之灵，先人敝庐遂无一椽可蔽，于今覆巢之鸟，犹得收其骇魄，依于败枝，不致累累竟同狗丧，秋毫皆台惠也。"（页20B）

案：《明熹宗实录》卷一一："（天启元年六月辛巳）升礼部郎中康新民为浙江宁绍道参政。"（《明实录》第66册，页9560）上年倪氏旧宅火灾，是年六月康新民来任宁绍道即予关心，"致冒台严，动烦露冕"，故致书以谢。

康新民，号庄衢。江西安福人。万历三十五年（1607）进士，由县令行取礼部，历任浙江藩臬，多治声。晋大理卿、户部侍郎，升刑部尚书。立朝丰裁棱厉，不近魏珰，时推清介。［乾隆］《吉安府志》卷四〇有传。（页51B）

为邑人孟称舜题《桃源》《花间》二剧。

《鸿宝应本》卷一五《题孟子若桃花小剧》："人服子若氏襟豪才阔。曩草《花间》剧时，司文者既达境，羽檄纷驰；彼众拥抱时文，如蜕护丸……文章之道，自经史以至诗歌，共禀一胎，然要是同母异乳，维小似而大殊。惟元之词剧，与今之时文，如孪生子，眉目鼻耳，色色相肖，盖其法皆以我慧发它灵，以人言代鬼语则同。而八股场开，寸毫傀舞，宫音串孔，商律谱孟。或裂吭长鸣，或束喉细语；时而齐乞邻偷，花唇取诨；时而盖骊鲁虎，涂面作嗔。净丑旦生、宣科打介则同，而格律峻严，捃缚艰苦，才将飙发而股偶以束之，思欲泉流而宫商以拴之则又同。予每笑时文一格，都没理会，然有等慧业，偏向个里光腾怪出，余灵未已。即不敢抱琶过别，则取其近是者，扭张捏蔡，翻高踢董，犹之善绘者，去而为古塑耳……亟征古今词曲数部，以古乐府及晋《砀石》诸篇，唐温、李，宋东坡、幼安等词为一部，比之成、弘王、董诸家，以《会真》《琵琶》等记为一部，比之嘉、隆瞿、邓诸家，以文长《四声》、若士《四梦》并子若《桃源》《花间》二剧为一部，比之万历以来陶、许诸家，朝咿夕唔，不取雪案取花窗，不取才朋取丽侣，欲睡则引檀板拍其股，当苏季之针。如是三年不一出取大元归者，许绻有言：'请以臣头为徇。'时天启改元余月"。（页31A）

案：《桃源》又名《桃源三访》，《花间》又名《花前一笑》，约作于天启初。倪文约是年在里时作。孟称舜后为枫社成员，与董端生等评注倪诗（见《倪文正公逸稿》卷一，页10A）。又元璐喜观戏曲，此间在京亦有捧角。《旧京遗事》卷四："阳武侯薛氏诸伶，一旦是吴江人，忆是沈姓，大司农倪元璐为翰林日，甚敦宠爱，余见时已鬣鬣须矣。"（页17B）

孟称舜，字子塞，一字子若。浙江会稽人。兖州别驾应麟次子。顺治六年（1649）贡生，任松阳教谕。撰有杂剧《花前一笑》、传奇《娇红记》、史著《孟叔子史发》等，编纂《古今名剧合选》。

将公车入京，求教于同邑王思任，曰"取气而止"。

王思任《倪鸿宝三刻题词》："玉汝史公与余世通家，讲砌相交也。上公车问弋获，余曰'取气而止'。太史入棘便书之屋壁，题下一挥得隽。曾谢报余不谬，不知其气行于文更行于官也。"（《倪鸿宝先生三刻》卷首）

本年，永宁宣抚使奢崇明反，擢朱燮元佥都御史，巡抚四川。叶向高还朝任首辅，东林同人纷纷起用，邹元标召为吏部右侍郎。

【诗文系年】

《题孟子若桃花小剧》《与宁绍道康观察新民》。

卷二 翰林岁月

天启二年至天启七年

（1622-1627）

引言

倪元璐天启二年（1622）中进士，会试第一百二十八人，殿试二甲二十名。是科主考官为辅臣何宗彦、朱国祚，房考官为右春坊右谕德兼翰林院侍讲韩日缵。

这一科进士四〇九人，是明科举开科以来人数较多的，藏龙卧虎，集一时伟器，号称得人之盛。他们或文章名世、翰墨流芳，或力挽颓局、高风劲节，或忠贞报国、壮烈可歌，但也不乏庸碌奸贰之臣。其中倪元璐与黄道周同出韩日缵门下，俱以才名噪天下，一时推为“双璧”。他在《复王季重》中说：“若有才学，惟漳海黄幼玄湛深博奥，某当拜之，其余不过可作平交，与之对揖而已。”可见对黄道周推崇备至。

倪元璐与从兄元珙、文熺同赴京师应试，结果元璐、元珙登第，文熺落榜。元璐与元珙登第后，号为“二倪”，正直立朝，标榜气节，颇负盛名，为世所重，蒋德璟称赞“两人皆奇男子也”。两人登第后曾在京邸连床夜论，图报君恩：上则致身立朝，比于唐宋贤相；次则耿直倡言，彰扬大道正义；最下循事见能，要做惠人廉吏。两人仕宦近二十年，一直以此自矢，相互勉励。

倪元璐登第后观政礼部，又于六月考选翰林院庶吉士；元珙观政刑部，十月授祁门知县。当年新进士考入翰林院有三十六人，其中倪元璐与黄道周、王铎最为交契，爱之者誉为“三株树”，妒之者贬为“三狂人”。庶吉士考选入馆学习三年，定期进行策论词赋等馆试，成绩优等者留馆授予编修或检讨。天启四年（1624）散馆，时翰林院有上虞籍庶吉士两人，按惯例仅能留馆一人，而元璐在馆“文多指斥”，馆试成绩屡后，而且不务营求争宠，故馆中留另一人的呼声颇高，但首辅叶向高独居慧眼，谓元璐“三年来无片刺及吾门，已加人一等矣”，特留元璐，授翰林院编修。

倪元璐初任编修，一直小心勤慎，对朝政不忍言而又不敢言。其长子倪会鼎《倪文正公年谱》说：“以官格科条失宜，窃议之，而身在修业之列，抑未敢言。”他在馆中可接触到各种信息，对阉党专权、魏珰嚣张忧心忡忡，对正人直臣被贬逐、奸邪小人横行深感痛心，对东林党人遭到魏珰的残酷迫害也很同情。天启三年（1623），东林党人史孟麟卒，元璐为作传，赵南星序其奏疏，邹元标序其语录，其人品可以想见。天启四年（1624）秋，同年方逢年典试湖广以策问语涉讥刺被削籍罢官，元璐复书鼓励他："此是年兄大节大名所在，当贺不当唁也。"同年，吏科都给事中魏大中弹劾魏忠贤结党树威，专权乱政。魏忠贤大怒，矫旨把他罢官，元璐作《题画送魏廓园被谪南还》送别。天启五年（1625），太子宾客成基命为杨涟同门生，魏忠贤借故将其迁南都，继又落职闲住，元璐有《送成悠宇院长赴官留都》诗送别。这些表明倪元璐虽然"身在修业之列"而有所顾忌，但他同情东林党人的思想倾向还是清楚的，他对各色人物、各个事件的是非曲直也是看得明白的。

天启五年（1625）秋，倪元璐被派钦差，奉使山东册封德藩益王。德藩开基于明英宗第二子朱见濡，成化三年（1467）就藩于济南。传至第六代朱常潭，万历十六年（1588）袭位，崇祯五年（1632）去世。元璐册封益王，应为德藩王朱常潭之子，"亲王之子，例封郡王"，即益郡王。元璐八月出京，途经河北与山东交界的吴桥，时丁忧在家的吏部郎中范景文听说后，遣使四十里外迎至其家，留饮其别墅"澜园"，三日乃行。元璐有《道经吴桥，范质公吏部招饮澜园，月上泛舟却赋》诗，范景文有诗酬和。倪元璐大约十月份抵达济南德藩府，时益王尚幼，起初称疾不肯出迎钦使，经元璐正色相告，乃迎使册封如礼。

倪元璐出使济南事竣，即上书请假归里省母。自天启二年（1622）入仕为宦，元璐与母亲离别已有三年多了，去年续配夫人王氏遵母命举家迁居京师，母亲就更寂寞了。他牵挂老母，思乡心切，但更主要的原因是："时珰焰日炽，刑赏颠乱，府君计还朝不能无言，则遗北堂忧，故引疾归。"（倪会鼎语，见《倪文正公年谱》）他告假归家，一路舟车劳顿，归心似箭，至十二月抵达绍兴。

回到阔别已久的家乡，陪侍在母亲身边，他的心情变得舒畅闲适，正如他《丙寅春日湖上偶成》诗云："归来万喜脱弢缠，不是顽仙即醉仙。"表达了他此刻的心情。他陪母亲上普陀山进香，与蔡羹（汉逸）等友人游杭州，泛西湖，游飞来峰，步出灵鹫寺、天竺寺，踞石饮流，访僧悟禅。又游萧山，湘湖泛舟，延庆寺看竹。天启六年（1626）春夏间，倪元璐又有徽州之行。他沿徽杭古道，过昌化，登老竹岭，至休宁逗留十日，有《游云岩赠休令党子真》诗，"党子真"即休宁知县党还醇。据考，元璐此次徽州之游，可能因为时任歙县知县的从兄倪元珙。是年三月，魏党构陷东林周顺昌等，吴人颜佩韦等出于义愤，聚众"格杀诏使"。影响波及江南，时在歙县追赃的魏党工部主事吕下问，因"怙威暴横"，激起民愤，万余人鼓噪要追杀他。歙县知县倪元珙经过劝解，吕下问才免于一死。然而，吕下问乃上疏反诬元珙，元璐此行或为其疏通解围。

倪元璐告假在家一年有余，天启七年（1627）二月，他假满起程还朝。一路舟行，经京杭运河水道，至夹沟阻坝，转行陆路。四月至京，复任翰林院编修。回京不久，又奉旨为江西乡试主考官，户科给事中薛国观副之。元璐与薛国观八月初抵南昌，主持江西丁卯科乡试。是科参试者五千三百多人，中举一百〇二人，是科解元为孔大德。时珰焰日炽，魏忠贤被其党尊为尚公、九千九百岁，遍地建造生祠，更有甚者，在国子监西侧为魏忠贤建造生祠，以魏忠贤配祀孔子。元璐在考试中以"皜皜乎不可尚已"命题，讥刺魏忠贤晋爵上公、配祠孔庙，触怒魏党，同事为之咋舌，他却泰然处之。

倪元璐试竣还朝，在道闻熹宗皇帝崩于乾清宫，信王朱由俭嗣皇帝位。他兼程还京，抵京时阉党首领魏忠贤、崔呈秀等已畏罪自尽，元璐幸而得免于祸。

天启二年壬戌（1622），三十岁

进士中式，赐进士出身。礼部观政，选翰林院庶吉士。

正月，与从兄元珙、文熺公车赴京，参加会试。

《心韦公传》："壬戌，鸿宝、三兰两公皆成进士，公（文熺）下第，谈笑自若，绝无愠色。"（《倪氏宗谱》卷一四传赞志述，页39A）

二月初五日，大学士何宗彦、朱国祚受命主持是科会试。

《明熹宗实录》卷一九："（天启二年二月）辛未，命大学士何宗彦、朱国祚主考会试。故事，凡遇会闱，以阁臣典试，而詹翰一人副之，已推礼部尚书掌詹事府事顾秉谦，上特命国祚，国祚疏辞，上曰：'今岁系朕首科，特用二辅臣，以光重典，卿不必辞。'"（《明实录》第67册，页957）

案：郑《表》，二月辛未为初五日。何宗彦（1559-1624），字君美，号昆柱。江西金溪人。万历二十三年（1595）进士，累官礼部左侍郎，摄尚书事六年。遇事侃侃敷奏，时望甚隆。光宗立，即家拜礼部尚书兼东阁大学士，天启四年（1624）正月卒于官。著有《何文毅公集》。事具《明史》卷二四〇本传。（第20册，页6252）朱国祚（1559-1624），字兆隆。浙江秀水人。万历十一年（1583）状元，授翰林院修撰，仕至吏部左侍郎，引疾归。光宗即位，拜礼部尚书兼东阁大学士，天启三年（1623）致仕，明年卒于家。著有《介石斋集》。事具《明史》卷二四〇本传。（第20册，页6249）

会试出诗二房，房师右春坊右谕德兼翰林院侍讲韩日缵。

倪《谱》卷一："同考诗二房为博罗右谕德韩公日缵。"（页7B）

案：元璐专攻《诗经》，出诗二房。据同年陈维新、傅永淳《壬戌会试朱卷》，是科论一首为"为君之道必须先存百姓"；表一道为"拟上御齿风亭召尚书李时等同观西苑收获谢表"；策五道问圣学、问才智、问廉法、问和衷、问辽事。（参见《文园集》之《两闱试牍》，页1A；《冢宰公遗稿》卷二，页100-129）诗二房同考官为韩日缵，所得士方应祥、黄道周、倪元璐、冯元飙等，并以文章气节事功著。

韩日缵（1578-1635），字绪仲，号若海。广东博罗人。万历三十五年（1607）

进士，历官翰林院检讨、左春坊左赞善兼翰林院侍讲、礼部右侍郎兼侍读学士、南京礼部尚书。崇祯五年（1632）服阕，起礼部尚书，充经筵讲官。八年（1635），卒于官。著有《韩文恪公集》。事具梁朝钟《太子太保荣禄大夫礼部尚书掌詹事府兼翰林院大学士文恪韩公神道碑》。（《喻园集》卷二，页1A）

榜出前，自录试卷呈原浙江督学陈大绶阅。

倪《谱》卷一："方试竣时，府君自录闱墨以呈旧司衡陈公阅，竟默默意殊黯淡。府君请曰：'败军者将又北乎？'曰：'正以非北，所以邑怏，失第一人将奈何？'闻者或迂之，然先辈瞻眴期许固自远大。"（页7A）

案："旧司衡陈公"名大绶。《明熹宗实录》卷一八："（天启二年正月乙卯）升尚宝司少卿陈大绶为太仆寺少卿。"（《明实录》第67册，页923）陈大绶授太仆寺少卿不久即卒于官，上书卷二六："（天启二年九月庚子）赠原任太仆寺少卿陈大绶太仆寺卿，给诰命。"（页1301）

会试榜出，元璐第一百二十八名，从兄元珙五十六名，文熺落榜。

倪《谱》卷一："（天启）二年壬戌，三十岁。偕计者三矣，始捷南宫，第一百二十八人，与从父三兰公同榜。"（页7A）

《壬戌同年序齿录》"倪元璐"："会试一百二十八人。"（页177B）"倪元珙"："会试五十六名。"（页169A）

诗二房同榜共二十三人。

《壬戌同年序齿录》："《诗》二房，奉直大夫右春坊右谕德兼翰林院侍讲韩，门生曹可明、倪嘉庆、提桥、李廷龙、张元圮、张国经、赵继鼎、倪元璐、孙之獬、冯元飙、白联芳、张鹏翀、黄道周、齐心孝、李鸣春、马如蛟、黄锦、王猷、萧奕辅、季寓庸、许国翰、骆方玺、闵心镜。"（页4A）

同门进士中，与黄道周并推"双璧"。

《明季北略》卷二一上："（元璐）公少即颖异绝伦，弱冠举于乡。天启二年壬戌进士，才名噪天下，与少詹黄公道周并为韩太史日缵门下，一时推为双璧。"（页505）

黄中《黄道周志传》："公偕其同门倪公元璐出，数十年顽滞之习为之一洗，后进益发舒志气，折槛引裾，大都自公启之。"（《明季南略》卷八，页314）

案：黄道周（1585-1646），字幼玄，号石斋。福建漳浦人。天启二年（1622）进士，改庶吉士，授编修，为经筵展书官，内艰归。崇祯二年（1629）起故官，进右中允，三疏救故相钱龙锡，遘疾求去，濒行上疏语刺政府，斥为民。九年（1636），召复故官，进右谕德，掌司经局，有疏自劾三罪四耻七不如。十一年（1638），擢少詹事兼翰林侍读。时杨嗣昌丁两丧，夺情召还，抗疏劾之，及召对，与嗣昌争辩上前，语又不逊，黜为江西照磨。十三年（1640），江西巡抚解学龙荐所部官，推奖备至，帝责以党邪乱政，并逮下刑部狱，杖八十，将杀之，群臣相继申救，永戍广西。蒋德璟等乘间上言，免戍复官，坚辞乞归。南明隆武时，任吏部尚书兼兵部尚书、武英殿大学士，因抗清失败被杀俘，隆武二年（1646）殉国，赐谥"忠烈"，清朝追谥"忠端"。著有《易象正》《三易洞玑》《太玄经》《黄漳浦集》等。事具《明史》卷二五五本传。（第22册，页6592）

三月十五日，上御皇极门策试天下贡士，首辅叶向高等充任殿试读卷官。

《明熹宗实录》卷二〇："（天启二年三月）辛亥，上御皇极门策试贡士。"（《明实录》第67册，页1018）

《国榷》卷八五："（崇祯二年三月）辛亥，策贡士三百五十人。"（第6册，页5203）

案：郑《表》，三月辛亥为十五日。《壬戌同年序齿录》："殿试二榜四百一十三人。"（页10A）明例，殿试确定名次先后，概不黜落，故《国榷》云"策贡士三百五十人"，疑误。首辅叶向高等充任殿试读卷官，见《明熹宗实录》卷二〇（《明实录》第67册，页1017）。

叶向高（1559-1627），字进卿，号台山。福建福清人。万历十一年（1583）进士，三十五年（1607），升礼部尚书兼东阁大学士，一人主持阁务达七年，人称"独相"。四十二年（1614），连上疏乞致仕归。天启元年（1621）还朝复为首辅。阉党势力坐大，向高于善类数有匡救，争终不得。天启四年（1624），乞归七十余疏，始允归。七年（1627）八月卒于家。著有《苍霞集》《续草》《余草》《纶扉奏草》《尺牍》《读史随笔》。事具《明史》卷二四〇本传。（第20册，页6231）

十八日，殿试榜发，状元文震孟，榜眼傅冠，探花陈仁锡。元璐二甲二十名，元珙三甲二百八十四名。

《明熹宗实录》卷二〇："（天启二年三月甲寅）赐天下贡士文震孟等四百人进士及第出身有差。"（《明实录》第67册，页1023）

《壬戌同年序齿录》"倪元璐"："廷试二甲二十名。"（页177B）"倪元珙"："廷试三甲二百八十四。"（页168B）

案：郑《表》，三月甲寅为十八日。钱谦益《明故南京国子监祭酒石门许公合葬墓志铭》："天启壬戌，国方夷之初旦，制科得人为盛，胪传首茂苑文文肃公，庶常擢会稽倪文正公、漳浦黄石斋公既吾邑许公。余在班行，群公谓词林有人，举手相贺。"（《初学集》卷二八，页1053）

与从兄元珙同登第，邸中连床夜论，誓以致身立朝为上。

《倪文贞集》卷一一《先兄三兰行状》："其后同登第，邸中连床，夜论呢呢，至烛垂跋，童仆鼾齁四彻，语不得休。大约相谓：'吾兄弟今日，如趋涂办程，宜权骋宿，即所用报天子者，上之致身立朝，比隆崇璟琦弼；次之则噩然言出气飞，使世贵其道；最下则循事见能，所至一再称惠人廉吏耳。出此三端，不可为人。异时枕被相对，宁能裂裙障面乎？'忆为此语，垂二十年。"（页20A）

案：倪氏兄弟在壬戌同年中颇负盛名，为世所重。蒋德璟《封侍御晋源倪公开八袠序》："于越盖有二倪云，其一史氏玉汝也，丱角知名，下笔妙天下，与人交历落见胆，风素高楞；其一为柱下史赋汝，魁岸有器干，负运斤手，无复盘错，两人皆奇男子也。"（《敬日草》卷五，页40A）

观政礼部，元珙观政刑部。

《壬戌同年序齿录》"倪元璐"："礼部观政。"（页177B）"倪元珙"："刑部试政。"（页168B）

五月端午，同门集饮，有诗。

《倪文贞集》诗卷下《初第同门集重五》："他家箫管我埙篪，竞渡人齐到曲池。各出辟兵符一道，散为续命缕千丝。人如日旦寅方始，节正天中午未移。葵作臣心蒲作酒，百年莫负看花时。"（页5B）

案：是日会集，观竞渡有诗。爻丹生《吴江观倪文正公赠徐忠襄公书画箑幛子，作歌留赠计生》序曰："甲申之变，词林倪文正公元璐官户部尚书，自缢于京邸，徐忠襄公石麒以司科里居，不及于难。南都肇位，拜吏部尚书，与政府不合，三疏乞骸骨去……倪公雅精绘事，兼工草虫花鸟。此画山水，书五日集同年观竞渡诗云：'各出辟兵符一道，散为续命缕千丝。'亦近于诗谶也。"（《国朝松陵诗征》卷一八，页3B）

应同年马如蛟之请，为其祖母《显贞录》册题诗。

《倪文贞集》诗卷下《题马腾仲大母显贞录》："死节何难难立孤，青闺容易到黄垆。曷留老眼看孙子，但不峨冠自丈夫。仰德怀清台是范，陈情令伯表如图。九天褒诏千秋史，博得泉涂一笑无。"（页11A）

案："马腾仲"名如蛟，元璐同门进士。其祖母杨氏二十八岁守寡抚孤，如蛟中进士后上书陈情，皇上嘉之。元璐《封文林郎福建道监察御史马公鼎臣暨配封孺人刘氏墓志铭》："予与马腾仲侍御如蛟同出韩宗伯若海先生门，比于胞乳……（祖）母杨，年二十八，忍死抚孤，人为之歌寡鹄。其后腾仲成进士，上言其情，天子嘉之，赐金立石其里，予时颂以诗。"（《倪文贞集》卷一〇，页17A）刘宗周有《马太夫人贞节册题辞》（《刘宗周集》第5册文编六，页586），即如蛟知山阴时作。

马如蛟（1599-1635），字腾仲，号讷斋。南直和州人。天启二年（1622）进士，授山阴县知县，有清操。崇祯元年（1628）授御史，劾罢魏忠贤党徐绍吉、张纳等。出按四川，上书列上十事，永革其弊。四年（1632），监武会试，不称旨落职。八年（1635），论平邦彦功，复故官，以父忧未赴。农民军围和州，助知州黎弘业固守，遂战死。赠太仆少卿。著有《讷斋集》等。事具《明史》卷二九三附黎弘业传。（第25册，页7492）

六月，考选翰林院庶吉士，考题为"精一执中论"。

倪《谱》卷一："改翰林院庶吉士。故事进士服官，以甲第为差，二甲多部曹，其次五及十者除州，无清华望。所知竞劝赴中秘选，府君喟然曰：'帝王良法美意，必赖守令而全。生平恨罕睹循吏，奈何身自去之？'所知曰：'循良一州，何如循良四海？'乃就选。"（页7B）

案：是年馆选题为《精一执中论》，蒋德璟《敬日草》卷二有《精一执中论》，题注曰"壬戌六月选馆。"（页1A），黄道周也有《精一执中论》（《黄道周集》，页582）。《漳浦黄先生年谱》："天启壬戌，选馆之夕，倪鸿宝亦梦之。比揭榜，倪第一，而先生第二。"（《黄道周集》卷首，页86）而［乾隆］《泉州府志》卷五四："郑之铉［玄］，字大白，号道圭，晋江人……天启壬戌会试第七成进士，选庶常第一。"（页80A）姑此存异。

选馆之夕，梦至一殿甚宏敞，榜曰倪黄，黄道周昔亦有此梦。

《漳浦黄先生年谱》卷上："（万历三十七年）秋七月，先生赴会城就试，不遇。返渡钓龙江，舟覆溺水，恍惚如梦，遇有一人导之前行，至一殿，甚宏敞，榜曰倪黄……天启壬戌，选馆之夕，倪鸿宝亦梦之。"（《黄道周集》卷首，页86）

二十四日，与黄道周、王铎、蒋德璟等三十六人选为翰林院庶吉士。

《明熹宗实录》卷二三："（天启二年六月戊子）选庶吉士三十六人：蒋德璟、郑鄤、李明睿、倪元璐、杨玉珂、倪嘉善、黄道周、张士范、朱之俊、张四知、杨行恕、黄锦、齐心孝、刘必达、方逢年、陈盟、郑之玄、王锡衮、许士柔、刘先春、李绍贤、陈维新、文安之、陈具庆、王铎、李若琳、孙之獬、陈演、王鸣玉、梁元柱、谢德溥、杜三策、屈可伸、王启元、徐时泰、南居仁。"（《明实录》第67册，页1147）

案：郑《表》，六月戊子为二十四日。

初入翰林院庶常馆，馆课赋诗言志。

文震孟《初入翰林言志》："家世事诗书，弱龄秉柔翰。观光上国年，韶华方及冠……蓬莱有小友，衣白筹庙算。况际全盛时，群贤集乘雁。英俊著世功，敢负金闺彦。"（《天启崇祯两朝遗诗》卷六，页475）

许士柔《初入翰林言志》："结发慕远举，及壮游帝京。龙飞初御宇，大廷幸策名。玉署迎清旭，金闺近紫云。彦会拔颖士，师宗饭大成。繄余驽骀质，亦复属后尘。抵掌友天下，开怀论古今……区区恋升斗，何以对初心？"题注："馆课。"（《许大司成遗集》卷一，页1A）

案：同时之作，傅冠《初入翰林言志》（《天启崇祯两朝遗诗》卷六，页487）、陈维新《初入翰林言志》（《文园集》之《藜编唾余》卷下诗，页1A）。元璐诗已不存。

文震孟（1574-1636），字文起，号湛持。南直长洲人。文征明曾孙。天启二年（1622）殿试第一，授修撰。上《勤政讲学疏》忤魏忠贤，被廷杖八十，与同年郑鄤贬职调外，不赴调而归。崇祯元年（1628）以侍读召，改左中允，进左谕德，又因连劾魏党王永光被斥，乞假归。五年（1632），擢右庶子，进少詹事，崇祯八年（1635），擢礼部左侍郎兼东阁大学士。为首辅温体仁忌恨，被劾落职，卒于家。著有《姑苏名贤小记》、《药园文集》等。事具《明史》卷二五一本传。（第21册，页6495）

许士柔（1587-1642），字仲嘉，号朗庵。南直常熟人。天启二年（1622）进士，改庶吉士，授检讨。崇祯时，历迁左庶子，掌左春坊事。因上疏力争《光宗实录》为魏忠贤党恣意改削，当改正从原录，触怒首辅温体仁。寻出为南京国子祭酒。张至发当国，因事劾逐士柔，降二级调用。寻补尚宝司丞，迁少卿，卒。著有《许大司成遗集》。事具《明史》卷二一六本传。（第19册，页5719）

与同馆黄道周、王铎被呼为"三株树"、"三狂人"。

黄道周《题王觉斯初集》："曩壬戌庶常之简凡六六人，惟王觉斯、倪鸿宝与我最乳合，盟肝胆，孚意气，砥砺廉隅，又栖止同笔研，为文章，爱焉者呼'三株树'，妒焉者呼'三狂人'，弗屑也。时品量当代谁大家、谁最雄，鸿宝屈指北地，觉斯屈指弇山。"（《拟山园选集》卷首）

王鑨《拟山园选集序》："同时有石斋、鸿宝、太青、明卿、牧斋诸巨公偕声唱和，共救四体八病之失，大振噍杀纤琐之弊。"（《拟山园选集》卷首）

张缙彦《王觉斯先生传》："一十九举于乡，三十岁成进士，选庶常，锐意学问，与石斋、鸿宝、明卿诸先生刻厉为古，文相雄长。"（《依水园文集》后集卷二，页58A）

案：在馆期间，三人声气相通，诗文翰墨酬酢甚多，如王铎《与天心》曰："廿三日石斋来，约鸿宝扬榷，必不貌济而言匮。"（《拟山园选集》卷五七，页2B）。

王铎（1592-1652），字觉斯。河南孟津人。天启二年（1622）进士，改庶吉士，除检讨，历侍讲，为中允，为谕德，为春坊庶子，掌南京翰林院，寻升少詹事、詹事，充经筵讲官。晋礼部侍郎，教习馆员，升南京礼部尚书。崇祯十七年（1644）三月，授礼部尚书，未赴。京师陷，福王立，授东阁大学士。清入关后，与钱谦益等文武数百员，奉表出城降。康熙三年（1646）正月，以礼部尚书管弘文院学士，充《明史》副总裁。九年（1652）三月，乞假归里，卒，谥文安。著有《拟山园选集》，刻有《拟山园帖》和《琅华馆帖》。事具《清史列传》卷七九本传。（第20册，页6543）

又与同馆孔贞运、陈子壮等并称"同志十友"。

《倪文贞集》诗卷下《高秋雁影》诗注："《忠节录》谓：公选庶常，与孔公贞运、陈公子壮、文公震孟、姚公希孟、姜公曰广、蒋公德璟、顾公锡畴、陈公仁锡称同志十友，并负公辅重望。"（页6B）

案：上述仅九人，"同志十友"疑漏书一人。

识同馆修撰钱士升并订交。

钱士升《与倪鸿宝》："忆壬戌之岁，得从馆下获接光尘，嗣后不肖蒲伏菰庐，遥钦风问。"（《赐余堂集》卷六，页32A）

案：钱士升时任翰林院修撰，本年冬请终养归，此即辞归前事。

钱士升（1574-1652），字抑之，号御冷，浙江嘉善人。万历四十四年（1616）殿试第一，授修撰，以养母乞归。崇祯元年（1628）起少詹事，掌南京翰林院，以詹事召。会座主钱龙锡被逮，送之河干，即谢病归。四年（1631），起南京礼部右侍郎，署尚书事。六年（1633）九月，召拜礼部尚书兼东阁大学士，参预机务。撰《四箴》以献，切中时弊，帝意殊不怿，士升引罪乞休，许之。著有《赐余堂集》。事具《明史》卷二五一本传。（第21册，页6487）

是月，同年何凉赴任上虞县知县。

《壬戌同年序齿录》："何凉，监生，四川重庆合州民籍。字不炎，号鸢西……吏部观政，六月，授浙江上虞知县。"（页167A）

案：陈维新有《送何鸢西同门受上虞令》。（《文园集》之宦乌波余诗，页28A）

七月初六日，致书倪元瓒弟，安顿家事。

倪元璐《与倪元瓒（一）》："大兄今年四十，无可为寿者，家中可替他诵莲经，随意几部，以当称觞，何如？幸与母亲商之，如书到已过期，补行可也。旧时京中陆续寄奉母亲银两，皆赔在使用数中，往既不知，今又不能凑补，可禀知母亲将前银总算，或于田屋内照本归业收租。目下母亲且收租花使用，如后要银，吾便办银取赎何如？商之。外寄归辐从银二十两，半给大房婢仆，半给本房。又倪驯还母亲银七两，俱列总单内，并送诸亲物件，一一烦简验分送。外托友精择寿器吉期一纸附归，大都与家中相合，但此云申时更吉，可更酌之。寓中诸亲友各见责疏节缘，皆望奢寻香讨气，吾处此极苦极难耳……七月六日。仲兄平安。"（《穰梨馆过眼录》卷二八著录"倪文贞家书册"之一，《中国书画全书》第13册，页171下）

案：书云"大兄今年四十"，指长兄倪元璞，生于万历十年（1582）八月初四日，是年四十一，此或据实而计。又"倪驯"，元璐寄弟书中习见，似为倪家仆从。

秋，与王铎、元珙、薛元明游刘余佑园。

王铎有《秋日陪倪三兰、鸿宝、薛元明游刘申征园》诗。（《拟山园初集》五言律卷五）

案："刘申征"名余佑，宛平人，在京建有日涉园，刘有《四月二十二日日涉园戏成》（《燕香斋诗集》卷六，页5A）等。刘余佑天启初入为刑部主事、郎中，天启五年授平阳府知府。从诗题所涉王铎、倪元珙、元璐仕履来看，应系于是年秋，王铎、倪元璐在庶常馆，元珙刑部观政，十月即出知祁门县。薛元明，未详。

刘余佑（？－1653），字申征。北直宛平人。万历四十四年（1616）进士，授嘉兴、登封、河内知县，天启初入为刑部主事、郎中，外放平阳府知府。崇祯元年（1628），历任河南副使、陕西副使、分守河南道按察使、河南布政使、应天府尹、工部侍郎、兵部左侍郎等。明亡，附李自成，清军入关，又降清，仍授原官。顺治五年（1648）任兵部尚书，改任刑部、户部尚书，十年（1653）因事被革职，卒。[民国]《宛平县志》卷六有传。

十月，从兄倪元珙授祁门县知县。

《壬戌同年序齿录》"倪元珙"："刑部试政。十月，授祁门知县。"（页168B）

案：[道光]《祁门县志》卷二〇"知县"："倪元珙，浙江上虞人，进士，天启四年任。"（页18B）继任朱大雅"天启五年任"。倪元珙是年十月至天启四年（1624）在祁门县知县任，《县志》云"天启四年任"，误。

冯二酉先生年七十，以诗寿之。

《倪文正公遗稿》卷二《寿冯二酉七十》："极星如镜少微斜，刚照孤山处士家……七十老翁游泳遍，知君无地不东华。"（七言律，页13B）

案：《倪文贞集》卷一四《冯二酉先生传》："先生家钱塘，少英秀，为钱塘诸生有声，累举不第，遂弃去……今行年八十有六……余后先生四十年，与先生游最久。"（页21B）文云"后先生四十年"，是年元璐三十岁，故系于此。

八月，孙承宗以兵部尚书兼东阁大学士，致书祝贺。

《尺牍逸稿》卷四《上中堂孙老师承宗》："某顿首奏记老先生阁下。赖宗社之灵，皇上知人之哲，大风发梦，敢卜应求。闻命以来，神飞骨舞……惟某于老师，生敬持此说。冰局寒毡，久稽飚贺，兹用专诚，伸其雀踊。"（页9A）

案：孙承宗为元璐殿试阅卷官，故称老师。《明史》卷二二："（天启二年八月戊寅），礼部右侍郎孙承宗为兵部尚书兼东阁大学士……己丑，孙承宗兼理兵部事。"（第2册，页300）书云"闻命以来，神飞骨舞"，应即其授兵部尚书兼东阁大学士时所作。

孙承宗（1563-1638），字稚绳，号恺阳。北直高阳人。万历三十二年（1604）进士第二人，授编修，天启元年（1621），进少詹事，擢礼部右侍郎，拜兵部尚书兼东阁大学士，督师蓟辽。时辽边相继城陷，情势危急，承宗整顿兵备关防，收复失地，功勋卓著。为魏忠贤所忌，力辞乞归。崇祯二年（1629）十月，清军入大安口，取遵化，京师告急，蒙诏以原官兼兵部尚书。四年（1631），以辽师败绩，连疏引疾辞归。家居七年，十一年（1638），清军进攻高阳，承宗率家人拒守，城陷被执，投缳而死。著有《高阳集》等。事具《明史》卷二五〇本传。（第21册，

页 6465）

十月上旬，庶常馆阁试，题为"辽左足兵足饷议"。

《鸿宝应本》卷二《辽左足兵足饷议》："自有奴祸以来，兵饷二物，则日日议也。日日议而日日无议也，非真人尽刍灵，虽侯白无如之何。而九府为空铛，即桑、孔不能计也，又非筦枢者匿符卧内，而持筹者之箸不十余转也。夫其患，则在于当议者之无成谋，当议者之无成谋，则在于哄然而摭其标。哄然而摭其标者，其议兵，则急霍而不持之以暇，议饷，则爬梳而不规之于大也……故以愚之议制兵，可以十万制奴命，辽自支辽，弗以一隅勤天下。以愚之议制饷，则为天子昭盛德，布太平之象，若不知其为饷而为之。"（页 16A）

案：题下有注："阁试，天启二年十月上旬。"同馆陈维新有《辽左足兵食议》（《文园集》之《藜编唾余》卷下文，页 39A），黄道周有《辽左足兵足饷议》（《黄道周集》卷一一，页 483）。

是月，同年文震孟、郑鄤俱降二级调外。

《国榷》卷八五："（天启二年十月）庚辰，修撰文震孟上勤政讲学疏，时内宴为偶人之戏，宴毕，忠贤曰：'文状元疏中以偶人比万岁，殆难宥。'传旨杖八十。阁臣力救，票罚岁俸，有旨放归。"又同页："辛卯，庶吉士郑鄤言：'修撰文震孟疏，候命浃旬，未蒙报可，是留中之渐也；留中不下，是壅遏之萌也；壅遏不通，是窃弄之机也……清明之朝，岂有此？愿皇上早图之矣。'上谕：朝仪大典，累朝成规，文震孟如此比拟偶人，郑鄤党护同乡，俱降二级调外。"（第 6 册，页 5211）

同年吴麟征来书，乞为其诗文撰序。

吴麟征《答倪鸿宝》："弟涩呐舌如其腕，自交牍至今无一佳字生笔下也……壬戌春，复幸售，深愧卤莽，不欲以秕词灾木，本房师见督，才出友人所携数首归，遍觅之亦不满三十，友人潜付之梓，非其愿也……敢请之年翁弁以明训，庶以自励耳。"（《吴忠节公遗集》卷二，页 7A）

案：卷首目录题注："元璐，壬戌。"吴麟征与元璐同年进士，其诗文将梓乞为撰序。倪序未见，或因故未撰。

吴麟征（1593—1644），字圣生，号磊斋。浙江海盐人。天启二年（1622）进士，除建昌府推官，丁父忧归。补兴化府，擢吏科给事中，升都给事中，授太常少卿。为人刚直，敢于直谏，崇祯十七年（1644）春，李自成率军抵京郊，奉命守西直门，城陷，遂自尽。赠兵部右侍郎，谥忠节。著有《吴忠节公遗集》等。事具《明史》卷二六六本传。（第 22 册，页 6856）

崇明县知县唐世涵来书并有赠遗，复书答谢。

《尺牍逸稿》卷五《答崇明唐令君毓承》："弟无习生之史才，处郑虔之冷坐，

虽酸素可安，而支离足笑。五斗分遗，亦大难饮冰矣。"（页18B）

案："唐令君毓承"名世涵。[光绪]《崇明县志》卷八"知县"："泰昌元年，唐世涵。"（页9A）继任许光时"天启五年"任。唐世涵，字育[毓]承，浙江乌程人，万历四十七年（1619）进士，仕至汀州府知府。[乾隆]《乌程县志》卷六有传。（页23B）

致书会稽县知县黄鸣俊，谢以关照元瓒、元瑙二弟。

《尺牍逸稿》卷四《与会稽黄令君鸣俊》："台台芳条雨润，雅誉雷腾。身如梵童闍士，随众潮音，唱叹功德，然犹苦口吃不能悉诸盛美耳。家季元瓒、元瑙并以凡鸟之才，处台台卵翼奖题之下，将无爱其屋者及于乌乎？"（页22B）

案：此书感谢对元瓒、元瑙二弟的关照，时元瓒二十六岁、元瑙十九岁。

黄鸣俊（1590-1646），字启甸，号跨千。福建莆田人。万历四十七年（1619）进士，授诸暨知县，调会稽。升礼部主事，晋员外郎，擢浙江提学参议，改杭严兵备，转参政，移江南粮储道。以忤相臣周延儒，调督粮山东，升都御史，巡抚浙江。履任甫三月，李自成陷北京，誓师将出，值江南马、阮柄政，乃解绶归。著有《静观轩集》。[康熙]《兴化府莆田县志》卷二三有传。（页13B）

新会县知县叶宪祖来书并有赠遗，答书谢之。

《尺牍逸稿》卷六《答叶新会六同》："某窃此梓桑，获承音旨，近处疏寒之地，实饶迂拙之羞。每救过而未遑，诚怀贤以待教。顾道远莫伸尺素，乃使来忽荷隆施。郑重琼华，只欲魂摇而汗趾；陆离锦字，敢不拜手而铭心。不猎而悬獾，魏风所慨；逢人而说项，古语奚忘？"（页12A）

案："叶新会六同"名宪祖。[道光]《新会县志》卷五"知县"："叶宪祖，浙江余姚人，进士，四十七年任。"（页9B）继任黄师夔"（天启）五年任"。此书作于此间，姑系于此。

叶宪祖（1566－1641），字美度，号六侗。浙江余姚人。万历四十七年（1619）进士，知新会县，因平海盗有功，迁大理寺评事，转工部主事。因不趋附阉党被革职，遂归里讲学。崇祯三年（1630）起补南京刑部主事，出守顺庆，擢辰沅备兵副使，转四川参政分守建昌，改广西按察使，未赴辞归。创作杂剧、传奇多种，有《玉麟记》《鸾鎞记》《四艳记》等。参见黄宗羲《外舅广西按察使六侗叶公改葬墓志铭》。（《南雷文定》卷五，页4A）

同馆前辈钱谦益来书，复书答之。

《尺牍逸稿》卷五《答钱公谦益》："某歌乡唱景，自儿时已然。亦为家仲文熺，并此师事，鸮题乌及，有其义矣。惊垂至教，条达钝闻，犹饥十朝，享于八簋。仓皇修报，失其伦归，恶蛙鼓之嘈嘈，答咸池其已渎也。"（页17B）

案：钱谦益上年典浙江乡试，从兄倪文熺中举。钱谦益是冬告病归里，此书应作于此前，时元璐新入馆为庶吉士。

钱谦益（1582—1664），字受之，号牧斋。南直常熟人。万历三十八年（1610）探花，授编修。为东林巨擘，天启中，劾罢之。崇祯元年（1628）起官，不数月至礼部侍郎，会推阁臣，遭温体仁、周延儒排挤而被革职。家居十六年。甲申之变，福王立，授礼部尚书。顺治三年（1646），清军破金陵，谦益迎降，命以礼部侍郎管秘书院事。俄乞归，以著述自娱，越十年卒。著有《初学集》《有学集》《投笔集》等。事具《清史稿》卷四八四本传。（第 44 册，页 13324）

唐时刻《壬戌房选》，选文十四，元璐有文三篇。

倪元璐《送唐宜之判凤阳》诗注："宜之刻《壬戌房选》，仅登十四，而先生居三，亦奇人也。"（《倪文正公遗稿》卷二七言律，页 13A）

案："唐宜之"即唐时，《居士传》卷四四有传（《居士传校注》，页 382）。唐时在国子监修《成均志》，所选所刻举业时文，为天下举子所重。钟惺《赠唐宜之署颍上县事序》："吾友吴县唐宜之，东南名士也。其人秀赢明悟，静而近道。予己酉游南都，宜之年二十有余，所著举子业，诸士已奉为天人师，非宜之所作所选不轻以挂目上口。"（《隐秀轩集》卷一九，页 383）时人对被《房稿》选入颇为看重，有"得科名易，登选册难"之说。又《茶余客话》卷一六："昔倪鸿宝寄拟程于刘伯宗，意欲登选。刘报曰：'先生之文善矣，然以孔孟之道、帖括之理按之，似尚有未安处。先生文章之宗也，不敢遽选，恐损大名而误后生。'鸿宝得书以为相爱，愈重之。"（页 4B）"刘伯宗"即刘城。

乞王思任为科举时文撰序。

王思任《倪玉汝制艺序》："古虞倪玉汝脱胎之后，即欲腾翻大穴，每喜湛思，钻贯互用，上穷碧落，下索黄泉。一语之间，而神马思车已周万里。束发隽贤书，待诏金门不报，归缩其身，拟极虫豸之态。蠕之股也，飞之翅也，蠢动之眉，而蒸湿之尻也具画一。玉汝以此自戏，即以此认真。俄而顶光一发，鹏云龙海，狮雪象山，形至玉汝而了不可得……人或以我佞玉汝，且莫读其歌诗、古文辞，试出时义以视之，有不愕然灵动，泛眼一思者乎？岂谓玉汝得一第而遂佞之也！"（《王季重集》，页 482）

又乞同年黄道周为科举时文撰序。

黄道周《倪鸿宝制义序》："天下之道，非治必乱，其治之必有圣贤之文，乱之必有奸雄之才……今鸿宝之文笔落纸，飞而驰去成市者，何也？鸿宝以为是诸圣贤虽貌甚得，其耻未死，即不碍其口目为湛深博丽以饵之，使其饱我者，奸雄之肘足未可骤使也。夫鸿宝亦遂至此乎？鸿宝为吾言：'尔质强，乔疏无阴，虽自理，人不听尔；吾因其长而用之，不远怖人，不失其所喜。'夫鸿宝则固欺我也，彼以其无不通，而使吾愕然失所逃避，吾犹将从之前后，中际不见首尾，则何如操笔而度江海之埃乎？"（《黄道周集》卷二二，页932）

案：撰序时间未详，两人是年同门进士，亦为相识之始，姑系于此。

本年，后金取西平堡，王化贞弃广宁，与熊廷弼俱入关，京师戒严。孙承宗入阁，以原官督理山海关及蓟辽、天津、登莱军务。贵州水西土司安邦彦反，与奢崇明呼应，陷毕节，围贵阳。山东白莲教徐鸿儒起事，官军讨平之。

【诗文系年】

《初第同门集重五》《题马腾仲大母显贞录》《与倪元瓒（一）》《寿冯二酉七十》《上中堂孙老师承宗》《辽左足兵足饷议》《答崇明唐令君毓承》《与会稽黄令君鸣俊》《答叶新会六同》《答钱公谦益》。

天启三年癸亥（1623），三十一岁

为翰林院庶吉士。

正月十五日，与王铎、傅朝佑、许士柔等夜游灯市。

王铎《癸亥灯市同倪鸿宝、傅右军、许朗庵》："春城真不夜，来醉酒人家。月照千门雪，星开万井花。龙围喷火急，鳌路戴山斜。别有金张约，笙歌簇宝华。"（《拟山园初集》五言律卷三，页12B）

案：此诗又见上海图书馆藏《王铎诗集》（残）卷四，题作《癸亥灯市同傅佑君、许朗庵饮》（页16A），又《帝京景物略》卷二亦辑录此诗，题为《灯市同傅佑君、许朗庵饮》（页62），俱未及倪元璐。"许朗庵"名士柔，"傅右军"名朝佑，俱天启二年（1622）进士。

傅朝佑（1597-1639），字右君。江西临川人。师事邹元标，天启二年（1622）进士，授中书舍人。崇祯三年（1630）考选兵科给事中，疏劾周延儒，忤旨切责。又疏论温体仁六大罪，帝怒，除名，下吏按治。逾月，体仁亦罢。中官杜勋令朝佑请罪助其复职，朝佑不从。十一年（1638）冬，国事益棘，乃从狱中上疏，语过激，杖六十，创重而卒。著有《英巨集》。事具《明史》卷二五八本传。（第22册，页6663）

在馆与王铎、许士柔等改制诰文风。

《枣林杂俎》卷一"词林之坏"："诏敕体贵简重冠冕，天启间忽叙门阀，尚织缛，纶命褒矣。倪鸿宝好琢丽，竞于雕虫。王觉斯专效《大诰》，浮靡不切。许石门辈储蓄既薄，趋其下风，又无论也。乌程尝读之蹙额，令删改致忤。"（页85）

三月，唐时谒选授凤阳府通判，有诗送别。

《倪文贞集》诗卷下《送唐宜之判凤阳》："召来三月使西夷，只为相如作赋奇。驿驿逢花团笔梦，家家拗竹备儿骑。帝陵秀又添龙护，客路清惟有鹤随。想见凤翔书判日，子瞻不独解吟诗。"（页7A）

案：《瓠剩》卷二"吴瓠中"："乌程唐宜之，名时，才而狂，同人以为绝类桑民怿……后为凤阳通判，倪鸿宝先生赠以诗曰：'帝陵秀复添龙卧，客路清惟有鹤随。'"（页3B）又钟惺《赠唐宜之署颍上县事序》："吾友吴县唐宜之，东南名士也……宜之历试不第，以明经聘修《成均志》。志成，谒选得凤翔府别驾。"（《隐秀轩集》卷一九，页383）唐时谒选凤翔府通判时间未详，上年选刻《壬戌房选》，姑系于此。

同年诸城县知县胡福弘来书，复之。

《尺牍逸稿》卷六《复胡诸城福弘》："伏以睿宸当阳，共缀金闺之籍；郎官应宿，荣分赤县之符。霞彩遥依，云笺敢报？……某自愧樗微，幸亲葭倚，谬尾清华之列，只饶蹇拙之愆。正廑云树以箴砭，忽睹瑶华而下及。丰仪赫若，珍实重于珠玑；温语蔼然，味更深于兰蕙……"（页12B）

案：胡福弘（1579-1649），北直永年人。元璐同年进士，上年八月新授诸城知县。《壬戌同年序齿录》："胡福弘，字凝之，号征五……都察院观政，八月，授山东诸城县知县。"（页174A）［乾隆］《诸城县志》卷一九"知县"："胡福宏，直隶永年人，进士，三年任，官至山东观察使。"（页12A）始任时间稍有不同。［光绪］《永年县志》卷二六有传。（页38B）

四月，同年马如蛟授山阴县知县。

《壬戌同年序齿录》："马如蛟，南直隶和州民籍学生，字腾冲，号讷斋……刑部观政，癸亥四月授山阴知县。"（页179A）

案：同年陈维新有《送马讷斋年丈令山阴》诗。（《文园集》之《宫舄波余》诗，页28B）

同年诸暨县知县唐显悦来书，有书复之。

《尺牍逸稿》卷五《复诸暨唐令君显悦》："自岁星下瞩，苎萝曾未匝岁，而釜鱼骨马之誉，雷动春明，何其神也！弟于轮蹄之会，结蠹鼠缘，虽酸素可安，而支离足可笑。丈夫脱去头巾，便当专城据案，叱雨呼霖，不儒不吏之间，从无雄业，以此愧年台耳。何当飞械益之分俸，夫授餐称儿，则自其子民之事，年台何倒行而逆施之耶？"（页9B）

案：《壬戌同年序齿录》："唐显悦，字子安，号梅臣……工部观政，六月，授浙江诸暨县知县。"（页190B）又［乾隆］《诸暨县志》卷一六"县令"："唐显悦，天启二年。"（页13A）书云"苎萝曾未匝岁"，故系于此。［康熙］《仙游县志》卷三〇有传。（页23A）

巡漕御史姚应嘉来书并有馈赠，复书谢之。

《尺牍逸稿》卷五《复巡漕同年姚侍御》："久违光霁，不胜紫芝季真之思。每读大奏，条纤握巨，虽使金城画粟，贾让疏河，不是过也。恭谂绣斧之光，腾淮彻济，遂使三犀效顺，万鹢鼓灵……已伏承翰教，益以隆施，俭腹寒胸，并为鼓壮。"题注："应嘉，号镜初。"（页5B）

案：姚应嘉与元璐同举浙江乡试，天启三、四年间任巡漕御史。《国榷》卷八六："（天启四年三月甲戌）工部尚书陈长祚覆御史姚应嘉修浚漕渠。"（第6册，页5269）

姚应嘉，号镜初。浙江会稽人。万历四十一年(1613)进士，初任行人，考授御史。为巡漕御史，亲历水道，免数省雇船之烦。再巡按福建，以淡漠风示下僚，所推毂皆一时循吏。改京畿巡按，积案尽剔。为阉党所恶，削职归。崇祯践阼，召还原职，历官太常、大理，多所平反。享年九十有三。［康熙］《会稽县志》卷二三有传。（页12B）

致书同年安福县知县朱陞，为父倪冻入祀名宦祠事。

《尺牍逸稿》卷四《与年家某》："曩承矩诲，荏苒二年，而年台誉望日益隆赫……贵辖为先子旧游，不知彼都人士尚能话四十年前事乎？或亦尚有公议，思以学宫片俎处先子者乎？"（页15B）

案："年家某"即朱陞。《壬戌同年序齿录》："朱陞，浙江宁波府鄞县人。监生。字伯升，号圆峤……都察院观政，六月，授江西安福县知县。"（页87B）书云"曩承矩诲，荏苒二年"，故系于此。

此为父倪冻入祀安福名宦祠事。倪冻任安福县知县六年，有惠政，为邑人士所尊爱，其门人邹德咏等编纂《直道编》三卷，以记其惠政遗爱。门生举人胡登明《直道编小引》曰："直道编者，邑人士思倪师所为编也。直道者何？展禽直道三黜义也……雨田师治安成且六年，安成业大治，未几有贰松之命，已而浮沉上下迁延郎署……师去之五年，而其编始辑，亦以见邑人士爱师之深。"（《直道编》卷下，页5A）此书编印于倪冻离任五年，即万历十四年（1586）左右，现藏南京图书馆。此书三卷，上卷为本集，辑倪冻于安福所撰文稿，卷端署曰"原任安福县知县上虞雨田倪冻著"，计有十一篇，而他处未见：《续刻彭文宪公奏议跋》《复古书院论学文》《复真书院论学文》《泽民录序》《崇正里土谷神祠记》《萝塘巡司记》《祭阳明松溪东廓三先生文》《祭傅东里文慎所父》《祭刘畏所文》《拟灭姬词慎所妾》

《邹南皋奉母戍粤却赠诗》。卷中为附集，辑乡邑缙绅及朝官好友朱衡、邹善、傅应祯、刘㐨等纪颂惠政文，如邹善《学田记》、刘㐨《去思亭记》等。卷下为别集，收录门生等撰传、赞、引、序等诗文。书云："贵辖为先子旧游，不知彼都人士尚能话四十年前事乎？或亦尚有公议，思以学官片俎处先子者乎？"朱陞力主倪冻入祀名贤祠。［乾隆］《安福县志》卷五："名贤祠，明正德以后节次修葺，今在文庙棂星门左，先后共祀二十一人……（明）知县倪冻……。"（页3A）元璐又有《与休宁朱令君陞》致谢："往者安黉片俎，年兄之为先君子计者，殆已殚精毕能，此德虽铲骨抉肝，莫可为报。倘先灵不坠，或当办结草翁伎俩，致其幽诚耳。"（《尺牍逸稿》卷四，页16B）

朱陞（1592-1630），字伯升，号圆峤。浙江鄞县人。天启二年（1622）进士，授安福县知县，丁艰。天启六年（1626），起补休宁县知县，修学宫，浚河渠，决讼明敏，征收不扰。以积劳致疾卒，年三十九。［光绪］《鄞县志》卷三八有传。（页35B）朱陞墓今存鄞州集仕港镇，有"皇明壬戌进士文林郎休宁县知县圆峤朱公神道碑"，上款"巡按浙江监察御史□□年弟刘士祯立"，下署"崇祯壬申岁孟冬吉旦"。

有书复东莞县知县马维陞。

《尺牍逸稿》卷六《复马东莞维陞》："伏以百里分符花县，奏循良之绩；一函拜贶兰衿，感下逮之思……某钝根不韵，俚学无长，空秃指之悬椎，附群英而认字。予怀明德，赧庆牍之未修；君惠好音，荷瑶章之见示……鲜芹芷以报琼，肃械书而谢锡。"（页14A）

案：［康熙］《广东通志》卷二八"东莞知县"："马维陞，浙江会稽人，进士，四十八年任。"（页6B）继任李模"天启四年任"。则其天启三年（1623）任满入京，韩日缵有《东莞马明府入觐序》（《韩文恪公文集》卷一，页33A）。

马维陞，字芝峤。浙江山阴人。万历四十七年（1619）进士，授东莞知县，擢工部主事，历升郎中，以勤慎襄事。出为瑞州知府，郡多逋赋，不忍以催科困民，身膺参罚，终不以催科困民。父卒，痛弗及含殓，哀毁过甚，岁余竟不起。［嘉庆］《山阴县志》卷一四有传。（页64B）

八月，山东巡抚赵彦晋升兵部尚书，撰序贺之。

《倪文贞集》卷八《贺赵明宇巡抚晋大司马序》："往者天下之乱，多起青、兖，动为妖弄，孔、孟坐其上，而张角、韩山童、唐赛儿辈，灯传如此。日者壬戌之岁，徐鸿儒飞一瓣香，衡众百万，蜂拚蚁结，夺城邑，盗名字，时方左怵篱风，右惊壁雨，而火发自其中庭，中外震恐……于是大司马赵公，仗钺兹土，则三年矣……故徐贼之祸，其难倍于黔蜀，且夫黔蜀之贯气于山左，犹一缕也。今山左之息微微，公在中枢，犹当引为本计，在还其所为明脂怒筋者而已。"（页1A）

案："赵明宇"即赵彦（？—1625），陕西肤施人。［道光］《济南府志》卷二五"巡抚都御史"："赵彦，字名宇。陕西肤施人。进士。（泰昌）元年任，仕至兵部尚书。"（页4A）赵彦以剿抚白莲教徐鸿儒功，晋兵部尚书。《明史》卷二五七本传："光宗嗣位，以右佥都御史巡抚山东……（剿抚白莲教）论功，进尚书兼右副都御史，再加太子太保，荫子锦衣卫世佥事，赏银币加等。三年八月，召代董汉儒为兵部尚书。"（第22册，页6621）［康熙］《延安府志》卷八有传。（页18B）。

秋，馆課赋《高秋雁影》。

《倪文贞集》诗卷下《高秋雁影》："漾漾浮浮淡不过，天光照出字无讹。可容远水芦花见，是得孤山云意多。华岭逢龙俱花叶，墨池曳隼有烟波。想当不为更赢下，高到冥冥人奈何。"题注："阁试。"（页6B）

案：庶吉士在馆学习三年，课试之作甚多，有论、策、记、赋、诗等。同馆有黄锦《高秋雁影馆课》（《黄锦集》，页8）、陈维新《高秋雁影》（《文园集》之《藜编唾余》卷下诗，目有诗佚）、郑之玄《高秋雁［影］》（《克薪堂诗集》卷五，目录页8A）。

同年浦城县知县高钦舜来书，复书谢之。

《尺牍逸稿》卷五《复浦城高令君钦舜》："猥承明教，词旨温奕，非鸣琴多暇，思那得此？分俸得无太溢，且使人谓范莱芜割釜中尘，不大难受者乎？悚息读佳刻，令人心开并谢教。"（页19B）

案：［乾隆］《重修浦城县志》卷七"知县"："高钦舜，嘉兴人，进士，俱天启年任。"（页5A）高钦舜（1595—？），浙江嘉兴人。天启二年（1622）进士，次年四月授浦城县知县。崇祯初考选监察御史，仕至河南副使。［光绪］《嘉兴县志》卷一八："（天启二年甲戌科）高钦舜，河南副使。"（页52A）

致书福建巡抚南居益，荐福州府经历倪钟醇。

《尺牍逸稿》卷三《复福抚南中丞居益》："辱惠教函，深钦长虑，许国之忠，筹时之识，定乱之才，三者具矣，何施而不可？福州府经历倪钟醇，为不佞同谱雁行；其父讳壮猷者，同先君乡荐，以大参归田；其弟钟瑞，又与家兄元珙同举戊午，宗盟年谊，兼而有之。其人儒雅能诗文，由庠生入国子，屈首卑官，小飞控地，所恃上泽，有以振之耳。伏祈青照，冒渎主臣。"（页21B）

案：《明熹宗实录》卷三一："（天启二年十一月乙亥）升南太常寺卿陈长祚为南京工部右侍郎，太仆寺卿南居益为都察院右副都御史，巡抚福建。"（《明实录》第67册，页1583）南居益天启二年（1622）十一月至五年（1625）五月在福建巡抚任。其父南宪仲与倪涷同门进士，其从弟南居仁与元璐同榜进士，两家世交。所荐福州府经历倪钟醇，浙江平湖人，其父倪壮猷隆庆四年（1570）举人，[光绪]《平湖县志》卷一五："倪壮猷，字华芳，隆庆庚午（1570）举人，授南直宜兴县教谕，升知江浦县……寻升南刑部主事，出为贵州佥事，红苗反，上剿抚机宜……迁云南兵备副使……后归，年八十四卒。"（页39A）其弟钟瑞，字青翟，号吉甫，万历四十六年（1618）举人，[光绪]《平湖县志》卷一八有传。（页6B）

同年钱敬忠父卒，二次往吊不遇，有书致唁，其文一时传诵。

《尺牍逸稿》卷五《唁钱公敬忠》："邸中得问，即骇浥过哭，而阍人辞焉。逾宿又往，则兄已徒跣出春明矣……太翁老年伯严节鲠忠，凤举鹄立。下邹阳于理，天下归其大冤；释箕子之囚，圣主收其盛美。归冤、收美之间，其品定矣……世间逝者如太翁，即不得称莠志人耳，显亲如兄，即不得称祸延。此语非谩，即以兄充充瞿瞿、荒迷崩迫之时，度必能辨此语非谩也。汇刍成束，为诸兄弟谶，过千里飞酸，无取于粲。"（页32A）

案：[乾隆]《浙江通志》卷一八四钱敬忠小传："当君（若赓）死时，距出狱不满三岁，孝子哀痛几殉之。倪文正元璐有《慰孝子书》一篇传人间。"（页16A）《慰孝子书》疑即此书。其父钱若赓，万历初任礼部，以选妃事得罪神宗，后以事拟重辟，羁江西狱三十七年。敬忠自小受经狱中，业日益进，万历四十七年（1619）成进士。熹宗即位，囚服伏禁门外，草疏辨冤，乞代父死。疏下法司，议狱者悯之，父竟得释，本年卒于家。

钱敬忠（1584-？），字孝直，一字玉尘。浙江鄞县人。万历四十七年（1619）进士，不赴廷对而归。挈家省其父于狱，还京诉冤。时熹宗新即位，上疏辨冤，乞代父死。疏下法司，议狱者悯之，得旨免死放还乡里。天启二年（1622）补殿试，授刑部主事，丁父忧归。服除，阉党方炽，林居不出。崇祯元年（1628），诏起原官，乃以母病乞休。奉母几二十年，后出知宁国府，罢归。南明时，卧病不出，闻清兵渡江，遂勿药卒。[光绪]《鄞县志》卷三八有传（页24B）。

代叶向高老师撰南京吏部尚书赵贤墓志铭。

《倪文贞集》卷九《南京吏部尚书赵汝泉公墓志铭》："赵公讳贤，字良弼，汝泉其别号也。家汝之董村。弱冠成进士，起家农曹，徊翔郎署者六年，守顺德，再守荆，以三品服视荆篆者五年，抚楚再抚齐鲁者八年，领铨四年，先后家食几三十年，此其出处大都云……自释褐即从罗近溪、曹贞庵诸先生游，深求性命之理，晚而益进，其学以无欺实践为至。疾革，启手足示人，萧文宗鸣凤谓其不愧曾子，良然。"（页23B）

案：此文代叶向高师所撰，《苍霞续草》卷一一《明资德大夫正治上卿南京吏部尚书赵汝泉公墓志铭》（页18A），与此文基本相同，略有增删。叶文所增文字有："公没已二十余年，墓中之石尚虚，适陈先生来京师，大司徒李公与公为姻好，始以手所撰公事状，属陈先生命余为志铭……（公）卒万历丙午，距生嘉靖甲午，得年七十有三。"可知赵贤生卒为 1534 年—1606 年。

史孟麟卒，为撰传记。

《四库全书总目》卷一七九："《亦为堂集》四卷（江苏巡抚采进本），明史孟麟撰。孟麟字际明，号玉池，宜兴人。万历癸未进士，官至太仆寺卿，崇祯初，追赠礼部右侍郎。事迹具《明史》本传。孟麟持正不阿，屡忤权幸，气节动天下。其殁也，倪元璐为作传，赵南星序其奏疏，邹元标序其语录，其人品可以想见……倪元璐亦曰：'初赵公为选部时，先生曾未识面，第以贤奸消长，系国否泰，情迫忧危，势无结舌苟容，不惜再弃官以伸公是，不知者以为为友，予谓是乃纯为君耳，何友之有？'然则孟麟在东林中，为超然于门户外矣。"（页 1616 中）

案：元璐所撰史孟麟传已佚，《亦为堂集》亦佚。史孟麟（1559-1623），字际明，号玉池。南直宜兴人。万历十一年（1583）进士，累官吏科都给事中，引疾归。召拜太仆少卿，复以疾去。孟麟素砥名节，复与东林讲会，时望益重。家居十五年，召起故官，督四夷馆，忤帝意，谪官。熹宗立，召还，累擢太仆卿。事具《明史》卷二三一本传。（第 20 册，页 6045）

十月，馆试《初寒念守关将士诗》。

《倪文正公遗稿》卷二《初寒念守关将士诗》："草菱木脱白狼河，搦管犹寒况荷戈。最是晓霜驰滴博，可怜夜雪守蓬婆。黄花古戍春难到，枯树严关雁不过。一念普天同挟纩，应无负固越王佗。"题注："阁试。"（七言律，页 10B）

案：同馆陈维新有《初寒念关塞将士》（《文园集》之《藜编唾余》卷下诗，目有诗佚）。

是月，会稽张弘刻印《清晖阁批点玉茗堂还魂记》，汤显祖著，王思任批点，校阅者有陈继儒、米万钟、倪元璐等。

案：《清晖阁批点玉茗堂还魂记》二卷，明汤显祖撰，王思任批点。首有王思任词叙，署"天启癸亥阳生前六日谑庵居士王思任题于清晖阁中"，正文署"会稽著坛订正"，即天启三年（1623）会稽张弘著坛刻印。此本载有《牡丹亭还魂记》校阅者氏籍："著：临川汤义仍先生讳显祖；评：山阴王季重先生讳思任；阅：北地米仲诏先生讳万钟、云间陈仲醇先生讳继儒、始宁倪玉汝先生讳元璐；订：会稽王文著伯闇父、会稽曾益谦父、山阴陆梦壁少伯父、山阴俞调鼎伯和父、会稽王文蕃仲显父、会稽马权奇巽倩父、仁和江元祚邦玉父、固陵蔡翥汉逸父、会稽鲍经济济之父、山阴刘云龙迅侯父、始宁倪晋康侯父、山阴王如琨行行父、山阴俞而介不仝父、四明陆符天陛父、山阴王缄三胤始父、山阴朱兆宁士桢父、暨阳陈洪绪亢侯父、山阴周懋宗因仲父、会稽陈仕英千一父、钱塘褚光誉之璋父、山阴刘卜鹈鹕父、会稽沈象孙苞先父、会稽孟称舜子塞父、古虞谢嶅元明父、四明陆寿祺平格父、山阴王日舍宅俊父、会稽诸臣选异之父、会稽王光瀛子仙父、暨阳陈洪绶章侯父、山阴王在三明先父、会稽王蓉升之父、会稽陶广泽霜伯父、山阴朱日益光甫父、会稽张学曾尔唯父、会稽张学孟尔醇父；校：会稽张弢亦寓父、会稽张弘毅孺父、会稽张弧子威父。"

十一月初一日，冬至，馆课《拟上亲祀南郊礼成颂》。

《鸿宝应本》卷一《拟上亲祀南郊礼成颂》序曰："于是礼官奋而请曰：'惟陛下德盛仁至，崇竭敬孝，三灵贡祯，而大报泯焉。是子祢不相觌以饮食也，臣等议以迎日之至祀圜丘。今岁德当癸为先甲，亥子相禅，天开之会，至之日，岁星垣鹑火之次。奄临天庙，以竦正于南离，离郊位也，日月并辔而交于析木，占野曰燕，是为天子之都。当有大举于帝，诚据典礼，顺时令，协星纪，惟陛下财幸。'上蹑然曰'俞哉'……臣谨献颂九章，比夫壤击，其词曰……"题注："馆课。"（页1A）

案：同馆有黄道周《南郊礼成颂》（《黄道周集》，页1247）、陈维新《上亲祀南郊礼成颂癸亥年》（《文园集》之《藜编唾余》卷上，页24A）。序云"臣等议以迎日之至祀圜丘。今岁德当癸为先甲，亥子相禅，天开之会，至之日，岁星垣鹑火之次"，即天启三年癸亥冬至日。据郑《表》，是年冬至为十一月初一日丁巳。黄道周《南郊礼成颂》序曰："惟天启之三载，岁阳在于昭阳，其阴在亥，谡揆端纪，其历甲子，其朔丁巳。"（《黄道周集》，页1247）与此契合。

是月，浙江巡按李思启来书，复之。

《尺牍逸稿》卷四《复巡按李侍御思启》："敝土鱼鳖之区，鸿雁在野，劳薪可念，伏莽易兴。伏拜台缄，恫乎及此，宏识壮犹，于斯可见。欣喜佩服，未易名言，敬乘役归，肃函报谢。"（页19B）

案：《明熹宗实录》卷四一："（天启三年十一月）壬戌，命福建道御史李思启浙江巡按。"（《明实录》第68册，页2112）明例，十三道巡按御史一年轮换。此其新任来书，故系于此。

李思启，字大衡。南直昆山人。[乾隆]《昆山新阳合志》卷一五："（万历三十八年庚戌韩敬榜）李思启，大衡，御史，加太常寺卿。"（页15B）曾任襄阳县知县，考选御史，天启间巡按宣大、福建、浙江、直隶等道，晋太常寺卿，崇祯初被劾以"倚藉魏党"罢职。《崇祯长编》卷一五："（崇祯元年十一月）丙寅，太仆寺卿李思启劾免，仍听议。"（《明实录》第92册，页846）

致书同年高平县知县乔淳。

《尺牍逸稿》卷五《与高平乔令君淳》："老年丈初试烹鲜，遂踞循良首座，更贤岩邑，其为刃游丸弄，益可知已。夫拔卓茂于密县，坐致通候；显朱邑于桐乡，立跻九列。在昔有之，今何不然？"（页10A）

案：[乾隆]《高平县志》卷一一"知县"："乔淳，宛平，进士，（天启）三年。"

（页 4B）乔淳亦天启二年（1622）进士，授山西襄垣县知县，本年调高平县知县。据"老年丈初试烹鲜，遂踬循良首座"，故系于此。崇祯初，乔淳为户科给事中杨时化劾以贪虐。《明史》卷二五四孙居相传："高平知县乔淳贪虐，为给事中杨时化所劾，坐赃二万有奇。淳家京师，有奥援，乞移法司覆讯，且讦时化请嘱致隙。时化方忧居，通书居相，报书有'国事日非，邪氛益恶'语，为侦事者所得，闻于朝。帝大怒，下居相狱，谪戍边。"（第 21 册，页 6558）

同年祁彪佳来书，言将赴京谒选。

祁彪佳《与倪鸿宝年兄》："春明载和，凡我二三兄弟把臂笑语，乐也融融矣。嗣后年兄校雠东壁，弟策骞南还，萧条客舍，独吴圣生与弟两人耳。每至风雨黯然，酒频温而易寒，烛累明而似暗，念我年兄常作天际真人想。夫宇内第一等文章，要从第一等人品做出，同籍中有不矜不伐、有典有则如我年兄者乎？……尊眷入都想在明春矣，年兄逍遥秘馆，故乡客思能无一人清梦乎？弟驱车谒选，尚图一晤于长安道上，作平原十日饮，剪灯而诉年余阔别之情，是所愿也。家严冒险而北，恐道路迂回，故未及领老伯姆平安佳报。"（《莆阳尺牍》甲子乙丑年册，南京图书馆藏明钞本）

案：祁彪佳与元璐同中进士，给假归，是年冬赴京谒选。书云："弟驱车谒选，尚图一晤于长安道上，作平原十日饮，剪灯而诉年余阔别之情，是所愿也。"又云"家严冒险而北"，指其父祁承㸁（1563-1628），升兵部员外郎，乞假归里，假满入京。《祁忠毅公年谱》："（天启二年）时夷度公已升北枢员外，即还家矣。"（《祁彪佳日记》附，页 850）祁承㸁号夷度。

祁彪佳（1602-1645），字虎子，号世培。浙江山阴人。天启二年（1622）进士，授兴化府推官，外艰归。服阕，选御史，出按苏、松诸府，又为首辅周延儒所憾，回道考核，降俸，寻以侍养归。家居九年，崇祯十五年（1642），召掌河南道事，次年佐大计。清兵入关，谒福王于南京，迁大理寺丞，旋擢右佥都御史，巡抚江南，移疾去。南都失守，杭州继失，自沉殉节而卒。唐王赠少保、兵部尚书，谥忠敏。著有《祁彪佳集》《祁忠敏公日记》《远山堂曲品》《远山堂剧品》等。《明史》卷二七五有传。（第 23 册，页 7051）

冬，同年祁彪佳入京谒选，授福建兴化府推官。

《祁忠毅公年谱》："（天启三年）冬，赴京谒选，得福建兴化府推官。"（《祁彪佳日记》附，页 850）

在庶常馆修业，对科条失宜尝窃议之，然未敢直言。

倪《谱》卷一："（天启）三年癸亥，三十一岁。以官格科条失宜窃议之，而身在修业之列，抑未敢言。"（页 8A）

本年，荷兰侵占台湾、澎湖，犯厦门。魏忠贤提督东厂。朱国桢、顾秉谦、朱延禧、

魏广微俱礼部尚书兼东阁大学士。

【诗文系年】

《送唐宜之判凤阳》《复胡诸城福弘》《复诸暨唐令君显悦》《复巡漕同年姚侍御》《与年家某》《复马东莞维陛》《贺赵明宇巡抚晋大司马序》《高秋雁影》《复浦城高令君钦舜》《复福抚南中丞居益》《唁钱公敬忠》《南京吏部尚书赵汝泉公墓志铭》《初寒念守关将士诗》《拟上亲祀南郊礼成颂馆课》《复巡按李侍御思启》《与高平乔令君淳》。

天启四年甲子（1624），三十二岁

除翰林院编修。五月，次子倪会覃生。

正月，庶常馆散馆阁试，题为《明目达聪论》。

《倪文贞集》卷五《明目达聪论》："且夫耳目蒙而霁于明聪，譬木蒙而霁于火，木生火，火燔木，明聪生于耳目，而燔耳目也……夫天子之明聪，横出而不正其归，则同于眇灭。故尧舜者，明聪之至也……尧舜者，共耳合目而治者也。尧舜清微其身，以遍知天下，而其神不外，故曰神生其光，非力索可得矣。商宗之置相也，以梦而启信，周成王之疾谗也，以风雷而破疑，天下乌知聪明之道，有得于其梦与风雷者乎？"（页20B）

案：《鸿宝应本》卷二此文有题注："阁试散馆。"即庶常馆散馆考试之作，亦见黄道周《明目达聪论》（《黄道周集》，页584）。

十八日，除翰林院编修。

《明熹宗实录（梁本）》卷三八："（天启四年正月）癸酉，庶吉士授官，方逢年、刘必达、陈具庆、倪元璐、黄道周为编修，张士范、谢德溥、张四知、王铎、郑之玄、屈可伸、徐时泰、王启元、朱之俊、陈盟、孙之獬、文安之、李明浚、许士柔、黄锦为简讨，杨梦衮、刘先春、王明玉、杜三策、陈维新为科给事中，杨玉珂、梁元柱为御史。"（《明实录》第88册，页2236）

案：郑《表》，正月癸酉为十八日。黄景昉《馆阁旧事》卷上："（馆课）天启壬戌略称是，吴文湛持、陈明卿、浙倪鸿宝、豫王觉四、闽黄石斋、蒋八公、郑大白，所海内翕推者也。时制额广，几四十人，究称白眉止是，信人才难。闻倪初阁试屡后，比散馆，叶文唐公特留之，叶犹具眼。"（《宦梦录 馆阁旧事》，页189）

关于散馆授官，倪《谱》卷一："故事，庶常去留，准馆阁累试名序，兼采物望。时隶籍上虞者二人，例不并留。府君恬淡自如，又文多指斥，试辄不前，而同乡之延誉者日至。及集议，前辈多右同乡，首揆叶文忠曰：'倪某无论文字，只三年来无片刺及吾门，已加人一等矣。'乃留府君翰苑，而出同乡为给事中。"（页 8A）"同乡"指陈维新（1598-？），字汤铭，号赤城，亦上虞人。［光绪］《上虞县志》卷一〇："陈维新……天启壬戌成进士，以馆选限于格出补兵科给事中，转工科。"（页 30B）邑人黄尊素斡旋其中，其子黄宗羲《思旧录》："初为庶吉士，虞邑有二人，当出其一。其人欲攻先生出之，先忠端公倡言倪之人望，非词林不可，乃止。"（页 4B）

同年祁彪佳之任兴化府推官，来书请为《玉节记》撰序。

祁彪佳《与倪鸿宝年兄》："弟客岁岁暮，雪窗无事，走笔作《玉节》一记。自顾不韵，所恃有年兄点铁手，倘亦上碧胡眼乎？千乞年兄点数语于简端，吉光片羽自足宝，不敢多求也。然曲有别调，弟非其人，今更非其时矣，万勿示人为祷。初七日将南辕，先期走领，面别不悉。"（《莆阳尺牍》甲子、乙丑年册，南京图书馆藏明钞本）

案：《祁忠敏公年谱》："（天启四年）春正月，赴任，便道旋里。"（《祁彪佳日记》附，页 850）祁彪佳谒选兴化府推官，正月初七日起程。

为祁彪佳《玉节记》撰序。

《倪文贞集》卷七《祁世培司李玉节传奇序》："韵人管风弦月，庄士矩伦矱理，两氏遇于涂，必捽顶交唾而去。今使两手者，左执檀口，右操铁肝……所不能矣。夫文章之柔若媚狐，比于巧令者，莫甚元之曲子。而以为由其道之可以教忠，世培则有取尔也……且夫谱事为词，使可歌舞，其中有灵也。已以世培之词为窝，享于诸氏，聪氏享谐，瞭氏享态，藻氏享华，侠氏享义，而用物以配之。逢花则艳，着酒则豪，当经则法，伍史则鲠，是固英怪，非其才莫能为之也。"（页 13A）

案：祁彪佳《与叶六侗》："《玉节》是庚、辛初拈管时所作，于去、上、阴、阳一毫不解，东涂西抹竟不成章，只堪覆瓿耳。"（《远山堂尺牍》庚午年册，南京图书馆藏明钞本）《玉节记》约作于万历末、天启初，刻于崇祯元年，已佚。

春，遵母命续配王氏携子女举家迁居京师。

《倪文贞集》奏疏卷四《七乞归省疏》："又臣行时，以臣母之命携家赴京，今子女悉依臣所，臣同母一弟读书他邑，定省不能时至，臣母眼前寥然，独女婢二三人耳。"（页 5A）

案：上引祁彪佳《与倪鸿宝年兄》云"尊眷入都想在明春矣"（引略），知夫人王氏及家眷迁居京师在本年春间。

致书同年临清榷关分司姜玉果，来京眷属行李具单照验。

《尺牍逸稿》卷六《与榷使某》："兹有启恳，敝眷舟经贵辖，行李数事，不敢径情，谨具单呈上，乞赐照验。内椒苏些小，并随身所需，非货也，惟台鉴之。值□阍禁戒严，敬以敝同年之重，公函冒请。"（页 23A）

案："榷使某"疑即姜玉果，以户部主事分司临清榷关。《壬戌同年序齿录》："姜玉果……通政司观政，癸亥，授户部福建司主事。"（页188A）又［乾隆］《临清直隶州志》卷九"钞部户部榷税分司"："（天启朝）姜玉果，南直通州人，进士。"（页31B）书云"敝眷舟经贵辖"，指王氏携家迁居京师时作。

姜玉果（？-1601），字荆琢。南直通州人。天启二年（1622）进士，官至江西临江府知府，与杨廷芳同著《四书说约》《卧游草》行世。玉果严气正性，笃于孝友，以进士官户曹，因忤珰外除衢州，旋罢官。起补平阳，未就。久之，知临江政，治有声。清军入关，以母年八十挂冠归养。事具《五山耆旧集》卷一四小传。（页17B）

致书赵宧光，为宅第求隶书一匾、二牌。

《尺牍逸稿》卷一《与赵凡夫》："弟卧病三月，每思玄度，夜梦必寻。适有所请，大笔隶书，前无程、蔡，小斋一扁、二牌，悉希波撼，奉此光宝，遂跻绳瓮于蓬壶，德莫大矣。"题注："讳宧光，号寒山，长洲人。"（页9A）

案：赵宧光（1559-1625），字水臣，号广平，别号凡夫。南直太仓人。一生不仕，只以高士名冠吴中，读书稽古，偕妻陆卿隐于寒山。精六书，工诗文，善草篆。著有《说文长笺》《寒山志》等。事具赵均《先君凡夫府君行实》。（《赵凡夫传叙行实》卷三）此书乞"大笔隶书"作"小斋一扁、二牌"，当在京安家之后。另，赵宧光子赵均，娶妻文俶，为文从简之女。元璐与文震孟同年并至交，此或由文震孟介绍。

书题画诗轴赠同年郑之玄。

《草书赠大白题画诗轴》释文："天方白醉树红酣，小着溪风淡着岚。山亦不深秋不浅，最宜松下一茅庵。题画。似大白年辞兄正之。弟元璐。"（《倪元璐の书法》，页39）

案：所书诗见《倪文贞集》诗卷下，为《题画》六首之第四首。"大白"即郑之玄，同年进士又同官翰林院。郑之玄约天启五年（1625）丁忧归里（详见张瑞图《果亭墨翰》），崇祯三年（1630）四月还朝补原官。《崇祯长编》卷三三："（崇祯三年四月辛未）补黄道周为翰林院编修，郑之玄为翰林院检讨。"（《明实录》第93册，页1953）

同年南京国子监博士曹可明来书，复之。

《尺牍逸稿》卷三《复同年曹学博可明》："一别遂周岁籥，昔人云'邈若坠雨，翩犹秋蒂'，足征此况矣……聊辱惠书，肺谊殷拳，深感情至。若其自抑过深，见推非分，将无如王裕州所言，邻有跛鳖，而誉之骐骥乎？悚然良不可安。日者直指张灿老行，弟曾亹亹诵明德，渠亦云有向往之素，此人肠热眼清，必有以报。"（页24B）

68

案：《壬戌同年序齿录》："曹可明……工部观政，改常州府学教授，甲子，升南京国子监博士。"（页8B）书云"一别遂周岁篝"，其授常州府学教授未久，即升南京国子监博士。"王裕州"即王廷陈，"直指张灿老"，俟考。

曹可明（1581—？），字懋德，别号羊鞟。南直句容人。天启二年（1622）进士，升南京户部郎中，仕至广西按察司副使。博洽群书，长于著作，赋性廉而不矫，和而不流，宗人营脱，遂按如法。穷达不渝，至解任归，箧笥萧然，怡怡自得。著有《诗经主义丛珠》五卷。[乾隆]《句容县志》卷九有传。（页38A）

浙江巡抚王洽来书言及地方治理，复之。

《尺牍逸稿》卷一《复浙抚王中丞洽》："自闻荣苉，即飞缄驰贺，想彻台曙[署]矣。伏承函教，鳃鳃乎其为地方计者，深至详远，非六韬在胸，九机着眼，不能出此半筹。今日之浙，其于水火刀兵，饥荒盗贼，事事有之，幸戴台台得以无动，而彼昏不知将邻国为壑耶？仁人之言利溥，洵台台之谓矣。"（页22A）

案：《明史》卷二五七王洽传："三年冬，以右佥都御史巡抚浙江。"（第22册，页6624）其上任时元璐曾致书为贺，至此来书"鳃鳃乎其为地方计者，深至详远"，故此复之。

王洽（？—1630），字和仲，号葱岳。山东临邑人。万历三十二（1604）年进士。历知东光、任丘，补长垣。擢吏部稽勋主事，历考功、文选郎中。迁太常少卿，以右佥都御史巡抚浙江。天启五年（1625）四月，御史李应公希魏忠贤意指劾洽，遂夺职闲住。崇祯元年（1628）召拜工部右侍郎，又擢兵部尚书。二年十月，清兵由大安口入，都城戒严，帝震怒遂下恰狱，次年瘐死。事具《明史》卷二五七本传。（第22册，页6624）

辅臣何宗彦卒，代首辅叶向高撰文祭奠。

《鸿宝应本》卷一七《中堂公祭阁学何昆柱老师文》："呜呼哀哉！……公之修辞，刬华归道，八代起衰，六经剖奥。公之视草，提燕蹴许，丝绂之光，载其钟吕。公之迪主，嘉言正色，折柳规仁，避蚁将德。公之程士，兴醇革靡，大雅之群，漓然正始。公之典礼，握体敷仪，寅清以直，古惟彤夷。公之宅揆，几几敕敕，帝倚为肱，人加其额……在我宜号，在公宜笑，一滴以将，三招为吊。呜呼哀哉！"题注："代作。"（页2A）

案：此代"中堂公"即代首辅叶向高作。上年元璐代叶向高作《南京吏部尚书赵汝泉公墓志铭》，见前。"何昆柱"名宗彦，《国榷》卷八六："（天启四年正月）庚午，少傅兼太子太傅、户部尚书、武英殿大学士何宗彦卒。宗彦江西金溪人，籍随州。万历乙未进士。馆选，授编修，历今官，持正砭砭，见称于时。赠太傅，谥文毅。"（第6册，页5254）

二月，以翰林院编修充经筵展书官，纂修记注。

《明熹宗实录（梁本）》卷三九："（天启四年二月己亥）翰林编修陈子壮、方逢年、刘必达、陈具庆、倪元璐充起居注。"（《明实录》第 88 册，页 2265）

倪《谱》卷一："（天启四年）充经筵展书官，纂修记注。"（页 8A）

三月，以翰林院编修授阶文林郎。

《敕封文正公翰林院编修》："敕曰：……尔翰林院编修倪元璐，志行洁淳，材资博雅，挺大家之英妙，读先世之藏书。谈对大廷，参居禁廷。丹心陶镕三载，摛毫多秀句雄文；青编喷薄三香，穷理迈春华秋实，器可大受，志有远期。肆今簪裙之初，即借编摩之任，行见老人火乎藜杖，庶几太史胗乎蓬池。兹以皇嗣覃恩，授尔阶文林郎，锡之敕命……天启四年三月。"（《倪氏宗谱》卷首天章，页 6A）

春，从兄倪元珙以考最调繁歙县知县。

《先兄三兰行状》："盖当熹宗之末年，逆珰魏忠贤擅政……当是时，光禄由祁门令，以能移歙。"（《倪文贞集》卷一一，页 20A）

黄道周《三兰倪公墓志铭》："三兰为祁门令，以最调歙。"（《倪氏宗谱》卷一四墓铭，页 20A）

案：《倪氏宗谱》卷首有《敕封三兰公监察御史》，附其仕历："初任徽州府祁门县知县，二任调繁徽州府歙县知县，三任江西道监察御史。"（页 18A）调繁指调任政务繁剧的州县，元珙以考最调歙县知县。[道光]《祁门县志》卷二一："倪元珙……天启中知县，甄别士类，号称得人。时有凌铄士子者，元珙以法治之，士论快焉。省刑罚，却贿赂，与民休息，未逾年调繁任歙。"（页 9B）其调歙县时间未详，姑系于此。

四月，刘鸿训父刘一相卒，为撰墓志铭。

《倪文贞集》卷九《陕西按察司副使顷阳刘公墓志铭》："盖公讳一相，字惟衡，初号静所，以梦易为顷阳……遂以庚午乡荐，又七年丁丑成进士，两捷俱第七人，文价翔上。其年授山西高平令……亡何，播州酋杨应龙拒命，有诏命少司马邢公价[玠]视师西川。邢公乃上疏请公赞画，如裴中立请韩愈行军故事，报可……久之，枢部覆叙平播功，以公名上，诏又赐白金，复其原官，使参藩贵竹，未至，改商洛道。关中故并州，会台寮落落，公兼管六篆，剖决如流，案无留牍，老吏皆舌呿不下。寻升臬副……浩然归山，入则斑衣侍太安人，出则野服与诸野老往来诗酒，追香山洛下之风。而长君宫允鸿训，时以癸丑上第，翔为金闺，公喜甚，勖之'三无负'……时宫允以史官持节东国，解装病作，遂止里中。政府以为大劳，就家迁今官，故事无有也……洎达春明三月，而公讣至矣，时为天启四年四月十二日。"（页 12B）

案：刘一相（？ -1624），万历五年（1577）进士，由进士历南京吏科给事中。追论故相张居正事，执政忌之，出为陇右佥事，终陕西副使。其子刘鸿训为左春坊左中允，与元璐同官翰林院。

刘鸿训（1565-1634），字默承，号青岳。山东长山人。万历四十一年（1613）进士，由庶吉士授编修。出使朝鲜，进右中允，转左谕德，父丧归。天启六年（1626）冬，起少詹事，忤魏忠贤，斥为民。崇祯元年（1628），召为礼部尚书兼东阁大学士，参预机务。遭奸佞陷害，谪戍代州，卒戍所。著有《四素山房集》。事具《明史》卷二五一本传。（第 21 册，页 6481）

闻同年马如蛟知山阴政绩显著，致书贺之。

《尺牍逸稿》卷四《与山阴马令君如蛟》："不入扶风之帐，观季常之眉者，遂周岁籥，我思悠悠。时于路篆家筒得其胪陈明德，真如五台僧说文殊化迹，奕异可喜也。"（页 23A）

案：张岱《石匮书后集》卷二三："马如蛟，字腾仲，号讷斋，和州人。天启壬戌进士。除山阴知县，正靡俗，革吏弊，所食米悉自和辇致。"（页 2B）其上年四月来任山阴县知县，至今一年，与书中"遂周岁籥"合。如蛟与元璐交善，山阴任上关照倪母及家人，执礼甚恭。元璐《封文林郎福建道监察御史马公鼎臣暨配封孺人刘氏墓志铭》："腾仲令山阴时，入拜予母甚恭。"（《倪文贞集》卷一○，页 17A）

座师朱国祚来书索文题园，复书答之。

《尺牍逸稿》卷四《复朱相国老师国祚》："门生某奏记老师函丈……门生波波，徒以蛙怒腹胀，失其循墙。伏蒙垂诚发奖，愧汗流浃。比以老母板舆之计，丐就南毡，道经宫墙，定图立雪。一日以去，但恐此时召命已发，趣舍人装，弥在辚辚耳。独乐园佳，承命容选暇饰思扬颂以报。"（页 8A）

案：朱国祚与何宗彦主持天启二年会试，故自称"门生"。朱国桢《光禄大夫柱国少傅兼太子太傅户部尚书武英殿大学士赠太傅谥文恪养淳朱先生墓志铭》："癸亥，玉牒成，加少保兼太子太保、户部尚书、武英殿。时有脾疾，连请告，旬中三上，积十三疏。四月十七日，上不得已允之，加少傅兼太子太傅……卒甲子十月二十五日子时，寿六十六岁。"（《朱国桢诗文集》，页 500）书云："独乐园佳，承命容选暇饰思扬颂以报。"盖乃师归里后为其园索题。

早朝，黄尊素有诗相赠。

黄尊素《早朝示倪玉汝》："每逢朝候听鸣鸡，懒性犹宜竹枕低。清夜无多催晓漏，仙斑已满歇霜蹄。侍臣勿恨瞻天远，退食恒愁补过迷。胪唱几声无别事，御香可问袖能携。"（《黄忠端公集》卷五，页 5A）

案：黄尊素天启三年（1623）十月假满归朝，其《入京诗》题注："癸亥七月从水路，至十月到京。"（《黄忠端公集》卷五，页 3A）此诗应是年在京所作。

黄尊素（1584-1626），字真长，号白安。浙江余姚人。黄宗羲之父。万历四十四年（1616）进士，初授宁国推官，天启二年（1622）擢御史，疏请召还刘宗周、邹元标等，力陈时政十失，忤魏忠贤，被夺俸一年。后又上疏论事，再忤魏忠贤意，五年（1625）春，遣使陕西茶马，甫出都，逆党劾其专击善类，遂削籍归，未久逮下诏狱，遂自尽。著有《黄忠端公集》。尊素謇谔敢言，尤有深识远虑，与高攀龙、周起元等并称"后七君子"。事具《明史》卷二四五本传。（第21册，页6360）

五月十三日，次子倪会覃生。

倪《谱》卷一："（天启四年）仲弟会覃生。为伯父后。"（页8B）

案：倪会覃（1624-1669）为续配夫人王氏生，过继给长兄倪元璞为后。《倪氏族谱》卷二："会覃，行善十九，字子封，号丽成，会稽庠生……生明天启四年甲子五月十三日申时。"（页103A）

是月，为解学龙题追褒册子。

《倪文贞集》诗卷上《题解石帆追褒册子》："广陵八月涛，白马张素车。橘花台上花，一开千日敷……方其理祥刑，持法如持水。及其拜夕郎，触山如触纸……君看死者荣，当知生者瘁。人生忠孝怀，但学园葵理。忠以倾其心，孝以芘其抵。"（页3A）

案：诗云："方其理祥刑，持法如持水。及其拜夕郎，触山如触纸。"解学龙是时授刑科给事中，其父母诰敕赠封册子索题。南京市博物馆藏董其昌书《行书解学龙告身》《行书解学龙父母告身》，末有董其昌题跋，并署："天启四年夏五廿四日，董其昌。"（《中国古代书画图目》第6册，页323）亦同时所作。

解学龙（1582-1645），字言卿，号石帆。南直兴化人。万历四十一年（1613）进士，历金华、东昌二府推官，擢刑科给事中，为御史智铤所劾，遂削籍。崇祯元年（1628）起户科都给事中，迁太常少卿、太仆卿，改右佥都御史，巡抚江西。十二年（1639）冬，擢南京兵部右侍郎，荐属吏并及迁谪官黄道周，帝怒，责其党庇行私，下狱廷杖，削籍遣戍。福王立于南京，召拜兵部左侍郎，擢刑部尚书，为马士英等所恶，遂削籍。久之，卒于家。著有《五垣谏草》《抚江奏牍》等。事具《明史》卷二七五本传。（第23册，页7042）

六月，江南大水，应天、浙江巡抚俱告灾。致书浙江巡抚王洽，言漕粮改折为便。

《国榷》卷八六："（天启四年六月丁未）江南大水，巡抚应天周起元、巡抚浙江王洽俱告灾。"（第6册，页5290）又同卷："（同日）大学士顾秉谦请按田派米，户田万亩派籴米千石，余以次递降，一议改折，一留关税，一准赎罪，一减织造，下部议。"（第6册，页5290）

案：明以后漕粮咸为定制。征收漕粮本色要附加折耗、轻赍及运军行粮等漕项，如将漕粮改折为银两，其漕项亦折为银两，漕项所折银两可用于赈灾等急需之处，

"既不敢取之内帑，又可宽东南民力"。故遭灾之年，浙江抚按及浙人之在京为宦者，力为浙人争漕粮改折。倪元璐《复浙抚王中丞洽（三）》云："伏承明教，轸念灾乡，条改折之义，此请既得，足使鱼鳖余生，不至立为道殣。自被灾以来，下土之衿绅聚于辇下者，亦动有言改折为便，言未绝口，而大疏已上，当由至仁出为早智，不佞等与百万蚁息，惟有项祝没世及其子孙耳。"（《尺牍逸稿》卷一，页23A）改折一事，获圣旨允准，浙江巡抚亦布告于民，但户部提出驳议，最终又有反复，浙西未得全折，原已永折之浙东绍兴又暂征之，置浙江抚按于两难之地，浙人黄尊素、倪元璐、陈维新等亦遗憾不已。

黄尊素《与王葱岳中丞论改折》云："改折一事，暂得俞旨，而仍复反汗，果不出老公祖所料者。老公祖既已布之于民，而部覆又改之于上，部可不信其明旨，而老公祖何以不信于饥民？此皆情势两穷，如何料理？且浙西未得全折，已为遗憾，而部覆无端又欲取永折之绍兴而暂征之，彼固未识钱塘曹娥，天所以限浙东西也。公揭发抄，万祈老公祖同按台公祖力为主持，以救此一方剥床之恐，并附简末。"（《黄忠端公集》卷三，页17A）陈维新《上李大司农争免越漕书》亦力争："夫今日京粮缺额，势甚眉燃，台台筹国苦心，自应无所不到，惟是绍兴独免白粮，此祖制也。然祖制何以独免绍兴，则非偏逸绍兴，而故予杭嘉湖以劳也。实则绍兴所处东浙之地，与西浙杭嘉湖万不可同年而语也……当兹庚癸几呼，王臣王土，谁敢私梓里以忘国计？独念煌煌明旨，万若势不能遵，而徒贻他日以轻更祖制之口实，台台其任受之乎？"（《文园集》之《宦鸟波余》书，页25A）元璐又有《复浙抚王中丞洽（四）》："改折之议，台台仁心大猷，而朝议支格，良可慨叹，或更借皂封申言请命，想终当不夺耳。何如？"（《尺牍逸稿》卷一，页23B）经过反复上书，最终"部疏即委屈报罢"，陈维新《上李大司农争免越漕书》补注："此书即从垣中草发，随得司农报札数行，已诺稍需议覆矣。次日会同乡京仕者，复草一揭，抄发长安，而部疏即委屈报罢，此真地方之福，圣天子转圜之灵也。然亦可以见司农公之虚怀雅度也云。"（《文园集》之《宦鸟波余》书，页25A）时户部尚书为李宗延，《明史》卷一一二"户部尚书"："（天启三年癸亥）李宗延，九月仓场回部。（四年甲子）宗延，十一月掌都察院。"（第11册，页3491）

七月，为徐比部《蟠桃图》题诗。

《倪文贞集》诗卷下《题蟠桃图为徐比部》："室后松纹绣有鳞，斗南星气烂如银。最奇此会天开子，不小当年岳降申。塞上千金求谏草，庭中七月下仙轮。岁星是否东方朔，只问蟠桃图上人。"题注："时甲子七月。"（页7B）

案："徐比部"，未详。

叶向高师致仕归里，有书寄呈。

《尺牍逸稿》卷四《上旧馆师叶公向高》："久违教范，时切调饥。年来正以波波，都疏候问，绛帐之在白门，不一枢〔抠〕承，克有罪矣，要坐不知，或可原也。老

师一时遵养，动遭侵横，每念世风，为之慨然……"（页8B）

案：《明史》卷二二："（天启四年）秋七月辛酉，叶向高致仕。"（第2册，页303）书云："老师一时遵养，动遭侵横，每念世风，为之慨然。"此书当叶向高辞归后作。

九月二十七日，立冬，复书王思任。

《尺牍逸稿》卷一《复王季重思任》："又得王先生之言及其诗，读之晓然，钝闻条达，如翳去眼。诗十七，所未见十三，为故人灯下妙逼选唐，而其空灵踔厉之致，则又有选唐之所不及者……同舍绝无标艾，一祁虎子不能有，而使长髯之士相焉。若有才学，惟漳海黄幼玄湛深博奥，某当拜之，其余不过可作平交，与之对揖而已……文起兄去国，不可得也。"（页4B）

案：此书亦载《胜朝越郡忠节名贤尺牍》，末署："立冬日，元璐载顿首。"郑《表》，是年立冬为九月二十七日。又有注曰："此文正致王遂东书也。读其词意似在史馆纂修记注时，当天启四年公三十二岁所作……按文正天启二年文震孟榜进士，震孟字文起，忤珰归里，以气节名，札尾及之，可见正人君子俱相引重之恒。后谥文肃。祁虎子名彪佳，谥忠惠，公同里人。漳海黄幼玄即忠端公道周也。一札中连类及之，均系正士，具征公律己之严，交友之慎，初筮仕其气节已如此，气类之应有以去。"（页32B）

九月，因授翰林院编修，循例父倪冻赠中宪大夫，嫡母曹氏赠恭人，生母施氏封太孺人。

《敕赠文正公父中宪大夫》："尔原任广东琼州府知府倪冻，乃翰林院编修倪元璐之父，清而能任，直有其才……显晦升沉之故，历历可得而言；忠厚正直之心，断断不改其素。庭开韦绪，美绍兰台，睠兹石渠天禄之华，繄尔烈性刚肠之庆。兹以覃恩，尔子进阶中宪大夫，锡之诰命……天启四年九月。"（《倪氏宗谱》卷首天章，页7A）

《敕赠文正公嫡母曹恭人》："尔封孺人曹氏乃翰林院编修倪元璐之嫡母，美毓河州，慧通经史……兹用赠尔为恭人。玄英留白日之晖，紫诰贲黄垆之色。天启四年九月。"（上书，页8A）

《敕赠文正公生母施太孺人》："尔施氏乃翰林院编修倪元璐之生母，清心玉映，慧质兰芬，以望族之令姿，为德门之人种……兹用封尔为太孺人。懋扬南国之芳，永介北堂之寿。天启四年九月。"（上书，页9A）

秋，湖广、山东、江西、福建四省考官以秋闱策问语涉讥刺被劾，同馆方逢年、顾锡畴居首。

《明熹宗实录》卷五六："（天启五年二月丙戌）吏部奉旨降调各省考官八人，湖广正、副翰林院编修方逢年、礼科都给事中章允儒，山东正、副户科都给事中熊奋渭、兵部职方司主事李继贞，江西正、副翰林院简讨丁乾学、吏科给事中郝土膏，福建正、副翰林院简讨顾锡畴、兵科给事中董承业。"（《明实录》第 69 册，页 2566）

案：《明史》卷二五三方逢年传："天启四年，以编修典试湖广，发策有'巨珰大蠹'语，且云'宇内岂无人焉，有薄士大夫而觅皋、夔、稷、契于黄衣阉尹之流者。'魏忠贤见之，怒，贬三秩调外。御史徐复阳希指劾之，削籍为民。"（第 21 册，页 6545）又《明史》二一六顾锡畴传："天启四年，魏忠贤势大炽，锡畴偕给事中董承业典试福建，程策大有讥刺。忠贤党遂指为东林，两人并降调。已，更削籍。"（第 19 册，页 5721）

方逢年（？ -1646），字书田，号狮峦。浙江遂安人。天启二年（1622）进士，以编修典湖广试，发策有"巨珰大蠹"语，魏忠贤怒，贬三秩调外，又予削籍。崇祯初，起原官，累迁日讲官、国子祭酒、礼部侍郎，未几，擢礼部尚书，入阁辅政，后因事罢归。福王时，复原官，不赴。绍兴破，与方国安等降清。已而以蜡丸书通闽，事泄被诛。著《雪涤斋集》。事具《明史》卷二五三本传。（第 21 册，页 6545）

顾锡畴，字九畴，号瑞屏。南直昆山人。万历四十七年（1619）进士，天启四年（1624），魏忠贤势大炽，锡畴偕给事中董承业典试福建，程策有讥刺忠贤，遂指为东林，两人并降调、削籍。崇祯初，召复故官，迁国子祭酒，丁忧归。起复少詹事，进詹事，拜礼部左侍郎，杨嗣昌秉政，构之，遂削籍。十五年（1642），廷臣交荐，起为南京礼部左侍郎。福王立，晋本部尚书。与马士英不合，致仕。总兵贺君尧挞辱诸生，锡畴将论劾，君尧夜使人杀之，投尸于江。著有《秦汉鸿文》《纲鉴正史约》。事具《明史》卷二一六本传。（第 19 册，页 5721）

十月初一日，阁试作《皇极门颁历》诗。

《倪文贞集》诗卷上《皇极门颁历》："凤阙开彤旭，猊炉散紫烟。六阶齐度纬，七政转玑璇……兴王惟省岁，太史又编年。赐出黄星曜，披看绿字鲜。因知天历数，如日起虞渊。"题注："阁试。"（页 32B）

案：同馆有陈维新《皇极门颁历》（《文园集》之《藜编唾余》卷下诗，有目诗佚）、郑之玄《皇极门颁历》（《克薪堂诗集》卷五，目录页 7B）。《静志居诗话》卷二〇："历日之颁，明太祖定于九月之朔，其后改十一月朔，继又改十月朔，遂为定制。是日帝御殿，比于大朝会，士民拜于廷者，例俱得赐。倪尚书天启中赋《颁历诗》，最为典重，他诗过于新奇，不然也。"（页 612）

《倪文正公遗稿》此诗有注："甲子十月朔颁历，而魏广微不至，廊园弹其无礼，意即此时。"（卷二五言排律，页 1A）是日，朝臣大集颁历且飨庙，魏广微颁历不至，飨庙又后至，吏科都给事中魏大中、御史李应升等连劾之，广微引疾乞休，温旨慰留，此后广微益依附魏忠贤，剪除善类。《明熹宗实录（梁本）》卷四七："（天启四年十月）是月壬午朔，亲享太庙。大学士魏广微后至，魏大中劾以不敬，广微

求去，温旨慰留，广微遂于魏忠贤媒孽之，卒成乙丑、丙寅之狱。"（第 68 册，页 2451）

致书同年钱允鲸，时任保宁府推官。

《尺牍逸稿》卷五《与保宁钱节推》："一别如雨，我怀忡忡。耳热阆州从事之名，如明霞着天，虽使坦夫再世，无能胜此。弟某波波，束於篦签穴革，不得以为烦冤。丈夫用世，当为风伯雨师，服食小仙亦奚为乎？"（页 8B）

案："保宁钱节推"名允鲸，《壬戌同年序齿录》："钱允鲸……吏部观政，八月，授四川保宁府推官。"（页 58B）其天启四年十月仍在保宁任。《少师朱襄毅公督蜀疏草》卷一〇《恭惩青衿凌篾县官疏》："际将云阳县印信，另委同知贺纳贤接管，檄催保宁府推官钱允鲸、重庆府推官李必达、夔州府推官蒋化龙公同照款会审……天启四年十月初四日上奉圣旨：该衙门知道。"（页 35A）

钱允鲸（1589-？），字长卿，号抱冲。浙江桐乡人。天启二年（1622）进士，授四川保宁府推官，升礼部主客司主事，转南京兵科给事中。罢魏忠贤祠，劾周延儒、冯铨、温体仁三辅臣，权贵侧目。寻外转，温体仁败，诏起左江道。时方用兵，持论忤督师杨嗣昌，乞归。所至以清慎自持，兴利除害，于地方实多裨益。[嘉庆]《桐乡县志》卷七有传。（页 12A）

同年钱塘县知县沈匡济来书，有书复之。

《尺牍逸稿》卷六《复沈钱塘匡济》："缅惟老父母、老年丈冲衿秋湛，泰宇春融……将佳丽之湖山，重施藻绩；令熙攘之士女，更动讴歌。帝庭有独简之心，枢轴自左虚之望。"（页 15A）

案：《壬戌同年序齿录》："沈匡济，字方平，号樗庵……吏部观政，六月，授浙江钱塘知县。"（页 37A）又《西湖志纂》卷二："天启四年，钱塘县令沈匡济议疏填阏之水，以清湖八议上之抚按，未见施行。"（页 8A）其天启二年（1622）六月至四年任钱塘县知县，故云"将佳丽之湖山，重施藻绩；令熙攘之士女，更动讴歌"。

沈匡济（1587-？），字方平，号樗庵。南直青浦人。天启二年（1622）进士，六月授钱塘令。时势家侵占西湖为园田，悉厘正之。历官南昌府知府、山东提学副使。[康熙]《江南通志》卷一四一有传。（页 26B）

同年郑之玄父以子贵敕封太史，拜恩阙下，翰林同人荣之，于其生日赋诗奉祝。

《倪文贞集》诗卷下《寿闽泉郑封公》："欲奏元灵曲一词，如君的的有仙姿。游逢若士邀为友，梦领沂公下作儿。旧筑秀才堤被锦，新生书带草成芝。世人但识龙章贵，名在丹台那得知。"（页 12B）

案："闽泉郑封公"即同年郑之玄之父。据郑之玄《府君行状》："府君讳邦佳，号印湖……会以大庆封今官，府君亲拜恩阙下，其年诞日行辈共称诗为觞，以荣其事。"（《克薪堂集》卷九，页 11A）同时之作，蒋德璟有《五云诗为道圭丈寿二尊人，道圭斋曰五云居》（《蒋氏敬日草》卷一〇，页 15A）。

十一月初五日，作《山水图轴》。

《退庵所藏金石书画跋尾》卷一七："倪文贞《山水轴》，绢本。幅上右行书署：'甲子阳生月五日作于介石龛。元璐。'下有白文'倪印元璐'印。案文贞生于万历二十一年癸巳，终于崇祯十七年甲申，年五十有二，此'甲子'是天启四年三十二岁所作。考文贞为天启壬戌进士，则此画是初入馆阁时手笔，而苍老已如此……睹其遗墨，为之肃然敬心生也。"（《中国书画全书》第 9 册，页 1097 下）

案："阳生"即冬至。郑《表》，是年冬至为十一月初九日，倪元璐画不多见，而吴荣光多有收藏，同卷著录有《菊花轴》《芦鸭轴》《墨菊轴》，然不署年月。其对元璐人品、画品评价甚高，如《菊花轴》跋："画固以人重，即以画论，亦萧疏淡雅如见其人，可称逸品。"又《墨菊轴》跋："倪鸿宝先生当明季衰晚，耻同流俗，矫矫自异，写此以自寓，盖傲骨亭亭，日后忠荩矢志已见于笔端矣。自谓淡如菊者，非淡不能成后日之忠，夫子真自道也。"

韩晟将赴官洛阳，为题《小桃源图》。

《倪文贞集》诗卷下《题小桃源图为韩寅仲先生》其二："桃花流水隐双凫，中有高真彻晓呼。人是右丞诗是画，只应唤作辋川图。"其四："天上元灵曲奏来，何因人世奖仙才。正如渡口溪风便，流出胡麻饭一杯。"题注："时韩将赴官洛阳。"（页 30A）

案："韩寅仲"即韩晟，韩日缵之侄，与当时文士多有交往。同时送别之作，有郑之玄《送韩寅仲赴中州幕》（《克薪堂诗集》卷六，目录页 8B）、何乔远《韩寅仲以调官诗见示次和》（《镜山全集》卷一五，页 491）。韩晟家有小桃源，张萱有《望小桃源怀韩寅仲诗以劝驾》（《西园存稿》卷一三，页 4B）、《过小桃源用前韵赠主人》（同上，页 6A）。韩晟赴洛阳幕，约在是年。

元璐多次书《小桃源诗》酬赠友人。清伊秉绶藏倪元璐墨迹，即此《题小桃源图为韩寅仲先生》七绝五首，嘉庆十年（1805）携至京师属都中师友题咏，有纪昀《倪鸿宝先生小桃源诗真迹用覃溪前辈韵题后》（《纪文达公遗集》诗卷一二，页 26B）、翁方纲《是日又得文正题小桃源诗草》（《复初斋诗集》卷五七，页 16A）、吴嵩梁《明倪文正公小桃源诗真迹为伊墨卿作》（《香苏山馆诗集》古体卷六，页 2A）及《题倪文正公小桃源诗真迹后》（上书今体诗钞卷五，页 1A）、屠倬《敬观倪文正手书小桃源诗真迹为墨卿太守题》（《是程堂集》卷八，页 10B）。

韩晟，字寅仲，号嵩少。广东博罗人。万历十九年（1591）举人，张萱有《韩寅仲获隽乡书志喜兼赠北上》（《西园存稿》卷六，页 17A）。授遂安知县，转湘潭，任满归里，张萱有《赠韩寅仲以湘潭令解组还里》（上书卷九，页 9B）。隐城东别墅，自拟桃源，感时寄兴，往往托之歌咏。天启中又入洛阳幕。张萱有《寿韩寅仲七十有一》（上书卷五，页30B），至少享年七十一。卒年不详，阮大铖有《寄挽博罗韩寅仲先生》（《咏怀堂诗外集》甲部，页7B）。［乾隆］《博罗县志》卷一二有传。（页40B）

十二月，魏大中被谪南还，题画送别。

《倪文贞集》诗卷下《题画送魏廓园被谪南还》："水有浮萍石有苴，风霜一夜剪扶疏。知消几两东山屐，莫便逢人说遂初。"诗末有注："按是时忠节长吏垣，宵人假会推晋抚谢应祥事，并逐高、赵、杨、左数公，至次年乙丑而清流之难烈矣。"（页26A）

案：《倪文正公遗稿》亦载此诗，注曰："此甲子事也，家国可知矣。迫后裯极一时，兴公之赋不成，而元操之文徒作，读此泫然。"（卷二七言绝，页8A）"魏廓园"名大中（1575-1625），是年十二月以推山西巡抚谢应祥事，被劾降调。《魏廓园先生自谱》"天启四年"："十二月，予即于部院覆疏降调。十五日，策蹇南旋。冢宰、御史大夫疏救，一时俱被逐。沈年兄炎洲公疏首，俱逐。自是少宰陈公中素、杨公大洪、左浮丘等，黜逐褫夺，翩翩而出国门，无虚日矣。"（《藏密斋集》卷一，页34A）《明史》卷二四四有魏大中传。（第21册，页6333）

王象恒卒，应其弟王象春之请，撰墓志铭。

《倪文贞集》卷九《巡抚应天都察院右佥都御史立宇王公墓志铭》："自中丞没二年，葬有日矣，其介弟考功君象春以所为状，属余志。夫扬忠纪伐，固余事也。夫按状：公讳象恒，字微贞，别号立宇，其先诸城人……戊子，举于乡，犹弱冠，越八年乙未，成进士，授祥符令……待诏三年，授江西道御史。公既中朗，炳天下事，又以三年静观，察时政所最先，乃上封事，请上视朝、下章奏，其词剀至。又请赐环赵公南星等，不报。随奉命按江右，未至，而其伯兄霁宇公象乾，以少司马督师蓟辽，引例归，家食八年。洎司马返初服，而公始以河南道起，视京通仓，至则又极言时事……年余，改按北畿，旋掌河南道，领计事，正色持衡，岳然乔松自处，不附人，人亦不得附也。寻擢闿卿，晋右佥都御史，出镇应天……公自按畿迄今，先后五年间，枯髀灼肝，头如蓬葆，病咯血二十日，竟卒。"（页19B）

案：《国榷》卷八七："（天启五年正月）戊辰，南京吏部考功郎中王象春削夺官诰，兵科陈维新纠之。"（第6册，页5297）元璐与王象春交好，其兄王象恒卒，应其请为撰墓志铭。据《明熹宗实录》卷二八，天启二年十一月，蓟辽总督王象乾为弟应天巡抚王象恒请恤，文云"自中丞没二年，葬有日矣"，可证倪文作于是年。

苏松巡抚周起元来书，复之。

《尺牍逸稿》卷二《复苏抚周中丞起元》："自法蠡宏开以来，霍然鹰化为鸠，鸿集于泽，良由台台以大儒正学出为匡定，叩六韬于囊底，鄙七筴为无筹，用能富国裹而壮军实，近障金城，远翼山海。盖台台之才，比之于古，则方叔、召虎之俦，

韩、范所不及也……役旋，肃此布谢。"（页32A）

案：《明熹宗实录》卷二八："（天启二年十一月）辛未，太仆寺少卿周起元为都察院右佥都御史，巡抚应天。"（《明实录》第67册，页1445）又卷四九（梁本）："（天启四年十二月乙巳）巡抚应天，右佥都御史周起元削籍，以疏救同知杨姜悖旨曲庇及前劾朱童蒙也。"（第68册，页2486）倪书作于周起元任苏松巡抚期间，姑系于此。

周起元（1571-1626），字仲先，号绵贞。福建海澄人。万历二十九年（1601）进士，历知浮梁、南昌，行取入都为御史。上疏力斥诋毁东林，故谪为广西参议，分守江右道，移四川副使，未任，改参政。天启三年（1623年）入为太仆少卿，旋擢右佥都御史，巡抚苏松十府。为苏州同知杨姜辨冤，遭魏忠贤恨，被诬为干没帑金十万两，逮入狱中，拷掠至死。著有《周忠愍奏疏》。事具《明史》卷二四五本传。（第21册，页6349）

冯元飀父冯若愚卒，有书寄唁。

《尺牍逸稿》卷二《与冯公留仙》："前岁送兄春明之外，搔首城隅，而兄骤马急过，当骊失歌，黯结之冤，所谓离刀割脏，此恨至矣。不晤兄客叹未纾，遂承异痛，栾心柴骨，创巨可知。而弟复束于篝笈穴革，不能惋念倚闾，单肠百结……同门椒荔之将附陈平老归使，奏之所以迟迟，因人传伯仲相次入都门，诸年友包酸以俟，所以迟迟颈垂，而后决此策耳。诔语未免乞灵他氏，缘诸君、弟并有纂修之役，而弟又愧逊不敢当，要之此涕岂可使他人雪之也，歉歉。另白缣一端，奉充素衣，致同归之好。度公车亦将戒途，把叫其在弹指间耶。"（页30A）

案："冯公留仙"名元飀，其父南京太仆寺少卿冯若愚，卒于天启三年（1623）。《明史》卷二五七冯元飙、冯元飀传："父若愚，南京太仆少卿。"（第22册，页6639）又［雍正］《慈溪县志》卷一三有《谕祭南京太仆寺少卿加赠南京太常寺卿冯若愚》，题注："天启三年。"（页12B）此书为寄唁其父而作。元飀兄弟乞元璐撰墓碣文字，元璐以"纂修之役"婉拒。所谓"纂修之役"，疑指参与纂修《神宗实录》，天启元年（1621）三月始修，以张惟贤为监修官，叶向高等为总裁官，三年（1623）又改命顾秉谦、丁绍轼等为总裁，元璐、黄道周及翰林院同人俱参与此役。

冯元飀（1586-1644），字尔赓，号留仙。浙江慈溪人。崇祯元年（1628）进士，授都水主事。帝遣中官张彝宪总理户、工二部事，元飙抗疏，被责以沽名，请告归。寻起礼部主事，进员外、郎中，迁苏松兵备参议。张溥、张采倡复社被劾，巡按倪元珙以属元飀，元飀盛称溥等，元珙据以入告，两人并获谴。十一年（1638）摄济宁兵备事，升天津兵备副使，再擢右佥都御史，巡抚天津。以衰老乞休，代官未至而京城陷，元飀乃由海道脱归，卒于家。事具《明史》卷二五七本传。（第22册，页6642）

岳翁朱燮元来书，有书复之，言及珰祸，心忧之矣。

《倪文贞集》卷一八《复朱公恒岳燮元（一）》："每辱台教，一读晓聆，惟隆赐稠渥，兹不可安。翁台每割肥以享士，遗家而急公，自发肤以往无一有者，而独不能去某胸中邮浆驿馈，直以郭大夫处陈无已，不亦难乎！某逢此百罹，诵中林之诗，有维谷之叹。今者中朝振、瑾之祸，飙发蜂起，本由博浪之椎，一击不中，而今且京、贯比连，譬则攻痈，不消内溃，更甚北寺黄河之祸，有不忍言者，心之忧矣，其何能淑乎？方今之时，无问强事、朝事，一须才识，诚望福五事兼备如翁台者，乃得为之。"题注："天启甲子。"（页1A）

案：倪安世本《倪文贞集》此书题注："公幼聘朱公长女，未及嫁而殇，故为名分翁婿。"朱燮元是年剿奢崇明，因功加右都御史、兵部尚书。元璐《明特进左柱国光禄大夫少师兼太子太师兵部尚书兼都察院右都御史总督贵湖川云广五省军务兼巡抚贵州等处地方恒岳朱公行状》："壬戌，崇明父子复至叙州，公兼程追剿，凡所复州县三十有七。此时，公以巡抚命，得便宜行事。癸亥，进兵部右侍郎，总督川、湖、陕西军务……甲子正月，录捣巢解围功，加右都御史。十一月，加兵部尚书。"（《朱少师奏疏》卷首）书中言及时事，心怀忧愤："今者中朝振、瑾之祸，飙发蜂起，本由博浪之椎，一击不中，而今且京、贯比连，譬则攻痈，不消内溃，更甚北寺黄河之祸，有不忍言者，心之忧矣，其何能淑乎？"

本年，杨涟劾魏忠贤大罪二十四，朝臣劾魏珰者不下百疏。赵南星、高攀龙罢归，陈于廷、杨涟、左光斗削籍。叶向高致仕。张溥、张采等人在苏州创立应社。邹元标卒。

【诗文系年】

《明目达聪论》《祁世培司李玉节传奇序》《与榷使某》《与赵凡夫》《复同年曹学博可明》《复浙抚王中丞治》《中堂公祭阁学何昆柱老师文》《陕西按察司副使顷阳刘公墓志铭》《与山阴马令君如蛟》《复朱相国老师国祚》《题解石帆追褒册子》《复浙抚王中丞治（三）》《复浙抚王中丞治（四）》《题蟠桃图为徐比部》《上旧馆师叶公向高》《复王季重思任》《皇极门颁历诗》《与保宁钱节推》《复沈钱塘匡济》《寿闽泉郑封公》《题小桃源图为韩寅仲先生》《题画送魏廓园被谪南还》《巡抚应天都察院右佥都御史立宇王公墓志铭》《复苏抚周中丞起元》《与冯公留仙》《复朱公恒岳燮元（一）》。

天启五年乙丑（1625），三十三岁

任翰林院编修。秋，奉使济南，事竣旋里省亲。

正月，同邑黄尊素将出使陕西，为其奏疏撰序。

《倪文贞集》卷七《黄白安侍御奏疏序》："夫层垣识洞，寝石诚没，故市竭呼而非谓，俳极啼而不哀。何则？智不烛机，则意南无致飞之则；道存谢责，则宜下有不登之音……测谏者之所存，亦何能之不盖？以议埒史，则领其三长；以权准相，亦综于五视。故可以汗青竹而为光，铼黄铉而不覆也。属以高阃授斧，函关跋灵。发七十谏书之函，飞五千道德之气。欲使贾言失至，陆语隳新。夫苟读周书，宜削陈群之草；而忽传洛纸，可知江尉之名尔。"（页8A）

案：《鸿宝应本》卷六载此文，题注："天启五年。"又载《黄忠端公正气录》卷首，署曰："乙丑春正月园客倪元璐。"时黄尊素为山东道监察御史，将有出使陕西之行，其有《乙丑王正月出都门偶念时事，有怀题壁》《乙丑王正月出都门，数百里红尘扑天，与人戒不敢进，感时寓意》可证。（《黄忠端公集》卷五，页7A、8A）

应邑人请，致书吏部尚书崔景荣，留任上虞县知县何凉。

《尺牍逸稿》卷二《致某冢宰》："敬启：敝邑上虞，旧称安壤，近者日就凋敝，几成貔豸。原其所由，在于官无久任。盖自癸卯至今二十余年，凡七更长吏，未有终三年淹者。大都廨突未黔，溟波疾运，以致胥役因而上下，闾阎苦于送迎，坐此大困。今任何父讳凉者，慈母神君，明镜秋水，令境欢戴，佥谓一日不可失此孔迩。而昨闻抚台王公祖移剧慈溪之咨，又投贵部矣……伏乞台台垂念敝邑原非僻壤，安见不可栖鸾？已是劳薪，不当听其萍寄。特留贤令，免此更端。"题注："闵公洪学"。（页25B）

案：原题"致某冢宰"注曰"闵公洪学"，误。一是闵洪学崇祯四年（1631）三月至五年（1632）八月任吏部尚书（见《明史》卷一一二），与何凉仕历不合。何凉知上虞时吏部尚书为崔景荣，据上书同卷："吏部尚书……崔景荣（天启四年甲子）十一月任……景荣，（五年）七月免。"二是据《壬戌同年序齿录》，何凉天启二年（1622）六月授上虞县知县，在任已经三年，"抚台王公祖"拟调何凉知慈溪，故上虞士民不舍挽留。三是"抚台王公祖"即王洽，天启三年（1623）冬至五年（1625）四月巡抚浙江。又书云"自癸卯至今二十余年，凡七更长吏"，"癸卯"即万历三十一年（1603），检［光绪］《上虞县志》卷三"县令"，徐代聘万历三十二年任，继任有王同谦、文三俊、周复宣、钱应华、范矿、何凉，至何凉"凡七更长吏"。（页28A–29B）

三月十五日，策贡士于皇极殿，充殿试掌卷官。

《国榷》卷八七："（天启五年三月）癸亥，策贡士于皇极殿，赐余煌、华琪芳、吴孔嘉等进士及第出身有差。"（第6册，页5301）

倪《谱》卷一："（天启）五年乙丑，三十三岁。殿试充掌卷官。"（页8B）

案：郑《表》，三月癸亥为十五日。掌卷官负责试卷管理。

与客品题新榜进士，对翁鸿业、万元吉、王敬锡评价甚高。

倪《谱》卷一："（天启五年）与客品题新榜名流，曰：'今春奇士多在中末，止翁解元得在魁选榜首，卷本房阅及时忽自动，知其有神也。榜中最少如万元吉、王敬锡，皆英美之姿，万尤奇杰，不在何、项诸君之后。大率甲子登偁多才，文皆高古，亦是风气一转如此。世界不应有此文运，其运有升泰耶。'"（页9A）

案："翁解元"名鸿业（？—1639），字一蠮，浙江钱塘人。天启四年（1624）举乡试第一。仕至山东督学、右参政，崇祯十一年（1639），清兵入关围济南，率军死守，城破自尽。参见［康熙］《钱塘县志》卷二〇。（页5A）万元吉（1603—1646），字吉人，江西南昌人。授潮州推官，改大理评事，南京职方主事。南明时加兵部尚书，领导赣南抗清斗争，赣州失陷，投水殉国。参见［乾隆］《南昌府志》卷六〇。（页15A）王敬锡，字伯修，南直金坛人。历官山东右布政，终浙江左布政。参见［光绪］《金坛县志》卷八。（页8B）

从兄倪文煃游于京师，闻魏忠贤视学赐坐，遂不就试南归。

《心韦公传》："乙丑，复游于燕赵。魏忠贤播毒东林，及视学，上赐坐，公闻之喟然叹曰：'刑余视学，千古所未有，时事如此，吾将焉求。'遂不就试，束发南归。"（《倪氏宗谱》卷一四传赞志述，页39A）

案：《国榷》卷八七："（天启五年三月）甲寅，上幸太学，内臣魏忠贤、王体乾皆赐坐，大臣不得赐茶。"（第6册，页5300）内臣视学赐坐，天下儒士皆以为耻，故文煃"遂不就试，束发南归"。

三月，山东巡抚王惟俭晋南京兵部右侍郎，撰序为贺。

《倪文贞集》卷八《贺王符禹中丞晋南枢序》："山左之罹于妖难也，岌乎龙蛇之纷荡而走陆矣。赖上神武，发其声灵，知人善任，连获虎臣。初则大司马赵公载斾，而抗棱于前；既则今中丞王公秉钥，而见休于后。赵公定乱之才，健奋以耆其功；王公安人之略，沈几以作其败……斫斧在东二年，天子嘉之，擢佐南枢，使观大江之风，察大本之地，然且促召公矣……公既将得代，其部吏藩臬诸使者，共征詹詹，使扬其伐。予不辞固僆，操莛发钟，亦犹是我东人章甫所已哦，衮衣之习唱也。"（页3A）

案："王符禹中丞"名惟俭。［道光］《济南府志》卷二五"巡抚都御史"："王惟俭，字损仲。河南祥符人。进士。（天启）三年任，仕至工部侍郎。"（页4A）又据《明史》卷二八八王惟俭传："（天启）五年三月，擢南京兵部右侍郎，未赴。入为工部右侍郎，魏忠贤党御史田景新劾之，落职闲住。"（第24册，页7399）王继赵彦之后任山东巡抚，适值白莲教徐鸿儒之乱，赵彦有剿抚之功，王惟俭有安抚乱后山东之功，上引《明史》王惟俭传："值徐鸿儒之乱，民多逃亡，辽人避难来者，亦多失所，惟俭加意绥辑。"

王惟俭，字损仲。河南祥符人。万历二十三年（1595）进士，授潍县知县，迁兵部职方主事，因事削籍归。家居二十年，光宗立，起光禄丞，三迁大理少卿。天启三年（1623）八月，擢右佥都御史，巡抚山东。五年（1625）三月，擢南京兵部右侍郎，未赴，入为工部右侍郎。因遭魏忠贤党弹劾，落职闲住。资敏嗜学，肆力经史百家，曾删定《宋史》，自成一书。好书画古玩，与董其昌、李日华等并称博物君子。著有《王损仲集》。《明史》卷二八八有传。（第 24 册，页 7399）

客有乞擘窠书，问知为宦官所求，欲夺裂之。

蒋士铨《倪文正公传》："公耿介伉爽，在翰林时，客有佳纸乞擘窠书，已挥十字，问知为中官物，欲遽裂之，客夺而审。"（《倪氏宗谱》卷一四传赞志述，页 28A）

长子会鼎早慧有志，五岁能揖让应对。

徐倬《无功公传》："（会鼎）早慧有志，五岁能揖让应对。稍长，侍文正公京邸。问阅史至何许，曰'汉高伪游云梦'；问淮阴祸萌何自，曰'在征兵不会时。'公为启齿。"（《倪氏宗谱》卷一四传赞志述，页 45A）

陆宝、陈龙鸣来访，适有雨，借马归去。

陆宝《同陈龙鸣大令过访倪玉汝太史，适雨至，假太史马以归》："旧游携我问轩墀，徒步相从慰积思。云傍素交开半面，雨分清话湿多时。幽花媚座如临谱，老鹤窥人欲听诗。古道于君应仅见，泥深借马踏街迟。"（《霜镜集》卷一二，页 22B）

案："陈龙鸣大令"，未详。陆宝时任中书舍人，虽为初识，然晤谈甚欢。

陆宝，字敬身，一字青霞，号中条。浙江鄞县人。少喜为诗，屠隆、余寅、沈尚宝诸公引为小友。本从王嗣奭受诗法，而骤出与之齐名。以太学高等为诰敕舍人。京洛诗人如葛震甫、汪遗民、林茂之唱和无虚日。崇祯二年（1629），以边事请缨自效，论者壮之，思宗优诏报答。母老乞养，不复出。南明时，输饷助军而不受官。年过八十，诗近万首，藏书甚富，多异书秘本。著有《霜镜集》等。事具全祖望《中条陆先生墓表》。（《鲒埼亭集》卷一四，页 1A）

编纂《玑屑》，约在此间。

《北京图书馆古籍善本书目》"子部杂家类"："《玑屑》一卷，明倪鸿宝撰，稿本，杜煦跋，一册，八行十七字，蓝格白口，四周单边。"（页 1491）

案：《玑屑》一册，国家图书馆藏稿本，封面题签："玑屑，倪文正公手写本，壬午中秋程文龙谨题。"又扉页题签："鸿宝先生手书玑屑，萧山鲁氏珍藏，后学杜煦题。"《中国古籍善本总目》《中国古籍总目》《北京图书馆古籍善本书目》，俱题作"倪鸿宝撰"，作者未径改作倪元璐。然据题签、稿本字迹，以及此书"子綦"条附注："园客子曰：'纪信之前，乃有子綦。'"可确定为倪元璐撰无疑。倪元璐署名"园客"，多为天启入仕后至崇祯初，《玑屑》编纂姑系于此。

复书岳翁朱燮元，来书言及思用重典治乱。

《倪文贞集》卷一八《复朱公恒岳燮元（二）》："奉台谕，示以无法之治，比参芟之杀人，第思乱国用重典，武侯之治蜀是也。然非恩信素结，剸割有方，则亦何以成之哉？……疮痍新定，道在拊循，且滇黔土风，素称椎陋，恩威之互用，有若转圜，惟愿宽以济猛，猛以济宽，斯则纯王之治耳。肤功既奏，简在正隆，翁台将不免为彼西人留于信宿，何乃欲赋《遂初》？夫功成身退，大臣自处则然，而岩强善后之策，尤亟也。"（页2A）

案：《明史》卷二二："（天启五年正月）甲戌，朱燮元总督云、贵、川、湖、广西军务，讨安邦彦。"（第2册，页303）来书言"第思乱国用重典"，元璐复以"惟愿宽以济猛，猛以济宽，斯则纯王之治耳"，"岩疆善后之策，尤亟也"。

徐甥至京，携同年上虞县知县何凉书至，复书答之。

《尺牍逸稿》卷二《答上虞何令君凉》："徐舍亲至都，伏承芳讯，何台台之于户下儿孙孪孪如此？……世事波流，祸机飙发，凶锋日横，士气全销，不图盛明之朝，忽作汉唐之季。一行逐逐，胸结脉张，不能请剑尚方，惟有挂冠神武。业上乞休之词，主者勿许，改为乞假，而当事又须纂修报完方为题放，未免小需，盖亦不远耳。"（页23B）

案："徐舍亲"，疑指徐姊之子。徐姊为庶母王夫人生，适尚书徐大化子禹英。《倪氏宗谱》卷二："（倪冻）续配兰溪王恭人，生一子元璞，二女……幼适尚书徐公大化子禹英。"（页103A）徐姊生三子：长云吉、仲止吉、季谦吉，此"徐舍亲"未知其人。时魏阉势张，排挤迫害正人，元璐甚为忧虑时事，出此愤懑之言。又云"当事又须纂修报完方为题放"，时元璐参与纂修《神宗实录》之役。

四月，黄道周告假携母还乡。

《漳浦黄先生年谱》卷上："（天启五年）夏四月，请告归里。秋七月，至家。冬十二月，葬（父）青原公于北山。"（《黄道周集》卷首，页86）

黄道周《与马滕翁书》："去岁出都，先鸿宝归，故不遑致书。子舍才十月，而北堂色变，不孝半百，尚为呱孩，今未抱子，遂失所恃。"（《黄道周集》，页673）

成基命掌南京翰林院事，有诗送别。

《倪文贞集》诗卷下《送成恕宇院长赴官留都》："是处纱笼护远征，薇光正照石头城。知登李白楼能醉，去扣昭明瓮有声。讲席一时虚次仲，台阶千里隔然明。到须急揽钟山翠，恐有沙堤人送行。"（页10B）

案：《倪文正公遗稿》卷二此诗有注："乙丑，成公以太子宾客迁南翰林院掌院事。"（七言律，页19A）"成惩宇"名基命，是年以礼部右侍郎兼太子宾客改掌南京翰林院事，赴官留都。

成基命（1559-1635），字靖之，号惩予。北直大名人。万历三十五年（1607）进士，改庶吉士，历司经局洗马，起少詹事，累官礼部右侍郎兼太子宾客，改掌南京翰林院事，因忤魏忠贤落职。崇祯元年（1628），起吏部左侍郎，次年十一月，拜礼部尚书兼东阁大学士，入阁辅政，多有建树。居首辅数月，为周延儒、温体仁所排挤，三疏自引去。著有《云石堂稿》。事具《明史》卷二五一本传。（第21册，页6489）

同年闵心镜知昆山，忤权相顾秉谦谪官，有书慰之。

《尺牍逸稿》卷六《复昆山闵令君心镜》："夫以兄台之才，即十昆山，直作十点烟耳。台教乃似谈虎，不持此说甚坚，翁兄得无以为非是乎？翁兄大节，千人共见，耿中丞诚知人，向后旬日之间，当有继中丞申明此说者。要使世人咸知斗极，所需副墨，岂可使鸦蚓之迹，上辱龙文无己？或将原稿检来，聊试为之少文……"（页24B）

案：［乾隆］《昆山新阳合志》卷一四"知县"："闵心镜，非台，乌程人，进士，天启三年。"（页11B）是年因忤权相顾秉谦谪官，元璐有《礼部精膳司主事闵心镜》曰："当令昆山，罣于权宰，时则视尔犹虮蚁然，而尔岸然不屈，如卵触山，旋致贬迁，几于麇碎。"（《倪文贞集》卷二，页20B）

闵心镜（1591-1638），字非台，号符娄。浙江乌程人。天启二年（1622）进士，授当涂县知县，调昆山。天启五年（1625），忤魏党权相顾秉谦，谪顺天府教授。崇祯元年（1628），升为礼部主事，转任礼部郎中，升济宁兵备，转秦中督学。十一年（1638），授福建参政，将赴任，卒于西安朝邑之公署。［乾隆］《乌程县志》卷四有传。（页22B）

同年马如蛟以考核奏最，有书寄贺。

《尺牍逸稿》卷六《贺马山阴如蛟》："恭惟老父母老年丈冲衿秋湛，泰宇春融。玉立清标，特擢梅梁之峻；霞开锦字，远回云汉之章。膺褒历之玺书，赤心以报；遡家传之政谱，白眉最良……某学拥常流，才同下品，惭无言语之藻，只为寒塞之规。偶蹑影于层霄，幸联释褐；更蒙麻于慈宇，窃附编氓。"（页13B）

案：黄道周《马和州墓志》："先筮仕时，为山阴令。山阴故泽国，富春、暨阳、萧山诸上流尽注三江，江潮上下时决，坏民田庐舍无数。公行视决口，御轻舸，冒波涛，筑麻溪坝，启闭节宜，为长堤数十里，所获谷麦龟赢之利倍于曩时。"（《黄道周集》卷二六，页1154）

为何九云题《荷墅图卷》。

《倪文贞集》诗卷下《题何孝廉荷墅图卷》："似来香气吴绡上，可有钱塘十里无。

辋水云烟呈别景，新丰鸡犬认归途。枕间宗炳游山法，客里长房缩地符。纵是湖光堪入画，不安君在岂成图。"（页8B）

案："何孝廉"即何九云，荷墅为其晋江东湖中别墅。黄景昉《戏为荷墅招何舅悌》《送何舅悌姻丈谕漳平》《出都奉别何舅悌兼简郑大白太史》（《鸥安馆诗》卷五，页5A；卷二，页14B；卷五，页4A）、郑之玄《送何舅悌归荷墅二首》《何舅悌荷墅》（《克薪堂诗集》卷六，目录页8B；卷七，目录页11A）、池显方《何舅悌荷墅》（《晃岩集》卷四，页108），俱此人。元璐与何九云识于京师，姑系于此。

何九云，字舅悌。福建晋江人。乔远子。万历四十年（1612）举人，崇祯十六年（1643）进士，选庶吉士，授编修。未浃旬而甲申变作，以死自誓。杜门不出，匾其轩曰"东湖闲史"，未几卒。著有《荷墅存稿》。[道光]《晋江县志》卷五六有传。（页12A）

夏，致书同年长汀知县萧奕辅，将奉使出都。

《尺牍逸稿》卷六《与萧令君》："曾承梅讯，又分薇餐，使蓬心坐开，俭腹为壮……时怀倚闾，理须休沐，两年之间，作百十请。今此朱明，似得从诸使星一奉封桐之节。苟出春明，便如飞鸟，以此骄戴星诸侯，不亦可耶？偶乘永定使君便[以下原缺]。"（页28A）

案："萧令君"疑即萧奕辅，与元璐同门进士。[光绪]《长汀县志》卷二三："萧奕辅，字宁斋，南海人。天启三年由进士宰长汀。恭俭廉明，折节下士，筑东堤，移书院，卓有劳绩……以内艰去，民为立祠东郊，后擢御史。"（页18A）书云"偶乘永定使君便"，永定县亦辖福建汀州府。又云："时怀倚闾，理须休沐，两年之间，作百十请，今此朱明，似得从诸使星一奉封桐之节。"时将出使德藩，顺道省亲，欣喜之情溢于言表。

萧奕辅（1590-1654），字翼猷。广东东莞人。天启二年（1622）进士，授长汀县令，在官四年，丁艰归，补叶县。考选广西道御史，巡按浙江，旋差印马、西陲，刷卷南畿，迁太仆寺少卿，晋佥都御史巡抚福建。以年老告归。甲申之变悲愤成疾。[嘉庆]《东莞县志》卷二八有传。（页17B）

九月二十八日，弟倪元瓒生第二子会宣。

《倪氏宗谱》卷二："会宣，行善二十二，字尔猷，号恒园。邑庠生。诚敏谦厚，抱璞遁世，割股救父，天性孝友，古君子也。生天启五年乙丑九月二十八日未时……公年八十六，卒康熙四十九年庚寅七月二十六日未时。葬山阴桃源。著有《兰亭备考》《经史纲目》《杜诗独断》《恒园文集》《诗集》。年八十余手钞不停笔，八分书为世推第一。"（页108A）

案：倪会宣（1625-1710），字尔猷，号恒园。《雪桥诗话续集》卷六："倪恒园，为文正从子，名会宣，前名诸生，所居曰'万玉楼'，日以著书为事，熟算法，精隶书，集有乾象通鉴纲目。五旬外多寓白下，盖有先祠在焉。施尚白《倪园吊文正诗》，即其地。卒年八十余。有日记，于国初乡里诸事缕缕可悉……（岑）镜西多乡邦掌故，其题文正画石，谓前人论书句云：‘鸿宝荦确如老菱，悔迟诡如跷足蝇。’盖当时二公以此相嘲，亦见前辈风趣。悔迟，陈章侯号。”（页36B）“施尚白”名闰章（1618–1683），“岑镜西”名振祖（1754–1839）。

致书蔡毅中，其为魏珰所劾罢职归里。

《尺牍逸稿》卷四《与蔡前辈毅中》："伏惟台台老先生，文章理学之胜，凌燕许而蹴程朱……当台发时，闉人传禁殊历，无从受教，条其钝闻，南荣之惭何时可洗？辱委诚非戈戈所任，然义无可辞，敬容涤衿，束思为之。兹方奉差，疾走前途，当有以报。"（页12B）

案：据《明熹宗七年都察院实录》卷九，天启五年四月十七日，江西道试御史吴裕中疏言"礼部侍郎蔡毅中，其人险肠污行，附势倚权，一岁累迁，久为舆论所不齿"。（《明实录》第90册，页1040）又二十六日，山西道御史刘弘光又劾蔡毅中"金押殊欠精严，卑鄙动关众讥"。（上书，页1047）蔡毅中罢归，元璐上门送别未得见。书云"兹方奉差，疾走前途"，当元璐奉使山东前夕作。又据[民国]《光山县志约稿》卷四"金石录"："蔡光墓碑，编修倪元璐题。"（页4B）蔡光为毅中之父，书云"辱委诚非戈戈所任，然义无可辞，敬容涤衿，束思为之"，当即撰书墓碑之属。

蔡毅中（1548—1631），字宏甫，号濮阳。河南光山人。万历二十九年（1601）进士，授检讨，为首辅沈一贯所忌，遂用计典，镌秩去。召擢尚宝丞，移疾归。天启初，大起废籍，补长芦盐运判官，累迁国子祭酒。天启三年（1625），擢礼部右侍郎仍领祭酒事。杨涟劾魏忠贤，被严旨切责，率部属抗疏继之，极言阉党之害，忠贤大怒，嗾使其党弹劾，罢职归。《明史》卷二一六有传。（第19册，页5714）

秋，奉诏出使山东，册封德藩王子益郡王。

倪《谱》卷一："（天启）五年乙丑，三十三岁……奉节册封德藩王。"（页8B）

案：时德藩王为朱常潝，万历十九年（1591）至崇祯五年（1632）在位。据《明史》卷一一九："德庄王见潾，英宗第二子……初国德州，改济南。成化三年（1467）就藩……（正德）十二年（1517）薨。子懿王祐榕嗣，其年（嘉靖十八年，1539）薨。孙恭王载墱嗣，万历二年（1574）薨。子定王翊鎔嗣，十六年（1588）薨。子常潝嗣，崇祯五年（1632）薨。"（第12册，页3635）倪《谱》云"册封德藩王，新袭骄不知礼"，其时德藩王已袭封多年，所封实为其子益郡王，元璐有《答谢益王启》可证。（详后）《明史》卷一〇〇："亲王之子，例封郡王。若以支属嗣者，自后长子袭封亲王外，余子仍照原封世次，授以本等爵级，不得冒滥郡爵。"（第9册，页2505）

为出使山东，申请官船二艘以行。

《尺牍逸稿》卷六《残札》："册封之命，因奉老慈偕上，择便从□□□，嘉字二十九号、四十号座船二只，堪以承载，乞赐拨如数，用利攸往，真慈航也。率尔附渎，容专谢不尽。"（页29B）

案：此为残札，奉使山东申请官船，"因奉老慈偕上"，似当初有意接母进京奉养。

将行，同邑朱兆柏太史来书，复书辞别。

《尺牍逸稿》卷六《复朱太史兆柏》："才逢忽别，坠蒂辞条之感，言之黯然。题凤登龙，怅成乖左，不受教一言而去，荣畴之惭，何时可刷也！大贶宠颁，行色为壮，子列子惊五浆，况其什佰倍此者乎？别谕及所欲致某者，敬闻命矣。"题注："中丞子。"（页4A）

案：朱兆柏，朱燮元之子，天启五年（1625）进士，六月授翰林院庶吉士，参见《明熹宗实录》卷六〇（《明实录》第69册，页2848）。朱兆柏授官未久，故曰"才逢忽别"。又云"大贶宠颁，行色为壮"，兆柏或有送行诗文。

朱兆柏，字茂如，浙江山阴人。天启五年（1625）进士，授翰林院检讨，历任詹事府少詹事，小心兢惕，阁臣每有大事，资参酌焉。引疾归。［嘉庆］《山阴县志》卷一四有传。（页72A）

出京之后，闻孙承宗师辞官归里，有书寄呈。

《尺牍逸稿》卷四《上孙老师（三）》："门生鬖髿至细，戴天之高，事事卵翼。顷者辞行，教诲饮食，层施涔畀……伏念持橐数年，似此闲曹，正如空舍，虽望之闐如，而堁尘已积。所冀师慈，曲加提命，用植方来，并希加餐，仁调玉烛。"题注："承宗，号恺阳。"（页7B）

案：《明史》卷二五〇孙承宗传："至（天启五年）九月，遂有柳河之败，死者四百余人。于是台省劾世龙并及承宗，章疏数十上。承宗求去益力，十月始得请。"（第21册，页6465）此书当闻孙承宗师罢官而作。

奉使途经吴桥，访范景文澜园，为留三日。

范景文《倪玉汝太史见过，留饮澜园，月上泛舟，得一先韵》："昏黄月晕蔚蓝天，高柳垂堤缓放船。将我入云唯冷语，如君对酒总枯禅。和歌蛮韵商为调，依水荷香晚倍妍。不问知当游济上，笔涛滴沥响寒泉。玉汝时有历下之役。"（《宗伯集》卷一一，页5B）

《倪文贞集》诗卷下《道经吴桥，范质公吏部招饮澜园，月上泛舟却赋》其四："为问卢敖意得不，不逢若士岂成游。是风吹至滕王阁，有月明如庾亮楼。吟苦惟求迁醋瓮，别难宁使葬糟丘。定无人得知斯乐，明日之齐讯爽鸠。"自注："时有济南之役。"其六："本当赵舞却吴讴，嶵竹团丝并作喉。便可称尊当有佛，不应自小已无俦。狂来白简扬车子，妒杀青翰隐鄂侯。世上几多船大耳，莺声如此亦听

不。"自注："童歌绝伦，纪妙。"（页8B）

案：倪诗其六据《倪文正公遗稿》补入。《范文忠公年谱》："（天启五年）正月，起验封司郎中，本月，调文选。三月，忤魏珰，移疾归。珰诬周顺昌赃，公周旋之。"（页4B）元璐《封中丞范仁元墓志铭》："范公（仁元）之子吏部，今少司马景文，有盛名，以避珰里居，余时奉使至吴桥，未至吴桥四十里，司马特使使迎余至其别墅曰澜园者，出斗酒，慷慨定交。初无相识，而司马延揽善下如此，既道义缔结，不能别，留三日乃行。既出门，自吴桥至济，三百里内，衣冠负担，又无不歌范公父子者。"（《倪文贞集》卷九，页8A）"澜园"为范景文新构别墅，《范文忠公年谱》："（天启）四年，成澜园。"（页4A）元璐宿此斗酒吟诗，听曲看戏，慷慨定交。

又，倪诗其六自注："童歌绝伦，纪妙。"范景文有家乐，时以声乐娱客。黄宗羲《思旧录》："（范景文）公有家乐，每饭则出以侑酒，风流文彩，照映一时。"（页4A）吴应箕《留都见闻录》卷下："北直范直公自解任后而吴桥适为蹂躏，遂不能归。借居同乡刘京兆之第，宾客不绝于门，公亦时以声乐娱客，又性博爱，士乐趋之。"阮大铖有《荷露歌为质公歌儿赋戏作长吉体》（《咏怀堂诗外集》乙部，页42B），龚鼎孳有《秋水吟为范文贞公歌儿作》（《龚芝麓先生集》卷三四，页22B）。范景文懂音律，喜戏曲，钱谦益《列朝诗集》小传："梦章秀赢文秀，身不胜衣，啜茶品香，论诗顾曲，每以江左风流自命。"（第9册，页5214）

范景文（1587-1644），字梦章，号质公。直隶吴桥人。万历四十一年（1613）进士，授东昌府推官，以名节自励，苟且无敢及其门。擢吏部稽勋主事，历员外、郎中，魏珰中外用事，谢病去。崇祯初，召为太常少卿，授右佥都御史，巡抚河南。擢兵部左侍郎，练兵通州，以父丧去官。七年（1634）冬，起南京右都御史，旋拜兵部尚书，削籍为民。十五年（1642）秋，召拜刑部尚书，改工部。十七年（1644）二月，命以本官兼东阁大学士。未几，京师陷，赴井死，赠太傅，谥文忠。著有《范文忠公文集》。事具《明史》卷二六五本传。（第22册，页6833）

读范景文曾祖月山先生家传，感而有诗。

《倪文贞集》诗卷下《读范月山先生家传》："不似宣城说范门，自鸣丰芑蓼莪恩。大书盛德金银管，小吐幽光日月魂。千载麦舟同父子，一庭槐影诧儿孙。五花为诰青为史，任取何言报九原。"（页10A）

案：诗注："月山先生为文忠曾祖，文忠父仁元先生，公志其墓焉。"月山公范桂为范景文曾祖。元璐《封中丞范仁元公墓志铭》："其先自河内徙吴，又自吴徙齐，居齐数世，至处士德，始家吴桥。德生理，理生祥，祥生玉，玉生鉴，鉴生桂，是为月山公。"（《倪文贞集》卷九，页8A）

范景文又出示《古盘吟》征和，赋诗以赠。

范景文《古盘吟》序云："园丁凿窖得磁盘数十余，皆触碎，尚存其一，花款极精，色如古玉。嗟乎！此独完好，孰为守之？碎者犹是常物，亦一奇也。余异其事，因为赋之。"（《文忠集》卷一〇，页10A）

《倪文贞集》诗卷上《古盘吟》序云："吴桥范质公吏部园丁掘地得十磁，其九应锄俱碎，然本顽滥非可贵者，一独精妙然得完，质公以为有神，吟古盘征和。"诗云："古者制器人，奥深有神理。范泥能玉明，投尘不灰死……风华足相亲，遂与为双士。配以冰玉壶，注之昌城蘂。弗使学剑华，化龙延津水。"（页5B）

案：范景文丁忧在里，得古盘而以为有神，赋诗征友人和之，元璐过吴桥而酬以诗。阮大铖亦有《读吴师每、倪鸿宝为质公赋古盘吟因作歌》诗。（《咏怀堂诗外集》甲部，页42A）阮氏诗题之"吴师每"名伯与，字福生，安徽宣城人，万历四十一年（1613）进士，授户部主事，仕至广东副使，著有《素雯斋集》十二卷。

至临清，同年临清榷关分司姜玉果来书，复书谢之。

《尺牍逸稿》卷六《复临清关榷使姜玉果》："若夫国裹既富，仁涂以开，上以为能，而下歌其德，所为难也。大才盘盘，无所不办，他日铨陟天下，岂不犹是乎！弟手足束于革中，无可效撑距，徒抱臑悬踵而已。承明教益以隆施，年丈真处脂不润，而我则食伯夷之余，人其谓我何？客笥萧萧，还顾遂无一丝可作桃李者，读《木瓜》之章，有余愧矣。"（页23B）

案："清源"即临清，此途经临清所作。同年姜玉果天启三年（1623）来任户部分司临清榷关，详前。

过聊城，有诗寄奉朱延禧相国，其罢归在里。

《倪文贞集》诗卷下《寄奉聊城相国》："龙卧鸿遵事岂轻，惜将独乐著园名。为山吐饭延云物，共水和羹燹月情。仙宰书厨多脉望，长安肉味少仓庚。召公耇造今如此，何日周郊闻鸟鸣。"（页12A）

案："聊城相国"即朱延禧。《国榷》卷八五："（天启三年正月）己酉，命朱国桢、顾秉谦、朱延禧、魏广微俱以礼部尚书兼东阁大学士。"（第6册，页5214）又卷八七："（天启五年六月）戊子，大学士朱延禧罢。"（上书，页5305）此诗当朱延禧罢官归里，元璐途中所作。朱延禧，字允修。山东聊城人。万历二十三年（1595）进士，天启三年（1623）正月，拜礼部尚书兼东阁大学士。中旨令阁票称魏忠贤"元臣"，延禧执不可，疏劾罢归。[宣统]《聊城县志》卷八有传。（页15B）

过巨野县，闻知县方时化迁官，有书寄贺。

《尺牍逸稿》卷五《复方太守时化》："舟至鲁封，得莺迁之报，云将鼓踊，喜次于颜……不佞髯髯微细，潦倒波波，徒以长苏，声气申之。家仲因依，遂荷云肝，通犹旧识，台问嶒崚。正复盲眯，亦知称说，衿绅交口，自其公衷。"（页7A）

案：〔乾隆〕《歙县志》卷一一："方时化……调繁巨野……迁蜀叙州府丞，分署建武。"（页36A）方时化知巨野县时间，据〔道光〕《巨野县志》卷九，天启间知县三人，方时化为最后任者，未明确具体时间。（页16A）书云"舟至鲁封，得莺迁之报"指时化于巨野县任上政声颇著，此时新迁叙州。

方时化，字伯雨，号少初。南直歙县人。万历二十二年（1594）举人，以举人就教滁阳，迁朝城县令。时白莲教逼朝城，势甚炽，时化严城守，缚教主阎氏及陈士汤等，立斩以徇。调繁巨野县，招抚流散，大兴工作，凡民受役者，厚其糒以给之。不浃旬，民争归焉。迁蜀叙州府丞，分署建武县，会溽暑，遘疾卒于邸所。〔乾隆〕《歙县志》卷一一有传。（页36A）

抵坝阻水，淹留津头，时限已紧，致书漕运道朱国盛。

《尺牍逸稿》卷六《与漕运道朱使君国盛》："别后遂以其夜抵坝，守台台辛壬癸甲之令，殆犹神蓍，度此已如年矣。知季诺无轻，或恐彼旄头郎又易为清源之议，干挠台指，如此往返之间，便得半月。惟台慈矜念，示以龙节所在，钦限随之，非他行子可得比论，久淹津头，亦伤国体耳，何如？"（页22B）

案：元璐此行走运河水道，时运河中段"有筑坝之役"，久淹津头，道不得行，故求助于漕运道朱国盛。

朱国盛，字敬韬。南直南汇人。万历三十八年（1610）进士，历任工部主事、员外郎、南河郎中、河南粮道漕储参政。天启元年（1621），在高堰武家墩躬亲课工疏浚，至明年工竣。又开通济新河，天启七年（1627）三月，以提督漕运河道太监李明道荐，加太常寺卿兼山东按察使，照旧专管漕务事。著有《南河志》。〔光绪〕《南汇县志》卷一三有传。（页33B）

至兖州府南旺，再致书济宁道费兆元及漕储朱国盛。

《尺牍逸稿》卷六《与济宁道费使君兆元及漕储朱使君国盛》："奉节出都门，聿经两月，洄波钝篙，动得蹇滞如此。道经南旺，闻此中方奉台命，有筑坝之役，及其未成，冀稍迟结束。俟布帆既度，完满此功，度所妨延不逾俄顷，遂使王郎快马当之风，阮子释穷途之哭。感戢明德，与道俱长矣。"（页24A）

案：元璐奉使八月出京，《答谢益王启》有云"泛辎轩八月之槎"（《尺牍逸稿》卷六，页7A），至今两月方才到达南旺。南旺属兖州府，地处京杭大运河中段，素有大运河"水脊"之称。《明史》卷八五"运河上"："天启元年，淮、黄涨溢，决里河王公祠，淮安知府宋统殷、山阳知县练国事力塞之。三年秋，外河复决数口，寻塞。是年冬，浚永济新河……时王家集、磨儿庄湍溜日甚，漕储参政朱国盛谋改浚一河以为漕计，令同知宋士中自泇口迤东抵宿迁陈沟口，复溯骆马湖，上至马颊河，往回相度。乃议开马家洲，且疏马颊河口淤塞……计河五十七里，名通济新河。五年四月，工成，运道从新河，无刘口、磨儿庄诸险之患。明年，总河侍郎李从心开陈沟地十里，以竟前工。"（第 7 册，页 2098）"费使君兆元"，即山东左布政使兼管济宁道费兆元，浙江乌程人，万历二十三年（1595）进士，仕至刑部左侍郎，卒于任。[乾隆]《乌程县志》卷六有传。（页 20A）

至济南德藩府，新袭王尚幼，初称疾不出，正色相告，乃迎册如礼。

倪《谱》卷一："奉节册封德藩王。新袭骄不知礼，使节近郊，长史出，逆陈三事：王不外迎，朝使及宣读官同王跪、起。府君曰：'王黄口耳。'曲譬不听，长史再反，府君正色曰：'所可假者，称疾免外迎耳。至于典礼，孰敢干之？更不悟，则即日回车返命。长史匡翼之谓何？'于是王称疾，拥两寺人迎册于殿门之外，余如礼。"（页 8B）

案：德藩府位于济南城西，成化二年建。[乾隆]《历城县志》卷一四"故藩"："德府，济南府治西，居会城中，占三之一。成化二年建。"（页 19B）

事竣辞别，益郡王有书来谢，有书答之。

《尺牍逸稿》卷六《答谢益王启》："翰林院编修倪元璐谨启谢者。伏以价德维藩，川岳永分茅之戴；谦光下济，丘园贲束帛之辉。拜赐何荣，扪心知感……某樗栎散材，苽芦下品，猥当员乏。泛轺轩八月之槎，幸出名区；登荣戟三秋之阁，方厪瞻斗。忽辱飞霞，丽句鸿裁，灿灿朱华之什；奇踪凤跂，仙仙碧落之碑。重以璚玖之投，益切金钱之愧。"（页 7A）

邹县道中，见麦秋喜而有诗。

《倪文贞集》诗卷下《邹县道中麦秋志喜》："前岁驱车出战场，去年骤马突飞蝗。今来不是能舒眼，贪看连阡麦子黄。"（页 29A）

邹县瞻孟夫子庙，有诗。

《倪文贞集》诗卷下《瞻孟夫子庙，先是为妖贼所残》："抠衣肃谒浩然堂，仰止高山并素王。叹息千余年庙貌，岿然不及鲁灵光。"（页 29A）

案：孟夫子庙位于邹县城南，建于北宋。

过扬州，忽患骤疾，舟至南京羁留月余。

《尺牍逸稿》卷四《与上虞何令君凉》："奉节至维扬，忽感骤疾，遂以假请，因之盘桓白下者月余。"（页 24A）

于南京引疾乞假，归里省母。

倪《谱》卷一："册封事竣，即引疾就中途缴节，乞假归里省母。时珰焰日炽，刑赏颠乱，府君计还朝不能无言，则遗北堂忧，故引疾归。"（页 9A）

案：元璐因疾羁留南京，呈文乞假归养。《与浙抚》："某仰止高山，积弥年岁，属台台下车，适羁白下，就彼中发缴节请假之疏。归家十日矣，方在候旨，即茧缩不敢出门户。"（上书卷一，页 25A）

复书黄鸣俊，时以会稽知县升礼部主事。

《尺牍逸稿》卷六《复会稽黄令君鸣俊》："老父母之治会稽，在则人皆蒸肌浴髓，去则人皆秉慕函酸，中朝固庆得人，如敝地失恃何？蒲车上日，弟方汗漫白门，失此卧舆，归见临岐之情，动逾格表……弟病骨支离，然怵于严纶，不暇偃息，期以月之十日发矣。跂奉明霞，喜不河汉。"（页 1B）

案：黄鸣俊原任会稽县知县，天启五年（1625）十一月升礼部主事。元璐于南京得黄鸣俊来书，告以近况，将于十一月初十日出发归里。

十一月，途经武进县，夜访同年郑鄤，有山阴之约。

郑鄤《倪鸿宝使还夜访，订山阴之约》："云帆寒映蔚蓝天，月正新规人晏眠。飞动星芒分坐上，葳蕤花露汲尊前。人间肝胆谁知白，我辈心盟只尚玄。相对已如探禹穴，还期宛委证真诠。"（《峚阳草堂诗集》卷二，页 12B）

案：诗题"使还夜访"，知使还归里途经武进作。此诗载于《峚阳草堂诗集》卷二"归去来斋草"，俱"壬戌归后至甲子、乙丑作也"。又元璐《与同馆郑峚阳鄤》云"三年沉念，一夕班荆"（详下），亦可为证。郑鄤天启二年（1622）冬与文震孟降职外调归里，至是三年。两人"订山阴之约"，约以明年春半郑鄤赴访山阴。

郑鄤（1594-1639），字谦止，号峚阳。南直武进人。天启二年（1622）进士，选庶吉士，上疏救同年文震孟，被降职外调，回籍候补。天启六年（1626），东林六君子遭魏珰诬陷入狱，作《黄芝歌》哭之，乃削职为民。崇祯初，奉旨原官起用，丁忧六载，八年（1635）入京待补。时温体仁当国，嫉妒异己，遂以惑父披剃、迫父杖母疏参鄤，下刑部狱，再改入锦衣狱。刘宗周、黄道周疏言为之辩诬，而温体仁指使同乡证之，十二年（1639）凌迟处死。著有《峚阳草堂集》。参见黄宗羲《郑峚阳先生墓表》。（《南雷文约》卷二，页 55A）

郑鄤又有酬诗并索书画。

郑鄤《得鸿宝和诗再用韵奉酬并索书画》："烟水茫茫问远天，怀人何处不成眠。横云深锁长松下，寒雁惊回落木前。瑶草夜阑分李白，枯藤秋老伴伶玄。吾侪可是无邱壑，应有兰亭寄洞诠。"（《峚阳草堂诗集》卷二，页 12B）

致书郑鄤，染毫酬以三扇，并约以明年春半为期。

《尺牍逸稿》卷一《与同馆郑峚阳鄤》："三年沉念，一夕班荆，遂使苦梦兆瘕，豁为晓月……来委先纳三箑，余需染毫，及擘窠者，以舟行三月，笔筴都尽，不能施设，容带至金闾图之，索便以报，不致沉埋也。宛委之约，愿无食言，春半为期，日占紫气。"（页 4A）

案：书云"宛委之约，愿无食言，春半为期，日占紫气。"宛委山，一名玉笥山，又名天柱山，在绍兴东南。《吴越春秋》云大禹"登宛委山，发金简之书"，即此，故"宛委之约"即前诗之"山阴之约"。

十二月，抵家。

《尺牍逸稿》卷四《与休宁朱令君陛》："弟于役以去腊抵家，春间正拟通虔，或传旌麾已上。"（页18A）

案：朱陛天启六年（1626）授休宁县知县，详后。书云"弟于役以去腊抵家"，可知元璐是年十二月抵家。

致书浙江巡抚刘可法，时被指摘交结赵南星，罢职削籍。

《尺牍逸稿》卷一《与浙抚》："数岁以来，鱼骇麇兴，犷卒舞戈于东瓯，枭弁矫节于四明，妖人奋袂于菰水。兼以劳薪脂尽，孽烬灰飞，下土之不为辽、黔、鲁、蜀者，特在呼吸盼瞬之际，天使台台秉钺而临之。出其深念，经以壮犹，胸竹既成风草，旋播化为乐土，何足怪哉！某仰止高山，积弥年岁，属台台下车，适羁白下，就彼中发缴节请假之疏。归家十日矣，方在候旨，即茧缩不敢出门户，坐此后至，飞缄致虔，复惧猥烦，都脱庄语，统冀台慈崇照。"（页25A）

案：书云"归家十日"，即是年十二月作。"浙抚"即刘可法，是年五月，接替王洽为浙江巡抚。《明熹宗实录》卷五九："（天启五年五月己巳）升浙江右布政使刘可法为都察院右佥都御史，巡抚浙江等处地方。"（《明实录》第69册，页2763）［康熙］《杭州府志》卷一八："刘可法，河南商城人。进士，五年以右佥都御史任。"（页6A）十一月二十五日，为四川道御史王时英疏纠："原结赵南星，躐升浙抚"，被削籍为民。《明熹宗七年都察院实录》卷一〇："（天启五年十一月）二十五日，四川道御史王时英疏为直纠奸臣以清仕路。如见任浙江道刘可法者，执拗成性，蒙蔽不灵，出守松江、徽州，淫刑以逞，草菅民命。至其树援植党，狥私忘公，既以浙江廉宪彦升福建右辖，乃恋厚实而不舍，借故交赵南星势焰，仍改浙江，即奉有成命，而不顾若三年特举卓异朝廷优渥之典，可法不列其中，所当反躬自省为何如，乃托密友许誉卿极力荐扬，长安诧为异事，岂旧属之香火，可尽掩舆论之公评乎？且不必论其抚按无状，即令门户屏迹，可法曷能安其位耶？……奉圣旨：刘可法原结赵南星，躐升浙抚……俱著削了职为民当差，仍追夺诰命。"（《明实录》第90册，页1224）刘可法被罢职削职之日，正是元璐暂留南京之时，故云"属台台下车，适羁白下，就彼中发缴节请假之疏。"

刘可法，字再龙。河南商城人。［嘉庆］《商城县志》卷八"进士"："万历甲辰（1604）杨守勤榜……刘可法，历任工部右侍郎。"（页5A）万历四十年（1612），任松江府知府，转徽州府知府，擢浙江右参政，天启二年（1622）八月，晋为本省按察使，授福建右布政，天启五年（1625）五月，以右佥都御史巡抚浙江，被劾交结赵南星，削籍为民。后复官，仕至工部右侍郎。

是月，董其昌以年老致仕回籍。

《明熹宗实录》卷六六："（天启五年十二月癸卯）南京礼部尚书董其昌引年致仕，准驰驿回籍。"（《明实录》第69册，页3159）

本年，后金建都沈阳。杨涟、左光斗、魏大中等被逮下狱死，赵南星削籍戍边，

毁天下东林讲学书院，邹元标等削籍。榜东林党人姓名，颁示天下。熊廷弼弃市，传首九边。

【诗文系年】

《黄白安侍御奏疏序》《致某冢宰》《贺王符禹中丞晋南枢序》《复朱公恒岳燮元（二）》《答上虞何令君凉》《送成毖宇院长赴官留都》《复昆山闵令君心镜》《贺马山阴如蛟》《题何孝廉荷墅图卷》《与萧令君》《与蔡前辈毅中》《残札》《复朱太史兆柏》《上孙老师（三）》《道经吴桥范质公吏部招饮澜园，月上泛舟却赋》《读范月山先生家传》《古盘吟》《复临清关榷使姜玉果》《寄奉聊城相国》《复方太守时化》《与漕运道朱使君国盛》《与济宁道费使君兆元及漕储朱使君国盛》《答谢益王启》《邹县道中麦秋志喜》《瞻孟夫子庙，先是为妖贼所残》《与同馆郑峚阳鄩》《复会稽黄令君鸣俊》《与浙抚》。

天启六年丙寅（1626），三十四岁

省亲在家。

还乡省亲，在绍兴故里将及一年。

倪《谱》卷一："（天启）六年丙寅，三十四岁，在里。"（页9B）

二月初七日，立春，致书浙江右布政康新民，馈赠家酿春酒。

《尺牍逸稿》卷五《与浙辖康使君》："日者龙躔回次，凤历颁新，一日之腊犹残，万户之春欲动。敬飞朋酒，如陟公堂，佐饕氏五辛之盘，亦野人一芹之意也。"（页23B）

案："浙辖康使君"名新民，《明熹宗实录》卷四二："（天启三年十二月己丑）升浙江按察使康新民为本省右布政使。"（《明实录》第68册，页2166）书云"日者龙躔回次，凤历颁新"，可知时值立春，郑《表》，是年立春为二月初七日。

邀同年山阴县知县马如蛟饮，其父戒以"作令无多饮酒"。

《倪文贞集》卷一〇《封文林郎福建道监察御史马公鼎臣暨配封孺人刘氏墓志铭》："腾仲能饮，人不敢召，予召之独来，曰：'敢忘雪日共立程门时乎？'酒至才五巡，即起辞去，予问曰：'是何旁午耶？'腾仲曰：'无之，间者过庭，适有闻作令无多饮酒耳。'予悚然不敢投辖。"（页17A）

案："腾仲"即同年马如蛟。[嘉庆]《山阴县志》卷一二："马如蛟……知山阴，颇吃干口，而断决如流。尝治海塘，修麻溪坝，定闸规蓄泄，故雨盈湖无恶水。又建义仓，立大善社，因旱祷雨，痛自刻责，雨即澍，乃建逢年亭于城隍庙。朔望率父老谆谆讲谕。"（页9B）

致书同年余姚县知县祁逢吉，邀其来饮。

《尺牍逸稿》卷六《请祁余姚逢吉》："人共卜为公辅之器，帝欲试以民事之艰，何意山城，借光柱石？……某猥以樗材，叨庇覆露，荷谦光之下济，幸抠侍之有缘。敬詹日之吉，洁治匏尊，僭报玉趾。式歌孔迩，披依宇下阳春；愿假公余，侧聆天边咳唾。伏祈贲临，曷任荣幸。某临启不胜忭跃翘企之至。"（页16A）

案：[道光]《余姚县志》卷一八"知县"："祁逢吉，金坛人，进士。《乾隆府志》'（天启）六年任'，各旧志作'三年任'。"（页25A）元璐乞假在里，邀其来饮，故云："愿假公余，侧聆天边咳唾。伏祈贲临，曷任荣幸。"祁逢吉崇祯初考选兵部职方司主事，傅冠有《兵部职方清吏司主事祁逢吉并妻敕命》（《宝纶楼集》敕命，页140A）。

祁逢吉（1597-？），字耀之，一字西岩。南直金坛人。天启二年（1622）进士，授余姚县知县。崇祯初，考选兵部主事，升兵部郎中，出为江西右参议，分巡岭北道，累迁至应天府尹。南明时授光禄寺卿，终户部侍郎，总督仓场。[光绪]《金坛县志》卷八有传。（页8B）

徐吉来任浙江巡按，有书寄之。

《尺牍逸稿》卷六《与巡按徐侍御吉》："今离光日照，乾断大章，平台一宣，发尽条侯。令狐之汗，私谓主上之圣正，可上抑[仰]尧肩如舜。以五十之年，而当历试诸艰之后，岂不迟智三十耶？"（页26A）

案：[同治]《内江县志》卷三"进士"："（万历）丙辰科，徐吉，字子静，御史。"（页12B）徐吉天启六年至七年任浙江巡按御史，据[康熙]《杭州府志》卷一八"巡按御史"："徐吉，内江人，由进士六年任。"（页11A）继任周维持"崇祯元年任"。

二月，同年方逢年典试湖广语涉讥刺，再论劾削籍为民，复书慰之。

《尺牍逸稿》卷五《复同馆方太史逢年》："司文之光，焜湘耀泽，日趀旋节金门，相与品原。弟玉不悟，鞫兹遘闵，闻而惊绝，然而必彼振衣。当兹归锦十日之诀，可释终天之憾矣。愿言破涕，方在作报，忽传明旨，乃有刘风子之呵，不胜短气。既而思之，此是年兄大节大名所在，当贺不当唁也。达人以为如何？"（页33B）

案：方逢年典试湖广策试诸生语涉讥刺魏珰，降三秩调外，见前。至是，再论劾削籍。《国榷》卷八七："（天启六年二月）己丑，前太常少卿曾汝召、参政魏士前及前降编修方逢年，检讨顾锡畴、丁乾学，给事中熊奋渭、郝士膏、章允儒，主事李继贞并削夺官诰，士膏仍追赃。"（第6册，页5321）元璐闻之复书慰言："此是年兄大节大名所在，当贺不当唁也。"元璐与逢年同乡、同年、同馆、同志，"每以学行相淬励"。《东林列传》卷一二："逢年在翰林，为大学士叶向高及郑以伟所引重，复与同年倪元璐交善，每以学行相淬励，及用文字重忤忠贤，声望大振，中外俱以东林正人目之。而忠贤内衔次骨，虽已被谪，犹未厌也。南京御史徐

复阳希指再借科场事论劾，有旨牵连逢年，削籍，副逢年主试者给事中章允儒亦并得罪。"（页24A）

春至杭州，游西湖有诗。

《倪文贞集》诗卷下《丙寅春日湖上偶成》："归来万喜脱毂缠，不是顽仙即醉仙。纵酒何曾虚酉日，简粮刚不少寅年。但愁蝴蝶梦难熟，真信鹧鸪行复旋。毕竟湖中风雨细，菟裘吾老志和船。"（页11A）

案：[光绪]《钱塘县志》"纪胜"："西湖，故明圣湖也，周绕三十里，三面还山，溪谷缕注，下有渊泉，有水道，潴而为湖。汉时金牛见湖中，人言明圣之瑞，遂称明圣湖。以其介于钱塘也，又称钱塘湖，以其输委于下湖也，又称上湖。"（页44A）

又游飞来峰，有诗。

《倪文贞集》诗卷上《游飞来峰》："未写亦槁子，连天云一团。花情如石冷，鸟语逼人酸。溪合雨成拍，峰无岚不冠。湖山饶炼格，政在杳茫难。""领取空蒙意，丛林五月寒。雨如椎博浪，石可枕邯郸。渐觉身非肉，倪由山是丹。分明旧相识，故作面生看。"（页8B）

案：[光绪]《钱塘县志》"纪胜"："飞来峰，一名灵鹫峰。后有莲华峰，奇石丛崛，青苍玉削，其下岩扃窈窕，嵌空玲珑。晋僧慧理曰：此中天竺，灵鹫小岭，不知何以飞来，两山岩壑，此最灵奇。"（页16A）

同蔡翥、倪晋步出灵鹫寺。

《倪文贞集》诗卷上《同汉逸、康侯步出灵鹫寺，踞石饮流，萧然自远》："只是无他供，家常石一支。册云侯洞口，诏水使诗脾。味去僧无几，福逾佛不知。三人谁免俗，判一与沙弥。"（页9A）

案：灵鹫寺在飞来峰下，龙泓洞侧，晋僧慧理建，明末毁。"汉逸"即蔡翥，"康侯"即倪晋。秋实堂藏板《清晖阁批点玉茗堂还魂记》末附"牡丹亭还魂记氏籍""订：……固陵蔡翥汉逸父……始宁倪晋康侯父……"。即此二人。蔡翥字汉逸，萧山人，与王思任、倪元璐、陈洪绶等俱有交往，黎遂球《读山阴蔡汉逸诸诗，时即送别》（《迦陵集》）、王思任《蔡汉逸梅花诗序》（《王思任集》，页70）、陈洪绶《送蔡汉逸》（《陈洪绶集》卷一一，页109）。王思任《游苎萝山记》："天启丁卯秋九月、暨阳学谕范敬升、以壶觞扁舟逆予，招同蔡汉逸、陈奕倩饮于浣江之上……或曰萧山旧名余暨，自有苎萝乡滨临浦渡，古来有西施庙，事俱恍惚。蔡汉逸曰：'不见浣纱人、空余浣纱石。'"（《媚幽阁文娱初集》记，页53A）即其人。倪晋字康侯，上虞人。徐沁《明画录》卷五："倪晋，字康侯，上虞人。能诗文书法。画山水，行笔秀雅，不落时蹊。"（页9A）又倪诗《同康侯延庆寺看竹》（《倪文正公遗稿》卷二七言律，页21A），亦其人。

从灵鹫寺抵天竺寺。

《倪文贞集》诗卷上《发足灵鹫抵天竺，便访峰、丹二上人》："闻之刘梦得，只此外何奇。青得山无奈，白为云可知。亲僧因佛面，刻竹是花诗。道破真名字，西来第几支。"（页9A）

案：杭州天竺山有著名三寺，即上天竺寺、中天竺寺、下天竺寺。［光绪］《钱塘县志》"纪制"："上天竺寺，晋天福间僧道翊结庵，刻画观音大士像。""中天竺寺，在稽留峰北，隋开皇十七年建。""下天竺寺，在灵鹫山麓，晋僧慧理建。"（页46A、47A）

至萧山，同倪晋延庆寺看竹。

《倪文正公遗稿》卷二《同康侯延庆寺看竹》："不知门外汉如何，门内钟声舞□多。佛有大淫山似女，僧无小定客为魔。远公不放陶潜饮，阮籍同看稽散过。竹意饱参狂欲啸，借他梵板点樵歌。"（七言律，页21A）

案：［民国］《萧山县志稿》卷八："延庆寺，在长庆乡，宋淳佑元年（1241）建。"（页10B）

又泛湘湖，有诗。

《倪文贞集》诗卷上《泛湘湖》："叫破鹋鹭梦，粗吟与细呼。柔风扶病橹，瘦影黇酸湖。舫额夸题米，堤身盗姓苏。山山有新意，不是画葫芦。"（页8A）

案：［民国］《萧山县志稿》卷二："湘湖，距城三里，一湖而分上下，曰上湘湖、下湘湖，以跨湖桥界之。本为民田，四面距山，田皆低洼，山水四溢则荡为一壑，民被其害。宋政和间杨龟山先生来宰是邑，因而为湖于山麓，缺处筑堤。"（页12A）

春间，有徽州之游。沿徽杭古道，过昌化，有诗。

《倪文贞集》诗卷下《昌化多山奇甚》："围得都如垓下军，一峰峰起密于纹。小酬好事谢康乐，莫语就眠宗少文。九锡拟加溪上石，七擒不纵岭前云。上头定有神仙宅，隐约笙歌月下闻。"（页12A）

案：《倪文正公遗稿》卷二此诗有注："此光禄由祁门令移歙时作也。"（页23A）徽杭古道，起于安徽绩溪伏岭镇，止于浙江临安凉峰镇。昌化，宋时设县，在浙江西部临安县，多山。

登老竹岭，有诗。

《倪文贞集》诗卷下《登老竹岭》："喜不身如瓠子肥，随风吹上最峨巍。峰俱九转神仙药，云只五铢天女衣。若种梅花应有梦，欲烧栈道示无归。倘容化作山头鸟，誓取环山不住飞。"（页12B）

案：老竹岭在安徽徽州府境内。《歙县志》载："南宋，赴京官道改出南门，经昱岭出境，可至京城临安。"老竹岭古关口与昱岭关遥相呼应，是浙江进入徽州的第二道关隘。老竹岭又名笹岭，因其所在之地满山满垄都是翠竹而名。

至休宁留游十日，有诗赠知县党还醇。

《倪文贞集》诗卷下《游云岩赠休令党子真》："尽日函关紫气浮，飞为快雨下新州。相逢合坐三生石，一望真惊百尺楼。水水霞光开密界，山山雷穴发舆讴。何缘不共飞蝗去，汗漫云岩十日游。"（页13B）

案：《倪文正公遗稿》卷二此诗有注："党公令休，盖乙丑也。""子真"亦作子贞。[康熙]《徽州府志》卷四"休宁知县"："党还淳，字子正[贞]，三原人。天启六年任，有善政，以忧归。补良乡，殉节死，赠光禄丞。"（页16A）党还醇上年成进士，授休宁县知县，是年丁忧归里，由朱陛接任。元璐在此居留十日，诗云"汗漫云岩十日游"。

党还醇，字子贞。陕西三原人。天启五年（1625）进士，初授休宁，崇祯二年（1629）令良乡。十二月，后金兵临城下，率兵坚守，力竭援绝，遂死之。兵退，得其尸于草中，身被数创，赤身面缚，怒气勃勃如生。方赴选时，送座师侯恪出都门，恪曰："但愿诸君子为好人，不愿诸君子为好官。"事闻，赠太仆寺卿，谥忠节，荫一子入监。《明季北略》卷五有传。（页121）

集吴德聚之规亭，有诗。

《倪文贞集》诗卷下《集吴符远颖山之规亭》："千承谷口有云封，尽拥山光入饮烽。石寝将军疑伏虎，松翔老子信犹龙。蒋生能径杜陵道，谢朓忽诗落雁峰。只看亭身圆似此，若犹方内那相逢。"（页13A）

案："吴符远"名德聚，安徽休宁人，曾任中书舍人。元璐又有《题画赠吴符远》（《倪文贞集》诗卷下，页28A），亦其人。沈守正有《赠吴符远并谢其借书末章及之》（《雪堂集》卷三，页9B），又《吴德聚爽阁书目序》曰："予友吴子符远酷嗜书，一日不手书，一日不得其书，则不乐。藏书多者至十万卷，皆手自较雠，又喜借与人看。予尝有诗谢之曰：'较来三豕正，快过一鸥虚。'皆悼言也。"（上书卷四，页33A）吴德聚不仅酷嗜藏书，亦有刻书，黄汝亨《古奏议》不分卷有明万历二十九年新安吴德聚刊本，顾起元《说略》三十卷有明万历四十一年新安吴德聚刊本。吴德聚之父吴继美，字伯实，又有叔吴仲虚，吴德聚专往松江请陈继儒撰《吴伯实传》（《陈眉公集》卷一三，页18B），又乞董其昌撰《吴伯实遗事后序》，序云："中舍吴德聚为其伯氏修身后名也，征言于闻人，几遍海内，伯实为不亡矣。仲虚没，而仲虚之子犹以未究厥考之志为憾，于是走云间，请陈征君仲醇为传，而属不佞题其末简。"（《容台文集》卷二，页57）又，《穰梨馆过眼录》卷二七著录"倪文贞行书轴"，即元璐《集吴符远颖山之规亭》诗，署曰："集规亭，元璐。"（《中国书画全书》第13册，页171下）

此次徽州之行，或往歙县访从兄倪元珙。

案：前引《倪文正公遗稿》所载《昌化多山奇甚》诗，有注："此光禄由祁门令移歙时作也。""光禄"即从兄倪元珙，约天启四年（1624）调任歙县知县，详前。元璐此次徽州之行，且在歙县之邻县休宁县停留游山十日，可能与元珙相关。时魏党工部主事吕下问至歙县，追富人吴养春赃，"怙威暴横"，激起民愤。元璐《先兄三兰行状》："当是时，光禄由祁门令以能移歙。而下问怙威暴横，掠吴氏赃尽一郡，掩捕四出，光禄抗首为下问言：'诏籍养春耳，一郡何罪乎？'下问不听，众积怨愤，一夕万余人鼓噪，斧部使门入，下问惊遽逾垣走。众求下问不得，乃大扰乱。光禄闻变，即单骑诣部使门，众见光禄至，皆罗拜号曰：'公子我，而使者剃刈之，今必求杀使者，乃归死公耳。'光禄曰：'今杀使者，天子必杀令，是而杀令也。'众悟乃散，而下问夜奔二百里，至绩溪，投空廯中，蹲伏梁上者累日。既定，光禄乃往劳下问，下问出，挟刃哕曰：'吾今与令俱死耳。'光禄笑曰：'何庸尔耶？已定矣。'下问既无所泄怒，乃上疏归狱光禄。忠贤怒，欲逮光禄，缇校已戒，而其时诏使逮周吏部于吴，吴人颜佩韦等愤噪，格杀诏使。事闻，忠贤心惧，遂停缇校，而光禄事得解。"（《倪文贞集》卷一一，页20A）据文中"其时诏使逮周吏部于吴，吴人颜佩韦等愤噪，格杀诏使"，"格杀诏使"指是年（1626）三月，魏党构陷东林周顺昌等，颜佩韦等出于义愤，引起民众暴动，格杀钦使。元珙此时被吕下问反诬，忠贤怒而欲逮之，元璐风尘仆仆赶往徽州，应与此事有关。

三月，同邑岳翁朱燮元之父朱璘卒，为撰墓志铭。

《倪文贞集》卷九《封少师兵部尚书仰思朱公暨配赠夫人赵氏合葬墓志铭》："公讳璘，字文玉，别号仰思。越之山阴人。其先积义，代有闻人。祖箎，擢甲科，官监察御史。父以京，为柳州郡倅，揽辔慨然之气，饮泉不易之心，循职致能，宣其父子。柳州生二子，公其冢允也……年逾五十，是为万历二十年，岁在壬辰，季公少师，遂以茂龄成进士。公欣奋获，有悟张弓，因弃儒冠，罢摩乌燕……少师既以定蜀之功，比休韦葛，三年有赏，锡山土田。而公展笠方外，与与犹犹。华阳松风，山有真人之号；尧夫花辆，乡移安乐之窝。如是数年，无疾忽殒，捐馆之晨，里为巷哭……公生嘉靖壬寅八月十日，卒天启丙寅三月十二日，享年八十有五。六承天宠，晋封至某官。天子又以劳臣之怀，予祭葬逾等。及其死也，犹足以荣……三子：长启元，宰尤溪，有声；次鸿瀚；季即少师讳燮元，今官黔、蜀、楚、滇、西粤五部总督、左柱国、少师、兵部尚书兼右都御史。"（页1A）

是月，从兄倪元珙任知县满三年，授阶文林郎，妻贾氏封孺人。

《敕封三兰公文林郎》："尔直隶徽州府歙县知县倪元珙，学博而文雄，人今而道古。配弦自警，带星著勤，治尚康平，心存抚字。民以不扰，政是用成，爱毓繁封，再张化瑟。而尔玉洁冰鲜，山静云发；器中更益利操，屡试弥坚。吏不敢欺，众由兹服，布其恺泽，宣其惠和。佩犊带刀，有侔龚遂，桑枝麦穗，无谢张堪。风俗还醇，山川增爽，业以最闻，复与覃会。特授尔阶文林郎，锡之敕命……天启六

年三月。"（《倪氏宗谱》卷首天章，页13A）

《敕封三兰公配贾氏孺人》："尔直隶徽州府歙县知县倪元珙之妻贾氏，柔惠兼资，贤明自远，闻鸡视寝，管燧修勤……是用仍封尔为孺人。翟服永宣，鸿麻未艾。天启六年三月。"（同上，页12A）

案：元珙任歙县未满三年，当祁门县、歙县合并计算。明例，三载奏最，给敕命如例。

元珙父倪涑封文林郎、直隶徽州府歙县知县，生母王氏赠孺人，继母俞氏封孺人。

《敕封三兰公父文林郎》："尔生员倪涑乃直隶徽州府歙县知县倪元珙之父，朴性坦衷，素心笃行，学通经世，谊切济人……是用仍封尔为文林郎，直隶徽州府歙县知县。茂膺宠命，以报义方。天启六年三月。"（同上，页10A）

《敕赠三兰公母王孺人》："尔王氏乃直隶徽州府歙县知县倪元珙之母，秉性端褆，躬温惠，孝友则躬自励，劳瘁而口不言。本于仁，原于礼，保于和，处于顺……是用赠尔为孺人。驰思萱背，光贲松丘。天启六年三月。"（同上，页11A）

《敕封三兰公继母俞氏孺人》："尔俞氏乃直隶徽州府歙县知县倪元珙之继母，嘉秉天植，勤约性成，苹藻嗣徽，鸤鸠均爱……兹特赠尔为孺人。南国风扬，北堂寿介。天启六年三月。"（同上，页12A）

四月，同年兴化府推官祁彪佳任满，上官"有不拘三年之明旨"，可能留其续任，来书谋求改官曹司。

祁彪佳《与倪鸿宝》："某作吏闽海，每从邸报捧读大疏，定万世之是非，正一时之好恶，以开宇宙荡本之福，以佐圣主维新之治，端在是矣。海内无不想慕风采，而同籍中粉榆之下吏，仰望又当何如？四月截俸时，某止少俸旬日，今已过期，维有不拘三年之明旨，而目下鸳鹭充庭，人多缺少，续取之举，料未肯即行。某淹滞簿书，惟恐颠踬以负知己，伏思清曹片席，吾乡旧者之后，不知可容某一置否？某望卑才谫，何敢有所几望，但以俸计之，两浙内外吏似惟某稍深，老年台树峻望于云霄之上，吾乡一线仕路全藉主持。某倘蒙老年台以夙昔提携之盛心，于旧铨将出之时，一施鼎植之大德，使某获有尺寸，以脱下吏驱驰之苦，则衔杯之报，似犹套语，某惟有此感铭一念，直当矢之世世，必不因齿发俱敝也。"（《莆阳尺牍》丙寅年册，南京图书馆藏明钞本）

案：此书收于《莆阳尺牍》丙寅年册，又书云"四月截俸时，某止少俸旬日，今已过期"，故系于此。

六月初二日，二叔舒城县丞倪渠卒，年七十一。

《倪氏宗谱》卷二："渠，行重九，字铭仲，号十洲。入庠补国学生，任舒城县丞。生嘉靖三十五年丙辰五月二十九日午时……公年七十一岁，卒天启六年丙寅六月初

二日辰时。"（页111B）

同年朱陛补休宁县知县，修书一封托通家吴中良转交。

《尺牍逸稿》卷四《与休宁朱令君陛》："恭谂岁星已瞩云岩，知彼中十万户歌舞之声，訇霆吼浪，真有脚阳春也。家仲鹈比得所兄事，想能以同谱维桑之谊，左提而右挈之。往者安黉片俎，年兄之为先君子计者，殆已殚精毕能，此德虽铲骨抉肝，莫可为报。倘先灵不坠，或当办结草翁伎俩，致其幽诚耳。弟于役以去腊抵家，春间正拟通虔，或传旌麾已上，及闻移封有命，私计取道钱唐小住行节，可得班荆叙感，而今传已严程赴竹马之期矣。失此良晤，懊快烦冤。兹因敝通家吴中翰便鸿，潦略据贺，不腆侑械，统惟崇照。"（页16B）

案：［康熙］《徽州府志》卷四"休宁知县"："朱陛，鄞县人，进士，天启六年任。"（页16A）朱陛天启二年（1622）进士，初授安福县，丁忧归里，是年起补休宁县知县。朱陛接任以忧归去的党还淳，上引《徽州府志》："（党还淳）天启六年任，有善政，以忧归。"时元珙任歙县知县，书云"家仲鹈比得所兄事，想能以同谱维桑之谊，左提而右挈之"，二县同辖徽州府。书中"通家吴中翰"即吴中良，详后。

又有与同年朱陛书，荐通家吴中良。

《尺牍逸稿》卷三《与某令》："贵治吴中翰某者，弟有两世通家之谊，此书即托之转上。休之商山吴氏为其邑著族，而中翰特谨厚，明识理道，非凡才也。年兄见当自辨，望垂格外之青，凡有可卵翼之处，惟推谊力为之。"（页29A）

案："某令"即休宁知县朱陛，"贵治吴中翰"名中良，与元璐乡举同年。［康熙］《休宁县志》卷五"乡举"："（万历三十七年己酉科）吴中良，字举岩，西门人，武冈知州。见孝友。"（页35A）又卷六"孝友"："（吴中良）浙籍登贤书，在武冈知州有治绩。"（页57B）

秋，致书同年上虞知县何凉。

《尺牍逸稿》卷四《与上虞何令君凉》："奉节至维扬，忽感骤疾，遂以假请，因之盘桓白下者月余，归来又中湿暑，毒发腕指之间，不能引臂摇篝，坐此疏候台安。缅思春头承诲以来，殆将半稔，有其父母孔迩，而游不以方，入不反面，为人之子如此者，则诚可诛也。伏谂台体日胜，亿臻勿乐，乘此秋爽，愿屏嗜绝好，束精茂骸，条畅天和，遍福下土，不胜至祝。"（页24A）

朱泰贞御史来书并赠所著书，复之。

《尺牍逸稿》卷一《复朱公泰贞》："风雅高吟，使庾、鲍、王、刘一时俱失。自入长安五年，有鬼笼晴，不可得见异书一字，今以此当《枕中》《论衡》，殊雪荣畴之耻。此已振饥，又何分俸？检简搜囊，无可作桃李者，砖不报玉，爪无辱瑶，或亦自处宜尔乎？"（页7A）

案："泰贞"亦作泰祯，时以丁父忧在里。书云"自入长安五年"，元璐天启二年（1622）入仕，至是五年。书云"风雅高吟，使庾、鲍、王、刘一时俱失。自入长安五年，有鬼笼晴，不可得见异书一字，今以此当《枕中》《论衡》"，盖指朱泰贞所寄著述。其著述甚多，据《千顷堂书目》卷二六："朱泰祯《元对轩稿》，又《皆山馆稿》，又《远人杂集》五卷，又《巡滇纪行》，又《雄文阁稿》。"（页649上）又有《礼记意评》四卷，《四库总目提要》卷二四："《礼记意评》四卷，明朱泰贞撰。泰贞字道子，海盐人。万历丙辰进士，官至监察御史。汉儒说《礼》，考《礼》之制；宋儒说《礼》，明《礼》之义，而亦未敢尽略其制。盖名物度数，不可以空谈测也。泰贞此书，乃弃置一切，惟事推求语气。某字应某字，某句承某句，如场屋之讲试题，非说经之道也。"（页195中）

朱泰贞，字道子，又字白岳。浙江海盐人。万历四十四年（1616）进士，授福建龙岩县知县，徙漳浦，举卓异，召拜福建道御史，巡按云南。道闻父丧，奔归。服阕，趋朝闻都城戒严，冲烽火入都，捍守广宁门。事平，补南京畿道御史，以事谪徽州府知事，稍迁南京兵部车驾司主事，卒于官。著有《元对轩稿》《礼记意评》等。[光绪]《海盐县志》卷一五有传。（页90B）

谒访同邑刘宗周先生，三谒而未见。

《蕺山刘子年谱·录遗》："先生当党祸杜门，倪鸿宝以翰编归里，三谒先生，不见。复致书曰：'先生至清绝尘，大刚制物，动以孔、孟之至贵，而为贲、诸、荆、卞之所难。璐心服之，诚如七十子之于夫子也。'每于士大夫推尊不置口，言及，必曰：'刘先生云何？'先是，越之衿士无不信先生为真儒，而缙绅未尝不讪笑之，独鸿宝号于众曰：'刘念台，今之朱元晦也。'于是始有信之而愿学者。自此祁公彪佳、施公邦曜、章公正宸、熊公汝霖、何公弘仁争以著蔡奉先生。"（《刘宗周集》，第9册，页175）

案：文云"倪鸿宝以翰编归里"，即是时元璐省亲家居，宗周为魏忠贤所恶削籍，亦在里讲学。

刘宗周（1578-1645），字起东，号念台，学者称蕺山先生。浙江山阴人。万历二十九年（1601）进士，选行人，累迁仪制司主事、光禄丞、尚宝、太仆少卿，移疾归。天启四年（1624），起右通政，至则忠贤逐东林且尽，宗周复固辞，忠贤责以矫情厌世，削其籍。崇祯元年（1628）冬，召为顺天府尹，在任一年，以疾告归。八年（1635）七月，召为工部左侍郎，上《痛愤时艰疏》，疏入，帝怒甚。次年，三疏请告去，道中又上疏劾温体仁，遂斥为民。十四年（1641）八月，召为吏部左侍郎，未至擢左都御史。掌宪六十八日，正色谔立，欲上承主德，下肃朝纲，终被革职而去。明亡，不食而绝。宗周家居讲学，筑证人书院，开创了蕺山学派。著有《刘子全书》等。《明史》卷二五五有传。（第22册，页6573）

郑鄤如约到访绍兴，与邢大忠、陈国器、马如蛟诸同年集阳明洞天。

郑鄤《偕邢淇瞻、倪鸿宝、陈鼎弼、马讷斋集阳明洞天，坐石屋题醉石诗》："人醉倚石眠，石已先人醉。介然自坚贞，威仪了不备……一朝逢友生，兼共神仙吏。狂歌啸石屋，此韵亦无愧。浮白更相酬，间取此中意。人间事多醒，不如石长醉。"（《崒阳草堂诗集》卷三，页12A）

案：此诗系于《崒阳草堂诗集》卷三"赤水洞天章"，其子注曰："家君少日即有遍游洞天福地之愿，丙寅乃发足游丹山赤水、第九洞天。诗凡三十五首。"可知为是年游越之作。上年有"山阴之约"，此行实为践约。"阳明洞天"在宛委山下，龙瑞宫旁。《越中杂识》："阳明洞天在龙瑞宫旁，是一巨石，中罅。道家第十洞天也。"与会五人俱同年进士，"邢淇瞻"名大忠，以吏部主事归里；"陈鼎弼"名国器，永嘉县知县；"马讷斋"名如蛟，山阴县知县。

邢大忠（1594-？），字仲安，号淇瞻。浙江山阴人。天启二年（1622）进士，初授行人，行取吏部主事，曾疏劾魏党崔呈秀母死视事。崇祯初丁艰归，与刘宗周、陶望龄讲证人学院，又与余煌修三江闸。起江西南瑞道，改四川兵备道，升广东观察使，再升本省布政使，擢户部侍郎，以老固辞。著有《证人录》。〔嘉庆〕《山阴县志》卷一四有传。（页69A）

陈国器（1590-？），字星衮，号鼎弼。福建漳州人。天启二年（1622）进士，授永嘉县知县，转会稽，官至刑部主事。参见《壬戌同年序齿录》。（页63B）

八月，为绍兴府知府许如兰所得苏砚撰铭，题者有郑鄤、陶崇道。

《倪文贞集》卷一七《砚铭有序》："庐州许芳谷太守治越三年，夜梦苏文忠公晤论周旋。旦起，童子援锄叩垅得石，乃砚也，题曰'天然'，而其阴有文忠小像，宛然梦中须眉云……铭曰：眉山之叟誓之，来生尔觌；鼎山之父识之，前生我迹。龙山之灵界之，是为三生之石，开梦于先，现身其北。盖夫考诸而不谬，质诸而无疑，百世俟而不惑。"（页14A）

郑鄤《墨铭》："许芳谷守东阳，政安无事，结茆客舍，读书其中。辟地得古砚，文理极可爱，阴有像，方顶秀髯，镌曰'东坡'，小像又篆曰'天然'，先是征梦焉。芳谷既自为记，而余为之铭：……时为天启丙寅年，谁其铭之逊上言。"（《崒阳草堂诗集》卷三，页12A）

陶崇道《许芳谷公祖砚石铭》序云："公一日寝郡斋，梦坡翁见访，晨起从竹下得片石研也……异之，以授部虻，会稽陶某而为之铭。时天启丙寅八月望日。"（《拜环堂文集》卷六，页20A）

案："许芳谷太守"名如兰。〔乾隆〕《绍兴府志》卷二六"知府"："许如兰，合肥人，天启六年任。"（页22A）许如兰有《余成进士九年始出守越感赋》："五载浮光吏，三年起部郎。袜才惭自短，鹏路共谁翔。淹蹇红颜薄，郎当舞袖长。一麾官阙去，得马已忘羊。"（《香雪庵诗集》，页12B）又，沈德符有《许芳谷大参苏砚》（《清权堂集》卷五，《沈德符集》，页61），亦赋苏砚，当其任密云兵备道时作。

许如兰，字湘畹，号芳谷。南直合肥人。万历四十四年（1616）进士，初知光州，入为工部郎。出知绍兴府，始下车，周咨民隐，清课额，崇学校，省刑出滞，不数月间，士民兴颂。举卓异，备兵密云，进副都御史巡抚广西。著《香雪庵诗集》《天然砚谱》等。〔康熙〕《江南通志》卷五〇有传。（页8B）

同年吴越岳来书，复书答之。

《尺牍逸稿》卷三《复吴越岳》："一别如雨，离云辞条，足征此况矣。恭谂岁星，瞩于蠡泽，遂使临川之笔，借其容光……辱惠书，洒洒拳拳，戢其情至，若乃见推过溢，既惊非分，而归德不伦，志感失据，将无作调侃语愧之耶。承谕两当道，得便即为年丈图之，以台命真切如此，弟虽轻微，敢不惟力是视？"（页24A）

案：〔乾隆〕《嵊县志》卷九："吴越岳，字尧官，居德政乡。万历己酉（1609）举人，授汉阳知县，调应山。纲无田浮税，杨都宪涟率士民升堂祝之，再调万年。"（页17B）与元璐同中乡举，天启元年（1621）由汉阳县知县调应山县。〔同治〕《应山县志》卷一〇"知县"："吴越岳，鄞县举人，天启元年以汉阳知县调。"（页4B）继任夏之彦"二年任"，后再调万年县。元璐家居得吴越岳来书或为迁官事，故倪复云："承谕两当道，得便即为年丈图之。"

十一月初四日，冬至，有诗。

《倪文贞集》诗卷下《丙寅至日》："骏狼山上日来巢，莫更忙过亥子交。已救闰人详一线，适占复卦得初爻。物情北阮骄南阮，仙力小茅敌大茅。领取一冬元自享，扬雄抛与世人嘲。"自注："时有以同郡势人相稚者，故四五及之。"（页11B）

案：郑《表》，是年冬至为十一月初四日。注云"以同郡势人相稚"，未详何指。

同日，又致书同年余姚县知县祁逢吉。

《尺牍逸稿》卷六《与祁余姚逢吉》："葭管飞灰，正阳长阴消之会；钧炉铸物，又云蒸霞变之时。日引一线之长，河通九里而润。舆人歌其美利，邻女借其光华，浩荡之容，名言莫得。某蚁运尘尘，蚕封茧茧。神游化宇，如闻宓子之琴；目极寒江，怅远庞翁之户。当兹令节，怀我惠君，不能称兕而跻，敢效飞凫之致。"（页17B）

案：书云"正阳长阴消之会"，时值冬至，"当兹令节，怀我惠君"，节令问候同年祁逢吉。

同年徽州知府石万程来书，复之。

《尺牍逸稿》卷六《复徽州石太守万程》："一衣带水，望犹天汉。每怀玄度，神爽顿移。今世间绝识定力，长才远畜，未有如年兄者。圣主急求才，待人不次，

而汲黯尚淮南，虞斐徒公望，此亦足以明当事者昏怓泄沓之致矣……"（页 26A）

案：《明史钞略》："天启六年十二月，徽州府知府石万程弃官回籍，痛黄山一事不胜冤枉，因而告病，削发披缁而去。"（《续修四库全书》323 册，页 781 下）石万程为徽州府知府，因反对魏忠贤榷黄山事，告病归去，是年十二月又"以托疾故"削籍。《国榷》卷八七："（天启六年十月）丙寅，徽州府知府石万程削夺官诰，以托疾故。"（第 6 册，5341）元璐致书慰之。

石万程（1582- ？），字轸余。湖广湘潭人。天启二年（1622）进士，授户部郎，分司浔关。出为徽州知府，值魏忠贤榷黄山，开采岁利以数万计，万程不忍贻害无辜，与当事力争，弗克，遂挂冠归，继又夺职。崇祯初补知常州府，四年（1631）入觐，考功课天下卓异第一，以足疾归。复起知杭州，升温处兵备副使，核饷伤军，海氛以平。《湖广通志》卷五五有传。（页 28A）

同年张元玘改任建宁府知府，有书寄贺。

《尺牍逸稿》卷六《与建宁张太守元玘》："日者岁星瞩于桐江，深忻河润，不晤鹏溟，疾运夺我贾父。当由子陵慧力不敌武夷君，妒他三十六高峯，拟作《钓台怨》一章叹之也。"（页 1B）

案：［康熙］《建宁府志》卷一八"知府"："张元玘，上海人，进士，天启间调繁。居官廉明。"（页 14A）又［乾隆］《严州府志》卷一〇"知府"："张元玘，南直人，（天启）六年任。"（页 38A）继任钟子乾亦"六年任"，则张元玘知严州未满一年即改建宁府知府，元璐此书即改任后作。

张元玘（1590- ？），字采初。南直上海人。天启二年（1622）进士，除刑部主事，奉使赍饷宁夏，所过馈遗及王国赐予，皆辞不受。迁员外郎，转郎中。出知严州，调建宁府，告归。所著《广史》及杂著、诗文数十卷。［嘉庆］《松江府志》卷五五有传。（页 33B）

冬，作《雨过溪山图》。

倪元璐《雨过溪山图》题识："丙寅冬日，写似云翁词兄粲正。倪元璐呵冻。"有陈鸿寿引首："笔精墨妙。此卷倪鸿宝先生所作也，予得之都门市井中，以重值购归，愿吾子孙永宝藏之。时辛酉暮春月望后十日也。曼生陈鸿寿。"（北京保利2015 春季拍卖会"艺林藻鉴——中国古代书画日场"图录）

案："云翁词兄"，不详。

年终岁末，致书杭州司理郭必昌。

《尺牍逸稿》卷五《与杭州郭司理》："六月寒生，知霹历［雳］之在手；万家春满，信阳和之有脚也。原其治行，可谓神奇，虽使孔原鲁之复生，起吕垣夫于今日，孰有胜此者哉？不佞处于浩荡，莫可名言，春头快奉玄提，至今心醉。属以病忙纠结，久废通诚，兹星回岁终，正跻堂称兕之会，敬驰专足，佐以微芹，统冀

慈涵，可胜瞻溯。"（页25A）

案：［康熙］《杭州府志》卷二〇"通判"："郭必昌，天启五年任，晋江人，进士。"（页40A）继任杨卓然"崇祯四年任"。书云"春头快奉玄提，至今心醉……兹星回岁终"，应作于是年岁末。

郭必昌，字懋丰，号太薇。福建晋江人。天启五年（1625）进士，授杭州推官。剖决如流，一准平恕。时逆珰煽焰，媚珰者建祠西湖，会众官不列名与碑。天启七年（1627）分校浙江，崇祯三年（1630）分校江西，取士皆得人。行取广西道监察御史，巡视卢沟桥，巡按印马屯田、中城、浙江。出为江西参政，分守湖西，丁内艰归。南明隆武时，召为兵部尚书，与郑芝龙关系密切。著有《读史偶见》。［同治］《泉州府志》卷五〇有传。（页33B）

本年，后金围攻宁远，袁崇焕力御之，并炮伤努尔哈赤致死，皇太极继位。魏忠贤屡兴大狱，迫害东林党人。浙江首建魏忠贤生祠，嗣是建祠几遍天下。《三朝要典》修成，刊布中外。

【诗文系年】

《与浙辖康使君》《请祁余姚逢吉》《与巡按徐侍御吉》《复同馆方太史逢年》《丙寅春日湖上偶成》《游飞来峰》《同汉逸、康侯步出灵鹫寺，踞石饮流，萧然自远》《发足灵鹫抵天竺，便访峰、丹二上人》《同康侯延庆寺看竹》《泛湘湖》《昌化多山奇甚》《登老竹岭》《游云岩赠休令党子真》《集吴符远颖山之规亭》《封少师兵部尚书仰思朱公暨配赠夫人赵氏合葬墓志铭》《与休宁朱令君陛》《与某令》《与上虞何令君凉》《复朱公泰贞》《砚铭》《复吴越岳》《丙寅至日》《与祁余姚逢吉》《复徽州石太守万程》《与建宁张太守元玘》《与杭州郭司理》。

天启七年丁卯（1627），三十五岁

二月，假满赴阙。复任翰林院编修。八月，典江西乡试事。

新醅初出，邀季弟倪元璐来寓小酌。

《倪文贞集》诗卷下《示季弟华汝》："绿泛新醅酒，红添小火炉。晚来天欲雪，能饮一杯无。"（页23B）

案：此诗为白居易《问刘十九》诗，疑元璐书此示季弟元璐（华汝），后编诗集时误收入。据"绿泛新醅酒"，时当冬末春初，姑系于此，时元璐二十三岁。

正月，同年张镜心知海陵政声颇著，赋诗十章为其祝寿。

倪元璐《寿年友海陵令张湛虚》诗序："吾年友张湛虚使君治海陵三年，海陵之人歌之。于是春王正月入新年十九日初度，使余瑞颂扬称，弥不足贵。譬犹句胪陛传，虽极崇毅致味，随竭若听，其以童讴儿唱，啸叹其间，呵气取神，游光出景，乐只之情，斯有可得者矣。是故为短吟十章，犹夫海陵之人之歌之也。道有存乎鸣呼舆诵，岂必史才？"其一："一城春雨万家烟，处处凉飞太极泉。人在扬州清侣鹤，不知是宰是神仙。"其七："御壁丹台并有名，上天玉局下专城。风华日到尚书省，尽道双凫入帝京。"其十："枉把松丹问偓佺，葛陂埂岭亦枯玄。辛勤三载维扬令，抵得精修五百年。"（《云隐堂文集》附诗，页 13B）

案：此诗亦见《倪文贞集》诗卷下，然无诗序，诗仅六首，其七至十据《云隐堂文集》补。"张湛虚"名镜心，元璐同年进士，刘正宗《兵部尚书湛虚张公墓志铭》："其石交，则倪公元璐、黄公道周外，有范景文、刘理顺诸君子，皆伏节死义称于后世者也。"（《云隐堂集》附志，页 1A）张镜心知海陵县，政声颇著。[嘉庆]《重修泰兴县志》卷三"循良"："张镜心，号湛虚，河南磁州人。天启四年以进士任，先任萧县、定远，历有政声。嗣调泰邑，兴水利，抑豪强，伸冤狱，期年翕然称治。岁大饥，困于转输，捐赀代完漕三千石，民德之。建生祠于善化坊。"（页 11A）上引《兵部尚书湛虚张公墓志铭》："其摄海陵篆，上虞倪公元璐稔其异政，寄诗称美之。"

张镜心（1590-1656），字孝仲，号湛虚。北直磁州人。天启二年（1622）进士，历知萧县、曲阳、延县，摄海陵篆。崇祯二年（1629）以治行异等擢礼科给事中，晋吏部都给事中。七年（1634）晋太常寺少卿，转大理寺少卿，再转南京光禄寺卿。十年（1637），授兵部右侍郎兼右副都御史总督两广军务，抚粤数年，颇多建树，擢兵部左侍郎。十五年（1642）总督蓟辽军务，加兵部尚书，以亲疾归省。甲申之变，居忧在家，黄道周荐于南明，固谢不就。晚年闭户注《易》，究极性命之旨，自号云隐居士。著有《易经增注》《云隐堂集》等。事具刘正宗《兵部尚书湛虚张公墓志铭》。（《云隐堂集》附志，页 1A）

有书致同邑翰林院修撰余煌。

《尺牍逸稿》卷四《与余公武贞煌》："五年滞春明，如辘轳上睡，醒梦俱失，时藉玄提，开其眊暶。及既出门，逸笼之鸟，浏脱足喜，而光霁已远，乃更凉然，人生何易得圆满也？……旬日以来，惊痴狂喜，不复能持。然犹恐上发蓝田之咤，旁来沈约之弹，如山之诚，存乎明德。蛾叩仡仡，五体并投也。"（页 3A）

案：书云"五年滞春明"，元璐入仕至今恰五年。又云"及既出门，逸笼之鸟，浏脱足喜，而光霁已远"，应乞假省亲在里作。余煌天启五年（1625）状元，参与修撰《三朝要典》为士人所讥。查继佐《鲁春秋》："煌，号武贞，会稽人。天启乙丑及第第一人，授翰林院修撰。东林以其署名《三朝要典》，颇外之，词臣倪元璐特原煌苦心无他。"（国家图书馆藏钞本）

余煌（1588-1646），字武贞。浙江会稽人。天启五年（1625）进士第一，授翰林院修撰，与修《三朝要典》。崇祯时，以内艰归。服阕，起左中允，历右庶子，充经筵讲官。给事中韩源劾余煌等与修《要典》，宜斥，帝置不问。乞假归。遂丁外艰，服除，久不起。崇祯十七年（1644），鲁王监国绍兴，起礼部右侍郎，再起户部尚书，皆不就。明年，拜兵部尚书，始受命。隆武二年（1646）六月，清兵过江，鲁王海遁，煌投水殉国而死。事具《明史》卷二七六本传。（第23册，页7072）

同年陈国器来任会稽县知县，为其文集撰序。

《倪文贞集》卷七《陈再唐海天楼书艺序》："陈再唐使君之文，行世既五六年，大都湛深标举，自积思诣至之，士不能测，以为畜子包经，望尘欲走……使君宰东瓯效，而更宰吾会稽，迹其治行，纬之以章察类史，严挺类谏，剚划类将，调宣类相，而经之以乐只，不离其民父母之器，是公之为文与治，并为其至难者也。石子中玉等诵读久而发其光，悬公文国门，告其党以文章之难如此……"（页27B）

案："陈再唐使君"名国器，授永嘉县知县，调会稽县，［康熙］《会稽县志》卷一八"知县"："陈国器，福建人，进士。"（页2B）书云"陈再唐使君之文，行世既五六年"，其天启二年（1622）入仕，至是六年。

邑人孙鑛妻钱氏卒，为撰行状。

《倪文贞集》卷一二《诰封孙母钱太夫人行状》："昨岁丙寅秋七月，孙母钱太夫人称大齐……盖太夫人者，钱之自出，父侍御公讳应扬，魁浙，举进士有声，学者称后峰先生……太夫人乃以年十六，归清简公鑛……当太夫人之来归也，侍御以忤分宜相，不久罢去，窭甚，不能饰衾帐。而文恪守官清，家人食贫，太夫人则緂麻索缕，佐清简读，清简读日奋，遂以终军弃繻之年，领乡荐，又十三年登第，授司马郎。徊翔曹署者四年，晶金粟马羊之誓，而太夫人则亦綦缟自持，如其未贵时……故当时士类，谓清简殊有龙德，然惟太夫人能齐之，亦天合也。于是冢子如法，以少年成进士，授比部郎，当是时太夫人又以子贵……太夫人年九十余，春秋高矣，潮阳君既即世，比部乃陈情，力求终侍，得请，太夫人于是享无方之养。又八年，而至是臻百岁，以微疾卒，临革，神理晶然，亦无所怆恨者……太夫人以天启丙寅七月二十五日卒，距生嘉靖丁亥七月二十一日，赢百年凡四日云。"（页17A）

案："钱太夫人"（1527－1626）浙江余姚人，孙鑛之妻。鑛嘉靖三十五年（1556）进士，历官兵部、吏部郎中、光禄卿、大理卿、南京吏部尚书，入为吏部尚书，谥清简。生二子如洵、如法，俱进士及第，又俱为宦刑部。

归阙将行，致书岳翁朱燮元辞别，其丁忧在里。

《尺牍逸稿》卷六《复总制朱中丞恒岳先生》："某此行正如投林之狷，望笼先怖矣。不受教一言，怅怅以去，岂必蹄涔之水定无风波耶？尊觊軿幡，当之汗下，俱辜明德，拜奉双珍。式豹变之所威，仰晶心其若映也。"（页3B）

案：书云："某此行正如投林之狷，望笼先怖矣。不受教一言，怅怅以去。"当归阙辞别所作。又倪元璐《题画石为朱丈恒岳》："中洞以灵，骨强而正。使人如此，天下其定。"（《倪文贞集》诗卷上，页3A）亦此间所作，姑系于此。

绍兴府司理刘光斗来书，复之。

《尺牍逸稿》卷六《与越郡刘司理光斗》："老父母以大裘盖下土，而蓄某襜褕毛裹之间。虽复金铸少伯，丝绣平原，孰能发其肝腑，章于海石乎？奉教一言，行色差壮行矣，执殳前驱，日瞻皂旗。"（页4B）

案：［乾隆］《绍兴府志》卷二六"推官"："刘光斗，武进人，天启六年任。"（页37A）继任夏雨金"崇祯三年任"。刘光斗在绍兴推官任四年。书云"奉教一言，行色差壮行矣"，应临行前所作。

刘光斗（1591-1652），字晖吉，号切韦。南直武进人。天启五年（1625）进士，授绍兴府推官，多雪冤狱，受浙江巡抚命，监军讨伐海寇刘香，讨平之。举卓异，考选广西道监察御史，弹劾不避权贵，因与阉党亲善被劾革职。崇祯十七年（1644），马士英等举荐起为御史，加大理寺右寺丞。后降清，改行人司司正，授屯田郎中，顺治九年（1652）典试广西，得疾道卒。［道光］《武进阳湖县合志》卷二四有传。（页51A）

假舟侍母进香普陀归来，致书宁绍台守道萧基道谢。

《尺牍逸稿》卷六《答海道萧使君基》："某怵于明纶，理无茧缩，然投林之狷，望笼而怖矣。渤海方春，波臣自荡，辞条之感，不复可云。老母藉垂慈筏，锡类之仁至矣。正作五体投地，望风摅感，而呕贩之辱，壮其远行，阴雨膏之之不足，又推食之之哉？春晖如此，真不知寸草何地？尝假海舟礼补［普］陀。"（页2B）

案：［乾隆］《绍兴府志》卷二五"宁绍台分守道"："萧基，癸丑进士，天启六年任，副使。"（页28A）。书云"然投林之狷，望笼而怖矣"，元璐假满将起程归阙。

萧基，山东泰和人。万历四十一年（1613）进士。以谏垣论事忤珰，出为巡海道副使。崇祯元年（1628），闽盗攻昌国、石蒲、爵溪诸处，亲督兵破之，贼遂遁，郡境无虞。［乾隆］《泰和县志》卷二二有传。（页10B）

二月初二日，起程北上入京。舟行京杭运河水道，至夹沟阻坝，转行陆路。

《尺牍逸稿》卷三《与朱休宁令君》："献岁以来，伏惟新禧，川至芳问，雷腾足以慰喜。弟以今月之二日解维北上矣。投林之狷，望笼先怖，不知年台何以教之？"（页29A）

案：书云"献岁以来……弟以今月之二日解维北上矣"，知二月初二日起程归阙。

过扬州，郑元勋以文卷来投，有书复之。

《尺牍逸稿》卷一《与门士郑子超宗》："五作甚佳，然其意在于力挽时趋，握大物甚固，不得必不已，此亦病也。时华之不谬于理者，不妨稍收，而时一撒手，大踏步其间，志不在元则必元矣。凡物至精，即不易识，此道中障眼法，不可不知

也。"（页11B）

　　案：郑元勋先歙人，家扬州，名籍甚。张云章《郑超宗传》："家广陵城，一时词人学士往来京师经此地者，必谒君，后虽诸道上计者亦然。"（《朴村文集》卷一三，页2B）元璐过扬州识之，读其所投文卷。元璐《东里郑公墓志铭》："郑孝廉元勋，以甲子魁南国。始吾读其文，谓人曰：'是某以上人也。'既三年，见其人邢水，益自失，乃孝廉顾以吾一日粃先，退而执箠。"（《倪文贞集》卷一〇，页32B）郑元勋天启四年（1624）举人，"既三年，见其人邢水"，故系于此。

　　郑元勋（1598-1645），字超宗。先歙县人，家江都。举应天乡试第六，崇祯十六年（1643）进士，以母老家居未仕。次年三月闻变，出家资募甲士助城守。会福王立，因参与调解扬州士人与兴平侯高杰之纷争，被扬州百姓误杀。著有《影园诗钞》等。［雍正］《江都县志》卷一四有传。（页53B）

　　舟至宿州夹沟驿阻坝，弃而从陆。

　　《倪文贞集》诗卷上《夹沟马上作》："舍舟而就陆，譬若解连鸡。野外山绵亘，花间鸟滑稽。央驴权不借，陷酒入偏提。汗漫亦殊乐，谁为七圣迷。"（页9A）

　　案：［光绪］《宿州志》卷九："夹沟驿在州北，至睢阳驿六十里，至铜山县桃山驿四十里。"（页14B）元璐在此阻坝舟不得前，改走陆路。其《与河西务钞关某使君》书曰："不佞以昨冬南来，舟至夹沟阻坝，弃而从陆。"（《尺牍逸稿》卷六，页23A）

　　过滕县，六年前白莲教徐鸿儒倡乱于此，感而有诗。

　　《倪元璐集》诗卷下《过滕县，时去妖乱六年矣》："六年聚不几流离，尚是沉瘵未起时。钟乳大须倾十斛，春霖少亦与千犁。许行有辨真妖首，毕战无能即贼师。蚤使时贤知此意，不教白骨满潢池。"（页13B）

　　案：诗末有注："按天启壬戌徐鸿儒以白莲教倡乱，至八月而始平。"白莲教倡乱至是六年，与"六年聚不几流离"契合。又诗云"春霖少亦与千犁"，知时当春季。

　　夕驰兖州道，有诗。

　　《倪文贞集》诗卷下《夕驰兖州道即事》："夕阳飞下鲁王宫，剪剪追人麦子风……俄见隔村晴气好，不知是月是流虹。"（页14A）

　　宿兖州新嘉驿，于壁间见黄景昉题诗，次韵。

　　《倪文贞集》诗卷下《新嘉驿壁次黄太稚韵》："只看松林尽日阴，红尘也合少回心。搜花作蜜蜂元误，坐叶餐风蝉自深。与世难言周士贵，是官都怨陇人沉。便宜无过鸥夷子，又享湖光又铸金。"（页14A）

　　案：新嘉驿属兖州府滋阳县，是滋阳境内两大驿站之一。［光绪］《滋阳县志》

卷三："由昌平驿西北四十五里，为新嘉驿，明洪武二十五年添设。旧名宾阳城。高台、鼓楼、大门、二门、东西角门、大厅五间、东西厢房各三间，后凿小池，架桥构亭，花竹蔚然，行馆最为华整。"（页10A）"黄太稺"名景昉，天启五年（1625）进士，时为翰林院庶吉士，详后。

雨后行东阿道中，有诗。

《倪文贞集》诗卷下《雨后行东阿道中》："如此风光便可图，不由雨不化醍醐……还看遍亩明光锦，此却应封阿大夫。"（页14B）

拜东阿于慎行墓，有诗。

《倪文贞集》诗卷下《拜于文定公墓》："清才伟望冠前朝，讲幄儒臣羹已调……为念安昌门下士，来瞻遗直驻星轺。"原注："东阿于文定公名慎行，万历甲戌分校礼闱，琼州公为所取士，同门如赵忠毅南星、李淮抚三才其最著者也。"（页14B）

案：［康熙］《东阿县志》卷一："于文定公墓，在邑东南十二里楮村西。龙沙恢廓，松桧葱郁，时有鸡蛇盘斗，盖灵气所致。中有享堂翁仲，典礼煌煌。明万历中敕建也。"（页27A）于慎行为万历二年（1574）会试分考官，同房所取士有赵南星、李三才、邢侗、倪涷等。

茌平道中，有诗。

《倪文贞集》诗卷下《茌平道中》："长原浩浩畅如铺，可有培塿一个无。剩欲千金购鸟语，堪将万马拟松呼。灵文杜甫防葱肆，朝服王戎负酒垆。徒尔风尘徒尔老，修人岂必胜侏儒。"（页15B）

茌平道马上大风，有诗。

《倪文贞集》诗卷下《茌平马上大风》："大约颠颠尽纸鸢，自将沉定守驴肩。山云偶避韩明府，野火岂知焦孝然。早悟红尘能变发，莫言金马坐成仙。花花绮绮春前兴，渐可扬州梦十年。"（页15B）

冒雨行乐陵道，闻中使者嚣哗，感而有诗。

《倪文贞集》诗卷上《冒雨行乐陵道，入其城萧条非昔矣，而闻中使者索邮骑大哗感赋》："已作不栖鸦，随风转鹿车。丝云抽茧谷，针雨刺纹纱。来去千年鹤，官私两部蛙。看惟城郭是，愁听此嚣哗。"（页10A）

还京途径吴桥，轻舟夜过，有书寄范景文。

《尺牍逸稿》卷一《与范质公吏部》："弟自齐返日，轻舠夜过，既亟驱孥，更不知问。洄波钝帆，动得蹇滞，五旬未久，三犯星河。惧复班荆，徒益黯恨，割情飞讯，烦冤内伤。诗正驴鸣，愿韩陵之石，意需发药，理无讳瘥……某以上人自其家鸡，从明道门作荆州识，仆之无能，亦复可知。紫气笼人，寸流天堑，丹霄丰草，乖暌奈何？"（页1B）

案：元璐天启五年（1625）秋奉使济南，过访范景文澜园，返京再过未能重访，故云："弟自齐返日，轻舠夜过，既亟驱孥，更不知问。"

三月，道经河间府，感而有诗。

《倪文贞集》诗卷上《丁卯春三月，道经河间有感》："不觉泣沾衣，徘徊百事非。滹河沈麦饭，献邸播珠玑。赤子终当弄，妇人恐不归。民情与士气，智者必知微。"（页10B）

雄州道中，有诗。

《倪文贞集》诗卷下《雄州道中》："风声怪得似鹡鸰，大掠黄沙塑马头。韩愈饱争如二鸟，谢丞渴又甚三驺。偶遗一睫成深梦，直听双眉作远愁。客路不知天近远，程程须筑望京楼。"（页17A）

案：至雄州，又有《雄州道上望溪流泓然》。（《倪文贞集》诗卷上，页10A）

四月，假满至京，复官翰林院编修。

倪《谱》卷一："（天启）七年丁卯，三十五岁。四月，假满赴阙。"（页9B）

是月，作《山水图轴》。

倪元璐《山水图轴》题识："天启七年丁卯夏四月。倪元璐。"（《宋元明清名画大观》，页69）

所携行李随船至杨村，致书请河西务钞关垂验速放。

《尺牍逸稿》卷六《与河西务钞关某使君》："不佞以昨冬南来，舟至夹沟阻坝，弃而从陆。所遗行李方自今月之望得达杨村，又以阻浅改轻舡道经仁关，乞垂验速放，不过篝笼瓶甀、书册酒米而已，非有其他也。"（页23A）

案："河西务钞关某使君"，未详其人。

又致书休宁县知县朱陛，荐乡举同年吴中良。

《尺牍逸稿》卷三《与朱休宁令君》："献岁以来，伏惟新禧，川至芳问，雷腾足以慰喜。弟以今月之二日解维北上矣。投林之狷，望笼先怖，不知年台何以教之？贵治孝廉吴举岩为弟最契同年，盖以浙籍荐己酉者也。其人绩学好修，亦安邑之闵仲叔，诸子并偶才，年台有知人之明，于彼桥梓，幸垂清〔青〕格外。弟藉手报其心期，感德无量。便鸿布渎，统希照原。"（页29A）

案："吴举岩"名中良，元璐上年致书荐于朱陛，本年又作推荐。

五月二十六日，奉旨为江西乡试主考官，户科给事中薛国观副之。

《明熹宗实录》卷八四："（天启七年五月辛卯）礼部题各省直考官，编修倪元璐，简讨陈盟、李明睿，给事中张惟一、李鲁生、薛国观，吏部员外姚昌篆，兵部主事胡福弘。盟、惟一浙江，明睿、鲁生湖广，元璐、国观江西，昌篆、福弘陕西。"

（《明实录》第70册，页4113）

案：郑《表》，是月辛卯为二十六日。倪《谱》卷一："假满赴阙。甫至，以资序奉命典试江西，薛给事国观副之。"（页9B）《馆阁旧事》卷上："浙江、江西、福建、湖广四大省乡试，编修或简讨为正考官，六科一员副之，《试录》内散官如文林郎、征仕郎，书于本衔之下，相沿如此。"

薛国观（？-1641），字家相，号宾廷。陕西韩城人。万历四十七年（1619）进士，授莱州推官。天启四年（1624）擢户科给事中，迁刑科都给事中。崇祯改元，因曾附魏忠贤，旋以终养去。起兵科都给事中，转礼科，迁太常寺少卿，九年（1636）擢左佥都御史，十年（1637）八月，拜礼部左侍郎兼东阁大学士，晋为首辅。十三年（1640）六月，以受贿被吴昌时弹劾罢职，后赐死。事具《明史》卷二五三本传。（第21册，页6537）

七月，典试江西将行，同年蒋德璟有诗送别。

蒋德璟《送倪鸿宝馆丈典试江右》："彭蠡匡庐多秀异，星文剑色久烟埃。百名龙虎真司命，一代风云岂借材。太乙应随银榜发，长庚高照蕣珠开。落霞陈气从头洗，为报狂澜已障回。"（《蒋氏敬日草》卷一〇，页19A）

案：蒋德璟时服阕归朝。馆中同人纷出典试，其有《送陈自公督南畿学》《送陈雪滩馆丈典试浙江》《送李太虚馆丈典试湖广》，俱同时作。

蒋德璟（1593-1646），字申葆，号八公，又号若椰。福建晋江人。天启二年（1622）进士，改庶吉士，授编修。崇祯时，由侍读历迁少詹事，寻擢礼部右侍郎。十五年（1542）二月，请召还原任侍郎陈子壮、祭酒倪元璐等，再黄道周召用、刘宗周免罪，德璟之力居多。六月，蒋德璟、黄景昉、吴甡同为礼部尚书兼东阁大学士。十七年（1644）二月，给事中光时亨追论练饷之害，德璟拟旨语及"向来聚敛小人倡为练饷"，帝不悦，责以朋比。诸臣申救，帝意稍解，以三月二日去位。李自成陷京城，德璟因移寓外城得亡去。南明时屡召入阁，以足疾辞。著有《蒋氏敬日草》《悫书》。事具《明史》卷二五一本传。（第21册，页6500）

途次，致书问候南京礼部尚书韩日缵老师。

《尺牍逸稿》卷四《上韩老师日缵》："门生某顿首奏记老师函丈。云垂化雨，山隔洪钟，五年放心，风道俱堕……门生波波入都才月，遽役西江，方叹晨星，焦唇出血，不可辞止……程门之雪，竟邈星河，乐克所蒙，遂齐山岳。起居密切，徒愧空函，诚极怀思，取嫌绝让，知师慈天地，必为原情也。饮冰之衷，喉腕并格，铎音所及，幸赐周详。门生临启不胜瞻恋待命之诚，太师毋、太夫人西华双茂，伏惟近履万福。"（页4B）

案：《国榷》卷八八："（天启七年三月）丁亥，礼部右侍郎韩日缵为南京礼部尚书。"（第6册，页5364）书云"门生波波入都才月，遽役西江……舟望石头"，可知此书作于典试江西舟中。

入赣途经庐山，有诗。

《倪文贞集》诗卷下《丁卯奉使江西道经庐山有感》："风忙不改白云闲，如此孤高讵可攀。置我峰头糜定喜，告人溪外虎方顽。可知慧远僧何笑，难教柴桑门不关。大抵游人无眼界，庐山之内看庐山。"（页16A）

案：此诗又载［康熙］《九江府志》卷一二，题作《丁卯奉使江西道经庐山不得上，题新城驿》。（页49B）

至南昌，有书答江西巡按刘述祖。

《尺牍逸稿》卷六《答江西巡按刘侍御》："伏惟台台间代所生，命时之杰，注才则沧波比骤，作气而嵩岳自飞……属膺重简，借按雄藩。跃桓典之骢，万灵避迹；揽范滂之辔，百吏承风。激西江之水以澄清，扫南山之氛于荟蕴。洵可以飞霜荡日，撼岳摇峯，讥烈缺为无光，谓丰隆之不震者也……要使丰城剑华，雷令禀司空之先识；鹅湖讲德，陆渊步徽国之后尘。则同舟之谊甚明，大典之光不没矣。倚衡凌遽，握管迷离，谨复。"（页8B）

案："刘侍御"名述祖。［光绪］《江西通志》卷一三："刘述祖，河南陈留人，万历庚戌进士，（天启）巡按。"（页29A）为本次乡试监临官，《天启七年江西乡试录》："监临官，巡按江西监察御史刘述祖，善夫。"（页1A）书云"倚衡凌遽，握管迷离"，则乡试开考作。

刘述祖，字善夫。贵州贵阳人。［咸丰］《贵阳府志》卷一四"进士"："万历三十八年庚戌科韩敬榜，刘述祖，官御史。"（页5B）天启中，巡按江西，以媚珰建祠削籍。《崇祯长编》卷一二："（崇祯元年八月癸丑）原任江西巡抚都御史杨邦宪、江西巡按御史刘述祖，俱以媚珰建祠削籍。"（《明实录》第91册，页698）

与薛国观主持江西丁卯科乡试。是科参试者五千三百有奇，得士一百〇二人。

《倪文贞集》卷六《江西乡试录序》："臣等乃相与被心晶誓，进学臣某所取士五千三百有奇，锁院三试之。马练虱轮，眦力俱尽，则得士百有二人。"（页1A）

亲撰是科策问三题。

《倪文贞集》卷五《江西丁卯乡试策问》，策问一："问帝王以礼治天下，而天下不之知，其可知者，与为粉泽焉而已……"策问二："问起世莫大于救弊，救弊之道，存乎审见而决其功，察如占氛，弃之若灌……"策问三："问尔江右，四绳无守之国也。渚江于楚，楚不予；蔽海于闽，闽不听；牢山于粤，粤亦不肯割其岭。既已凉然，而乃谋致其人于农桑礼乐，此固然耳……"（页3A）

以"皓皓乎不可尚已"命题，触魏珰讳，人为咋舌。适珰败，幸免于祸。

倪《谱》卷一："以资序奉命典试江西，薛给事国观副之。时珰焰日炽，群小惩前榜试录之讥，畏人议，其后矫诏悬主司，诽谤朝政之令坐无赦。府君故扰之，以'孝慈则忠，皜皜乎不可尚已'命题，忠触珰讳，'不可尚'讥进爵上公、翼祠文庙，人为咋舌。及撤闱，而珰已败，幸免于祸。"（页9B）

蒋士铨《倪文正公传》："五年册封德藩，移疾归。还朝时，魏珰爵上公，配孔庙，公典江西试，命题讥切。珰怒甚，会怀宗登极，忠贤伏诛，公祸乃免。"（《倪氏宗谱》卷一四传赞志述，页28A）

案："皜皜乎不可尚已"语出《孟子·滕文公》上，意即孔子之神圣，无人能与之相比。时魏忠贤爵上公、配孔庙，倪元璐以此出题，意在讥切。《先拨志始》卷下："江西主考倪元璐孟题出'皜皜乎不可尚已'。时方拟逆贤于先圣，建祠国学，司业朱之俊揭示通衢云：'上公之功，在禹之下，孟子之上。'故倪公以此暗驳之……使逆贤不败，则倪、岳二公祸不测矣。"（页208）与倪元璐共同典试江西的户科给事中薛国观，两人配合默契，"同心持正"，《崇祯长编》卷一八："（崇祯二年二月庚子）兵科给事中陶崇道疏言：……夫（薛）国观处逆珰之世，不称颂，不加衔，付词臣倪元璐典试江西，能与元璐同心持正，命题刺讥，人称江西试录为孤阳正气。"（《明实录》第92册，页1060）

是科解元孔大德。

[光绪]《江西通志》卷三一"明举人"："天启七年丁卯乡举……孔大德，金溪人，解元。"（页38A）

案：孔大德（？-1660），字登小，晚号秀野耕民。幼颖敏，天启七年（1627），倪元璐典试江西，与分考龙焕斗奇其文，疑为耆宿，遂以第一人领解，揭晓谒见，年才弱冠，倪、龙益惊异之，以远大相期许。屡试礼部不第，崇祯七年（1634）登会试副榜，例选县令，不就。十七年（1644）国变，大德哀愤不欲生，俄闻倪、龙二公先后殉难，乃设主撰文哭奠之。遂绝迹城市，服故衣冠，惟以读书灌田自遣。顺治十七年（1660），闻及永明王事，遂以幽忧卒。[道光]《金溪县志》卷三五有传。（页1A）

本拟刘渤解元，其末场失误改副榜第一，后复为江西解元。

倪元璐《行草书尺牍》："江右新解头刘钜溟，弟丁卯所拔拟元，以末场贻堂，置副榜第一。"（《明人尺牍》，页23A）

案："刘钜溟"名渤，是科本拟解元，偶因失误仅置副榜第一，元璐惜之，后屡言及。刘渤，字钜溟。江西安福人。天启七年（1627）江西乡试，倪元璐已定解元，以第三场偶疾未终卷，仅置副榜第一。崇祯十二年（1639），马世奇主持江西乡试，得渤卷取为解元，时谓马公知人。渤厌薄荣利，明末闻倪、马二公殉难，遂予身出游，不知所之。[康熙]《安福县志》卷四有传。（页96A）

将还朝报命，赣人丘兆麟应是科举人之请，为撰贺序。

丘兆麟《贺倪鸿宝太史序》："倪太史鸿宝先生典试豫章，既已还朝报命矣。所举士孔生等聚族而谋曰：'我二三子幸际风云，举者之明，身实享之，为知己者矢弗谖，无论即一时遭际之奇，遭会之盛，殆不可以不志也。'于是孔生行乞，笔札之役乃取其近，属予为之，非谓予能文也，然而予不能文而好言文……先是，先生尊公某先生尝守吾昭武，道性广峻，政化浃溢，即未期年，量可百世，至今人犹思之，如鲁人之思高子也。故先生始至，郡人踊跃遥呼曰：'吾君之子也。'及先生所取士若而人归，郡人又踊跃欢指曰：'是吾君之子所取之士也。'语有之'尊归于父，此人道之极'，先生于此独无畅然乎？计孔生等北上谒见先生，得不佞之言而观之，亦必自谓典试之役，江国之得之，愈于他省之得之也。"（《玉书庭全集》卷一一，页1A）

案："所举士孔生等"，即解元孔大德等是科举人。丘兆麟（1572-1629），字毛伯，号太邱。江西临川人。万历三十八年（1610）进士，仕至河南巡抚。时丘兆麟以太仆寺卿辞官在里。［道光］《临川县志》卷二二："时魏忠贤得幸，有忤意者辄下法司勘问，兆麟掌其道印，忠贤望其有所左右，不为屈……因量移太仆寺卿。里居数年，未尝一字及京师诸贵人。"（页10B）

试竣返京途经庐山，登香炉峰，有诗。

《倪文贞集》诗卷上《登香炉峰观石壁》："到顶知山大，他家尽小巫。试看烟似篆，应予号为炉。摩诘室安否，稽康书有无？此原入画格，着我即成图。"题注："在江西。"（页7B）

案：元璐三过庐山，万历四十三年（1615）赴江西拜谒邹元标，过庐山未登，有《望庐山云封其顶怅甚》；本年典试江西再过庐山而不得登，有《丁卯奉使江西道经庐山有感》；试竣返京三过庐山，终于如愿上庐山，登香炉峰，诗曰"到顶知山大，他家尽小巫"。

八月二十二日，熹宗崩于乾清宫，二十四日，信王朱由检嗣皇帝位。在道闻讯，兼程还京。

倪《谱》卷一："返命，在道闻大行上宾，兼程入临。"（页9B）

案：《明史》卷二二："（天启七年八月）乙卯，（帝）崩于乾清宫，年二十三岁。遗诏以皇第五弟信王由检嗣皇帝位。"（第2册，页306）卷二三："八月，熹宗疾大渐，召（信）王入，受遗命。丁巳，即皇帝位。大赦天下，以明年为崇祯元年。"（上书，页309）郑《表》，是月乙卯为二十二日，丁巳为二十四日。

典试事竣，江西巡抚傅振商来书，复书致谢。

《尺牍逸稿》卷六《典试江西复南赣巡抚傅中丞振商》："伏以名区巨镇，奠东南半壁之安；元老壮猷，昭文武万邦之宪。遥瞻紫气，快奉玄提，使命何荣，心颜弥愧……如某者，杓人琐学蓬心，简闻星会晨希，冰当夕饮，负乘非据。戴尊将颠，譬之水母，无睛谬期，视虱之察。即使野兔有掌，何关搦兔之能。自恧冬烘，忽承温奖，当斯璚玖之投，直比金钱之愧。束装遽遽，报楮茫茫，仰冀包荒，可胜驰溯。"（页7B）

案：时傅振商为江西巡抚。[光绪]《江西通志》卷一三："傅振商，河南汝阳人，万历丁未进士，巡抚南赣都御史，（天启）五年任。"（页28B）傅振商（1573-1640），字君雨。河南汝阳人。万历三十五年（1607），进士，历任江西道御史、北直督学、大理寺少卿、太常寺卿、江西巡抚，迁南京兵部右侍郎，入为兵部尚书，转南京兵部尚书，卒。著有《爱鼎堂文集》。[康熙]《汝阳县志》卷九下有传。（页37A）

又致书答谢江西观察使何应瑞。

《尺牍逸稿》卷五《答何使君应瑞》："最钦韩斗，未觐元芝，徒有家兄，吕稽通德。攀附兰心，遂蒙台台，国季推诚，纷披云气。犹龙发教，足慰南荣之心；曼倩啼饥，顾饱侏儒之腹。望风飏谢，不尽铭衔，蒙赐华械，灿于云锦。某何人，斯克当此乎？既已熏盥，长跪回环，命诸洛诵之孙，副墨之子矣。其原本终不敢承，敬归记室。非徒惊其河汉，见鹨而辞；实亦惕于钟鼓，飧馪滋惧。只祈原鉴，曷任悚皇。"（页14A）

案：时何应瑞为江西观察使。《天启七年江西乡试录》题名中，有"（江西）按察使何应瑞"。（《天启七年江西乡试录》卷首）何应瑞（?-1645），字至符，号大瀛。山东曹州人。万历三十八年（1610）进士，历户部主事、常州知府、大梁参政、井陉观察、江西观察使，升江西右布政，转左布政，终工部尚书。至南京陷落，卧病卒。[康熙]《曹州志》卷一五有传。（页64A）

又致书江西巡按刘述祖谢之。

《尺牍逸稿》卷五《复江右巡方刘侍御述祖》："畴昔之役，头脑自惭。惟以得观绣斧之光，快奉皋比之论，使蓬心坐豁，尘面俱清，生平壮游，斯为第一耳……圣神御极，会朝清明，诚千载之一时，得从来之未有。台台峻望，复绝时贤，信宿鸿遵，瞻言赤舄。役旋勒谢，不尽依依。"题注："时先公典试事竣。"（页6A）

案：书云"圣神御极，会朝清明"，元璐还京、闻新帝即位时作。

九月，从兄倪文熺卒，年仅四十。

《倪氏宗谱》卷二："（文熺）生万历十六年戊子九月二十六日戌时……公年四十岁卒，天启七年丁卯八月十三日巳时。"（页102A）

《心韦公传》："乙丑……束发南归，则放浪形骸，纵情诗酒，若有类于怀宝遁世者之所为。而言及国之安危，未尝不流涕太息也。辛卯秋，竟以疾卒于家，年三十有九。"（《倪氏宗谱》卷一四传赞志述，页39A）

案：倪文熺是年四十岁，《心韦公传》云"年三十有九"卒，误。又《心韦公传》

云"辛卯秋，竟以疾卒于家"，"辛卯"系丁卯之讹。

选编江西丁卯乡试作文二十篇，刻《江西乡试录》，并撰序。

《倪文贞集》卷六《江西乡试录序》："岁德丁卯，通其木火，于是天子薪爤天下士七年矣，诏使编修臣元璐偕给事中臣薛国观征材豫章……既驰至，则某官某监临严愁，而提调官某某，罔有不共，所辟檄同考官某某，皆茂选也。臣等乃相与被心晶誓，进学臣某所取士五千三百有奇，锁院三试之。马练虬轮，眦力俱尽，则得士百有二人，镂文二十篇以献……往数十年先臣冻，宰尔乡安成，既以袒持故谏臣刘台，抵楚相遣去。已又十年，守尔临汝，定潢池之哗，此尔乡之所甚材也。然先臣之为文章，能刻深造思，而其教臣，朝则曰力尔文章，暮则曰无亡尔文章，夫先臣亦有取尔也。臣学于君父，即必以谂诸士，臣实藉诸士免辟，苟不堕诸当官，则已矣。"（页1A）

案:《天启七年江西乡试录》，编选是科试文二十篇，刻集以献。此书一卷三册，明天启间刊本，现存。有近人罗振常手书题记："天启七年丁卯科江西乡试录，亦天一阁藏书，而薛氏现存书目未载，岂以其破蛀而遗之欤？不知是科试官为倪文正公元璐，亦甚可宝。文正为吾绍上虞人，乃乡先贤，尤可宝也，因装治之，什袭珍藏。罗振常谨志。"

又编选镌刻是科闱墨文章，并撰序。

《倪文贞集》卷六《选丁卯江西墨序》："系今文于时，固以变之道与之矣……吾于豫章，憬然欲变之矣，然吾欲变之，而不敢不握其才。管夷吾欲变齐，则握高国；赵武灵王欲变骑服，则握公子成。高国、公子成者，齐赵之人之所大服也。故吾为之制，奇平华朴，四网者不脱一面也。然吾必一一吹之，而察其才，自吾之意，以为察才之法，存乎别赝……故文变则可归也，归则不厉，不厉则其才不疑，其才不疑，则其体立，才非一的之招，体非一辐之铸。奇平华朴，苟皆以其才为之，则其于体均有矣，使四者各有其体，则文之体正，天下有此四正者，则天下之二毒者止矣。是故镌其文而告天下以其故，然天下必知吾为豫章言之也。"（页12B）

案：是编"程墨"，即是科主司及士子闱墨之文，是书未见著录及传世。

十月，岳和声新任延绥巡抚，来书告启行之期，复之。

《尺牍逸稿》卷六《答抚军岳中丞和声》："伏承台教，知开矗之期；载诵昌言，测提钤所在。北门借其锁钥，四国望其斧戕，海宇共瞻，枌榆尤跃耳。不佞自知凡近之气，今兹幸当无讳之朝，偶作蛙鸣，非敢蝟沸，实以彼中不无非类，原有正人，若付之一笔之勾，恐遂起九头之战。况今圣明无我，天下为公，自不可使元佑重碑，同文再狱。冀于当事，效他山之攻；不悟微言，为众射之的。悠悠世事，孰与可言？"（页27A）

案:《国榷》卷八八："（天启七年十月）乙卯，起岳和声右副都御史，巡抚延绥，赞理军务。"（第 6 册，页 5394）书云"伏承台教，知开纛之期"，为岳和声是年十月新授延绥巡抚作。

岳和声，原名"乐元声"，字尔律，号石梁，自号餐微子。浙江秀水人。万历二十年（1592）进士，授汝阳令。征授礼部主事，历员外郎，升庆远知府，迁福建提学副使兼摄海防，历广东参政，以右佥都御史巡抚顺天、都察院右副都御史巡抚延绥。著有《餐微子集》。［康熙］《嘉兴府志》卷七有传。（页 77B）

前工部郎中徐在中来书，复之。

《尺牍逸稿》卷三《复徐公楚石》："十年忆钟山，经年忆吾楚石，竟成瘕结，那得缩地法，费长房真可贵也。曾数行伸候，想达清胪。使至，过蒙存注，分俸太侈，寒毡可半年热。来教深咨苦难，苦难之与寸智，如精之与骼，相丽成体……若仪司清美，台望犹掇之耳，尺五之天，何时可共？方堕冗丛，胸手并格，不能靦缕。一状侑缄，引嚛而已。"（页 10A）

案："徐公楚石"名在中，因部下犯赃被劾革职。《国榷》卷八七："（天启五年二月辛卯）工部郎中徐在中免，同官门洞开发其奸私，仍听勘。"（第 6 册，页 5299）书云"方堕冗丛，胸手并格，不能靦缕"，时元璐江西典试已归。徐在中实因"忤珰革职"，崇祯即位后，徐在中复官而待补候缺，故云"前台旨欲于本司作一展转"。

徐在中（？ -1634），字楚石。浙江平湖人。万历四十七年（1619）进士，历任工部郎中。性鲠介，天启五年（1625）忤珰革职。崇祯初复任，四年（1624）授广州府知府，执法讯治为朝贵衔之，借工部任内陵工置之法，朝论冤之。［光绪］《平湖县志》卷一五有传。（页 60A）

同年陈仁锡削籍在里，来书即复。

《尺牍逸稿》卷二《答同馆陈太史仁锡》："今流寇飙炽，天子以任人不效，遂悬非常之格大召天下，宰相须用读书人，知当决策行之。徘眺六宇，竟归年台。弟正如寒号之虫，采落毛脱，时惟呼得过且过。又知缯缴将及，奉鸍鸪之声为忠告，一砧定非稳席，敢望其他乎？惠刻足三年读，以此弹判古人，坐得谭助，岂得如淮南之秘鸿宝，中郎之矜论衡而已耶。"（页 29B）

案：《崇祯长编》卷四："（天启七年十二月）乙巳，起补翰林院编修陈仁锡、检讨杨世芳、工科给事中王梦尹、户科右给事中黄承昊，各原官。"（《明实录》第 91 册，页 178）倪书于陈仁锡复官前作，时削籍在里。

陈仁锡（1581-1636），字明卿，号芝台。南直长洲人。天启二年（1622）以殿试第三人授翰林院编修。丁内艰，起复故官，因得罪魏忠贤被削籍归。崇祯改元，召还累迁右中允，署国子司业事，再值经筵。进右谕德，乞假归。越三年，即家起南京国子监祭酒，甫拜命，得疾卒。著有《四书备考》《陈太史无梦园初集》

等。事具《明史》卷二八八本传。（页7394）

本年，皇太极率军攻宁远、锦州，袁崇焕力御之。八月，熹宗崩，遗命以信王朱由检继帝位，明年改元崇祯。安置魏忠贤于凤翔，籍其家，寻命逮治，忠贤缢死。叶向高、赵南星卒。

【诗文系年】

《寿年友海陵令张湛虚》《与余公武贞煌》《陈再唐海天楼书艺序》《诰封孙母钱太夫人行状》《复总制朱中丞恒岳先生》《题画石为朱丈恒岳》《与越郡刘司理光斗》《答海道萧使君基》《与门士郑子超宗》《夹沟马上作》《过滕县，时去妖乱六年矣》《夕驰兖州道即事》《新嘉驿壁次黄太稚韵》《雨后行东阿道中》《拜于文定公墓》《茌平道中》《茌平马上大风》《冒雨行乐陵道，入其城萧条非昔矣，而闻中使者索邮骑大哗感赋》《与范质公吏部》《丁卯春三月，道经河间有感》《雄州道中》《雄州道上望溪流泓然》《与河西务钞关某使君》《与朱休宁令君》《上韩老师日缵》《丁卯奉使江西道经庐山有感》《答江西巡按刘侍御》《江西丁卯乡试策问》《登香炉峰观石壁》《典试江西复南赣巡抚傅中丞振商》《答何使君应瑞》《复江右巡方刘侍御述祖》《江西乡试录序》《选丁卯江西墨序》《答抚军岳中丞和声》《复徐公楚石》《答同馆陈太史仁锡》。

卷三　砥砺直节

崇祯元年至崇祯九年

（1628-1636）

引言

倪元璐典试江西回京后，朝廷形势已经大变。年仅十七岁的崇祯帝登基后，不动声色地打击惩治阉党，魏忠贤、崔呈秀畏罪自杀，客氏被棒杀，朝中阉党余孽亦人人自危。而令人诧异的是，阉党余孽杨维垣等人以攻为守，混淆是非，他们上疏弹劾魏忠贤、崔呈秀，并把东林党人与魏、崔相提并论，一概视作邪党，阻止被冤屈、被迫害的东林党人昭雪平反。

此时，阉党遗孽犹踞津要，朝中众臣对"东林"两字噤若寒蝉，而倪元璐不畏权势，公开为东林党人辩护，被誉为有"廓清首功"。崇祯元年（1628）正月，他上《首论国是疏》，倡言"东林则亦天下之材薮也"，力主"破方隅而伸正直之气"。杨维垣却上疏反诬元璐有"四谬"，倪元璐再上《驳杨侍御疏》进行批驳，称赞邹元标、高攀龙、杨涟等东林党人为"真理学、真气节、真清操"。

四月，倪元璐再上《请毁要典疏》。《要典》为魏忠贤指使纂修，充满了诬陷不实之词，为"逆珰借以杀人之书也"。倪元璐力陈销毁《三朝要典》："三案者，天下之公议；《要典》者，魏氏之私书……以臣所见，惟有毁之而已。"疏上，奉旨即行焚毁："自今而后，官方不以此书定臧否，人才不以此书定进退。"

倪元璐所上《首论国是疏》等三疏，开启了朝中清议。科道言官也相继劾逐阉党余孽，建言召用被罢黜之韩爌、刘宗周、文震孟等贤臣。此时，从兄倪元珙由歙县知县选授监察御史，兄弟俩同朝为官，又合力追论附珰之顾秉谦当削籍，次年钦定阉党逆案，顾秉谦坐交结近侍入逆案中。

倪元璐身为词臣而争国是，"一时正人咸望为领袖"，但为朝中权臣所侧目。辅臣来宗道见他屡上章言事，规劝他说："吾翰林故事，惟香茗耳。"翰林院故事，向来馆臣不问世事，惟专心做事，循资晋升。倪元璐天启四年（1624）正月授编修，正七品；崇祯元年（1628）二月进翰林院侍讲，二年（1629）四月迁南京国子监司业，三年（1630）二月量移右春坊右中允，此三任俱正六品；六年（1633）迁左春坊左谕德，从五品；七年（1634）六月，迁右春坊右庶子掌坊事，正五品；八年（1636）八月升国子监祭酒，从四品。从倪元璐仕宦轨迹来看，看似是循例升迁，但实际上为权臣所顾忌排斥，他自己曾经说过："吾一生升沉，总不得政府缘。"

崇祯二年（1629）四月，倪元璐改任南京国子监司业。南京气候环境宜人，人文风景入胜，国子监公务也较清闲，南司业官署水竹园亭之胜著称于世，元璐迎养母亲施太夫人于官舍，"及迁南雍，乃迎养官舍。舍左修廊疏牖，俯瞰双池，为施曲桥朱楯，中通小舠，放鹤则衔枝骈舞，出入霄汉，时奉慈颜，以为笑乐。"故宫博物院藏《舞鹤赋》卷轴，长九米，字大四五厘米，为倪元璐罕见的巨幅之作，即作于此间。崇祯三年（1630）二月，倪元璐在南京任职仅十个月，即被召还任右春坊右中允。母亲施太夫人不能随宦北上，元璐便先送母亲回绍兴，九月为母亲做七十大寿，母亲过完生日他才启程赴任。

倪元璐在家期间，同年黄道周于八月来杭州主持浙江乡试，元璐往杭州与他有数日之晤。数月后，两人又在京师相聚，时道周上疏救辅臣钱龙锡，奉旨以"曲庇罪辅"降三级调用。同时礼科又追究浙江乡试一事，道周三疏乞休回乡。崇祯四年（1631）闰十一月，元璐上疏请让官黄道周，召还刘宗周，称赞黄道周"学行双至，今代所稀"，为"古今第一词臣"。元璐让官虽然未蒙皇帝允许，但却为天下士人所敬重，也使黄道周十分感动，道周为此赋诗十二章作谢。

倪元璐让官黄道周，并没有挽回道周被谴罢官。崇祯五年（1632）入春以来，接连有黄道周、魏呈润、王绩灿、吴执御言事被谴，元璐与诸同人俱有诗送别，浙江省图书馆藏《明徐勿斋自书赠倪鸿宝诗卷》，即徐汧自书送别被谴四公诗卷赠倪元璐。由于崇祯忌讳廷臣"朋党"结交，言官进言动辄获咎。六年（1633）二月，左副都御史王志道疏谏中官监军，竟又削籍归，倪元璐本拟上疏救之，为诸好友及家人所阻而止，他致弟元瓒书说："边珰王坤一哄，国体大伤。王东里（志道）处后，廷臣遂噤舌，无敢复发一言者。"倪元璐欲言不能，心犹不甘，他说："今（黄）石斋、（徐）九一已去，而吾独留享宠荣，有腼面目？"他三次上疏乞归省养疾，俱不被批准，奉旨"在任调理，不准回籍"，他作《忆母遂病，三上疏求归不允，却赋十诗》言志。

崇祯六年（1633）十月，倪元璐循资授左春坊左谕德，兼充经筵日讲官。既然乞归省母不允，他就安下心来"于讲筵小效愚忱"，尽"陈善责难"之责。明制，经筵于春秋两季举行，每月三次。讲稿由讲官撰写，呈内阁审核，而元璐派讲省刑罚、薄税敛数节，针砭时事，为首辅温体仁所恶，发删发改，他坚持不同意改。他说："既派承日讲，初以不能归省为苦，今思此真儒臣陈善责难之会，矢当竭虑纳牖，宁使触讳蒙谴，必不敢依样从事……吾自惟人臣致君，无有大小，但使乘时随事，毕竭愚忱，尽心之谓忠，不欺之谓诚。儒臣之业已效，自是乞身归养，斑衣取娱，长为农夫，岂有憾恨乎？"

崇祯七年（1634）经筵秋讲结束，倪元璐第四次上疏乞归省母，奉旨"照旧供职"。十一月二十一日，第五次上疏乞归省母，同时上《制实八策》《制虚八策》，从战略高度提出吏治、军事、钱粮、教育等方面的应时对策，他在疏中说："讲期已成往事，以此感发，别为奏记之言，凡条十六，其八制实，其八制虚。"虽然崇祯谕旨"着照旧用心供职，不得以私情陈请"，但他还是肯定了《制实八策》《制虚八策》，还将两疏"粘之屏间，出入省视"。

崇祯八年（1635）四五月间，倪元璐又两次上疏乞归省母，俱不允。这时他接到家书，获悉同父异母弟倪元瓒病逝于家，年仅三十二岁。遭受了丧弟之痛，更勾起了他的思母心结，他听说温体仁有意晋升他任詹事府少詹事，少詹事为正四品，属于超秩擢升，但他担心这样势必归省无期，遂托浙江同乡且与首辅温体仁关系密切的左都御史唐世济、前辅臣钱象坤斡旋，准允告假半年归乡省母后再就任，或者改任南京翰林院掌院或南京国子监祭酒，以便就近迎养母亲于官署，实在不行就"申请终养"，即辞官归养。七月，朝廷决定公布，他被留京任国子监祭酒，首辅温体仁几次承诺，几次失信更改，理由为"只是没人讲《春秋》"，但倪元璐奔走数月最终没有如愿，实在有被戏弄的感觉。其时，同年王铎任左春坊左庶子，因忤宰辅温体仁、吴宗达，也营求迁南避之，至此以原官左庶子署南京翰林院事，虽未晋秩但也如愿迁转南京。由于两人同时求南，倪元璐可能听闻王铎通关系、走门路而遂愿，就更加愤懑而迁怒于翰林同官王铎，他在致友人书说："孟津兄总求南司成，庶子掌院非其所屑，其意惟恐人不据之也。数日来始知此兄营求可耻之状，不忍言之。"曾经志趣契合的同年好友，由此产生了很深的误解。

国子监祭酒掌国学诸生训导之政令，初择有学行者任之，后由翰林院官迁转。倪元璐初以归省不得，殊为快懑，但既已受命职掌国子监，"于是慨然以教育英才为己任"。上任后，他上《议复积分疏》，奏陈造士规条，又奏陈国子监急办事务六项，意在布新除弊。在国子监，他每月集太学生数百人亲为授课；课试贡生，他亲撰策试程文。上颁谕诸大臣举贤良方正士，他推荐门生罗万藻；又保举州县守令，他推荐绛州贡生辛全；勋胄子李国桢入国子监学，他亟称其才。

倪元璐任国子祭酒未满一年，造士规条尚未及实施，即被勋臣刘孔昭疏讦宠妾冒封而罢官。刘孔昭，号复阳，浙江青田人，为明初开国勋臣刘基后裔，袭封诚意伯。刘孔昭疏讦倪元璐的直接原因，是国子监生许崇熙所著《五陵注略》，言刘孔昭之祖父刘世延邪横，孔昭大怒，找国子祭酒倪元璐嘱毁其板，而元璐迁延未办。更深层次的原因是，首辅温体仁忌元璐之大用，并许诺授孔昭以京营总管一职，而温体仁私人丁进与元璐有宿怨，也嗾使刘孔昭讦之。刘孔昭疏上，诏下吏部议覆。元璐上章奏辨，言原配陈氏以过被出，续娶王氏非妾，并无冒封事，同邑姜逢元及从兄倪元珙等俱予以证明，但由于温体仁衔恨存心报复，票拟革职，但皇帝还是开恩，有旨"倪元璐冠带闲住去"。崇祯九年（1636）九月一日，被罢官的倪元璐启程离京，南返归里。他自崇祯三年（1630）离乡至今七年，思母心切，近乡情怯。他知道，回到阔别多年的故乡，闲居山野，侍奉老母，将开始新的生活。

崇祯元年戊辰（1628），三十六岁

任翰林院编修。二月，迁翰林院侍讲。

正月初五日，上疏论东林，首论国是。

《倪文贞集》奏疏卷一《首论国是疏》："臣以典试复命入都，从邸抄见诸章奏，凡攻崔、魏者，必引东林为并案，一则曰邪党，再则曰邪党，夫以东林诸臣为邪人党，人将复以何名加崔、魏之辈？崔、魏而既邪党矣，向之首劾忠贤、重论呈秀者，又邪党乎哉？以臣虚中之心，合之事后之论，东林则亦天下之材薮也。其所宗主者，大都禀清刚之操，而或绳人过刻；树高明之帜，而或持论太深，谓之非中行则可，谓之非狂狷则不可也……总之，臣之论东林，不主调停而主别白；臣之论韩爌、文震孟，不争二臣之用舍，而争一朝之是非……抑臣又思故宪臣邹元标，业蒙明旨优邮矣，而易名之典，似当一并举行。元标之理学宗王文成，而鲠直类海忠介，宜令该部于二臣之间取衷二字，以旌儒硕。至于海内讲学书院，凡经逆珰矫旨拆毁者，并宜令其葺复。盖书院、生祠相为胜负，生祠毁，书院岂不当复哉！臣草疏毕，又窃念部臣王守履以进言之急，而犯失仪之条，陛下慨纳其言，而薄镌其级，仰见陛下造就人才之心，甚曲而厚也。然时经三月，惩创已深，履端更新，万灵共跃，倘蒙矜宥，召复原官，则圣度极于如天，而朝仪亦因之愈肃矣。臣无任悚仄待命之至。崇祯元年正月初五日具题。"奉旨："朕屡旨起废，务秉虚公，酌量议用，有何方隅未化，正气未伸？这所奏不当，各处书院不许倡言创复，以滋纷扰。王守履混乱朝仪，业经薄罚，岂容荐举市恩。该部知道。"（页1A）

案：倪《谱》卷一："（崇祯元年）正月，首论国是。珰既砾死，余党犹踞津要，欲禁锢林下诸贤，力攻东林，又创为孙党、赵党、熊党、邹党之目，以一纲清流。府君愤甚，抗章极论，首为上别白言之疏……疏入，报可，海内传颂，以为名言，而起废之旨于是乎下。"（页9B）初，户部员外郎王守履劾崔呈秀及陈尔翼党奸，荐旧辅韩爌，被镌三级调外。魏忠贤余党杨维垣等据据要津，继续排斥打击东林党人，故元璐上疏论东林。《小腆纪年》卷六："（阮）大铖自是附魏忠贤，与杨维垣、倪文焕、霍维华为死友，造百官图，因文焕以达忠贤……忠贤诛，大铖函两疏驰示维垣。其一专劾崔、魏，其一以七年合算为言，谓天启四年以后乱政者忠贤而翼以呈秀，四年以前乱政者王安而翼以东林。传语维垣，若时局大变，上劾崔、魏疏；脱未定，则上合算疏。会维垣方并指东林、崔、魏为邪党，与编修倪元璐相诋，得之大喜，为投合算疏以自助，闻者切齿。"（页190）又《烈皇小识》卷一："时众论咸推蒲州旧辅，及先文肃、钱公谦益、姚公希孟等……而杨维垣一手障天，于蒲州、先文肃尤力行贬驳，舆情不平甚，故倪公出此疏。"（页11）

十五日，同年陈维新倡修上虞会馆，谋于同邑丁进、倪元璐，醵金成其事。

陈维新《上虞会馆记》："戊辰春，续置上虞会馆成，时崇祯之首岁……吾邑旧有馆，承事者鲜挈瓶之慎，为此中无赖占作博场，岁久屋圮，遂为豪右所得。余闻之，每心恻焉，图一复举……乙丑春，金谋于丁、倪两丈，乘计偕旅至，为申约其庀其事，醵金有差……洵有绒线坊一所，基构俱宜，遂请之巡城甘侍御力图，此乃始为群不逞所湮没，继又屡窘于大力者觊觎，百方转旋，宁辞劳怨，然微侍御之力不及此，斯馆之成，又岂偶然哉？……龙飞首岁春孟上元日邑人陈维新书于长安邸中。"（《文园集》之《宦嵛波余》文，页28A）

案：陈维新倡修上虞会馆，同邑丁进、倪元璐与其事，三年始成。"巡城甘侍御"即甘学阔，字用广，号元宏，四川邻水人。万历四十七年（1619）进士，授行人司行人，升监察御史，仕至陕西巡抚。

丁进，字印趋，号瓯石。浙江上虞人。万历四十七（1619）进士，改翰林院庶吉士，授检讨。天启中，魏珰焰炽，与陈子壮、林焞等六人首摘其奸，俱削籍。珰败，六词臣同日召还。崇祯元年（1628）晋左春坊，经筵日讲官。六年（1633）主试江南乡试，被劾以归。著有《性理》等。［光绪］《上虞县志》卷一〇有传。（页29A）

二十日，杨维垣上疏斥倪元璐之疏有四谬。

《崇祯长编》卷五："（崇祯元年正月壬午）太仆寺少卿管云南道事杨维垣疏斥倪元璐有四谬：谓璐盛称东林，而大贪极横之李三才，东林辄尊之为盟主，破坏封疆之熊廷弼，东林辄护之如娇儿，一谬也；盛称韩爌，二谬也；又盛称文震孟，三谬也；又盛称邹元标之讲学，四谬也。今之忠直原不当以崔、魏为对案，向之受抑于崔、魏者，固为以燕伐燕，今欲取案于崔、魏者，犹恐以病益病。报闻。"（《明实录》第91册，页223）

案：郑《表》，正月壬午为二十日。杨维垣（？—1645），字斗枢，山东文登人，隶籍京师。万历四十四年（1616）进士，授行人，迁御史，附魏忠贤力排东林党人。崇祯嗣位，维垣虑为忠贤所累，先劾罢崔呈秀。后入逆案，遣戍淮安。南明时清军攻陷南京，维垣全家死节。

二十四日，再上书驳斥杨维垣，争辩东林党事。

《倪文贞集》奏疏卷一《驳杨侍御疏》："臣窃读维垣入告诸疏，则深讶其不能仰副圣心，且若相反然者……东林已故及被难诸贤，自邹元标、王纪、高攀龙、杨涟之外，又如顾宪成、冯从吾、陈大绶、周顺昌、魏大中、周起元、周宗建等之为真理学、真气节、真清操、真吏治，戚遘如赵南星之真骨力、真担当，其余被废诸臣，臣不敢疏名以冒荐举之嫌，而其间之为真名贤、真豪杰者，多有其人，岂有所矫激假借而然哉？维垣认臣抑扬之词为一成之论，而曰臣大谬，臣益不受也……

总之，东林之取憎于逆珰独深，受祸独酷，在今日当曲原其高明之概，不当毛举其纤寸之瑕而揭揭焉。徒予逆珰以首功，反代逆珰而分谤，斯亦不善立论者矣……崇祯元年正月二十四日具题。"奉旨："朕总揽人才，一秉虚公，诸臣亦宜消融意见，不得互相诋訾。至于宣众郁集群议，惟在起废一节，已下所司，着铨臣咨访的确具奏。该部知道。"（页6A）

案：倪《谱》卷一："杨素附珰，为之驱除善类不遗余力，及珰败，维垣度无以自免，乃疏纠崔呈秀婪贿庇奸，以尽其迹，遂俨然以正人自负，而国是益淆。自府君疏上，公论始出，于是台省连章劾褫，犹潜通中贵，诏逐而后去。"（页14B）又《烈皇小识》卷一："疏入，上为心动，维垣辈之毒网始破。人谓倪公二疏，实为廓清首功云。"（页13）据陈盟《崇祯阁臣行略》所述，元璐上疏驳斥杨维垣得到首辅施凤来的支持："是时魏珰正法，逆珰如李蕃、李鲁生辈尚多在位，数年横被催抑者犹未能声明正论，时御史杨维垣有疏沮抑旧辅韩爌及文震孟等，词臣倪元璐疏驳之，被旨责其出位，元璐欲再驳而惮正气未伸。予时为国子司业，为请平湖极论之，平湖始憬然觉，许为改正。翌日，元璐书再上，维垣遂获罪，中外翕然知上意所向。"（页7B）"平湖"即指施凤来。

二月初二日，太仆寺少卿管云南道事杨维垣再上疏驳元璐之疏。

《崇祯长编》卷六："（崇祯元年二月）甲午，云南道御史杨维垣言：'倪元璐一疏再陈不以通内为对案，而徒以崔、魏为对案，臣万万不敢谓然。元璐望气占风，必率天下东林然后己，硬执小人为君子，臣恐所用之人能不主先入，不肯跃冶。如科臣傅櫆者，正不多得，而追理前非，争衡今是，玄黄之战有己时哉？'报闻。"（《明实录》第91册，页260）

案：郑《表》，二月甲午为初二日。蒋士铨《倪文正公传》："元年，遗孽杨维垣护持旧局，力扼东林。公正月抗疏激切，并请召用韩爌、文震孟，辨邹元标非伪学，请复天下书院。维垣再驳，公再疏，柄臣以互诋两解之。时逆案未定，庵党犹存，得公首先抗论，清议始明，而善类亦稍登进。"（《倪氏宗谱》卷一四传赞志述，页28A）是年五月，杨维垣被劾削籍，崇祯三年（1630），被定入逆案，遣戍淮安。

初五日，河南道御史安伸上言为杨维垣辩护。

《崇祯长编》卷六："（崇祯元年二月丁酉）河南道御史安伸以倪元璐疏论杨维垣，因言：'天下有首击逆奸，廓清世界，而尚不满人意如元璐之哓哓者哉！不念其操纵之指，而摘其抑扬之词，不谅其擒虎破巇之苦心，而绳其欲取姑与之隐志，始信人心之不同如其而矣。'报闻。"（《明实录》第91册，页268）

案：郑《表》，二月丁酉为初五日。安伸与杨维垣同为阉党余孽，《明史》卷二五八："庄烈帝即位，诛崔、魏，将大计天下吏。奄党房壮丽、安伸、杨维垣之徒翼收余烬，屡诏起废，辄把持使不得进，引其同类。"（第22册，页6645）安伸，号葵盟，山东淄川人。万历三十五年（1607）进士，初令武强县，补阳城，擢御史，巡视京、通二仓，巡按山西，巡视皇城。崇祯初，升太仆寺少卿，掌河南道事。著有《柱史草》《黉麓漫吟》等。［乾隆］《淄川县志》卷六有传。（页36A）

初十日，充经筵讲读官。

《崇祯长编》卷六："（崇祯元年二月）壬寅，以太师、英国公张惟贤、大学士施凤来为知经筵官；大学士张瑞图、李国楷、来宗道、杨景辰为同知经筵官；礼部尚书、侍郎等官温体仁、王祚远、何如宠、吴宗达、黄士俊、成基命、曾楚卿、萧命官、姜逢元、叶灿、孔贞运、陈具庆、张士范、徐时泰、倪元璐、李若琳为讲读官；编修江鼎镇、谢德溥、张四知、倪嘉善、黄锦、王锡衮、张维机、王建极为展书官。"（《明实录》第91册，页273）

案：郑《表》，二月壬寅为初十日。

得钱士晋来书，复之。时士晋忤珰削籍在家。

《倪文贞集》卷一八《复钱昭自士晋（一）》："某最驽钝，辱翁台注存挛挛，况又申之奖饰，宠象人以绨锦乎？台谕为世道之忧，而不肖亦正有杞人之见。方今圣人秉极，天下为公，决不当复存声气之私，存门户之见。顷者孟浪一疏，非欲为东林标榜也，正以东林不尽君子，而正多君子；其非东林者，原有小人，而亦不尽小人。若付之不皂不白，则是非邪正之辨不明矣……肤识卮言，业蒙严旨，且弹射四起矣。然区区之愚，竟不可易也，他日必有思不肖之言者，不识兄翁以为何如？"题注："戊辰。"（页9B）

案：书云："顷者孟浪一疏，非欲为东林标榜也，正以东林不尽君子，而正多君子；其非东林者，原有小人，而亦不尽小人。若付之不皂不白，则是非邪正之辨不明矣。"元璐是年春上《首论国是疏》，此书应作于此间。又云"肤识卮言，业蒙严旨，且弹射四起矣"，可知当时所承受的巨大压力。钱士晋时削籍在家。［康熙］《重修嘉善县志》卷八钱士晋传曰："先守大名，素薄魏广微，中珰治第旁郡，又不与通，且擒治田尔耕私人，至是钩党狱起，遂与赵南星诸人同削籍。"（页27A）

钱士晋（1577-1635），字康侯，号昭自。浙江嘉善人。状元钱士升弟。万历四十一年（1613）进士，授刑部主事，转广西司员外郎，擢大名府知府，迁督饷副使，晋河南右布政。中珰祸，削籍归。崇祯三年（1630）起山东右布政，督漕七省。六年（1633）十一月，升云南巡抚兼督川贵军饷，筑六城，疏浚河流，平土官岑、侬两姓之乱，多有惠政，以劳卒于官。著有《经济录》等。事具倪元璐《巡抚云南都察院右佥都御史昭自钱公行状》。（《倪文贞集》卷一○，页6A）

河南巡按鲍奇谟来书，复之。

《尺牍逸稿》卷五《复河南巡方鲍侍御奇谟》："［握］别以来，数更裘葛，怀思忽然，调饥不能喻矣……伏承明教开其蓬心，益以隆施，资其侃腹，感戢云谊，如何可言？圣神御极，会朝清明，还执法于三台，觐衮衣于九畏，此其时矣。弟本凡近，顷以孟浪一疏，大忤当津，不知税驾何所？"（页6A）

案：书云："弟本凡近，顷以孟浪一疏，大忤当津，不知税驾何所？"指自己为东林辩护，此书是年春间作。鲍奇谟与元璐有同乡之谊，时任河南巡按，是年二月，被劾与巡抚郭增光倡建魏忠贤生祠，鲍奇谟上疏自辨，先后被御史宁光先、户科给事中瞿式耜再劾之，七月被免职。

鲍奇谟，字明仲，号赤城。浙江余杭人。万历四十七年（1619）进士，授青浦令，有贤声，移上海，拜陕西道御史，巡按河南。因倡建魏忠贤生祠，崇祯初被劾免职。时其母陈氏犹在，色养以终。居家杜门，岁祲主赈，所存活甚众。卒年八十四。［乾隆］《余杭县志》卷二五有传。（页30A）

门生何三省公车入京，持其祖母行状乞撰墓铭。

《倪文贞集》卷一二《何母胡太孺人墓志铭》："余以丁卯岁奉使典江西试事，闱中探一卷读之，宏茂以远，射其年正可强壮，泊发覆则为何子三省。方垂髫鬒鬒也，怪士早慧如此，必其家学有由然，不然是有祖德……其明年春，何子偕计吏上，谒余京邸，逡巡出其大母胡太孺人状，踧而请铭。余读状，所称其于余所意三者，则均有矣。余既自矜不谬，故亦乐得而言之。"（页11B）

案："何母胡太孺人"为何三省祖母。三省为天启七年（1627）江西举人，入京参加会试。［同治］《广昌县志》卷五："何三省……生而颖异，丁卯举于乡，辛未成进士，出倪文正公之门，行己立朝，无不奉为矩范。"（页26A）

何三省（1611-1674），字观我。江西广昌人。崇祯四年（1631）进士，初授顺天府教授，寻转国子监博士，改礼部主事，晋郎中，外补广东督学，被劾罢归。以诗酒自娱，究心经史，潜心著述。入清后，督抚屡疏交荐，力辞不赴。著有《梦斋诗集》《樽余集》等。［同治］《广昌县志》卷五有传。（页26A）

代大学士、会试总裁张瑞图撰《戊辰会试录后序》。

《倪文贞集》卷六《戊辰会试录后序》："今天子极圣，左握大鉴，右操健斧，以章奸锄逆，使严氛坐清，大昏忽旦，天子以为如此，则天下必有矫挺而出其才者矣。故使臣等洞垣而求之文字，自臣所见士之能言者，性命俱流，思理并竭，穷致极能，凡士之奇，则无有不见于此者矣。士之能为此者，运昌则气发，心开则力张，去讳绝嫌，则虑坦而其情易尽，此物之善睹者也……且夫明主在御，譬镜之在悬也。因镜以正其容易，而欲灭其丑难；乘明主以致其功易，而欲涂其过难。况以上冲质，而能大见舜五十在位之道，使其年及舜，必又出舜上，而诸臣从之，枕圭席瓒，不为十六族则为四凶，可不慎哉！"（页5A）

案：《应本》卷五此文题注曰"代"，《媚幽阁文娱》此文题注作"代张晋江"，即代主持戊辰科礼闱的大学士张瑞图作。《国榷》卷八九："（崇祯元年）二月，少师、大学士施凤来、张瑞图主礼闱。"（第 6 册，页 5419）林欲楫《明大学士张瑞图暨夫人王氏墓志铭》："崇祯戊辰（1628 年）式士南宫，曲江品题，率皆鸿硕英伟之彦，用以照乘而光国。"（《晋江碑刻选》，页 297）郑元勋《媚幽阁文娱》此文跋曰："《戊辰录》出，有言后序为倪鸿宝先生代斲者，正怪其初中文气不甚类，且中间生心害政一段云云，全似崔、魏护局人语，意不应出先生手定。今春购得其原草读之，乃知中十数行，由时宰改窜，非故吾也。"（《媚幽阁文娱》"序"，页 13B）

张瑞图（1570-1641），字无画，号二水。福建晋江人。万历三十五年（1607）进士第三名，授翰林院编修，历少詹事，天启六年（1626）迁礼部侍郎，是年秋，与施凤来同以礼部尚书入阁，晋建极殿大学士，加少师。崇祯元年（1628）三月致仕。三年（1630），因魏忠贤生祠碑文多其手书，被定为阉党获罪遣归。早擅书名，蘸发泼墨，奇姿横生，尤精大书匾额。与邢侗、董其昌、米万钟称"晚明四家"，又与黄道周、王铎、倪元璐、傅山并称"晚明五大家"。著有《白毫庵集》。[乾隆]《泉州府志》卷五四有传。（页 67B）

三月，耿如杞授右副都御史巡抚山西，复书致贺。

《尺牍逸稿》卷六《复耿中丞如杞》："天以扶世显翁台，则刀俎之不必论外，申屠以立其身；天以佐命留翁台，则硕果之不必地下，苌弘以碧其血。一死一生，岂偶然哉！"（页 25B）

案：《明史》卷二四八耿如杞传："当是时，逆奄窃柄，谄子无所不至，至建祠祝禧。巡抚刘诏悬忠贤画像于喜峰行署，率文武将吏五拜三稽首，呼九千岁。如杞见其像，冕旒也，半揖而出。忠贤令诏劾之，逮下诏狱，坐赃六千三百，论死……至秋，将行刑，而庄烈帝即位，崔、魏相继伏诛。帝曰：'厂卫深文，附会锻炼，朕深痛焉。其赦耿如杞，予复原官。'……立擢如杞右佥都御史，巡抚山西。"（第 21 册，页 6422）书云"一死一生，岂偶然哉"，即指此。

耿如杞（？-1631），字楚材。山东馆陶人。万历四十四年（1616）进士，除户部主事，历职方郎中，出为陕西参议，迁遵化兵备副使。忤珰下狱，坐赃论死，会崔、魏相继伏诛。擢右佥都御史，巡抚山西。崇祯二年（1629），京师戒严，率劲卒五千人赴援，先至京师。军三日不得饷，乃噪而大掠，帝闻之大怒，诏逮如杞等，竟斩西市。事具《明史》卷二四八本传。（第 21 册，页 6422）

春，所上诸疏颇为台谏侧目，赋诗十首明志。

《倪文贞集》诗集上《戊辰春》其一："引光照幽谷，谷中人鬅鬙。群处饮神粪，翻嫌持圣灯。燃犀水怪沸，失日酒人朋。温峤世无取，微开吾不能。"其五："昔云必复楚，亦曰苏君时。宁作秦庭泣，无为马食羁。蒲胥投愤毂，博浪喧惊椎。血满脉俱竖，不能如戚施。"其七："每承长者责，蒙亦有区区。马脱五何罪，龟藏六已愚。海潮音不女，戎服射为夫。所以蹶然起，登山求鹥鹆。"其十："世局枭

卢喝，以官注者昏。黄师呵自了，孔子击夷蹲。谁任千秋担，公推五父樽。无将忠义死，不与吃河豚。"（页11A）

案：诗末注曰："按是时庄烈即位，公论劾朝士，首章盖指事直言之也。词臣而争国是，颇为台谏所侧目，蝉默鹤言，婉而多风，又有以无可奈何为附阉解嘲者，故复谓其不当以孺子忍辱自托也……公如撞钟以醒群聋，故结之曰'鲸力蒲牢上，看谁作大声'也。此下乃重篇申之，五章则追念同志之贤，六章则慨想同声之助，七章以下乃直自任其担，曰'舞阳非所期'，明不欲与伪君子共事也。'黄师'一联，言不当为自了汉白眼看也。当时如吴桥、漳海半居林下，公犯众忌，以辨邪正之界，从本传及诸牒证之，知此诗有钩锁开阖之妙，而非过于新奇者。谨附识之。"（引略）

上虞县知县吴士贞来书乞为其褒册作序，有书复之。

《尺牍逸稿》卷一《与上虞令吴五山》："恭惟老父母文治宜民，才锋剸剧，君番父贾，轹茂凌恭，遂使蚁壤阴风，化为皎月。日者欣逢覃典，快睹褒纶，宠及所生，光分有位。律以吴公治平之等，犹迈其为桓生稽古之荣可知也。惟是谬征瓦缶，上辱龙文，则为惕怵，要是老父母自失人耳。某庸咎乎捐贶，祸沓大难，饮冰望风，九顿为谢。台票过谦且华，奉之惊人。"题注："天启乙丑，行取礼科，宜兴人。"（页16A）

案："吴五山"名士贞，［光绪］《上虞县志》卷三"县令"："吴士贞，南直宜兴人，天启乙丑进士。"（页30A）继何凉知上虞，有政声，此应吴士贞三年考最，乞元璐为其褒册作序。

吴士贞，字符滋，号五山。南直宜兴人。天启五年（1625）进士，授上虞知县。治虞有德政，民间歌曰："谓尔亡命毋自苦，吴公不听食盐卤。谓尔僮客毋太豪，于今我得免生烧。"崇祯元年（1628）秋，飓溃海塘，捐俸增筑，民称"吴公堤"。摄余姚篆，擢礼科给事中，卒于官。著有《冰心斋集》《三草斋集》。［光绪］《重刊宜兴县旧志》卷八有传。（页24B）

为上虞县知县吴士贞《德政录》作序。

《倪文贞集》卷八《上虞令吴五山德政录序》："今天子明圣，以精强果遂之心，涤剔天下。而吾吴侯应之，更用乐只以大治吾虞，列国之长，能达天子求治之心，则未有如吾吴侯者矣……凡如此者，结于至诚，发之无意，余既得而闻之，则必正告天下，使知天子精强果遂之心，托于循吏之政，适为乐只如此。且夫君子之事君也，乘其朝气以致功，达其仁心以遍德，世固岂有有君无臣者乎？"（页10B）

邑人徐尔一谒选工部主事，有诗为贺。

《倪文贞集》诗卷下《徐尔从谒选水部》："捧出新衔疾马蹄，妇当庙见女离闺。郎官寒得冬为署，天泽沾多水作题。恰有楼须忆五凤，安知河不立三犀。贺君尺五

云霄近，珍重周生到月梯。"（页3A）

案：《倪文正公遗稿》此诗题作《代陶非闻贺徐尔从谒选水部》。"徐尔从"，疑即徐尔一，［光绪］《上虞县志》卷一○："徐尔一，字善伯，原名宪龙……崇祯元年行取补工部主事。"（页15B）

徐尔一，字善伯。浙江上虞人。万历十六年（1588）举人，天启初授长寿知县，谒选工部主事。崇祯元年（1628年），魏忠贤被杀，尔一等上疏为熊廷弼申冤，但崇祯不准。毛文龙被杀后，又上疏为其鸣冤，并以家人性命担保毛文龙从无贪污军饷，崇祯亦不准，尔一愤而辞官。《明史》评曰："尔一盖亦一伟丈夫也！"著有《溪阁漫钞》。《明史》卷二五九附熊廷弼传后（第22册，页6691），又参见孙治《徐工部善伯先生传》（《孙宇台集》卷一四，页2B）。

四月，迁翰林院侍讲。

《敕授文正公中允》："初任翰林院编修，二任翰林院侍讲，三任南京国子监司业，四任令职。敕命。崇祯四年十一月。"（《倪氏宗谱》卷首天章，页23A）

倪《谱》卷一："（崇祯元年）四月，迁翰林院侍读。"（页14B）

案：倪《谱》"侍读"应为侍讲。《明史》卷二六五倪元璐传："元璐寻进侍讲。"（第22册，页6833）蒋士铨《倪文正公传》："寻进侍讲。"（《倪氏宗谱》卷一四传赞志述，页28A）侍读、侍讲俱正六品，职掌同。

十五日，从兄倪元珙考选广西道监察御史。

《崇祯长编》卷八："（崇祯元年四月丙午）考选科道官给事中二十六员：……御史四十员：王道直浙江道，郁成治、汪应元、李完江西道，史蓘、马如蛟福建道，吴玉、邹毓祚、倪元珙广西道，冯明玠、周维新广东道，陈廷谟、曹暹河南道，戴相、邓起龙山东道，赵洪范陕西道，黄宗昌、徐尚勋山西道，高钦舜、龚一程、梁子璠四川道，任赞化贵州道……"（《明实录》第91册，页447）

案：郑《表》，四月丙午为十五日。明制，州县官有政绩者经地方长官保举，由吏部行文调取至京，通过考选，补授科道或部属官职。《先兄三兰行状》："而光禄以治行高等，入为台御史。"（《倪文贞集》卷一一，页20A）

二十五日，奏毁《三朝要典》，有旨着礼部会史馆详议具奏。

《倪文贞集》奏疏卷一《请毁要典疏》："臣观梃击、红丸、移宫之三议，哄于清流；而《三朝要典》之一书，成于逆竖。其议本可兼行，而其书则当速毁者，请详其说……由此而观三案者，天下之公议；《要典》者，魏氏之私书。三案自三案，《要典》自《要典》，今为金石不刊之论者，诚未深思。若夫翻即纷嚣，改亦多事，以臣所见，惟有毁之而已……伏愿陛下敕下该部，立将《三朝要典》镂存书板尽行毁焚，仍命阁臣择期开馆纂修《天启七年实录》。而又命纂修词臣捐化成心，编摹信史，凡关三案之事，必执两端之中。而又命三案中赐环诸臣，各以圣明御极为再生之年，勿以恩怨横胸，理前身之业，至于一切妖言市语，如旧传点将之谣，新腾选佛之说，毋许妄形奏牍，横起风波，则廓然荡平，偕于大道矣。臣向以是非之心言是非，今以史臣言史，统关大计，伏惟圣断施行。崇祯元年四月二十五日具题。"奉旨："览奏。三案两端之议，原当并存，但已有《实录》，自不必复增《要典》。且既说史臣编摹苦心，则其论断之难于传信，在史臣亦自念之。这所请关系重大，着礼部会史馆诸臣详议具奏，听朕独断行。《熹庙实录》着择期开馆纂修，务以平心，存其两是，余诸臣亦各宜和衷共济。这疏持论虚平，有裨新政。该部知道。"（页13A）

五月初一日，同年侍讲孙之獬言《要典》绝不可毁，泣诉于朝，天下传以为笑。

《国榷》卷八九："崇祯元年五月辛酉朔，翰林院侍读〔讲〕孙之獬言《要典》绝不可毁，泣诉于朝，命廷议。"（第6册，页5434）又同卷："庚午，翰林院侍讲孙之獬引疾去。御史吴焕劾其对君无礼，拜疏不曰进呈而曰投入。上以回籍，不问。"（同上，页5436）

案：倪《谱》卷一："奏毁《三朝要典》……书奏，阁票部馆会议，意存两可，上不慊，益'听朕独断行'五字。及部馆以焚毁奏覆，侍讲孙之獬闻之，诣阁力争，继以痛哭，复疏言不可毁状，天下传以为笑，言路相继纠之放免，寻定入逆案。"（页14B）

孙之獬（1591—1647），山东淄川人，天启二年（1622）进士。谈迁《北游录》纪闻上："淄川孙之獬，以翰林侍讲于崇祯初争《三朝要典》，时编修倪元璐倡言毁之也。毁之日，孙大哭于朝，自免归。甲申降李自成，起官翰林院，胥吏窃语，孙厉声曰：'我亲未葬，子又稚，不得已为此。我独不能为倪鸿宝乎？'"（页325）

初九日，有旨毁《三朝要典》。

《国榷》卷八九："（崇祯元年五月）己巳，毁《三朝要典》。谕曰：'皇祖皇考，洎于熹皇，止慈止孝，载之实录，足绍盛美。乃复增《要典》，原不能于已明之纪纲复加阐扬，徒刻深附会，偏驳不伦，朕无取焉，今尽毁不行。自今而后，官方不以此书定臧否，人才不以此书定进退。惟是三朝原无遗议，绍明前烈，注意编摩，诸臣各宜捐去成心，勿滋异论。'"（第6册，页5435）

案：郑《表》，是月己巳为初九日。黄宗羲《思旧录》："逆奄败后，其党杨维垣等反面攻奄，以为卷土重来之计。先生分别邪正，手障狂澜，维垣等为之折角。又请毁《要典》，以为魏氏之私书，孙之獬抱《要典》而哭于朝，不能夺也。"（页4B）

十九日，追论附珰故相顾秉谦当削籍，不论。

《国榷》卷八九："（崇祯元年五月己卯）翰林院编修倪元璐追论前大学士顾秉谦媚珰，上以去辅，不论。"（第6册，页5438）

案：郑《表》，己卯为五月十九日。从兄元珙亦合力追论魏广微、顾秉谦等。蒋士铨《倪文正公传》："公又与兄元珙追论故相魏广微、顾秉谦当削籍，诏援焦芳例，黜广微为民。"（《倪氏宗谱》卷一四传赞志述，页28A）又《先兄三兰行状》："光禄入台，首讼黄山之狱……又论劾顾秉谦、霍维华、李鲁生、门洞开等。"（《倪文贞集》卷一一，页20A）崇祯三年（1630），魏广微、顾秉谦以交结近侍入逆案中。

论东林等三疏之上，开启清议，科道言官相继劾逐阉党，旬月尽去。

蒋士铨《倪文正公传》："公又与兄元珙追论故相魏广微、顾秉谦当削籍……于是科、道中毛羽健、邹嗣祚、高弘图、颜继祖相继劾逐魏党，旬月尽去。上亲定逆案，分七等禁锢，实公三疏启之云。"（《倪氏宗谱》卷一四传赞志述，页28A）

所上诸疏多涉国是，亲朋知之者倍加忧惧，惟续配夫人王氏予以鼓励，一时闻者并贤之。

《倪文贞集》卷八《寿外母王母袁太孺人六十序》："其教其女，则曰：'士有诤妻，岂必无违？'……而余妇王安人即太孺人季女，当余备员史局，中多感慨，指画所形，动触威责，方草未发，亲朋知之者，色动舌出，挠禁千端。安人初未知，已闻群哗，顾谓余，请得一涉指归。余示之草，乃笑谓曰：'君语平平，诸君何事须惧？即如此遂尔惊天震地，岂尔辈男子真僵蝇腐草耶？'其后余虽由此得祸，乃更相忻，一时闻者并贤安人。"（页13A）

左都御史曹于汴来书谓倪氏兄弟论劾魏、顾为"直言"，复书坦言"得失之念，某盖久置于度外矣"。

《倪文贞集》卷一八《答曹珍宇于汴》："邪正才分，元神未固，其望价人之来，比于望岁者，非徒镇静之谓也。宪府肃清，则百僚振厉，靖蜩螗沸羹之气，而布纪纲法度之司，惟台台定操定识，始足副圣主侧席之思耳。某历落疏闲，本无足重，顷与家仲论劾魏、顾二辅，来教许为直言，又疑珰祸方炽，脂韦容悦者不独此辈。然逆竖威福自擅之初，挈其柄以授之者，南乐也；纶扉之地腼颜就列者，固尚有人，而昆山为最。今摘其秽迹数事，亦使居鼎铉者共知惕息，毋贻覆餗之耻耳。惟是贾生痛哭，取忌当时，世或遂有集矢而驱之者，得失之念，某盖久置于度外矣。孟平事兆祥，敝榜中龙象也。云台高议，亟需此人，台台谊在同升，即不得引嫌里井。"题注："戊辰。"（页8B）

案："曹珍宇"名于汴，《国榷》卷八九："（崇祯元年五月庚午）起曹于汴都察院左都御史，郑三俊南京户部尚书，改李邦华兵部左侍郎，协理京营戎政。"（第6册，页5436）书云："顷与家仲论劾魏、顾二辅，来教许为直言，又疑珰祸方炽，脂韦容悦者不独此辈。然逆竖威福自擅之初，挈其柄以授之者，南乐也；纶扉之地腼颜就列者，固尚有人，而昆山为最。""南乐"指魏广微，"昆山"指顾秉谦，元璐坦言"得失之念，某盖久置于度外矣"。又"孟平事兆祥"，与元璐进士同年，字允吉，山西泽州人，时以大理评事丁忧在里。

曹于汴（1558-1634），字自梁，一字珍宇。山西安邑人。万历二十年（1592）进士，授淮安推官，征拜吏科给事中，转刑科，进吏科都给事中。光宗立，以太常少卿召，改大理少卿，迁左佥都御史，佐赵南星主京察。事竣，进左副都御史，转吏部右侍郎。力扶善类，风节凛然，为魏忠贤忌恨，遂削籍。崇祯元年（1628）召拜左都御史，振举宪规，约束僚吏。三年（1630），被劾"朋奸"，谢事辞去。著有《仰节堂集》。事具《明史》卷二五四本传。（第21册，页6556）

浙江右参政胡维霖来书，贺上年江西乡试"使豫章之材因之出地"。

胡维霖《与倪鸿宝太史》："一时正人，咸望为领袖；百年泰运，先藉以吹开。知人情贤于梦卜矣，何俟赘謏？惟是西江波浪天涌之日，使豫章之材因之出地。丰城之剑，藉以冲霄，已手额于丁卯之秋，贵门生或禅寂为度世之龙象，或鲜美为瑞国之凤麟，将来皆不愧门墙者。黯浅辱云，庇获荏苒，居诸倘可以匡其不逮，祈无吝金玉。"（《胡维霖集·白云洞汇稿》卷一，页12B）

案：书云："一时正人，咸望为领袖；百年泰运，先藉以吹开。"指元璐上书为东林党人辩护。又云"已手额于丁卯之秋"，指上年典江西乡试。胡维霖时任浙江右参政，［乾隆］《浙江通志》卷一一八："承宣布政司右参政……胡维霖……已上天启间任。"（页14B）又《明熹宗七年都察院实录》："（天启六年七月）初七日，浙江巡按刘之待疏为荐举方面官员，荐康新民、胡廷晏、陆问礼、董承诏、胡维霖、顾言、唐际盛、刘有源等……俱奉圣旨：吏部知道。"（《明实录》第90册，页715）可证胡维霖为浙江"方面官员"。

胡维霖，字梦说，号檗山。江西新昌人。万历四十一年（1613）进士，授工部屯田主事，升员外郎，监修殿门，省费亿万，出知黄州府，调顺德府，升浙江杭严兵备副使，历浙江右布政，请告归里。起福建左布政，分守建南道。秩满，升四川左布政，不赴。优游泉石，著述颇多，学者称之。著有《胡维霖集》。［康熙］《新昌县志》卷三有传。（页54B）

仲夏，作《杂花图卷》。

《杂花图卷》题识："戊辰仲夏，雨窗无聊，遂作此卷以遣孤怀。元璐。"（美国佛利尔美术馆藏，《海外珍藏中国名画（明代至清代）》，页103）

案：《壮陶阁书画录》卷一二著录"明倪鸿宝书画双卷"，题识与此卷相同，疑为同一作品。（页423下）

是月，左光斗之父左出颍卒，为撰墓志铭。

《倪文贞集》卷九《封太子少保都察院右副都御史碧衢左公墓志铭》："盖中丞父曰碧衢公者，名出颍，字韬甫，别号碧衢……而中丞竟以力学，荐庚子第十一人，越八年，又以第十一人成进士，笰授中书舍人。三年，擢监察御史，会争移宫，谔谔声振天下。久之，迁御史中丞。而逆珰魏忠贤者，方张乱政，中丞忧之，日与杨公琏谋击忠贤。纳一疏怀中，痛胪忠贤三十二罪，当斩。须杨公疏上三日乃奏之，俄为家僮福生者泄其事，忠贤因得先计斥公，并杨公俱为民……于是天下以为方、于以来，死事之忠，未有如杨公、左公者也……盖自中丞之赴逮，以至其死，公虽心哀之，泣下数行而已。而至是以天子命，发槁更葬，礼成，乃始仰天大恸，恸已，又笑曰：'吾志甚遂，今可以死。'忽端坐瞑目，遂卒……公生于嘉靖乙巳十月九日，卒于崇祯戊辰五月二十一日，享年八十有四。"（页5A）

案："碧衢公"左出颖（1545－1628），左光斗（1575－1625）之父。光斗万历三十五年（1607）进士，累官至左佥都御史，与杨琏奏斩魏忠贤而含冤下狱，死之，与高攀龙、周起元、缪昌期、周宗建、黄尊素、李应升并称"后七君子"。

致吕维祺书，时维祺乞养告归在家。

《倪文贞集》卷一八《与吕豫石维祺》："天子不忘涑水之旧人，在翁台岂得守东山之敝履乎？某羊鹿小门，归诚龙象间者，不量螳斧，结怨隆冲，冀力破门户之见……且某更有说者，生平于邪正之介，辨之甚严，而待之不恶，未尝欲索瘢于小人，亦不肯苟同于君子。若夫鸡肋一官，弃犹土饭久矣。"题注："戊辰。"（页10B）

案：《国榷》卷八九："（崇祯元年七月）丙戌，吕维祺为尚宝司卿。"（第6册，页5452）书云："天子不忘涑水之旧人，在翁台岂得守东山之敝履乎？"吕维祺在吏部郎中任上乞休在家，此书于其起补尚宝司卿前作。

吕维祺（1587－1641），字介孺，号豫石。河南新安人。万历四十一年（1613）进士，授兖州推官，擢吏部主事，迁验封郎中，告归。崇祯元年（1628）起尚宝卿，迁太常寺卿，督四夷馆。擢南京户部右侍郎，晋南京兵部尚书。八年，以农民军陷凤阳，复牵他事，遂除名归。十二年（1639），河南大饥，出私财设局赈济，事闻，复官。十四年（1641），李自成攻洛阳，城破被杀，赠太子少保。著有《明德堂集》。事具《明史》卷二六四本传。（第22册，页6820）

六月，大学士来宗道罢。元璐屡上章言事，宗道辄止之，被称"清客宰相"。

《崇祯实录》卷一："（崇祯元年六月壬子）大学士来宗道免。时宗道居相无所长短，倪元璐每有陈说，宗道辄止之曰：'吾翰林故事，惟香茗耳。'时谓之'清客宰相。'"（《明实录》第88册，页27）

案：来宗道以"翰林故事"规劝元璐，招致时人之讥。元璐以词臣而争国是，打破官场旧习，以"侵官为讥"，尤为台谏言官侧目，而其本人则不以为然。倪元璐《复刘是庵相国一爝》辩之曰："某犹齹齘，其细已甚，惟是金门冰署，橐笔侍从者，第雍容以文墨相高，至于世道之消长，人材之邪正，偶有建白，辄以侵官为讥，彼诚不知词林固论思之官耳。"（《倪文贞集》卷一八，页5A）

是月，太仆寺少卿高弘图引疾去，题画送其东归。

《倪文贞集》诗卷下《题画送高砭斋太仆东归》："亦在迷蒙杳霭间，苍苔不点石烂斑。闻今正少桑林雨，那遣烟云归泰山。"原注："胶州以戊辰予养，是岁亢旱，祷雨甚切。"（页29B）

案："高砭斋太仆"名弘图。《崇祯长编》卷一〇："（崇祯元年六月壬辰）太仆寺少卿高弘图引疾去。"（《明实录》第91册，页543）

高弘图（1583-1645），字研文，号砭斋。山东胶州人。万历三十八年（1610）进士，授中书舍人，擢御史，巡按陕西。上书不称魏忠贤意，遂令闲住。崇祯即位，起故官，擢太仆少卿，复移疾去。三年（1630）春，召拜左佥都御史，进左副都御史，迁工部右侍郎。时总理户、工二部宦官张彝宪来会，弘图耻之，不与共坐，七疏乞休。帝怒，遂削籍归。十六年（1643）起南京兵部右侍郎，升户部尚书。明年三月，京师陷，福王立，授礼部尚书兼东阁大学士，十月，四疏乞休，乃许之。流寓会稽，野寺中绝粒而卒。著有《太古堂集》。事具《明史》卷二七四本传。（第23册，页7027）

此间始任知制诰之责。

倪《谱》卷一："（崇祯元年）承诰敕撰文。"（页18B）

案：倪元璐《钟侯偶居集序》末署："赐进士出身、右春坊右中允兼翰林院编修、加俸一级、承德郎、前南京国子监司业、记注起居、知制诰、纂修实录、充经筵讲官、册封德藩、典试江西、会试同考、武会试总裁、通家治生倪元璐顿首拜撰。"（崇祯五年刻本《偶居集》卷首）其"知制诰"约在七月前后。

刘鸿训晋礼部尚书兼东阁大学士，为撰诰敕。

《倪文贞集》卷二《东阁大学士礼部尚书刘鸿训》："尔具官某，男子生自鲁国，气象如其泰山，立言有章，奉使不辱。洎丑徒雠正，此辈之谓清流；直道违时，彼谮以成贝锦。登州一逐，玉局为空，属朕缵服更新，用人求旧……朕喜肱良，民歌距脱，犹且蒲宗孟不满司马，岂有宋艺祖而信德骧？……朕虽不敏，能无憬然？兹用覃恩授尔某阶，锡之诰命。"（页1A）

案：《明史》卷一一二"宰辅年表二"："（天启七年丁卯）刘鸿训，十二月，晋礼部尚书兼东阁大学士入。"（第11册，页3382）刘鸿训上年十二月入阁，照例到任试职后，颁给诰敕。

同年南京国子监司业文安之授阶承德郎，为撰诰敕。

《倪文贞集》卷二《南京国子监司业文安之》："尔具官其，出自汉守，张其楚材。升贤乡国，则以五际明诗；拔萃宏辞，则以三长治史。侍从之选，启沃方资，而尔宁徙海而溟，捐绋作监，是使叹兴宣室，忙遗紫薇……成均箇席，今古同揆。兹用覃恩，授尔阶承德郎。"（页11A）

案：《国榷》卷八八："（天启七年十二月乙卯）文安之为南京国子司业。"

（第6册，页5408）国子监司业正六品，授阶承德郎。

文安之（1592-1659），字汝止，号铁庵。湖广夷陵人。天启二年（1622年）进士，改庶吉士，授检讨，除南京司业。崇祯中，迁祭酒，为薛国观所构，削籍归。南明福王时，起为詹事，唐王召拜礼部尚书，皆不赴。永历四年（1650），至梧州谒永历帝，授东阁大学士。次年，自请往川中督师，为孙可望所拘。久之走川东，联络抗清失败，郁郁而卒。著有《铁庵诗集》。事具《明史》卷二七九本传。（第23册，页7144）

同年国子监司业陈盟授阶承德郎，父陈进赠如子官，为撰诰敕。

《倪文贞集》卷二《国子监司业陈盟》："尔具官某，存诚之学，能致其才，玩物之功，不丧其志……朕既即位，擢贰成均，钟铎所施，云霞为焕。自间者美新之论，极于子衿，畏垒之榎，上侵孔壁。三光黯没，万类湮沉，赖尔灭灶，更弦漂新。发采蒸变之象，可得而观，殷序周庠，道亦不远也。兹用覃恩，授尔阶承德郎。"（页9B）

《父》："尔原任西安府通判陈进，乃具官某之父，博物穷通，居体致才。秉铎云蒸，知杨震讲堂之德；分符霆历，歌王祥别驾之功。至于力抗豪猾，威行强族，董宣贵项，陶令尊腰……用加赠尔某官。"（同上，页10B）

案：《国榷》卷八九："（崇祯元年正月甲戌）陈盟为国子司业。"（第6册，页5413）其《父》敕文云"用加赠尔某官"，《代言选》卷四作"兹用覃恩，加赠尔为承德郎、国子监司业"。（页13A）陈盟（1584-1661），字无盟，号雪滩。四川富顺人。天启二年（1622）进士，选庶吉士，历翰林院检讨、国子司业。南明福王时仕至礼部尚书，清军陷南京，遂遁入空门为僧。［乾隆］《富顺县志》卷五有传。（页6A）

同年刑科给事中王继廉授阶征仕郎，为撰诰敕。

《倪文贞集》卷二《刑科给事中王继廉》："尔具官某，神怀激朗，风议健持，万石家声，伏生经术……兹用覃恩授尔阶征仕郎……今法纪未张，而德礼微绌，宽苛并讥，犹梗偶相笑也。夫士师不能治士，朕不能治其喜怒。资尔鲠固，是用大谏，尔无面从，朕敬于刑。"（页15B）

案：王继廉（1589-？），字秨古，号铭韫。浙江长兴人。天启二年（1622）进士，授松江府推官，擢刑科给事中，转仪曹，典试中州，晋广东盐法，复晋福建兵巡。遘疾归里，年七旬卒。［乾隆］《长兴县志》卷八有传。（页46A）

同年翰林院侍讲蒋德璟授阶承德郎，妻张氏赠安人，继妻朱氏封安人；父蒋光彦晋某阶，母陈氏加封太恭人，为撰诰敕。

《倪文贞集》卷二《翰林院侍讲蒋德璟》："尔具官某，匹锦探怀，今之江令，逸珠盈椀，有如卢谌。举首宏辞，俯瞰列宿，中遭凶闵，经久淹疏。当蔼多抱椠之年，则逆竖张罗之日。维时奔走之辈，池铁并飞，功名之徒，囊锥毕见。而尔独不求署职，闷然草玄，泊朕膺图，始班禁近……兹循覃典，授尔阶承德郎，锡之敕命。"（页5A）

《妻》："尔具官某妻张氏，在妇称良，与夫齐德……迨夫杜羔既第，苟粲弥伤，虽富谷可偕，而困藜早据……用赠尔安人。"（同上，页5B）

《继妻》："尔某官某继妻朱氏，声闻于外，美在其中。曰孝曰勤，不亢不妒，凡此四者，可得言矣……是用封尔安人。"（同上，页6B）

《父》："尔原任广东布政使司参议蒋光彦，乃具官某之父，居沈取壮，孤体绝侔……泊于藩参百粤，威行九真，名酋坐俘，伪称以裓……嗟乎！朕今者安得其人而用之哉？兹晋尔某阶。"（同上，页7A）

《母》："尔封恭人陈氏，乃具官某之母，自朕所闻，静婉之贞著于锜釜，而尔夫赖之……用加封尔为太恭人。"（同上，页8A）

案：蒋德璟之父蒋光彦，字有崇，万历二十年（1592）进士，仕至广东布政司参议。[乾隆]《泉州府志》卷四九有传。（页70B）

同年翰林院侍讲王铎授阶承德郎，为撰诰敕。

《倪文贞集》卷二《翰林院侍讲王铎》："尔具官某，学洞根宗，才凌祖构……斯于宏辞，庶称巨擘，若其至者，又可得言。夫侍讲有真，伊川主存诚之学；执政不足，安石乖遗钜之才。而子载其敦庞，游于广大，既已追踪洛下，迈迹临川，决子鼎铉，则犹薯荚。兹用覃叙，授尔阶承德郎。今国家相业，并束而归，诸文学之吏，此犹取火必于燧也。朕既瓯覆子名，发且有日，子尚以其时，益修体用之学，斗而铸锥，则岂有及？"（页9A）

案：张缙彦《王觉斯先生传》："珰败，循资历侍讲，为中允，为谕德。"（《依水园文集》后集卷二，页58A）又《觉斯先生家庙碑记》："丁卯，较士闽海，陟侍讲。"（上书卷一，页76A）王铎本年授翰林院侍讲。

又清乾隆阅此文题曰："适阅《四库全书》明倪元璐集制诰一册，其为侍讲王铎制词云'追踪洛下，迈迹临川，决子鼎铉，则犹薯荚'，是以王铎为优于程颐、王安石也；又云'朕既瓯覆子名，发且有日'、'斗而铸锥，则岂有及'云云，尤非君诰臣之体。夫王铎本明季大臣，至我朝复为大学士，其身事两朝，人品无足取，乃元璐制词以为优于程颐，是何语耶？元璐在明季本东林党，其从刘宗周、黄道周游，尚能留心经济，奏疏多切中时务，国朝定鼎时，即赐谥文贞，实明季诸臣中矫矫者，而其制词不免失体如此，可见制诰之非美事也……乾隆四十九年十一月。"（四库本《倪文贞集》卷首）

致书应天巡抚李待问。

《尺牍逸稿》卷六《与苏抚李中丞待问》："间者逆焰熏天，淫祠亘宇，所不

与波并靡者，自台台而外，复有几人？以此心仪，逢人便说，知当事皁囊，他年彤管，大有一番扬挖耳。"（页25B）

案：《国榷》卷八七："（天启六年九月）辛卯，李待问为右佥都御史，总理粮储，巡抚应天。"（第6册，页5336）又卷八九："（崇祯元年七月己巳）李待问为户部右侍郎兼右佥都御史，提督漕运，巡抚凤阳。"（上书，页5449）其天启六年（1626）九月至崇祯元年（1628）七月为应天巡抚。书云："间者逆焰熏天，淫祠亘宇，所不与波并靡者，自台台而外，复有几人？"据［道光］《佛山忠义乡志》卷九李待问传："巡抚应天，时巨珰魏忠贤生祠遍天下，南京更当明孝陵周道，凡谒陵者，守阍必责拜珰祠，待问谒陵毕，即疾驰履任。忠贤闻而衔之。松、徽等郡亦请祠珰，待问驳其议不行。语巡按御史曰：'名节至重，安得委弃若此？'"（页5B）

李待问（1582-1642），字葵儒，号献衷。广东佛山人。万历三十二年（1604）进士，初授连城县令，调晋江，擢礼部主事，历吏部文选郎中，迁奉常。丁内艰归，起佥都御史，巡抚应天。转户部右侍郎，总督漕运。十一年（1638）升户部尚书，以病乞归，归未半年，卒。［道光］《佛山忠义乡志》卷九有传。（页5B）

秋，钱士升来书，赞元璐三疏拔逆党之帜纛，"亦钱塘天目之光也"。

钱士升《与倪鸿宝》："今春逆党获局，壁垒甚坚，忽得大疏，拔其帜纛，正如九里黑雾披以风霆，千年暗室煜以龙烛，而一时魑魅罔两，辟易夺魄，遂使钩机抉破，世道斩新。中兴名臣，台台其嚆矢矣……今得台台一洒雪之，自此反邪归正，合异为同，以复平康正直之路，岂惟世道之幸，亦钱塘天目之光也。不肖承乏南中，聊以藏拙，惟从邸报知圣明天纵，名硕毕登，辄作数日喜，太平之业，辇上君子，耕之炊之，而闲署坐食，其福亦大便计已。"（《赐余堂集》卷六，页32A）

案：《明史》卷二五一钱士升传："崇祯元年起少詹事，掌南京翰林院。明年以詹事召。"（第21册，页6487）书云"不肖承乏南中"，钱士升是年起少詹事，掌南京翰林院。又云："今春逆党获局，壁垒甚坚，忽得大疏，拔其帜纛……中兴名臣，台台其嚆矢矣。"指元璐所上《首论国是疏》等三疏。

侯方域年方十一，随父侯恂移居京师，拜师门下。

侯方域《倪涵谷文序》："余少游倪文正公之门，得闻制艺绪论。公教余为文，必先驰骋纵横，务尽其才，而后轨于法。然所谓驰骋纵横者，如海水天风，焕然相遭，喷薄吹荡，渺无涯际；日丽空而忽黯，龙近夜以一吟；耳凄兮目骇，性寂乎情移。文至此，非独无才不尽，且欲合吾才而无从者。"（《侯方域全集校笺》卷一，页54）

案：时侯恂起为广西道监察御史，侯方域随父入京从元璐学文。《清史稿》卷四八四侯方域传云："方域师倪元璐。"（引略）侯方域《哀户部尚书翰林院学士倪文正公元璐》："属当启祯间，国华飒以子。公乃振雄藻，海内才人悦。小子早汩没，皾黼瞻采缬。菲菲曾勿遗，许在绛帷列。入室进所制，吐哺手自阅。款曲命我坐，不惜殷勤说。"（《侯方域全集校笺》卷一六，页968）

侯方域（1618-1655），字朝宗。河南商丘人。父恂，季父恪，皆以东林忤阉党。性豪迈不羁，为文有奇气，海内名士争与之交。与冒襄、陈贞慧、方以智，合称明末"四公子"。明亡后，方域流连秦淮间，时诸名士共檄阉党阮大铖罪，作《留都防乱揭》，大铖为方域父执，遣客来结欲止其事，而方域卒谢之。顺治八年（1651），出应乡试，中式副榜，时人讥之。著有《壮悔堂集》《四忆堂诗集》。事具《清史稿》卷四八四本传。（第44册，页13319）

兵部右侍郎唐世济授某阶，为撰诰敕。

《倪文贞集》卷二《兵部右侍郎唐世济》："具官某，出飞慈雨，入凛清霜，随所致功，归于济国……洎朕御极，博采遗忠，佥曰汝能，召仍旧职。属者羽书旁午，戎事颇弛。鸡虫之孽，远擅西南，赤白之丸，时飞秦豫。维尔引惭多垒，树价维藩，竭志毕忠，出奇制胜。姚崇暗记，王庶口陈，周练明通，庶几其匹矣。兹用覃叙，授尔某阶。"（页2B）

案：《崇祯长编》卷八："（崇祯元年四月甲午）唐世济起兵部左侍郎，管右侍郎事。"（《明实录》第91册，页404）唐世济，字美承。浙江乌程人。万历二十六年（1598）进士，授宁化知县，以廉卓授御史，巡抚南赣，升兵部侍郎，忤珰罢归。崇祯改元，再起兵部左侍郎，转南右都御史，为台省所劾戍边。年八十卒。［乾隆］《乌程县志》卷六有传。（页21A）

吏部左侍郎张凤翔晋某阶，妻丘氏仍封淑人，为撰诰敕。

《倪文贞集》卷一《吏部左侍郎张凤翔》："具官某，包国之元气为得，因人之精神制才。昔者妖弄潢池，乱成张角，东连曹兖，北震荥商，虽潓沱恒岳接趾之间，亦封豕修蛇飞肉之地。尔时拥旄卧护，启乘声援，犄角为功，敉宁以奏，献囚矫虎，晋秩雎鸠……用晋尔某阶。"（页8A）

《妻》："尔具官某妻淑人丘氏，主妇莫莫，形为室牖之仪；君子阳阳，偕有房敖之乐。诚静之誉，所从来矣……是用仍封尔淑人。"（同上，页9A）

案：《国榷》："（崇祯元年四月丙申）王祚远、张凤翔为吏部左、右侍郎，祚远寻署部事。"（第6册，页5428）张凤翔，字稚羽，号元蓬，山东聊城人。万历二十九年（1601）进士。

吏部文选司主事晋淑抃授阶，为撰诰敕。

《倪文贞集》卷二《吏部文选司主事晋淑抃》："尔具官某，清朗不疲，强直自遂……以今奸距方脱，党禁初开，鹭羽振而未充于庭，麋梦安而犹栖于泽，藉尔协赞，济之名通。是故使薪积无嗟，河清不怨，山公之颂，岂不谅哉？会逢覃典，

用授尔某阶。"（页19A）

案：《崇祯长编》卷九："（崇祯元年五月丁亥）起升韩继思为光禄寺卿，调吏部考功司主事晋淑抃为文选司主事。"（第91册，页37）晋淑抃，山西洪洞人，万历四十四年（1616）进士，仕至吏部员外郎。

同年礼部精膳司主事闵心镜授阶承德郎，其父赠如子官，为撰诰敕。

《倪文贞集》卷二《礼部精膳司主事闵心镜》："尔具官某，识尊气昌，无婀阿之意。当令昆山，罢于权宰，时则视尔犹虮蚁然，而尔岸然不屈，如卵触山，旋致贬迁，几于糜碎。董宣强项，今又见之，朕是用嘉尔，擢尔司仪。尔乃周旋无阙，美声上闻，本诸其强直之志，固不坠也。兹用授尔阶承德郎。"（页20B）

《父》："尔生员闵某，乃具官某之父，乡宗称孝，江海方才，而身既不庸，命亦随尽……今尔子鸑鷟飞光，豫章挺秀，出为健令，入典清曹，盖观桥梓之相承，足齐彭殇于一致矣。用赠尔某官。"（同上，页21A）

案：闵心镜与元璐同年进士，为官耿介特立，天启中知昆山县忤权相顾秉谦贬官。文云："当令昆山，罢于权宰，时则视尔犹虮蚁然，而尔岸然不屈，如卵触山，旋致贬迁，几于糜碎。"可谓知人。

鹿善继应召还朝，来书相约造访。

鹿善继《与倪鸿宝书》："不肖于田间读大疏，恨不即日见之。乃抵都，逾时而未获一晤，犹以为造谒每值公由，预约庶可相值。方拟约期，忽罹阴阳之患，先苦感冒，大汗而解，随苦红痢，一昼夜二十余次，困惫莫支。今虽略愈，自忖病弱，万不能据鞍。比能据鞍，台驾出春明矣，是终无由一睹芝眉也。夫以台台千载人，不肖生同时，又同居一城之中，竟迁延迟久，自虚其田间想见之愿，岂不陋哉！拟于薄暮雇小轿便衣造访，未知台台与其进否？"（《鹿忠节公集》卷二一，页17B）

案：书云"不肖于田间读大疏，恨不即日见之"，指元璐年初所上论东林等三疏。《明史》鹿善继传云："崇祯元年，逆珰既诛，善继起尚宝卿，迁太常少卿，管光禄寺丞事。"鹿善继还朝复官，由同年范景文之荐，范有《起原任户部主事鹿善继疏》可证（《文忠集》卷一，页4A）。

鹿善继（1575-1636），字伯顺。北直定兴人。万历四十一年（1613）进士。与周顺昌、范景文蟇被萧寺，以节义相期也。授户部主事，改兵部，大学士孙承宗阅视关门，以善继从。出督师，复表为赞画。在关四年，累进员外、郎中。承宗谢事，善继亦告归。崇祯元年（1628），逆珰既诛，起尚宝卿，迁太常寺少卿，管光禄寺丞事，未三载告归。九年（1636）七月，清军攻定兴，善继援兵登陴，守六日而城破，善继死。事闻，赠大理寺卿，谥忠节。著有《鹿忠节公集》。事具《明史》卷二六七本传。（第22册，页6889）

八月十五日，作仿古画卷册，十幅。

《听帆楼续刻书画记》卷下："《明倪文正公画册》，绫本，十幅，每幅高六寸五分，阔七寸。第一幅水墨石山，再摹云林笔意；第二幅枯木石，仿惠崇僧笔；第三幅三友图，摹懒先山人笔；第四幅梅竹石，摹黄大痴笔；第五幅枯木石，摹懒道人笔；第六幅竹石，仿学曾笔意；第七幅水墨石，摹吴道玄笔；第八幅水墨菩提，仿云林笔意；第九幅水墨石，摹米南宫笔；第十幅枯木石，黄大痴笔意。时戊辰八月之望，冯桢卿谏议促成，刻炬而就，亦云徐熙草草耳。元璐写。"（《中国书画全书》第 11 册，页 916 上）

案："冯桢［祯］卿谏议"名可宾，元璐同年进士。此册有罗天池、谢兰生、熊景星跋，罗天池跋曰："公书传世颇多，而画绝少，画卷册尤稀。此册清趣绝尘，与傅青主、黄石斋同一妙谛，真逸品也。自题作于戊辰，距甲申尚有十七载，而朝野已有岌岌之势，观笔墨盘郁可想公忠愤胸襟。天池敬识。"

冯可宾（1594－？），字祯卿。山东益都人。天启二年（1622）进士，授湖州司理，入为兵科给事中，十年（1637）升太常寺少卿，入清后隐居不仕。善画石，其父冯起震（青方）善画竹，有多幅《竹石图》传世。著有《石蒲斋诗集》。［光绪］《益都县图志》卷三八有传。（页 15A）

九月，复书宣大总督王象乾，时上召对于平台，问象乾方略，元璐在座。

《尺牍逸稿》卷一《复督师王少司马象乾》："翁台今日之伐，岂其微哉？自顷召对，隆逢一时，载笔荒卤，无所发皇。今欲贞之金石，且愧且荣，佛头小鸟，则不敢辞诚，欲附青云耳。次公国器，幸附兰襟，分当兄事，而执礼太恭，次且不可安也。"（页 14B）

案：《国榷》卷八九："（崇祯元年八月癸巳）王象乾仍以少师兼太子太保、兵部尚书兼都察院右都御史，督师行边，宣大、［山西］御虏。"（第 6 册，页 5453）九月，上召对于平台，问象乾方略，上引《国榷》同卷："（九月）辛未，召象乾及廷臣于平台，问象乾方略，对曰：'插汉大酋虎墩、兔憨与顺义王卜石兔、哈喇慎、白黄台吉，俱元小王子之后，卜、哈二酋俱插汉分部岁贡，自黄台吉与插汉哄，插汉不贡……诸部惟永邵卜最强，约三十余万人。若合卜石兔之兵，可御插汉。'帝曰：'插汉意不受抚，何？'对曰：'当从容笼络。'上曰：'如不款何？'象乾密奏：'语不尽闻也。'上善之。命往与袁崇焕共计，象乾请发抚赏银五万。"（页 5456）时元璐以掌起居注记在座。书云"次公国器，幸附兰襟"，次公指王象晋（1561－1653），字荩臣，号康宇，象乾之弟，万历三十二年（1604）进士，历浙江参政。

王象乾（1546－1630），字子廓，号霁宇。山东新城人。隆庆五年（1570）进士，授闻喜县令，仕至兵部尚书，总督蓟辽。曾经理播州，平定苗夷之乱，以年老乞休。因边境多事，逾八十起为总督，综理宣大和山西军务。惕历中外五十余年，机警有胆略，历任督抚多年，威震九边。累赠加太子太师。参见佚名撰《王象乾传》。(《中华历史人物别传集》第 22 册，页 555 上)

致书问候蔡思充老师。蔡师被诬废黜削籍已三年。

《尺牍逸稿》卷六《上蔡老师思充》："三年以来，风道俱堕……新圣鼎兴，日月重朗，岂有尧舜在上，皋龙尚沉？或者岳牧之无闻，共欢之未殄乎？诸端茫茫，可发浩叹。门生以孤愤出位，大仵当津，独掌自鸣，老拳能受。鸡肋付之度外，鹤梦清而可安，知老师道义相期，不以为念耳。"(页 26B)

案：蔡思充为元璐乡试座师。书云："门生以孤愤出位，大仵当津，独掌自鸣，老拳能受。"此作于上论东林等疏后。又云"三年以来，风道俱堕"，刑部尚书蔡思充天启四年(1624)被魏珰诬陷欲治以罪，幸阁臣叶向高等力保始免，罢黜回原籍。

刘一燝相国来书，复之。

《倪文贞集》卷一八《复刘是庵相国一燝》："某自公车，已知瞻慕明光，奉为斗极……主上方综核名实，锐心富强，或恐以王成德儒之一事，尽疑百尔之心因，而遂有弘羊、惠卿之小人，大兴言利之说，一瑕偶见，百衅俱开，非夫价人，不能早定。所谓正君心以正朝廷，正朝廷以正百官者，于老先生手额尤切也。某犹髫髻，其细已甚，惟是金门冰署，橐笔侍从者，第雍容以文墨相高，至于世道之消长，人材之邪正，偶有建白，辄以侵官为讥，彼诚不知词林固论思之官耳。"题注："戊辰。"(页 5A)

案：书云："偶有建白，辄以侵官为讥，彼诚不知词林固论思之官耳。"指元璐上疏论东林。刘一燝天启二年(1622)三月致仕，五年(1625)熊廷弼下狱，一燝被劾误用廷弼，削官，追夺诰命，至是诏复原官致仕。《崇祯长编》卷五："(崇祯元年正月丙戌)原任阁臣刘一燝仍以少傅兼太子太傅、吏部尚书、中极殿大学士致仕；韩爌仍以光禄大夫、少师兼太子太师[太傅]、吏部尚书兼中极殿大学士致仕；冯铨仍以太子太保、礼部尚书兼文渊阁大学士致仕，俱补给诰命。从南户科给事中陈尧言请也。"(第 91 册，页 231)

刘一燝(1567-1635)，字季晦。江西南昌人。万历二十三年(1595)，与兄一煜同中进士，改庶吉士，授检讨。历祭酒、詹事、掌翰林院事，迁礼部右侍郎。光宗即位，擢礼部尚书兼东阁大学士，与方从哲、韩爌同为顾命大臣。熹宗登基后，一燝接任内阁首辅，主理朝政，为政贤明，能匡君之失。天启二年(1622)，被劾罢归，继而削官追夺诰命。崇祯改元，诏复原官。事具《明史》卷二四〇本传。(第 20 册，页 6238)

王象春来书，复书答之。

《倪文贞集》卷一八《答王季木象春》："神交二十余年，即不能知面广狭，而梦中可寻……弟偶以蛙怒腹胀，发其詹詹，然而处此昌辰，数理并会，虽使千夫塞黙，如蓄栗红灰，势无不爆。来教侈啁嘈于节足，非其质矣。蒲轮朝下，英州夕还，所恃巨灵，下开生界。要使熙宁绍述，无往复之忧；钟乳芒硝，有循环之用，则尧壤坐击，周器无欹，卫士儿童，共此手额耳。扇头诗绝唱，有辞鹍探骊之愧，新刻便中望多多寄教也。"题注："戊辰。"（页11A）

案：王象春万历三十八年（1610）进士，此年元璐首次公车入京，会试落榜。故云"神交二十余年，即不能知面广狭，而梦中可寻"。

王象春（1578—1632），字季木。山东新城人。万历三十八年（1610）进士第二，任顺天乡试考官，因同官被讦舞弊，牵连谪外。四十五年（1617）起上林苑典簿，历大理寺评事，兵部、工部员外郎，擢南吏部考功郎中。天启五年（1625），以忤珰削职回籍。抑郁数年，病卒。才气奔轶，诗宗前后七子，著有《问山亭集》《济南百咏》。参见［民国］《重修新城县志》卷一四。（页9B）

兵科给事中陶崇道授阶征仕郎，为撰诰敕。

《倪文贞集》卷一《兵科给事中陶崇道》："具官某，朗照不疲，强直自遂……洎膺内命，适与祸期，时则京、贯作朋，应［膺］、滂署党，权尊定策，狱起同文。维尔义须掔鬐，谏舌摩切，竟逢彼怒，因致汝迁……会朕膺图，除凶雪鲠，召仍旧职，冀来谠言。而尔风节弥严，谏书日上，涂归驳正，岸然不阿。虽复元素回天，兼谟返诏，孤忠鲠固，未有逾斯者矣。用授尔某阶。"（页18A）

案：陶崇道（1580—1650），字路叔，号虎溪，浙江会稽人。万历三十八年（1610）进士，历任即墨、掖县知县、南京户科给事中、兵科给事中，仕至福建右布政使。陶崇道起为兵科给事中，约在是年秋。文中"用授尔某阶"，《代言选》卷二作"兹用授尔征仕郎"。（页16A）

十月，倪元珙因官监察御史，仍授阶文林郎。元璐草制，时人荣之。

《倪文贞集》卷二《广西道监察御史倪元珙》："尔具官某，家起新都，祸期逆竖……湘山可赭，历阳几湖，而尔乃奋身以持，致命不顾。当此之时，尔视汤镬，则犹冰泉，卒使虓虎坐驯，惊鱼不害。朕是用报以执法，资其谠忠。尔则纠奸遂良，梳疑剔伏，至言新语，轹贾凌山……兹以覃叙，仍授尔阶文林郎，锡之敕命。"（页17B）

案：元珙是年四月选为监察御史。按例，初到任试职后，考核堪用者，与实授，仍具奏颁给诰敕。又知县与监察御史俱正七品，元珙天启六年（1626）三月授阶文林郎，此仍授文林郎。敕文系元璐所撰，时人荣之，传为盛事。倪《谱》卷一："伯父、侍御恩覃之制，府君所草也。时人以为弟草兄制，自曾子开、韩持国之后，与此鼎峙，传为盛事云。"（页19A）文震孟评曰："弟草兄制，自曾子开、韩持国之后，又见鸿宝，诚为盛事。文特精美，严断锋干俱出。"（页24A）

因元珙贵，其父倪涷仍封文林郎、监察御史，生母王氏仍赠孺人，继母俞氏仍

封孺人。

《敕封三兰公父监察御史》："尔封文林郎倪涷，乃江西道监察御史倪元珙之父，以孝友为根本，而珪璋百行；以经史为齑齏，而针纫五车……即其砚田中乏，枥志犹坚，唯鸎鸎之先鸣，知松柏之晚翠。而敦其素朴，勖以清忠。考父循墙之戒，命而益恭；武公淇澳之诗，耄而弗怠。眷柱史之霜气，洵玉树之瑶枝。申以芝书，布之柏府，是用仍封尔为文林郎、监察御史……崇祯元年十月。"（《倪氏宗谱》卷首天章，页15A）

《敕赠三兰公母王氏孺人》："尔赠孺人王氏，乃江西道监察御史倪元珙之母，月孕珠胎，辉凤朴尊，章极甘膬之奉，琴瑟谐静好之音……兹用仍赠尔为孺人……崇祯元年十月。"（同上，页16A）

《敕封三兰公继母俞氏孺人》："尔封孺人俞氏，乃江西道监察御史倪元珙之继母……尔子鸾栖枳棘，则饮水［冰］以训廉；骢入兰台，则榆霜以激义。爰酬令母，重赍嘉词。是用仍封尔为孺人……崇祯元年十月。"（同上，页17A）

案：倪《谱》卷一："伯父、侍御恩罩之制，府君所草也。"（页19A）则上引《敕封三兰公父监察御史》等三文亦元璐所撰。又元珙选调广西道监察御史，而上引三文俱云"江西道监察御史"，似误。

户科给事中瞿式耜授阶征仕郎，妻邵氏仍封孺人；父瞿汝说进某阶，母施氏仍赠恭人，为撰诰敕。

《倪文贞集》卷二《户科给事中瞿式耜》："尔具官某，有其祖若父之文章政事，而骞为气节，笃其忠贞。向者令永丰，丰之人化其德。今朕即位，置于掖垣，数月以来，子则为朕纠奸剔邪，章忠发滞，条区兵事，经量国计……兹以覃恩，授尔阶征仕郎。"（页12A）

《妻》："尔某官妻孺人邵氏，中郎之女，能读父书。闻其握简敷编，酣忠饫义，兴慕发叹，气溢膏铅。斯诚儒者之雄，可以巾帼朝士。凡尔夫之所以修正严鲠，出称循良，入为名谏者，其资尔内助甚明矣……兹用覃典，仍封尔为孺人。"（同上，页13A）

《父》："尔原任参政瞿汝说，乃具官某之父，有王章、唐介之直。官郎时，能以其职抗玱，使矫虔坐戢，为国守宪，为帑节浮，归于气道之用……尔先臣景淳以英华道德，为国球训，而尔子式耜今又以强直敢谏，佐朕新猷……兹以覃恩，进尔某阶。"（同上，页13B）

《母》："尔赠恭人施氏者，故某官某之妻，今某官某之母也。以尔之左执诗书，右操礼法，而尔夫取之，则公正而能其官；尔子取之，则忠笃履方，而有谔谔之声于天下……用仍赠尔为恭人。"（同上，页14B）

案：上引《崇祯长编》卷八，瞿式耜是年四月考选户科给事中。（《明实录》

第 91 册，页 447）瞿式耜，字起田，号稼轩，江苏常熟人。万历四十四年（1616）进士。其祖瞿景淳（1507-1569），字师道，号昆湖，嘉靖二十三年（1544）会试第一，殿试第二，仕至礼部侍郎，为《永乐大典》总校官。其父瞿汝说(1565-1623)，字星卿，号达观，万历二十九年（1601）进士，官至湖广提学佥事，以刚正闻。

同年福建道御史马如蛟仍授阶文林郎，为撰诰敕。

《倪文贞集》卷二《福建道御史马如蛟》："尔具官某，晶心静明，正骨强立。昔令山阴，惠政挺纪，云垂风抗，童禽会灵。是故朕以豸冠，旌其凫舄，火正庙之曰壮，霜当秋而取严……自尔入台，方逾百日，而谏书云会，谠论飙兴。是知阳城七年，寒蝉之日久；谷永累牍，器鼠之忌深。如尔忠能，可曰遹上。兹以覃恩，仍授尔某阶。"（页 16B）

案：据上引《崇祯长编》卷八，马如蛟是年四月考选福建道监察御史。文云"仍授尔某阶"，《代言选》卷四作"兹以覃恩，仍授尔阶为文林郎，锡之敕命"。（页 22A）

同年云南道御史毛羽健授阶文林郎，为撰诰敕。

《倪文贞集》卷二《云南道御史毛羽健》："尔具官某，骨正以坚，才雄而决。当疮痍兵燹，人歌蜀道之难；而弦诵桑麻，独抚宓琴而治。是用嘉子，擢于西台。尔乃引吭长鸣，剖心极论，一扬节足，坐剔蓁薉。凡诸条上之章，尽属忧危之论，断鞅守合，未足为奇，史辀王章，差当比直……用以覃恩，仍授尔某阶。"（页 18B）

案：上引《崇祯长编》卷八，毛羽健是年四月考选云南道监察御史。文云"仍授尔某阶"，《代言选》卷四作"兹以覃恩，仍授尔阶为文林郎，锡之敕命"。（页 26A）毛羽健，号芝田，湖北公安人。《明史》卷二五八有传。（第 21 册，页 6653）

是月，魏大中追赠太常寺卿，为撰诰敕。

《倪文贞集》卷一《原任吏科都给事中赠太常寺卿魏大中》："尔具官某，其生有自，视死如归……惟尔坛帷逾峻，尤为缯缴所先，贝锦一成，雉罗遂及。诏求钩党，狱署同文，膺、滂碎首于黄门，乔、固暴尸于城北。三光黯没，海水群飞，当此之时，亦云极矣。今者世灰大涤，天宇重晶，朕是用章阐幽忠，崇敷显秩。雷震一夕，已踣元佑之碑；解泽重泉，大表比干之墓。特追赠尔为太常寺卿，锡之诰命。"（页 6A）

案：魏大中《藏密斋集》亦附此文，末署："崇祯元年十月廿九日，词臣倪元璐撰。"（《藏密斋集》卷首）

有书致光禄寺少卿曹履吉来书答复。

曹履吉《复倪鸿宝太史》："忆癸亥岁守官糠粃，无所比数，阁下身在弘文，方为章云汉，乃独收恤与征楮墨之事。至南还日，又独命驾远于将之，阁下所为遇吉者，至古矣……乃者新圣御宇，阁下发摅大议，功收格天，海内绅绂。正如百川学海，鳞介宗龙，东国人伦，不失一士。而鼎吕下及，所为录记履吉者，在诸士之外，更溢于楮墨之事之外，阁下所为遇吉者，益深矣。"（《博望山人稿》卷一八，页2A）

案：书云："乃者新圣御宇，阁下发摅大议，功收格天，海内绅绂。"指元璐所上《首论国是疏》等三疏。曹履吉时为光禄寺少卿，《崇祯长编》卷二："（天启七年十月甲辰）升曹履吉为光禄寺少卿。"（《明实录》第91册，页58）曹履吉受知于王思任，交元璐或因王思任之介。[民国]《当涂县志》卷一八："曹履吉……幼颖敏，受知于邑宰王思任，曰'东南之帜在子矣'。"（页18A）

曹履吉（？-1642），字根遂，号元甫。南直当涂人。万历四十四年（1616）进士，授户部主事，典新泰、海运二仓。督学河南，擢光禄少卿，归时年未五十。家居慷慨谈天下事，论者谓"胸中当世、笔下古人两无愧"云。著有《博望山人稿》。[民国]《当涂县志》卷一八有传。（页18A）

十一月，追赠邹元标为太子太保、吏部尚书，特谥"忠介"。

《崇祯长编》卷一五："（崇祯元年十一月壬戌）协理京营戎政兵部左侍郎李邦华等疏，颂原任太子少保、都察院左都御史邹元标，言元标刚介执法，忠荩匡时，立朝正气，励世清节，与海忠介瑞风裁一同，乃其性学醇深、悟修兼至，羽翼圣真、大振宗风又复过之。今其子燧孤弱不能万里陈情，臣等谨采大节，冒渎圣聪，乞皇上将元标易名，速命阁拟，仍敕下吏、礼二部，将应得葬赠荫，全典从优，具覆从之。"（《明实录》第92册，页836）

案：邹元标谥"忠介"，倪元璐力主之。元璐《首论国是疏》："元标之理学宗王文成，而鲠直类海忠介，宜令该部于二臣之间取衷二字，以旌儒硕。"（《倪文贞集》奏疏卷一，页1A）又《望庐山云封其顶怅甚》诗注："迫后为邹公疏请易名，云元标理学宗王文成，而经济稍逊，鲠直类海忠介，而宽大较优，宜折衷二字以旌儒硕，廷议谥'忠介'，盖论定由于公云。"（《倪文贞集》诗卷下，页4A）邹燧为元标之子。

复书范景文，涉及朝中时事。时景文将服阕。

《倪文贞集》卷一八《复范质公吏部景文》："今者离照日章，英察相遇重雾，苦雾化为明霞，来教彻底澄清，是大药王手，人病邪结，狂发未有，硝黄未下，而可骤进参芪者也。然而日来爬梳，将无小混，如贾浮弋，自有胜处，乙丑出山一疏，虽语多支离，其苦心自存。高砭斋太仆，卓然人豪，更出贾上，而今巫山一炬，芝萧并焚，此则弟所大虑也。又弟谓今日论及崔、魏一案，只当就其中分疏洗剔，如干儿义子、生祠颂德之徒，不必言矣；其次则其委蛇取容、安享富贵者；又次虽未甚讨便宜，而曾向彼伸冤诉屈，作可怜之色者。于此廓除一番，尽足昭回日月……

弟持此说甚坚，昨已面启阁中诸公矣，翁兄亦以为是乎？翁兄大节，千人共见，耿中丞诚知人也。制诰二轴合弟书，恐鸦蚓之迹，上辱龙文无已，或将原稿检来，聊试为之……方病杜门，潦率抒报，庶见素冠，何时可吉耶？"题注："戊辰。"（页6A）

案：《范文忠公年谱》："天启六年丙寅……丁内艰。"（页4B）时范景文丁忧在里，故有"庶见素冠，何时可吉"云云。又云"制诰二轴合弟书"，指因范景文贵，其祖范汝河、父范仁元诰敕封赠，《范文忠公年谱》："崇祯元年戊辰……仁元公封奉政大夫、南京工部虞衡司郎中，赠会川公。"（页4B）

书中言及时事，臧否人物，曰："然而日来爬梳，将无小混，如贾浮弋，自有胜处，乙丑出山一疏，虽语多支离，其苦心自存。高砭斋太仆，卓然人豪，更出贾上，而今巫山一炬，芝萧并焚，此则弟所大虑也。""贾浮弋"名继春，是年五月罢归。《国榷》卷八九："（崇祯元年五月丁丑）左佥都御史贾继春免。天启初，继春在台争移宫，忤杨涟、左光斗削籍。杨、左去，中旨复继春御史。上嗣位逾月，继春督学南几，驰疏劾忠贤怙权流毒状，累迁内台，给事中刘斯劾其变幻巧诈。明年削籍。"（第6册，页5439）魏珰败，贾继春极誉高弘图之救（杨）涟，且荐韩爌、倪元璐，以求容于清议。书中"高砭斋"即高弘图，"耿中丞"即耿如杞。

致书同年黄道周并寄奏疏文稿等，时道周丁忧在里。

《倪文贞集》卷一八《与黄石斋道周（一）》："三年不见幼玄，乃其文章风节，则如在目前也……伏惟凤驾，主上极圣……弟不量螳斧，犯此隆冲，孤支作掌，瘦肋承拳。虽复形化骨销，不以为恨耳。小疏及《试录》《墨选》共五件请正，缣笔两事具别状。以幼玄素禫已更，将必大开文字之禁，虽为微薄，有其义存。"题注："崇祯戊辰。"（页2B）

案：黄道周天启五年（1625）四月告假还乡，至今三年有余。书云"以幼玄素禫已更"，指黄母天启六年（1626）五月卒，已服阕。又云"小疏及《试录》《墨选》共五件"，或指《首论国是疏》《驳杨侍御疏》《请毁要典疏》三疏及所撰《江西乡试录序》《选丁卯江西墨序》两文。黄道周有《读倪鸿宝疏五律诗轴》："融雪固神力，排云亦日晖。有言先众妙，不斗自当机。天意托麟语，物华仰凤威。应怜元凯世，谏草出精微。读倪鸿宝疏有作。似政，年弟黄道周。"（天津市博物馆藏，《天津博物馆藏书法》）或道周读元璐疏草所作。

十二月，周顺昌追赠太常寺卿，妻吴氏封淑人；祖父周冠、父周可贤追赠太常寺卿，祖母韩氏、母张氏追赠淑人，为撰诰敕。

《倪文贞集》卷一《原任吏部文选司员外郎赠太常寺卿周顺昌》："尔具官某，希圣得清，择节取苦……会当龙亢，驯致虫拚，时则指鹿之恶，浮于望夷，出彘之威，极于北寺……然而矶激难平，虎骑不下，卒不得脱，以罹于凶。而尔对簿不屈，绝命弥雄，虽复汉尉衔须，唐臣嚼齿，未有并其慷慨，俪此从容者矣。今揆轴既旋，

衮钺并设，碑踣元佑，大升公正之群；墓显汤阴，恍见孤忠之气。用特赠尔为某官，锡之诰命。"（页 1A）

《妻》："尔封宜人吴氏，乃具官某之妻，当其始盛，多所中襄……是用封尔为淑人，锡之诰命。岂必相从，已争光于日月；虽乖偕老，尚表度于山河。"（同上，页 2B）

《祖父》："尔原任平湖县教谕周冠，乃具官某之祖父，学本一诚，经穷三绝……是用赠尔某官。至三世而莫京，自天申锡；若九原之可作，微子谁归。"（同上，页 3A）

《祖母》："尔韩氏乃具官某之祖母，名闺毓秀，硕士媲休……用赠尔为淑人。取忠义以报刘，何如令伯；揽实枚而颂鲁，时维姜嫄。"（同上，页 4A）

《父》："尔赠某官周可贤，乃具官某之父，维孝友于，因心庆笃……用特赠尔某官。扬名显亲之道，无如死忠；阐幽追远之文，所以教孝。呜呼！尔父尔子，国灵国荣。"（同上，页 4B）

《母》："尔赠宜人张氏，乃具官某之母，斯饥以明季女，正位之日严君，所求乎子，可得而识也……赠尔淑人。君子人与狗国艰贞之节，母氏天只倚闾忠孝之心，融泄黄泉，光辉彤管。"（同上，页 5A）

案：《国榷》卷八九："（崇祯元年十二月）癸丑，周顺昌子茂兰讼冤，上愍之。以故巡抚毛一鹭媚奸建祠，当追论，今已没，不必再求，血书原非奏体，后悉禁，时赠顺昌太常寺卿。"（第 6 册，页 5465）周顺昌（1584-1626），字景文，号蓼洲，南直吴县人。万历四十一年（1613）进士，仕至吏部文选司员外郎，为阉党迫害致死，与高攀龙、周起元、缪昌期、周宗建、黄尊素、李应升并称"后七君子"。

是月，房可壮因会推阁臣忤上意，镌秩降级，有书复之。

《尺牍逸稿》卷五《复房公》："昔者尺五共天闲寮，茧缩闭门，结慕无敢通诚。及翁台受谴陛辞之日，从班行窥见光影，并征体蕴私语：'人如房海客，不以大任达其嶙峋，请劓吾舌。'此知吾道不衰也。夫闻声悟听，察论知心，此见儿童可辨。若乃静存之体，不言之神，望气能知，隔垣可洞。而断然有以明其器与道，抱身为国……"题注："号海客，名可壮。"（页 17A）

案：《崇祯长编》卷一六："（崇祯元年十二月壬寅）降补原任御史房可壮上林苑监监丞。"（《明实录》第 92 册，页 921）是年冬会推阁臣，房可壮上言忤上意。《明史》卷三〇八"温体仁传"："崇祯元年冬，诏会推阁臣，体仁望轻，不与也。侍郎周延儒方以召对称旨，亦弗与。体仁揣帝意必疑，遂上疏讦谦益关节受贿，神奸结党，不当与阁臣选……而执政皆言谦益无罪，吏科都给事中章允儒争尤力，且言：'体仁热中觖望，如谦益当纠，何俟今日？'体仁曰：'前此，谦益皆闲曹，今者纠之，正为朝廷慎用人耳。如允儒言，乃真党也。'帝怒，命礼部进千秋卷，阋竟，责谦益，谦益引罪……帝乃即日罢谦益官，命议罪。允儒及给事中瞿式耜、御史房可壮等，皆坐谦益党，降谪有差。"（第 26 册，页 7931）书云"及翁台受谴陞辞之日，从班行窥见光影"，则此书作于房可壮镌秩降级后。

房可壮，字海客。山东益都人。万历三十二年（1604）进士，办事吏部，少宰杨时乔深器重之。除中书舍人，擢监察御史，纠弹奸邪，直声大著。巡盐两淮，却羡金十万。疏劾魏忠贤，诏狱几死。崇祯初，起补河南道御史，争枚卜阁臣，忤上意镌秩。补南都吏部郎中，晋尚宝卿、太仆少卿，居母丧。起复光禄卿，再晋副都御史，遭中伤削籍归。入清以大理卿起用，进刑部侍郎，奏定律例，可壮与有力焉。著有《偕园诗草》《房海客侍御疏》。[康熙]《益都县志》卷八有传。（页 2A）

同年兵部武选司主事杜其初授阶承德郎，为撰诰敕。

《倪文贞集》卷二《兵部武选司主事杜其初》："尔具官某，学非私利，胸有甲兵……而尔兼有其长，可谓英能特达，寡双鲜二者矣。用晋尔某阶。今秦中不靖，黔难未纤。朕新即位，悼前事之失，奋然有为，建旃设旟，励成斯志。讨贼之计，朕则一以责之大司马以及其属，尔其懋哉。四郊堕垒，则惟尔勋。"（页 21B）

案：《崇祯长编》卷一九："（崇祯二年三月丙寅）南道御史张继孟纠拾原任南京太常寺博士、今升兵部武选司主事杜其初，南京户部江西司郎中袁文绍，工部营缮司主事单国祚浮躁。"（《明实录》第 92 册，页 1128）可知杜其初升兵部武选司主事当在是年秋冬间。此文有"晋尔某阶"，《代言选》卷四作"兹以覃恩，晋尔阶承德郎，锡之敕命"。（页 30A）

行人司行人姜应甲授阶文林郎；父姜立心封如其官，嫡母胡氏追赠孺人，生母朱氏封太孺人，为撰诰敕。

《倪文贞集》卷二《行人司行人姜应甲》："尔具官某，孤神绝照，栖于至清……朕以其精能，署之使职，属者天下甫脱焦炙，神液未聚，德泽教化隔于帷墙，羣羊蜚鸿所在形告。山泽之盗，凭啸不时，朕虑志意之不通，壅川取溃。若子大夫之能，斯必有每怀之诚形于六辔，不遑之义托于翩雕者矣……兹以覃恩，授尔阶文林郎。"（页 22B）

《父》："尔生员姜立心，乃具官某之父，学道守已，行为人师，被服造次，必于儒者……用封尔为某官，以尔善善尔子，以尔子贵贵尔，如酬酢然，岂不宜哉！"（同上，页 23B）

《嫡母》："尔具官某嫡母胡氏，由其不妒，而秉心均……是用追赠尔为孺人。今才尔子，则必贤尔，曰无忝尔所生，岂有间乎？子固其子也，而名益彰。"（同上，页 24A）

《生母》："尔具官某生母朱氏，静正有斋，柔嘉无遂……用封尔为太孺人。

嗚呼！窥观女贞，不必正位，家人严君，不必其父。勿替尔教，永终令名。"（同上，页24B）

案：姜应甲，字叔乙，浙江金华人。崇祯元年（1628）进士，授行人，选刑科给事中，崇祯末乞养归里。此当其初入仕所作。

为周珽辑《删补唐诗选脉笺释会通评林》作序。

倪元璐《唐诗选脉会通评林叙》："青羊周君，诗学元礼也，染烟擘纸，刻烛成声，诗出何、李上久矣。闵其东运，缘先世唐选，广为删补，详加评骘……甚矣！诗选之难也，必博洽如张司空，而剑不埋光；必淹纬如东方待诏，而骀骥不泯其质。周君兹选，有倾昆取琰之能，辨鼠刻鱼之核，非一代巨灵手乎？……爰命奚奴缮写，固拟焚香顶礼，覆以红氍，藏诸鹤壁。而夜光发屋，出公六馆，咸以吉光木难相咤，度十吏难供，付之剞劂，殆以是选为斯世木铎欤？夫是选而木铎斯世，则糠粃之咎，余且任之。岂天王之元禅岁当著雍执徐，古虞鸿宝倪元璐书于玉堂之左庑。"（周珽辑《删补唐诗选脉笺释会通评林》卷首）

案：明成化中，海宁周敬辑《唐诗选脉》，原稿因战火而损毁，其曾孙周珽在残稿基础上，辑成《删补唐诗选脉笺释会通评林》。全书六十卷，选唐诗二千四百余首，并有详细的注释、眉批和解读等，现存縠采斋崇祯八年序刻本。卷前有崇祯八年乙亥（1635）陈继儒序、崇祯三年庚午（1630）陈仁锡序、倪元璐崇祯元年戊辰（1628）序。周珽（1565—1647），字青羊，浙江海宁人。

左春坊左谕德兼翰林院侍讲姚希孟晋阶奉直大夫，妻冯氏加赠宜人，继妻某氏晋封宜人，为撰诰敕。

《倪文贞集》卷一《左春坊左谕德兼翰林院侍讲姚希孟》："尔具官某，学广识尊，挚而健立，孤岸远物，莫能缘者。时值京、贯朋奸，群邪丑正，求剚尔腹，则有百端……朕既开昌世局，妙简宫寮，维尔精能，风道弥揭。用晋尔阶奉直大夫。"（页11A）

《妻》："尔具官某妻赠孺人冯氏，昔者御冬视夜，申儆陈规，使乐羊去而不归，许升由之坐进，斯已难矣……兹用加赠尔为宜人。"（同上，页12A）

《继妻》："若尔具官某继妻封孺人某氏……迨夫衅开北寺，狱构同文，尔夫以士誉君宗，祸同李杜……斯于王章之妻，抑有进焉者乎？兹用晋封尔为宜人。"（同上，页12B）

案：据《明史》姚希孟传："崇祯元年，起左赞善，历右庶子，为日讲官。"（第19册，页5718）希孟由左赞善迁左谕德，再转右庶子，任左谕德应在是年秋冬间。

姚希孟（1579—1636），字孟长，号现闻。南直吴县人。万历四十七年（1619）进士，改庶吉士。与舅文震孟同在翰林，并持清议，望益重，寻请假归。天启四年（1624）冬还朝，东林诸人悉去位，党祸大作，希孟郁郁不得志，以母丧归。甫出都，给事中杨所修劾其为缪昌期死党，遂削籍。崇祯元年（1628）起左赞善，仕至詹事府詹事，因事获谴，乃贬二秩为少詹事，掌南京翰林院，寻移疾归，卒。著有《文远集》等。事具《明史》卷二一六本传。（第19册，页5718）

右春坊右赞善兼翰林院简讨顾锡畴授阶儒林郎，其父顾允忠加封如子官，为撰诰敕。

《倪文贞集》卷一《右春坊右赞善兼翰林院简讨顾锡畴》："尔具官某，含吐刘邢，攀提史汲。当阉氛火烈，党祸飙兴，棒起撞郎，令行逐客……发策询时，讥切不避，搜才考议，蹇谔者良。美厥青缃，居然白简。而科第风汉，发士良之呵；燕麦玄都，促连州之驾。襦衣不已，蓺鼎以须，当此之时，其危至矣。今朕即位，除凶显忠，擢尔宫寮，以风百尔。而尔益宏乘迪，弥著声华。用授尔阶儒林郎。"（页13A）

《父》："尔原任元城县知县封翰林院简讨顾允忠，乃具官某之父，剖竹百里，飞花两城，禁令所施，归于气道……尔教在躬，固宜有子。用是加尔如尔子官。"（同上，页13A）

案：《东林列传》卷一二顾锡畴传："崇祯初召用，升赞善，历谕德，迁国子监祭酒。"（页10B）其天启四年（1624）典试福建涉程策讥刺被削籍，崇祯元年（1628）三月召还为翰林院简讨，次年七月升国子监祭酒，升右春坊右赞善当在是年秋冬间。

又，倪元璐此文，文震孟评曰："甲子之秋，以闱牍被摘四人，而（顾锡畴）先生其首也。天高不敢不踳，地厚不敢不局，至丁卯而靡矣。惟吾鸿宝凛然独立，谔谔不挠。然则官赞之训词，非鸿宝其谁能为之。"（《代言选》卷二，页10B）

与凌义渠、闵及申集红酣亭，有诗。

《倪文贞集》诗集下《集红酣亭同凌骏甫、闵园客赋》："不衫不履草亭台，随意溪声随意苔。花气淡都谷水，雨珠肥不过青梅。多炉炉火深僧定，故诡诗题钝客才。集似西园人更雅，好将景物细图来。"（页22A）

案："凌骏甫"名义渠，"闵园客"名及申，俱浙江乌程人，与元璐交好。凌义康《凌忠介公传》："尝识刘宗周之理学为躬行，倪元璐、黄道周、黄景昉之公正，识熊开元、何楷、高倬、金声之耿直，识吴麟征、章正宸、侯峒曾、徐汧之笃诚，诸君子亦雅相佩服，缔金石交。"（《凌忠介公集》卷首）又元璐与黄景昉、闵及申、谭元礼等为凌义渠校阅诗集，其诗卷二署曰："吴兴凌义渠骏甫氏撰，会稽倪元璐鸿宝父阅，男思勮较。"（见清初刻本《凌忠清公集》）

凌义渠（1591—1644），字骏甫。浙江乌程人。天启五年（1625）进士，谒选得行人，崇祯三年（1630），考选礼科给事中，三迁兵科都给事中。出福建参政，寻迁按察使，转山东右布政，所至有清操。召拜擢南京光禄寺卿，署应天尹事，十六年（1643），擢大理卿。甲申之变，自缢殉国。著有《凌忠介公集》。事具《明史》卷二六五本传。（第22册，页6853）

闵及申，字生甫，号园客。浙江乌程人。闵洪学子。崇祯元年（1628）进士，九年（1636）至十三年（1640）授永新知县，奖拔人才，操守廉洁，有赠行诗曰"只饮禾川水，不食禾川鱼"，盖实录云。官至礼部精膳司员外。参见［乾隆］《乌程县志》卷四小传。（页22B）

同年吴振缨为杜三策开酒禁征诗，题诗三首。

《倪文贞集》诗卷下《吴长组征诗为杜毅斋开酒禁》："糟风容易感冲龙，各路诸侯望饮烽。为报陶潜莲社散，生天岂及酒泉封。""盘石山头止酒辞，经年不到杜康祠。于今更走东皋路，为有无功是导师。""欲濡龙鬣展鲸喉，可有曲车三百不。已到天垣烧贯索，七公为放酒星囚。"（页27B）

案："吴长组"名振缨，"杜毅斋"名三策，俱同年进士。杜三策是年起补户部给事中，明年出使琉球，姑系于此。

杜三策（1588－？），字毅斋。山东东平人。天启二年（1622）进士，授户科给事中。时魏忠贤擅权乱政，都御史杨涟劾其二十四大罪，被旨切责，三策上疏论忠贤之奸，削籍回里。崇祯初，起户科，奉命册封琉球，却金，得使臣体。历官大理卿、天津巡抚。［康熙］《东平县志》卷一一上有传。（页15A）

吴振缨（1596－？），字长组，号俭育。天启二年（1622）进士，授中书，擢广东道御史。巡按淮阳，会张献忠焚陵寝，以迟参巡抚杨一鹏，并就逮，削籍遣戍，天下冤之。［乾隆］《乌程县志》卷六有传。（页24B）

本年，赠恤冤陷诸臣。诏内臣非奉命不得出禁门，又戒廷臣交结内侍。戮魏忠贤及其党崔呈秀尸，削冯铨、魏广微籍。命毁《三朝要典》。以袁崇焕为兵部尚书，督师蓟辽。

【诗文系年】

《首论国是疏》《驳杨侍御疏》《复钱昭自士晋（一）》《复河南巡方鲍侍御奇谟》《何母胡太孺人墓志铭》《戊辰会试录后序》《复耿中丞如杞》《戊辰春》《与上虞令吴五山》《上虞令吴五山德政录序》《徐尔从谒选水部》《请毁要典疏》《答曹珍宇于汴》《封太子少保都察院右副都御史碧衢左公墓志铭》《与吕豫石维祺》《题画送高砥斋太仆东归》《东阁大学士礼部尚书刘鸿训》《南京国子监司业文安之》《国子监司业陈盟》《刑科给事中王继廉》《翰林院侍讲蒋德璟》《翰林院侍讲王铎》《与苏抚李中丞待问》《兵部右侍郎唐世济》《吏部左侍郎张凤翔》《吏部文选司主事晋淑扮》《礼部精膳司主事闵心镜》《复督师王少司马象乾》《上蔡老师思充号元冈》《复刘是庵相国一燝》《答王季木象春》《兵科给事中陶崇道》《广西道监察御史倪元珙》《敕封三兰公父监察御史》《户科给事中瞿式耜》《福建道御史马如蛟》《云南道御史毛羽健》《原任吏科都给事中赠太常寺卿魏大中》《复范质公吏部景文》《与黄石斋道周（一）》《原任吏部文选司员外郎赠太常寺

卿周顺昌》《复房公》《兵部武选司主事杜其初》《行人司行人姜应甲》《唐诗选脉会通评林叙》《左春坊左谕德兼翰林院侍讲姚希孟》《右春坊右赞善兼翰林院简讨顾锡畴》《集红酣亭同凌骏甫、闵园客赋》《吴长组征诗为杜毅斋开酒禁》。

崇祯二年己巳（1629），三十七岁

任翰林院侍讲。四月，迁南京国子司业。

二月十二日，经筵讲课，讲《尚书·皋陶谟》一节。

《尚书·皋陶谟》："皋陶曰：'都！在知人，在安民。'禹曰：'吁！咸若时，惟帝其难之。知人则哲，能官人。安民则惠，黎民怀之，能哲而惠，何忧乎欢兜？何迁乎有苗？何畏乎巧言令色孔壬。'"（《倪文贞集》讲编卷一，页1A）

案：此文《倪鸿宝先生三刻》署曰："崇祯二年二月十二日。"黄景昉《馆阁旧事》卷上："展书官用编、简资浅者二员，候讲官出至讲案，同出铜鹤□□立，讲官叩头讫，东展书官一躬进至御案前跪，膝行，将讲章展开，用金尺压定，退，起身一躬，仍于铜鹤下立，收讲章亦如之。西展书官次进，同前仪，例只一展一收。崇祯己巳二月，余忝供役，值讲官倪元璐讲章长，特再进前展，旧讲章满十二幅，以御案为度，未有逾是者，事属创见。"（《宦梦录 馆阁旧事》，页179）

孙承宗师来书，复书答之。

《倪文贞集》卷一八《答孙恺阳相国承宗（一）》："伏承明教，怵然思深。盖以辟门吁俊，而为纲纪四方之计，翁台之言及此，国家之福也。然以天子圣明，道兼离巽，既不同神皇末载之软熟暗聋，亦已大反熹庙七年之喧阗渊湃。惟愿朝端省一议论，则宇内多一事功。间者詹詹之言，殊惭多事，然以息群嚣而策群力，则有不然者乎？"题注："己巳。"（页12B）

案：孙承宗师天启五年十月请辞归里，至今在家闲居。书云："间者詹詹之言，殊惭多事，然以息群嚣而策群力，则有不然者乎？"指上年所上论东林等三疏，此书似年初作。

孙承宗师来书劝以持"中立之论"，再复书以答。

《倪文贞集》卷一八《答孙恺阳相国承宗（二）》："邪正必当分明，而气类不相依附，溷溷于前，嚷嚷于后，皆足为世道之大忧。况今溟蒙大霁，圣明方厉精更始，诸君子正宜乘时奋绩，为君国计久安长治之方，为百姓讲休养生息之术，不独竿牍苴苴力当杜绝，即立名树节之心，近于激烈而入于偏畸。台教中立之论，诚为度世之针，可以入告一人，可以出咨百尔者也。某偶作蛙鸣，非敢蜩沸，鸡肋付之度外，鹤梦清而可安，知台台道义相期，不以为念耳。匆遽率复，临启依依。"

（页 12B）

户部左侍郎钱春授某阶，为撰诰敕。

《倪文贞集》卷一《户部右侍郎钱春》："具官某，昔者霜骢坐振，白笔不眊，羽翼吾徒，绍明正学……殆有天幸，朕既即位，章显忠贞，命龙汝作，纳言抑由，可使治赋。维山甫喉舌之既效，知君牙邦国之所依。而尔左握五典，右操七筴，法参平准，道本流泉。苏辙励图报于疮痍，李绛绝徼恩于进献。伟兹版贰，何报前贤。用授尔某阶，锡之诰命。"（页 9B）

案：《国榷》卷九〇："（崇祯二年二月庚戌）李成名、钱春为户部左侍郎，成名管理辽饷。"（第 6 册，页 5470）"左侍郎"当为右侍郎之讹，据《户部题名记》："钱春，直隶武进县人，甲辰进士，崇祯三年任右转左。"（页 28A）钱春，字若木，南直武进人，万历三十二年（1604）进士，仕至户部尚书。《明史》卷二三一有传。（第 20 册，页 6041）

吕维祺复职后瑞芝生于庭，为赋诗志庆。

《倪文贞集》诗卷上《瑞芝为吕豫石太常赋》："寻常只作饭，天遣喵神仙。函德新名殿，昆仑大治田。羊惜梦不昧，坡老食知鲜。何似玉虹草，一酝三百年。"（页 15A）

案：《国榷》卷八九："（崇祯元年十一月）丁丑，吕维祺为太常寺少卿，添注。"（第 6 册，页 5463）吕维祺上年七月起复尚宝司卿，十一月再擢太常寺少卿。王铎《兵部尚书豫石吕公墓志铭》："寻复职，芝生于庭。"（《拟山园选集》卷六七，页 13A）

又为吕维祺之父吕孔学题《寿饮图》。

《倪文贞集》卷一七《封吏部新安吕绍中翁寿饮图赞》："酒馨旁皇，一客二主……东西各招呼，得六则饮汝。一饮孝事亲，二饮动守矩，三饮道延嗣，四饮超俗处，五饮无滞骨，六饮德机杜。吕翁岸然，次第以举。千人万人愕眙耳，莫或敢取。"（页 5A）

案："吕绍中翁"名孔学（？-1635），吕维祺父。《（吕）明德先生年谱》卷一："父讳孔学，字尚文，号绍中。家贫以文无害为功曹，与人不忍伤。事母谨慎，母病感梦得异药，愈恂恂孺慕，六十年如一日。辟园于函谷东，与老友啸歌慷慨，有太丘之风。敕旌孝子，有司表其里曰仁孝。故称仁孝公。封户部侍郎，赈荒救万余人，赠右都御史。崇祀府县乡贤。"（页 1A）此文题曰"封吏部新安吕绍中翁"，应是年或稍前作，姑系于此。

乡试同年嵇之楚之父嵇汝沐七十寿辰，撰文为贺。

《鸿宝应本》卷六《寿嵇凝宇先生年伯七袭叙》："嵇凝宇先生之宣昭义问，七十年矣。酌者方考钲伐鼓，发其嶒嵘，余乃垂绳下渊，而测其至。自余二十年父事先生，所听睹先生，处母子昆季之难，历官兵灾艰凶之会，骑危而策险，然当其持情致功，其肠粥粥然，若商丘子之逐于水火，可诱而使也……先生之为至诚，其脉聚而中通，气沉而节警，则亦犹之乎导引也。故由先生之道，可以极其年，譬之以竿致鱼……天下皆以先生之学为正，则神仙之道，其亦未可邪也已。"（页28A）

案："稽凝宇"名汝沭，浙江德清人，元璐同年举人稽之楚之父。稽汝沭万历十三年（1585）举人，选授建宁府推官，署浦城县，任邠州知州。[民国]《德清县新志》卷八有传。（页6A）其子稽之楚，字苍梧，万历三十七年（1609）已酉举人，桐乡教谕。文震孟有《凝宇稽先生七十寿序》："忆辛酉（1621）冬，余上公车，渡江遇夏子仲弢。仲弢故余友也，因仲弢以识稽子文林，一见定交，遂称莫逆……过下邠，冰合相与，登陆未及城十里，有数人跽于道左，若迎上官……询之，则文林尊公尝守此，去今已数年，民追思不忘，见公之子如见公，犹以守礼事公子也。"（《药园文集》卷三，《罗氏雪堂藏书遗珍》第11册，页152）"文林尊公"即稽汝沭，曾任邠州知州。

王象春又寄书至，复之。

《倪文贞集》卷一八《答王季木象春（二）》："又得衷言，弥益气义，山、阮神交，未有逾于此者也。世灰大涤，器界重新，长沙前席，足使痛愤化为讴吟。主上综核名实，英武莫伦，而微窥睿意，尚似尊富强于仁义之上，则亦未有人委曲陈明者……浮翁、砭老，人有一箭双雕之叹，然事既至此，只合从容计之，恐矶激则又成穴斗也。"题注："己巳。"（页12A）

案：书中"浮翁"即贾继春，"砭老"为高弘图，上年五、六月间先后罢去。时王象春仍闲居在里。

应山阴县知县王升之请，题其敕命册子，册为董其昌书。

《倪文贞集》卷一五《董玄宰宗伯书山阴令王念生敕命册子跋》："禀其孤清，唳绝华亭之鹤；出为腾踔，啼遏会稽之鸡。画界蝗迁，行车禽拥，刘元明之第一，徐圣通之无双……垂于览者，其道无方，可识皇谟，并资吏范。大则天球之贵，小亦墨池之娱。则知七宝合成月姊之宫，有为璞凿；五方转换天王之目，随在摩珠。呵以佩刀，誓于淮水，惊其神物，渡延浦而龙翔；考尔世珍，对岐山而虎拜云尔。"（页8B）

案："王念生"名升，上年来任山阴县知县，次年即升兵部主事。[康熙]《山阴县志》卷一八"知县"："王升，崇祯元年。范矿，崇祯二年。"（页4B）董其昌与王升同为华亭人，时闲居在家。

王升，字超之，号念生。南直华亭人。万历四十四年（1616）进士，授固山知县，调山阴，升兵部主事，改兵部职方司郎中。崇祯改元，历太仆寺少卿。荐卢象升专督楚、豫，时不能用。薛国观当国，怒升不附己，推山西、湖广巡抚皆不用，遂谢病归，卒于家。[乾隆]《华亭县志》卷一二有传。（页24A）

又为王升题画。

《倪文贞集》诗卷下《题画赠王念生使君》："亦加红叶亦微云，亦著高人曳碧裙。但说是秋都不信，此中春气正氤氲。""唤起山阴道上云，清溪可濯拟呼群。临流自作三回想，未必清溪似使君。"（页25A）

案：《倪文正公逸稿》此诗题作《题画赠王念生父母》。王升知山阴一年，官声甚佳。[嘉庆]《山阴县志》卷一二："王升，字念生，华亭人。万历丙辰（1616）会魁。崇祯初知山阴，耗费理冤狱，遇岁歉赈饥，多所全活，掩埋泽枯，浚河筑塘，复捐俸葺文庙，建义学，严月课，治行推为第一。"（页10A）王思任有《山阴念生王侯去思碑记》。（《王思任集》，页202）

太常寺少卿沈维炳授阶中宪大夫，父沈岱封如子官，母杨氏赠恭人，为撰诰敕。

《倪文贞集》卷一《太常寺少卿沈维炳》："具官某，昔以健令，搴壮梧垣，蹇谔能言，强直自遂……朕嘉乃绩，擢贰容台。昔尧显寅清，汉遴忠孝，若其以尔精义，出为骏奔。达禋享之心，和民神之意，原本道德，旁鬯文章。将九叙坐歌，三灵自顺，礼乐兴举，讵须百年乎？用授尔阶中宪大夫。"（页14B）

《父》："尔封文林郎沈岱，乃具官某之父，以朕所闻，非人能及。盖其不以酒肉明孝，阛阓言交，外务周施，内存守啬……用封尔某官。"（同上，页15B）

《母》："尔赠孺人杨氏，乃具官某之母，其子也才，知母之德。母德犹之天气，变物而不知；子才譬若土膏，领和而自动……用赠尔恭人。"（同上，页16A）

案：《崇祯长编》卷二〇："（崇祯二年四月壬辰）升沈惟炳太常寺少卿。"（《明实录》第92册，页1201）又《太常续考》卷七"少卿"："沈惟炳，湖广孝感县人，丙辰，崇祯二年任。"（页73B）沈惟炳，字斗仲，号炎洲，湖广孝感人。万历四十四年（1616）进士，官至吏部侍郎。其母杨氏，以贤德著称于时。《玉剑尊闻》卷八："沈惟炳母杨氏，尝训诸子妇曰：'惟慎惟默，可以处娣姒，汝辈戒之，汝辈腹能妊子难藏一语乎？'"（页5B）

太仆寺少卿蒋允仪授阶中宪大夫，为撰诰敕。

《倪文贞集》卷一《太仆寺少卿蒋允仪》："尔具官某，正学严节，道亢君宗，凡其升沈，动关理乱……嗟乎！凡六七年，沧桑三化，而尔蠖伸生死其间，亦云极矣。固以治隆与隆，道丧则丧，取凶乱国，受福明时。尔所居身不言，可见朕是以俾之大计，吏其既效，则于是乎！有冏命而马斯臧，用是畀尔某阶。"（页17A）

案：《崇祯长编》卷二〇："（崇祯二年四月壬辰）升蒋允仪添注太仆寺少卿。"（《明实录》第92册，页1202）蒋允仪（1580—1643），字闻诏，南直宜兴人，万历四十四年（1616）进士，仕至右佥都御史，巡抚郧阳。《明史》卷二三五有传。

（第 20 册，页 6134）文中"畀尔某阶"，《代言选》卷二作"畀尔阶中宪大夫"。（页 14A）

总督三边兵部右侍郎兼右副御史杨鹤祖父杨兆瑞赠如孙官，祖母刘氏赠淑人，为撰诰敕。

《倪文贞集》卷二《总督三边兵部右侍郎兼右副御史杨鹤祖父》："尔杨兆瑞乃具官某之祖父，宇晶襟静，道周德全……今尔孙万邦为宪，价人维藩，召虎之功，兴哦江汉。温国之望，喧动边陲，钦杨傅而思伯起之贤，拜陈群则表太邱之德。譬之嵩高仰岳，渎祭先河。是用追赠尔为某官，锡之诰命。"（页 3B）

《祖母》："尔刘氏乃具官某之祖母，于女则师，维士不栉，当其笄髦未字，已贞匪石之心……徙舍之功，施于孙子。虽赋诗送朴，能偕鹿隐之高；而抗表报刘，已发乌私之义矣。是用追赠尔为淑人。"（同上，页 4A）

案：《崇祯长编》卷二〇："（崇祯二年四月）甲午，以杨鹤为都察院右副都御史兼兵部右侍郎，总督三边。"（《明实录》第 92 册，页 1203）杨鹤（？ -1635），字修龄，湖广武陵人，杨嗣昌之父。万历三十二年（1604）进士，累迁兵部右侍郎，总督陕西三边军务，围剿李自成不力，下狱论死。《明史》卷二六〇有传。（第 22 册，页 6725）

浙江右布政使胡维霖来书，荐兵部陈某之子游南雍。

胡维霖《与倪鸿宝南司成》："凤台抡秀，蒸南国之菁莪；龙阿铸成，迈西京之械朴。宁啻吕相之袋、狄公之门已乎？正望紫气北来，以慰两载玄度之想；乃知文星南照，先快多士奎聚之思。兹有陈生，乃司马公幼子，游南雍以成名。其清白虽不愧陈大丘，而才识恐难及陈大学，或可借补天之笔色，以振坠地之家声。"（《胡维霖集·白云洞汇稿》卷二，页 5A）

案："司马公"不详其人，此荐其幼子游南雍。胡维霖时任浙江右布政使，《崇祯长编》卷四六："（崇祯四年五月己亥）调浙江右布政使胡维霖为左布政使。"（《明实录》第 94 册，页 2731）

南京吏部文选司郎中房可壮授阶奉政大夫，为撰诰敕。

《倪文贞集》卷一《南京吏部文选司郎中房可壮》："尔具官某，孤清自命，强直不回。当逆竖矫虔，正人沦丧，维尔刚肠嫉恶，危论挠权。遂锢膺、滂，几从逢比，会朕御篆，召还中台。由其倔强如初，小复淹疏于外。陪京水镜，南国羽仪，不以浮沉，形其喜愠。朕则嘉尔正色于前，夷襟其后，若以斯致，方诸古人……用授尔阶奉政大夫。"（页 19A）

案：《崇祯长编》卷二〇："（崇祯二年四月）丙午，南道御史沈希诏疏请起用科臣章允儒、熊奋渭、瞿式耜，台臣房可壮、任赞化、邹毓祚及原任考功郎中邹维琏、原任文选司主事程国祥。报闻。"（《明实录》第 92 册，页 1242）［康熙］

《益都县志》卷八："玙败，起掌河南道，争枚卜镌秩，补南铨。"（页2A）房可壮赴任南京，钱谦益有《次张藐姑韵送房海客赴南吏部》送行。（《初学集》卷七，页233）

春，得仁和县知县王永吉书，答之。

《尺牍逸稿》卷五《答钱塘王令君永吉》："自老年丈熊轩报莅殆未浃岁，而神明之誉雷动春明，群心饱洽，则何奇也……晤令亲秦丈光禄，大雅不群，读其郎君文，英多磊落，殆是我辈中人，深为年谊志喜。"（页8B）

案：［康熙］《杭州府志》卷二一"钱塘县知县"："王永吉，崇祯元年任，高邮人，进士。"（页6B）继任聂亮工"四年任"。书云"自老年丈熊轩报莅，殆未浃岁"，故系于是。"令亲秦丈光禄"，未详。

王永吉，字修之，号铁山。南直高邮人。天启五年（1625）进士，授大田知县，调仁和。迁户部郎，以才望备兵通州，寻擢抚东省，改蓟辽总督。入清召授大理卿，仕至国史院大学士，加太子太保兼领吏部尚书事，以疾卒。［乾隆］《高邮州志》卷一○上有传。（页28B）

李邦华新授兵部尚书，致书贺之。

《倪文贞集》卷一八《与李懋明邦华》："新命频颁，八方手额，丈人贞律之望，司马克诘之功。延颈喁喁，伫观大业，比于菜色之跂参苓也。昔杨诚斋以'斟酌元气'称颂温公，本朝自承平以来，文恬武嬉，习为故事，虽有纪纲法度之布，正人君子之名，而闾阎之凋敝，府藏之空虚，有日甚一日者……台台职任中枢，正宜亟加厘剔，练固有之兵，核固有之饷，提掇举朝精神，使各知公忠体国，外固强圉，内轻徭赋，斯可恢复国家之元气耳。"题注："己巳。"（页13B）

案：李邦华崇祯元年（1628）三月起兵部右侍郎兼都察院右佥都御史，四月升工部左侍郎兼都察院右佥都御史，总理河道，五月转兵部左侍郎，协理京营戎政，本年四月又加官兵部尚书。《崇祯长编》卷二○："（崇祯二年四月壬辰）加李邦华为兵部尚书，以幸学加恩也。"（《明实录》第92册，页1201）书云："新命频颁，八方手额，丈人贞律之望，司马克诘之功。"即指此。

李邦华（1574—1644），字孟暗。江西吉水人。万历三十二年（1604）进士，授泾县知县，行取御史，出为山东参议。升光禄少卿，擢天津巡抚，进兵部右侍郎，引疾去，又削籍。崇祯元年（1628）四月起复，仕至兵部尚书，再被劾罢官。十二年（1639）四月，复起为南京兵部尚书，以丁忧去。十五年（1642）冬，起复故官，掌南方都察院事，俄代刘宗周为左都御史。李自成陷北京，投缳殉国。著有《李忠肃先生集》。事具《明史》卷二六五本传。（第22册，页6841）

四月三十日，迁南京国子司业。时南京国子监祭酒为侯恪。

《国榷》卷九○："（崇祯二年四月）乙卯，倪元璐为南京国子司业。"（第

6 册，页 5479）

倪《谱》卷一："四月，迁南京国子司业。"（页 19A）

案：郑《表》，四月乙卯为三十日。时南京国子监祭酒为侯恪。《崇祯长编》卷二〇："（崇祯二年四月壬辰）升侯恪为南京国子监祭酒。"（《明实录》第 92 册，页 1201）

侯恪（1592-1634），字若木，号木庵，又号遂园。河南商邱人。少有异才，万历四十四年（1616）与兄侯恂同年中进士，选翰林院庶吉士，历任编修、庶子、谕德、右庶子兼翰林院侍读、南京国子监祭酒。正直无私，不阿权贵。在南京国子祭酒任上厘正诸藏书，补阙遗，考祖制，定监规，积劳致疾，辞官归里。著有《遂园诗集》。事具郑三俊《明故朝议大夫资治少尹南京国子监祭酒侯公暨原配沈恭人合葬墓志铭》。（《侯太史遂园诗集》卷末）

致书同年南京兵科给事中钱允鲸，奉呈父倪冻所著《船政新书》。

《倪文贞集》卷一八《与钱大鹤允鲸》："南兵驾司之有马快船也，戊子以前大坏极敝，凡各由军户几无孑遗矣。自先君子起而更张之，改金差为雇役，竭五年之力而后报成，于是四十八卫数十万人，庆若更生，凡留都之所以安堵至今，四十八卫之身命生全至今者，皆先君子之功也……军之尸祝先君，至今日盛，而奸弁之积恨，而思欲变之者，自戊子至今五十年中，未尝一日忘也……根本重地，年兄急须留意，奉上《船政新书》一部，冀垂省览，并乞进彼中故老襟绅，假以清燕，使一悉其所以然，彼必能缕缕道之也。"题注："己巳。"（页 14A）

案：钱允鲸时任南京兵科给事中。［嘉庆］《桐乡县志》卷七钱允鲸传："擢南京兵科给事中。罢魏忠贤祠，劾周延儒、冯铨、温体仁三辅臣，权贵侧目。寻外转。"（页 12A）其外转时间，据《崇祯长编》卷三七："（崇祯三年八月戊辰）南兵科钱允鲸为湖广参议。"（《明实录》第 93 册，页 2267）《船政新书》一书，为倪冻在南京兵部车驾司主事任上所撰，全书四卷，万历间刻本，有万历戊子（1588）春正月姜宝序。

五月初五日，端午，为王象乾题扇石。

《倪文贞集》诗卷上《题扇石为王霁宇司马》："静安以贞，轩翱而骋。巫高见飞，李广疑寝。其矫如虬，将萦似蚓。备德矜能，肤清骨挺。我将拜之，请君勿哂。"（页 2B）

案：《倪文正公遗稿》卷一此诗题作《题扇石》，题注"己巳夏五"。（页 4B）"王霁宇"名象乾，年八十余以兵部尚书督师宣大，疏十四上乞归。《崇祯长编》卷二六："（崇祯二年九月癸卯）督师、尚书王象乾以老病离镇。得旨：卿老成谋国，抚御边防，备殚苦心，拮据塞上，期逾一载，然召旨未颁，不宜离镇。念真老真病，朕不忍闻，特准驰驿回籍，赐路费银四十两，大红纻丝蟒衣一袭。卿宜益自慎摄，

以副眷怀，印着郭之琮暂署，员缺速催点用。"（《明实录》第 92 册，页 1497）

同日，渤海舟中，书李贺四歌诗。

倪元璐《行书李贺四歌诗轴》题识："书长吉四歌于渤海舟中，时己巳夏五，园客倪元璐。"（余姚市文物保管所藏，《书法丛刊》总 63 辑，页 33）

抵达南京官舍，有书寄京中同官。

《尺牍逸稿》卷六《抵南雍寄都门寮寀》："某学殖甚荒，俾往造士，是犹使马守闉、凫擐兔也。所私幸者，板舆在御。信孟子仕养之言，木铎自攻；明《戴记》教学之义，握炉发铸……敢乞壤蔬，博资原菽，则小子有造，征仁人无斁之思矣。条奏便邮，敬申斯请，伏惟垂照，旷然发蒙。"（页 29B）

仲夏，与众友人湖亭避暑，剧饮至醉，有诗。

《倪文正公遗稿》卷一《白下避暑湖亭，集众友、范姬遥望钟山，剧饮至醉》："城外十山八九赭，五月熛风煮老马。日下龙归喘不禁，范取一窑云作瓦……何不沁死而焦生，嚼糟不尽英雄假。一个吴歌清滴滴，唤醒痴山睡去者。"（页 1B）

案：是年五月作于南京。

又集王太学园中，有诗。

《倪文贞集》诗卷下《白下集王太学园中》："卜得钟山是好邻，东西分署白云困。较花似较三吴士，留月如留千里宾。接木有胎为弱晋，鸣禽无字不先秦。学来五柳先生醉，酒气夤缘上葛巾。"（页 2B）

案："王太学"未详其人。诗云"卜得钟山是好邻，东西分署白云困"，在南司业任上作。

初至南京，刘荣嗣来书寄示新作，并索画树石之作。

刘荣嗣《与倪鸿宝太史》："又是许久不通音问，悬结之私，与日俱积。日者三兰先生请告，心窃讶之，台台又转南雍，岂贵衙门俸序应尔乎？木庵手教，则似别有机关也，世道转移，多从大贤先见之。弟不胜杞人之忧，幸示明教，以慰区区。舟中多暇，想楮墨间灵光积玉也，若得慨赐，即点画木石重于九鼎矣。小巫不揣，录鄙作呈览，情深引玉，不足置怀袖也。"（《简斋先生集》文卷二，页 45A）

案：此书作于元璐赴任南京不久，故云"舟中多暇，想楮墨间灵光积玉也，若得慨赐，即点画木石重于九鼎矣。""木庵"指同官南雍侯恪，刘荣嗣《与侯木庵年兄》："迩读倪鸿宝诸疏，议论文章可配圣主，中兴之运，天子有一德之臣，年兄有协恭之友，岂非千载一时哉？"（《简斋先生集》文卷二，页 39A）又云"日者三兰先生请告"，指从兄倪元珙是秋乞假省亲。

刘荣嗣，字敬仲，号简斋，别号半舫。北直曲周人。万历四十四年（1616）进士，初授户部主事，累官吏部主事、员外郎、郎中，迁山东参政、山西按察使、山东左布政使，入为光禄寺卿。升顺天府尹，未久转户部右侍郎，擢工部尚书，总督河道，

八年（1635）九月，以河道阻塞被逮下狱，久释，卒于途。著有《简斋先生集》。[乾隆]《曲周县志》卷一五有传。（页8B）

与同官南国子祭酒侯恪署名上疏，欲遵祖制恢复积分，又请改革考试制度。

郑三俊《明故朝议大夫资治少尹南京国子监祭酒侯公暨原配沈恭人合葬墓志铭》："为南京国子监祭酒，自分帘乙丑，三吴人士相谓曰：'安得采首山之铜，铸侯太史令长司文衡？'及至白门来试者数千人，自高皇帝设成均，未有人文如此之盛也……考祖制，定监规，疏陈六事：严班期、重文行、劝实学、抑奔竞、隆监体、核廪饩、优迁转。上嘉纳之。"（《侯太史遂园诗集》卷末）

彭尧谕《朝议大夫南京国子监祭酒侯公木庵先生行状》："……月旦课士，号称得人，如蒋鸣玉、王寝大等，不能悉举。又与同官倪公元璐疏请酌更岁试日期，勿令参错凌遽，或致失人，以为大典。盖又覆疏以经书后场为二，诏著为令。"（《侯太史遂园诗集》卷末）

案：倪《谱》卷一："欲遵祖制积分而未果。先是，北祭酒请复积分之制，礼部覆言：'教成之日，以经书后场课诸一日。'府君以为此举既求真才，非如月季小试，可以穷其蕴，而卷经御览又非如春秋二闱，可借手易书得以藏其拙，请分为前场、后场，前场必三书一经，后场必一论、二策，分二日行之。乃草疏副祭酒侯公恪上之。"（页19A）

又与侯恪校理二十一史。

郑三俊《明故朝议大夫资治少尹南京国子监祭酒侯公暨原配沈恭人合葬墓志铭》："君与少司成倪元璐校理二十一史，补其阙遗。"（《侯太史遂园诗集》卷末）

游南京鸡鸣山寺。

《倪文贞集》诗卷上《游鸡鸣山寺》："此山非苟作，风雅又威仪。钟老尚能健，松肥喜不痴。溪流中有佛，鸟寂后无诗。下坡忽然悟，我宁非辟支。"题注："公时为南司业。"（页15A）

案：鸡鸣寺位于南京鸡笼山东麓，又称古鸡鸣寺，始建于西晋，称"南朝第一寺"。元璐又有七言律《游鸡鸣山寺》，亦南司业任上作，录以备考："龙翔凤舞萃鸡鸣，老刹精灵舍利明。传檄与鱼供鹤俸，开经有字记花庚。山如得道同僧定，石复何辜耐客黥。可是梁皇成佛处，钟声日日打台城。"（《倪文贞集》诗卷下，页16B）

是月，同年万鹏之父七十寿辰，撰赋为寿。

《鸿宝应本》卷一《寿华赋》序云："南州万龙沙给谏者，道城之耸堞，议岫之崇峦也。其太翁文林先生，于是秋九月称七十，太母姚孺人，少先生十岁，既以齐德，并周览摋。时则就养留署，同年子之官都城者，酌靳纷霍，使余序之。余以稑功备福，其事甚华，序则不称，请以赋，众许可……"（页8A）

案："南州万龙沙给谏"即万鹏，时任南京户科给事中。"其太翁文林先生"，即万鹏之父万吉阳，赠文林郎。［乾隆］《南昌府志》卷四四："万吉阳，南昌人，以子贵赠文林郎。"（页 4B）万鹏崇祯元年四月至四年二月在南京户科给事中任上，父母就养南京官署。《崇祯长编》卷八："（崇祯元年四月丙午）考选科道官给事中二十六员……万鹏南户科……"（《明实录》第 91 册，页 427）同书卷四三："（崇祯四年二月）辛亥……南京户科给事中万鹏、唐显悦为四川副使。"（第 94 册，页 2564）

万鹏（1593-?），字六息，一字翼皇，号龙沙。江西南昌人。天启二年（1622）进士，礼部观政，三年（1623）十月，授归德府推官。有循声，行取南京户科给事中，旋兼工科，疏劾权相温体仁，温衔之，出为川南道，寻以内艰归。参见《壬戌同年序齿录》（页 97B）、［乾隆］《南昌府志》卷五五小传（页 21B）。

潘一桂读元璐奏疏之文，感而有诗。

潘一桂《读倪鸿宝太史奏疏有述》："大君剪戎首，余毒尼天步。秽臣不革面，敢作新政蠹。淫文奸国宪，谗言败王度……吾子抱孤愤，发忠破沉铜。鼓义为雷霆，叩阍展情愫。泰阶清一言，皇威不怒。天地开情性，草木出云雾。"（《中清堂诗集》卷一，页 21B）

案：潘一桂（1592-1636），字无隐，一字木公。南直吴江人，随父侨居京口。湖州沈圣岐以宦游道扬州，见其诗大惊，劝归就学，补邑诸生。时镇江章诏有诗名，一桂与相引重，又与钱玄、卜舜年同学相砥砺，作《东征》《昌言》诸赋，为时所称。后游襄阳世孙，已立为王，遣使迎候不绝于道，桂命驾往之，数从授简赋诗，居留一月，称疾辞归。卒年四十五。著有《中清堂诗集》。《松陵文献》卷九有传。（页 18A）

奢安之乱平定，四川巡抚张论来书，复书贺之。

《尺牍逸稿》卷五《复张公论》："大功之成，敷天共快。蚕丛兵气，既已化为明霞；长白腥烟，亦尤望气其时雨。衮衣入相，带砺延盟，天子启冥于彤弓，百寮开樽于软脚，此其时矣。某处于笼蓄之余，弥深踊跃。方将踵陆畅为《蜀道易》之歌，仿韩愈作《平淮西》之颂，而乃远承使命，重以隆施，感激高天，岂可言说？"（页 13B）

案：张论时为四川巡抚，平定奢崇明、安邦彦之乱。《国榷》卷九〇："（崇祯二年八月）戊午，四川巡抚、右副都御史张论、总兵官侯良柱讨蔺贼，时伪梁王奢崇明合伪大元帅安邦彦兵数万，攻永宁，论简兵八千人属侯良柱，令兵备副使刘可训悬重赏购贼，至五峰山桃江坝，大败之，斩首万计……壬午巳刻，追安邦彦于江土川，贵州兵争为功，时斩获大酋百四十三人。"（第 6 册，页 5494）张论子张鼎延与元璐同年进士，仕至兵部右侍郎，参见吴伟业《通议大夫兵部右侍郎永宁玉调张公神道碑铭》（《吴梅村全集》卷四二，页 880）。

张论，字建白。河南永宁人。万历三十八年（1610）进士，擢御史，按四川。崇祯初，奢崇明及子奢寅复结水西安邦彦十万众入寇，西南大震，授论右副都御史巡抚四川。二年（1629）八月，擒斩奢崇明、奢寅府志及安邦彦诸渠魁，归里卒。［康熙］《河南通志》卷二七有传。（页31B）

十月，致书苏松督学李懋芳，荐南仪部主事庞承宠之子。

《尺牍逸稿》卷三《与某》："附启：南仪部吴江庞成老，才情气义，笼盖一时，弟与周旋半年，不觉幔幢俱折。其长君某，俊才逸姿，旧以垂髫应试，有声黉序。今当公门桃李，户下儿孙，知在苏天，垂注更切。而微闻当事于缙绅亲子颇展稽青，在翁台引手殊便，苟获观光，感不独仪部也。"（页21A）

案：此书上款为李懋芳，字国华，号玉完，浙江上虞人，万历四十一年（1613）进士，崇祯二年（1629）四月任苏松提学御史。"南仪部吴江庞成老"即庞承宠，元璐赴官南京后与其游从，故曰"弟与周旋半年"。

庞承宠，字仲绥。南直吴江人。天启五年（1625）会魁，由南京兵部主事，累迁郎中，出知衢州府，调繁知杭州。杭省会，事倍剧，承宠镇之以静，条列漕务当行者九，当禁者六，备参用者十有一，军民赖之。历官湖广左布政使，归家杜门以卒。著有《筹箸集》。［乾隆］《吴江县志》卷二九有传。（页38A）

冬，时闻都城被围，对雪有诗。

《倪文正公遗稿》卷二《留都对雪，时闻都城被围有感》："凄风一夜散飞英，怪道不闻啼鸟声……可念玉楼高处冷，修罗况又雨刀兵。""……叹息行间裴晋国，杳茫方外耿先生。诸君此日当投袂，莫学王恭被氅行。"题注："留都以声援发师，大司农忧饷甚。"（页33B）

案：是年十月，皇太极率军十万避开宁锦防线，入大安口，长途奔袭。十一月，攻取遵化，京师告急戒严。各路兵马进京勤王，袁崇焕率军入援阻击，后金退去。此诗为是年冬作于南京。

冬，浙江督学吴之甲来书并寄诗文，复书答之。

《尺牍逸稿》卷四《答浙衡吴观察之甲》："恭惟台台老公祖揽鉴咸阳，握炉丹井，发钝成铸，披晶见光。遂使魁能之士跃其潜奇，简闻之俦化为深蓄，鸟栏鹊起，霞变云蒸，未有如今日者也……方怵戒严，不敢申颂，而鲸钟自振，欲废蒲牢。"（页20A）

案：题注原作"之申"，应作"之甲"。据临川县崇祀吴之甲勘词曰："嗣膺帝召，特起春曹，当甲子之宾兴，领浙江之学宪，秋期已阅月。"（《静悱集》卷首）则天启四年（1624）秋任浙江督学，本年擢福建兴泉道参政。书云"方怵戒严，不敢申颂"，指是冬京师戒严。

吴之甲（？-1629），字元秉，号兹勉。江西临川人。万历三十八年（1610）

进士，授松江推官，升工部都水主事，浚京畿玉山一脉奏绩，晋礼部郎中，授浙江督学副使。淹雅好奇，以唐宋制科法拔隽异士，杂诗赋诏诰试之，文风自是一变。崇祯二年（1629），擢福建兴泉道参政，卒于官。著有《静悱集》三十卷。［道光］《临川县志》卷二二有传。（页15A）

为杨文骢题《山水移集》。

倪元璐《题山水移》："龙友之于山水，非其处者，足能及之，悉而去者，手能返之。斯诚峦壑之总持，云霞之归命，龙友之兴与才，其福也。向平遍游五岳，而宗少文则便之以图画，二子各得其一端，龙友兼之，然则友既圣矣乎。友弟倪元璐题。"（《山水移集》卷首）

案："龙友"即杨文骢，为浙江参政杨师孔子。是年七月，杨文骢从南京赴杭州探望父亲，与师友邹嘉生等游览天台山、雁荡山，历时一个多月，行程三千余里。此行所著诗文汇编为《山水移》集，崇祯七年刊行，卷首有董其昌、邹嘉生、马士英、倪元璐等三十余人序跋。《宋元旧本书经眼录》附录卷一："右杨龙友先生《山水移集》四卷，《附录》一卷。崇祯己巳七月，先生奉其父霞标参政为天台、雁宕之游，哀其诗文图书以归，谓之《山水移》……此《山水移》旧册，又历千百劫，仅存于尘堆鼠窟中，而乃今出之，若有阴为呵护然者，亦愈足见珍惜矣……首载其舅越其杰，其师邹嘉生两序，并其杰四诗，而又以董其昌、陈继儒、倪元璐、李日华、谭贞默五人题画册引、范允临题画诗、李思聪送游诗、谢上选题集诗，并杂置卷端，以张结纳之盛。"（页146）杨文骢八月返抵南京，是冬其父杨师孔卒于京师，元璐题词应作于九、十月间。

杨文骢（1597—1646）字龙友，贵阳人，流寓金陵。万历四十七年（1619）举人，屡试不中。崇祯七年（1634）谒选华亭县教谕，迁青田、永嘉、江宁等知县，为御史詹兆恒参劾夺官。福王立于南京，文骢戚马士英当国，起兵部主事，历员外郎、郎中，皆监军京口。擢右佥都御史，分巡常、镇二府。唐王称帝于福州，授兵部右侍郎，兼右佥都御史提督军务。明年七月，为清军所执，与监纪孙临俱不降被杀。文骢善书画，有文藻，好交游，颇推奖名士。著有《山水移》《洵美堂诗集》。事具《明史》卷二七七本传。（第23册，页7102）

刻《南雍课选》并序。

《倪文贞集》卷六《南雍课序》："雍制之可尚者二，不使士自为功，不使士自为命也。不使士自为功者，勤钟谨铎，规蛾子以帝王之物，天下于是不贵其家之缦弦，而尊国之鼓箧夏楚。不使士自为命者，日考月较，以穷其情，士不得鸣一日之幸，天下于是奉理叛数，祠才鬼而疏福神……自余从侯先生后，咸股执随，鸣叩互遍。然以先生之为教，至于疲炉竭薪，顾亦岂能信其中，遂有将相才乎？余故以为非自上更始，大复高皇帝之制，而厉诛桑、孔，则不可得为之也。今其得而观者，文章一端而已矣。刻《南雍课选》。"（页14B）

案："侯先生"即同官南京国子祭酒侯恪。《南雍课选》，殆南京国子监教材之什。

应无锡华时亨之请，为其母陆氏撰墓志铭。

《倪文贞集》卷一二《华母陆孺人墓志铭》："往天启丙寅之岁，珰祸方烈，锡山高忠宪公、吴门周忠节公同日被征，三吴震骇。当是时，怯者闭门，勇者捷舌，而诸生华仲通时亨，顾乃俯张奔蹙，叫哭并形，左右两公，几与同尽。时余尚未交仲通，闻之吴人之言如此，私意彼其人必孤荡一身，释然无复所生之虑者。既复二年，余始得见其文与其人，大都豪举健持，当有奇节。漫叩之：'有父母乎？'仲通肃然应曰：'并无恙。'余怪问：'即如是，向者奈何遂以身许人？'仲通因言：'尔时实气激，无所复顾。'……仲通言已，即起立义手曰：'吾父诚达士，吾母亦丈夫也。'余闻不觉距踊，出于几上。嗟乎！六七年来，天下正直之气，不在冠带而在章缝，不在须眉而在巾帼，如此者，岂不炳哉！亡何，孺人以病卒，仲通遂以藏志属余，且示之状。"（页10A）

案：陆氏为无锡华时亨之母。《明季北略》卷二："无锡庠士华时亨，字仲通，会元拱芳之侄也。时官旗已至苏州，尚未开读，时亨密闻之，即报于公（高攀龙），公遂赴园池死。而旗尉以颜佩韦等事过期不至，众疑时亨误逼大臣，咸虑之。俄而缇骑果至，始属时亨声气之广，名遂大著。"（页64）书云"往天启丙寅之岁，珰祸方烈……既复二年，余始得见其文与其人……亡何，孺人以病卒"，则华母卒于天启末崇祯初，倪文似作于为官南京时。又钱谦益《华征君仲通墓志铭》曰："忠宪既殁，仲通褒衣大带，自命东林弟子。文文肃公、倪文正诸公，交口荐樽，门弟子日益进。"（《有学集》卷三一，页1135）

华时亨（1598-1659），字仲通。南直无锡人。少学于高攀龙，考德问业，镞砺风节，其自命为东林弟子。攀龙之被急征，时缇骑已至苏州，尚未开读，时亨密闻之，即报于公，公遂赴园池死。阉党诘责漏泄，诏旨甚厉，人咸虑之，时亨意自如也。及珰败，名遂大著。著有《春秋法鉴录》等。事具钱谦益《华征君仲通墓志铭》。（《有学集》卷三一，页1135）

十二月，迎养生母施太夫人至南京官舍。

倪《谱》卷一："（崇祯）二年己巳，三十七岁……大母性畏舟车，府君通籍后未尝一就板舆。及迁南雍，乃迎养官舍。舍左修廊疏牖，俯瞰双池，为施曲桥朱楯，中通小舠，放鹤则衔枝骈舞，出入霄汉，时奉慈颜，以为笑乐。"（页19B）

案：迎养施太夫人具体时间，据下引《尊教帖》云"适老母板舆忽至，未免经营"及"今正欲以元灯大事密切商量"，可知约在是年十二月。元璐《乞归省疏》："崇祯二年，伏蒙圣恩，升臣南京国子监司业，幸以去家一水，然犹良久始潘舆。"（《倪文贞集》奏议卷二，页6A）又张镜心《答倪鸿宝司业》云："承谕板舆在御，木铎自攻，人间完福大名，自应占断。"（详下）南司业官署风景之胜，见黄景昉《馆阁旧事》卷上："朱平涵公盛夸南司业署水竹园亭之胜，古有称少仙者，疑可

当此。"（《宦梦录 馆阁旧事》，页 187）

门生郑元勋呈览近作，作书答之。

倪元璐《尊教帖》："昨于尊教刻求可举之端，以明其不敢自外之意，正畏妄语堕泥犁狱，不悟各虚咸受过，信蚁马以为神睒，丈不独才士，盖真学人也。近作才读一篇即叫绝，图题颂竟业以副尊注，辄留使者一日，适老母板舆忽至，未免经营，小需数日报命耳。如丈岂难一第？今正欲以元灯大事密切商量……枚卜未之有闻，丈得之谁氏耶？前请正诸拙内《江西墨叙》，后路偶失一幅，忆默以呈，今家弟带至原刻，中讹落数语，诸标识送览，倘已就厥，不知可改正否？词头小暇当录数则。"（邓实风雨楼旧藏，见《倪鸿宝山水画石册》）

案：此书上款疑即郑元勋。书云"如丈岂难一第？"郑元勋天启四年（1624）举人，屡试礼闱落榜，直至崇祯十六年（1643）成进士，其时抑正准备崇祯四年（1631）会试。又云"适老母板舆忽至，未免经营"，指迎养施太夫人至南京官舍。又云"枚卜未之有闻，丈得之谁氏耶？"指是年十一月成基命、孙承宗入阁及十二月周延儒、何如宠、钱象坤入阁事。再云"前请正诸拙内《江西墨叙》"，指校刻《江西墨叙》。

邓实风雨楼旧藏元璐三通尺牍，民国间上海神州国光社影印辑入《倪鸿宝山水画石册》。三札俱无上款，未署年月，然绎其内容、语气，应作于崇祯二年、三年宦南京时，收信人均其门生郑元勋。

应郑元勋之请，为其父郑之彦撰墓志铭。

《倪文贞集》卷一〇《东里郑公墓志铭》："郑孝廉元勋，以甲子魁南国。始吾读其文，谓人曰'是某以上人也'。既三年，见其人邗水，益自失，乃孝廉顾以吾一日粃先，退而执箕。其又一年，吾官南雍，孝廉乃以其父东里公藏铭请曰：'惟吾父之才与志，其生不售，无如世何？死而不朽，则在夫子。'吾唯唯。受其状，读而叹曰：'父子之道，同气异息，有若是乎！'公名之彦，字仲隽，东里其别号云……公虽儒者，然有志量，能决事，士大夫之负世望，与公交者，所商多天下大计，公抵掌洞然，闻者骇服……晚岁讲研天文，旁究山川形势，著《漕运海运图说》锓行于世，周核至当，有识多称之者。"（页 32B）

案：郑之彦（1570-1627），字仲隽，号东里，郑元勋之父。元勋乞诸师友为撰碑铭传状，有陈继儒《太学东里郑公传》（《扬州休园志》卷四，页 5A）、董其昌《太学东里郑公墓志铭》（上书卷五，页 5A）、艾南英《太学东里郑公行状》（上书卷六，页 1A）。

同年张镜心得元璐书，来书作答。

张镜心《答倪鸿宝司业》："忽接来函，回翔展诵，文情道气，盎溢眉宇，经旬之卧，霍然而起。伏念年兄瑰衷亮节，异彩雄文，以玉局仙班，啸咏于燕矶牛渚之胜，柱笏亭前，依然蕙带蓉裳，课花责鸟，此乐何极！承谕板舆在御，木铎自攻，人间完福大名，自应占断。况丰芑思皇，云蒸霞变，复得年兄兴起其上，崇奖名流，收之声气，绛纱拥士，左图右编，又何言南面百城耶？……弟客岁奉家慈北上，仅再阅月即闻□□，扃住严城，一夕数惊，七十老人那堪风声鹤唳？自维将母，徒多一番愁苦，少俟东事解严，思乞一差归里，而执我仇雠，尚叹维谷，毕竟望年兄如天上也。心期不远，把臂何时，言之神往。"（《云隐堂文集》卷一五，页1A）

案：张镜心上年四月考选候补给事中，是年五月补吏科。《崇祯长编》卷二二："（崇祯二年五月）壬辰，补张镜心吏科给事中。"（《明实录》第92册，页1350）书云："弟客岁奉家慈北上，仅再阅月即闻扃住严城，一夕数惊，七十老人那堪风声鹤唳？"指是冬清军兵临京师，全城戒严，"家慈"指张母许氏，黄道周《许太夫人张年伯母传》："司马公既起家拜琐垣，奉太夫人版舆入长安。"（《黄道周集》卷二五，页1127）

遵母命书《金刚经》一部，竟日而毕，无一字率。

倪《谱》卷一："尝梦有僧谓'诵经不如写经'，大母因命写经，乃虔写《金刚经》一部，竟日而毕，无一字率，见者以为乐天复出。镂存云栖寺中，后会稽姜孝廉公铨又重镌于其家。"（页19B）

案：生母施太夫人信佛，多有谒庙进香、诵经唱佛、写经捐赀之举。姜公铨，字山启，号彭山。浙江会稽人。少从上海蒋平阶学诗，康熙十六年（1677）举人。[康熙]《会稽县志》卷二〇"举人"："（康熙十六年丁巳科）姜公铨，希辙孙。"（页10A）公铨著有《彭山诗稿》不分卷，蒋平阶、黄宗羲、许尚质序，南京图书馆藏。参见《清人诗文集总目提要》卷一三。（页345）

客有赠双鹤者，乘兴书鲍照《舞鹤赋》。

倪元璐书鲍照《舞鹤赋》题识："予承乏南雍，客有遗以双鹤者。朱顶绿足，驯扰潭侧，虽啄头自如，神殊不王，一日翅成，望飙起舞，折木衔枝，吞吐云汉，为明远形容所未及。今书前赋，以所及见其未及，若或遇之耳。元璐。"（故宫博物院藏，《古书画过眼要录》（三），页1322）

案：题识云"予承乏南雍"，当在南京国子司业任上作。

致书江西督学陈懋德，推荐座师周曰庠二子士京、士奇。

《尺牍逸稿》卷三《公致司衡陈观察云怡》："敬启。敝座师临川原任奉常周文所先生，謇谔之声，羽仪梧掖，澹宁之致，冠冕南州。诒家清白，宜有闻人，而今其仲、季两君周士京、士奇，并以隽才踽踽宫墙之外，是可念也。生等于先生为乡、会两闱门士，阳汉之怀，情深筑室，诗礼之训，夙极趋庭。为此合词以请，伏望台慈垂怜旧德，大奖时英，要使陆氏机、云连镳并跃，不可缺一，期于万全。"（页18A）

案："陈观察云怡"名懋德，崇祯元年（1628）十月至五年（1632）八月为江西督学。（见《崇祯长编》卷一四、卷六二）文中"奉常周文所"即元璐乡试座师周日庠，此荐其二子周士京、士奇。

陈懋德，字维立，号云怡。本姓蔡。南直昆山人。万历四十七年（1619）进士，授杭州推官，行取入都。崇祯初，出为江西提学副使，迁浙江右参政，分守嘉湖兵道。内艰，服除，起井陉兵备，调宁远，改济南道，迁山东按察使、河南右布政使。十四年（1641）冬，擢右佥都御史，巡抚山西。十七年（1644）二月，李自成军攻太原，城破，自缢而绝。追谥忠襄。事具《明史》卷二六三本传。（第22册，页6801）

本年，韩爌等上《钦定逆案》。袁崇焕杀毛文龙。逮袁崇焕下狱。皇太极率军十万入大安口，取遵化，遂薄永定门，京师大震。永宁土司奢崇明、水西土司安邦彦皆败死。周延儒授礼部尚书兼东阁大学士。

【诗文系年】

《经筵讲编（一）》《答孙恺阳相国承宗（一）》《答孙恺阳相国承宗（二）》《户部右侍郎钱春》《瑞芝为吕豫石太常赋》《封吏部新安吕绍中翁寿饮图赞》《寿稽凝宇先生年伯七衮叙》《答王季木象春（二）》《董玄宰宗伯书山阴令王念生敕命册子跋》《题画赠王念生使君》《太常寺少卿沈维炳》《太仆寺少卿蒋允仪》《总督三边兵部右侍郎兼右副御史杨鹤祖父母》《南京吏部文选司郎中房可壮》《答钱塘王令君永吉》《与李懋明邦华》《与钱大鹤允鲸》《题扇石为王霁宇司马》《抵南雍寄都门寮寀》《白下避暑湖亭，集众友、范姬遥望钟山，剧饮至醉》《白下集王太学园中》《游鸡鸣山寺》《寿华赋》《复张公论》《与某》《留都对雪，时闻都城被围有感》《答浙衡吴观察之甲》《题山水移》《南雍课序》《华母陆孺人墓志铭》《尊教帖》《东里郑公墓志铭》《公致司衡陈观察云怡》。

崇祯三年庚午（1630），三十八岁

二月，授右春坊右中允兼翰林院编修。四月，奉母归里。九月，启程赴京。

春，致书门生郑元勋，为考选一事将有扬州之行。

倪元璐《有母帖》："……仆定以月之廿四日鸣榔遄发，来月之望可达郑公乡，倘星轺正凑，更快返随也。大刻殊不可少，为明年天问阁发其先声，喜附青其间，亦如大武生捧砚小虎。贱迹正当酌者，先期赍正，不能饫思修颂，小迟半月面请或尚不误，何如？王君事当主者例迁，不审虫臂效否？前书简得附上，复曾为转属王孺老，得其报，语某驾弟亦闻其才，即当力致某年兄云云，此七月初旬事也。"（邓实风雨楼旧藏，见《倪鸿宝山水画石册》）

案：此书未署上款，疑即郑元勋。书云"仆定以月之廿四日鸣榔遄发，来月之

望可达郑公乡"，"郑公乡"即指元勋所居之扬州。此间元璐有扬州之行，又见于
《议稿回奏疏》："臣曾以考选一事，游扬一人，或亦有他事干挠，有则以告，则
亦谴臣。"（《倪文贞集》奏疏卷三，页15B）可证。又云"大刻殊不可少，为明
年天问阁发其先声"，或指元勋明年公车入京参加会试，"大刻"犹唐之行卷也。
"王孺老"名道直，字孺初，时任江南巡按，详后。

二月，致书同年李某，为睢州学正金显名谋取国子博士一职。

《尺牍逸稿》卷三《与李》："敬启：睢州学正金君显名，金伯玉之尊公，闻
年翁以旧属知之特甚。此君高才清修，累举不第，今亦不复作大殿三禾之梦矣。六
馆寒毡，是其应得，九月之事，乞力致起老得北博一席，便其就家读书，颂义无极
也。金伯玉少年劲节，度起老之所知，合词以请，统希崇照。"（页25B）

案：题曰"与李"，不详其名；"起老"即文震孟，二人俱元璐同年进士。
金显名为金铉（伯玉）之父。［光绪］《续修睢州志》卷四"学正"："崇祯，金
显名，武进人，举人。"（页37A）崇祯朝睢州学正共四人，金显名列在前，则崇
祯初任。又据《金忠节公年谱》："（崇祯）三年春二月，自武进北发，迂道至睢
省二尊人；三月，入都，时司成为瑞屏顾公、明卿陈公。"（《金忠节集》附，页
4A）则金显名崇祯三年（1630）二月在睢州学正任。金铉（1610—1644），字伯玉，
南直武进人，寄籍大兴。年十八举乡试第一，崇祯元年（1628）进士。历国子博士、
工部主事、兵部主事，李自成攻入北京，投御河殉节。明福王时赠太仆寺少卿，谥
忠节。著有《金忠节集》。《明史》卷二六六有传。（第22册，页6870）

姚希孟自都中来书，多言及朝中政事。

姚希孟《南少司成倪鸿宝》："翁兄昨岁将南行，弟力挽之于政府，几同扳辕
卧辙之状，正为蒲坂师处，更无一人肯效直亮者……弟尝谓充蒲坂师之量，直是司
马君实一流人，未可苛之以丙魏、房、杜，而大敌在门，欲其为寇平仲、李伯纪，
是犹驾麒麟而责以骅骝，千里之足也。师既萌去志，弟辈亦相率劝之去，适有衙门
中事，类妇姑之勃磎，而师竟以此杜门，得请，恩礼粗备，始终具体。此一出也，
终与福清相伯仲，第所遇有幸不幸耳……弟望翁兄来闽焉，如农之望岁，而中堂实
获我心，皇皇一转，非特以讲幄文衡思借重也。功令新严，濡滞未便，当此之时，
外讲绸缪，内固根本，非翁兄是望而谁望哉？弟已订一差，俟翁兄至而后行也，临
楮翘企。"（《清闷全集·文远集》卷一九，页1A）

案：姚希孟来书多涉朝事，其为宰辅韩爌、刘一燝器重，所悉朝中政事甚详。
《明史》卷二一六姚希孟传："座主韩爌、刘一燝器之，两人并执政，遇大事多所
咨决。"（第19册，页5718）"蒲坂师"即首辅韩爌，书云"师既萌去志，弟辈
亦相率劝之去"，为是年一月事。据《明史》卷一一○"宰辅年表二"，韩爌崇祯
三年（1630）正月罢相。（第11册，页3383）

二月三十日，授右春坊右中允。

《崇祯长编》卷三一："（崇祯三年二月）戊辰，升姜日广为左庶子，陈演、倪嘉善、倪元璐俱为右中允。"（《明实录》第93册，页1765）

案：郑《表》，二月戊辰为三十日。倪《谱》卷一："春暮，忽量移右中允。府君以席初未暖，又将绝裾，怅甚。盖后资者乐南署之，不闻烽火，推移而前也。"（页20A）

三月十八日，出城登松风阁，有诗。

《倪文正公遗稿》卷二《白门出城登松风阁，时为清明前五日》："小堪极目岭东烟，不道离城有许天。好雨加松青一等，深楼恣佛定多年。名心已尽遥岑下，春景最宜寒食前。更进一溪真可住，世人却滞买山钱。"（页33A）

案：郑《表》，是年三月二十三日清明，"清明前五日"即十八日。松风阁位于南京灵谷寺内，建于数十级台阶之上。

为同年王述善诗集撰序。

《倪文贞集》卷七《王瞻斗比部诗序》："现宰官身说诗，则其情必出于避酸而迎福……是二者之于官愈近，于诗愈远，而吾友王子，犹然笑之。夫王子者，其官可以骤贵，而顾取首盘云署，其才宜在天子左右，而乃乐金陵山水。其诗无不通，而特好为陶元亮、孟郊、贾岛。世人驱诗以就官，王子驱官以就诗；世人以官治诗，王子以诗治官，其不同如此也……由此言之，世人之诗不可知，王子之官，则岂可量乎哉！"（页14B）

案："王瞻斗"名述善，与元璐同年进士，又同官南京。山东新征集到《明故旌表贞洁待赠王母吴孺人墓志铭》，墓主即其母吴氏，状元文震孟撰文，榜眼陈仁锡篆额，探花傅冠书丹。

王述善（1594-？），字瞻斗。山东登州籍招远人。天启二年（1622）进士，少孤，事母孝，性劲直，授密云知县，上疏乞改杭州府教授迎母就养，不料途中母病而卒。丁忧归，服阕，补顺天教授，升国子监博士，历刑部河南司主事，升郎中，告病归。［光绪］《增修登州府志》卷三九有传。（页4B）

二十五日，幼子召儿患痘症不治而殇，满月才过二日。

倪元璐《与倪元瓒（四）》："惟召儿竟殇，时在前月之廿五日，盖已满月过二日矣。其痘脚地本不甚佳，然亦一般发绽收回，忽于半月时胃口不开，身发夜热，庸医但以调脾滋阴之药治之，不知其身靥后起疔，至死方知此疔原非不治之症，苟早知之，一拔便了，而庸医以为痘事已毕，作余症看，全不照管身面，非惟不知拔疔之法，并亦不知此之是疔，抑又不知痘回之后尚应有疔。此辈杀人如此，殊可痛恨。"（《穰梨馆过眼录》卷二八著录"倪文贞家书册"之四，《中国书画全书》第13册，页173上）

案：此儿早殇，《倪氏宗谱》卷二云元璐三子会鼎、会覃、会稔，未及此儿。

（页 104A）

启程离开南京，有书呈蔡思充老师。

《尺牍逸稿》卷四《回蔡老师思充》："门生之在宫墙，万不能如卜子之于孔子，西河之疑亦免也。惟是初来之意，实怀二端：一者板舆在御，小摅寸草之心；再则绛帐时承，冀戢纷华之战。教也者，所以学为人子，为人弟子者也。而今二事，俱成草草，负此愧懊，如芒刺心……发日雨甚，鸣榔已晴，顺风安流，布帆无恙。"题注："思充，号元冈。"（页 7A）

案：《崇祯长编》卷二〇："（崇祯二年四月壬辰）起蔡思充为南京太常寺卿。"（《明实录》第 92 册，页 1202）蔡思充师亦宦南京，元璐奉母归里以书辞别。当日，"发日雨甚，鸣榔已晴，顺风安流，布帆无恙。"

舟次宝应，致书漕运总督李待问，谢以隆仪。

《尺牍逸稿》卷五《复淮抚李中丞待问》："舟经仁郊，渴求光霁，如宋人之于刘元城。怅闻谢客，行迈靡靡，不敢以请。顺流遂下，去之百里，而明问俨然，辱之重以隆施。台台之不忘故人，而周行子，可谓至矣，望风衔感。台台往节新猷，当今寡二，而论者不察，动辄悠悠，足使壮夫气短，然而公论原明，主知弥盛，愿为世道，亟转遁思，以明大人之义。倚墙肃谢，并布区区。诸惟崇鉴。宝应舟次，某载顿首。"（页 3A）

案：元璐奉母归里，舟过淮阴，欲访漕运总督李待问未得，待问遣人"重以隆施"，元璐作书致谢。书云"台台往节新猷，当今寡二，而论者不察，动辄悠悠，足使壮夫气短"，指待问任漕抚屡为台谏所纠：崇祯元年十月，吏科给事中刘垂宝劾应天巡抚李待问（《明实录》第 92 册，页 807）；崇祯二年二月，江南道御史袁耀然疏论朝臣，应罢斥者涉李待问（上书，页 1046）；崇祯二年五月，江南道御史袁耀然论李待问不堪留用（上书，页 1372）；崇祯二年八月，云南道御史张学周疏言李待问才庸当斥（上书，页 1455）。

至镇江，致书陆怀玉知府荐族侄丹阳典史倪某。

《尺牍逸稿》卷五《与镇江陆太守怀玉》："久违台范，沉思结痕……道经仁郊，不能小需，与竹马并效，徒有怅恒，留伻将贺，统冀慈涵。又丹阳典史倪某系舍侄，其人谨凛敏干，忻承宇下，望推分为施格外之青，一门九族，人人蛇雀也。"（页 8A）

案：《崇祯长编》卷四九："（崇祯四年八月戊申）以镇江知府陆怀玉为湖广副使。"（《明实录》第 94 册，页 2883）书云"道经仁郊"，时陆怀玉任镇江府知府。"丹阳典史倪某"，名未详。

陆怀玉，字石舍，号献之。浙江平湖人。万历四十七年（1619）进士，授工部主事，督临清砖厂，历员外、郎中。出知镇江府，廉静严明，郡大治。迁湖广按察副使，

转盐法参政，升山东按察使，寻擢福建右布政使，谢病归。［光绪］《平湖县志》卷一一有传。（页47B）

途经无锡，知县门生陈其赤邀饮惠山，赋诗为谢。

《倪文贞集》诗卷上《锡令陈石夫邀饮惠山赋谢》："自关缘法合，天亦为停云。山惧水劲敌，石推松冠军。宰官身澹漠，文字饮氤氲。笳鼓蛙俱好，谁能喧使君。"（页14B）

案："锡令陈石夫"名其赤，天启七年（1627）江西所取士。《天启七年江西乡试录》："第五十四名，陈其赤，崇仁县学增广生。《书》。"（页20A）陈其赤为无锡县知县，元璐途经无锡所作。［嘉庆］《无锡金匮县志》卷一四"知县"："崇祯元年，陈其赤，字石夫，崇仁人。进士。"（页35A）

陈其赤，字石夫。江西崇仁人。崇祯元年（1628）进士，授无锡知县，调衢州司理，转刑部主事，升西安府知府，抚绥有方，时秦中寇氛方炽，独西安得免。以副使备兵川中，张献忠围攻，婴城固守，成都陷，不屈死之，同殉者四十余口，惟长子存于家。［光绪］《崇仁县志》卷八之六有传。（页7A）

舟次胥口，有诗。

《倪文贞集》诗卷上《舟次吴江》："一离胥渡口，即是五湖豪。第石登花案，除云入水曹。小帆如蝶翅，暗浦乞萤尻。不问知吴地，风呼也带骚。"（页14A）

在苏州，与少年顾予咸有一面之缘，未交语。

顾予咸《倪文正公遗稿小言》："余年十六遇先生于金阊，错趾过，瞠目一揖，不交语。窃意声震寰海之下，无假道学面孔，余心倾矣。"（《倪文正公遗稿》卷首）

案：顾予咸《雅园居士自叙》末署"康熙六年（1667）丁未春三月"，文中有"今年五十有五矣"（页8B），可推其生于万历四十一年（1613），十六岁应为崇祯元年（1628），而此时元璐足迹未至苏门，颇疑予咸记忆有误，是年在苏州邂逅元璐，时十八岁。

顾予咸（1613-1669），字小阮，号松交。南直长洲人。顺治四年（1647）进士，授宁晋县知县，调山阴县。量移刑部主事，转礼部，升吏部考功司员外，移疾归。筑雅园，觞酒吟咏，与文坛耆宿常会集其中。顺治十八年（1661）受哭庙案牵连，禁系大狱几死，赖朝中贵要援手始得解，抑郁而卒。［乾隆］《长洲县志》卷二五有传。（页6B）

舟行二十日到达杭州，书告南京国子祭酒侯恪。

《尺牍逸稿》卷四《与侯木庵前辈恪》："受教数月，自觉盖胆之毛，不无纤寸之长，固当不为虚拘。唯是坠雨秋蒂，自伤翩邅，渤澥方春，旅翮先谢。昔人所叹，如何可任？舟行蹇钝二十日，才达里关，望三能之光，弥益天上也。台体知日胜，皋座休畅，不胜慰喜。"（页11B）

案：原题"与侯木庵前辈恂"，"恂"当为恪之讹，侯恪为侯恂之弟，与元璐同官南京国子监。

致书绍兴府知府萧震，时在杭养病，将于新秋还家。

《尺牍逸稿》卷四《与越郡萧太守》："急奉台光，如奔泉渴骥。既至虎林，未免波波，遂负河鱼之苦，冀借湖山静处，楗关养疴，度在秋新，可得东还敝庐，辟咻以承至教矣。不早见长者，惧蒙乐克之愆，先僮驰侯，附将不腆，以明寸草之心。"（页21A）

案："越郡萧太守"名震，崇祯元年（1628）至三年（1630）任绍兴府知府。［乾隆］《绍兴府志》卷二六"知府"："萧震，崇祯元年任。"（页22A）继任黄绍"崇祯四年任"。书云"既至虎林，未免波波，遂负河鱼之苦，冀借湖山静处，楗关养疴，度在秋新，可得东还敝庐"，知元璐在杭州居留养病，拟秋间还绍兴故里。又《复九江道姜光阳亲家一洪》："归来小滞会城，病魔旋作，尚未东渡西陵。"（《尺牍逸稿》卷四，页1B）又《致宁波汪伟司理（四）》："才到会城，痁鬼登吾肩尸，虫蛀其足，伏床廿日，非惟里庐河汉，即明圣湖光不曾梦见也。日来七分起色，旬内可望出门，而门外客债、佛债、酒债、杭州风债，纷杳填委，非半月不能了此。大都八月潮上渡固陵矣。"（《尺牍逸稿》卷三。页13B）

萧震（1570-？），字上嗣，号倦山。湖广蕲州人。少负文名，万历四十七年（1619）进士，初仕行人，升刑部郎中，以廉能称，出守绍兴知府，晋浙江按察副使，以病告归。著有《倦山诗文集》。［康熙］《蕲州志》卷八有传。（页16B）

致书同年江南巡按王道直。

《尺牍逸稿》卷六《与三吴巡方王侍御道直》："自年台握斧东吴，威覃泽广，狐兔宵遁，鲸鲵昼清，百吏承风，万民乐业，斯亦足以明揽辔之能，摇山之绩矣。国事月余不得邸报，所传皆道路箦鼓，浮妖无实，大江出没之雄，乘衅即发，不可不为未雨之防，是在年台留意整饬耳。"（页28B）

案：王道直约上年始任江南巡按。《崇祯长编》卷三一："（崇祯三年二月壬戌）应天巡抚曹文衡檄永生洲参将沈光宪率常、镇二府兵三千入援，光宪以送家募兵为辞，畏怯不进，巡按王道直请惩以退缩之法。"（《明实录》第93册，页1752）道直与元璐、文震孟、姚希孟、黄道周等交善。［同治］《汉川县志》卷一六："（王）道直生平与文震孟、姚希孟、倪元璐、黄道周等交甚深，于人材世道素共讲求，然不肯倚附清流，标榜门户，即尝忤奸辅温体仁，及拂周延儒，而亦无矫饰之名，世固莫能窥其涯际焉。"（页15B）

王道直（1596-？），字履之，又字孺初。湖广汉川人。天启二年（1622）进士，授保定推官，擢御史，巡按江南。陛辞日，疏逆党霍惟华等巧借边材，阴图翻案，宜严邪正之防，以安国家。上嘉纳，称为真御史。掌河南道，晋右副都御史、提督

操江，召拜兵部右侍郎。崇祯十五年（1642），谢病归，卒。［同治］《汉川县志》卷一六有传。（页15B）

四月十九日，有书致弟倪元瓒。

倪元璐《与倪元瓒（四）》："周和到，接得书物，知母亲安娱荣泽之状，喜欲狂舞。时下炎蒸，宜加意调养，闻竟不用酒，此物虽不宜多，然全断亦不是，老人筋骨情性亦藉此调和，本能饮者，与他人又不同，但以节减为宜，不致沾醉可耳，酌之酌之。考事生童得失，不知何如，时用悬悬。前托侦姜宅姻事，初大秘不得其说，及其次公同周和到时，篯老方见浼执柯，为其季求婚，罗天乐因有妫氏之便，遂使侦之。报云正得家书，此事甚好，但以其爱君与兰侄妇有姨甥之分，尊反居下，殊为不便，容再商量云云，此后尚未得何语，意先此知闻。助饷既开捐，自必登奏，似不须查部，今亦已托人去查矣，得确即寄知也……覃见［儿］痘后已七十余日，安健无比。惟召儿竟殇，时在前月之廿五日，盖已满月过二日矣……总而论之，是有天数，吾夫妇今亦不复悲思矣。母亲前幸勿骤闻，书到家时正当炎暑稍经［轻］，秋凉言之不迟耳。其余大小俱平安……四月十九日，仲兄鸿宝平安。"（《穰梨馆过眼录》卷二八著录"倪文贞家书册"之四，《中国书画全书》第13册，页173上）

案：书云："前托侦姜宅姻事，初大秘不得其说，及其次公同周和到时，篯老方见浼执柯，为其季求婚，罗天乐因有妫氏之便，遂使侦之。""篯老"即姜逢元，余姚人，万历四十一年（1613）进士，仕至礼部尚书。其弟姜一洪，万历四十四年（1617）进士，时任九江兵备参议。元璐为长子会鼎求聘姜一洪女，同年罗元宾（天乐）作伐。《壬戌同年序齿录》："罗元宾，字尚之，号天乐，丙申年八月二十七日生，刑部观政。"（页141B）

宁波汪伟司理来书，复之。

《尺牍逸稿》卷三《与宁波汪伟司理（一）》："不奉台光，弥积年载，耽思结痕，不可言说。伏惟老公祖操澄止水，政肃清霜，三年有成，十行仁下。中朝日需其启事，东土又安得有袭衣哉？弟某波波于役，归来尘劳牵结。千寻紫气，邈焉层霄；衣带之流，怅同河汉。兹骏狼引晖，世有阳生之庆，不腆之将比于寸草。"（页12A）

案：检［乾隆］《宁波府志》卷一六，崇祯间宁波推官无汪姓之人，且《明史》卷二六六、［康熙］《徽州府志》卷一三俱谓汪伟崇祯元年（1628）进士，授慈溪知县，未涉宁波推官。［雍正］《慈溪县志》卷三"知县"："李沾，松江人，进士，崇祯。许应弦，武进人，进士。汪伟，有传。"（页5A）李沾亦崇祯元年进士，其初任一般三年；许应弦先汪伟任，则汪伟知慈溪约崇祯五、六年间，此前或有宁波司理一任，史籍所阙。书云"伏惟老公祖……三年有成"，此书应是年元璐居杭州所作。

汪伟（?-1644），字叔度，一字长源。南直休宁人。崇祯元年（1628）进士，授慈溪知县，行取翰林院检讨，充任东官讲官。素慷慨敢任事，又以破格拔擢，益感激思报称。十六年（1643），承天、荆襄相继陷落，伟以留都根本之地，上《江防绸缪疏》，所条奏皆切时务。李自成薄京师，兵乏饷，出赀市饼饵充食。城陷，乃自尽。赠少詹事，谥文烈。清赐谥文师。事具《明史》卷二六六本传。（第22册，页6860）

五月，为门生郑元勋作山水图扇。

倪元璐《山水图册》扇页题识："（崇祯三年）庚午夏五写，似超宗道兄……元璐。"（上海博物馆藏，《中国古代书画图目》第4册，页89）

案："超宗道兄"即郑元勋，邓实风雨楼旧藏倪元璐书札《罗生帖》，似亦此时致郑元勋。书云："……独恨弟离局之身，不能少留观其摩天之翮，自是波臣先荡耳，奈何？……绫箑勉涂塞命，真恶札也。"（《倪鸿宝山水画石册》）"离局之身"指卸任南国子司业，"绫箑勉涂塞命"，或即此扇。

夏间，应天巡抚曹文衡来书，复之。时有殇儿之戚。

《尺牍逸稿》卷一《答曹公文衡》："伏读近疏，岸然驱霆掣汉，争日月之光……某髥鬓至细，扑簌无文，龙章何许，事下征蚓，吟遂成蝇。溷日者复有殇儿之感［戚］，又且病困，弥益潦率，不关尊注。汗淫三日不收，自不关暑。"（页14A）

案：曹文衡崇祯元年（1628）至四年（1631）任应天巡抚。书云："溷日者复有殇儿之戚，又且病困……汗淫三日不收，自不关暑。"元璐幼子召儿卒于本年春夏间，见前。

曹文衡（1586-1637），字镜玉，号薇垣。河南唐县人。万历四十四年（1616）进士，补大理寺评事，迁寺副，寻迁贵州司员外，晋四川司郎中，出守东昌府，调兖州府，升东充兵备副使、山东按察使，改山东右布政使。崇祯元年（1628）三月升江西右布政使，未任即授应天巡抚。四年（1631）七月，升兵部右侍郎，总督蓟辽，寻罢免。著有《抚吴疏草》等。参见彭始抟《明少司马曹薇垣先生传》。（［乾隆］《唐县志》卷一〇，页9B）

致书亲家姜一洪，长子倪会鼎聘一洪女。

《尺牍逸稿》卷四《复九江道姜光阳亲家一洪》："大江雄风，浔阳要地，非老亲翁文武为宪之才，不能控制甸宣之也……弟正飘蓬，卸却疏毡，依然措大，非惟措大，几于枯衲矣。身本驽庸，而负时人之所大怒，是处抵触，惟麋鹿为可安。复以新令方严，未敢乞身求放，进退主此，岂不诚维谷哉？归来小滞会城，病魔旋作，尚未东渡西陵。忍辱玄提，童之隆赍，脾沁肝结，不可名言。"（页1B）

案：［光绪］《江西通志》卷一三："姜一洪，字开初，浙江余姚人。万历丙辰进士，分守饶南、九江右参议，（崇祯）二年任。"（页34A）继任胡尔慥"四年任。"时两家初结儿女姻亲，元璐长子会鼎娶姜一洪女。《倪氏宗谱》卷二："（会鼎）配大司农姜一洪公女，封恭人。"（页104A）书云"归来小滞会城，病魔旋作，尚未东渡西陵", 指元璐滞留杭州多日。

姜一洪 (? -1646), 字开初, 号光阳。浙江余姚人。万历四十四年 (1616) 进士, 历任礼部、户部员外郎, 转郎中。出为江西副使, 备兵九江, 迁河南兵备, 分巡汴梁。擢福建按察使, 转广东布政使左参政。累著政绩, 迁太仆卿。甲申 (1644) 之变, 与刘宗周议振义旗, 不果。唐王立, 晋吏部侍郎, 旋升户部尚书。唐王出奔, 赴江死。参见《南疆绎史》摭遗卷二。(页 19A)

致书宁波汪伟司理, 拟于八月还绍兴故里。

《尺牍逸稿》卷三《与宁波汪伟司理 (四)》: "……立此誓愿, 如渴马奔泉, 急不待夕, 不悟才到会城, 疟鬼登吾肩尸, 虫蛀其足, 伏床廿日, 非惟里庐河汉, 即明圣湖光不曾梦见也。日来七分起色, 旬内可望出门, 而门外客债、佛债、酒债、杭州风债, 纷沓填委, 非半月不能了此, 大都八月潮上渡固陵矣。" (页 13B)

案: 此书作于杭州, 拟于八月还绍兴。此时病情, 元璐又有《与宁波汪伟司理 (三)》: "十日五发, 几不省人事, 世间所称鬼者, 无如此症。俄而雪窖, 俄而火城, 身非明德, 宜其见虐也。" (上书卷三, 页 13A)

邹嘉生新任浙江督学, 有书寄之。

《尺牍逸稿》卷四《与邹公静长》: "老公祖应时协符, 出为霖雨, 伏波新建, 不足攀提, 况其下者乎? 某日知感图报, 惟有文章, 抑其才未逮, 呫嚅而已。一自入林, 抱桃溪片石, 如蝣守瓦, 紫气在望, 安所得毁裂小条, 班荆两高之下乎? 飞奴缟带, 寄声青云, 不尽之言, 微授家季。" (页 27A)

案: "邹公静长"名嘉生, 是年三月由台绍道副使改本省督学, 明年二月迁山东副使。《崇祯长编》卷三三: "(崇祯三年三月戊子) 改浙江副使邹嘉生为本省提学。" (《明实录》第 93 册, 页 1834) 又卷四三: "(崇祯四年二月丙午) 邹嘉生为山东副使。" (上书 94 册, 页 2551) 书云"一自入林, 抱桃溪片石", 应在杭所作。

邹嘉生, 字符毓, 号静长。南直武进人。万历四十四年 (1616) 进士, 由户部郎出守西安府, 改督学江西, 冢宰王绍徽以媚珰嗾言官劾之, 罢归。崇祯初, 起补台绍副使, 改本省督学。历迁怀隆道, 擢陕西按察使。嘉生友尚节义, 与江阴李应升善, 应升被逮, 鬻产资之。[道光]《武进阳湖县合志》卷二四有传。(页 30B)

黄道周主持浙江乡试, 有书寄之。

《尺牍逸稿》卷二《与同馆黄石斋》: "六载不詹, 风道都堕, 情随玄阴, 滞心与回飙俱我之怀矣, 岂不然乎? 下土姝姝鱼鳖, 是见年兄降心发铸, 遂蒸云霞, 得士英多, 莫如斯盛。侄子嘉宾, 幸藉龙蓄, 有一士出黄先生门, 不为衰宗矣。欣踊之气, 形于须眉, 亦为特心未定, 不可使先生知之也。弟自白门东归, 未脱装裹,值为弟侄婚姻之事，次独又奇病，门内牵掣，一江犹天漠。敬告奴子以梦寻之心，使控执事，并侑荒仪，东道主如此，正不知故人千里之驾，断自何胸有此气决也。既不可得麋鹿，须复踉跄，度台旌以望后发，相隔去之不过十舍耳。《三易黄图》，是羲文以来一人，《太玄》《参同》，不足婢仆也。"题注："时黄公典试浙江。"（页28B）

案：书云"六载不詹"，黄道周天启五年（1625）四月告假还乡，期间丁忧，崇祯二年（1629）冬道周闻后金入关慨然出山，元璐时官南都，至此六年未见。是年八月，道周奉命典试浙江，取士九十八人，解元曹振龙。所取士有元璐"侄子嘉宾"，《倪氏宗谱》卷三："嘉宾，行宪三，字宇玉，崇祯庚午科举人，任北通州知州。"（页1B）［光绪］《通州志》卷六"知县"："倪嘉宾，浙江嘉兴人，（顺治）十六年任。"（页46B）谓嘉宾"浙江嘉兴人"，误。书中言及"《三易黄图》"，即道周居家所著《三易洞玑》，《四库全书总目提要》卷一〇八著录："故是书之作，意欲网罗古今，囊括三才，尽入其中。虽其失者时时流于禨祥，入于驳杂，然易道广大，不泥于数，而亦不离于数，不滞于一端，而亦不遗于一端。纵横推之，各有其理。"（页919上）

江南秋闱榜出，南雍首拔士蒋鸣玉、万寿祺、王瀛大、张一如中举。

倪《谱》卷一："（崇祯三年）府君南雍首拔士获隽于南闱四人，蒋鸣玉、万寿祺、王瀛大、张一如也。"（页20A）

案：蒋鸣玉（1610-？），字楚珍，号中完。南直金坛人。崇祯十年（1637）进士，授台州府推官，考选兵科给事中。入清为山东佥事兼兖东道。［光绪］《金坛县志》卷八有传。（页9B）

万寿祺（1603-1652），字年少。徐州人。屡试不售，入清衣僧服，曾参加抗清活动，兵败后隐居江淮一带。为人风流倜傥，工书画，精于六书，癖嗜印章。《清史稿》卷五〇〇有传。（第45册，页13821）

王瀛大，字幼章。合肥人。崇祯十年（1637）进士，曾入史可法幕，机务悉咨以行，以廉能卓异，擢南京吏部郎，旋告归。学长于史，著有《春秋说》《史纲抄》。［嘉庆］《合肥县志》卷二三有传。（页26A）

张一如，字来初。芜湖人。崇祯四年（1631）进士，初仕行人，晋吏部主事，后出为浙江嘉湖道，改湖广荆南参议，以病回籍。年六十三卒。［民国］《芜湖县志》卷一三有传。（页7A）

往杭州与黄道周聚晤四五日，游西湖剔石探梅。

黄道周《与倪三兰年兄书（一）》："兄归而遂莱舞之乐，使林猿渊鸟共惬和熏，少需清风，以济玄化……鸿宝来晤，聚四五日，剔石探梅，穷极湖西，盖自王、谢以来之所未见，想伯兄于剡上得之不浅也。鸿宝归悉，至情谢谢。"原注："时在

湖上柬三兰。"(《黄道周集》，页800)

案：黄道周来典浙江乡试，事竣将归，元璐专往杭州与其相聚。临别，道周修书一封托交倪元珙。元珙时乞假在里。

为同邑曹惟才举业稿撰序。

《倪文贞集》卷一六《题曹秋水艺》："里中与侪辈平虚数其玄士，如秋水行谊，便是陈太丘，其文远攀震泽，近骖会稽……且夫考德辨行，未有不以文章者。自秋水领解来，四五年间，文章一事，飞澜惊沙。而秋水我法自贵，宁不得珠，不欲中诱，则其人岂不可知哉！古之立大品、致大功者，皆由静定，此二字符，比于麟篆，入葱肆必飞去。"（页2B）

案："曹秋水"名惟才，会稽人，参见《崇祯四年辛未科进士履历》（页11A）。又《漳浦黄先生年谱》卷上："（崇祯七年）适秋水曹公惟才以莆李摄府篆，敦请先生发皇圣学。"（《黄道周集》卷首，页100）书云"自秋水领解来，四五年间，文章一事，飞澜惊沙"，其天启七年（1627）浙江解元，此时正在家准备明年会试。

曹惟才（1601-？），字无奇，号秋水。浙江会稽人。天启七年（1627）浙江解元，崇祯四年（1631）进士。[康熙]《会稽县志》卷二〇："（崇祯四年辛未陈于泰榜）曹惟才，兴化府推官。"（页20A）《甲申传信录》卷二："曹惟才，浙江会稽人，辛未进士。兴化府知府。选入京，拷掠二次，死。"（页71）

宁波汪伟司理来书乞文，复书承诺近日定有报命。

《尺牍逸稿》卷三《与宁波汪伟司理（五）》："日来猛冀一晤仁兄及升之，竟以冗夺。蒙征书、诗两叙，都未料理，生平惯作逋客，今又恐不免。然以吾仁兄之命，当断踬绝脉而为之，过初三日积忙都了，定有以报命也。"（页14A）

王章知诸暨半年，奏最调繁鄞县，士民哭留，有诗纪之。

《倪文贞集》诗卷下《与王芳洲令君》："一时齐望子猷舟，地上人看百尺楼。千乘有书遮越绝，六州无铁似吴钩。城如丸创宜辽弄，口有碑经仓颉镂。从古兴王多异赏，蒲轮征去径封侯。"（页16B）

案："王芳洲令君"即王章，崇祯元年（1628）进士，次年知诸暨，[乾隆]《诸暨县志》卷一六"县令"："王章，崇祯二年。"（页12A）[光绪]《鄞县志》卷二五："治诸暨有声，甫半载以才调鄞县。"（页25A）又据《东林列传》卷九王章传："寻调繁鄞县，暨民立帜约，拒鄞之来迎者于境曰：'令，我令也，尔何为？'鄞民亦哗曰：'令我令也，尔何为？'濒行，自县至枫桥六十里，壶酒豆肩不绝，吏民哭相向，倪元璐为文纪其事美之。"（页17B）

王章，字汉臣，号芳洲。南直武进人。崇祯元年（1628）进士，授诸暨知县，调鄞县。十一年（1638）行取入都，授工部主事，改御史。次年巡按甘肃，劾罢巡抚刘镐贪惰。丁母忧，服阕复原官，巡视京营，农民军破真定，京师大震，章与给事中光时亨守阜成门，自三月三日登陴，十八日彰义门破，章操鞭棰不顾，叱曰：
'吾视军御史，谁敢止吾马者？'被乱槊刺杀。赠大理寺卿，谥忠烈。清朝谥节愍。
事具《明史》卷二六六本传。（页6862）

书旧作赠慈溪县知县李沾。

倪元璐《赠愍轩题画诗轴》释文："上头可有锦岗无，一例风光列昼图。昨夜
泰山云气美，飞为快雨到西湖。似愍轩父母。元璐。"（日本东京国立博物馆藏，
《中国绘画总合图录》第四卷，页225）

案："愍轩父母"即李沾，时任慈溪县知县。［雍正］《慈溪县志》卷三"知县"：
"李沾，松江人，进士，崇祯。"（页5A）李沾，南直华亭人，崇祯元年（1628）
进士，历任慈溪、襄阳、惠安知县，选授南京吏科给事中，改兵科。甲申（1644）
夏，与马士英拥福王为帝，任左都御史，赐蟒玉，加宫保，一时贵宠莫并。降清，
授光禄少卿。陈子龙《寄李惠安愍轩》（《陈子龙诗集》卷一四，页478）、张瑞
图《贺李愍轩惠安令考满，为晋江苏主簿作》（《白毫庵集·外篇》，页61A）、
蒋德璟《惠安愍轩李父母署晋政成序》（《蒋氏敬日草》卷五，页100A），均此人。

绍兴遭受水灾，绍兴府知府萧震来书询策，复之。

《倪文贞集》卷一九《与萧郡伯震》："下里遂为鱼鳖，非老公祖恤灾设奇，
平籴定乱，则周余黎民靡有孑遗矣……今日之事在民情，以蠲赈为急剂，而欲夺羽
檄之资，既恐不能得之于上，在地利以筑塘为首功，而计征畚锸之费，又恐不能得
之于民。诚为大难，是在神明其用耳。"（页3A）

又致书浙江巡抚张延登，言及救赈浙中水灾。

《倪文贞集》卷一九《复张中丞延登》："日读大疏，激切详尽，使圣主动色。
蠲恤之文，下如流水，仁言利溥，信矣！此后事宜，亦惟留神极虑，求其万全。大
都海寇之来，必有内导，巨浸之后，必有大荒，南顾维桑，言之色变耳。寇祸蔓于
秦豫，当局者剿抚俱失其宜，侏儒既饱金门之粟，岂可竟置身于官守言责之外？不
得其职则去，秋风一起，定当为莼鲈，归眺台光于两高三竺之间也。"题注："甲
戌。"（页2B）

案：此书致浙江巡抚张延登。题注"甲戌"，即作于崇祯七年，误。张延登
天启七年（1627）五月任浙江巡抚，本年五月入朝为南京右都御史。《崇祯长编》
卷四六："（崇祯四年五月癸未）张延登为南京右都御史。"（《明实录》第94册，
页2760）本年夏，浙东遭受严重水灾，民饥粮匮，元璐数与浙江地方长官书言及赈灾，
上引《与萧郡伯震》："下里遂为鱼鳖，非老公祖恤灾设奇，平籴定乱，则周余黎
民靡有孑遗矣。"（引略）又《复两浙巡方刘侍御士祯》："畎里自潮灾之后，重
以催科，所司不善承朝廷德意，掊克敲棰，民力竭矣。"（《尺牍逸稿》卷二，页
1A）

张延登（1566-1641），字济美，号华东。山东邹平人。万历二十年（1592）进士，历内黄、上蔡知县，迁给事中。历官太仆寺少卿、大理寺左少卿、太仆寺卿、浙江巡抚、南京都察院右都御史、工部尚书、都察院左都御史。崇祯十四年（1641），署刑部，卒于任，赠太子太保。著有《黄门纪事》等。事具刘理顺《张太保墓碑》。（［康熙］《邹平县志》卷七，页42B）

与陆宝游绍兴西园，陆宝和韵有诗。

陆宝《西园和倪玉汝司业韵》："累土初成象古台，雨香私为布层苔……西园韵事今犹在，玉局苏公喜再来。"（《霜镜集》卷一一，页7A）

案：绍兴西园坐落于卧龙山西麓，五代吴越国建都临安，以越州为东府，于此引水，营造园林，为后官游乐之地。

九月廿七日，与姜逢元、徐人龙、李懋芳等请瑞白禅师住延庆寺开堂。

《入就瑞白禅师语录》卷一："崇祯三年九月廿七日，绍兴府众乡绅太史姜箓圣、倪鸿宝，藩司徐亮生，学宪李玉完，孝廉凌二铉、史汝谐及文学众居士等，请师住延庆寺开堂。"（页7A）

案：延庆寺，在诸暨县东南七十里千岁山，唐贞观元年（627）建。

九月，母施太夫人七十寿辰，为母祝寿。

倪《谱》卷一："于是奉大母归里，受亲朋介寿之章而后发。"（页20A）

案：施太夫人生于嘉靖四十年（1561），是年恰七十岁。又据倪《谱》卷一："于池滨左栽菌苕，右植芙蓉，欲以承九月称觞之欢。"（页20A）可知其生辰九月。

十月初，启程还京，施太夫人劝勉再三，而涕泪已出。

《倪文贞集》奏疏二《乞归省疏》："臣母素贤，通晓大义，自臣借计到今二十年间，凡六七别，率皆中坦欢颜，独于此行，虽诚勉再三，而涕泪已出。臣既就道，中怀挛挛，凡十余夜不得睡寐。"（页6A）

初九日，舟泊苏州，致书弟倪元瓒安排家中诸事。

倪元璐《与倪元瓒（三）》："初七日方达苏门，一行人各得安稳，惟崇德阻浅，嘉禾阻风，故小滞耳……家中留下未收剩债三宗：其一粮户本利七十余两，可令永义催取家用。其一张五泄未完一百两，渠约十二月初了件，至期可烦锦二舅婉切一讨，倘不能顿，即零续作三次亦可，开此便门，使其易从，如其顿有，即可留为取赎陈思石田价，零则送母亲日常使用。其一则汤七兄一百两，相约十一月间送至家，间至期可托以取田名色，寄数行二华委曲言之。此项入手可留存，实为取田或还债正经公用。又府广文万君署印一事，刘公祖书见俞，但未晓定何县，总是暨、嵊、萧、新，无所分别，事成日著永义身上明白……十月初九日，金闾舟次。仲兄鸿宝载顿首。缇骑逮华亭相公者已到金闾，抚按往取华亭公已三日矣，云今日到，开读可叹也。"（《穰梨馆过眼录》卷二八著录"倪文贞家书册"之三，《中国书画全

书》第13册，页172下）

案：元璐十月初启程，初七日到苏州，此书初九日作。“华亭相公”即钱龙锡，南直华亭人，崇祯二年（1629）十二月因被劾通款袁崇焕杀毛文龙罢归。是年九月，逮龙锡下狱。

途经镇江，潘一桂有诗送别。

潘一桂《送倪鸿宝太史还朝》：“青翼导牙樯，蘼芜绕郭香。横经趋虎观，握斗步文昌。佩近金茎晓，书分太乙光。知君重儒术，未肯赋长杨。”（《中清堂诗集》卷三，页24A）

至涿州遇雪，有诗。

《倪文正公遗稿》卷二《涿州雪》：“十月黄沙整一舆，如今才似灞桥驴……闻曾夜冻嘶胡马，不信淮西是子虚。”题注：“去年此月亦雪，都城被围，州人告急。”（七言律，页35A）

途中得悉同年刘士祯授两浙巡按，有书寄贺。

《尺牍逸稿》卷二《复两浙巡方刘侍御士祯》：“自老公祖拜命之时，正某戒途之日。得之邮报，笑几堕驴，天之大造我鱼凫也，岂其微哉！敝里自潮灾之后，重以催科，所司不善承朝廷德意，掊克敲棰，民力竭矣……夫摇山撼岳也，义激于心，不能发摅甚闷，偶乘修报之便，辄漫及之，非老公祖不能亮。”（页1A）

案：《崇祯长编》卷三九：“（崇祯三年十月）壬戌，遣御史刘士祯巡按浙江。”（《明实录》第94册，页2367）其赴任时，郑以伟有《送刘须弥直指按浙》。（《天启崇祯两朝遗诗》卷五，页347）

刘士祯（1588-？），号须弥。江西万安人。天启二年（1622）进士，初授韶州推官，继授广西道御史，巡按浙江、贵州。以直声见忌，左迁广东佥事，升福建右布政，寻迁湖广左布政，擢应天府尹。南明福王时，擢刑部尚书，乞疾归里。著有《结霄楼》等。［康熙］《万安县志》卷八有传。（页11A）

十月，假满至都，时方解严，感而有诗。

《倪文正公遗稿》卷二《庚午冬十月至都答所知》：“不晓长安棋旧新，看人縰縰又莘莘。修罗战愈高天帝，普愿来难瞒地神。三盈三虚鲁弟子，一痴一醒越谋臣。封侯絣絖吾何与，吾药惟能手不龟。”题注：“时方解严。”（七言律，页34A）

原甘肃巡抚梅之焕来书，答之。

《倪文贞集》卷一八《答梅长公之焕》：“日以杜门，不及申自崖之致，良用歉愧……大都天下之势，不患无议论而患无事功，不患无风节而患无经济，惟须定识沉几之一二人持之。读来教‘存元气、搜人才’二语，窥其静定也。”题注：“庚午。”（页15B）

案：《崇祯长编》卷三五："（崇祯三年六月丙寅）兵部尚书梁廷栋等会同左佥都御史高弘图、兵科左给事中刘懋等核议援兵功罪……其到京最后而最哗者，无如甘肃巡抚梅之焕、总兵杨嘉谟，据法应当究问，但以其兵精悍可用，而三屯新著大捷，或姑革职戴罪，俟防秋事竣有功另议。"（《明实录》第93册，页2119）书云："日以杜门，不及申自崖之致，良用歉愧。"当作于梅之焕革职回籍后。

梅之焕（1575-1641），字彬父，一字长公。湖广麻城人。万历三十二年（1604）进士，授吏科给事中，出为广东副使，改山东学政。天启元年（1622）迁太常少卿，擢右佥都御史，巡抚南赣。丁内外艰，崇祯初，起故官，巡抚甘肃。二年（1629）冬，京师戒严，有诏入卫，因故次年五月方抵京师，被劾，诏落职候勘，卒。事具《明史》卷二四八本传。（第21册，页6417）

练国事授陕西巡抚，致书贺之。

《尺牍逸稿》卷六《与练抚军国事》："恭惟台台元老壮犹，丈人贞吉；文武万邦为宪，姓名草木皆知。三军腾韩、范之歌，五位释颇、牧之慕，华彝并震，宗社所依。坐销兵气，为日月之光；伫有画图，著麒麟之阁。生等执箕有待，望斗知瞻，遥恃长城，小安冰局。"（页10A）

案：《国榷》卷九一："（崇祯三年八月）辛未，练国事为右佥都御史、巡抚陕西。"（第6册，页5545）此书应作于练国事授官未久时。

练国事（1582－1645），字君豫。河南永城人。万历四十四年（1616）进士，授沛县知县，调山阳，征授御史，为忠贤私人给事中赵兴邦所劾，削籍。崇祯元年（1628）复官，擢太仆少卿，进右佥都御史，巡抚陕西。农民军从河南、湖广进入汉南，总督陈奇瑜诿罪于国事，遂逮下狱，遣戍广西。福王时，召为户部左侍郎，寻改兵部，加尚书，致仕归。《明史》卷二六〇有传。（第22册，页6738）

户部右侍郎周士朴授阶正议大夫，妻某氏封淑人，为撰诰敕。

《倪文贞集》卷三《管理新饷户部右侍郎周士朴》："尔具官某，体正骨强，才长虑远，出有异绩，入多谠言……迨朕解弦更新，用人维旧，召司常伯，旋陟小徒。授杜预以度支，任酇侯而转饷……处兹旁午，实亦奇难，非尔之能，孰肩斯任？是用晋尔阶正议大夫。"（页4A）

《妻》："尔具官某妻累封淑人某氏，易中馈之无遂，诗季女而有斋……此诚良士之师资，簮笄之秀出。用仍封尔为淑人。"（同上，页5A）

案：《崇祯长编》卷三八："（崇祯三年九月乙酉）升康新民为户部左侍郎，周士朴为户部右侍郎。"（《明实录》第93册，页2308）周士朴（？－1642），字丹其，河南商丘人。万历四十一年（1613）进士，仕至工部尚书。《明史》卷二六四有传。（第22册，页6819）

十一月二十九日，《神宗实录》纂修告成，宴纂修各官。

《崇祯长编》卷四〇："（崇祯三年十一月）辛丑，宴纂修《实录》各官，宁阳侯陈光裕，尚书王永光、毕自严、李腾芳、梁廷栋、曹珍，左都御史闵洪学，侍郎涂国鼎诸人侍宴。"（《明实录》第94册，页2442）

案：郑《表》，十一月辛丑为二十九日。元璐参与《实录》纂修，且已还京履任，应参与此宴。

周延儒晋户部尚书、武英殿大学士，为撰诰敕。

《倪文贞集》卷一《户部尚书武英殿大学士周延儒》："尔具官某，稽古多闻，救时宏负……盖朕闻之，任大则思深，居高而道广。故先远业而后小数者，侯霸宽大之心；无顾慕而有兼容者，温国公忠之德。有相之道，舍尔谁言？若乃夙夜在公，宏纤不罣，勤身之至，近世所稀。夫燮理钱刑，岂相兼之业；断谋文变，非一氏之才。讵有左右求逢，方圆取画，如尔岸举，示其精能，斯诚平、勃所未闻，虽复璟、崇其曷贵矣。属以山陵告竣，神人协和，仰桥山之崇邱，怀甘盘之旧德。用晋尔某官，锡之诰命。"（页20A）

案：《明史》卷一一〇"宰辅年表二"："（崇祯三年）延儒，二月晋太子太保、文渊阁大学士。十一月，晋少保、武英殿大学士。"（第11册，页3384）周延儒（1593—1643），字玉绳，号挹斋，南直宜兴人。二十岁（1614）连中会元、状元，崇祯时任内阁首辅，为温体仁所排挤，告病回乡。十四年（1641）九月，复任首辅。十六年（1643）被劾获罪戍边，未久诏令自尽。《明史》卷三〇八有传。（第26册，页7925）

十二月，叙纂修《神宗实录》功，加俸一级。

《崇祯长编》卷四一："（崇祯三年十二月）辛酉，大学士周延儒等以《实录》《宝训》进呈。除见任在京者列叙外，尚有升任未到京者五员：太子太保、礼部尚书兼翰林院学士掌詹事府事黄汝良拟加太子太傅，礼部尚书兼翰林院学士协理詹事府事薛三省，礼部右侍郎兼翰林院侍读学士王应熊，詹事府詹事兼翰林院侍读学士钱士升，右春坊右中允兼翰林院编修倪元璐，拟各加俸一级……"（《明实录》第94册，页2478）

案：倪《谱》卷一："（崇祯四年）加俸一级。"（页20B）即以修纂《神宗实录》功，加俸一级。《实录》将元璐列名"升任未到京者"，或阁臣草疏叙功时元璐尚未至京。

郑元勋编刻《媚幽阁文娱初集》，选辑倪元璐等六十多家小品文。

案：《媚幽阁文娱》按体类编选，"搜讨时贤杂作小品而题评之，皆芽甲一新，精彩八面"者（《初集》陈继儒序），选入陈继儒、黄道周、钱谦益、倪元璐等六十多人。《初集》九卷，崇祯三年（1630）刻；《二集》十卷，崇祯十二年再刻。

乌程县知县胡开文授阶文林郎，为撰诰敕。

《倪文贞集》卷二《浙江湖州府乌程县知县胡开文》："尔具官某，良剑飞江，神则必发，美锦登庙，华而可尊……遂以覃恩授尔某阶。顷浙大吏上言，时则五郡大水，几反而湖，尔菰城之民，亦什五鱼矣。朕当食失箸，岂朕之不德致之欤？今田禾尽漂，饥又将至，尔其驱车遄迈，为朕拊循，其效即太傅封侯，朕岂有靳？"（页25A）

案：［乾隆］《华亭县志》卷一〇"进士"："崇祯元年戊辰科，胡开文，质夫，壬戌进士，补殿试，乌程知县，调嵩县，升工部主事、员外郎。"（页6B）胡开文崇祯元年（1628）补殿试，授乌程县知县，例任满三年授阶，故系于此。文中"遂以覃恩授尔某阶"，《代言选》卷四作"遂以覃恩授尔阶文林郎，锡之敕命"。（页34A）

题高攀龙像。

《倪文贞集》卷一七《高忠宪公赞》："道丧之世，忠者死尔。上死死忠，上忠忠死。忠死之忠，匪以死止。死忠之死，不亏国美……当明鼎盛，阉干其纪。避辱取晦，所以止水。燕市国光，止水国体。大人之死，非苟焉已。"（页1B）

案：高攀龙（1562–1626），字存之。江苏无锡人。万历十七年（1589）进士，仕至都察院左都御史，被魏珰诬告贪赃，闻讯投水自尽。崇祯初平反，赠太子太保、兵部尚书，谥"忠宪"。钱谦益《高公攀龙神道碑铭》："崇祯三年某月，公之子世儒，始奉天子之宠命，大葬公于锡山之阡。"（《初学集》卷六二，页1477）

又为左光斗撰行状。

《倪文贞集》卷一一《赠太子少保都察院右副都御史浮丘左公行状》："当天启之世之称杨、左，犹汉曰李、杜也……若夫笃学贞志，正骨孤情，霜清电明，霆决飙烈，即汉膺、密，未有能如杨公、左公者矣。三案之立议，始于梃击，中于红丸，终于移宫，此以杨公、左公为后劲；三案之承祸，始于移宫，而梃击、红丸以类而求之，此又以杨公、左公为权舆。浏览三朝，上下五十年之间，而不叩枢键于杨公、左公，又乌可谓之能知世务者哉！杨公别有传。左公名光斗，以生之辰月宿斗，故以名。字拱之，别号浮丘，又曰沧屿……年二十六，庚子举于乡，又八年丁未成进士，两举皆第十一人，天下甚诵其文。授官中书舍人，久之，擢监察御史。入台，蹇谔有声……亡何，改督学政，奖才绝蹊，仿古弓箭社遗意，教士习射，士皆能挽强。于是以争移宫声大著，迁大理寺丞，寻晋少卿。又晋左佥都御史，履虎得咥，以及于难云。公有深识，是其力所由生也。"（页1A）

案：文中"其弟孝廉光先""弟孝廉不敢赴春官"，左光先天启四年（1624）举人，约崇祯四、五年间授建宁知县，倪文姑系于此。

左光斗行状草讫，有感赋诗。

《倪文贞集》诗卷上《书浮丘左公传后》："曾阅遗编节烈林，无端感激泪难禁。

宇宙茫茫流水逝，秉彝好德在人心。伟哉正气砥伦常，肉骨虽寒魂魄香。即如浮丘左少保，立朝精白矢刚方……吁嗟自古谁无死，或重泰山轻鸿毛。君不见李固杜乔标汉史，日杲杲兮泉滔滔。"（页6A）

同邑王思任有楼曰读书佳山水，赋诗为题。

倪元璐《读书佳山水歌为季重先生题》："高人啖胜如饥虎，逢山瞥水涎花舞。一只箸子下耶溪，巨灵剖肥啖嚼户……噫吁快哉！王郎雄踞高阁图，王会两戒山灵署。如史近者朝请远受计豪酣，檄到杜康魂不放。盘古祠前醉棋子，声骄汉法明积薪。夜挈孤山至狂来，十二峰头征云气。洛妃失职不得对，君不看十行诏下龙阳侯，权知一日巫山事。"（《读书佳山水题咏》，页33A）

案：祁彪佳《越中园亭记》卷二："蜻圃，在王季重先生居第前。先生向有楼，颜曰'读书佳山水'，董玄宰为之作歌。近构通明亭，层累而上。庐峰翠色，莽莽追人，至此收拾殆尽。亭下有媚樵亭、天几草堂，皆极园林之胜。"（页9B）"读书佳山水"楼为王思任所构，题咏者众多。崇祯刻本《读书佳山水题咏》一卷，集海内诸名家题咏，如董其昌、汤显祖、陈继儒、姜逢元、屠本畯、徐如翰、倪元璐等，时间早者为万历四十五年（1617），晚者为崇祯三年（1630）。

本年，后金兵退，永平、迁安、遵化相继复。增田赋充饷。礼部尚书温体仁兼东阁大学士。杀前督师袁崇焕，逮钱龙锡下狱。

【诗文系年】

《有母帖》《与李》《白门出城登松风阁，时为清明前五日》《王瞻斗比部诗序》《回蔡老师思充》《复淮抚李中丞待问》《与镇江陆太守怀玉》《锡令陈石夫邀饮惠山赋谢》《舟次吴江》《与侯木庵前辈恪》《与越郡萧太守》《与三吴巡方王侍御道直》《与倪元瓒（四）》《与宁波汪伟司理（一）》《答曹公文衡》《复九江道姜光阳亲家一洪》《与宁波汪伟司理（四）》《与宁波汪伟司理（三）》《与邹公静长》《与同馆黄石斋》《题曹秋水艺》《与王芳洲令君》《与宁波汪伟司理（五）》《与萧郡伯震》《复张中丞延登》《与倪元瓒（三）》《涿州雪》《复两浙巡方刘侍御士桢》《庚午冬十月至都答所知》《答梅长公之焕》《与练抚军国事》《管理新饷户部右侍郎周士朴》《户部尚书武英殿大学士周延儒》《浙江湖州府乌程县知县胡开文》《高忠宪公赞》《赠太子少保都察院右副都御史浮丘左公行状》《书浮丘左公传后》《读书佳山水歌为季重先生题》。

崇祯四年辛未（1631），三十九岁

任右春坊右中允兼翰林院编修。二月，为会试分校官。

正月，河南巡按吴甡奉命赈陕西饥，行前来书，复之。

《倪文贞集》卷一八《答吴鹿友甡》："伏承明教，适慰所思。秦晋之事，庙堂俱未有得其要领者，厝火不救，渐致燎原，合数万荷戈之众，曾不能剪乌合之寇，而犹借口于武备之单虚……当此斗米四钱之日，度现之十五万金，必不能尽人而给，惟在附近州县，稍称丰稔之区，择贤守令设法籴买，运至近贼地方，尽心赈济，给耕种，辑流亡，民于是知有农桑之乐，而相戒斧锁之威，斯从贼者，亦化为民。所谓抚民不抚贼者，此也。"题注："辛未。"（页16B）

案：《国榷》卷九一："（崇祯四年正月）己亥，命御史吴甡赍帑金十万赈陕西饥，招抚流盗。"（第6册，页5553）郑《表》，正月己亥为二十五日。吴甡《柴庵疏集》首载圣谕曰："朕览章奏，据陕西延绥等处总督、抚按各官屡报地方饥荒，小民失业，甚有迫而从贼，自罹锋刃者……兹特命户、兵二部共发银十万两，差御史吴甡前去会同该省抚按相酌，被灾处所次第赈给，必须躬亲料理，实惠及民……崇祯四年正月二十六日。"

吴甡（1589-1670），字鹿友。南直兴化人。万历四十一年（1613）进士，历知邵武、晋江、潍县，征授御史，以忤魏忠贤削籍归。崇祯改元，起故官，出按河南、陕西，赈饥延绥。迁大理寺丞，进左通政，超擢右佥都御史，巡抚山西。在晋四年，谢病归。起兵部左侍郎，协理戎政，十五年（1642）六月，擢礼部尚书兼东阁大学士。明年三月，命督湖广师，迟不肯行，帝责其逗留，敕法司议罪，遣戍。福王立于南京，赦还，复故秩，卒于家。著有《柴庵疏稿》等。事具《明史》卷二五二本传。（第21册，页6521）

同年户科给事中冯元飚授阶征仕郎，妻邬氏仍封孺人；父原任南京太仆寺少卿冯若愚，仍追赠正议大夫，母顾氏仍赠淑人，继母姚氏仍赠淑人，为撰诰敕。

《倪文贞集》卷三《户科给事中冯元飚》："尔具官某，襟蕴锋岸，悉本文心……朕心壮之，召居禁掖。益复鼓励，哭叹俱兴，谏舌抨文，不避权近……是故能言之士，皆以为难，夫恒星豆离，推明太紫。群岭鳞矗，仰高中黄，谏者林立，归健于尔。兹改授尔阶征仕郎，锡之敕命。"（页12B）

《妻》："尔封孺人邬氏，乃具官某之妻，以其家贵，则宜桃李骄秾；以其夫贵，则宜山河炫美……兹用仍封尔为孺人。"（同上，页13B）

《父》："尔原任南京太仆寺少卿冯若愚，乃具官某之父，昔以嶒望，出守荆襄。时值税使矫虔，三湘骚沸，恃尔鲠正，豚畜虎狼……然犹十年不迁，丐还初服，皇考御极，笥发衣裳……兹以尔子，有声谏垣，用追赠尔仍正议大夫。"（同上，页14A）

《母》："尔赠淑人顾氏，乃具官某之母，明于理道，笄縰之英，迹其静正有斋，淑慎不忒。而尔夫资之，以健正能其官；尔子仪之，以清贞绍其父……用是赠尔仍淑人。"（同上，页15A）

《继母》："尔赠淑人姚氏，乃具官某之继母，承人梁筍，而不愆主妇，莫莫之容，乐我缤綦。而能偕君子阳阳之致，斯已奇矣！……兹用仍赠尔为淑人。"（同上，页13B）

案：《明史》卷二五七冯元飚传："崇祯四年，征授户科给事中。"（第22册，页6639）

冯元飚（1598-1644），字尔韬，号邺仙。浙江慈溪人。天启二年（1622）进士，历知澄海、揭阳，征授户科给事中。帝遣中官出镇，元飚力争，时元飚亦疏论中官，兄弟俱有直声。复撼劾应熊贪秽数事，被旨谯责，遂乞假归。召还礼科右给事中，再迁刑科左给事中、户科都给事中，擢太常少卿，改南京太仆卿，就迁通政使。召拜兵部侍郎，十六年（1643）五月为兵部尚书，以病剧乞休。福王时，卒于家。黄道周有《皇明少保邺仙冯公墓志铭》。（《慈溪碑碣墓志汇编》，页444）

初春，王思任生第八子，戏作洗儿词为贺，思任酬答。

《倪文贞集》诗卷下《洗儿词为王季重》："笑到双颧舞到眉，桃花雪水洗儿时。生金铸就新孩子，提向罡风一任吹。"（页32B）

王思任《生子乐戏为倪玉汝太史赋》其二："绣幄银盆诞一团，欣传各各是官官。太君忽漫投鸠杖，笑听啼声压凤鸾。"其三："仙鼎镕金第一丹，阳精四射更神完。笑倒倪郎颐欲脱，老拳毒打醉中拼。"（《王季重集·尔尔集》，页239）

案：王思任生第八子，诸友好赠诗贺之，王思任有《辛未立春前六日再举第八儿，戏题一律兼谢诸名公之赠》谢之。《王季重集·尔尔集》，页251）

是月，黄道周上疏救旧辅钱龙锡，以"曲庇罪辅"降三级调用。

《国榷》卷九一："（崇祯四年正月）右春坊右中允兼翰林院编修黄道周奏救钱龙锡调外。初，逆党一案，诸奸憾龙锡，欲借袁崇焕亦起一逆案以相报，因龙锡以罹及诸臣。周延儒、温体仁实主之。"（第6册，页5552）

案：钱龙锡以通袁崇焕杀毛文龙被系狱治罪，黄道周救之，又回奏三疏。《漳浦黄先生年谱》卷上："（崇祯四年）春正月十九日，先生回奏三疏始下，已降三级调用矣。"（《黄道周集》卷首，页97）

十九日，致书弟倪元瓒，涉及朝事及家事。

倪元璐《与倪元瓒（五）》："闱事辞之不得，昨方杜门避客，有事之荣，无事为福，未审谁得随遇而已。计事大严，吾乡父母之被处分者，不知外间公论如何？石斋兄昌论落三官，吾道之光望之如天上，不道世间无男子也……三兰兄何日起行？闻之本衙门，自二月以后殊多好会，至于定何地方，权又不可预设也，可先致语。旦晚锦三舅归，当有专讯，正恐已发相失耳。兰侄落孙山，闻之甚闷。正吉完姻是定期否？……正月十九日寓京邸，平安家报，兄鸿宝。"（《穰梨馆过眼录》卷二八著录"倪文贞家书册"之五，《中国书画全书》第13册，页173下）

案：书云"闱事辞之不得"，指元璐充是科会试分考官。又"石斋兄昌论落三官"，指黄道周上疏救钱龙锡，忤旨降三级调用。再"三兰兄何日起行？闻之本衙门，自二月以后殊多好会"，元珙省亲假满，五月入京复官，《崇祯长编》卷四六："（崇祯四年五月庚辰）起倪元珙为江西道御史。"（《明实录》第94册，页2751）元珙春间启程，同年陈维新有《送倪三兰年丈假归》："携来春锦堪娱彩，归去秋江正及莼。"（《文园集》之《宧鸟波余》诗，页27A）另，"正吉完姻是定期否？"疑即止吉，徐氏姊三子：云吉、止吉、谦吉。

二十六日，礼部又追究黄道周浙江乡试事，道周三疏乞休。

《国榷》卷九一："（崇祯四年正月）庚子，停浙江贡士龚广生会试三科，广生大考卷代书，提学副使邹嘉生磨勘奏上。"（第6册，页5553）

《漳浦黄先生年谱》卷上："先生回奏三疏始下，已降三级调用矣。而礼科又吹索浙闱事，数次不已。先生遂更三疏乞休。"（《黄道周集》卷首，页97）

同年王应斗系狱释归，都门送别。

王应斗《读倪鸿宝年兄诗泫然忆旧》题注："畴昔鬼沙射人，青瞳易白，鸿宝特相存注，晤送国门，携手欢别，今不忘知己之言也。"（《湛辉阁草》卷一，页6B）

案：王应斗时为云南道御史，上年八月，以封疆事与御史毛羽健、毛九华系狱百日，至腊月二十九日奉旨释归，元璐于都门送别当在是年初。王应斗《纪归》诗注："按东坡先生以元丰二年八月逮系，十二月二十九日释贬黄州……顷余庚午八月与毛含章、毛捷卿以论事被讯，至腊月二十九日奉旨释归，与先生入狱、出狱一日不爽。"（《湛辉阁草》卷一，页39B）

王应斗（1594-1672），字天喉，号北垣，湖广崇阳人。天启二年（1622）进士，授鄱阳令，考选云南道监察御史。屡抗疏直言，崇祯三年（1630），柄臣借封疆事诬陷言官。与御史毛羽健、毛九华同时入狱，事白释归。十五年（1642），上谕起天下废臣，讹传已死，遂不得召。工诗歌古文辞。著有《湛辉阁草》《凌沧草》等。［康熙］《湖广武昌府志》卷八有传。（页62B）

与姚希孟、徐汧游高梁桥观剧，徐汧携二公子同往。

徐柯《新春策款段过涧上草堂，风雨留三日，归后却寄六首》自注："童时侍先公都门，陪倪文正、姚文毅游高梁桥观剧，时家孟方十岁，余方六岁。"（《一老庵遗稿》卷三，《一老庵诗文集》，页45）

案：徐汧二子：徐枋、徐柯。注云"时家孟方十岁，余方六岁"，据叶燮《孝廉徐俟斋（枋）先生墓志铭》："康熙岁甲戌九月孝廉徐俟斋先生以疾卒于天平之山舍……卒年七十三。"（《已畦文集》卷一六，页1A）可证徐枋卒於康熙三十三年（1694），生于天启二年（1622），是年十岁。徐柯生于天启六年（1626），是年六岁。其《题彭容臣册子序》云："崇祯庚辰，余年十五，侍先文靖公京邸。"（《一老庵文钞》卷三，《一老庵诗文集》，页77）"庚辰"即崇祯十三年（1640），亦可证其生于天启六年（1626）。徐汧时任翰林院检讨，姚希孟任詹事府少詹事。

徐汧（1597-1645），字九一，号勿斋。南直长洲人。少孤，与同里杨廷枢相友善。周顺昌被捕，与廷枢聚财疏通，名闻天下。崇祯元年（1628）进士，授检讨，累迁右春坊右庶子，充日讲官。十四年（1641）奉使便道还家，寻丁忧。京师陷，福王召拜少詹事。既就职，陈时政七事，被安远侯柳祚昌劾，遂以疾归。南京失守，慨然太息，作书戒二子，投虎丘新塘桥下死，谥文靖。事具《明史》卷二六七本传。（第20册，页6887）

春，同何吾驺、孔贞远、姜曰广、黄道周集高梁桥台馆，分韵赋诗。

何吾驺《春日同孔玉横、姜燕及、倪鸿宝、黄石斋集高梁桥台馆分赋》："飙轮飞盖借闲身，遂有高梁破锦茵。出郭泉流银汉近，过桥柳色玉条新。斜连殿角闾风晚，坐忆江南绿树春。日落红绡归骑疾，搴帷无处避芳尘。"（《元气堂诗集》卷中，页61B）

案：高梁桥始建于元至元年间，为春游踏青胜地。京外诸水汇流至高梁河，转入护城河、积水潭，乃至通惠河。同游五人俱同官翰林院，且意气相得。黄道周崇祯三年（1630）四月服阕复官，五年（1632）二月削籍为民，而孔贞运四年（1631）八月丁忧归里，故系于本年春。

孔贞远，玉横。南直句容人。万历四十七年（1619）进士，授编修，擢国子监祭酒，寻进少詹，仍管监事。丁艰，六年（1633）服阕，起南京礼部侍郎，迁吏部。九年（1636）六月入阁，继为首辅，十一年（1638）六月为御史郭景昌所劾，引疾归。甲申五月，闻变恸哭，卒。事具《明史》卷二五三本传。（第21册，页6525）

姜曰广（1583-1649），字居之，号燕及。江西新建人。万历四十七年（1619）进士，授编修，魏忠贤恶其东林党人削其籍。崇祯初，起右中允，晋吏部右侍郎，坐事左迁南京太常卿，遂引疾去。十五年（1642）起詹事，掌南京翰林院事。福王时，拜礼部尚书兼东阁大学士，为马士英所忌，乞休归。后反清兵败，投水死。事具《明史》卷二七四本传。（第23册，页7029）

何吾驺（1581-1670），字龙友，号象冈。广东香山人。万历四十七年（1619）进士，历官少詹事，擢礼部右侍郎，六年（1633）十一月加尚书，入阁。八年（1635）十一月，因忤首辅温体仁罢归。隆武帝立，召为首辅，闽疆既失，浮海回广州，永明王以原官召之。广州破，吾驺降，卒于家。著有《元气堂诗集》。事具《明史》卷二五三本传。（第21册，页6522）

二月，黄道周致书从兄元珙，言"中厨火起，无人搏灭，终须君家兄弟"。

黄道周《与倪三兰年兄书（二）》："台翰至，又不及复答，凡负两大罪，微年翁，谁谅弟之癫痫者？丙夜焚膏，欲了司经一案，遂拔足南驰。今倏忽过正月，未能拱手，令宝兄在此，当助弟顿足也。刘丈朝夕归，弟不能一拜，真是怔忡所夺……中厨火起，无人搏灭，终须君家兄弟。某以莼鲈熟后，再登秦望之山，谢刘先生晤执未迟。临风怀想。"末注："时在都门，答复倪鸿宝兄索书。"（《黄道周集》，页800）

案：书云"今倏忽过正月，未能拱手，令宝兄在此，当助弟顿足也"，则是年二月作，时倪元珙仍告假在里。又云"刘丈朝夕归，弟不能一拜，真是怔忡所夺"，指刘宗周上年九月罢京兆尹，准予回籍调养。《刘宗周年谱》："（崇祯三年）九月二十八日甲辰，先生辞阙出都门。都人罢市而哭。"（《刘宗周全集》附，第9册，页333）

是月，周延儒、何如宠主持会试，任诗一房分考官。

《国榷》："（崇祯四年二月）己酉，少保兼太子太保、户部尚书、武英殿大学士周延儒、何如宠主礼闱。"（第6册，页5555）

倪《谱》卷一："（崇祯四年）会试分闱诗一房，得士二十四人。"（页20B）

撰策论《策吏将兵民》试程。

《倪文贞集》卷五《策吏将兵民》："天下非无民之患，而患无吏；非无兵之患，而患无将。非兵不足卫民之患，而患吏不能自卫民；非民不足养兵之患，而患将不能自养兵……且夫办天下之事，莫不以才。天下无事，庸人扰之以多事；天下有事，才人靖之以无事。才者，事会之所迫、心志之所呼也。今使将注意兵，则将才出；吏注意民，则吏才出。将之心不分民，吏之心不分兵，而文武之兼才出矣。"（页6B）

案：《鸿宝应本》此文题注："辛未会试代程。"

三月十五日，于建极殿举行殿试，一甲三人为陈于泰、吴伟业、夏曰瑚。

《国榷》卷九一："（崇祯四年三月）己丑，策贡士吴伟业等三百人于建极殿，赐陈于泰、吴伟业、夏曰瑚等进士及第出身有差。"（第6册，页5558）

案：郑《表》，本月己丑为十五日。

诗一房得士二十四人，杨廷麟为本房首拔士。

倪《谱》卷一："会试分闱诗一房，得士二十四人。首卷杨廷麟，江右名宿也。"（页20B）

《崇祯四年辛未科进士履历》："诗一房，右春坊右中允兼翰林院编修加俸一级倪元璐玉汝，浙江上虞人，壬戌。门生：杨廷麟、刘勋、吴桢、王士俊、龚奭、彭国祥、李仲熊、郭连城、戴自成、姜采、张源思、王邵、胡应诏、曹天锡、陈泰来、李于坚、冯家祯、涂原、颜胤绍、张尔忠、曹惟才、林名香、梁州杰、倪于义。"（页1B）

诗二房分考为文安之,两人阅卷互商,门生亦彼此以师生相称。

倪《谱》卷一:"(崇祯四年)诗二房分考为文公安之,两房闱卷互商,彼此师生,亦旧例也。"(页20B)

又于诗三房、书四房落卷中拔得李清、马成名、沈延嘉数卷,后称门下士,执礼甚恭。

倪《谱》卷一:"(崇祯四年)府君偶过诗三房,刘公汉儒适有落卷在案,因策语触时,已刷之矣,府君力持之,遂得入彀。又书四房黄公锦在闱患疾,属府君代阅。于落卷中拔得三卷,初皆不知何许人,既复半载,有进士李清及马成名、沈延嘉者谒谢,自述则向所拔士也,称门下士,执礼甚恭。"(页20B)

案:黄锦《絅庵居士自述》:"以侍讲充展书官,得领分考之役。而书四房亦无多,日间稍为点阅,夜则不敢篝灯就枕矣。而所取亦多名士,如首卷沈延嘉,词垣、日讲有声。"(《黄锦集》,页30)又,故宫博物院藏《行草书节录吴都赋轴》题识:"元璐书似心水亲丈。"(《中国古代书画图目》第21册,页254)"心水亲丈"即李清,字心水,一字映碧。

选庶常馆诗一房独盛,有吴桢、杨廷麟、倪于义、王邵四人。

《国榷》卷九一:"(崇祯四年六月)己巳,考选庶吉士。华亭吴桢、会稽章正宸、漳浦李世奇、嵩县韩四维、清江杨廷麟、孝感程正揆、太仓张溥、鄞县沈延嘉、汝阳张师度、荣昌倪于义、无锡马世奇、晋江庄鳌献、顺德胡平运、丰城罗大任、钱塘吴太冲、山阴吴之芳、麻城赵之英、辉县曹蕴清、宜山杨绳山、济宁杨士聪、保德王邵、韩城卫胤文。"(第6册,页5566)

案:倪《谱》卷一:"馆选诗一房独盛,吴桢、杨廷麟、倪于义、王邵凡四人。倪后授御史,时同乡章公正宸出为给谏,府君叹其非公论,既而曰:'羽侯殊有骨性,置之言路,亦为朝廷得人庆。'"(页20B)

杨廷麟(1596-1646),字伯祥,一字机部。江西清江人。授编修,充讲官兼直经筵,改兵部职方主事,忤杨嗣昌,贬秩调外。京师失守,廷麟募兵勤王。福王立,召为左庶子,辞不就。隆武帝加兵部尚书,兵败投水殉国。著有《杨忠节公遗集》。事具《明史》二七八本传。(第23册,页7113)

吴桢(1604-1634),号澹人。南直华亭人。《崇祯四年辛未科进士履历》:"吴桢,澹人……通政司政,改庶吉士,癸酉授编修,甲戌卒。"(页6A)

王邵(?-1643),字二弥,一字炳蓼。山西保德州人。选庶吉士,授翰林院检讨。尝分校礼闱、典试山楚,拔取名流,一时推服。以病告归,起南京国子监司业,不赴,卒。著有《二弥文存》。[乾隆]《保德州志》卷八有传。(页12A)

倪于义,字百宜。四川威远人。庶吉士散馆,任巡城御史,改巡漕御史,再巡按山东、云南。[光绪]《威远县志》卷七有传。(页11A)

编集诗一房同门稿并撰序。

《鸿宝应本》卷五《诗一房同门稿序》："自吾之意，欲以此二十四士，使天子用之数十年，不可得殚。以此二百余文，使天下用之三年，得代则止。夫数十年者，途悠态迁，斧锧之惧，日战于心。而三年之播，罣于嘈嘈，唇撼涎飞，道亦可畏也。故于兹选，义存简详，夫文之佳恶，如妍媸着面，非吾曲言强气可得争之矣。"（页 16A）

案：同门稿亦即房士稿。倪《谱》卷一："（崇祯四年）分房例有房稿之选，盖芸窗简练之文也。府君选独后出，纸贵一时。又尝自制十三篇，欲为文字开山，择门士最谦雅者一人当之。时会鼎在髫龀，承戒秘慎，故迄今不言姓名。"（页 21A）

选房士稿成，有诗纪之。

《倪文贞集》诗卷上《选房士稿得二十四人》："何如渭亭赋，二十四登高。九子龙殊好，五侯鲭合淘。持鞭尝百草，为颊助三毛。赠世绥山果，不仙亦足豪。"（页 15B）

案：倪元璐有《草书选房士稿诗轴》，题识："选房士稿成作，元璐。"（《中国书法全集（倪元璐）》，页 199）即书此诗。

姜采登第后，谆谆期其为循吏，公忠体国。

姜采《书倪文正、马文忠二公尺牍后》："忆辛未登第后，先师倪文正公辄语余曰：'姚现闻先生为国桢干，夙负民誉，子何可不一御李？'余因奉谒门下，辱先生以国士待之。既余任真州，先生之官白下，泊舟见访，犹推先师之意，谆谆期余为循吏。今观先师手迹，与先生数往返为一人交，皆献替大指，昔君及、顾厨公忠体国，何以异此？"（《敬亭集》补遗，页 292）

案：《姜贞毅先生自著年谱》："（崇祯）辛未年二十五岁，登进士第一百三十六名，出倪文正公元璐门。殿试三甲一百六十三名。八月，授密云县知县，未赴任，会总督曹文衡调补荆永祚。十月，改仪真县。"（《敬亭集》，页 5）

姜采（1607-1678），字如农。山东莱阳人。崇祯四年（1631）进士，初授密云知县，调仪真，迁礼部仪制司主事。十五年（1642）擢礼科给事中，以疏劾首辅周延儒贪贿，忤旨廷杖，系狱两载，谪戍宣州卫，未至而京师陷，遂与弟垓等漂泊江南，得文氏旧园药圃，易名颐圃以居。临殁遗命葬宣城，以终君命。同人私谥曰贞毅先生。事具《明史》卷二五八本传。（第 22 册，页 6665）

题叶培恕文曰《非瞿草》并序。

《鸿宝应本》卷一五《题叶行可非瞿草》："凡妄人则仇造物，自余生平极慕行可文，阃中既使相遇，又牖之以目成，如是而失，岂造物之过哉？……既尘忙，不能学东坡作送李方叔诗，就取坡诗中'我相夫子非瞿仙'一语，题其编曰《非瞿

草》，所以志也。"（页 16A）

案："叶行可"名培恕。文云"既尘忙，不能学东坡作送李方叔诗"，指苏东坡知贡举，而李方叔落第，赋诗送其南归。元璐知贡举仅此一年，培恕或是年落第南归，倪作此文相送。培恕之文，张溥有《叶行可令君稿序》（《七录斋合集》文卷四，页 21A），曹勋有《叶曜仙率园诗序》（《曹宗伯全集》卷六，页 18A）。

叶培恕（1599-？），字行可，号曜仙。浙江嘉善人。叶继美仲子。崇祯七年（1634）进士，授昆山县知县，在任六年有循绩。入清后，任福州、延平两司理，戢凋残，固城守，慎刑狱，归时囊橐萧然，食贫如故。与复社领袖张溥友善。著有《率园诗集》。[康熙]《重修嘉善县志》卷八附叶继美传。（页 21B）

四月，米万钟卒，为撰墓志铭。

《鸿宝应本》卷八《诰授中大夫太仆寺少卿米友石先生墓志》："米氏在宋，以南宫显。入明曰虎者，由晋阳徙关中，累功官金吾尉。数传为赠公文学，文学生赠公玉，即公父也，并以公贵，累赠至中大夫。自公父始由关中徙京师，生三子，公居仲，名万钟，字仲诏，以好奇石，故号友石云……遂以甲午魁本经，明年成进士，筮令永宁……凡公三仕为令，并以卓异旌，乃当衡以公崛强，无意大用之，量移公廷评。公安之无愠色，其在廷尉，多平反者。旋迁计部，奉命分榷河西务。大疏梗涂，行人呼便，所节省金钱如干。又以其羡，筑河堤，为畿辅永利。寻改缮郎，视陶清源，爬疏积弊殆尽。天子才之，擢参浙藩，分守金衢道。多异政，严溪有八虎，幻形为祟，公移文禁之，遂绝。擢江西观察，分守江饶……久之，以资迁山东右布政……会公从江右归，道经金陵，时中贵人守备金陵者，方为珰构祠祝尸，闻公至，大喜，使使奉金帛，求数言，彪炳上公。公怒骂其人去，中贵人恚甚，以闻珰。珰怒益甚，乃嗾其党御史倪文焕，疏参公党人魁也，削籍为庶人。公遂不敢居京师。当此之时，珰怒未惬，其党日夕谋杀公更亟。会上登极，珰及其党，相继伏诛，于是以廷臣言，起公京卿。时卿署充塞，而公又澹然，耻自陈列，久之不补……起补公太仆寺少卿，理光禄寺寺丞事。守德胜门，虏退，上嘉其劳，下部记录。明年春，上朝日于东郊，公将事有恪。时公望重，主爵期大用公，而公已病，杜门月余。一日早起，呼水盥漱，索所蓄奇石两枚，怡弄许时，忽起端坐，遂卒。公先配淑人李氏，早卒，今封淑人陆氏，其继室也……公病时，淑人日夕呼天号泣，请以身代。革之日，一恸气绝，既苏，诸子及亲族，泣共慰之，淑人瞑目不语，曰'吾何能独生'？再恸遂绝。"（页 29A）

案：此文"起公京卿……守德胜门，虏退，上嘉其劳，下部记录"，约一百一十字，《倪文贞集》因"违碍"删去，致万钟崇祯初起补后事迹无考，万钟卒年亦误为崇祯元年（1628），应纠正之。

米万钟（1569-1631），字仲诏，号友石，自署米芾裔孙，祖籍陕西安化县，自父米玉起迁居北京。万历二十三年（1595）进士，授永宁县，丁忧归。服阕，补铜梁知县，调六合。量移大理廷评，进户部郎，分榷河西务。转工部，司司临清砖厂，擢浙江右参政，分守金衢道。天启三年（1623），升江西按察使，分守饶南。寻擢山东右布政，未任因忤珰削籍。崇祯初，起复旧官，至三年（1630）始补太仆少卿，管光禄寺寺丞事。未几，病作不起，朝野惜之。著有《澄澹堂文集》等。黄道周有《米友石先生墓表》。（《黄道周墨迹大观》，页7）

工部尚书总理河道朱光祚来书，复之。

《尺牍逸稿》卷五《答总河朱中丞光祚》："东山未驾，中外悬踵而望，比于景卿，亦既遘止，群心则降。河水汤汤，往功未数，新猷风布，弥益宣昭。知有桐柏调澜，支祁戢影，翁台之功岂在禹下哉？"（页3B）

案：《崇祯长编》卷三九："（崇祯三年十月甲子）起朱光祚为工部尚书兼都察院右副都御史，总理河道。"（《明实录》第94册，页2378）书云"河水汤汤，往功未数，新猷风布，弥益宣昭"，当起用不久作。

朱光祚，字上愚。湖广江陵人。万历二十三年（1595）进士，授钱塘知县，改邯郸，擢吏部主事、员外郎、郎中。授太常寺少卿，改大理寺少卿，晋太常寺卿，以工部尚书总督河道。天启五年（1625）被纠弹，削籍归。崇祯三年（1630）起工部尚书兼都察院右副都御史，总理河道，以劳卒于官。[乾隆]《江陵县志》卷二七有传。（页51B）

四月初七日，因旱与诸朝臣从上步祷南郊，归中暑疾。

倪《谱》卷一："（崇祯四年）四月，上忧旱，步祷南郊，群臣从。"（页21B）

案：《国榷》卷九一："（四月）庚戌，遣大臣祭郊坛禳旱，谕群臣修省。"（第6册，页5559）郑《表》，四月庚戌为初七日。元璐归即中暑，其《报韩老师》曰："自朔日从上步祷归，中暑疾作，心脾足目一时俱为二竖所官。"（《尺牍逸稿》卷一，页12B）又《乞归省疏》："自去夏五月，历秋涉冬，肌肉日消，见者怜骇，然臣犹自恃中强，勉趋朝谒。"（《倪文贞集》奏议卷二，页6A）

韩日缵老师丁忧在家，来书嘱撰两母墓志铭，复书以报。

《尺牍逸稿》卷一《报韩老师日缵》："门生某顿首奏记老师函丈：……顾蒙委斫，郑重浃汗累日，老师岂可以不朽其亲之大事，托之宵貌堲质、简闻小诵之人？既无辞理，黾勉竭驽具草呈上。自朔日从上步祷归，中暑疾作，心脾、足目一时俱为二竖所宫，二十以来，遂成鸠鹄。以使者急归，伏枕泚笔，弥不能工……总之，固陋不可以辱山灵，望师慈掩丑，改属他贤，幸甚幸甚。隆赐百顿拜承，附状不恭，又以病中头晕手疲，不能握管自作书奏，并希师慈原宥，临启瞻恋之至。"（页12B）

案：韩日缵生母钟氏上年卒，元璐《诰封韩母谢太淑人钟太淑人合祔墓志铭》：

"方先生之发使请恩于朝也，顾授书元璐曰：'惟吾嫡母谢太淑人葬且二年，然犹虚墓碣，今又将以某月日葬吾生母钟太淑人，既均圣善，又皆祔之先宗伯之左右，必子为之合志其幽，以其义类，比于史之同传，是可为也。'璐于是惕然承命。"（详后）韩师之父韩鸣凤（1540-1609），号海罗，卒于万历三十七年（1609），黄道周有《韩海罗碑》（《黄道周集》卷二五，页 1093）。

撰韩师之母谢太淑人、钟太淑人合祔墓志铭。

《倪文贞集》卷一二《诰封韩母谢太淑人钟太淑人合祔墓志铭》："盖今世躬被道德，而名闻天下者，无若吾师若海先生。今天子注期鼎耳，旁求且及，而先生顾以连执太夫人丧，久滞草土，先生之所自致孝礼殚矣。而天子怀甘盘之德，先后予葬祭有加，人子荣之……盖谢太淑人者，生有至性，年十六，归海罗公……钟太淑人父钟翁，以名家子，赀雄一邑……两太君皆以先生贵，累封至今称。谢太淑人生嘉靖丁未十一月十五日，享年八十有一。钟太淑人生嘉靖甲寅七月十二日，享年七十有七。"（页 1A）

左都御史陈于廷晋某阶，为撰诰敕。

《倪文贞集》卷一《左都御史陈于廷》："具官某，正学有源，强骨独举……惟尔祖谢同心，以奖王室，遂亦李杜骈首，而窜党碑。襦逐见端，刀锯行及，所幸天留硕果，世转玄茅。自朕缵服之初，遂下赐环之诏，始则陪京重地，分南国以憩召公；终以先朝直声，比宋宗之还唐介。入台未久，下令如驰……宽严之则，讵若尔宜者乎？兹以功叙晋尔某阶。"（页 21B）

案：《国榷》卷九一："（崇祯四年四月）癸丑，陈于廷为左都御史。"（第6 册，页 5560）陈于廷（1566-1635），字孟谔，号中湛，又号定轩。南直宜兴人。万历二十三年（1595）进士，仕至左都御史。《明史》卷二五四有传。（第 21 册，页 6561）

左副都御史高弘图晋某阶，为撰诰敕。

《倪文贞集》卷一《都察院左副都御史高弘图》："尔具官某，神怀明审，风节遒骞……尔其撄鳞抗论，强项挠权，几于对簿同文，仅乃挂冠神武。是有天幸，殆为朕留。洎夫见睍日消，如茅斯拔，爰怀旧德，召副中台……是故揽西台之胜气，推元老之壮猷。用晋尔某阶，锡之诰命。"（页 23A）

案：《崇祯长编》卷四五："（崇祯四年四月辛未）高弘图为左副都御史协理院事。"（《明实录》第 94 册，页 2723）

五月初七日，从兄倪元珙起江西道监察御史。

《崇祯长编》卷四六："（崇祯四年五月庚辰）起倪元珙为江西道御史。"（《明实录》第 94 册，页 2751）

六月初九日，倪元珙又改任江西巡按御史。

《崇祯长编》卷四七："（崇祯四年六月）辛亥，遣御史倪元珙巡按江西。"（《明实录》第 94 册，页 2801）

致书从兄倪元珙，元珙将赴任江西巡按御史。

《倪文贞集》卷一九《与从兄三兰元珙》："役旋，知莅任之期，揽辔澄清，此其时矣。夫绣衣整饬，官方首以奖廉惩贪为义，第豸台者，百城之圭臬，必先自处于洁清无欲之地，而后可以激浊扬清，转贪顽之固习……兄试平心察之，分别黑白，贮之夹袋，上之封事，则风励所及，其有益于吏治也多矣。江右土瘠而俗淳，足以兴起教化，要使匡峰、鄱渚间有以神慈颂者，斯则儒者救世之雄业，不负所学耳。"（页 4A）

案：书云"役旋，知莅任之期，揽辔澄清，此其时矣"，时倪元珙将之任巡按江西。倪氏兄弟天启二年（1622）同登进士时曾邸中连床夜论，以"致身立朝"互勉，此时又以"不负所学"共勉。

倪元珙在江西，至安福县巡察，谒名宦祠。

黄道周《三兰倪公墓志铭》："既持斧出江西，念古人下车谒徐孺子故事，慨然叹曰：'吾伯父有言，俗学不正，即澄清虚语耳。'伯父者，鸿宝公父雨田公，为安福令，与南皋公朝夕论道者也。三兰既下车，祀雨田公及诸先生。"（《倪氏宗谱》卷一四墓铭，页 19B）

案：《先兄三兰行状》："先中议令安成，有惠政，其后以救刘忠愍，争复古书院不毁，忤江陵，贬徙安成，人以为忠，祀之至今。及光禄按部至安成，以一少牢谒先中议祠下，时冠盖云会，童叟聚观者填咽衢巷，人以为美谈云。"（《倪文贞集》卷一一，页 20A）

同邑周凤翔编修以褒册属题。

《倪文贞集》卷一五《周巢轩太史褒册跋》："敬诵天章，斯知圣学也。天子方表崇《孝经》，兴励庸德，得一士笃行，至以刲股救亲，闻者如获龙马天球矣……且夫封史无他求，救吾亲而已。然而天下儒者喧之，以为其世瑞，其子史公秘之，以为其家珍。孝之敎忠，子之学父，断有玄会，致于精微。"（页 10A）

案："周巢轩太史"名凤翔，"封史"为凤翔之父，因子贵而封太史，褒册记其父刲股救亲事。按凤翔崇祯元年（1628）进士，授编修并敕封父母当在崇祯三、四年间。元璐与凤翔同乡里，居又同巷。王鐩《四哀诗》"左春坊庶子山阴周公凤翔"诗注："公与倪先生同巷，倪勒其闾曰'素心街'。"（《匪石堂诗》卷一四，《上海图书馆未刊古籍稿本》第 46 册，页 320）

周凤翔（？ -1644），字仪伯，号巢轩。浙江山阴人。崇祯元年（1628）进士，改庶吉士，授编修。迁南京国子司业，历中允、谕德，为东宫讲官。京师陷，凤翔不知帝所在，趋入朝，见魏藻德、陈演、侯恂等群入，而李自成据御坐受朝贺，凤翔至殿前大哭，归至邸，为书遗父母、两弟、子玉忠，题诗壁间自尽。著有《周文忠公集》。事具《明史》卷二六六本传。（第22册，页6858）

题新进士张尔忠举业文。

《倪文贞集》卷一六《题张肯仲艺》："闱中以五策识张子。士既第，固且经世，即偶为文，亦皆为经世设也。取士之法，上观三年，下观百世，瞳光所注，大都什九射其方来耳……张子未遽服官，余告之曰：'即一岁居，无所事事，必益治其文章。'……张子问余：'为是经世文耶，抑举业也？'余曰：'无不可。'"（页4B）

案："张肯仲"名尔忠。文云："闱中以五策识张子……张子未遽服官。"是年会试诗一房取中并相识，此序其及第未久作。

张尔忠（1582-1653），字移孝，号肯仲。山东潍县人。崇祯四年（1631）进士，授临漳知县，行取召对中左门称旨，擢山西道御史。巡视漕运，河涸漕艘不通，调度以惠运弁，舳舻衔尾至。事竣陛见，上褒嘉之。巡按陕西，超擢副金都御史巡抚陕西。十五年（1642）以疾告归。读书谈艺不辍，捐金募士，登陴守城，潍赖以安，卒于家。参见张缙彦《资政大夫都察院右佥都御史肯仲张公传》。（［民国］《潍县志稿》卷二七，页13B）

有书推荐门生杨以任。

《尺牍逸稿》卷三《致成前辈》："某白门受教，已绝名心。再被严咨，跟跄就道，正复波劫，失所趋持。顷承乏礼闱，大都冬烘，取笑天下，贵门生杨维节兄剑光遂发矣。如此人精微，不可不使在石渠发其静理，老先生亦尝留意乎？"（页22B）

案："成前辈"，其人未详。书云"顷承乏礼闱，大都冬烘，取笑天下，贵门生杨维节兄剑光遂发矣"，"杨维节"名以任，是年诗二房所取士，例应授知县，不就，改换学职，书云"此人精微，不可不使在石渠发其静理"，推荐其任职中书。

杨以任（1600-1634），字惟节，号澹余。江西瑞金人。崇祯四年（1631）进士，例授知县，改应天府教授。金陵士子争相趋骛，以能入杨门弟子为荣耀。六年（1633），分校闱阄，所得皆知名士。明年，升南京国子监博士，卒于任，年仅三十五。著有《非非室文集》等。［光绪］《瑞金县志》卷七有传。（页5B）

八月初二日，同年祁彪佳至京，同邑在朝者络绎访之。

《祁彪佳日记》卷一"涉北程言"："（崇祯四年八月）初二日，都门士绅渐知予至，以次来晤者钱瑞星、倪鸿宝、林栩庵、金楚畹诸君，皆桑梓，于谊甚笃。"（页2）

案：《祁忠毅公年谱》："（崇祯四年）八月，抵京投牒，循资俸题入考选……十月，考授福建道御史。"（《祁彪佳日记》附，页856）"金楚畹"名兰。

初八日，再晤同年祁彪佳。

《祁彪佳日记》卷一"涉北程言"："（崇祯四年八月）初八日……再晤张晦中、申于藩、魏倩石、宋又希、赵开吾、李阳俶、马讷斋、陈襄寰、倪鸿宝诸公。"（页2）

案："申于藩"名为宪，"魏倩石"名呈润，"宋又希"名贤，"马讷斋"名如蛟。

二十九日中午，晤同年祁彪佳。

《祁彪佳日记》卷一"涉北程言"："（崇祯四年八月）二十九日……午食未已，阮旭青、倪鸿宝、方书田、汪月掌相继至。"（页6）

作山水画，董其昌题跋。

董其昌《题倪鸿宝宫端画》："倪宫端在庶常时，写山水有元季黄子久、倪元镇笔法。距今十余年，一变为苍雅突兀之势，如此图者，近于化矣。王太史得之，以为衣钵，珍重！"（《容台别集》卷一，《董其昌全集》，页814）

案：董其昌本年八月召为礼部尚书，掌詹事府事。文云"距今十余年"，元璐天启二年（1622）选入翰林院庶常馆，至今十年，姑系于此。"王太史"未详俟考。

河南道监察御史傅永淳仍授阶文林郎，为撰诰敕。

《倪文贞集》卷三《巡视两关河南道监察御史傅永淳》："尔具官某，自其为令，已章健声。洎入中台，弥征严节，鲠固自遂，谠谔屡闻。朕时一见其人，识其风论，心知斯士，国之宝臣……微尔晶照四出，铁柱不挠，亦曷使朕拊髀勿忧，当食无叹乎？是用授尔阶仍文林郎。"（页16A）

案：《崇祯长编》卷四八："（崇祯四年七月己卯）河南道试御史傅永淳上言：……"（《明实录》第94册，页2833）傅永淳（1586-1667），字惺涵，北直灵寿人。天启二年（1622）进士，任房县知县，崇祯中迁河南道御史，官至吏部尚书。明亡，携家浮海岛。

兵部右侍郎总督蓟保等处军务曹文衡晋某阶，妻某氏仍封淑人，为撰诰敕。

《倪文贞集》卷三《总督蓟保等处军务兵部右侍郎曹文衡》："尔具官某，不可亲疏，今之元敬，兼备文武，比于修期……喜峰之严隘，旷若莽苍；蓟辅之要冲，度犹枕席。朕辍箸而叹，拊髀谁归？睠尔干城，畀之锁钥……自可弓名克敌，楼号筹边，真有常武江汉之风，非如灞上棘门之戏。尔能如此，朕复何忧？是用晋尔某阶。"（页6A）

《妻》："尔具官某妻淑人某氏，充瞿致孝，縰折有程。闺通礼文，妇供子职，求之今代，斯有至难……兹用仍封尔为淑人。"（页7A）

案：《崇祯长编》卷四八："（崇祯四年七月乙未）升应天巡抚曹文衡为兵部右侍郎兼右佥都御史，总督蓟辽保定等处。"（《明实录》第94册，页2858）

九月，后金围大凌久不解，上发帑赐剑，遣中官督战，元璐叹曰"此观军容之渐也"。

《国榷》卷九一："（崇祯四年九月）乙未，太监张宪彝总理户、工二部钱粮，

唐文征提督京营戎政，王坤往宣府，刘文忠往大同，刘允中往山西，各监视兵饷。"（第 6 册，页 5572）

案：倪《谱》卷一："（崇祯四年）九月，大凌围久不解，上发帑赐剑，遣中官督战，府君叹曰：'此观军容之渐也。圣明自出无奈，然外廷无人至此，岂不可羞可哭？'"（页 21B）

冯元飏疏论力争中官督战，有书寄之。

《尺牍逸稿》卷一《与冯公元飏》："勇过金伯玉而无其祸，即系年翁之福耳。天下之鲠固强直而可恃，未有如年翁者也……春冰之上，不自知性命所归，其详微具某书中。万事都无可言，惟有浩叹而已。"题注："元飏，号留仙。"（页 18B）

案："金伯玉"即工部主事金铉，以谏中官斥去。《明史》卷二六六金铉传："帝方锐意综核，疑廷臣朋党营私。度支告匮，四方亟用兵，饷不敷，遣中官张彝宪总理户、工二部，建专署，檄诸曹谒见，礼视堂官。铉耻之，再疏争，不纳。乃约两部诸僚，私谒者众唾其面，彝宪愠甚。铉当榷税杭州，辞疾请假。彝宪撼火器不中程，劾铉落职。"（第 22 册，页 6870）时冯元飏与兄元飏亦力争中官出镇，兄弟俱有直声。

十二日，观吴彬为郑之玄作《十石图》，有观款。

倪元璐跋云："十石尽态极奇，米颠袖中无此。""辛未重九后三日，始宁倪元璐观。"

案：吴彬《十石图》，日本京都国立博物馆藏。有黄道周、王铎题诗，又有倪元璐、汪桂、蒋德璟题诗或跋。（引自薛龙春《王铎年谱长编》，页 190）

是月，请移官南都迎养母亲，执政不允。

倪《谱》卷一："（崇祯四年九月）以南院冰天，人所不取，欲藉迁迎养，言之政府，不得。"（页 21B）

倪元璐《与黄道周（三）》："南天冰阒，求之半年不可得。"（福建省博物馆藏，《中国书法全集（倪元璐）》，页 101）

致书仲弟倪元瓒，赞"同门黄石斋、冯邺仙真皆铁汉"，刘宗周"为当今第一人物"。

《尺牍逸稿》卷六《与弟献汝》："近事如中使四出，武场更端，马腾仲以监试至褫职究问，王念生亦在从重议处之列，抚镇失人，要皆可忧可叹之事，欲哭则近于妇人，徒有气塞耳。同门黄石斋、冯邺仙真皆铁汉，而吾容与其间，鲜所表见，然已蛙腹胀破，可奈何哉？外寄刘念老一札并奏稿二篇，此老为当今第一人物，弟可时往请教，执弟子礼，勿以其道学先生迂而远之也。"（页 29A）

案：黄道周上疏救钱龙锡，冯元飏上疏力争遣中官出镇，两人杖言直谏，时人高之。"刘念老"名宗周，上年九月自京兆尹回籍调养。

同邑徐尔一赴官荆关，有诗送别。

《倪文贞集》诗卷下《送徐水部奉使荆关》其一："笙歌齐展画旗开，一具乌纱两笑颜。不问已知为楚使，巫山云气逼人来。"其三："商船如蚁客如鹜，今日开关较昨迟。底事郎官忙一晓，未曾完得远山眉。"其五："占天太史上星台，楚分娄星逼上台。召去君王如有问，须言红叶是良媒。"自注："时方就婚，予即冰上人。"（页24A）

案："徐水部"名尔一。［光绪］《上虞县志》卷一〇徐尔一传："崇祯元年（1628）行取补工部主事，尔一即拜疏讼（熊）廷弼冤……二年，（袁）崇焕杀（毛）文龙，又设十问发袁奸。在工部三载，疏凡七上。五年，出榷荆关，寻转员外郎，告归。"（页15B）尔一是年八九月间奉使荆关，《祁彪佳日记》卷一"涉北程言"："（崇祯四年八月）二十二日……晚，徐善伯移席于小庵，与朱二玄同席，勤酬至三鼓罢，时徐已闻荆关之命矣。以荆事询朱二玄，谈之娓娓。"（页5）又"（九月）初十日……徐善伯出晤，徐时有荆关差。"（页8）善伯即徐尔一。尔一生于万历七年（1579），长于元璐十四岁，时五十四岁纳新人，媒人即为元璐，亦为一段韵事。又，国家博物馆藏倪元璐《行草书七绝诗轴》，即此诗之一，题识："徐比部新婚奉使荆关赋贺。元璐。""比部"为水部之讹。

秋，与王铎、张镜心、冯元飏、黄锦、文安之、王锡衮诸友夜集黄道周斋中。

王铎《秋夜集黄石斋斋中，同张湛虚、冯留仙、黄絅存、倪鸿宝、文铁庵、王昆华》："秋风南望下鸳湖，临别灯前冷蟋蛄。蛮土几重藏薏苡，海涛径丈得珊瑚。我曹磊砢千秋事，何处关山一雁孤。渴酒谷阳深感慨，月明霜落有啼鸟。"（《王铎诗集》卷五，页23B）

案：于黄宅燕集诸友，除张镜心、冯元飏外，其余俱任职翰林院，皆以朝端人士相为砥砺。

十月初三日，访同年祁彪佳。

《祁彪佳日记》卷一"涉北程言"："（崇祯四年十月）初三日，章觐明来晤，倪鸿宝、颜壮其亦继至，壮其出其边筹以示。"（页11）

初五日，黄道周跋秦华玉镌诸楷法，论及元璐书法。

黄道周《书秦华玉镌诸楷法后》："同年中倪鸿宝笔法探古，遂能兼撮子瞻、逸少之长，如剑客龙天，时成花女，要非时妆所貌，过数十年，亦与王、苏并宝当世，但恐鄙屑不为之耳……崇祯辛未十月五日书。"（《黄道周集》卷二二，页960）

案：黄道周对元璐书法评价有所偏颇，如《书品论》："行草近推王觉斯，觉斯方盛年，看五十自化。如欲骨力嶙峋，筋肉辅茂，俯仰操纵，俱不由人，抹蔡掩苏，望王逾羊，宜无如倪鸿宝者，但今肘力正掉，著气太浑，人从未解其妙耳。"

（《黄道周集》卷一四，页 598）又《书倪文正公帖后》："壬午初年，仆见公作书，告人云：'鸿兄命笔在颜鲁公、苏和仲而上，其人亦复绝出。'诸君讶未敢信……和仲亦逸少才，其深刻奇隽，未必如公。然自晋宋上下，惟逸少、和仲通公一身耳。"（上书卷二三，页 993）

初七日，兵部覆试武举，奏技勇多不称，监试御史削籍，主试者下狱。

《国榷》卷九一："（崇祯四年十月）丁未，验试武举。前监试御史余文熠、马如蛟等削籍。"（第 6 册，页 5573）

案：郑《表》，十月丁未为初七日。倪《谱》卷一："先是，主司为词林杨公世芳、刘公必达，监试者侍御余公文熠、马公如蛟。有武举末场曳白外帘，例揭通衢，武举布蜚语欲倾监试。会下第者徐彦琦有绝力，牢骚自试，中人摭以闻。上疑有私，收监试、主考并系狱，尽斥诸士更试之。"（页 21B）

初九日，致书母亲施太夫人，言及封赠之事。

倪元璐《与母亲》："男明年决求南缺，奉母亲重游秦淮河。南掌院比司业又清闲，可一意游玩，无所拘束也。前戊辰年给下加封执照，初意欲留在五品时题请，适吏部条议隔品则不准封，男乃连忙具由到部。初意且欲再迟妻封，而吏部查驳云：'岂有无妻之理？'男始以真情实告吏部。今吏部尚书乃男同乡年家，男特往请教，他云'若既如此做得明白，自应封后妻'。以此一言，男意遂决，并妻具题。母亲加封太安人，媳王氏封安人，于九月廿二日命下，因轴未解到，尚未登文用宝，先此禀知。母亲重封袭庆，自为大喜，媳妇此举亦为明白正大、痛快直截之事。后日许多葛藤，子孙许多疑难，今日一着扫断。万事安定，亦可喜也……十月初九日，男元璐再百拜。"（无锡市博物馆藏，《书法》1988 年第 3 期，页 44）

案："吏部尚书"为闵洪学，浙江乌程人，据《明史》卷一一二"七卿年表"，闵洪学崇祯四年（1631）三月至五年（1632）八月任吏部尚书。（第 11 册，页 3497）有关"媳王氏封安人"一事，详后。

是月，改命方逢年、倪元璐覆试是科武举。

《崇祯实录》卷四："谕武举试艺，毋专取文藻……改命侍讲方逢年、编修倪元璐覆试，与前榜同者三十人。时有大臣子不得与，遂导上过督之。元璐覆试，大臣子复不与，且上章讼世芳等冤，士论伟之。"（《明实录》第 88 册，页 131）

倪《谱》卷一："十月，武闱更端，遣官重试，内阁循资奏以词林方公逢年为主考，府君副之。"（页 21B）

与方逢年奏请武举殿试、传胪悉如文例，赐及第出身有差。

《钦定续文献通考》卷三九："崇祯四年，始举行武殿试。时武会试榜发，论者大哗，帝命中允方逢年、倪元璐再试，取翁英等百二十人。逢年、元璐以时方需才，请殿试、传胪悉如文例。乃赐王来聘等及第出身有差，武举殿试自此始。"（页

"敝门生翁君"即翁英，是科武举会元，廷试第二，授磁州游击，故致书以荐。

荆之琦，字鸣玉。南直丹阳人。万历三十二年（1604）进士，授南户部主事，历任河南副使、山东武德副使。时山东新被蹂躏，之琦筹量兵务，日夕不解带，闻有警率身先将吏，所属郡邑赖之以安。为人谨愿，而遇事踔厉风生。因病告归。[光绪]《丹阳县志》卷一九有传。（页3A）

[嘉庆]《松江府志》卷五五："翁英，字际蜚。华亭人。崇祯四年武会举第一，廷试第一甲第二人，官游击将军。后与沈犹龙同守郡城，城破，隐于北桥。吴圣兆之乱见埔，死江宁。"（页64B）

是月，樊尚燝新授河南巡抚，又致书荐门生翁英。

《尺牍逸稿》卷三《与樊抚军》："岁星烛于中天，遂使翁台秉越[钺]而往，不胜手额。再谒未晤怅然，荣发定何期耶？敝门生新选磁州游击翁英者，其人静沈有远略，礼当肃谒，翁台可召入台阶，一董训之乎？又其一切称禀拜跪新仪，俱准文科，事当创始，在本生惕然有所不敢，而不佞叨其一日之长，不敢不为之请命，知翁台作兴至意，必有甚焉者矣。诸惟台照，余俟晤宣。"（页27A）

案：《国榷》卷九一："（崇祯四年十一丁酉）樊尚燝为右佥都御史，巡抚河南。"（第6册，页5575）"樊抚军"名尚燝，书云"再谒未晤怅然，荣发定何期耶"，即尚燝新授官未赴任时作。此书元璐推荐"敝门生新选磁州游击翁英者"。

樊尚燝，字明卿。江西进贤人。万历四十四年（1616）进士，授应城知县，调繁江夏，四十七年（1619）考授御史。崇祯三年（1630）升太常少卿，次年擢河南巡抚，六年（1634）丁忧归里，被参畏战避寇，遂革职。九年（1636）夏，卒于家。[康熙]《进贤县志》卷一五有传。（页12A）

廿五日，午后访同年祁彪佳，询问昨日彪佳召对事。

《祁彪佳日记》卷一"涉北程言"："（崇祯四年十一月）二十五日……午后倪鸿宝来，因得问昨日上召对事。"（页19）

是月，授阶承德郎，继配王氏封安人，后改封原配陈氏。

《敕授文正公中允》："尔右春坊右中允、翰林院编修倪元璐，无双之誉，比于黄童，了十之称，有如柳子。要尔文章所贵，由其气节相宣。当往者，逆竖雄行，箝罗四布，一言之牾，九族皆倾。维时歌颂之声，遍于天下，胁产之态，传于诗书。而尔以授命衡文，励心挺节，命发策痛诋深讥，见者舌挢，忧其祸及，使彼竖少延岁月，岂尔命可脱疱厨？不以间局，而法金人，斯知儒林之有铁汉。洎于大憝既殛，遗孽未除，鬼蜮弥工，日月犹晦，尔乃抗陈国是，剖判端邪。时则小人群起而攻，赖尔危论，弥坚不夺。朕用嘉尔，见之施行，凡数年之间，再撄凶焰，而正人天祐，大节霜明。有如尔者，可谓不堕家声，恢为国干者矣。至于讲席谟明，辟雍造士，是尔余事，不足以陈。兹用覃恩，授尔阶承德郎，锡之敕命……崇祯四年十一月。"

208

（《倪氏宗谱》卷首天章，页23A）

《敕封文正公配陈太恭人》："尔右春坊右中允兼翰林院编修倪元璐妻陈氏，生而婉慧，质秉礼仪，诚著苹藻，孝形修瀰。至于相厥夫子，成其令名，黾勉同心，穷达一致……朕所嘉尚，宜加门崇。兹用覃恩封尔为恭人，锡之敕命……崇祯四年十一月。"（同上，页24B）

案：《倪氏宗谱》所存敕文，有原配陈氏封恭［安］人敕文，而无续配王氏封赠敕文。之前元璐《与母亲》书云："初意且欲再迟妻封，而吏部查驳云：'岂有无妻之理？'男始以真情实告吏部。今吏部尚书乃男同乡年家，男特往请教，他云'若既如此做得明白，自应封后妻'。以此一言，男意遂决，并妻具题。母亲加封太安人，媳王氏封安人，于九月廿二日命下，因轴未解到，尚未登文用宝，先此禀知。"（引略）而实际情况元璐所述却大相径庭，考诸相关文献可知原委：

一、妻子请封之事，元璐因家事纠缠，踌躇再三，本拟推迟请封，官升五品时再办，但因吏部条议隔品不准封，才决定题请加封。倪书云："前戊辰年给下加封执照，初意欲留在五品时题请，适吏部条议隔品则不准封，男乃连忙具由到部。"

二、元璐家事真实情况，原配陈氏失母意被出，名分未失，续配王氏娶入名分未明，元璐未作决断，平添"许多葛藤"。蒋士铨《倪文贞公传》："盖公孝廉时娶冢宰陈有年女，以贵介故，失礼于姑，公凛母命，不得已出之，约略如陆放翁出妇故事，而以所受负郭数顷尽给之，俾长斋绣佛以老。旋娶于王。始成进士，故《乡试录》载娶陈，而《会试》则娶陈、娶王并载于录。然既与义绝，则例不得封也。"（《倪氏宗谱》卷一四传赞志述，页28A）而又有认定是"妾冒妻封"，如《荷牐丛谈》卷二："倪文正公元璐，文章节义，本朝无两，以正配失欢，云得罪太夫人，安置别室，而以妾王氏袭封诰。"（页59）

三、元璐请教主管封赠事宜的同乡吏部尚书闵洪学，告以实情，闵答以"应封后妻"，元璐遂决定并妻具题，封续配王氏。倪书云："以此一言，男意遂决，并妻具题。母亲加封太安人，媳王氏封安人……母亲重封袭庆，自为大喜，媳妇此举亦为明白正大、痛快直截之事。后日许多葛藤，子孙许多疑难，今日一著扫断。"元璐《寿外母节褒王袁太孺人六十序》云："余妇王安人即太夫人季女"（《鸿宝应本》卷六，页46A），可证其续配夫人王氏确实敕封安人。而章大来《偶阳杂录》云："一日请封，本陈氏也，已缄矣，王私以己易陈。"（页10A）章说"王私以己易陈"，与元璐所述不合，亦不可信。

四、崇祯九年，元璐被劾冒封，处以冠带闲住，而王氏封典如故。倪《谱》卷三："刘孔昭觊戎政，遂以啖之，出袖中弹文，使越职讦奏府君冒封……府君亦上章自理，乌程意沮。及吏部覆：行抚按覆奏。乌程虑勘报之得实也，即拟旨：《登科录》二氏并载，朦溷显然，何待行勘？于是部议冠带闲住，乌程票革职。上从部议，而封典如故。"（页1A）

五、至晚明福王时，刘孔昭南都当权，原配陈氏诉于朝，王氏之封诰始被夺，而改封陈氏，故《倪氏宗谱》载敕封陈氏一文，而无王氏加封安人敕文。《枣林杂俎》"王氏夺封"条云："尚书上虞倪元璐玉汝，少娶余姚陈氏失欢。既登第，嬖妾王氏纂封命……陈氏实同母夫人居，非遣归者。甲申末，陈氏诉于朝，时孔昭在事，夺王氏，改封。"（页129）

六、《倪氏宗谱》所载《敕封文正公配陈太恭人》，"陈太恭人"疑为"安人"之误，明时六品官之妻封安人，四品官之妻封恭人，封典时元璐任右春坊右中允，正六品。而谪母曹氏、生母施氏封赠"恭人"则不误，因倪冻赠中议大夫，为明正四品加授之阶，曹氏、施氏此从其夫。

父倪冻赠阶中议大夫，谪母曹氏仍赠恭人，生母施氏封太安人。

《敕赠文正公父中议大夫》："故琼州府知府倪冻，即右春坊右中允兼翰林院编修倪元璐之父，强正为骨，敏达之才……而直道不容于世，高尚以亢其躬，澹漠如僧，教诲尔子。今尔子元璐蔚有文章，矫然风节，维苏环之有子，知狐突之教忠。用以覃恩加赠尔阶中议大夫，锡之诰命……崇祯四年十［一］月。"（《倪氏宗谱》卷首天章，页19B）

《敕赠文正公嫡母曹恭人》："尔封恭人曹氏，乃右春坊右中允兼翰林院编修倪元璐之嫡母，燕婉而良，柔嘉有则。当尔夫子不媚权贵，致蹈危凶，维尔黾勉有亡，恐惧予汝……会覃叙仍赠尔恭人，锡之诰命……崇祯四年十一月。"（同上，页21A）

《敕封文正公生母施恭人》："尔封太孺人施氏，乃右春坊右中允兼翰林院编修倪元璐之生母，生自德门，嫔于望族，柔顺不忒，恭俭有闻……朕今者特擢尔子以正官僚，岂靳尔褒不旌母？则是用加封尔为太安人，锡之敕命……崇祯四年十一月。"（同上，页22A）

是月，题画送别罗喻义罢归。

《倪文贞集》诗卷下《题画石为罗萸江前辈》："自由体正见嶙峋，端为滔滔现此身。珍重好加炉火炼，世间原有补天人。"（页32A）

案：《崇祯长编》卷五二："（崇祯四年十一月）戊寅，讲官罗喻义以讲章违式一事冠带闲住，喻义疏请勘合回籍，特旨许之。"（《明实录》第94册，页3012）倪诗殆送别罗喻义作，姚希孟亦有《送罗宗伯萸江归楚》。（《清閟全集·秋旻集》卷三，页9A）

罗喻义，字湘中，号萸江。湖南益阳人。万历四十一年（1613）进士，历官翰林院检讨、谕德，擢南京国子祭酒。崇祯初，召拜礼部右侍郎，协理詹事府。进讲中及时事，颇伤执政，辅臣温体仁令改，不听，革职闲住。喻义雅负时望，为体仁所倾，士论交惜。事具《明史》卷二一六本传。（第19册，页5717）

致书兵部右侍郎侯恂，荐门生武状元王来聘。

210

《尺牍逸稿》卷三《与侯中丞恂》："敝门生新任昌平左骑营游击王来聘，才略过人，非凡鸟也。又大好遭际，既蒙圣恩特典，而又受事铃下，得贤主人，其为福将不言可卜矣。百凡惟翁台教诲卵翼之，励其新锋，以期来效，感戢无极矣。"（页27B）

案：《崇祯长编》卷三三："（崇祯三年四月癸酉）升侯恂为兵部添设右侍郎，暂驻昌平州督理兵马。"（《明实录》第93册，页1951）王来聘为是年武举状元，授昌平左骑营游击，在侯恂辖下。

侯恂（1590-1659），字六真，号若谷。河南商丘人。万历四十四年（1616）与弟恪同中进士，授行人，改御史，任太仆寺少卿，升兵部右侍郎，视师昌平，六年（1633）升户部尚书。为温体仁所嫉，系诏狱七年。十五年（1642），李自成军围汴，特拜兵部右侍郎，城破，复逮入狱。明亡，归家隐居。［康熙］《商丘县志》卷八有传。（页29B）

王来聘（约1590-1633），南直怀宁人。崇祯四年（1631）武科会试，获第一名，武榜有状元，自来聘始也。授副总兵，孔有德据登州叛，官军攻之久不下，六年（1633）二月以火药轰城，城破，来聘先登中伤而死。事具《明史》卷二六九本传。（第23册，页6923）

为门生吴桢文撰序。

《倪文贞集》卷七《吴澹人庶常别言序》："澹人之为文章，法必禀诸古人，而自见其性。夫古人之法，则既千年，文人之性，则亦千年，而极澹人之身，不过百年耳……若澹人之为人，清至孤引，吾之畏友也。鹄游燕宇，诚心愧之，复何言哉？澹人初名天胤，临入试，乃更名桢。当闱中牍具覆发，主者心冀知名，如卜听人，怀镜入市，幸闻好语者。时有声誉，则相叫欢，及澹人名揭，众寂然。余色颇愧，食已，忽予年友方书田，从西座隅，离席谂众曰：'吴桢者，华亭吴天胤也。'众乃赞噪，向主者举手贺得人，此大似高适等旗亭贳酒时，固亦当传耶。"（页10A）

案："吴澹人"即吴桢，当其在庶常馆时作，姑系于此。

闰十一月十九日，上疏请让官黄道周，召还刘宗周，称赞道周为"古今第一词臣"。

《倪文贞集》奏疏卷二《让官黄刘疏》："伏见原任右春坊右中允今听降黄道周，学行双至，今代所稀。观其嫉俗多忤，至清绝尘，禁近十年，日益贫寂，瓶鲜储粟，厨或无烟，此皆中朝所共知。执母之丧，庐墓摧毁，里众见者，并云曾闵复生。其学原本六经，博极群史，旁串百氏，而泽于仁义道德之旨。所为文词，宏深奇典，上凌数代，西汉而后，莫有其侪。然又精洞时宜，务为经世有用之学，自天文、历算、礼乐、名法、边筹、财赋，往代今朝，典常兴革，出其胸手，悉有成谋……所以推举本由至诚，且道周前因疏救旧辅钱龙锡忤旨降调，未几，而其言卒行，是则陛下之知道周久矣。当道周抗疏之时，同辈闻之，并为危栗，而道周以为惟圣主可与忠言，侃然进说，此诚至难。臣谓陛下今日用人，惟当取其伉直有气节者，今人多畏祸自顾其身家，又间者中使衔宪四出，动以威倨上官之体加于庶司，臣惧海内士大夫之气必化为绕柔，陛下又可不式怒蛙重摧折之乎？……若以臣所知，自黄道周而外，又有原任顺天府尹刘宗周者，清恬鲠介，其学行正类道周。而宗周居尹厘之职，则尽力尹厘，道周守文史之官，则致精文史，以此二臣，仰符侧席，犹圭璋之合也……臣自量庸劣，远逊道周，自道周蒙谴以来，臣内愧气失，因其有科场议处未结，缩默至今，顷经部覆奉旨，是臣披胸见心之日矣。诚以臣在词垣，有如凫雁，若道周者，使之大承顾问，小效编摩，必有补益，度越时贤。陛下幸听臣言，还道周原官，而出臣于外，承道周所应降官级……崇祯四年闰十一月十九日具题。"奉旨："黄道周已有旨了，不必代为陈请，该部知道。"（页 3A）

案：倪《谱》卷一："（崇祯五年）闰十一月，请让官黄公道周，召还刘公宗周……不纳。"（页 23A）倪《谱》系于崇祯五年，误。《崇祯实录》卷五三："（崇祯四年闰十一月辛酉）右春坊右中允倪元璐上言：原任右春坊右中允今听降黄道周学行双至，当代所稀，前以抗疏申救旧辅钱龙锡获罪，皇上既已释之不诛，是皇上之知道周久矣，此宜留之史局，以表率庶僚者。原任顺天府尹刘宗周，清恬鲠介，正类道周。而宗周居府尹之职，尽力尹厘，道周守文史之官，致精文史，以此二臣，仰副侧席，洵圭璋之选……幸皇上听信臣言，还道周、宗周原官，而出臣于外，以承道周所应降官级，此犹弃珷玞得良玉也。帝不允。"（《明实录》第 94 册，页 3114）

黄道周感谢元璐上疏让官，赋诗十二章。

黄道周《文网未释，乞休，为劳倪鸿宝特疏见白，为诗言谢，并道鄙意，非乖叔向引谊之怀，未殊孟博避咎旨也，十二章》，其一："违时谊举古殊难，无患善人且及餐。陶叔何尝忘戴黻，汉庭翻自笑房兰。白头出处关象纬，碧血并流澹肺肝。明月在天泉在匣，悬将心眼与谁看。"其八："亦是同巢风雨阴，鸾弓同气合开襟。但看物色已如此，何敢西归诵好音。睨柱不还卞氏泪，要盟先割子期心。故山对膝三千里，莫并二桃《梁父吟》。"（《黄道周集》卷四五，页 2367）

案：《漳浦黄先生年谱》卷上："同官倪公讳元璐抗疏，称先生为古今第一词臣，'臣愿以职让'，先生因属之以诗。'"（《黄道周集》卷首，页 97）

是月，为姚希孟制诰集撰序。

《倪文贞集》卷七《姚孟长翰长代言稿序》："是故观夫百尔之道，察其难为，无如视草者矣。而以姚孟长先生为之，其难益甚。先生之为难者二：望峻而文行远。望峻，则今之人必以其言为山龙，不得则怨；文行远，则后之人必以其言为蓍蔡，不核则讥。近怨远讥，此二者，不两弭之术也。故使今日以是事命某，某必辞，而先生居之。夫先生之居之，则亦天意也……以先生之鲠固，多怪少可，使修誉命之辞，适及泰征之会。嘤鸣之求，托音节足，故曰'天意，斯不诬焉'。子瞻纵笔一世，唯为五铭；先生典制二年，亦不盈牍。端人之心，可以知已。"（页4B）

案：《媚幽阁文娱二集》载此文题作《蔚天集序》，末署："时崇祯辛未之闰，始宁倪元璐顿首谨题。"《蔚天集》为姚希孟所撰制诰集，二卷。

吏科给事中曹履泰授阶征仕郎，父曹嘉谟赠如子官，为撰诰敕。

《倪文贞集》卷三《吏科给事中曹履泰》："尔具官某，风道遒凝，掌跖高远，当其筮仕，试于温陵……既擢夕郎，使表天掖，而尔清刚弥厉，鲠固不挠。耒迪之心，形为涕哭，指画之气，发于精微。至言有入骨之诚，号惕章扬庭之力，是使人材日出，吏道不刓，斯诚百尔之所归能，重旒之所取照也。朕甚喜得子，是用改授征仕郎。"（页11A）

《父》："尔原任罗山县知县赠文林郎曹嘉谟，乃具官某之父，处为名儒，仕称循吏……至于教诲尔子，鞿鞚于时，出则流膏，入而纳诲，是宜绰琰治谱，秘为家珍。斯知暾毅直声，本诸庭授，缅怀旧德，能不慨然！兹用改赠某阶如尔子官。"（页11B）

案：《崇祯长编》卷五三："（崇祯四年闰十一月戊午）以尹洗为刑科给事中，曹履泰为吏科给事中，冯世熙为稽勋司主事。"（《明实录》第94册，页3108）

曹履泰（？—1648），字大来，号方城。浙江海盐人。天启五年（1625）进士，授同安县知县，在任五年。考选吏科给事中，疏纠吏部李希揆躐等典铨，希揆嗾大珰王永祚诬以事下狱，论戍岭南，坐废十年。明亡，投效唐王，为兵部侍郎，于赣州遭遇清兵，拒降跳崖，受伤返乡，卒。[光绪]《海盐县志》卷一五有传。（页79A）

刑部福建司主事王肇坤授阶承德郎，妻叶氏赠安人，继妻张氏封安人；父王文焕封如子官，母张氏封安人，为撰诰敕。

《倪文贞集》卷三《刑部福建司主事王肇坤》："尔具官某，仁义之学，注为哀敬，诗书之气，被于简孚……朕欲稍纠以严，示世难犯。而所司不察，或为刻深，刻深之治，岂曰严耶？……夫皋陶之曰迈种，伯夷所以折民，岂意朕之庶臣，有能明此者乎？兹以奏绩，授尔阶承德郎。"（页20A）

《妻》："尔某官妻叶氏，始居约时，宫钟已著。风雨恐惧，方舟泳游，足明黾勉之心，征静好之德矣……遗挂阒然，则诚可念。爰赠尔为安人。"（同上，页21A）

《继妻》："尔某官某继妻张氏，善相尔夫，以能其职，审克之道，依于哲人……兹用封尔为安人。"（同上，页21A）

《父》："尔王文焕乃具官某之父，聚义连仁，有如襞缉，观其茂体，锋岸俱夷……是故于间，宜容驷马。今尔子惟良折狱，淑问有称，本厥由来，能不汝尚？用封尔

为某官。"（同上，页21B）

《母》："尔张氏乃某官某之母……匍匐凡民之丧，只且君子之乐，谓之女士，斯不诬矣。至若教诲尔子，陶孟之能，日问平反，式资明允。以是汝嘉，封尔为安人。"（同上，页22A）

案：《明史》卷二九一王肇坤传："崇祯四年进士，除刑部主事，改御史。"（第24册，页7465）本年除刑部主事，姑系于此。

十二月初三日，徐汧上疏申救黄道周，赞道周、元璐贤，元璐读其疏草有诗。

《倪文贞集》诗卷上《读徐九一疏草》："贾谊承纷乱，韩歆坐不谦。汉如铁必奋，人匪金胡针。伯玉妻闻赋，丰干僧发谶。自因真好色，移奖及无盐。""三万卷蟠腹，安能为伏雌。文心提气骨，谏舌报须眉。俱笑李邰让，谁教禽息知。寻常推举事，不幸后来奇。"自注："余求让官石斋不许，九一起而申之，辞甚切，至中间见推数语，则何敢承也。"（页15B）

案："徐九一"即徐汧。《崇祯长编》卷五四："（崇祯四年十二月辛未）简讨徐汧申救黄道周，上言：人情诩然嗜荣，惟知官爵之可贵。闻元璐换职之说，或共指为狂迂，及闻请斥之说，必且嫉其沽激，不知推贤让能，荩臣所务。难进易退，儒者之常。间者委任之意，希注外廷；防简之权，辄逮阉寺。默窥圣心，则疑贰浸萌；旁验群心，则陵援可虑，万一士风日贱，宸向日移，明盛之时，为忧方大。然可曰：'敦砥廉尚，遂无其人乎？'臣是以力举孤忠，愿同幽黜，窃意磨砺顽钝，舍此无由，故不避斧钺，冒死直陈，断不敢以不衷之言自取诛陨，伏惟圣明详察施行。帝不允。"（《明实录》第95册，页3140）郑《表》，十二月辛未为初三日。[乾隆]《长洲县志》卷二四"徐汧传"："中允黄道周以言事贬官，其同年生倪元璐请代谪，不许。汧上疏颂道周、元璐贤，且自请罢黜。疏至再，帝不听，乞假归。"（页57A）徐汧告假约在崇祯五年（1632）秋初。马世奇《送徐九一给假南归》："五载承明上直余，新恩赐沐暑初除。"（《澹宁居诗集》卷中，页2A）又其子徐枋《题倪文正公尺牍后》曰："昔黄相国石斋先生以忤时出国，倪文正公特疏留之，乞以己官授先生而自就斥。既奉严纶矣，先文靖公一疏再疏，乞允文正所请，谓先生伤躬皎然可信，文正进说诚然不叹。今读文正尺牍，虽朋从往还，率尔数语，而忧国爱才，如痌瘝诸身，所谓'诚然不叹'者，不愈可见乎？后十余年，文正以甲申死，先文靖以乙酉死，石斋先生以丙戌死，殉义不屈，后先一揆。意者在天之灵语及生平，当以相知之深，相视而笑，言及天下事，恐又不止如本卷中之长太息也。"（《居易堂集》卷一一，页249）

请让官疏上不听，方拟再补上书，会徐汧有疏见推，恐上疑朋党，故再疏不上。

倪《谱》卷一："按是时府君以所陈未听，思补牍，尝贻季父书曰：'让官黄、刘之疏，系吾一年积衷，非凡常推毂，如不见听，即当以失实处分。李邕因孔璋减死，禹锡与宗元换郡，此皆诚至语激，立取回天，如其不然，魏其曰终不令灌夫独

214

死，则亦蒙诛，尹洙曰臣义不当苟免，则亦得贬，未有不皁不白，出此悠悠七里之雾布于纶扉，而欲求天下之治平，乌可得乎？今上不听不谴，方拟补牍，会徐翰简九一沂继起，有谠论先获臣心之疏，中间见推及吾，恐上疑为朋谋，故止不上。'"（页24A）

案：书中"尝贻季父书"，即指元璐与弟元瓒书："（上疏）初因其科场事未结，故延今始上。如疏所称，岂是凡常推毂，如不见听，即当以荐举失实处分。李邕因孔璋减死，禹锡以宗元换郡，此皆诚至语激，立取回天。如其不然，魏其曰'终不令灌夫独死'，则亦蒙诛，尹洙曰'臣义不当苟免'，则亦复贬，未有不皁不白出此，悠悠七里之雾布于纶扉，而欲求天下之治平，乌可得乎？初欲以此意更作补牍之图，会衙门徐翰简九一继起，有'谠论先获臣心'之疏，中间见推吾与石斋才品颉颃，石斋当用，吾言当行云云，深恐主上疑为朋谋，吾再疏遂止不上。石斋既为时人所忌，而刘念老政府忮之尤深。"（《穰梨馆过眼录》卷二八"倪文贞家书册"之二，《中国书画全书》第13册，页172上）

是月，黄道周长子生，与同馆诸人举双卮为贺，有诗。

《倪文贞集》诗卷上《黄石斋举子同馆勒双卮以寿》："杏坛推才，五台选德。为是父儿，宜烦孔释。""今之黄童，乃在漳江。是父是子，亦既有双。"（页1A）

案：黄道周是年四十七岁，乃有长子。《漳浦黄先生年谱》卷上："（崇祯四年）腊月，举一子，亲朋毕贺，盖即长公子麑也。故先生诗云'乳汁不从俸米得，后来应记《伐檀》诗'是也。"（《黄道周集》附，页97）黄道周有诗为庆：《予年四十七矣，栖迟一官，辛未腊月得成天放，乃举一子，亲朋毕贺，动引子瞻之词，予遂陶然以洗儿赋谢六章》。（《黄道周集》，页2378）其长子为黄仁表，黄景昉有《赠黄仁表》诗题注："为石斋先生冢子。"（《瓯安馆集》卷一六，页13A）

黄道周家贫，元璐等都门同年好友分俸接济，南京礼部右侍郎钱士升亦分俸见寄，道周有诗谢之。

黄道周《久滞长安，困惫已极，倪宫允鸿宝、魏给谏倩石、李文选瞻韦、樊计部紫盖各移斧见资，适钱宗伯御泠亦自南都分俸见寄，聊散所怀十章》其一："不绝冯天幸，偷生亦主恩。风云二鸟去，霜雪一身存。瘅笔销佣力，焚车谢素飡，何当倾国巷，白日为哀袁。"其五："事人不媚主，何处可怜生。非虎宜空野，休官准步兵。霜高蚯蚓结，天迫犬羊争。图史多兄弟，瞪然想爱旌。"其十："季女多饥日，南冠饶滞音。敚炊危烈士，囊粟贱儒林。一缕肝肠在，千春道命深。琅玕何以报，白云岭松心。"（《黄道周集》，页1999）

案："魏给谏倩石"名呈润，字倩石，号中严，福建龙溪人。崇祯元年（1628）进士，时任兵科给事中，后以上言忤旨，帝责以党比，贬三级调外。"樊计部紫盖"

名维城，字紫盖，湖广黄冈人。万历四十七年（1619）进士，时任户郎主事，曾上书请斩魏忠贤并褒恤杨涟等人，被采纳。"钱宗伯御冷"名士升（1575-1652），字抑之，号御冷，浙江嘉善人。万历四十四年（1616）殿试第一，时任南京礼部右侍郎。《明史》卷二五一："崇祯元年起少詹事，掌南京翰林院。明年以詹事召。会座主钱龙锡被逮，送之河干，即谢病归。四年，起南京礼部右侍郎，署尚书事。"（第21册，页6487）"李文选瞻韦"，名廷龙，广东顺德人，天启二年进士，时任职吏部。

冬，从兄元珙于江西贡院招饮蒋德璟，德璟有诗怀及。

蒋德璟《同门倪侍御赋汝招饮江西贡院》："使星遥傍法星明，下榻欣从试院清。阁卷珠帘山献爽，池披水镜翠交横。抡材旧借銮坡重，叱驭新传豸斧名。此地自归君世掌，好将甘雨洒匡彭。"自注："倪家世官多在江右，而侍御弟玉汝前典试江右。"（《蒋氏敬日草》卷一一"使还诗"，页8B）

案："倪侍御赋汝"即元珙，时巡按江西，蒋德璟使还途经江西。

吉水县知县王龙震来书，复之。

《尺牍逸稿》卷五《与吉水令》："某久钦韩斗，未觌元芝，顷以家兄葭玉资成，兼之八公兄兰虹推气，遂蒙台光下济，许以神交。高张极于梦寻，侨扎［札］通犹旧识，欣喜之意，浃于肌眉，不可得言，爵踊而已。"（页10B）

案："吉水令"即王龙震，据［光绪］《吉水县志》卷二五"知县"："王龙震，晋江人，崇祯二年任。"（页4B）继任陆运昌"崇祯九年任"。书云"顷以家兄葭玉资成，兼之八公兄兰虹推气，遂蒙台光下济，许以神交"，"家兄"即倪元珙，"八公"即蒋德璟，王龙震与德璟同为晋江人，又为元珙下官，来书慕名结交，其书或由蒋德璟携至京师。

王龙震，字起一。福建晋江人。崇祯元年（1628）进士，授吉水知县。庭无峻罚，而奸暴止息，催科方亟，不致纷扰，使吉水民一力农事。农民军犯永丰，人心惶惧，龙震镇之以静，抚绥获全。在任九年，擢御史，仕至广东布政司副使。［光绪］《吉水县志》卷二六有传。（页12A）

父亲倪冻入祀名贤祠，致书江西某以谢之。

《尺牍逸稿》卷四《与江右某》："先君子之去仁乡，五十年矣。庚桑一楹，非翁台倡义主盟，未敢梦见也。昨岁从白下知闻，感而恸哭，尚以翁台自行其直，不敢私谢，终愧翳桑结曹之心。"（页18A）

案："江右某"，未详其人。书云"昨岁从白下知闻"，姑系于此。

岁末，致书同年黄道周，时为其刻《宦稿》。

倪元璐《与黄道周（一）》："高篇暂缴，如不即刻尚求再教也。大疏梓成送览，工手滥恶，奈何？曾与约不住，则必灭灶更然，但又烦擎□之力耳。惟命之外，附奉岁烛五十枝，苏酒一包，守岁光明，屠苏酣畅，映以食牛之气，剑行饮少之仪，不其乐乎？亦一勤也。石斋先生。弟璐载顿首。"又《与黄道周（二）》："得佳赐，心神并映，感谢。大录读已烂熟，弥不厌多，有从我求者尚图请益耳。正走马过馨欲言，先复。弟璐载顿首。冲。"（福建省博物馆藏，《中国书法全集（倪元璐）》，页99）

案：二书笺纸相连，殆同时所作。书云"附奉岁烛五十枝，苏酒一包，守岁光明"，应是岁末作；又云"高篇暂缴，如不即刻尚求再教也。大疏梓成送览，工手滥恶，奈何？"时元璐为道周编刻《宦稿》，详见元璐《黄石斋史公宦稿序》。

为新进士邑人马权奇文撰序。

《倪文贞集》卷七《马巽倩进士书义序》："当此之时，文章之道，得以大正，能为此者，吾友巽倩而已。自吾每言文人之心，通于禅观，在彼教中，亦有二端……此亦龙象不以为弩，天下平奇皆出于此。然而荧惑已讥，狡狯或悔，文章之以巽倩为正无疑也。"（页15A）

案：马权奇，字巽倩。浙江会稽人。崇祯四年（1631）进士，官兵部主事。才高招忌，甫授官，被系数月，继又系于邸舍者三年，事白归里。读书不辍，后避兵死于田间。著有《尺木堂学易志》等。［康熙］《会稽县志》卷二四有传。（页9B）此文应于其登第未久时作。

为门生李仲熊题举业文。

《倪文贞集》卷一六《题李苍崃近艺》："李子之在吾门，恭诚静凝，严著其骨，吾虽甚亲之，亦必引为畏友。其文特矜体持才，贱同贵独。凡时所最弩，则必弃之；其所取者，时彦皆以为不及也。观此，即其所居身用物者可知已。"（页11A）

案：李仲熊，字苍崃，直隶永年人。崇祯四年（1631）进士，授中书舍人，入清仕至广西巡按御史。［光绪］《永年县志》卷二八有传。（页8B）

点评诸子文，赋诗示之。

《倪文正公遗稿》卷二《点定诸子文口占示之》："题户凤偏稽喜受，丧家狗独仲尼辞。不于指上求明月，方悟天龙指是师。"诗末有注："此辛未作也。"（五七言绝句，页17A）

题门生王邵之父王所用像。

倪元璐《王瑞庭先生像赞》："腹五车书，既试为吏，则亦匪厨。腰五斗令，能和其民，则亦匪磬。亦不黄耆，岷山之碑，则是其寿。亦不显位，西平有子，则是其贵。淮清王宁，郭璞誓之，三槐列庭。吾告王子，尔考尔型，夙夜敬止。"（［乾隆］《保德州志》卷一〇，页65A）

案："王瑞庭"名所用，为门生王邵之父。王岱《明太史王二弥先生传》："瑞廷公所用，以明经起家，宰蜀仁怀。瑞廷有文名、博涉群书，尤究心理学。子弟负笈受业者，数千里不绝，多致通显……瑞廷生三子，二弥先生其长也。先生凤秉善根，渊源孝友，家学既勤，天质更敏。龀龀能文，年十三受知文太青，拔冠童子试。十六食廪饩，试辄前茅。辛酉（1621）登恩选，岁魁乡试。先生诸生时，即丁盛孺人之艰，举孝廉，又值瑞廷公之变，皆哀毁骨立，憾深风木，念灰进取，淹流十载。至辛未春官，始成进士。"（［乾隆］《保德州志》卷一〇，页43B）是年王邵选入庶常馆，乞同馆师友为乃父撰碑铭题记，［乾隆］《保德州志》卷七"王所用"传："闽漳石斋、东崖两黄先生为表其墓，诸巨公皆有赞，董思白先生题卷首曰：'太丘师表。'"（页27B）所见者有：文震孟《王瑞庭先生像赞》（［乾隆］《保德州志》卷一〇，页65A）、黄景昉《明仁怀知县敕赠征仕郎翰林院简讨王公神道碑》（上书卷一二，页1A）、黄道周《王端庭先生暨配盛孺人墓表》（上书同卷，页6A）、傅冠《王炳藜太史尊公像赞》（《宝纶楼文集》赞，页372B）。

题何印尼所辑京中诸子文曰"正告"。

张溥《江北应社序》："予与杨子伯祥在京师时，从游者数十辈，皆北方豪杰之士。何子印尼时为学官，悉礼而致之，使朝夕治文字、谭经书。今年夏，遇印尼于吴门，出选文一峡，皆燕中诸子之作，题曰'正告'，倪鸿宝先生所命名也。"（《七录斋合集》近稿卷一，页27A）

案：何印尼，事迹未详，陈子升《何印尼太常招同刘安世司马、陈忝生宫谕雨集，分得来字》（《中洲草堂遗集》）、邓务忠《贺何印尼之官迎养》（《勋卿遗稿》），均此人。

十二月十五日，与顾锡畴等评阅归有光所选《唐宋八大家文选》。

倪元璐《宋大家苏颖滨文选序》："昔人论文家气象，须如梗木柟枝缔构大厦，上栋下宇，可以燮阴阳、阅寒暑，坐天子而朝群后。又如应钟鼙鼓，笙簧錞盘，崇牙树羽，考以宫县，可以奉神明、享宗庙……试读颖滨列国诸论，君术、臣事、民政诸策，及上韩太尉书、快哉亭诸记，其奇峭雄伟似无逊于老泉、子瞻，而疏宕二字则鹿门先生之定评也。读颖滨文者，当作如是观。始宁倪元璐题。"（《唐宋八大家文选》之《宋大家苏颖滨文选序》卷首）

又《宋大家苏老泉文选序》："唐李商隐撰元结文云：'其绵远长大以自然为祖，元气为根。'予每持此法以索唐宋诸大家，唯眉山氏得之……李翱曰：'义深则意远，意远则理辩，理辩则气厚，气厚则词盛，词盛则文工。'今读老泉六经、论衡论与权书、几策、诸记说，有一不深其义、辩其理、厚其气而盛其词、工其文乎？……余欲嗜古家读老泉文，当如李商隐之撰元结也，故于眉山氏有言。始宁倪元璐题。"（《唐宋八大家文选》之《宋大家苏老泉文选序》卷首）

案：明归有光选辑《唐宋八大家文选》五十九卷，复旦大学图书馆藏。子目：1、唐大家韩昌黎文公文选八卷；2、唐大家柳柳州文选八卷；3、宋大家欧文忠公文选十卷；4、宋大家苏文忠公文选十六卷；5、宋大家苏老泉文选三卷；6、宋大家苏颖滨文选三卷；7、宋大家王荆公文选五卷；8、宋大家曾南丰文选六卷。卷首有归有光序，又有顾锡畴序："余故尝以教儿辈也……皇明崇祯辛未季冬望鹿城顾锡畴题。"又有张溥、杨廷麟评语，两人俱是年进士，选入庶常馆，明年张溥即乞假省亲而归，故此书应本年冬刊印。

此书徐开雍评阅、参订，评阅者又有顾锡畴、茅坤、倪元璐。倪元璐评阅苏洵三卷、苏辙三卷、王安石二至五卷、曾巩二至六卷，卷端俱署曰"太史鸿宝倪元璐评阅"。文后有时贤文士四十多人评注，评注较多者如顾锡畴、归有光、茅坤、徐开雍、倪元璐等。如元璐评苏洵《六国论》："老泉以赂罪六国，此以不能厚韩魏、罪六国，彼为有为之言，此为先见之言，宋卒以助辽金而亡，悲夫！"（《宋大家苏老泉文选》卷一，页4A）又评曾巩《上蔡学士书》："阅曾公此书，见谏官为天子司喉舌之臣，当上成君德之美，不可以苟且塞责，亦不可以缄舌取容。"（《宋大家曾南丰文选》卷二，页7A）

岁末，有诗题《松石图》，为吴桢母杨太夫人寿。

《倪文贞集》诗卷下《题松石寿吴澹人母杨夫人》："骊山老母石长在，华岭玉姜松愈芬。十二灵飞篇烂熟，传经偶尔号宣文。"（页32A）

案：元璐《寿吴翰编母杨太夫人七十序》："时则太夫人就禄彩舆，周览王畿，既复兴睠家园，挈季翩反，而留吴子。及其冬杪，已跻七旬，袗绅传哦，宫钟道著。"（《鸿宝应本》卷六，页41A）知杨太夫人生辰在"冬杪"。

黄道周为吴桢作《朱松墨石图》寿其母，馆中同人多有题诗。

《倪文贞集》卷一七《赞黄石斋宫庶为吴澹人太史朱图松石寿其太君》："松何依，依湘妃。起大风，怒祖龙。赭之余，色如朱。其骨强，弥轩翔……选五色，抵穿隙。炼不残，渥如丹。其体正，日坚定。娲贵宝，告太昊。昊曰嘻，慎持之。后有贤，才补天。报其母，以斯寿。"（页2B）

案：同时之作，有张溥《题黄石斋先生朱松墨石图》（《七录斋合集》卷四，页19A）、马世奇《黄石斋太史为吴澹人年兄图赤松寿其伯母太人，赋题短句》（《澹宁居诗集》卷上，页57A）、姚希孟《黄石斋画朱松赠吴庶常澹人为其母夫人寿》（《清閟全集·秋旻集》卷三，页12B）。

庶母李氏病重，弟元瓛割股肉杂糜进之，不效而卒。

《倪文贞集》奏疏卷四《七乞归省疏》："又臣异母弟生员元瓛，少有至性，昔年庶母李病革，元瓛割股肉方寸，杂糜进之，卒亦不效。遂至毁赢，寻感奇疾，于今四年，殆者数矣，臣母怜之，尤甚于臣。"（页5B）

案：庶母李氏为元瓛生母，生年不详。《七乞归省疏》作于崇祯八年（1635）五月，前推四年，则李氏卒于本年。

本年，后金兵围祖大寿于大凌城，大寿突围，入锦州。杨鹤招抚流民于宁州，

寻复叛，下杨鹤狱。以洪承畴督三边军务，罗汝才、张献忠伪降，再复叛。孔有德率师援辽，次吴桥反，连陷陵县、临邑等。米万钟卒。

【诗文系年】

《答吴鹿友甡》《户科给事中冯元飚》《洗儿词为王季重》《与倪元瓒（五）》《策吏将兵民》《诗一房同门稿序》《选房士稿得二十四人》《题叶行可非臞草》《诰授中大夫太仆寺少卿米友石先生墓志》《答总河朱中丞光祚》《报韩老师日缵》《诰封韩母谢太淑人钟太淑人合祔墓志铭》《左都御史陈于廷》《都察院左副都御史高弘图》《与从兄三兰元珙》《周巢轩太史褒册跋》《题张肯仲艺》《致成前辈》《巡视两关河南道监察御史傅永淳》《总督蓟保等处军务兵部右侍郎曹文衡》《与冯公元飚》《与弟献汝》《送徐水部奉使荆关》《与母亲》《大兵发而万物皆服》《辛未武会试策问》《策边隘、步骑、火器、侦间、调发》《策农战夷寇吏将》《武会试录后序》《救四累臣疏》《与黄道周（三）》《与荆》《与樊抚军》《题画石为罗荑江前辈》《与侯中丞恂》《吴澹人庶常别言序》《让官黄刘疏》《姚孟长翰长代言稿序》《吏科给事中曹履泰》《刑部福建司主事王肇坤》《读徐九一疏草》《黄石斋举子同馆勒双卮以寿》《与吉水令》《与江右某》《与黄道周（一）》《与黄道周（二）》《马巽倩进士书义序》《题李苍峤近艺》《点定诸子文口占示之》《王瑞庭先生像赞》《宋大家苏颖滨文选序》《宋大家苏老泉文选序》《题松石寿吴澹人母杨夫人》《赞黄石斋宫庶为吴澹人太史朱图松石寿其太君》。

崇祯五年壬申（1632），四十岁

任右春坊右中允兼翰林院编修。春，充经筵日讲官。

正月初三日，黄道周书《壬申元日六章》相赠，为题"瘦雲肥雨"四字。

黄道周《楷书七律诗册》题识："壬申元日晨间微雪，俄而羲阳晃然，揽晖竟夕，伏枕泚笔，遂成六诗……壬申正月三日，录似鸿宝先生教正。"（浙江博物馆藏，《书法丛刊》总25辑，页42）

案：此册录道周七律六首，即《壬申元日侵晨雨雪，旋遂开霁，时已得请，睟然有作六章》。（《黄道周集》卷四六，页2380）元璐《与黄道周（四）》："正闷闷，得新诗如天风吹下步虚声，使人仙逐。入新年不复憔悴，赖此宝气，纳头先谢，即图面颂。"（引略）殆指此诗。元璐引首："瘦云肥雨。元璐。"有倪会鼎跋："世以夫子与先公并称，先公道过于媚，夫子媚过于道，同能之中，各有独胜。"

为黄道周编刻《宦业稿》，致书商洽校阅事宜。

倪元璐《与黄道周（四）》："雪中茧缩，里亲过从，盖为酒食所累，无复诗兴文心。今日拟趋贺，出门稍迟，泞不可行。正闷闷，得新诗如天风吹下步虚声，使人仙逐。入新年不复憔悴，赖此宝气，纳头先谢，即图面颂。辽环样本附缴，前大疏第五后三枚刻竟，讹恶已勒令改为可临。如再誊一通，三日内付下为望。弟璐顿首。"（福建省博物馆藏，《中国书法全集（倪元璐）》，页103）

案：书云"入新年不复憔悴"，可知作于新年。又云："辽环样本附缴，前大疏第五后三枚刻竟，讹恶已勒令改为可临。如再誊一通，三日内付下为望。"指正为黄道周校阅刻印《宧业稿》。

再致黄道周书。

《尺牍逸稿》卷一《与同馆黄石斋》："适家亲至，老母寄茧绵四觔，分半奉兄……大篇适取自杨伯祥，尚十题未定，少日即上覆。所脱小草，荒烂支离遂欲裂，恐兄疑为慢事，先辄附请，冀得大涂，垂教当减灶更为之。黄先生亦如世人，蓄讥于心，口为好语，是必以我为非人也，望望。稍霁图过从，每一问奇，必兼兄三日之馈，胜我十年之书。"（页9A）

案："杨伯祥"名廷麟，元璐诗一房所取士，亦参与《宧业稿》编刻事。

《宧业稿》选文二十五篇，为撰序。

《倪文贞集》卷七《黄石斋史公宧稿序》："钻串六经，役其魄体，以为之举业，使膏粉之容化为鼎气，自二百余年来，未有能为之者，而石斋始为之……石斋处承明著作之廷，而求经济之道，其于时文犹老妇之厌离柘枝也。而今忽自意至，为文二十五篇出以示吾。自吾与石斋交，每语移日，欣惬契会，少所击难。虽然，吾今聊复难之，石斋必以是文章之道，可治天下……必以石斋之才，为其汉以上，而今人之情，无有其宋以下者。则六经之治文章，文章之治天下，不出一年，其功尽见。"（页6B）

十四日，至祁寓晤同年祁彪佳。

《祁彪佳日记》卷二"栖北冗言上"："（崇祯五年正月）十四日，方读书而倪鸿宝至。及饭未毕，姜端公至，送姜去，禹海若复至，予留之小酌。"（页36）

案："禹海若"名好善（1582-1656），字存诚，号海若，河南汜水人。天启二年（1622）进士，上年与祁彪佳同任监察御史。"姜端公"名应甲，字叔乙，号端公，浙江金华人。崇祯元年（1628）进士，授行人，七年（1634）改刑科给事中，乞归养里居，杜门不出。［道光］《金华县志》卷八有传。（页38A）

致书弟元瓒，寄归《武会试录》二册并《让官黄刘疏》一通。

倪元璐《与倪元瓒（二）》："寄归《武录》二册并疏草一通，近日多谅，并附青芝报中。兹因其迟报又附后疏于此，此举系吾一手［年］积胀［衷］，初因其科场事未结，故延今始上。如疏所称，岂是凡常推毂，如不见听，即当以荐举失实处分。李邕因孔璋减死，禹锡以宗元换郡，此皆诚至语激，立取回天。如其不然，魏其曰'终不令灌夫独死'，则亦蒙诛，尹洙曰'臣义不当苟免'，则亦复贬，未有不皂不白出此，悠悠七里之雾，布于纶扆，而欲求天下之治平，乌可得乎？初欲以此意更作补牍之图，会衙门徐翰简九一继起，有'谠论先获臣心'之疏，中间见推吾与石斋才品颉颃，石斋当用，吾言当行云云，深恐主上疑为朋谋，吾再疏遂止不上。石斋既为时人所忌，而刘念老政府忮之尤深。"（《穰梨馆过眼录》卷二八著录"倪文贞家书册"之二，《中国书画全书》第13册，页172上）

案：书云"寄归《武录》二册并疏草一通"，"武录"指上年主持武举之《武会试录》，"疏草"指所上《让官黄刘疏》。书中对上《让官黄刘疏》缘由叙述甚详，可资参考。

十九日，同姚希孟、文安之至黄道周寓小酌，赏黄辉诗卷。

黄道周《壬申元夕后，姚孟长招鸿宝、汝止来酌余邸，见黄平倩诗卷，欣然言和兼以志别七章》其一："园禽何日变，榆火一番新。白发到头近，穷交入骨亲。眼醒分竹醉，色举见鸥真。前辈诗简在，森然见古人。"其七："百尺云霞篆，能怜荔薜裁。青春分剑去，白月串珠来。不合生芳草，何期向隐雷。江鱼通震泽，倘许素书回。"（《黄道周集》，页2011）

案：黄道周将乞休还乡，姚希孟（孟长）招同元璐、文安之（汝止）至黄道周寓小酌。上海博物馆藏黄道周《行书自诗卷》，录此诗一、二、三、四、七等五首，题识："姚现闻先辈携示黄平倩所寄王宇泰先生诗卷，属弁和之。珠玉之侧，大难为辞，又将还山，情况索然，聊志下里，不足谈也……时会稽倪鸿宝、随州文汝止在，会坐间得明海、云梦、笠泽、漳江之胜，不遇长者，缺此奇缘，草草数行，徒为涪翁敛其沙砾耳。空山长往，难续此梦，犹冀后人知前辈雅交足成嘉话也。崇祯壬申元夕后四日，黄道周具草，请正。"（《黄道周墨迹大观》，页1）

二十四日，黄道周临行上《放门陈事疏》，曰"大君有命，开国承家，小人勿用"，上震怒，削籍为民。

《漳浦黄先生年谱》卷上："（崇祯五年）春正月，束装将行，有《放门陈事疏》，略云：'臣自庚午正月携家北上，今又正月间关南旋，往还冒难，首尾三年。在朝班不上三十日，食俸米四石五斗，罪过山积，仅余骸骨，一旦溘然，幸及残喘，冒昧吐之……是陛下御极之元年，正当《师》之上六，其辞曰：大君有命，开国承家，小人勿用。自有《易》辞，告诫未有深切著明若此者也……'已，复遵旨再奏，以'滥举逞臆'，削籍为民。"（《黄道周集》卷首，页97）

是月，充经筵日讲官。

蒋士铨《倪文正公传》："壬申，补日讲官。"（《倪氏族谱》卷一四传赞志述，页11B）

案：明制，日讲官由内阁从翰林院和詹事府官员中，具名题请。元璐是年二月初二日上《乞归省疏》曰："倪元璐纂修未完，且新补讲员。"（《倪文贞集》奏议卷二，页6A）故其应于一月充日讲官。又《玉堂荟记》卷上："日讲每次有酒馔，初次设宴，以后每人折银一两，俱光禄寺办。"

江南督学叶成章来书，复之。

《尺牍逸稿》卷六《答督学叶侍御成章》："文翁之化一方，昌黎之起八代，方之今日，讵足称奇？不佞髯髲至微，青黄无饰，猥蒙虹气，被以兰馨。诵成人有德之诗，已知陶铸；咏示我周行之句，弥戡熏披。敬拜下风，飏哦明德。"（页9B）

案：《崇祯长编》卷五二："（崇祯四年十一月）乙亥，江西巡按叶成章荐方面官何应瑞等十员，章下所司。"（《明实录》第94册，页3008）据［光绪］《同安县志》卷二一叶成章传，其由江西巡按改应天督学，故系于此。

叶成章（1573-1641），字国文，号慕同。福建同安人。万历四十七年（1619）进士，授长洲县知县。以廉能召试御史，屡献直言。巡按宣大兼学政，改巡按江西，广纳群言，处治有度，境内肃然。督学应天，士习文体，一轨于正，所拔士多显达。迁大理寺卿，以忤珰削籍。家居二载，朝议召用，成章已逝。［光绪］《同安县志》卷二一有传。（页46B）

又附一笺，荐邑人张景华。

《尺牍逸稿》卷三《与叶》："附有启者，舍亲贡生张景华，即张芝亭之冢公，于老先生自有谊分。兹以改南就试，录科之役，望以上等处之。此自敝里名士，要非东市一朝之顾，不足发其光辉耳。"（页16B）

案：此书即上书之附笺，致叶成章荐张景华，即张汝懋长子，山阴状元张元忭之孙。张汝懋（？-1640），号芝亭。浙江山阴人。［嘉庆］《山阴县志》卷一四："（张汝霖）弟汝懋，万历癸丑（1613）进士，知休宁，有惠政，擢御史，官至大理寺丞。"（页51A）汝懋卒于崇祯十三年（1640）十月，《祁彪佳日记》卷一〇"感旧录"："（崇祯十三年十月十一日）便道吊张芝庭，读其《山居自述》。"（页469）周汝登《题张芝亭家藏卷》："万历申、酉间，余以论学获教于阳和太史先生，而时已知其有子芝亭君矣。又十余年，太史既没，而芝亭复相论证于洗心镜波之馆，盖孳孳求不坠其先训焉。暇日出一卷示余，中为太史手笔，时时顾諟，诚不啻于羹墙。"（《周汝登集》，页141）"阳和太史"即张元忭，子芝亭即张汝懋。

吏科给事中宋权授阶征仕郎，父宋沾改赠某官，嫡母张氏仍赠孺人，生母丁氏仍封太孺人，为撰诰敕。

《倪文贞集》卷三《吏科给事中宋权》："尔具官某，静沉之德，以致其才。当牧阳汾，宽健俱出，烹鲜拔薤，原田积歌。夫长吏者，天下之所归能也。其不忍于吾民，而健持其官，则朕谓其人必致忠而气出。是故擢尔华要，试之天垣，维尔主其强遂，耻为伊优……用改授尔阶征仕郎。"（页8B）

《父》："尔原任福山县知县宋沾，乃具官某之父，明体达用，卓然儒者，学问弘广，小试鸣琴……语有之曰'树落则粪本'，乌有怀其龟宝而不知其所从来者乎？用改赠尔某官。"（同上，页9A）

《嫡母》："尔孺人以孝旌张氏，乃具官某之嫡母，美在其中，声闻于外……若乃佐夫以正，逮下之仁，斯俾螽羽腾歌，江沱戬咏。鸤鸠有如一之性，仓庚为化妒之羹，须眉所难，是为备德。用赠尔仍孺人。"（同上，页10A）

《生母》："尔封太孺人以节旌丁氏，乃某之生母，自尔夫死劳以往，皆未亡荼茹之年，恃尔贞凝，不可转卷……今尔子磊砢著节，慷慨扬忠，凡掖垣骨鲠之声，皆霜阃身先之教。是用封尔仍太孺人。"（同上，页10B）

案：《崇祯长编》卷五九："（崇祯五年五月）己酉，吏科给事中宋权疏陈悬殊赏以歼贼首、集土军以奋兵威二事。"（《明实录》第95册，页3403）宋权是年春授吏科给事中。宋权（1598-1652），字元平，号雨恭，河南商丘人。天启五年（1625）进士，官至顺天巡抚，入清，擢国史院大学士。《清史稿》卷二三八有传。（第32册，页9494）

广东道御史吴振缨授阶文林郎，为撰诰敕。

《倪文贞集》卷三《广东道监察御史吴振缨》："尔具官某，绩学名通，居身高远……夫谏官之道，贵去名心，法吏之威，惧干元气……如尔志贞学广，诚至识尊，庶几萧燧之远时名，陈瓘之持大体。是用阶尔文林郎。"（页19A）

案：《崇祯长编》卷五八："（崇祯五年四月丙申）广东道试御史吴振缨上言，自有东事以来，竭天下之力以供已去之辽，一派再派，杂项频加，穷民之膏血既尽，无怪乎老弱骈填沟壑、强壮流为盗贼也。"（第95册，页3383）其擢广东道御史当在是年四月前。

二月初一日，陈士奇之任广西督学，有诗送别。

《倪文贞集》诗卷下《送陈天甫督学岭西》："有佛无佛安足论，悉驱僧入辟支门。图书龙马真开辟。钟鼓爱居亦引援。五管安眠边教授，千年交代柳宗元。由来岭外称烟瘴，今看春风何处温。"（页22A）

案："陈天甫"，《倪文贞公诗文稿》作"陈弓甫"，是。《崇祯长编》卷五四："（崇祯四年十二月）丙子，以礼部郎中陈士奇为广西提学副使。"（《明实录》第95册，页3150）士奇字弓甫，道周门生。黄道周《陈太公哀词》："崇祯壬申春正月，弓甫以学宪衔命粤西。时余方再疏请门，未就道。既数日，得荷骸骨归墓下，而弓甫踽踽使车，闻封公学箕之丧。忆余未出都前数日，尚为诗四章，识文昌莱彩之胜，驰寄弓甫，不及也。"（《黄道周集》卷二七，页1216）

同时之作，黄道周《二月初吉陈弓甫以督学西粤不及为别，怆然寄之三章》（页2390）、郑之玄《送陈弓甫督学粤西》（《克薪堂诗集》卷八，目录页21B）、张溥《送陈平人学宪之粤西》（《七录斋合集》诗稿卷一，页10A）、马世奇《陈平人督学粤西》（《澹宁居诗集》卷上，页30B）。

初二日，思母成病，上《乞归省疏》。有旨"照旧供职，不得陈请"。

《倪文贞集》奏议卷二《乞归省疏》："伏念臣母太安人施氏，行年七十有二，体素癯薄，不任远行，臣官京师十年之间，凡再往迎，不能一至。崇祯二年，伏蒙圣恩，升臣南京国子监司业，幸以去家一水，然犹良久始就潘舆。相聚既欢，臣于此知古人捧檄之意，不悟隆恩无极，骤又量移。时值圣明宵旰，臣母子难同行止，自合分裾。臣母素贤，通晓大义，自臣偕计到今二十年间，凡六七别，率皆中坦欢颜，独于此行，虽诚勉再三，而涕泪已出。臣既就道，中怀挐挐，凡十余夜不得睡寐。抵都杂以尘劳，怔忡陡作，自去夏五月，历秋涉冬，肌肉日消，见者怜骇……京师如海，然独无医，即幸有医，亦无治臣之药……倘蒙圣慈，矜鉴立俞所请，俾得就此春和，生出国门，生入里门，一见臣母，纵填沟壑，靡所憾恨。所有承派《实录》，先经力疾纂修，谨一面缮写，次第完缴，无敢荒率。缘伏枕间，恭遣义男倪安代赍具奏上闻。崇祯五年二月初二日具题。"奉旨："倪元璐纂修未完，且新补讲员，著照旧供职，不得陈请。该部知道。"（页6A）

案：《国榷》卷九二："（崇祯五年二月）庚午，右中允兼编修倪元璐乞养疾省母，不许。"（第6册，页5585）倪《谱》卷一："承纂《神庙实录》告竣，因请省亲，以新补讲员不许。"（页25B）

黄道周闻元璐疏曰"京师如海，独无良医"，赋诗四章。

黄道周《伏枕及下床窅无所见，见倪鸿宝请假疏云京师如海、独无良医，为之慨然，赋京师如海独无医以示诸病者四章》其一："帝悯苍生苍可怜，炎皇初本久难诠。非关药草销真性，直为神巫试老拳。垣外一方人不见，臓中二竖鬼难眠。中身强半分秦越，空铸铜人坐院前。"（《黄道周集》卷四六，页2389）

是日，刑科给事中吴执御上疏有"阳刚君子"，有旨责其指明为何人，乃举倪元璐等人以对。

《崇祯长编》卷五六："（崇祯五年二月）庚午，刑科给事中吴执御以忻逢泰运一疏，蒙旨责其指明'阳刚君子'为何人？乃举姜曰广、文震孟、陈仁锡、倪元璐、黄道周、曹于汴、惠世扬、易应昌、罗喻义诸人以对，且请皇上鉴之用之……帝以诸臣才品与年力不同，且俱奉旨裁处，责其徇情滥及。"（《明实录》第95册，页3280）

案：郑《表》，二月庚午为初二日。

初九日，黄道周出都归里，姚希孟、杨观光、徐汧、吴桢、马世奇、张溥诸友各有惠诗，道周依韵和之。

黄道周《将出都，姚孟长前辈、杨用宾、徐九一、吴澹人、马君常、张天如诸馆丈各有惠诗，依韵间和八章》其一："乌啼狐舞各青宵，谁复秦庭答绕朝。万里岱华惊破碎，千春干羽任扶飙。书生不敢求师董，谒者何须更讼鼂。海外云波犹浩荡，随人伐荻纬秋萧。"（《黄道周集》卷四六，页2390）

案：是日为黄道周生日，道周有《二月九日是予初诞，以是日出都，挂帽驴背，乃作更生之诗十二章》。（《黄道周集》卷四六，页2393）同人送别，有徐汧《送黄石斋先生》（浙江省图书馆藏《明徐勿斋自书赠倪鸿宝诗卷》）、马世奇《送黄石斋太史以建言削籍》（《澹宁居诗集》卷中，页1A）、张溥《送黄石斋先生》（《七录斋合集》诗稿卷一，页27A）。

同日，四川道试御史吴彦芳以奏事不实，同吴执御下刑部狱。

《国榷》卷九二："（崇祯五年二月）辛未，四川道试御史吴彦芳言，正人蟹伏尚多，邪类鹓班半据。如吴执御所举曹于汴、易应昌等，又续荐李瑾、李邦华、毕懋康、倪思辉、程绍，又参章光岳、吕纯如。上以其朋比，下彦芳、吴执御刑部狱。坐奏事上书诈不以实，律杖徒三年。报可。"（第6册，页5585）

案：郑《表》，二月辛未为初九日。黄道周有《已出都乃闻吴执御给谏、吴彦芳侍御各就系，先数日已系御史王绩灿，皆以荐举，故闻之恻然，愧为逐臣，无能代罪，陨涕而已八章》。（《黄道周集》卷四六，页2396）

十七日，同年祁彪佳分别致书倪元璐、郑之玄、王铎，乞为其岳父商周祚书匾。

《祁彪佳日记》卷二"栖北冗言上"："（崇祯五年二月）十七日……再以三札求倪鸿宝、郑大白、王觉斯书三匾，寄归外父。"（页42）

是月，罗汝元新授浙江巡抚，有书寄贺。

《尺牍逸稿》卷四《与浙抚罗中丞汝元》："岁星在浙，天使老公祖秉钺临之……适值某以狗马病，杜门陈请不获，匍伏道旁，仰观盛事。倘邀俞旨，便拟星奔里门，随诸童叟之班，驱驰竹马……"（页18A）

案：《国榷》卷九二："（崇祯五年正月）甲辰，罗汝元为右［佥］都御史、巡抚浙江。"（第6册，页5583）又［康熙］《杭州府志》卷一八"浙江巡抚"："罗汝元，江西南昌人，进士，五年以右佥都御史任。"（页6A）书云："岁星在浙，天使老公祖秉钺临之……适值某以狗马病，杜门陈请不获，匍伏道旁，仰观盛事。"应作于其上任未久也。

罗汝元，字懋先。江西南昌人。万历四十一年（1613）进士，授行人，擢御史，巡按云南，典云南乡试，寻升太仆少卿。魏忠贤恶之，其党御史陈友峻疏参，削夺归里。崇祯初，起补原官，历左右通政，擢佥都御史，巡抚浙江。触怒浙人当国者，被中伤落职。［乾隆］《南昌府志》卷五五有传。（页11B）

里中父老所条列浙中须厘革诸弊，抄呈浙江巡抚罗汝元。

《尺牍逸稿》卷二《与浙抚罗中丞》："适得里中父老所条数则，抄白呈览。中所云云，盖言已往，若今之当事，皆矫矫大贤，必能为老祖台一厘此弊也。"（页

5B)

是月，范景文之父范永年卒，为撰墓志铭。

《倪文贞集》卷九《封中丞范仁元墓志铭》："先是十年，余乡之耆人，自衣冠至负担，皆歌范公。既又数年，范公之子吏部，今少司马景文，有盛名，以避珰里居，余时奉使至吴桥，未至吴桥四十里，司马特使使迎余，至其别墅曰澜园者，出斗酒，慷慨定交……今范公没，司马以公及其母恭人行事属余铭之。余方以病焚笔砚，然不可辞。盖公讳永年，字延龄，别号仁元……以明经拔萃，礼部为锓其文，以式天下……谒选，得通州倅。之官宁澹宜民，州士宗之。三年，擢湖州别驾……久之，拜粤西南宁郡守。自公判湖州至郎曹，凡三命，并封父母如制……配冯恭人与公齐德，剡麻考缕，佐公读三十余年……先公六年卒，于是合葬而铭之。"（页8A）

案：《范文忠公年谱》："（崇祯）五年壬申，四十六岁。二月初八日，丁外艰回籍，请恤，谕祭葬。"（页5A）范永年（1569-1632），字延龄，号仁元。范景文之父。万历二十一年（1593）拔萃，初倅通州，再判湖州，丞松江，升部郎，冶造度支，廉声特茂。擢南宁太守，辞不赴。范景文有《先君仁元公行述》（《文忠集》卷七，页28B），姚希孟撰《诰封都察院右佥都御史晋阶大中大夫原任南宁府知府仁元范公暨配冯恭人合葬墓碑》（《棘门集》卷一，页21B）。

三月初三日，访祁彪佳，方卧未起。顷之，彪佳来晤。

《祁彪佳日记》卷二"栖北冗言上"："（崇祯五年三月）初三日，方卧，以倪鸿宝至，促予起。阮旭青、何甥光烨相继至。别之，予出晤鸿宝。"（页44）

解学龙授江西巡抚，作《山水图轴》送别。

倪元璐《山水图轴》题识："幽径山中彭泽酒，片帆江上鸟富风。似解兄南行，元璐。"（日本静嘉堂，《海外中国名画精选（明代）》，页65）

案：《明史》卷二七五解学龙传："五年，改右佥都御史，巡抚江西。"（第23册，页7042）题识"解兄南行""幽径山中彭泽酒"，俱指其赴官江西。

四月初五日，午门赐百官麦饼宴，有诗二章纪盛。

《倪文贞集》诗卷下《赐麦饼宴》其一："百二十年如待今，帝诒王举道宏深。珍奇大轸国中物，神武溥沱河上心。束赋顺时推薄壮，汜书教世当良金。宋唐直作寻常事，绫馅罗封义已淫。"（页18B）

案：《玉堂荟记》卷下："壬申四月，上赐麦饼，庶常以例坐科堂之上。"倪《谱》卷一："五月，上赐麦饼宴。元制名不落夹，亦不恒举。世宗以其不典，改名麦饼，至是再行。府君有诗二章纪盛，其云'百二十年如待今'者指此。"（页22B）

此洵属盛事，与宴百官多赋诗纪盛。《明季北略》卷二一上："壬申四月五日，午门赐百官麦饼宴。重九日，皇极门赐糕。故典不行久矣，（马世奇）各赋十章，以志一时之盛。"（页 518）同时之作，董其昌《敕赐午门麦饼宴恭纪》（《容台诗集》卷一，《董其昌全集》，页 798）、刘荣嗣《四月五日赐百官麦饼宴，此典自世庙距今九十八年始再举，恭纪四章》（《简斋先生集》诗卷四，七言律，页 33A）、郑以伟《崇祯五年四月初五日上赐食麦饼五首》（《天启崇祯两朝遗诗》卷五，页 35B）、姚希孟《四月五日蒙恩赐麦饼恭纪二首，用王右丞赐樱桃韵》（《清閟全集·秋旻集》卷一，页 9B）、何吾驺《赐麦饼宴恭纪》（《元气堂诗集》卷中，页 68B）、蒋德璟《壬申四月五日赐百官麦饼宴于午门恭纪，嘉靖丙申始赐麦饼，历朝多传免，距今九十七年矣》（《蒋氏敬日草》卷一一"使还诗"，页 28A）、郑之玄《四月五日赐百官麦饼恭纪二十句》（《克薪堂诗集》卷九，目录页 22A）、马世奇《壬申四月初五日上御午门赐麦饼宴十首》（《澹宁居诗集》卷上，页 1A）。

初八日，同年祁彪佳初缀班行，往访之。

《祁彪佳日记》卷二"棲北冗言上"："（崇祯五年四月）初八日，诸绅以予初缀班行，群来会晤。得晤者为陆生甫、许佩宏、马还初、凌茗柯，程我旋、傅东渤两年伯，张顾存、李梅公、朱北泰、章羽侯、汪石臣、李洧盘、吴期生、曾璠云、钱雪澜、倪鸿宝、黄王屋、钟绍明、吴昆池、刘闇然、李景峰、王尊五。"（页 52）

是月，王铎奉使册封，途中寄怀馆中诸友。

王铎《倪鸿宝》："才名东观旧称贤，词赋纵横美少年。茗椀坐来斋似水，封章草就独朝天。气吞湖海千峰雨，诗压昆仑万顷烟。遥忆经筵霄汉上，荩臣献纳圣人前。"（上海图书馆藏残本《王觉斯诗》七言律卷五，页 10B）

案：王铎奉使寄怀馆中同年文震孟、陈仁锡、方逢年、倪元璐、文安之、黄道周、许士柔、郑之玄、李绍贤、王锡衮等，各有诗。

初夏，作《松石鸣泉图》。

倪元璐《松石鸣泉图》题识："贵其高干，而有华纹。非吾石丈，谁与同群？石介已极，木澹无过。世古藤封，将若之何。忽闻水声，出自石间。天下端凝，无如断山。惟淡故远，非简不奇。文章之道，想亦如此……此之为物，神其返琢。严体洞胸，物居歌诡。其旁竿竿，竹箭之美。壬申初夏，元璐写。"（香港佳士得 2016 年秋季中国古代书画专场图录）

又作《竹石图轴》。

倪元璐《竹石图轴》，绢本，墨色。上款"诏如"，款识："壬申初夏。"（中国美术馆藏，《中国古代书画鉴定实录》第 1 册，页 314）

门生梁州杰为仇家所讼，代同门生致书浙江巡按诉其冤。

《尺牍逸稿》卷二《公函致直指使者》："新进士山右梁君州杰者，本浙江嘉善县人，姓李，旧名某。其祖李某，饶有家赀，偶藉本邑某老先生之庇，得脱征徭，因而以门下士畜之，今三世矣。当庚申之年，州杰以童子应试县、府、道，三试皆第一，文名大噪。而某氏子弟与之争名者，乃为恶言激怒某老……遂兴犯长挂谤之虚词，以求致其父子。时州杰闻变，即避之维扬，某氏乃拘其父于县狱，攘其家赀殆尽，物色州杰不遗余力。州杰既至维扬，遇山右梁商，今其义父某者，奇其才，抚为己子，更今姓名，取试山右。以今庚午、辛未连捷，谒选得陕西城固县令，而其父则尚沈圜土盖，至是十年矣……外一词求赐施行，然尤望台台以疾雷不及掩耳之势，出某氏不意为之……夫惟疾速，庶获万全，乞台台万千留意。"（页14B）

案：谈迁《北游录》"纪闻上"："梁州杰皋庀，本李姓，嘉善丁清惠公宾奴产子也。令伴读，特警敏不群，得补诸生，曰丁中龙。蔑视诸郎君，作《黑大王传》以刺之，同学常晓呈丁清惠，遂呈按察使陈良训，捕之急，走松江，改姜中盛。已走湖州，改孙玺，仍补诸生。清惠闻之，益购捕，遂走扬州，襄陵梁尚亿以治盐策，子视之……庚午举于山西，明年辛未成进士，出右中允倪元璐之门……已授城固令，八月调剧长安……而御史松江张某为清惠公门生，遂奏梁州杰秽黜无状，有旨夺职……州杰又赂大珰曹化淳数千金，有旨复官，补曹县。婪甚，苛罚富室以事朝贵。迁刑部主事，未赴，病还襄阳，犹市任御史大宅，嫌其堂卑，改筑五楹，堂成，州杰伏枕不及居一日，以消渴病卒。"（页335）所述梁州杰事与倪书不同。[康熙]《城固县志》卷五"知县"："梁州杰，山西襄陵人，进士，调繁长安。"（页5A）梁州杰知城固县仅八个月调任长安，倪书作于州杰任城固县时。倪书上款"直指使者"为浙江巡按萧奕辅，崇祯五年任。

五月初八日，病不能支，始移文注籍，杜门调理。

《倪文贞集》奏议卷二《再乞归省疏》："会值春讲初开，臣因力疾出而供事马背，药炉时用，黾勉延至五月八日，已不能支。乃始移文注籍，杜门调理。"（页7B）

是日，同年祁彪佳来晤，时李一鹏在座。

《祁彪佳日记》卷二"栖北冗言上"："（崇祯五年五月）初八日……再出晤倪承宇，拜从嫂，从大明门归，晤倪鸿宝，座上值李泀盘。"（页58）

案："李泀盘"名一鹏，浙江慈溪人，天启五年（1625）进士，授大名司理，擢四川道御史，转长芦巡盐，升太仆卿，再转大理卿。[雍正]《慈溪县志》卷八有传。（页25A）凌义渠《四贤祠碑记》："李名一鹏，号泀盘，浙江慈溪人，乙丑科进士，辛巳任南太仆寺卿。"（[光绪]《滁州志》卷三之四，页55A）

致书同邑旧辅钱象坤，上年六月致仕归里。

《倪文贞集》卷一九《寄钱麟武相国象坤》："自十年来闻见所及，帝赉之良，进退出处之正，未有如老先生者也。顾老先生所持者，正己之事，而救时之道，原未尽此。今之所谓救时者，非必有才也，游光扬声以为才，讵不悖欤？盗贼满天下，

为李纲、赵鼎则必求岳飞、韩世忠之将而用之，庶足以办贼。某伥伥无之，动钉世眼，小需秋爽，决策拂衣耳。”（页2A）

案：书云“自十年来闻见所及”，元璐天启二年(1622)入仕，至今十年。又云“小需秋爽，决策拂衣”，是年二月上疏乞归未允，拟秋间再疏乞归。

钱象坤(1569—1640)，字弘载，号麟武。浙江会稽人。万历二十九年(1601)进士，改庶吉士，授检讨，进谕德，转庶子，晋少詹事，直讲筵，迁礼部右侍郎兼太子宾客。天启六年(1626)，为魏忠贤私人指为缪昌期党，落职闲住。崇祯初召拜礼部尚书，协理詹事府。二年(1629)十二月拜相，四年(1631)六月，五疏引疾去。在翰林院，与钱龙锡、钱谦益、钱士升并负物望，有“四钱”之目。事具《明史》卷二五一本传。（第21册，页6492）

刘廷谏来书，复之。

刘廷谏《与倪鸿宝（一）》：“我辈兄弟，以神相往者且十年，而乃一闻问也，语不尽于赫褫之余，意乃藏于酬应之表，针锋共逗，水乳为缘，此亦古人论交之第一佳话。佳什称许过情，且感且愧，殆不觉颡汗涔涔若雨也……”（《尺牍新钞》卷八，页37B）

《尺牍逸稿》卷三《复刘公廷谏》：“自旋世椟，轮毂四驰，既复五年，淹疏如故。不言禄禄，即弗及今，天下之为介推者，亦惟翁台一人而已。忽承明教，如逢故人，十载不通，不妨旧识。一字之及，已足平生，惟于翁台可作此语。弟至无能，而每多事，动钉世眼，性本山猕，为篇筱所困。闷愤狂发，小需秋气，再请不得，则挂冠归矣。”（页1A）

案：书云：“自旋世椟，轮毂四驰，既复五年，淹疏如故。”刘廷谏崇祯初起复原官，至此五年。又云“十载不通，不妨旧识”，指元璐入仕至今十年。

刘廷谏，字咸仲，号良哉。北直通州人。万历四十七年(1619)进士，授刑部主事，调吏部郎中，忤魏珰罢。崇祯初，复原官。兵部尚书杨嗣昌夺情莅事，廷谏上疏谏，不纳。前后在吏部二十年，以耿介不泥调。著有《雪庵集》。[光绪]《顺天府志》卷九八有传。（页16B）

又赋诗和刘廷谏韵。

《倪文贞集》诗卷上《和刘良哉韵》：“京兆官五日，商英憾十年。独留龙象在，若有鬼神然。夹袋中无意，石床大好眠。斯时眠不易，鸣鹤或闻天。”（页32A）

案：“刘良哉”即廷谏，姑系于此。

礼部尚书兼东阁大学士徐光启晋阶光禄大夫，曾祖父徐珣追赠光禄大夫，为撰诰敕。

《倪文贞集》卷三《礼部尚书兼东阁大学士徐光启》：“尔具官某，品诣孤清，学跻光大……是故综子之长，以古为鉴；可使孝先悔笥，家令羞囊。邹衍失其谭天，

230

张衡诎于灵宪，旁求既得，大犹以张。金砺朝夕之功，玉铉刚柔之节。丙魏剂德，为之宽严，房杜并才，致其谋断。翼宣之道，斯不没已。呜呼！宰相读书，个臣无技，清谨故殊伴食，厚重自非少文，有如尔者，不亦难乎？兹用晋尔阶光禄大夫，锡之诰命。”（页1A）

《曾祖父》："尔徐珣乃具官某之曾祖，载其淳庞，游于广大……今尔孙黼黻大猷，丹青神化。梦帝赉予，得之玄契为多，率祖攸行，知所从来者远。是用追赠尔光禄大夫。"（页2A）

案：徐光启（1562-1633），字子先，号玄扈。南直上海人。万历三十二年（1604）进士。《明史》卷二三："（崇祯五年五月）辛亥，礼部尚书郑以伟、徐光启并兼东阁大学士，预机务。"（第2册，页314）文中"兹用晋尔阶光禄大夫"，《代言选》作"兹用晋尔阶光禄大夫、太子太保、礼部尚书兼文渊阁大学士"（卷五，页1A），应授职之初作。

是月，吴执御出狱放归，有诗送别。

《倪文贞集》诗卷下《送吴朗公给谏》："顶门一下是阳刚，七十谏书飞血光。政事堂堪名偃月，累臣意不在飞霜。遂精周易因羑里，欲祭皋陶奈范滂。的的君恩如海阔，将人几肉放归乡。"（页17B）

案：吴执御、吴彦芳以荐才忤旨，削籍下狱，五月释归。《祁彪佳日记》卷二"栖北冗言上"："（五月）初九日，出顺城门，晤王漩观，知吴朗公、吴南罗皆于是日出狱。"（页58）又徐汧有《送吴朗公》辞别。（浙江省图书馆藏《明徐勿斋自书赠倪鸿宝诗卷》）

吴执御（1601-？），字朗公。浙江黄岩人。天启二年（1622）进士，除济南推官，征授刑科给事中。劾首辅周延儒揽权，语及"阳刚君子"，上责令指实，执御乃以刘宗周等三人，及姜曰广、文震孟、陈仁锡、黄道周、倪元璐、曹于汴、惠世扬、罗喻义、易应昌等对。会御史吴彦芳也上疏荐才，上怒其朋比，遂削二人籍。时御史王绩灿方以荐李邦华、刘宗周等下狱，而执御、彦芳复继之，举朝震骇。卒坐三人赎徒三年。事具《明史》卷二五八本传。（第22册，页6657）

吴彦芳，字延祖，号南陆。南直歙县人。天启五年（1625）进士，授莆田县知县，与王绩灿并以治行高等召拜御史，大凌被围，疏论孙承宗。又驳逆案吕纯如辨冤之谬。是年以荐才逆上意，与吴执御、王绩灿同遣归。（上书，页6658）

又有诗送别王绩灿罢职归里。

《倪文贞集》诗卷下《送王漩观侍御》："何鸟能为希有音，通传景佑四贤吟。刘元城汉不惭铁，胡澹庵书大直金。千古功名胥靡贵，一生学问福堂深。无将此事瞒朱陆，自有鹅湖说到今。"（页18A）

案：《倪文正公遗稿》此诗注曰："此漩观壬申罢职时也。"（卷二七言律，页 37B）《崇祯长编》卷五六："（崇祯五年二月甲戌）福建道试御史王绩灿以所陈赐环、起废、容言三款，奉旨回奏：言环当赐者，若原任工部尚书张凤翔、原任兵部戎政尚书李邦华；废当起者，若原任顺天府府尹刘宗周，原任大理寺少卿惠世扬，此四臣为一时人望，亟当举而用之，倘有负任使，臣愿与之同罪。如魏呈润、李日辅謇謇谔谔，虽戆直激怒，然职居言路，不肯缄口结舌，罪亦可原，并望皇上优容。帝怒其荐举狗庇，乘机欺藐，削职下法司究拟。"（《明实录》第95册，页3280）

同时之作，有姚希孟《夜乌叹送王伟奏被放还山》（《秋旻集》卷四，页9B）、徐汧《次韵送王伟奏》（浙江省图书馆藏《明徐勿斋自书赠倪鸿宝诗卷》），马世奇《王漩观、吴南陆两侍御建言奉谴南归》："五载承明上直余，新恩赐沐暑初除。"（《澹宁居诗集》卷中，页6A）

王绩灿，字伟奏，号漩观。江西安福人。天启五年（1625）进士。授兴化县知县，以治行高等召拜御史。与给事中邓英陈吏事私派之弊，又进赐环、起废、容谏三说。崇祯五年（1623），荐张凤翔、李邦华、刘宗周、惠世扬等，遂获罪罢归，卒。《明史》卷二五八有传。（第22册，页6658）

作《竹石图》赠黄道周，道周以诗相报。

黄道周《倪翰林赠竹石图，作诗报之》："云林画石崛且奇，磊磊落落横山陂。数竿绿竹鲜欲消，一丛香草更华滋。微风拂拂疑欲动，宛如春雨润新枝。上帙念台七言绝，末帙道邻五言题。悬之蓬壁尘俗净，配以苏楷两相宜。故人三月不相见，书言忆今乃相贻……从来直臣乏绘事，公善丹青自融怡。每逢良友赠真迹，俗士万金不许窥。"（《黄石斋未刻稿》）

案：诗云"故人三月不相见，书言忆今乃相贻"，道周二月离京，故系于此。又云"上帙念台七言绝，末帙道邻五言题"，刘宗周（念台）题有七绝诗，史可法（道邻）题五言诗。史可法（1601-1645），字宪之，号道邻。河南祥符人。崇祯元年（1628）进士，任西安府推官，稍迁户部主事，历员外郎、郎中，仕至右佥都御史、巡抚安庆等四府，漕运总督，南京兵部尚书。京师陷，誓师勤王，拥立福王朱由崧为帝。清军围攻扬州城，城破，拒降遇害。事具《明史》卷二七四本传。（第23册，页7015）

六月初六日，同年祁彪佳来晤，因病未出。

《祁彪佳日记》卷二"栖北冗言上"："（崇祯五年六月）初六日……是日衙门无本，乃出晤郑叶颖，访李子木不值、倪鸿宝不出、张玉笥不遇。"（页63）

初七日，祁彪佳又来晤，商以疏稿，时李懋芳在座。

《祁彪佳日记》卷二"栖北冗言上"："（崇祯五年六月）初七日……再晤倪鸿宝，值李玉完在，商以疏稿。"（页64）

案："李玉完"名懋芳，浙江上虞人。万历四十一年（1613）进士，授兴化县令，在任六载，奏最擢御史。值内艰旋里，服阕，入都差巡青州，后差苏松，督学吴中，忤权相周延儒，出南畿刷卷，寻擢廷尉，狱多平反。命巡抚山东，护漕整旅，累建奇功，又忤温体仁，劾去之。逾年，卒于家。［光绪］《上虞县志》卷一〇有传。（页22B）

七月二十日，思母日甚，忽患寒热头痛，十多日未解，屏药不进。

《倪文贞集》奏议卷二《再乞归省疏》："不意七月二十日，通体蒸热，若万斛之火，投于干木，头痛迸坼，如被斧槌。如此三昼夜，臣既昏然，诸医杂进，测寒测热，疑实疑虚，温凉补泻，各随其意。复四昼夜，有加无解，家人环号，臣于是屏药不进。又三昼夜，虽外火稍纾，而中焦蕴隆，弥积烦懑，生死之事，实未可知。"（页7B）

黄道周留滞苏吴已及数月，致书欲遣家中子弟从学门下。

《倪文贞集》卷一八《与黄石斋（二）》："秋间匆遽言别，每怀黯然，闻留滞胥江已及数月。何生羲兆辈方诛茅锄土，启辟讲堂，二三友朋自是有所指授，各以正学相镞厉。某即当遣家中子弟从游杖履，开其荒塞耳。夫圣贤之道，体用一原，是故言性命者学也，言事功者何？莫非学。当国家多故，农田水利之原，边防阨塞之要，钱赋之出入，制作之沿革，吾党所宜讲求者，非止一端……"题注："壬申。"（页3B）

案：黄道周是年二月初九日出京，在南京辗转逗留数月，七月初游苏州，过洞庭湖，下旬抵浙江余杭，至大涤书院。"何生羲兆"即门生瑞图，时筹创大涤书院，营建讲舍。

为门生杨廷麟文稿撰序。

《倪文贞集》卷七《杨伯祥太史稿序》："当十年前，仆俯首为文，即意至才起，回视棚架，复疑不可。自以半生精气，为帖括所拘持，每向人云：熊狼之罥柔绳，何时出力乎？……自仆之见，以为天下真可以文章之道治之也。九府之才，三年虽盛，肘跨及者，不过数人。当璧压纽，一士而已，尊此一士，以召天下。使共学之，悟其所至，正变近远，以求至理……于是刻杨伯祥稿。"（页8B）

案：题曰"杨伯祥太史"，即杨廷麟选入翰林院后作。黄道周有《杨文正公制义序》（《黄道周集》卷二二，页934），亦为廷麟所作。

八月初六日，上《再乞归省疏》，阁票下吏部拟放归，忽传旨改票复留。

《倪文贞集》奏议卷二《再乞归省疏》："该臣于春初因思亲患病，具疏求归，伏蒙圣恩以臣新补讲员，不遂俞允，臣感激惕息，从此不敢言归……不意七月二十日，通体蒸热，若万斛之火，投于干木，头痛迸坼，如被斧槌。如此三昼夜，臣既昏然，诸医杂进，测寒测热，疑实疑虚，温凉补泻，各随其意。复四昼夜，有加无解，家人环号，臣于是屏药不进。又三昼夜，虽外火稍纾，而中焦蕴隆，弥积烦潢，生死之事，实未可知……伏乞陛下鉴臣真实，放臣生还，臣观诸医药笼所有，无不为臣用者，而不能治臣，臣之病其非汤熨所能攻明矣。小人有母，生死相依，惟陛下锡类至仁，惠臣大药，臣不胜呜咽待命之至。崇祯五年八月初六日具题。"奉旨："吏部知道。"（页7B）

案：《崇祯实录》卷五："（崇祯五年）九月戊戌，右春坊右中允兼翰林院编修倪元璐引疾，放归。"（《明实录》第88册，页158）吏部已拟文放归，然忽传圣旨"不准回籍"。元璐《三乞归省疏》："顷臣患病哀陈，微恩下部，吏部覆臣：病真应放。奉圣旨：'经筵、史局需人，倪元璐著恪勤供职，不准回籍，钦此。'"（《倪文贞集》奏议卷二，页9A）

先是，病告得请，告知江西巡抚解学龙。

《尺牍逸稿》卷三《答解公学龙》："某一病几殆，今既得请矣。镜水之望庐高，似稍亲切。率复气索，尚容专诚。"注曰："求退之请，后竟不得。"（页5B）

是日，同年祁彪佳来寓问病。

《祁彪佳日记》卷三"栖北冗言下"："（崇祯五年八月）初六日……乃出城访二客，入城晤李玉完，问倪鸿宝病，再晤陈中湛。"（页80）

案："陈中湛"名于廷（1566—1635），字孟谔，南直宜兴人，万历二十三年（1595）进士，仕至左都御史。著有《定轩存稿》。《明史》卷二五四有传。（第21册，页6561）

初十日午后，祁彪佳再来寓晤。

《祁彪佳日记》卷三"栖北冗言下"："（崇祯五年八月）初十日……午后即出访倪鸿宝，便道赴田康宇席，小酌于山亭。"（页81）

十二日，经筵讲课，讲《尚书·大禹谟》一节。

《尚书·大禹谟》："益曰：'吁！戒哉！儆戒无虞，罔失法度。罔游于逸，罔淫于乐，任贤勿贰，去邪勿疑，疑谋勿成，百志惟熙。罔违道以干百姓之誉，罔咈百姓以从己之欲，无怠无荒，四夷来王。'"（《倪文贞集》讲编卷一，页4A）

案：此文《倪鸿宝先生三刻》末署："崇祯五年八月十二日。"

徐汧乞假归里，临别自书诗卷相赠。

《明徐勿斋自书赠倪鸿宝诗卷》题识："虹倪扬辉，麟凤震憼。言者去国，轮击踵传矣。时月之间，凡为送诸公诗将溢筐箧，录其四章呈鸿宝先生，拟于风人疏稗之业，不敢自拼其芜也。茂苑徐汧具草。"（浙江省图书馆藏稿本）

案：此卷浙江省图书馆藏，所书徐汧《送黄石斋先生》《送魏中严》《次韵送王伟奏》《送吴朗公》四首，赠至交好友倪元璐。是年黄道周（石斋）、魏呈润（中严）、王绩灿（伟奏）、吴执御（朗公）先后言事被遣，故题曰"言者去国，轮击踵传矣，时月之间，凡为送诸公诗将溢筐箧"。

嘉庆二十三年（1818）萧山王宗炎跋曰："嘉庆戊寅长至后二日，在周曹献明经处得观明徐九一先生遗墨。周君言是杨立夫故物，忆乾隆甲辰以养疴留周氏斋月余，与立夫烹著坐谈，往往竟夕。忽忽三十五年。立夫宰树久拱，宗炎犬马之齿亦已六十有四矣。抚今思昔，如对故人，非独企慕忠节为高山之仰也。萧山王宗炎。"又戴聪嘉庆二十五年（1820）观款："嘉庆庚辰浦阳戴聪敬观于藏绿山房之学福斋。"

十五日，中秋，同馆诸人送别徐汧。

《明史》卷二六七徐汧传："中允黄道周以救钱龙锡贬官。倪元璐，道周同年生，请以己代谪，帝不允。汧上疏颂道周、元璐贤，且自请罢黜，帝诘责汧。汧曰："推贤让能，荩臣所务；难进易退，儒者之风。间者陛下委任之意希注外廷，防察之权辄逮阉寺，默窥圣意，疑贰渐萌。万一士风日贱，宸向日移，明盛之时为忧方大。"帝不听。汧寻乞假归。"（第22册，页6887）

案：徐汧乞假归里约在是年中秋前。徐汧有《中秋舟次杨村》（《天启崇祯两朝遗诗》卷七，页639），即归里途中作。又刘荣嗣《送徐九一假旋》有"秋水送将还""秋思复无涯"（《简斋先生集》诗卷三五言律，页40B），马世奇《送徐九一给假南归》有"五载承明上直余，新恩赐沐暑初除"（《澹宁居诗集》卷中，页2A），张溥《送徐九一太史》有"朝廷容介士，文字直清秋"（《七录斋合集》诗稿卷一，页41A），俱秋间作。另，徐汧离京时，有《留别宋文玉给谏》《留别杨机部庶常》《留别王二弥、吴黙置庶常》等诗。（《天启崇祯两朝遗诗》卷七，页639）

同年巡盐御史邓启隆来书，有书答之。

《尺牍逸稿》卷五《答邓公启隆》："昨年旌幢去国之时，前既阍人谢客，后则弟亦在枕蓐之间，自崖之致，歉歉乎其未之伸也。殿虎渚鸿，出入之间，威名日重，尽世皆加手于额，以望澄清白虎，鹅湖岂能久据耶？弟波波自厌，求去不得，徒有烦冤，每望台光，一宵十梦。"（页13B）

案：邓启隆时为两淮巡盐御史，书云"昨年旌幢去国之时"，则上年赴任，据《崇祯长编》卷五二，崇祯四年十一月辛巳，刑科给事中吴执御奏言曰："如邓启隆之视盐淮扬也，岁增课百万，前后复解助工八万。"（《明实录》第94册，页3018）时间契合。

邓启隆（1584-？），原名启泰，字云升，号铭韦。江西安福人。天启二年（1622）进士，授宁国府推官，以治最擢御史，巡视两淮盐政。理有羡耗十余万，悉以助饷，一无所私。升太仆卿，致仕归。［康熙］《安福县志》卷四有传。（页30B）

二十一日，同年祁彪佳冒雨来访。

《祁彪佳日记》卷三"棲北冗言下"："（崇祯五年八月）二十一日……予冒雨访倪鸿宝，即入皇城。"（页84）

九月初一日午后，祁彪佳来访。

《祁彪佳日记》卷三"棲北冗言下"："（崇祯五年九月初一日）……午后便道晤钱梅谷、林福爱，及访倪鸿宝，归。"（页86）

初二日，同年蒋德璟祖母九十七岁寿辰，题《豳风八图》为寿。

《倪文贞集》卷一七《豳风八图赞为蒋八公宫庶太夫人寿》，八图即《一章耕馌》《二章求桑》《三章载绩》《四章缵武》《五章室处》《六章介寿》《七章播获》《八章凿冰》。（页8A）

案："蒋八公宫庶"名德璟，据其《祖母九十八龄吴太君行述》（《蒋氏敬日草》卷六）、《乞假归省祖母疏（崇祯癸酉）》（上书卷一"归省祖母"，页1A），可知其祖母卒于崇祯六年（1633）正月，年九十八，倪文疑作于本年。又据蒋德璟《九月二日遥祝王母太恭人百龄，是日得家中及中陛应召途中二信志喜》（上书卷一一，页34B），知其祖母寿辰为九月初二日。

初三日，上《三乞归省疏》，奉旨"在任调理，不准回籍"。

《倪文贞集》奏议卷二《三乞归省疏》："臣病多端，而怔忡脾注为甚，自客夏至今，百疗不瘳。今年从五月杜门调理，凡逾百日，反致郁火蒸腾，几即危陨……然臣所以亟请求去，既由思母，亦以京师鲜医，自岁余来延召数十，水石罔投。臣乡中有名医孙一临，凡遇艰危之症，应手即除。今其人老矣，冀及其未死，就与之谋，苟其刀圭有灵，臣事陛下之日甚长也，故复昧死从陛下乞一年之假……伏望圣慈矜恻，俞臣暂假就医，从此余生皆陛下所赐。臣见经筵林列皆贤者，又臣所承派《实录》既告成缴阁，篡修之事，亦不需臣，臣即留不过保残视荫，縻大官之俸已耳。臣不胜哀切待命之至。九月初三日具题。"奉旨："倪元璐既系真病，著在任调理，不准回籍。该部知道。"（页9A）

案：倪《谱》卷一："九月，三乞归省。方草疏，所知多尼之。或言上眷不可拂，或言履渎必怒。府君叹曰：'小臣何眷之有？求退有何可怒？章遂三上。有旨：'在任调理。'"（页23A）又："初政府以府君人望，欲牢笼之，言去辄留，藉客致殷勤，啖以美迁，府君谢之曰：'吾平生不爱热官，不喜居要人牢笼之内，既不能鸿鹄举，其可与蜜虿酬乎？今石斋、九一已去，而吾独留享宠荣，有腼面目？《诗》其谓我哉。'由是引退益力。"（页24B）

忆母成疾，三上疏乞归不允，赋诗十章。

《倪文贞集》诗卷上《忆母遂病，三上疏求归不允，却赋十诗》其一："去住寻常事，千图万不能。臂消月半寸，酝恋日三升。徐庶卧龙代，燕昭死骏兴。如臣真可放，圣主意深宏。"其三："三载千明发，岂不怀宛鸠。既惭蚨子母，亦妒雁春秋。心畏病因病，人言愁始愁。难将五十席，换取一扁舟。"其四："共晓承明贵，汉臣殊异同。汲生求入幕，严子乞开笼。谒者竟淮海，会稽俄侍中。由来英主意，不肯示通融。"（页16B）

案：此诗《倪文正公遗稿》有注："此先君子壬申作也……男会鼎述。"（卷一五言律，页20A）

门生王邵步韵酬和十首。

王邵《壬申步倪老师韵十首》其一："忠孝天为植，非关愿力能。南陔萦至性，东壁澹同升。风义凌衰叶，声光接代兴。春晖归固切，坤轴藉舍弘。"其七："温纶殊眷注，补牍敢频辞。恐冠弘文馆，蒙嘲没字碑。清温如惬念，寂寞即为尸。锡类明王事，合俾日月知。"（《王太史遗稿》卷六，页24A）

致书问候韩爌老师，乃师致仕里居已三年。

《尺牍逸稿》卷四《候中堂韩老师》："恭闻神明茂然，杖履日胜，独乐一园，足娱司马……今天下公论，深计出于卫士儿童者偏明，而当为老师诵之耳。门生求归三再，率不得俞，虽天恩如海，而郁伊极矣。"题注："爌，号象云。"（页6A）

案：书云"门生求归三再，率不得俞"，故系于是。韩爌（1565-1644），字象云，山西蒲州人。万历二十年（1592）进士，泰昌元年（1620）拜礼部尚书兼东阁大学士，入参机务。为忠贤所忌，五年（1625）七月被诬削籍除名。崇祯即位，召为首辅。三年（1630）因袁崇焕擅杀毛文龙，受牵连致仕还乡。事具《明史》卷二四〇本传。（第20册，页6243）

同年陈演来书，复书答之。

《尺牍逸稿》卷五《答同馆陈太史演》："美人之在西方，使者未离益部乎？弟以篇笈约体，缯缴侵人，兼之二竖，登肩五旬。楗户内怀，间倚心指，环牵外帐，原分舌身……伏望促人装，维天子使。吹尘有梦，居当播其大风；堕驴已征，吾乃从而丰草。"（页12B）

案：书云"弟以篇笈约体，缯缴侵人，兼之二竖，登肩五旬"，故系于是。又云"美人之在西方，使者未离益部乎"，似陈演此时出使，顺道省亲家居。

陈演（？-1644），字发圣，号赞皇。四川井研人。天启二年（1622）进士，改庶吉士，授编修，历官少詹事，掌翰林院，十三年（1640）擢礼部右侍郎，协理詹事府。工结纳，与内侍通，预知帝所欲问诸事，奏对称旨，即拜礼部左侍郎、东阁大学士，周延儒罢，为首辅。十七年（1644）罢职，资多不能即行。京师陷，被执，以献巨金于刘宗敏获释，寻被杀。事具《明史》卷二五三本传。（第21册，页6547）

十四日，同年冯元飚、祁彪佳来访，谈于书室。

《祁彪佳日记》卷三"棲北冗言下"："（崇祯五年九月）十四日……予与冯邺仙同出访李玉完，不值，访倪鸿宝，谈于书室。"（页 89）

二十九日，祁彪佳来晤。

《祁彪佳日记》卷三"棲北冗言下"："（崇祯五年九月）二十九日……归晤倪鸿宝。"（页 92）

同年浙江巡按萧奕辅来书，有书答之。

《尺牍逸稿》卷四《答两浙巡方萧侍御奕辅》："敬读昌言，并拜明教。鳃鳃乎其为地方请命者，虽使郑侠传图，贾生发哭，不能有此痛切，致其周详。仁人之言，其利溥此，当有维玄阴隲之宰，役万灵为蛇雀，敛五福为珠环。若百万户，戴天之高，蚁呼雀跃，岂足陈乎？"（页 19A）

案：［康熙］《杭州府志》卷一八"巡按御史"："萧奕辅，东莞人，由进士五年任。"（页 11A）继任赵继鼎"（崇祯）六年任"。书云"鳃鳃乎其为地方请命者"，指浙旱萧奕辅祷雨赈灾。［嘉庆］《东莞县志》卷二八萧奕辅传："巡按浙江，会海寇啸聚，捐俸造戈船百艘，置劲兵台、处诸城，资以保障。时浙再旱，祷雨随车而澍，民有萧霖之诵。"（17B）

十月初三日，祁彪佳来访。

《祁彪佳日记》卷三"棲北冗言下"："（崇祯五年十月）初三日……予出晤彭让木，再叩倪鸿宝，出疏观之，就案草一札致李玄对，辞是日下库之役。"（页 92）

案："彭让木"名汝楠（1579-1638），字伯栋，号让木，福建莆田人。万历四十四年（1616）进士，曾任会稽县知县。

初四日晚，祁彪佳来索手札。

《祁彪佳日记》卷三"棲北冗言下"："（崇祯五年十月）初四日……晚出晤吴俭育，从倪鸿宝索手札来，再以字与李玉完，与之酌疏草。"（页 92）

十七日，致书祁彪佳，彪佳当晚答之。

《祁彪佳日记》卷三"棲北冗言下"："（崇祯五年十月）十七日……午后方作书，得倪鸿宝手札，即促骑往晤胡泰六。灯下作书复倪鸿宝。"（页 95）

十九日，祁彪佳来访。

《祁彪佳日记》卷三"棲北冗言下"："（崇祯五年十月）十九日……予即出晤倪鸿宝，入太仓。"（页 95）

二十二日，至祁寓晤同年祁彪佳。

《祁彪佳日记》卷三"棲北冗言下"："（崇祯五年十月）二十二日……归则倪鸿宝来晤。"（页96）

是月，姚希孟左迁南京少詹事管南翰林院，有诗送别。

《倪文贞集》诗卷下《送姚孟长前辈赴南中》："为说人生非聚麑，长安道上恋何棋。独饶识具三毛颖，不合时宜一肚皮。文帝贾生时不见，神宗苏轼本相知。知君能看钟山色，一样金门莫戒诗。"诗注："初吴给事执御、王御史绩灿言事被逮，姚公希孟在讲筵引魏征致君尧舜语以为规，会有摘公典试文义者，遂左迁南少詹事。"（页18A）

案：《崇祯长编》卷六四："（崇祯五年十月）辛未，降姚希孟为少詹事管南翰林院。"（《明实录》第95册，页3703）其十月初七日出京，《祁彪佳日记》卷三"棲北冗言下"："（崇祯五年十月）初七日……予即出于顺城门外饯姚现闻，同饯为林栩庵、阮旭青、冯邺仙、王孺初、宋今础、冯弓间、张玉笥。日午姚现闻乃至，别去。"（页93）

送别之作，有刘荣嗣《送姚孟长之金陵》（《简斋先生集》诗卷四七言律，页35B）、马世奇《赠姚现闻少詹摄南院事》（《澹宁居诗集》卷上，页12A）、张溥《送姚现闻新书南篆》（《七录斋合集》诗稿卷一，页44B）。

又送同年文安之乞假省亲。

《倪文贞集》诗卷下《文铁庵奉假归夷陵》："出门遂有衡山云，到此郧原宜一醺。杜宇鹧鸪讼不已，桃人土偶道俄分。自耽赤壁闲为赋，但累紫薇忙属文。不晓青州倪若水，送人何返羡班君。"（页19A）

案：此诗《倪文正公遗稿》有注："亦壬申作也。"（卷二七言律，页38B）蒋德璟《报国寺双松小记》："同馆文铁庵官允请假归，予偕倪丈鸿宝、郑丈大白饯报国寺……初入东廊，憩禅悦庵，则鸿宝、大白先在，因读鸿宝送铁庵扇头诗'杜宇鹧鸪讼不已，木人土佛道俄分'之句，甚警异。"（《蒋氏敬日草》卷一七，页44A）同时送别之作，有郑之玄《送文汝止官允省假同用文字》（《克薪堂诗集》卷八，目录页21B）、蒋德璟《同馆得文字送文铁庵官允》（《蒋氏敬日草》卷一二，页3A）。

复同年李元鼎，惜姚希孟、徐汧相继去朝。

《尺牍逸稿》卷二《复同年李吏部元鼎》："本无阔步，不敢厌笼，惟白云半万，嗟季三年有母之司饔，是为难耳。留一侏儒嚼长安米，何关气会？年兄来教郑重云，然不其过乎？孟翁、九老遂先成佛，不止登仙，然此二公正是治世天尊，听作散圣去，特为可惜。放凤凰而拘鹍鸩，所谓天下事可知也。台委种种，稍俟心手佳娱，即图竭弩以报。率此先复，瞻望神飞。"（页28A）

案：《崇祯长编》卷五五："（崇祯五年正月丙午）调考功司员外郎李元鼎为文选司员外郎。"（《明实录》第95册，页3193）李元鼎时官吏部。书云"孟翁、九老遂先成佛……听作散圣去，特为可惜"，当为姚希孟、徐汧相继去朝而惜。

李元鼎（1602-？），字梅公。江西吉水人。天启二年（1622）进士，授行人，迁吏部稽勋主事，调文选，历升光禄少卿。熊廷弼以经略下狱，嫉者腾口交讦，人莫能近，元鼎悯死非其罪，经纪其丧。族叔邦华甲申殉难，元鼎守枢旁不忍去。入清，授太仆卿，迁太常，历官兵部左侍郎。著有《石园集》《灌砚斋文集》。［光绪］《吉水县志》卷三三有传。（页34B）

是月，患病百日小愈，有诗。

《倪文贞集》诗卷下《病请至三不得许，在任调治，既小愈作》："乍似蛾穿出茧关，惭人丝锦索痴顽。不开后合主投辖，几失藏舟天赐环。多事角蹄占白黑，罪言肘手诉朱殷。拼将髀肉填鞍债，耐看朝回马上山。"（页19B）

病久少愈，门生吴桢、杨廷麟等携尊过饮，有诗。

《倪文贞集》诗卷下《小愈后，吴澹人诸君移尊过斋作文字饮》："三分病去十分仙，渐觉爱居布广筵。岂必姓名连沆瀣，何烦酒食别崇宣。尹夫人泣应由喜，边孝先嘲何敢眠。拟益方书三品药，良朋澹酒月明天。""只作痴蚕茧自呼，重阳又近小春醐。老夫自避一头地，仙子群移六甲厨。处处白虹飞宝剑，人人玄鹤舞明珠。心知载酒齐来意，其奈扬亭一字无。"（页19B）

案：诗云"重阳又近小春醐"，小春即十月。过饮之门生尚有杨廷麟（伯祥），何创时书法基金会所藏倪元璐《行书七律诗轴》，即书此诗之二，题识："杨伯祥诸子移尊草邸，时病方愈，似予安仁兄吟伯正之。元璐。"（何创时书法基金会网站）"予安仁兄吟伯"即王鳌，详后。

病起早朝，马上有诗。

《倪文贞集》诗卷上《病起早朝，马上口占示同列》："澹月趁霜白，僵钟不自聊。马圆刘驾梦，酒激汝阳朝。天子正怀渴，侍臣犹病痟。寒号虫是我，敢向凤池骄。"（页19A）

门生万寿祺来书，复书答之，附去书扇二柄。

《尺牍逸稿》卷四《复万年少》："别来波波，远稽简讯。忽承遥羽，重以隆施，千里之诚，其义至矣。长翎小锻，天将以九万报六月息，愿益扬衡鼓壮，发其沉华，春事湖光，日瞻紫气。使旋布谢，病不能庄语，附去笔箪二种，用资蚁战，冀砭蛙吟也。"（页14B）

案："万年少"名寿祺，官南国子司业时所拔士，崇祯三年（1630）秋闱中举。书云"别来波波，远稽简讯……使旋布谢，病不能庄语"，姑系于此。

十一月初九日，致书祁彪佳。

《祁彪佳日记》卷三"棲北冗言下":"（崇祯五年十一月）初九日……未起，即得倪鸿宝札。"（页100）

十六日，四十寿辰，有诗四首。

《倪文贞集》诗卷上《四十初度》其一:"一万五千日，只如推桔槔。蠹心痴脉望，鸟计妙寒号。祝髀生肌肉，开胸验胆毛。知消几量屐，能不绝山涛。"其四:"官闲弥玩日，仙馆恣龙痴。老信须能报，童心面不知。柘枝久已厌，竿木听相随。年寿是吾事，胡咨唐举为。"（页16A）

案:《倪文正公遗稿》有注:"此壬申七月也。"（卷一五言律，页18A）元璐生辰十一月十六日，则七月提前作矣。《听帆楼书画记》卷三著录"明倪鸿宝诗卷"，所书即此《四十初度》四首，末署:"四十初度怃然有作。似鼎如词兄正之。元璐。"（《中国书画全书》第11册，页841下）

曾鲸作《玉汝学士四十小像》为寿，董其昌、陈继儒题识。

曾鲸《玉汝学士四十小像》，浙江省博物馆藏。曾鲸题识:"莆田晚生曾鲸写。"董其昌题识:"玉汝学士四十小像。董其昌题。"陈继儒题识:"叉手而坐，凝目而思。坛坫英雄，玉汝我师。陈继儒题。"

案:吴庆砥《蕉廊脞录》:"倪文正公小像，莆田曾鲸画。左方为董文敏题曰:'玉汝学士四十小像。'右方陈眉公题曰:'叉手而坐，凝目而思，坛坫英雄，玉汝我师。'为赵味辛怀玉所藏。有味辛及翁方纲、蒋士铨、周肇辕、朱方蔼、方熏、周有声、张埙诸公题诗。"（页208）"周肇辕"为周厚辕之讹。《倪氏宗谱》卷一八:"文贞公遗像，古衣冠立梧树下，曾鲸写照，有波臣小印，藏县南西山下徐氏家。"（页2A）翁方纲《跋倪文正像》:"有董题云，右《玉汝学士四十小像》……此像当画于崇祯八九年间，故董书下有'宗伯学士'印。倪文正年四十，盖少于董文敏四十岁，其题以学士者，盖馆垣称颂之词，其时文正尚未得学士也。"（《复初斋文集》影印本第9册，页2387）按董其昌生于（1555），长元璐三十八岁，此像应为元璐四十寿辰所作。方纲又有《题倪文正四十小像》诗曰:"千岩万壑在襟焉，正是衣云眺望时。凝目而思为何事，山阴陈迹少人知。"（《复初斋诗集》卷二四，页10B）

倪门弟子请张溥代撰寿序。

张溥《寿倪鸿宝先生四十序代》:"壬申之秋，宫允倪鸿宝先生请休沐归里，第天子下明诏挽车者再……鸿宝命世大哲，美非一篇，欲洗爵而称之，虽岁有言焉可也。曩者中人播毒，四海横流，妖言腾兴，众竞崇长。公抗发危议，诛其人，燔其书，群讹姑息，是时公年甫逾壮，未四十也。闽漳黄石斋先生与公齿兄弟，学履名地相等，石斋昌言调他职，公请让官，义动朝廷……鸿宝识达天人，身无喉舌之司，而数申其说，言或有尼，道无不全，谚曰:'筑社者，謇搅而置之，端冕而祀之。'公之立言，功大于筑社矣，明天子进而施用之，万事理矣，岂徒荣左骖乎？……以是为祝，庶可以谢公之高等弟子乎？抑与之盟曰：古人甚爱日，孔孟之学以强仕为大闲，诸君子欲寿其师，无若行师行、言师言矣。"（《七录斋合集》古文近稿卷四，页30A）

案：张溥（1602—1641），字天如。南直太仓人。幼嗜学，与同里张采共学齐名，号"娄东二张"。崇祯四年（1631）进士，选庶吉士，以葬亲乞假归。与郡中名士结为"复社"，评议时政，家居时四方名士学子争走其门，为执政者恶之。十五年（1642），帝御经筵，周延儒言黄道周、张溥善读书，以故惜之者众，遂有诏征溥遗书，时溥已卒。著有《七录斋合集》等。事具张采《庶常张公天如行状》。（《知畏堂文存》卷八，页1A）

是月，周宗建将落葬，应请撰传。

《倪文贞集》卷一四《周来玉先生传》："公名宗建，字季侯，别号来玉，苏州吴江人……寻以卓异，征拜监察御史，时为愍皇御极之次年……会天雨雹，公上疏略云：'今四月为盛夏阳长之时，大雹忽作，推之人事，岂谓无因？近见朝廷处一二章奏，外廷咸疑有物凭焉。臣即不敢尽信，而千人所指，如魏忠贤者，目不识丁，心存叵测，借皇上之震迭以肆机锋，假窃蔽炀，邪正颠倒，朝端之上，壅蔽将成，声影之通，毒流何已？甚而巧立虚名，上无顾忌，离间起于蝇营，谗构生于长舌，其为隐祸，大可寒心。'疏上，忠贤恚甚……公又极谏，请割小恩以慎大防，凡千余言，语皆危至，有诏夺俸三月。然忠贤愈怒不慊，阴与其党户科给事中郭巩谋逐公……已而奉使按楚，寻遭丧归。当是时，忠贤益矫虔无忌，党徒日益进，于是金都杨公涟、左公光斗等交章讼言，朝贤多和之者，即所引称，皆以公曩疏为权舆，忠贤以是益追恨公……其明年春，旧吴江令曹钦程方为工部主事，希忠贤旨，诬奏公，并及张公慎言等四御史，并得旨褫职追赃。亡何，诏逮杨公等六人，寻即逮公……公至京下诏狱严讯，承刑甚毒，至肉节糜拆，抗辨益厉。奸人司谳者，无如之何，竟以意锻赃五千余金。狱上，忠贤意未慊，矫旨再讯，承刑如前，又益赃七千金，掠比无虚日。一日下片纸付狱吏，趣入黑室中，夜半垂石其胸立毙，时为六年六月十七日……公卒之明年，熹庙崩，今上御极，戮忠贤、客氏，并其党诛窜有差，遂以廷臣言，赠公太仆卿、大中大夫，予祭葬祠祀，又归追赃金五百。其又二年，郭巩以事被逮云。"（页1A）

案：张溥《赠太仆寺卿周公来玉先生墓志铭》："崇祯壬申孟冬，诸子葬公于邑之赐域，尊王命也。"（《七录斋合集》古文近稿卷四，页42A）则周宗建葬于是年十一月。又上海图书馆藏《来玉府君行实一卷神道碑一卷墓志铭一卷》，为民国九年（1920）吴江柳氏抄本，有周宗建长子周廷祚《来玉府君行实》，张溥《赠太仆寺卿周公来玉先生墓志铭》，及倪元璐《周来玉先生传》。

十二月初八日，至祁寓访祁彪佳。

《祁彪佳日记》卷三"棣北冗言下"："（十二月）初八日，誊昨所草疏。倪鸿宝至，出晤之。"（页106）

十三日，访同年祁彪佳。

《祁彪佳日记》卷三"棣北冗言下"："（崇祯五年十二月）十三日……倪鸿宝、沈衮中亦来晤。"（页106）

二十一日，又至祁寓访祁彪佳。

《祁彪佳日记》卷三"棣北冗言下"："（崇祯五年十二月）二十一日……桂允虞、游羽仪、李君根深、倪鸿宝、傅熙宇、凌茗柯俱来晤，凌观予民隐疏稿。"（页108）

为会稽县知县钟震阳《偶居集》撰序。

倪元璐《钟侯偶居集序》："今天发于心而宣于气者，文也。宣之于气，则气之所感，有万不同，时优柔平中，时悲歌忼慨，时感触古今，时嘲弄风月……吾缘是以印侯之《偶居集》也。侯，宛陵人也，闻之名宿，言侯负颖才，不屑为逢年技，博极群书，自喻适志……不直操觚家让席，而艺圃词坛推为首。止今主践祚之三载，为侯得隽之年，是科不佞璐亦承乏闱中，主者相戒以营精拔，尤非渊深宏博之品不入彀，侯安得不赤帜汉乎？不佞恨未窥侯之具体耳，何幸侯之岁星于吾邑也，甫逾年，而比屋弦歌之化蒸蒸……敬从党友之请，为扬扢不朽之业焉。赐进士出身、右春坊右中允兼翰林院编修、加俸一级、承德郎、前南京国子监司业、记注起居、知制诰、纂修实录、充经筵讲官、册封德藩、典试江西、会试同考、武会试总裁、通家治生倪元璐顿首拜撰。"（崇祯五年刻本《偶居集》卷首）

案：钟震阳崇祯四年（1631）任会稽县知县，张溥有《送钟百里之任山阴》（《七录斋合集》诗稿卷一，页6A）。序云"侯之岁星于吾邑也，甫逾年"，故系于是。王思任《钟百楼先生窗稿叙》（《偶居集》卷首），亦作于此间。

钟震阳，字百里。南直宣城人。少孤贫，年及艾，犹困童子试。积岁馆谷尽购书还，寝食其中，不稍倦。崇祯三年（1630）领乡荐，次年登进士，知山阴县，筑塘捍海，民甚便之。祠于海墙，士民碑焉。著有《偶居集》。［光绪］《宣城县志》卷一八有传。（页14B）

齐东县令邑人陈士美失城论法，梓归无日，致书济南四守令，乞伸援手。

《尺牍逸稿》卷三《与四守令张、李、周、颜》："率尔启者，旧齐东令陈龙明丈，二十五年公车，四十一日县令，为法受祸，众共矜怜。尽命之日，贫无寸丝，至不能殓，旅梓羁魂，归来无日。某等猥同闬籍，而微尘浅沫，莫或振之，深用惭赧。其子茕然四顾，望平原而归赵，固其所也。伏惟老年台仁流枯骴，义薄层霄，分宅倾舟，度必前无邸范。不揣冒昧，为介一言，愿兴慈矜，曲施膏润。"题注："陈令讳士美。"（页33A）

案：［乾隆］《新修齐东县志》卷四"知县"："陈士美，浙江上虞人，举人，崇祯四年任，因孔叛，失城被论。"（页4B）

陈士美，字君实，号龙明。浙江上虞人。万历三十七年（1609）应天中举，崇祯四年（1631）授齐东县知县。莅任两月，大凌河城（今辽宁锦县）被围，受命增援之明将孔有德反叛，连陷山东临邑、陵县、商河诸城，史称"吴桥兵变"，陈仕美被劾以"失陷之律"，判以死罪。［光绪］《上虞县志》卷一〇有传。（页28A）

致书衢州府知府庞承宠，荐昌化王广文。

《尺牍逸稿》卷三《与庞郡伯》："去邮为昌化王广文，此兄世第高才，某兄事之久。十年蹭蹬，俛首一毡，志存高飞，乃低其距。愿老公祖以格外之青笔之，有如国子之于然明，某当为赋《绵蛮》之三章，以志明德矣。遥遥不能献一枝之梅，《房稿》请正。"（页27A）

案："庞郡伯"名承宠，崇祯三年（1630）至五年（1632）在衢州府知府任，次年调杭州府知府。"昌化王广文"，其人未详。《房稿》指崇祯四年诗一房会试墨稿。

原礼部侍郎罗喻义来书，复之。

《尺牍逸稿》卷三《复罗少宗伯》："某顿首奏记湘真先生：自先生之去国，天下始知师臣之重，宋杨大年以制诰一字，天子使更之，遂上疏求去，至于三四。天子谓其'有性气，不通商量'，况其所关更巨？而制之转下者乎，只一'有性气，不通商量'，而天下之为令政职业者俱出矣。若从先生而论，以为此其严节隆名，抑犹边见也。某日以求归不能，内怀闾倚，所与白云并瞻者，惟衡山七十二峰之气，洞阳二十四天之间，吾程门在焉。夜每梦寻，亦不迷昧也。去令胡生感推乌海植向，亦心怜某四十无闻，为乞先生一言之教，不悟吹兰发馨，刻画非分如此！"（页3B）

案：书末注曰："罗公号黄江，讲帷年深，崇祯四年八月进讲指当国失政，乌程令中书请改数字，罗争执不可，关揭谓絮乱阁规，议处革职。"书云"去令胡生感推乌海植向，亦心怜某四十无闻"，故系于此。

原任兵部尚书梁庭栋来书，复之。

《尺牍逸稿》卷三《答梁公庭栋》："主上神明之用，大类汉高，静虚之怀，远逾文帝。汉高遇大豪杰则必颠倒之，以致其用，孝文之于魏尚，旋废旋用。拊髀一叹，光动千秋，又何疑于今日耶？石斋兄遂附青云享大名以去，一言以为知斯不诬矣。"（页2A）

案：《明史》卷一一二"兵部尚书"："（崇祯）三年庚午，梁廷栋，正月任，七月加太子少保。""四年辛未，廷栋，五月闲住。"（第11册，页3497）梁庭栋上年为御史所劾，罢职闲住。

梁廷栋，字无它。河南鄢陵人。万历四十七年（1619）进士，授南京兵部主事，召改礼部，历仪制司郎中，迁西宁兵备佥事。留心边务，喜谈兵，转永平兵备副使，分巡口北道，擢遵化巡抚。召对称旨，拜兵部右侍郎兼故官，总督蓟辽、保定军务及四方援军。为言官所劾，罢职闲住。八年（1635）冬，召拜兵部右侍郎兼右都御史，总督宣大，及出御敌，一筹莫展，遂郁以没。《明史》卷二五七有传。（第22册，页6626）

王铎省亲在家有诗怀同馆文震孟、姚希孟、陈仁锡、倪元璐。

王铎《山中怀湛持、现闻、鸿宝、芝台》："频有赫蹄至，嵯岩石径秋。蜇鸣禅院冷，狙戏荔门幽。知己悲黄叶，忧时欲白头。自惭经济少，选室向何丘。"（《拟山园选集（诗）》卷一九，页2A）

案：王铎是年奉命册封潞安沈府六合王，事竣归里省亲。

续配王氏之母袁太夫人六十寿辰，撰文祝寿。

《鸿宝应本》卷六《寿外母节褒王袁太孺人六十序》："余外母王太夫人之以苦节著称里闬，垂三十年。余幸得为太夫人婿，亦既二十年，习闻太夫人之义，顾尝揽髭自叹。嗟乎！元璐幸得为男子，束发读书，逾壮登仕，凡十数年来，鱼雅股随，有同茅槁，安所得一事骨升气立，仿佛太夫人千一者乎？太夫人及笄，归石谷先生，先生笃行专读，不事家产，挟策上帝京，遂以客化。当此之时，太夫人年未三十……而余妇王安人即太夫人季女。当余备员史局，中多感慨，狂态时兴，指画所形，动触威贵。方草未发，亲朋知之者，色动舌出，挠禁千端。安人初未知，已闻群哗，顾谓余：'请得一涉指归。'余示之草，乃拍手大笑曰：'君语平平，诸君何事须惧？即如此遂尔惊天震地，岂尔辈男子真僵蝇腐草耶？'其后虽由此得祸，乃更相忻，一时闻者，并贤安人非复女子，诚不知其教之有由来也。"（页46A）

案：文云"元璐幸得为男子，束发读书，逾壮登仕，凡十数年来"，元璐入仕至是十年，又云"余幸得为太夫人婿，亦既二十年"，元璐万历四十一年（1613）续娶王氏，至是二十年，又云"而余妇王安人即太夫人季女"，王氏上年十一月封安人。

题张溥之父张翼之像。

《倪文贞集》卷一七《娄江张虚宇翁像赞》："……是故我瞻虚翁，广颡敦颐，澹乎无怀葛天之容，而知其中之诚然。我交天如，奥学深文，岸然天禄石渠之宗，而知其生之有自。"（页4B）

案：张翼之（1556-1617），为张溥之父。张溥《先考虚宇府君行状》："先考讳翼之，字尔谟，虚宇其号……先君生于嘉靖丙辰之四月三日，没于万历丁巳之四月四日，享年六十有二。"（《七录斋合集》古文近稿卷六，页11A）又云："壬申，请假归，营卜宅兆，葬其父虚宇公，手自卒瘏。"（引略）张溥是年请假归里葬父，是文或此间作。

书五言诗轴赠霍达。

倪元璐《赠鲁斋五律诗轴》释文："不悟黄河面，见山有许容。六经闲跳跃，五岳大遭逢。云胆落韩愈，烟心悦宁封。斯知华岭叶，定不是痴龙。闻黄石斋归途遍游名山炉赋，似鲁斋老先生正之。弟元璐。"（藏处不详，《中国书法全集（倪元璐）》，页110）

案：此诗即《倪文贞集》诗卷上《郊游》之一。（页21B）霍达，字鲁斋，陕西长安人。崇祯四年（1631）进士，崇祯末为监军御史，入清仕至兵部尚书。

致书嘉湖兵备陈懋德。

《尺牍逸稿》卷三《与嘉湖兵道蔡（陈）公懋德》："别后猛下誓愿，拟以秋深遵海观荣戟之光，因跻堂而称兕，不悟沓有同室非幸，冗事戒装复止。兹骏狼晖世，有阳生之庆，敬驰专足，写其沈情。将为寸草，以报阳春，即不可，然其意不可没也。不敢假手奏记，竟坠蚓萦，并希崇照。附数行为候，方忙不及覼缕，亦以情深，无宜多设也。"（页11A）

案：陈懋德，本姓蔡。据《崇祯长编》卷六二，本年八月以江西副使陈懋德为浙江分守嘉湖右参政。

本年，孔有德陷登州、黄县、平度，兵部侍郎刘宇烈败绩于沙河。山西流民连陷山西大宁、泽州、寿阳等州县。韩日缵起为礼部尚书。刘鸿训卒。

【诗文系年】

《与黄道周（四）》《与同馆黄石斋》《黄石斋史公宦稿序》《与倪元璐（二）》《答督学叶侍御成章》《与叶》《吏科给事中宋权》《广东道监察御史吴振缨》《送陈天甫督学岭西》《乞归省疏》《与浙抚罗中丞汝元》《与浙抚罗中丞》《封中丞范仁元墓志铭》《赐麦饼宴》《公函致直指使者》《寄钱麟武相国象坤》《复刘公廷谏》《和刘良哉韵》《礼部尚书兼东阁大学士徐光启》《送吴朗公给谏》《送王漩观侍御》《再乞归省疏》《与黄石斋（二）》《杨伯祥太史稿序》《答解公学龙》《经筵讲编（二）》《答邓公启隆》《豳风八图赞为蒋八公宫庶太夫人寿》《三乞归省疏》《忆母遂病，三上疏求归不允，却赋十诗》《候中堂韩老师》《答同馆陈太史演》《答两浙巡方萧侍御奕辅》《送姚孟长前辈赴南中》《文铁庵奉假归夷陵》《复同年李吏部元鼎》《复万年少》《病请至三不得许，在任调治，既小愈作》《小愈后，吴澹人诸君移尊过斋作文字饮》《病起早朝，马上口占示同列》《四十初度》《周来玉先生传》《钟侯偶居集序》《与四守令张、李、周、颜》《与庞郡伯》《复罗少宗伯》《答梁公庭栋》《寿外母节褒王袁太孺人六十序》《娄江张虚宇翁像赞》《与嘉湖兵道蔡公懋德》。

崇祯六年癸酉（1633），四十一岁

任右春坊右中允兼翰林院编修。八月，迁左春坊左谕德。

正月初三日，赴李懋芳席，同席有戴澳、丁进、李一鹏、祁彪佳。

《祁彪佳日记》卷四"役南琐记"："（崇祯六年正月）初三日……便道赴李玉完席，同席为戴斐君、倪鸿宝、丁印趋、李洧盘。"（页114）

初六日，赴丁进招，同席有李一鹏、李懋芳、丁进、祁彪佳、戴澳。

《祁彪佳日记》卷四"役南琐记"："（崇祯六年正月）初六日……送客去，赴丁印趋招，同席为李洧盘、李玉完、倪鸿宝、戴斐君。"（页115）

初七日，同祁彪佳邀江西吉安在京为宦诸公赴席，置酒谢之。

《祁彪佳日记》卷四"役南琐记"："（正月）初七日……再出同倪鸿宝公请吉州诸公，往投刺，且送之以《宦名录》。两先人为吉州入名宦，故以杯酒谢之。"（页114）

案："两先人为吉州入名宦"，指祁彪佳父祁承爜万历末任吉安府知府，［乾隆］《吉安府志》二〇"知府"："祁承爜，山阴，进士。"（页30A）元璐父倪冻万历初任安福县知县，两人同祀府县名宦祠。

同日，有诗送冒起宗赴官南都。

《倪文贞集》诗卷上《送冒嵩少赴官南吏部》："一官如算子，下上从人心。水母曜虾目，山公趋竹林。六朝聊吊古，半壁足撑今。慎弗叹李蔡，俱能辨沈任。""三十车字去，金台等空尨。席居末荣末，飞意南至南。尽日持夹袋，逢山采烟岚。乐饥清溪水，毕卓无此酣。"（页20B）

案：冒起宗《考选授南考功口占》诗，《拙存堂逸稿》卷三系于"壬申"（页118A），则上年授南吏部。又冒起宗《跋倪鸿宝官允赠诗》："公送余赴南铨诗，为癸酉人日，刘须弥柱史读之曰：'人言公论久而彰，吾谓郁而愈彰。'鸿宝不矼不愤，意在言外，盖郁之者，彰之诗史哉？是诗书素缣，寻失去。"（上书文卷二，页101A）是年正月初七日赴任，朝中友人送别之作甚多，如蒋德璟《送冒嵩少之南考功》（《蒋氏敬日草》卷一一"使还诗"，页39A）、张之奕《寄贺冒嵩少大行擢南铨部》（《汗漫吟》五集，页3A）。冒起宗《题三山拄笏图》："崇祯壬申考选，余授南京吏部考功司主事，寻晋郎中。初夏，魏考叔访余文园，作《三山拄笏图》，曾波臣复为余及余儿写照，儿以应制来署也，意在笔先，神采奕奕，诚渡江来快事。犹忆余之赴南都也，知己赠言，如何龙友宗伯之'天下有心劳我梦，世间无竟足相思'；蒋右揶官允之'身在冰壶成水镜，地当花雨足云烟'；倪鸿宝官谕之'尽日持夹袋，逢山采烟岚。乐饥青溪水，毕卓无此酣。'皆可为此图郭象，

附载于此。"（上书同卷，页68A）

　　冒起宗（1590-1650），字宗起，号嵩少。江苏如皋人。崇祯元年（1628）进士，授行人，考授南考功司主事，升郎中。出为山东兖西佥事，监军河上。闻父讣归，服阕，备兵岭西，以卓异闻，旋调湖南衡水参议，调宝庆，即辞归，竟以岭西旧事坐降级。十七年（1644）起副使，督上江漕储等，寻乞休。入清不复仕，与长子冒襄并以气节文章名满天下。著有《拙存堂逸稿》。［嘉庆］《如皋县志》卷一六有传。（页12B）

　　十九日午后，祁彪佳来，同往宴请吉州诸公，仅李日宣、黄绍杰来，观《葛衣记》。

　　《祁彪佳日记》卷四"役南琐记"："（崇祯六年正月）十九日……午后出于倪鸿宝寓，公请吉州诸绅，止李缉敬、黄水濂至，观《葛衣记》。"（页118）

　　案："李缉敬"名日宣，字晦伯，江西吉水人。万历四十一年（1613）进士，仕至吏部尚书。时为河南巡按，掌管河南道事。"黄水濂"名绍杰，江西万安人。天启五年（1625）进士，时为兵科给事中。

　　二十七日午后，设席邀祁彪佳、吴振缨、李懋芳、丁进、钱瑞星、吴孟明、王继廉，观《石榴花记》。

　　《祁彪佳日记》卷四"役南琐记"："（崇祯六年正月）二十七日……午后冒雪赴倪鸿宝席，吴俭育早至，予与之弈，因订次月十六之约。顷之李玉完、丁印趋、钱瑞星、吴祖洲、王铭韫俱来，观《石榴花记》。予以次早入朝，乃先归。"（页120）

　　案："吴祖洲"名孟明（1574-1653），字文征，浙江山阴人。吴兑孙。承荫为锦衣卫千户，考选北镇抚司理刑，升掌锦衣卫指挥使。［嘉庆］《山阴县志》卷一四有传。（页75A）钱谦益《吴祖洲八十寿序》（《有学集》卷二四，页955），即其人。

　　福建道监察御史祁彪佳仍授阶文林郎，妻商氏仍封孺人，父祁承爜赠阶大中大夫，为撰诰敕。

　　《倪文贞集》卷三《福建道监察御史祁彪佳》："尔具官某，茂才通明，正骨强立，始以韶齿，试于祥刑……是用擢尔兰台，资其药论，维尔洞垣取识，没羽章忠。朕尝覆子昌言，识其风旨。大都欲以道维法，以礼济威，以谨微为官府之防，以规大为中边之计。官邪著鼎，流民著图，才治文章，学治功利。凡兹裴迪，悉本精诚，斯悟前贤，非为俊物。兹授尔阶仍文林郎，锡之敕命。"（页17A）

　　《妻》："尔封孺人商氏，乃原任南京兵部尚书商周祚之女，具官某之妻，承尊以孝，处贵不骄。宜其家人，勖哉夫子，静好既著，富谷与偕……是用嘉尔，封尔仍孺人。"（同上，页17B）

　　《父》："尔原任江西布政使司兼按察司佥事、宁太兵备道祁承爜，乃具官某之父，才峰道岸，学圃书仓……峴首桐乡，碑俎相望，生歌死墓，形沉名飞。若彼趋庭，章于执法，教忠禅直，又何奇乎？兹用赠尔阶大中大夫。"（同上，页17A）

案：祁彪佳崇祯四年（1631）十月授福建道御史，是年正月实授。《祁忠敏公年谱》："（崇祯六年）正月，实授御史。"（《祁彪佳日记》附，页858）

二月初四日，与同年屈可伸、蒋德璟聚集满井，限韵赋诗。

蒋德璟《满井同鸿宝、鹏洲二宫允及弟中响、儿熺限韵》："卅尺神泉照畏佳，縭深犹碍井根柴。长翻玉瀗千年满，侣透银河一边阶。近辇真堪供洒润，通漕元不费疏排。万方雨露方同渴，不信蟠龙性果垂。"题注："二月四日。"（《蒋氏敬日草》卷一一"使还诗"，页42B）

案：《长安客话》卷四："满井，出安定门，循古濠而东三里许，有古井一，径五尺余。飞泉突出，冬夏不竭，好事者凿石栏以束之。水常浮起，散漫四溢，井傍苍藤丰草，掩映小亭。都人探为奇胜。"（页82）又王思任《游满井记》："京师渴处，得水便欢。安定门外五里有满井，初春，士女云集，予与吴友张度往观之。一亭函井，其规五尺，四洼而中满，故名。满之貌，泉突突起，如珠贯贯然，如蟹眼睁睁然，又如渔沫吐吐然，藤蓊草翳资其湿。"（《谑庵文饭小品》卷三，页11A）

屈可伸（1594-？），字谦仲，号鹏洲。河南延津人。天启二年（1622）进士，授庶吉士，授翰林院检讨，寻乞告归养，服阕，复起原官。崇祯六年（1633）升右春坊右中允，擢右谕德管诰敕撰文、左庶子兼翰林侍讲、国子监祭酒，再拜詹事府詹事兼翰林院侍读学士，卒于官。[康熙]《延津县志》卷五有传。（页14B）

初七日，祁彪佳来晤。

《祁彪佳日记》卷四"役南琐记"："（崇祯六年二月）初七日……晤朱勉斋、倪鸿宝、李玉完，及投姜篯胜、李金峨请启，归。"（页123）

案："朱勉斋"名之冯（1593-1644），又名之裔，字乐三。直隶大兴人。天启五年（1625）进士，崇祯末，任佥都御史、巡抚宣府，李自成陷宣府，自缢而死，时年五十二。《明史》卷二六三有传（第22册，页6807）。元璐《行草书赠乐山五言律诗轴》题识："元璐似乐山辞丈。"（日本东京国立博物馆藏，《中国书法全集（倪元璐）》，页146）"乐山"即朱之冯。

初九日，午后赴张炳芳席，坐中有祁彪佳、张国维、李懋芳、冯元飚。

《祁彪佳日记》卷四"役南琐记"："（崇祯六年二月）初九日……午后大风扬沙，赴张三峨席，为冯邺仙、倪鸿宝、张玉笥、李玉完，席间闻王东里被放，怅然而别。"（页124）

案："张三峨"名炳芳，时在京任职中书，张岱三叔。"张玉笥"名国维（1595-1646），浙江东阳人。天启二年（1622）进士，历官应天巡抚、兵部尚书，明亡，不降殉国。"王东里"名志道，详后。

初十日，王志道因疏斥太监王坤被削籍，拟与同官蒋德璟具疏救之，为其所阻。

蒋德璟《寿御史中丞东里王公序》："而遇神圣御天，始从左廷尉超拜中丞，佐御史台。属监视诸珰，藉查核越纠内外文武臣，而宣珰王坤遂纠及内阁，廷臣无敢争者。公独以越职弹治之，且并责阁臣失职。上震怒，召对文华，亲赐诘问，廷臣无敢救者。公神色不挠，词直气壮，天威为霁，诸君子相顾惊叹，谓公闽海儒生，乃能于雷霆下作魏郑公举止耶。璟与同官倪宫允玉汝各具疏救，且上，公闻而急阻之，而璟亦逡巡已。"（《蒋氏敬日草》卷五，页8A）

案：《明史》卷二三："（崇祯六年二月壬申）削左副都御史王志道籍。"（第2册，页315）郑《表》，二月壬申为初十日。王志道疏谏中官监军，帝怒责回奏，志道反覆奏辨，帝益怒，御文华殿召对，廷诘志道，竟削籍归。初，元璐已草疏拟救之，为诸友好及家人所阻而止。倪元璐《致倪元瓒》："边珰王坤一哄，国体大伤。王东里处后，廷臣遂嗫舌，无敢复发一言者。怀此感慨，业草一疏欲上，偶为一二知己所知，奔来流涕禁止，而内人又为述母亲临别之言，遂复中止。其实疏上，不过削官，未必有杖逮之事。而爱我而止之者，必云决不得免，此可以见士气衰竭之一端也。东厂忽蒙重谴，上以其不能诘发缙坤奸弊之故。夫缙坤已重足矣，上心犹未厌，从此大狱飙兴，冠裳无噍类矣。"（无锡博物馆藏，《书法》1988年第3期，页34）王志道削籍归里，蒋德璟有《送都察院左副都御史东里王公归里序》（《蒋氏敬日草》卷五，页93A）、马世奇有《送王东里副院长抗疏削籍》（《澹宁居诗集》卷中，页3A）。

王志道（1574—1646），字而宏，号东里。福建漳浦人。万历四十一年（1613）进士，初授丹徒知县，升礼科给事中，改兵科。崇祯四年（1631）召为大理寺少卿，升左副都御史。六年（1633）二月，因疏斥太监王坤，忤旨削籍归里。明亡，南明召为户部侍郎、吏部侍郎，疏辞老病致仕，卒于家。［康熙］《漳浦县志》卷一五有传。（页29B）

十五日，致书弟倪元瓒，言及国是与家事。

倪元璐《致倪献汝尺牍（一）》："近习焦氏易卜，曾为母亲卜寿，得家人之屯，其辞云：'娶于姜吕，驾迎新妇。少徐在门，夫子欢喜。'此明言自会鼎以至会召娶妇生子之事，母亲照管有余，但举其目前未甚辽远者，而后来无竟［境］无强之说，已见非百岁以上而何？焦易奇验，已经屡试，虽一语一字，无虚设者，故足信也……边珰王坤一哄，国体大伤。王东里处后，廷臣遂嗫舌，无敢复发一言者。怀此感慨，业草一疏欲上，偶为一二知己所知，奔来流涕禁止，而内人又为述母亲临别之言，遂复中止。其实疏上，不过削官，未必有杖逮之事。而爱我而止之者，必云决不得免，此可以见士气衰竭之一端也。东厂忽蒙重谴，上以其不能诘发缙坤奸弊之故。夫缙坤已重足矣，上心犹未厌，从此大狱飙兴，冠裳无噍类矣。雍三官此来，非吾所能效力，亦值此时候，一举一动皆可杀身，而迩来异途官不做也罢，人俱梦，梦不能知也……二月望日，仲兄又字。"（无锡博物馆藏，《书法》1988 年第 3 期，页 34）

二十日，祁彪佳授苏松巡按御史，将之任。与方逢年、祁彪佳集冯元飚寓，与彪佳辞别，朱西昆、许佩菀、党崇雅，吴之芳同至。

《祁彪佳日记》卷四"役南琐记"："（崇祯六年二月）二十日……午后，与倪鸿宝、方书田撤席于郏仙寓与别，先予来者为朱西昆、许佩菀，后予来者为党于姜，最后吴慎旃。"（页 126）

案："党于姜"名崇雅。"吴慎旃"名之芳，［乾隆］《绍兴府志》卷三一进士："（崇祯四年）吴之芳，顺天籍，山阴人，编修。"（页 54A）

二十四日，同年祁彪佳来晤，酌以疏稿。继又致彪佳书。

《祁彪佳日记》卷四"役南琐记"："（崇祯六年二月）二十四日，出，晤吴俭育，值李金峨，再晤曹方城，访倪鸿宝，并拜顾尊生诸君，再晤阮旭青，俱酌以疏稿，归而鸿宝以书来。"（页 127）

案：《祁忠毅公年谱》："（崇祯六年）二月，疏言四事：一、监司迁转宜重；二、有司参罚已穷；三、举德行、正文体；四、核谥典、励人心。又陈清蠹毂之法四条，因纠刑曹张景韶食纵。皆奉俞旨。"（《祁彪佳日记》附，页 858）

二十五日，同年祁彪佳来访，再酌疏稿。

《祁彪佳日记》卷四"役南琐记"："（崇祯六年二月）二十五日……出晤倪鸿宝，与酌疏稿，成即赴公署。"（页 127）

同年李绍贤父李养质卒，为撰墓表。

《鸿宝应本》卷一三《明赠太仆寺卿原任陕西布政使左布政使兼按察司副使分巡西宁兵备李公慕劭墓表》："公讳养质，字从朴，别号涵醇……乙酉魁乡书，丙戌成进士……拜工科给事中……俄罹大故，孺泣三年。丙午，复除工部都水司主事，奉命榷木于浙之南关……熹皇登极之三年癸亥，以荐起陕西洮岷兵备……寻擢陕西左布政使，开幕西宁……既复一年，以劳疾作，投牒遽归，天不慭遗。崇祯五年二月某日，卒于里第。赤皇之陨诸葛，白鸡以告谢安，诸州裂裳，一乡解市。明年癸酉，大司马追论西宁之功，有诏赠太仆寺卿。"（页 8A）

案：李养质为李绍贤之父。绍贤（1591－?），字圣辅，号印渚，山西蒲州人。天启二年（1622）进士，选庶吉士，授编修，历迁少詹事、詹事，官终礼、户二部侍郎。李养质卒于崇祯五年（1632）二月，《墓表》作于本年或稍后。

旧辅刘鸿训卒，为撰墓志铭。

《倪文贞集》卷一〇《资政大夫礼部尚书兼东阁大学士青岳刘公暨元配夫人曲氏夫人王氏合葬墓志铭》："公讳鸿训，字默承，别号青岳……遂以隽选，为翰林院庶吉士。橐笔三期，声称日出，授官编修……擢右春坊中允，旋晋左谕德。遭顷阳公忧，摧毁之诚，几于死孝。服甫禫，起少詹事……居之二年，否极以喜。今上乘乾出震，锄奸显忠，有诏廷臣，极搜旧德，凡疏朝野十人，比于周乱，公名与焉。皇帝考慎，旦日召执政以下，入对乾清，焚香祷天。冀得良宰，覆名金瓯，明凭帝赍，首探得公。上心甚悦，即家征公为礼部尚书兼东阁大学士，发册遣使，肩背相望，控辞不听。凡五阅月，随使者至阙下，陛见之日，岳立鹄举，音吐轩訇……会以京军置帅，制书不符，议者毛吹，归诸机密……孔璋石烈，今世所稀，呫嚅之间，已成大狱。诏下，戍公雁门……以崇祯五年正月十有二日，卒于戍所……公生嘉靖四十四年七月九日，享年七十。”（页1A）

案：《国榷》卷九二：“（崇祯五年正月）庚戌，故大学士刘鸿训卒。长山人。万历癸丑进士，崇祯初直阁，坐改敕书戍代州，终戍所。讣闻，许其归葬。”（第6册，页5583）其继室“王后公一年以悲殒”，倪《铭》应作于王氏卒后，姑系于此。

三月初二日，祁彪佳来书。

《祁彪佳日记》卷四“役南琐记”：“（崇祯六年三月）初二日……是日，以手札复彭让木、倪鸿宝、程雪窗、陈金铉。”（页129）

初四日，同年祁彪佳来晤。

《祁彪佳日记》卷四“役南琐记”：“（崇祯六年三月）初四日……出晤胡青莲、蔡陟瞻，至玉皇庙晤徐君肇森、郑觐于、钱梅谷、刘吹台、倪鸿宝，值林鹤胎。归则日旰矣。”（页129）

初五日，至祁寓访同年祁彪佳。

《祁彪佳日记》卷四“役南琐记”：“（崇祯六年三月）初五日……午后倪鸿宝、胡芝山来晤。”（页129）

初九日，再至祁寓晤祁彪佳。

《祁彪佳日记》卷四“役南琐记”：“（崇祯六年三月）初九日……出少憩，倪鸿宝、朱集庵、王孺初、周君命宁俱来晤。王述华东师不怪意。”（页130）

案：“王孺初”名道直，“华东师”为张延登，“周君命宁”为周朝瑞子。

四月初五日，祁彪佳将行，午后携盒与其饮别。

《祁彪佳日记》卷四“役南琐记”：“（崇祯六年四月）初五日，以束装不出，午后倪鸿宝携盒来饮。”（页133）

初六日，祁彪佳早发出城门，前往送别。

《祁彪佳日记》卷四“役南琐记”：“（崇祯六年四月）初六日……早发出城门，亲友来饯别者，一为倪鸿宝、吴祖洲；……”（页134）

案：祁熊佳《祁彪佳行实》：“（崇祯六年）三月，奉代巡按苏松命。四月初旬，辞阙而南。”（《祁彪佳日记》附，页859）同人送别之作，有蒋德璟《送祁世培侍御按部苏松》（《蒋氏敬日草》卷一一"使还诗"，页 43A）、马世奇《送祁虎子侍御巡按江南》（《澹宁居诗集》卷中，页 7B）。

姚思孝之父赓唐先生七十寿辰，撰文以寿。

《鸿宝应本》卷一《灏震云辞》序云："姚永言给谏，谏舌軿訇，气凌天下。其太翁赓唐先生，遗荣高尚，道极伊人，虽潜跃分持，而清贞同质。当先生七十之辰，酌者纷如，各竭其说。元璐不能究称眉万，极状鲐祺，独为灏公、震伯、云中君之言，杂诸笙奏，要明挹注之义，贯翼缵之心，遡彼流洄，庶非河汉。若其简闻祖构，渰涩浮漂，伯符帐儿，亦不读也……"（页 20A）

案："赓唐先生"为姚思孝之父。黄道周《姚太公八十一序》题注："洪思曰：'甲申四月，子在墓下，姚永言太仆万里来乞言寿其亲，有书至石养。'"（《黄道周集》卷二一，页 908）"甲申"（1644）姚父八十一岁，倒推之，本年为其七十寿辰。同时之作有陈子壮《寿姚永言给谏封公孝廉》。（《陈文忠公遗集·练要堂诗》卷一，页 18A）

姚思孝，字永言。南直江都人。崇祯元年（1628）进士，改庶吉士，授兵科给事中。首陈保固民心一疏，言甚剀切，又疏纠辅臣夺情，罢归。后起太仆寺卿，寻晋大理寺卿。丁父艰，归里。前后上八十余疏，皆昌言谠论，时望归重焉。[康熙]《江都县志》卷一四有传。（页 52B）

夏，作《画竹扇面》赠门生王邵。

倪元璐《画竹扇面》，金笺水墨，款识："癸酉夏季，元璐似炳藜丈。"钤印："元璐戏笔。"（白）（故宫博物院藏，《故宫博物院文物珍品大系-明代书法》，页 277）

同年祁彪佳来书，对元璐所撰封赠诰敕致谢。

祁彪佳《与倪鸿宝》："跽读代言，不特金气玉色郁为世修，而且先人一生苦心婉婉道出，使人子藉以报恩罔极，不觉涕泪俱下，当即北望百顿，虽捐弃其匄报焉？……桃源真大贤者，且暮得其共事为快，丹徒偶缺，倘获借鼎此地，绝不累令者也。但境外之官无敢越俎而言，弟欲空具丹徒、上海宜调之疏，而小札中与太宰则以桃源坐云阳，此时再当致八行书于老年台，合力成之，或无难耳。"（《按吴尺牍》癸酉夏季册，南京图书馆藏明钞本）

案："代言"即元璐撰《福建道监察御史祁彪佳（并妻）》及父母封赠诰敕。"桃源真大贤者"，指元璐门生桃源令龚爽，崇祯四年进士，时谋为其改官。

门生曹惟才授兴化府司李，书诗赠别。

倪元璐《送曹秋水司李莅中之任》："尽宇若毛鸷，漳波尤未宁。官兼佛救世，帝命尔司刑。但把光明烛，悉焚罗织经。颍川真宰相，万目注璃瓶。"（上海朵云轩 1998 秋季艺术品拍卖会古代字画专场拍卖图录）

案：此诗又见《倪文贞集》诗卷上，题为《赠蔡江门司理》，"漳波"作"长沙"。

曹惟才将赴任，托携书牍致福建巡抚邹维琏。

《尺牍逸稿》卷三《与邹》："某每怀雄风，梦寻不已，适乘敝门士司李曹生之便，敬候起居。曹生根器不凡，心晶体茂，刘念台先生讲坛上首，念老逢人辄称为任道之器。念始发途，遂得事老先生，其有天幸，亦可知已。所望砥砺成就之者，不在一官，愿少留意。外如南安李令、莆田曹令，亦敝门生，谨诚二字，则皆有之，并冀一体诲植。"（页22B）

案：《崇祯长编》卷五七："（崇祯五年三月甲辰）升解学龙为右副都御史、巡抚江西，邹维琏为右佥都御史、巡抚福建，唐晖为右佥都御史、巡抚湖广。"（《明实录》第95册，页3324）书中所涉"司李曹生""南安李令""莆田曹令"俱崇祯四年（1631）诗一房所取士。"南安李令"名九华，［同治］《泉州府志》卷二七"南安县知县"："李九华，新昌，进士，三年任，升兵部主事。"（页52A）"莆田曹令"名天锡，［康熙］《兴化府莆田县志》卷七"知县"："曹天锡，山阴人，崇祯□年由进士知。"（页30A）

邹维琏（？ -1635），字德辉，一字德耀，号匪石。江西新昌人。万历三十五年（1607）进士，授延平府推官，耿介有大节。天启中，为郎中。杨涟劾魏忠贤，被旨切责，琏抗疏论谏，谪戍贵州。崇祯初，召为南京太仆寺卿，累擢右佥都御史，巡抚福建。在事二年，剿海寇有功，为温体仁所忌复罢官。八年（1635）起为兵部右侍郎，未赴，卒。《明史》卷二三五有传。（第20册，页6137）

福建道监察御史倪于义授阶文林郎，为撰诰敕。

《代言选》卷五《福建道监察御史倪于义》："尔具官某，神明激朗，风格挺搴。当其扬藻宏文，读书天禄，盖亦衾举，迈于蔼多。既以达材，试之执法，而尔胆征守阁，能见司城。遂使豪贵敛手而避骢车，奸萌望风而惊豸角。肃清之效，俄顷已彰，要子所持，归诸不扰……用是尔嘉阶尔文林郎，锡之敕命。"（页24A）

案：倪于义，字百宜，祖籍四川威远县，徙荣昌县。崇祯四年（1631）进士，授福建道监察御史。杨士聪《玉堂荟记》卷下："倪学士元璐，为倪百宜撰明末敕命，其所封之妻，即黄氏也。文中有'美在其中，声闻于外'二语，文义绝不相涉，殆近于戏……学士诰敕文字，多不袭常套，故所用若此，然亦避矣。学士诰敕文字，多不袭常套。"

石首县知县谭尚炯授阶文林郎，妻刘氏封孺人，父谭可旬赠文林郎，母杨氏封太孺人，为撰诰敕。

《倪文贞集》卷四《湖南荆州府石首县知县谭尚炯》："具官某，政刑德礼，条然以章，辑和民人，莫不夷怿……朕以楚貏豸，洊承兵革，粤波南及，垫以游鲵……

苟俾列城之长，悉如尔良，朕复何忧哉？嘉乃丕绩，可阶文林郎。"（页11B）

《妻》："具官某妻刘氏，由其明理习勤，终窭不怨。于是尔夫得自矫挺，晶志悬鱼，不以官财民膏，娱其妻子，故曰'妻者齐也'……可畀封孺人。"（同上，页12B）

《父》："尔谭可旬乃具官某之父，朕闻其谊至高，不苟取予，无阴阳怀谖罔物之心，行于一乡，一乡俱化。嗟乎，是乌得无令子哉！尔子亦犹行尔之道也……用赠尔为文林郎。"（同上，页13A）

《母》："尔杨氏乃具官某之母，既以高行，襄隐鹿门，而教子子贤，名成底绩……母人之道，道在其母。用封尔为太孺人。"（同上，页13B）

案：［乾隆］《石首县志》卷二"知县"："谭尚絅［炯］，广东人，举人，崇祯二年任。"（页19B）

七月，王元翰卒于南京，撰《王谏议传》。

《倪文贞集》卷一四《王谏议传》："王谏议者，名元翰，字伯举，别号聚洲，其先南直凤阳人也……辛丑成进士，应庶常选，四明沈公见其文，奇之，以为眉山复出，拔置第五……当此之时，谏议直声，振于天下，其用事大臣皆不悦，群小阿附大臣者，争欲得谏议为首功……岁丁卯，今上御极，忠贤伏诛，其党论如法。凡被珰祸者，悉得湔被，还其故官。于是京兆尹刘公宗周、吏科都给事宋公鸣梧等讼谏议冤，章下所司。冢宰故珰苞蘖，犹畏恶谏议，力拒之。谏议竟以病，卒于白门……余未见司马，稔知其素；侍御出狱，识之京邸；余官留都，得交谏议。其人皆英照奕奕，论事如刀划涂，以彼其才气，不问何贼，皆能杀之，此世人所由甚畏之也。甚畏之者，其心固亦甚贵之矣。呜呼！三君诚人杰也哉！"（页10A）

案：王元翰（1565—1633），崇祯六年七月卒于南京。范凤翼《明工科右给事中聚洲王公行状》："癸酉，公病于白门而卒。卒之日，殓衾不备，买棺无资，不佞实与黄公正宾、闪公继迪等经纪其事……得寿六十九。"（《凝翠集》卷末）钱谦益有《明故工科右给事中聚洲王公墓志铭》（《凝翠集》卷末）、刘宗周有《明故征仕郎原任工科右给事中聚洲王公墓志铭》（《刘蕺周全集》文编七，页664）及《王聚洲年友像赞》（同上，页756）。

八月，浙江巡抚罗汝元被劾削籍，致书慰之。

《尺牍逸稿》卷五《与罗抚军》："海盗比于漂萍，既驱复来，此非意所及。老公祖绸缪指画，殚竭心能，而骤承严纶，恤然以骇。然度不出五日，吉语当开，遂有温文，发奖化霆，响为霞辉也。"（页26B）

案：《国榷》卷九二："（崇祯六年八月）辛未，巡抚浙江右佥都御史罗汝元以多海盗削籍。"（第6册，页5615）书云"海盗比于漂萍，既驱复来，此非意所及"，罗汝元未能剿灭海盗而落职。

是月，喻思恂为右佥都御史，巡抚浙江。

《国榷》卷九二："（崇祯六年八月）戊寅，喻思恂为右佥都御史、巡抚浙江。"（同上，页5615）

案：喻思恂之任，同人送别有陈子壮《送喻大中丞巡抚浙江》（《陈文忠公遗集·练要堂诗》卷一，页8B）、管绍宁《送喻中丞抚浙》（《赐诚堂文集》卷一六，页5B）。

喻思恂（1571—1646），字醒拙，号川石。四川重庆人。万历四十四年（1616）进士，授柏乡知县，调枣强，擢升山西道御史，巡视漕运。忤魏珰，被劾归。崇祯初，起复原官，升太仆寺卿，转右佥都御史、巡抚浙江。平海贼刘香、防倭及剿倭之战有迹，沿海得以安宁。后以兵部右侍郎致仕。甲申变后，加尚书，总督川、湖、云、贵，卒于黔中。［道光］《重庆府志》卷八有传。（页37A）

循资晋升左春坊左谕德。

倪《谱》卷一："稍迁左谕德，充日讲官。"（页25A）

案：《明史》倪元璐传曰："四年进右谕德，充日讲官。"（卷二六五，页6835）此从倪《谱》。元璐充日讲官，从是日始。黄景昉《馆阁旧事》卷上："日讲官六员，每日轮四员进讲，一讲《论语》《学》《庸》，一讲《尚书》，一讲《春秋》，一讲《孟子》。每月朔望系升殿日，三、六、九系常朝日，日、二系经筵日，俱辍讲，余常川侍候。"（《宦梦录 馆阁旧事》，页179）

谈迁《枣林杂俎》"逸典"："钱塞庵曰：讲官致规不过篇末，今累牍连章，乌程坐是与词林不协。予所见讲官，文湛持、倪鸿宝学问该洽，声容闲雅，真其选也。姚孟长次之。姜箴胜有仪度，其学不逮。姜燕及气粗，许石门语冗。"（页87）"钱塞庵"即钱士升。

又致友人书，言及冬中撤讲即再上书乞归。

《尺牍逸稿》卷一《致某》："吾本急归，顷于讲筵小效愚忱，遂逢当涂之怒，不复可解。俟冬中撤讲，即上归养之章，奸邪秉轴，时事日非，虽尧舜在上，莫能为计，在我辈惟有一去耳。"（页17B）

案：明制，经筵于春秋两季举行，每月三次。书云"俟冬中撤讲，即上归养之章"，此书秋间作。

秋闱将启，量资应为江南副考，温体仁系例授所厚之丁进，愤而力辞典试。

倪《谱》卷一："（崇祯六年）力辞典试。南北正副主考需词臣四员，府君资最后，应南副。而前辈之应北正者乐改南，睦于乌程，遂系例授之。府君谓是将浼我，乃力辞南副，并辞北副，俱不就。及南榜出，物论沸腾，台省交章奏劾，以乌程故，得薄谴，遂疑弹章出府君意，而日与徒党伺之矣。"（页26A）

案：是年江南乡试主考为丁进和蒋德璟，德璟《应天府乡试录后序》："崇祯癸酉秋，上命臣德璟副左庶子臣进往应天典试事。”（《蒋氏敬日草》卷四，页3A）倪《谱》云“而前辈之应北正者乐改南，睦于乌程，遂紊例授之”，“前辈”指丁进，万历四十七年（1619）进士，先于元璐一科；“乌程”指温体仁，丁进睦于温体仁，崇祯七年五月御史黄绍杰弹劾温体仁，罪状之一即庇护丁进，见《明史》卷二五八黄绍杰传。（第22册，页6660）元璐三疏乞假及数求南差而不得，此次有机会典试江南而顺道归省，然因温体仁紊例授之，元璐愤而力辞江南、顺天副考。

令人语塞的是，丁进典试江南榜出，物论沸腾，台省交章奏劾。《国榷》卷九三：“（崇祯七年正月）辛卯，南京广西道御史张寿祺奏，右庶子丁进主考南场，贿中郑光昌等，如程中葆关节图书契约见获，乞下进法司，毋令幸脱。”（第6册，页564）又《烈皇小识》卷四：“癸酉，应天乡试，论题《圣心如日明水清》，墨卷多用‘青山绿水’等句，皆性理中语也。上阅之大骇，又御笔涂出文理纰缪者八卷，以礼部不行纠驳回奏，反行曲庇，尚书李康先闲住，主考庶子丁进降调，举人李悿、王佩等停革有差。”（页95）然丁进仅获薄谴，而丁进疑忌元璐怂恿，为以后伺隙举劾埋下了隐患。

弟倪元瓒寄示考卷，致书鼓励曰“大胜往时”。

《尺牍逸稿》卷一《与弟献汝》：“寄示考卷二作，思力光气大胜往时，如此可得魁也。破承未当，恐遭按剑。三兰兄初为秀才时，文殊秀俊，特少遒断，戊午之春便遒断，吾即决其必售中，二作可得榜元，今以此说举似弟，想亦不错也。吾试差得免，总由吾不为政府阿私，异时见许升官日讲及司衡，俱不就，硁硁之素，今而后吾知免夫？”（页12A）

案：元瓒所寄“考卷二作”，当为郡邑考试所作。从兄元珙万历四十六年戊午（1618）乡试中举，故曰“戊午之春便遒断，吾即决其必售中”。又云“吾试差得免，总由吾不为政府阿私”，即指丁进“紊例授之”事。书云“异时见许升官日讲及司衡”，指当政曾见许擢经筵日讲官及国子监祭酒，详后。

总理漕运兼巡抚凤阳杨一鹏来书，复之。

《尺牍逸稿》卷五《答漕抚杨中丞一鹏》：“圣人深忧命脉，宁徙山龙，倚魏公为长城，借莱国于锁钥，固其所矣。敬闻开纛之期，惟有踊身而贺，壮犹方出大业，日新举朝赖至。陕之米以得生，岂惟韩滉殿上论转输之功，而行赏无若酇侯。临奏手加，望风眉舞。”（页23A）

案：《国榷》卷九二：“（崇祯六年八月）庚午，杨一鹏为户部尚书兼右都御史，总理漕运、提督军务兼巡抚凤阳等处兼理海防。”（第6册，5615）书云“敬闻开纛之期，惟有踊身而贺”，其授钺开府之时复书寄贺。

杨一鹏（？-1635），字大友，号昆岑。湖广临湘人。万历三十八年（1610）进士，初任成都司李，历官吏部郎中、大理寺丞。天启间，因忤魏忠贤遭陷害，削籍。崇祯初，复原官，仕至兵部左、右侍郎。拜户部尚书兼右佥都御史，总督漕运，巡抚凤阳。崇祯八年（1635），农民军攻克凤阳，焚皇陵，震动朝廷，被劾弃市。事具《明史》卷二六〇本传。（第22册，页6745）

同年山阴县知县史缵烈来书以"粮解"一事相托，复书答之。

《尺牍逸稿》卷二《答山阴史令君缵烈》："某之于老父母，庞户所同，苏天所独，感刻之私，中浃肝髓，外动须眉。蒙谕粮解一事，此费老父母仁心独苦，万户感德。某自其切肤，敢不尽心？凡三阅月而报成。事既已，鱼颃马竭，而他邑望之，犹然等于天上，新法之害如此。"（页10A）

案：［康熙］《山阴县志》卷一八"知县"："史缵烈，崇祯六年。"（页4B）继任谢鼎新"崇祯八年"任。书云"蒙谕粮解一事"，疑指"漕粮改折"，时漕粮本色须附加折耗、输运等漕项，为江浙民众所苦。元璐《封中丞范仁元墓志铭》："时为湖之大苦者二，曰白粮，曰织造。白粮者，召民使将之，从江南历途三千四百余，至于潞河，率五钟而致一石，官以法致民不得脱，比竣事，顾已倾家，官亦不之惜也。"（《倪文贞集》卷九，页8A）

史缵烈（1595-？），字武玙。南直金坛人。天启二年（1622）进士，授建安知县。起复，知山阴县。濒海之民，遭飓风荡析死者十余万，为具棺衾以葬溺尸，筑塘坝以捍漂没，因地利以教渔桑。升户部郎中，出为黄州知府，调柳州，升云南曲靖副使，所至有惠政。［光绪］《金坛县志》卷九有传。（页18A）

十月，同年祁彪佳来书，为门生桃源令龚爽改官事。

祁彪佳《与倪鸿宝》："弟某入吴四月，罪戾万端，惟幸宜邑之变稍已处妥，旦暮当有疏入告，北中公论全赖年台主持。江南久无吏治，必如贵门生桃源令者，方可以振玩起疲，冯邺仙固惓惓见委，而弟之此请实从地方起见，故不得不为地择人，处以难耳。部揭附览，可否惟年台裁之。弟辱至谊，更叨华衮，感佩之余，莫知所报。闻功令甚严，是以言不敢及私，若调令之事，以贵门生不敢不以布闻，亦所言公，公言之耳。仰惟慈照，不尽瞻注。"（《按吴尺牍》癸酉秋季册，南京图书馆藏明钞本）

案：《祁彪佳年谱》："（崇祯六年）四月初旬，辞阙而南。先生念太夫人，以按差非岁余不得代，因间道归省……六月，入境。"（《祁彪佳日记》附，页859）书云"弟某入吴四月"，此书作于十月。

十一月，礼部尚书兼东阁大学士何吾驺授阶资政大夫，为撰诰敕。

《倪文贞集》卷三《礼部尚书兼东阁大学士何吾驺》："具官某，体正骨强，材宏道广，自班禁近，遂迥时流……朕尝悚衷笃论，静省微言。斯悟治平之理，尽于诗书，补阙之功，存诸棐迪。日成既宿，非假旁求，人情所归，自贤梦卜。宅揆斯协，光赞有征，观其怀诚绝欺，循体诎数……通综三载，登理成劳，朕体殷宗旧

258

学之思，循周后明禋之报。特授尔阶资政大夫。"（页3A）

案：《明史》卷二三："十一月癸巳，礼部侍郎王应熊、何吾驺俱礼部尚书兼东阁大学士，预机务。"（第2册，页316）

经筵日讲，派讲省刑罚、薄税敛数节，为执政温体仁所恶。

倪《谱》卷一："（崇祯六年）故事，讲章撰自讲官，衷于内阁，阁有去取，讲官依违而已。至是府君初值讲，派'彼夺其民时'三节，启沃云：'因考成而吏急催科，则非省刑；以兵荒死徙而赋额如初，则非薄敛。'乌程以太长发删，既以不浑成命改，府君持不可，中书往复数四，乃谓之曰：'启沃自讲官事，此后不浑成，更有甚于此者，设有进规中堂之言，中堂亦命改乎？必欲改者，惟有自陈求罢耳。'乌程以上意方属府君，不即劾论，然疾之弥甚。"（页25A）

案：蒋士铨《倪文贞公传》："公在讲幄撰讲义，以催科赋额箴切时政，体仁谓语意峭急发改。公曰：'启沃自讲官事，此后峭急方盛耳。必尔，当去官。'体仁衔之。一日讲'暨乃僚罔不同心'，体仁在侧，公语直侵之。帝拂然抵书尽几端，仰首上视。公徐申正义，帝为霁容，其铮铮如此。"（《倪氏宗谱》卷一四传赞志述，页28A）

致书弟倪元瓒，言及"陈善责难"为儒臣之业。

《倪文贞集》卷一九《与仲弟献汝元瓒（二）》："既派承日讲，初以不能归省为苦，今思此真儒臣陈善责难之会，矢当竭虑纳牖，宁使触讳蒙谴，必不敢依样从事。昨派讲省刑罚、薄税敛数节，正今日对针药石。吾节取时事，细为发挥，而中堂发删发改，坚拒而止。平章如此，真可笑叹。吾自惟人臣致君，无有大小，但使乘时随事，毕竭愚忱，尽心之谓忠，不欺之谓诚。儒臣之业已效，自是乞身归养，斑衣取娱，长为农夫，岂有憾恨乎？"（页5B）

又致书同年黄道周，言及讲筵连发二义，遂为温体仁、王应熊两相侧目。

《尺牍逸稿》卷一《与黄石斋》："近者会推一哄，咄咄怪事，不图天下有此夔、睢！非主上圣明，大事去矣。盈廷多敢言，然只是枝叶，此魅与巴中共欢比周，财神智鬼，百事皆全，此岂吾党正人唇舌之功所能撑拒？弟蛙腹胀破，顷于讲筵连发二义，直刺揆地薮奸，及台谏公论宜信，遂为乌、巴两公侧目。乌犹可也，巴则遂欲杀弟，弟亦听之。前二十日讲罢，上以边事召入政府诸公，某相遂毒诋言路并中伤弟，幸其出言无伦，然上似亦小薄之，踞奏移时，默然不应，顾左右言他而止，不然祸且烈矣。"（页17B）

案：书云："近者会推一哄，咄咄怪事，不图天下有此夔、睢！"指是冬廷推阁臣事，《明史》卷二五三："六年冬，廷推阁臣，（王）应熊望轻不与，特旨擢礼部尚书兼东阁大学士，与何吾驺并入参机务。命下，朝野胥骇。"（第21册，页6529）给事中章正宸劾之，忤旨削籍归。"巴中"即指王应熊。

云南巡抚钱士晋来书，复之。

《尺牍逸稿》卷一《复滇抚钱中丞士晋》："遥钦雄问，心眉并飞，我瞻四方，蹙蹙靡所骋。而金马碧鸡之秀，独号神皋，岂非汉用孔明，唐崇忠武，是使南人戢心于营阵，六诏归命于地图耶！流寇至震桥邱，中都蝈沸，云洛之间，并又蠢动。庙堂犹且悠悠，未有定策，杞人忧天，不知所底……"（页21B）

案：《国榷》卷九二："（崇祯六年十一月）辛丑，钱士晋为右副都御史，巡抚云南兼督川贵军饷。"（第6册，页5619）书云"是使南人戢心于营阵，六诏归命于地图耶"，故系于此。

为袁可立作像赞，王铎书之。

《倪文贞集》卷一七《袁节寰大司马像赞》："试之刑以观其德，其平在额；试之谏以观其气，其正在鼻；试之贼以观其谋，其洞在眸；试之权以观其壮，其强在项；试之多艰以观其力，其硬在脊；试之几以观其介，其高在态。腹笥经文起，胸库武戈止，手探骊不怵，足履虎不咥。身恃之长城，面望之景星，须眉之谓男子，衣冠之有精理。呜呼！厥象惟肖，是之曰照。"（页2A）

案：袁可立（1562-1633），字礼卿，号节寰，河南睢州人。万历十七年（1589）进士，天启二年（1622）以右佥都御史巡抚登莱，六年（1626）十二月加兵部尚书致仕。主持辽务多年，苦心经营海防，是明末罕见之干练之才。可立之逝，世人惜之。同时之作：董其昌《兵部左侍郎节寰袁公行状》、孔贞运《明资政大夫正治上卿兵部尚书节寰袁公墓志铭》、王铎《太子少保兵部尚书节寰袁公神道碑》、黄道周《节寰袁公传》、陈继儒《大司马节寰袁公家庙记》、倪元璐《袁节寰大司马像赞》等。王铎曾书《尚书袁公像赞》（《平生壮观》卷五，页175）。

题门生应天教授杨以任举业文。

《倪文贞集》卷一六《题杨维节艺》："今维节此文，余谓其开山之功，倍于前人，而过决无有。自余所见前人之享大名者，虽甚孤奇，毕竟以光锋诲盗，今维节之奇，乃在神性，虽盗狐白袭手，岂能负之趋乎？即使后有慧业，能为之者，亦何可指神性为某氏之蹊？如其不能，虽更百年，维节犹孤行也。往见维节文，狂喜题颂，如维节所自叙云然，大都以丰城剑辱之耳。今既六七年，余言始验。"（页1B）

案：杨以任时任应天教授，制义海内传诵。[光绪]《瑞金县志》卷七："（以任）辛未成进士……例应授知县，辞改应天教授。金陵士争趋之，自衿为'杨门弟子'。"（页5B）文云"往见维节文，狂喜题颂……今既六七年，余言始验"，或元璐典试江西时闻其名并结交，姑系于此。

前户部尚书孙居相来书，复书慰以"环召不远"。

《尺牍逸稿》卷五《答孙公居相》："违教五年，风道俱堕。老先生正气纯忠，罝于箕锦，徙[徙]莱公于岭外，移元积于吉阳，自昔已然，不足讶也……环召不远，趣舍人装可乎？不佞波波，求归不能，徒索长安之米。要惟跂瞻紫气，夜辄梦寻，昼亦忽忽。乘风附候，不尽向往之诚。"（页26A）

案：《国榷》卷九一："（崇祯三年七年）壬寅，总督仓场户部尚书孙居相落职。"（第6册，页5542）书云"违教五年"，故系于此。

孙居相（1560-1634），字伯辅，又字拱阳。山西沁水人。万历二十年（1592）进士，除恩县知县，征授南京监察御史。历任光禄寺少卿、太仆寺少卿、右佥都御史、兵部右侍郎。因魏忠贤排斥异己，专权干政，称病归隐，后被劾削籍。崇祯初，起户部右侍郎，寻改吏部，进左侍郎，以户部尚书总督仓场。崇祯三年（1634）因乔淳贪虐案受累，谪戍边。七年（1634），卒于戍所。事具《明史》卷二五四本传。（第21册，页6558）

为同年吴麟征题冯可宾画石图卷。

《倪文贞集》诗卷下《题冯祯卿画石为磊斋都谏》："一班新秀出仇池，畅可清霜欲下时。传与明时当谏草，臣心原奉石为师。"（页34B）

案："磊斋都谏"即吴麟征，时为吏科给事中。《先忠节公年谱》："（崇祯五年）十一月，奉诏特授垣科，给事黄门。"（页37A）又："（崇祯七年）是秋九月，上疏请辞归里，改葬父母，情旨凄恻，遂被诏许。大人乃慨然南归，即日辞陛。"（页47B）"冯祯卿"名可宾（1594-？），山东益都人。天启二年（1622）进士，授湖州通判，选兵科给事中，官至太常寺少卿。善画石，父冯起震善画竹，有多幅《竹石图》传世。著有《石蒲斋诗集》。［光绪］《益都县图志》卷三八附冯起震传。（页15A）

吴执御合葬父母，乞元璐撰墓志铭。

《倪文贞集》卷一〇《封文林郎吴荆阳先生暨配王太孺人墓志铭》："荆阳先生讳思夔，字钦尧，以字行，更字大章。其先闽龙溪人。宋之时，有南隐公者，始徙黄岩……先生生二子，长以病不终读，季曰执御，即朗公。先生教之为文，不使知马足，然固不欲其以文逢世，每曰'穷达有命，吾愿若为好人耳'。朗公以乙卯荐乡书，越七年壬戌，成进士。先生不色喜，及朗公刑济上，先生从板舆至其署……亡何，病作，遂不起，济人、台人皆巷哭。其后三年，朗公起复，召为给事中，朗公既感恩奋激，极言加派之失。又以今天日方晶，而雾霾四塞，权贵之意，上移魁柄，君子日退，阳反为阴。乃上疏论，宜兴相、大臣交恶之，收系狱中。凡三月，天子悟其无罪，释还田里……先生弱冠娶王太君，相庄如宾，太君之治家，无嘻色，无遽容，事其尊章，与先生齐孝……朗公将以某年月日，奉枢合葬某山之阳，以元璐旧史，使为之铭。（页13B）

案：《鸿宝应本》此文有以下文字为《倪文贞集》所删："太君少先生三年，先先生卒十二年，先生卒崇祯丁卯，距生嘉靖甲寅，享年七十有四。太君卒万历丁巳，距生嘉靖丁巳，享年六十有一。"（卷八，页53A）吴思蘷（1554-1627）为吴执御之父，王太孺人（1557-1617）为执御生母。

同馆庶吉士郭之奇假满还京，有诗寄呈。

郭之奇《书情呈倪玉汝宫端》："忆昔疲南亩，移情赴北车。逢时多曲折，自守一于徐。趋舍方违众，否臧欲任予……去来仍直道，先后念皇舆。怆恻春秋代，吁嗟日月除。悠悠长路渺，欷欷一身余。瞻顾观民极，阽危问服初。前修苟不失，夫子谓何如？"（《宛在堂文集》卷一三，页11B）

案：据《郭之奇年谱》，其崇祯元年（1628）进士，选翰林院庶吉士，次年乞假归省，崇祯六年（1633）假满复原官。（《饶宗颐二十世纪学术文集》第九册，页998）郭诗应作于是年，明年郭之奇迁吏部主客清吏司主事。

郭之奇（1607-1662），字仲常，号正夫、菽子。广东揭阳人。崇祯元年（1628）进士，选庶吉士，授礼部主客司主事，提督四译馆，升员外郎、郎中。授福建提学参议，明年转副使，升詹事府詹事。南明时累官至礼、兵二部尚书，太子太保，武英殿大学士。著有《宛在堂诗文集》。[乾隆]《揭阳县志》卷六有传。（页26A）

为同年吏部主事李之椿《霞起楼诗》撰序。

《鸿宝应本》卷七《李大生吏部霞起楼诗序》："是故以大生正诗，必不没法，以大生之法正诗，必不废聪明。此其道即大生不能为世人言，吾固知之也。大生之诗，豪举由其早第，旷目遐心，由其官大行，辎轩四收，潜静致灵；由其人为吏部，声气通彻，其折至幽玄；由其不容于时，操深虑远以为之文心。顾以大生居官，严鲠倔强，天下想其人以为铁石。乃其在田，萧散夷旷，天下读其诗，慕其风流。大生毕竟聪明耳，天下之大昧，在于伛偻以寿其富贵，裒博以庄其贫贱，长乐诚痴顽，平生不吃茶识画，亦岂非钝汉乎？"（页1A）

案：李之椿《霞起楼诗》八卷，明崇祯间刻本，上海图书馆藏，有姚希孟、倪元璐序。序云"乃其在田，萧散夷旷"，则其崇祯六年罢归后作。

李之椿（1600-1657），字大生，号徂徕。南直如皋人。天启二年（1622）进士，授行人，迁吏部主事，因直言遭忌，卸职回乡。在如皋城东南筑"指树园"闲居。南明弘光时，起为光禄寺丞，升尚宝司卿，后离官归里，参予如皋等地反清活动，遭逮捕。出狱后从事复明运动八年，终被清廷破获被杀，被称为"叛魁李之椿"。著有《霞起楼集》。[嘉庆]《如皋县志》卷一六有传。（页72A）

为姜宝诰命册题跋。

《倪文贞集》卷一五《姜凤阿宗伯制词跋》："凤阿先生，正学严节，修能稔功。昔在留京，先子所畏，既五十年，风道弥章。如制所称，非有溢说。观乎天文，愈知地纪，星野相照，则有然者。起喜之心，敬应之道，功言之致，名实之归。循兹浑噩，可得而求焉。"（页9B）

案：姜宝，南直丹阳人。嘉靖三十二年（1553）进士，累官吏部尚书。其孙姜绍书（二酉）所著《无声诗史》《韵石斋笔谈》，可知其崇祯五年（1632）因袭荫北赴京师，盘桓至次年，与董其昌相遇并从游。此间姜绍书以其祖姜宝诰命册乞翰林院诸公题辞，王铎《跋姜二酉诰命册》（《拟山园选集》卷三九，页7B）、曹勋《书姜宗伯纶诰后》（《曹宗伯全集》卷一六，页11B），倪文亦此时所作。[民国]《丹阳县志》卷二二著录"倪元璐题姜凤阿诰命石刻"及"解胤樾题姜凤阿诰命石刻"，末有按语："解、倪二公所题石刻，亦二酉工部家藏，今在普宁寺大殿东廊壁间。"（页13B）解胤樾山西韩城人，崇祯元年（1628）进士。

倪文云："凤阿先生，正学严节，修能稔功。昔在留京，先子所畏，既五十年，风道弥章。"倪、姜二家世交，倪冻万历十四年（1586）至十六年（1588）任南京兵部驾部主事，时姜宝为南京吏部尚书，为倪冻所撰《船政新书》作序，赞曰"倪君有八面之才，又最能任大事"，至是近五十年。

袁继咸母七十寿辰，京中同曹俱赠言祝寿。

袁继咸《日录》："癸酉，余典粤东试，得士八十人，喜韶山韶水之胜，日与辅行徐映蔚工部，啸咏共适。十月抵里，补上家大人太孺人七十觞，一时縉上相知，皆有赠，赠言者为倪太史鸿宝讳元璐、马太史素修讳世奇，皆发扬隐德，无腴词，称乐事云。"（《六柳堂遗集》上卷，页7A）

案：袁继咸（1593-1646），字季通，号临侯。江西宜春人。天启五年（1625）进士。授行人，擢御史，坐事谪南京行人司副，迁主客员外郎，擢山西提学佥事。除湖广参议，分守武昌，移淮阳，擢右佥都御史，抚治郧阳。明亡后拒绝降清，以身殉国，其民族气节为后人所敬仰。著有《六柳堂遗集》。《明史》卷二七七有传。（第23册，页7085）

时吏部尚书会朝臣举乡里人材，元璐以建言为第一义，其他以次。

倪《谱》卷一："（崇祯六年）时以起用废籍诸臣，冢宰会朝士举乡里人材。府君当以建言为第一义，余以次，及事亦竟寝。"（页25A）

本年，山东乱平，孔有德遁入海，继降后金。高迎祥、李自成、张献忠等连陷河南府县，遂逼湖广。张溥等复社士子集会于苏州虎丘。周延儒致仕，温体仁代为首辅。

【诗文系年】

《送冒嵩少赴官南吏部》《福建道监察御史祁彪佳》《致倪献汝尺牍（一）》《明赠太仆寺卿原任陕西布政使左布政使兼按察司副使分巡西宁兵备李公慕劭墓表》《资政大夫礼部尚书兼东阁大学士青岳刘公暨元配夫人曲氏夫人王氏合葬墓志铭》《灏震云辞》《送冒秋水司李莆中之任》《与邹》《福建道监察御史倪于义》《湖南荆州府石首县知县谭尚炯》《王谏议传》《与罗抚军》《致某》《与弟献汝》《答漕抚杨中丞一鹏》《答山阴史令君缵烈》《礼部尚书兼东阁大学士何吾驺》《与仲

弟献汝元瓒（二）》《与黄石斋》《复滇抚钱中丞士晋》《袁节寰大司马像赞》《题杨维节艺》《答孙公居相》《题冯祯卿画石为磊斋都谏》《封文林郎吴荆阳先生暨配王太孺人墓志铭》《李大生吏部霞起楼诗序》《姜凤阿宗伯制词跋》。

崇祯七年甲戌（1634），四十二岁

任左春坊左谕德。六月，迁右春坊右庶子，掌坊事。

二月，礼部尚书董其昌致仕，赠太子太保。

《国榷》卷九三："（崇祯七年二月）壬午，故礼部尚书董其昌赠太子太保。"（第6册，页5631）

案：董其昌《予告疏》："崇祯七年正月十九日，奉圣旨：卿以老成宿望领袖官端，既以年高恳请特准致仕，着驰驿去。该部知道。"（《容台文集》卷五，《董其昌全集》，页665）陈子壮有《送董思白大宗伯加太子太保予告驰驿》。（《陈文忠公遗集·练要堂诗》卷一，页9B）

三月，为甲戌科廷试受卷官。

《国榷》卷九三："（崇祯七年三月）辛丑，贡士李青等三百人于建极殿……赐刘理顺、杨昌祚、吴国华等进士及第出身有差。"（页5634）

《玉堂荟记》卷下："甲戌试进士，倪学士元璐为受卷官，与共事诸人言：'文昌入豫，分今科鼎元，当在中州。'已而传胪，果杞县刘湛绿理顺也。先是景泰甲戌，杞县孙贤为第一，宜兴徐溥为第三，至是刘为第一，宜兴吴国华为第三。相去一百八十年，地方甲子，往往相符，信乎非偶然也。"

案：受卷官例为二人，黄景昉《馆阁旧事》卷上："廷试，学士以上充读卷官，另用衙门资浅者四员为掌卷官，资深者二员为弥封官，又资深者二员为受卷官，夜俱诣礼部宿。"（《宦梦录 馆阁旧事》，页184）

讲筵讽政为时相所忌，作《醉巫》诗。

《倪文贞集》诗卷上《醉巫》："醒巫颠禹步，敢召庐山神。宁与石言晋，不能松事秦。重华旦复旦，孟子醇乎醇。启沃宁无志，延英望后尘。""公超作大雾，谁不中游蒙。二典足三窟，五经徒八风。天嘻孤烈缺，云讯隔丰隆。更欲循墙走，将无惧乃公。"（页19B）

案：《倪文正公遗稿》卷一此诗有注："岩岩先生，真泰山也。甲戌言温树时，轻红轻素，偶冒夫人，舜而禹矣，轲而雄耶。"（页28B）

又作《请不》诗言志。

《倪文贞集》诗卷上《请不》："请不多留意，逢人与混茫。须安衾上下，獐在鹿边旁。鼻肉赘天乐，耳虫糜墨香。攻心奈热血，聊服郁金汤。""但不言温树，酬人即已闲。拗鹃商陆子，痴雀绗干山。韉隔搔难着，床同梦不关。此环岂可解，吾已解连环。"编者注曰："公在讲筵敷陈朝宁党援蒙蔽之局，庄烈颇倾听之。将欲大用，政府内忌公而外相引重，且遣同乡示意，公笑谓：'吾生平不爱热官，不喜居要人笼络之内。'故有《醉巫》四诗。"（页20A）

案：元璐有《赠肯仲有感作诗轴》，题识："似肯仲兄正之。友人倪元璐。"（《中国书法全集（倪元璐）》，页148）所书诗即《请不》之二，"肯仲兄"即张尔忠，是年元璐为撰授阶诰敕，抑此时书赠。

为曹履泰题《靖海纪略》。

《倪文贞集》卷一六《题曹方城靖海一筹》："凡为儒者，必明史术，明史术，则必办贼……天启、崇祯之间，置一曹方城于闽同，而闽同大治，海寇作而不害，纶扇籍韦，迭御堂皇，筹之五年，剿抚俱效。今读其言，画地聚米，应镞投挨，守距环脱，动口钤符……吾固尝怀二策，未之敢献：其一曰'今天下之贼，皆庸才，奈无杀贼之人'；其二曰'今天下之才，皆胜贼，奈无任才之法'。扑贼久不灭，与其责将，不如责吏，用尹铎一策也；激才久不出，与其求功，不如求过，赦魏尚又一策也。"（页5B）

案："曹方城"名履泰，天启五年（1625）进士，授同安县知县。《靖海纪略》（即《靖海一筹》）四卷为其知同安时，办理团练、加强海防之公牍。卷首有倪元璐、彭期生题词，彭氏题曰："我友方城曹公，在谏垣是能重谏垣者也。起家邑令，则在闽之同安……公既自以积望实入冠谏垣，益发抒规天下安攘大计，睿谞不少觊徇，屹然长孺禁闼、淮南寝兵之风。直以严冷孤峭，危身任怨。未几，得意外严谴。"《国榷》卷九二："（崇祯六年七月乙卯）吏科给事中曹履泰下狱。"（第6册，页5614）曹履泰受"严谴"缘由，据［光绪］《海盐县志》卷一五曹履泰传："疏纠吏部李希掞躐等典铨，希掞嗾大珰王永祚诬以事下狱，论戍岭南，坐废十年。"（页79A）此为崇祯六年（1633）七月事，元璐题词姑系于是。

南京国子监博士杨以任来书，复之。

《尺牍逸稿》卷四《答杨国博以任》："绛帐在南，比于天庙，亦使穷北之人，知所俯仰也。得教知敷诲有条，胡文定之为湖州不过此……王九老极重高明，而斤斤于后先之序，即竭史纷郑毡，未收钟山之灵，有卧辙者所争半年，知丈不以为介也。操院马岫老行为诵乡景，渠欣然向往。此老骨气襟量悉迈时贤，相见知当水乳。"（页13B）

案：［光绪］《瑞金县志》卷七杨以任传："癸酉，分校闽闱，所得皆知名士。明年升南京国子监博士，卒于官。年三十五。"（页5B）杨以任时任南京国子监博士，故曰"绛帐在南"。"王九老"未详，"操院马岫老"即马鸣世（？—1643），陕西武功人，万历四十四年（1616）进士，时任操江巡抚。

博罗县知县刘守诚授阶文林郎，父刘载达赠如子官，为撰诰敕。

《倪文贞集》卷四《广东惠州府博罗县知县刘守诚》："具官某，比及三年，亦既以成。朕观顷者所司条上，保障干橹，并在尔躬。夫盗贼不靖，则民无农桑；威禁不行，则吏无教化。试尔盘错，利器飙生，使海波戢氛，行子鼓枻……用阶尔文林郎。"（页14A）

《父》："尔生员以孝旌刘载达，乃具官某之父，刲股称孝，享于馨宗……今为人臣，杀身成仁不为亏其亲体，君亲等耳，即其亲之体，自为亲亏，何由可讥？自尔以理学之儒，道出于此，斯关至正，不为骛奇明矣。兹以尔子奏绩，赠尔某官。"（页14B）

案：〔乾隆〕《博罗县志》卷五"知县"："刘守诚，永乐人，举人。"（页5B）约崇祯四年（1631）至七年（1634）知博罗县。

蒲城县知县钱一宠授阶文林郎，为撰诰敕。

《倪文贞集》卷四《陕西西安府华州蒲城县知县钱一宠》："具官某，其治有条，民爱其长，寇不能犯，灾亦无害。如火攸灼，周庐具烬，而独岿然，灵光自泰，斯亦可谓之奇矣。兹以奏最，授尔某阶。朕甚重令，而轸西秦，即无厌苦，勉为朕更拊循一年，朕且召尔。"（页15A）

案：〔乾隆〕《蒲城县志》卷六"知县"："钱一宠，顺天大兴县人。举人，崇祯七年任……升耀州知州，不就，随经略监军，卒。"（页8B）文中"授尔某阶"，《代言选》卷五作"授尔文林郎，锡之敕命"。（页50A）

江夏县知县刘勤授阶文林郎，妻孙氏封孺人，父刘志宇赠文林郎，母冯氏封孺人，为撰诰敕。

《倪文贞集》卷四《湖广武昌府江夏县知县刘勤》："尔具官某，勤勤翼翼，比及三年。其效则使获薪无叹，颁尾绝歌，旅乐其涂，寇畏其界。大吏考之曰'未尝有谅矣'，杜陶以来，二千余年，以子张楚。可授阶文林郎。"（页9B）

《妻》："尔孙氏乃具官某之妻，朕则有闻尔夫至清绝尘，形诸马骨，当是之时，室人摘之，亦乌能介然无变，至于三年乎？三年而不变，其于妻道，则亦以成。用是封尔为孺人。"（同上，页10A）

《父》："尔贡生刘志宇乃具官某之父，积道穷经，淹踬以死，孔子曰'有命'，岂不然哉？今尔子英挺骧蚩，为吏声出，独立之义，既炳以章……兹用赠尔文林郎。"（同上，页10B）

《母》："尔冯氏乃具官某之母，何以知其顺？以其夫之名儒。何以知其慈？以其子之名吏……兹用封尔为孺人。"（同上，页11A）

案：刘勤，字弘先，浙江慈溪人，崇祯四年（1631）进士，授江夏县知县，爱民课士，卓有治行。其父刘志宇，诸生，万历四十二年（1614）贡入京师，卒。

见［雍正］《慈溪县志》卷八本传。（页27A）

崇德县知县龚立本授阶文林郎，为撰诰敕。

《倪文贞集》卷四《浙江嘉兴府崇德县知县龚立本》："尔具官某，学成有用，体诣无尘，秉铎材蒸，分符瘠起。顷台使者颛缕上言，凡夫田畴子弟，琴舄童禽，形其至诚，敷为大象。亦既卓朗，章于听观，朕用尔嘉授尔阶文林郎。"（页7A）

案：［嘉庆］《石门县志》卷一一"知县"："龚立本，常熟举人，（崇祯）四年任，升兵马司。"（页15A）崇德县，清康熙元年避讳改石门县。龚立本，字渊孟，南直常熟人，万历四十四年（1616）举人，仕至南京刑部主事。［民国］《常熟县志》卷七有传。（页78A）

二月，同年陈维新倡修上虞罗星亭成，有诗纪之。

倪元璐《陈赤城修罗星亭成》："车轮福德一毫端，系此孤亭百尺竿。千里奔流尊砥柱，六经生气托波澜。功留石表犀牛生，秀等河图龙马看。令铸黄金陈敬仲，从教玉带水漫漫。"（陈维新《文园集》之《罗星纪略》，页42A）

案：上虞罗星亭由邑人陈维新倡其事，众士绅孝廉捐修，成于是年二月，邑人赋诗纪盛。据《文园集》之《罗星纪略》所载，元璐捐银肆两，并赋诗纪之。（页12A）

是月，党崇雅之父党同道七十寿辰，撰文为寿。

《鸿宝应本》卷一《寿三槐党太翁辞》："今年岁德，守娄奎之交，贯引南极，其占当有仁人。闵曾之匹，辉于正西，戴其庞硕，于是党太翁三槐先生，以是二月称七十矣。朝士里朋，鳞攒麋集，摛藻披文，风飞泉溢……观夫翁之处于间党，民命无怀，家题有庆，怡怡默默，与物靡兢，斯则守雌尚玄者之所为也。而侍御学之，于是乎攀槛埋轮，以持其正。观夫侍御之守其谏官，冠号触邪，剑名诛佞，蹇蹇谔谔，与权争胜，斯则犯难走险者之所务也……二公辗然，谓予能说，浮觞进翁，翁则大悦。"（页27A）

案："三槐党太翁"名同道，为党崇雅之父。王铎《明封山东道监察御史三槐党公暨孺人李氏合葬墓志铭》："封御史党公，陕西凤翔府宝鸡县人，讳同道，字与正，关中之士识不识皆称曰'三槐公'，因号三槐……子一，南光禄正卿讳崇雅。"（《拟山园选集》卷六六，页22A）王铎又有《党侍御尊人三槐公》诗（《王铎诗集》七律卷五，页17B）。文云："今年岁德，守娄奎之交……于是党太翁三槐先生，以是二月称七十矣。"古制以二十八星宿对应地支，戌宫有奎、娄二宿，可知作于崇祯七年（甲戌）二月。崇雅天启五年（1625）进士，崇祯四年（1631）考选山东道监察御史，在朝屡有谏言，书云："观夫侍御之守其谏官，冠号触邪，剑名诛佞，蹇蹇谔谔，与权争胜，斯则犯难走险者之所务也。"

党崇雅（1584-1666），字于姜。陕西宝鸡人。天启五年（1625）进士，累官监察御史、太常少卿、户部侍郎，督饷天津。李自成陷京师，在通州降大顺，仍于户部任职。同年六月降清，以原职赴京补用，九月改任刑部侍郎。以明律为基础，拟成《大清律集解附例》。仕至授翰林国史院大学士。事具《清史稿》卷二三八本传。（第32册，页9503）

春，郭濬来访，相接甚殷。

郭濬《后四怀诗》之三《倪鸿宝先生》序："甲戌春，谒先生于京邸，先生推念先好，相接甚殷，德量汪深，道风秀世，洵人伦之领袖也。"（《虹暎堂诗集》卷四，页10B）

案：[康熙]《海宁县志》卷七"举人"："（崇祯）庚午科……郭濬，字彦深。"（页63A）浙江崇德人，海宁县籍。崇祯三年（1630）举人，为黄道周所取士，从之游久。著有《虹暎堂诗集》。

同年绍兴府知府黄綗来书，复之。

《尺牍逸稿》卷五《复黄郡守》："恭惟老公祖，岂弟为质而文之，以经纬礼乐之容，清冽无尘，而所持者纲纪风俗之大，正已率属，厘蠹安良，五袴有歌，四郊不吠。自开熊轼以来，坐使鱼凫貔豸之区，化为乐土，每从家箪路篆，悉群伦歌舞之心，诚脾沁骨醉，不止鲜毛泽裹。盖二百年来，牧伯之良，未有如老公祖者也。岁星在越，岂不然乎？"（页7B）

案：[乾隆]《绍兴府志》卷二六"知府"："黄綗，顾水人，崇祯四年任。"（页22A）继任杜其初"崇祯八年任"。

黄綗（1591-1643），字季侯。河南光州人。天启二年（1622）进士，初授南宫知县，考最授礼部主事，升员外、郎中，出为绍兴知府。旋丁艰归。十年（1637），升临巩兵备副使，建番汉合剿之策，大败李自成军。寻转洮岷参政。十五年（1642），晋按察使。次年冬，自成大举破潼关，城陷被执，赴水死，夫人王氏同殉。赠太常寺正卿。[光绪]《光州志》卷五有传。（页49A）

长子倪会鼎遇宦官数人携酒请接席，谢却之。

徐𪧐《无功先生传》："年十四为母礼佛，阅邦畿名胜，憩树下，有中贵数人携觞豆请接席。先生念大人方奏撤宦官毋预政典兵，奈何与若辈欢？谢去。"（《倪氏宗谱》卷一四传赞志述，页46A）

案：倪会鼎生于天启元年（1621），是年十四。

从兄倪元珙任江南学使。

《先兄三兰行状》："顷之，奉命仍以御史督学吴。会光禄之自为文，清微典凝，守脉锋见，其察士则尊绳简，贵理道，而特不欲没其才，以为拘畏则气衰，以此剔涤。凡三年，吴才尽出，甲于天下。"（《倪文贞集》卷一一，页20A）

268

案：倪元珙督学江南时间不详，据此"凡三年，吴才尽出"，其崇祯十年（1637）以复社讲学事被免，前推三年，故应本年始任。

为倪元珙编刻《射书》题跋。

《倪文贞集》卷一五《仲兄三兰学使射书跋后》："夫射以考艺而观德焉，《戴礼》详其法，《周官》悉其仪。《易》云：'弧矢之利，以威天下。'盖由来远矣……仲兄三兰文武兼姿，衔命视学，丰镐课较之余，时进诸长吏及博士弟子，咨诹方略，筹策绥靖，日夕怀虎射蛟之志，而尤惓切于新令之遵。因采古今名将射要、射病等言，编次成书，付剞劂氏。"（页11A）

案：文云："仲兄三兰文武兼姿，衔命视学"，应在元珙江南学使任上作，姑系于此。

原任戎政尚书李邦华倡议倪冻入祀名贤祠，致书谢之。

《尺牍逸稿》卷四《与李公懋明》："违教五年，自审郑俶之于阳城，徙远弥堕。自先君子之去仙都，垂五十余年，而老父祖则为之声，公倡义发其幽光，崇之大姐，使朱邑有桐乡之奉，羊祜传岘首之碑……日望鹅湖，一拜一泣。某多事，辄逢彼怒，求归不得，正值软鞡，小需秋风起时，决策投劾。兹乘梅公年兄便羽，率候兴居，并谢明德。"（页15A）

案：书云"违教五年"，李邦华崇祯三年（1630）正月闲住归里，至是五年。倪冻入祀名贤祠，友人为官江西者如朱隆，江西乡绅李邦华、邹燧等倡言，元璐屡次寄书致谢。又"梅公年兄"，即同年李元鼎，江西吉水人，时供职吏部。

父倪冻入祀名贤祠，又致书某前辈以谢。

《尺牍逸稿》卷四《致某前辈》："先君子之去仙都也，垂五十年，而翁台扶公倡义，发其幽徽，崇之大姐，使夫朱邑入循良之传，亦由桐乡为长者之居，要以生报自处翳桑，死报德之结草，海枯石烂，岂有穷期？……"（页16A）

又致书邹元标长子邹燧谢之。

《尺牍逸稿》卷四《答邹孝廉》："先君子之奉太翁先生为师资也，独居持以自励，接物举以相规，殷之如此其至也。至某之身，遂移此以奉台兄，伏蒙台兄兴念往德，章明公义，使朱邑有桐乡之祀，羊祜传岘首之碑，生报翳桑，冥酬结草，海枯石烂，岂有穷期？"题注："南皋先生令子。"（页17B）

案："邹孝廉"即邹元标长子邹燧。〔光绪〕《吉水县志》卷三一："邹燧，元标子，荫南京刑部员外郎。"（页31B）

为女婿胡镐题扇石，奉赠南国子祭酒陈仁锡。

《倪文贞集》诗卷上《为胡甥武迁题扇石奉陈明卿祭酒》："结为地脉，奋为星精。观其岳岳，有若文人。""如其飞来，必有攫去。此石头禅，不去不住。"（页3A）

案："胡甥武迁"名镐，原配陈氏所生幼女之婿，《倪氏宗谱》卷二："（原配陈氏）生四女……幼适拜王桥进士胡镐。"（页106A）元璐又有《与胡婿武迁》可证。（详下）"陈明卿祭酒"名仁锡，元璐同年进士，殿试第三人，时任南京国子祭酒。黄道周《陈祭酒传》："甲戌三月，起南祭酒……无何病，遂不起，卒年五十六。"（《黄道周集》卷二五，页1070）刘宗周《大司成芝台陈公传》："即家起南京国子祭酒，甫拜命，以疾卒，是为崇祯甲戌，年五十六。"（《刘宗周集》，页744）倪诗作于此间。

是时胡镐似在南雍从陈仁锡学，元璐《与胡武迁甥》云："嘉礼之时，舅不获周旋其事，此心歉歉。闻甥近来攻苦，不胜欢喜。惟愿从此日加努力，勿以家务分功，勿以外交乱业，勿小进而气盈，勿躐等而欲速，要使德器文章并臻远大之路，斯为可贵也。"（《尺牍逸稿》卷三，页21A）

为新进士吴昌时科举文撰序。

《倪文贞集》卷七《吴来之进士近艺序》："今文之高者，根抵仁义，综络经制，体用沛然，抗裁古昔。循此不已，日变而上，精则已尊，粗亦不陋也……吾友吴来之之为人，体立骨随，义起气出。自其椎关，足不窥园，别天下邪正，如察烛黝皓。时每静居，爪画穴被，吻声鸣咄，皆天下大计……来之为吾言：吾或念作退思自立，进思致功，以此临文，即得精微。当吾临文意得，回视性光湛然，亦益洞世务。由此观之，辟召之变为科举，科举之定以文章，非后世之圣者，则亦不能为之也。"（页22B）

案：吴昌时是年进士及第，此文当其初及第时作。

吴昌时（？－1643），字来之。南直吴江人，客居嘉兴。崇祯七年（1634）进士，初授行人，升礼部仪制主事，改吏部文选主事，署郎中事。与郡中名士张溥、张采、杨廷枢等组织复社，又与张溥等力推周延儒复相。周延儒再召为相，昌时依附延儒，结纳内官，把持朝政，弄权行私。十六年（1643）五月，周延儒放归，台省交章劾之。上自讯昌时于中左门，拷掠至折胫乃止。有阁臣奏道："殿陛用刑，实三百年来未有之事！"上答："吴昌时这厮也三百年来未有之人。"被斩首示众。参见《明季北略》卷一九。（页341）

六月，迁右春坊右庶子，掌坊事，仍兼日讲官、翰林院侍读。

《国榷》卷九三："（崇祯七年六月）辛巳，方逢年为南京国子祭酒，李建泰、倪元璐为左、右庶子兼翰林院侍读。"（第6册，页5645）

案：倪《谱》卷二："崇祯七年甲戌四十二岁，迁右庶子，掌坊事。"（页1A）又《奏牍四卷》所载《四乞归省疏》，知其官职为"日讲官、右春坊右庶子兼翰林院侍读、掌坊事"。（卷三，页9A）

夏间，南京国子祭酒胡尚英来书，答之。

《尺牍逸稿》卷四《答胡前辈尚英》："某髫髻不即摈斥，徒以老母倚闾，有怀怃然。深惟金陵山水之间，吏可隐而禄足养，不自揣量，冀步后尘。每向中堂推重卿景，动辄疑难，然度冬春之间，宠命必下。老先生入调玉烛之日，其禁子出奉板舆之时乎？"（页12A）

案：《崇祯长编》卷五四："（崇祯四年十二月）壬午，升陆完学为戎政尚书，刘钟英为南京吏部侍郎，胡尚英为祭酒。"（第95册，页3165）胡尚英离南祭酒任时间未详。明嘉靖南监本《辽史》曹元忠跋："《辽史》附《国语解》二十四册，为明南监本……其先有崇祯七年补刊本，《天祚记》第三卷卷首有'南国子监祭酒胡尚英、司业王锡衮同修。'"（王欣夫《蛾术轩箧存善本书录》"庚辛稿二"，页88）则崇祯七年（1634）仍在任。又《国榷》卷九三："（崇祯七年六月）辛巳，方逢年为南京国子祭酒，李建泰、倪元璐为左右庶子兼翰林院侍读。"（第6册，页5645）殆方逢年接胡尚英为南国子祭酒，倪书应作于此前。

胡尚英，字超凡，号瑶宇。南直歙县人，寄籍山东临清。万历四十七年（1619）进士，馆选时主者闵其卷，称为陆贽后身，取冠庶常。历官南京国子监祭酒，移宫詹，卒。著有《超凡集》。［康熙］《徽州府志》卷一三有传。（页25A）

阮震亨祖母范氏、母袁氏双寿，作《寿朋赋》。

《鸿宝应本》卷一《寿朋赋》："阮旭青谏议者，人龙国宝，知所由来矣。两太君范、袁，贞能天合，齐义等荣，今会熙明，序连兑坎。箕翼之气，烛于婆娑，通国传呼，华文云会。仆以鞠我之道，自本精微，彤管为功，弥期浩远。请得为赋，详其委原，虽洇涩其不鲜，谅非巫纷，可得而没也。"（页12A）

案：阮震亨将出使德藩，归省寿亲，请朝中同官及友好撰写寿章，陈子壮有《送阮旭青给谏册封德藩归寿母》（《陈文忠公遗集·练要堂诗》卷一，页26B），董其昌有《寿阮给谏太孺人九十封孺人七十》（《容台诗集》卷四，《董其昌全集》，页802）。

阮震亨，字岵劬，号旭青。浙江慈溪人。天启五年（1625）进士，历任礼科给事中、吏科左给事中、都给事中。崇祯十三年（1640），被劾下狱，论死。《崇祯实录》卷一三："（崇祯十三年正月）庚辰，下阮震亨于镇抚司狱，论死。先是，东厂获通贿籍，词连吏科都给事中阮震亨，吏部尚书谢升又劾之。"（第88册，页371）

天津巡抚贺世寿新建津关敌台，撰碑文纪之。

《鸿宝应本》卷一三《贺中冷中丞新建津关敌台碑文》："国家天都，建瓴居重，腹延有夏，背支诸戎。尻首自环，跍掌四出，引咽伸嗉，厥惟津关……已乃上下川原，周知要害，夫人城之一角，相其阙者；望京楼之千里，欲遂穷之。既断于心，载诹之众，鸠工有事，龟正允臧。自东亘西，以子贯午，凡为敌台者四，所更旬朔者三。畚筑既量，板干既平，土物既程，有司既度……公之谋兼沉决，故静深而有为；公之体兼笃虚，故致能而善取；公之才兼博密，故持巨而纤举；公之令兼猛宽，故果行而乐趋；公之心兼诚警，故道孚而多术。厥绩章矣，厥声覃矣，于是狱虎外夸，茧蜇中乐，行子涂舞，居人巷歌。貙豻之奔足，格以置罥；蜂蝎之芒心，灰于革石。沔流有宗海之颂，沸渚罔连山之淫，元璐柔士，闻而壮之。"（页4A）

案：《国榷》卷九二："（崇祯六年八月庚午）贺世寿为兵部右侍郎兼右佥都御史，巡抚天津。"（第6册，页5615）贺世寿赴任天津巡抚，管绍宁有《送贺中冷抚天津》(《赐诚堂文集》卷一六，页5B），马世奇有《赠司马贺中冷镇津门》（《澹宁居诗集》卷上，页14A）。其卸任时间不详，检《国榷》卷九六："（崇祯十年闰四月壬寅）杜三策为兵部右侍郎兼右佥都御史、巡抚天津。"（第6册，页5780）抑杜三策接贺世寿任。

贺世寿，字函伯，又字中冷。南直丹阳人。万历三十八年（1610）进士，授户部主事，升郎中，因语侵太宰赵焕，被降一级外调。光宗即位，起为刑部主事，调礼部。魏忠贤擅权，辞归。崇祯初复起户部主事，调礼部，擢光禄寺少卿，转太仆少卿。迁通政使，升兵部侍郎兼佥都御史，巡抚天津。崇祯十七年（1644）晋户部尚书，致仕归。著有《净香池稿》。［光绪］《丹阳县志》卷一九有传。（页3B）

撰碑文迄，贺世寿来书致谢。

贺世寿《与倪鸿宝》："邸中过从，最荷渥爱，知己之感，何日忘之？津门襟河带海，畿辅肘腋，城不厚完，且商贾市廛，越在城外，猝有警息，风鹤之人心，何所恃以无恐？某不量绵力，因河设险，筑峙两台，缭以袍墙，聊固吾圉。此何足称处？而冯起衡父母乃砻石以请高文，某固止之，则曰：'已介书跽请于典谒者久矣。'不胜泚汗，但求纪岁月，不敢望过情奖饰，然台台词组已使某附青云而千秋矣，何幸如之？"（《净香池稿》卷四，页18A）

黄绍杰母年七十，撰文寿之。

《鸿宝应本》卷六《寿黄侍御母太夫人七十序》："西江黄侍御，以严正敏至能其官，名重天下。天下之人，皆疑其必有由来，侍御则颟缕言其母太夫人，以为是所由来也……太夫人之有备德而非其才，则亦乌能矫举健出，度越须眉有如此者乎？是故侍御之取才于太夫人未有既也……由此而观，侍御之为时名臣，而可传于后世，岂有疑哉！于是太夫人春秋七十矣，侍御以余朴讷，不为夸称，使修酌者之说。余不敏，因太夫人之节以著其才崖略如此。且夫节凝而才荡之，体正神周，中强外亘，亦引年之道也。"（页43A）

案："西江黄侍御"名绍杰，号水濂，以直言敢谏名重天下。是年五月疏论大学士温体仁被贬一秩。此文当黄绍杰谪官前作。

黄绍杰，号水濂。江西万安人。天启五年（1625）进士，初授中书舍人，考选给事中，补授兵科，迁刑科左给事中。崇祯七年（1634）五月，疏论首辅温体仁，请罢体仁以回天意，帝方眷体仁，贬绍杰一秩。体仁辨，且讦其别有指授，绍杰再上疏列其罪状。帝怒，调为上林苑署丞，迁行人司副。八年（1635），皇陵焚毁，绍杰再劾体仁误国召寇，再谪应天府检校，屡迁南京吏部郎中，卒。事具《明史》卷二五八本传。（第22册，页6660）

夏，门生王邵等编选元璐所草诰敕，命曰《代言选》。

王邵《代言选述引》："吾师每为小子辈言：'代言之体，华勿入艳，质无入俚，骈必六朝，散宜两汉。'即其所自为者可知。已小子辈凡求之两年，今夏始发示如干篇，又命小子辈选而汰之。小子辈恶乎敢？无已，乃以师命请之湛持、觉斯两先生，两先生曰：'有选必有评，有评必有摽识。'吾师闻而亟止之，曰：'讵有王言而可加评识其间者乎？'小子辈又以谋之两先生，两先生曰：'无伤也……'小子辈唯唯……"（《代言选》卷首）

案：《代言选》之刻印，门人王邵等于是年夏始编选，至八年（1635）初付刻，五六月间告竣并分赠友人。元璐《涉夜帖》云："拙刻因面签未刻到，所以迟送，今附去三部。"（《故宫藏明清名人书札墨迹选》，页370）《代言选》刻印后，至崇祯八年（1635）六月出馆，续又草撰《原任都察院左都御史追赠太子太保曹于汴》《巡抚江西都察院右副都御史解学龙》《直隶徽州府绩溪县知县熊维典》《浙江台州府临海县知县周瑞旭》《河南彰德府临漳县知县张尔忠》《陕西长安县知县梁州杰》《河南彰德府安阳县知县巩焴》，补入《倪鸿宝先生三刻》。

同年文震孟题《代言选》并评选诸文。

文震孟《代言选题词》："鸿宝官翰林知制诰凡若干年，得文若干首。鸿宝之于文章，其天性也。所为制辞，无一靡语，无一滥语，盖凛乎其王言焉。复无一尘语，无一剿语，无一凡语，又无一语不严且庄也。海内想闻而欲见其全，鸿宝靳然不出，其门人王炳藜诸君坚请，乃出之，既又曰：'全则繁，半则难为取舍。'余乃为选之、评之，欲使海内由一斑以窥全豹云尔。而更叙次其目……詹事府少詹事兼翰林院侍读学士年友弟文震孟谨书。"（《代言选》卷首）

同年王铎作五言长诗代序并作评阅。

王铎《代言选叙》："倪鸿宝过访，其门人王炳藜诸君为鸿宝刻《代言》，属予评，复命予作叙，以五言代之：'远想百岁中，飘然驹过隙。未及树功勋，揽镜头将白。何者为千秋？招摇景虚掷。喜君过我庐，披襟而莫逆。数日体未差，鸥鹭掣其翮……弇州虽浩衍，体骨少精结。新都颇汪洋，不如于麟洁。君乃兼有之，矫举为明杰。俗胫与陈调，扫除以寸铁……'作于癸酉，书于乙亥，昼不能暇，夜燃三炬始毕，颜之推《家训》戒勿学书，良为至理。孟津王铎具草。"（《代言选》卷首）

案：王铎《拟山园选集》卷首亦载此诗，题为《五言代序》，末署"会稽季弟倪元璐拜手序"，误认此诗为倪元璐作而置于卷首。王铎和文震孟逐篇评阅并有评语，王铎对恤忠、赐环、功叙、恩覃、考绩五类诰敕俱有题词。（《拟山园选集》卷三七，页 19A）

王铎对倪元璐人品文章评价甚高，其《答鸿宝》："诵大作，古瘦萧疏有结构，孙楚难追，子云弗逮，仆心折骨欢，觉廿年书癖皆归弱丧。涂抹败絮，不堪沾沾自喜耳……仆于此道今始北面，解甲而伏于足下。"（《拟山园选集》卷五〇，页 7B）又《规倪鸿宝》："仆以足下文实坚定，志意鲠笃，可称旷代之才也。"（同书卷一七，页 6B）

七月，王思任五十寿辰，致书为贺并赠以自制双杯。

《尺牍逸稿》卷三《答九江道王使君思任》："匡庐彭蠡久享王先生，然闻先生之语人曰：'开门六桶水，闭门四面山。'如此则先生之享匡彭，不为不清而福矣……秋初嵩岳之辰，召工制双杯，久不得便，今附洪崖之鸾以往，不足辱麻姑酒，于开门六桶中挹一瓢，注之一点水，祝先生一百二十岁也。"（页 9B）

案：《王季重先生自叙年谱》："（崇祯六年）十月，陟江州备兵。"（页 56A）王思任时为九江兵备，是年五十，生辰为七月二十一日。其《简张林宗》云："弟五十年得一老金，而又在江州。"（《谑庵文饭小品》卷一，页 6B）可证。倪云"秋初嵩岳之辰，召工制双杯……祝先生一百二十岁也。"贺其五十寿辰也。

秋，作《柱石图》。

翁方纲《邱东河所藏倪文正公柱石图赞》："呜呼！此甲戌之秋，时势何如其易言柱石乎？吾直拈此以为学易之功夫。"（《复初斋文集》卷一三，页 16A）

秋，应友人陈仁锡之请，为《皇明纪略》撰序。

倪元璐《皇明纪略序》："夫学者稽古极博，尤考衷于当代。我太祖高皇帝汛扫胡元，历圣缵承大统，其创业之艰难，与夫守成之不易，具载《皇明通纪》。神宗升遐，光宗、熹宗前纪未及，则有《从信录》犁然可考。顾篇帙浩繁，后学不便卒业，予友明卿仿吴龙溪《鉴略》，刘其繁芜，凡一十六朝之故实，阅者无俟穷年月，而或都俞喜起，或洒血批鳞，或战伐出奇，种种胪列，约而核，简而文，恍如医者之洞见五脏，战者之按布五花，诚后学之指南也。他日倘承顾问，则已在彼，朝夕呫哗中预筹而入对矣。始宁倪元璐玉汝父题。"（《倪玉汝先生中秘点评五言便读皇明纪略鼎裔》卷首）

案：《倪玉汝先生中秘点评五言便读皇明纪略鼎裔》三卷，陈仁锡（明卿）纂辑，倪元璐评点。日本内阁文库藏，卷末版记有"崇祯甲戌岁秋月"，则刻于崇祯七年（1634）。

十月十三日，经筵连日开讲，遇雪不辍，元璐等七讲官与焉。

《崇祯实录》卷七："（崇祯七年十月）丙申，上连日御经筵，遇雪不辍。谕

274

讲官尚书韩日缵、姜逢元，侍郎陈子壮，少詹事文震孟，谕德姜曰广、倪元璐，修撰刘若宰：'言毋忌讳。'震孟讲《春秋》，上论及'仲子归赗'，震孟对曰：'此见当时朝政有缺。以是类推，《春秋》之义实有裨于治道。'上然之。"（《明实录》第88册，页221）

案：郑《表》，十月丙申为十三日。陈子壮《直讲纪咏》序："崇祯甲戌冬十月，上连御讲筵，侧听细绎，雪朝不辍。传以《春秋》，更《通鉴》，进讲时，讲官臣子壮暨韩宗伯日缵、姜宗伯逢元、姜官端曰广、倪官谕元璐、刘翰撰若宰，至是又补专经文官詹震孟凡七人，蒙谕'讲书不拘忌讳'，亲批阁揭：'《春秋》归赗一段，正见当时朝政有失，所以当讲，后以此类推。'臣子壮仰观圣学，越度今古，非恒所拟。姑纪述一二，以志恩遇云尔。"（《陈文忠公遗集·练要堂诗》卷一，页20A）

二十八日，与文震孟、方逢年赴顾锡畴之招。

《文文肃公日记》："（崇祯七年十月）廿八日……赴顾瑞老之招，方书田、倪鸿宝同。"（国家图书馆藏钞本）

是月，作《竹石图轴》。

倪元璐《竹石图轴》题识："甲戌阳月写于且园。元璐。"钤印："倪元璐印"（白）、"鸿宝父"（白）。（王南屏藏，《王南屏藏中国古代绘画》，页337）

案："阳月"即十月。

十一月，成国公朱纯臣进上柱国，赋诗贺之。

《倪文贞集》诗卷上《朱成国心翼晋爵》："熙朝多盛事，最著是良谋。方叔推元老，新田咏壮犹。鄷侯加剑履，召虎拜圭卣。一时班绝席，百尺看巍楼。"（页28B）

案："朱成国心翼"名纯臣，崇祯时颇见倚任。《国榷》卷九三："（崇祯七年十一月）进成国公朱纯臣进上柱国，郊祀摄事也。"（第6册，页5670）此诗即为贺朱纯臣晋爵而作，又傅冠有《贺成国加恩》。（《宝纶楼诗集》七言律，页57B）

朱纯臣（？－1644），字心翼，世袭成国公。先祖朱能，靖难名将，南征北战立功无数，封成国公。《明史》卷一四五："希忠五传至曾孙纯臣，崇祯时见倚任。李自成薄京师，帝手敕纯臣总督中外诸军，辅太子。敕已下，城已陷，为贼所杀。"（第13册，页4085）《小腆纪年附考》卷四："自成入内阁，见崇祯帝命纯臣辅东宫朱谕，因诛之，籍其家。"（页128）

是月，兵部侍郎汪庆百致仕归里，为题《先德六图》。

《倪文贞集》卷一七《汪生洲司马先德六图赞》，其一《经席一灯》，其二《试邸共被》，其三《燕台就禄》，其四《黉署教忠》，其五《左掖疏恩》，其六《南陔爱日》。（页3A）

案：《国榷》卷九三："（崇祯七年十一月戊寅）兵部尚书张凤翼拟宣大三镇功罪听处，左右侍郎汪□□、单□□俱罢。"（第6册，页5676）兵部左侍郎即汪庆百。其将归里，以《先德六图》属京中同僚好友题咏，陈子壮有《汪生洲左司马致仕将归授其先公谕燕图作歌多怀旧之感》（《陈文忠公遗集·练要堂诗》卷一，页20A）。其父即崇明县儒学教谕汪令德，《明礼科给事中汪庆百父敕命》："尔原任直隶苏州府太仓州崇明县儒学教谕汪令德，乃礼科给事中庆百之父……兹以覃恩封尔为征仕郎、礼科给事中……天启二年五月二十九日。"（［雍正］《开化县志》卷七，页9A）

汪庆百（？-1652），字符履，号生洲。浙江开化人。万历三十八年（1610）进士，初授行人司行人。天启初，任职礼部，寻以病归里。起补太常寺少卿，转秩廷尉，擢兵部侍郎，因对战事调兵增援不力，自劾告退，回乡待罪。崇祯十二年（1639），选为南京工部尚书。翌年，拜谒明太祖陵，途中坠马伤臂，疏请致仕，归隐著书。［雍正］《开化县志》卷五有传。（页6B）

初九日，以经筵秋讲结束，四上乞归省疏，奉旨"照旧供职"。

《倪文贞集》奏议卷二《四乞归省疏》："今历春冬，讲席再撤，而碌碌犹初，是则臣智识浅渺、纳诲无能之明验也。既自惭报，乌私益深，当臣始陈，臣母时年七十二衰矣，今又二年，岂反益壮？又臣向以离养三年，郁陶病困，几至危殆。今积五稔，岂更泰然？前日陟屺叩阍之心，置何地乎？……遭逢陛下圣明，兴励德行所求乎天下，则岂可不自近臣始乎？臣敢远引前讲官李明睿，近援左中允李建泰为例，仰冀同仁，苟荷矜俞，臣母子衔结何纪？臣不胜惶悚待命之至。崇祯七年十一月初九日具题。""奉旨："倪元璐讲筵启沃，着照旧供职，不必以私情陈请。该部知道。"（页10B）

案：倪《谱》卷一："（崇祯五年）四乞归省。初，政府以府君人望欲牢笼之。言去辄留，藉客致殷勤，唱以美迁，府君谢之。"（页24B）"四乞归省"系于崇祯五年（1632），误。

二十一日，再上《五乞归省疏》，奉旨不允。

《倪文贞集》奏议卷三《五乞归省疏》："该臣以母老陈情，伏承圣旨：倪元璐讲筵启沃，着照旧供职，不必以私情陈请，该部知道。钦此。臣惊感之余，涕汗俱下，如臣固陋，尸素为羞，本以顾穷，并心怀屺……讲期已成往事，以此感发，别为奏记之言，凡条十六，其八制实，其八制虚……至臣母望八衰龄，臣怀思心乱，终冀矜俞，暂假归省，臣苟不即填沟壑，犬马宣力，岂其无时？谨具奉闻。崇祯七年十一月二十一日具题。""奉旨：疏陈已有旨了，倪元璐着照旧用心供职，不得以私情陈请。该部知道。"（页1A）

是日，上《制实八策疏》，曰间插部、曰缮旁邑、曰优守兵、曰靖降人、曰益寇饷、曰储边才、曰奠辇毂、曰严教育。

《倪文贞集》奏疏卷三《制实八策疏》："奏为首陈制实八策，以祈圣明裁择事。臣所谓制实者，皆关时急切，而急则又有急者，臣虑失之一瞬，后必难为，故先言之。凡臣立言之序，视诸此盖最急莫如离插部……凡此八者，苟得行之，臣妄谓可以御患持危，补偏救弊。伏候圣裁。"（页2A）

案：《奏牍四卷》此疏末署："崇祯七年十一月二十一日具题。"（页6A）又二十四日奉圣旨："奴收插众，用间伐谋，有何实着？倪元璐还详确具奏。宣大兵饷正在核议，秦晋留饷及抚降夷、储边才已有屡旨，馆监教习事宜，该部看议具覆。"（《奏牍四卷》，页10B）

同时又上《制虚八策疏》，曰正根本、曰伸公议、曰宣义问、曰一条教、曰虑久远、曰昭激劝、曰励名节、曰明驾驭。

《倪文贞集》奏疏卷三《制虚八策疏》："奏为继陈制虚八策，以祈圣明裁择事。夫臣言制实，不如臣之言制虚也。实则循迹致能，谋近而不能统远，虚者本诸理道，治以精神，一举而包数功，一时为之，而有数十年之利。其最大莫如正根本……凡此八者，苟得行之，臣妄谓可以兴世正俗，定治成功。伏候圣裁。"页5B）

案：二十四日奉圣旨："奏内事情多系奉旨，倪元璐不必继陈。该部知道。"（《奏牍四卷》，页15B）

二十六日，奉旨回奏，再上《回奏用间疏》。

《倪文贞集》奏疏卷三《回奏用间疏》："臣惟用兵伐交之道，在审彼已，我强盛则势格声禁之耳……臣度今日有所不能，力不足则愈尊谋，故臣以为无如用间也……诚得边臣竭其计数，傅以神明，又多募飞遽敢死、游谈出没之辈，飞长耳目，遍广腹心，间必可行，谋必可伐……二年以来，边臣之情，较往已异。往犹负气肮脏，今则能尽中沮，归命军容。无事禀成为恭，有事推诿百出，阴藉以逃怩怯之诛，而阳号于人曰'吾不自由'，此臣所甚叹也……始陛下曰'行之有绪即撤'，今行之无绪益宜撤，敢因明问，推原及之……崇祯七年十一月二十六日具题。"奉旨："这所奏知道了。兵部知道。"（页9B）

案：倪《谱》卷二："奏上，阁票诘诘交至，上发改，票执如初，上抹去亲批'这所奏知道了，兵部知道'十一字，乌程见上所改抹，默然变色，忌之益深矣。"（页5B）此疏请撤监军，不报。《明季北略》卷一〇："（崇祯七年甲戌）十一月，侍读倪元璐上言：'边臣之请归命监军，无事禀成为恭，寇至推委百出……始陛下曰：'行之有绩，即撤。'今行之无绩，益宜撤。'不听。"（页155）

所上制虚八策诋吏部侍郎张捷荐吕纯如事，张捷疏辩讦其干预考选。

《明史》卷二六五倪元璐传："又上制虚八策……其'伸公议'，则诋张捷荐吕纯如谋翻逆案事。捷大怒，上疏力攻，元璐疏辨，帝俱不问。"（第22册，页6835）

蒋士铨《倪文贞公传》："上制实、制虚各八策，其'端政本'则规切体仁，'伸公议'则诋张捷荐吕纯如谋翻逆案事。捷怒，上疏讦其干预考选，公疏辨乞与同罢，帝俱不问，而置公诸策于御榻，时时省览焉。"（《倪氏宗谱》卷一四传赞志述，页28A）

案：《玉堂荟记》卷上："乙亥春……庶子倪鸿宝元璐，上制实制虚疏，与少宰张捷争辩。"

张捷，南直丹阳人。万历四十一年（1613）进士，授山阴知县，入为御史，擢太仆少卿，寻忤忠贤削籍。崇祯三年（1630），起大理少卿，拜左副都御史，迁吏部右侍郎，转左侍郎。体仁为羽翼。温体仁及王应熊谋之捷，将用故兵部尚书吕纯如，上以纯如列"逆案"不宜举。科道交章论劾，卒以体仁、应熊力，置不问。后以私书被举奏，上大怒，罪坐赎徒。南都立，复故官，城陷，自缢而亡。《小腆纪传》卷六六有传。（页749）

十二月初三日，再上疏驳吏部左侍郎张捷。

《倪文贞集》奏疏卷三《驳张少宰疏》："夫捷之荐逆，圣断彰于上，群议沸于下，黄童白叟唾笑于都市者，既数月矣。而臣今始讼言及之，盖真见捷以佯请得留，天下不知陛下姑容之故，疑有深眷，逆案诸人纷扰四出，必乱大谋。当兹圣明宵旰之时，臣惟冀朝端省一议论，兴一事功，去一怀邪之人，鼓百效忠之辈，不量螳臂，以犯隆车……捷云欲与臣同罢，如其诚然，此即宗社之灵。臣木强迂疏，自甘弃置，愿陛下重加臣以褫削，而薄予捷以休闲，一举而去一无用，剔一大蠹，致治之机，或即在此。伏惟圣明裁决。崇祯七年十二月初三日具题。"奉旨："臣工去留，朝廷自有鉴裁，奏内百票百留语，殊属轻率，倪元璐还着恪恭职业，以图自效。该部知道。"（页11B）

案：倪《谱》卷二："十二月，疏驳张少宰捷，执言反向，府君还驳之。又多侵讥政府。上两不问。"（页6）

同日，上《议稿回奏疏》，辩诬考选事。

《倪文贞集》奏疏卷三《议稿回奏疏》："顷铨佐张捷奏辩臣疏横口诬讦，臣谨具实以对。今年夏秋之间，吏、礼二部方奉旨会议馆员考选事宜，盈庭纷然，逾月未决。臣偶于客座遇礼科都给事中薛国观询之，国观云：'斯举甚盛，而考法殊难，盖由文治不能兼收，阁部不便同事。'臣因偶摅臆见，国观跃然以为可行，随即别去。越数日，忽旧冢臣李长庚露封移臣一书曰：'外间传有考选一议甚善，可得示其详乎？'臣时欲谢不敏而重违其撝谦问盲之意，又不便书答，乃先辞其使，夜草一议，亦露封，署曰'议揭'，明日遣役投报。谨将原稿录呈如左……右臣自七月终所复冢臣之揭如此，捷与诸臣所共见，凡臣所议者，乃考选之法也……惟以陛下创行盛典，冢臣虚怀访咨，臣亦臣子，臣亦僚友，安能有见不言，有问不答？然究竟冢臣于此议全不举行，是臣言仅比刍荛，非有把持劫制之力明矣……即张捷为臣乡山阴县令五年，交分不薄，此捷所云知交也。近臣入都亦复五年，时有往来，皆当捷宪铨津要，中经考选、考察，不止一番，臣曾于其前誉毁何人，筹论何事？有则以告，则亦谴臣，若此俱无，则臣之硁硁亦已可见矣。天下之患，皆在于肉食无谋，旁观袖手，偶思矫之鬼沙，遂至纤猥之见，讵复情理可循。总臣戆直招尤，惟有归命陛下，陛下即以多事黜臣，臣岂有悔哉？崇祯七年十二月初二日具题。"

奉旨："倪元璐奏剖事情，知道了。该部知道。"（页15B）

案：此疏末署十二月初二日，《奏牍四卷》作"十二月初三日"，应与《驳张少宰疏》同日上。且元璐奏疏按时序编次，《倪文贞集》与《奏牍四卷》俱《驳张少宰疏》在前，《议稿回奏疏》在后，故《议稿回奏疏》不应早于《驳张少宰疏》。

陈子龙读制虚八策疏，感而有诗。

陈子龙《读倪鸿宝先生制虚八策疏有感》："又传刘子政，奏记出精诚。《孤愤》因群辈，昌言赖圣明。拔山真可恨，填海有余情。何日无枭獍，天池引凤鸣。"（《陈子龙诗集》卷一一，页338）

案：元璐八实、八虚疏，系统阐述其对世势大局之政见，也充分展现其通达时务之能力。徐悼《倪文正公年谱序》："其时人望所属，有漳浦黄公、山阴刘公及吾公而三，鼎足并峙，神山相望，然黄、刘二公尚或迂阔，不近事情，而公通达时务，真实经济，其制虚、制实八策，有明征也。"（《倪文正公年谱》卷首）

陈子龙（1608-1647），字卧子，南直华亭人。崇祯十年（1637）进士，选绍兴推官。东阳诸生许都反，聚众数万，连陷东阳、义乌等，子龙为监军讨之，单骑入都营，谕令归降，待以不死，遂挟都归。左光先竟斩都等，子龙争，不能得。擢兵科给事中，命甫下而明亡，继而任南明兵科给事中。清军攻陷南京，纠集太湖民众武装，开展抗清活动，事败被逮，投水殉国。著有《安雅堂稿》《湘真阁存稿》等。事具《明史》卷二七七本传。（第23册，页7096）

宋琮兄弟将葬母左氏，为撰墓志铭。

《倪文贞集》卷一二《诰封恭人宋母左氏墓志铭》："莱阳之有宋氏，犹安平之崔，汝南之应也。参议公之峻整，宗玉兄弟之名，通盛矣。抑犹有女德，所谓左恭人者可风也。宗玉兄弟将葬恭人，发使走千二百余里，援其姻缙部高公弘图所为状，请铭……恭人性宁重，年十九归参议公。宋氏世以儒术显，至公而大。当公为诸生，甚贫而专读，不知米盐何等……公既以强直，不善宦，弃县令为学官，稍迁国子博士。博士官八品，俸入益俭……久之，公以积资擢山西参议，寻改备兵榆林，以亲老丐归。而宗玉兄弟先后成进士，俱试为令，迭互舆奉恭人。文玉既以治行第一，征为吏科给事中，而宗玉悦安察朗以治祥符，皆恭人之教也……于是崇祯壬申九月以羸疾卒于祥符官署……恭人生万历丙子，子三：长琮即宗玉，次程字呈玉，季玫即文玉，娶某某氏。茔依祖阡之北林庄。"（页4A）

案：宋母左氏（1576-1632），为山东莱阳宋继登之妻。长子宋琮，字宗玉，崇祯元年（1628）进士，时任河南祥符县知县，季子宋玫，天启五年（1625）进士，授虞城县知县，调繁杞县，以治行第一，崇祯四年（1631）征为吏科给事中。《鸿宝应本》此文"茔依祖阡之北林庄"后，有"葬以崇祯七年嘉平二日"（卷九，页32A），倪《铭》应作于此时。

宋玫（1607-1643），字文玉，号九青。山东莱州人。天启五年（1625）进士，授虞城知县，调繁杞县知县，入为吏科给事中，刑科都给事中、太常少卿、大理卿、工部右侍郎。崇祯十五年（1642），因事免职归里。值清军兵临山东，同知县及乡绅谋城守，建瓮城，清兵退去。次年二月清军复至，城遂破，阖门死之。事具《明史》卷二六七本传。（第22册，页6879）

同年云南巡按姜思睿来书，有书复之。

《尺牍逸稿》卷三《复云南巡方姜侍御思睿》："别后弟弥凉飒，处雉笼中，万兴俱枯，况复有赠缴饲之者乎？如弟不去，即万无恙，不过留一侏儒，多食长安几石米耳，此于气会有何关系？世间石交，提肝表肺，如翁兄而外，复有几人？乃亦为此皮肤门面好语云云耶。普酋天殒之后，闻其情形，弥益叵测，普沙既合，而禄亦改仇为欢，然乎？否乎？留饷之议早闻，本枢主之甚力，但不知圣意何如？"（页7B）

案：《崇祯长编》卷六一："（崇祯五年七月壬戌）遣御史姜思睿巡按云南。"（《明实录》第95册，页3528）八年（1635）调任山西巡盐御史。书涉"沙普之乱"，指滇南土司普名声于崇祯四年（1631）发动叛乱，次年普名声卒，其妻万氏仍领其众，又招安南土司沙定洲为婿，沙普合流，继续为乱滇南。

姜思睿，字颛愚。浙江慈溪人。天启二年（1622）进士，授中书，擢湖广道御史，疏陈天下五大弊，语极剀切。先后劾辅臣周延儒、温体仁，声望甚著。出使云南巡按、河东盐政，皆有实政。代还，乞归卒。《明史》卷二三三附姜应麟传。（第20册，页6069）

遵义府知府黄立言来书，乞为撰封赠制词。

黄立言《求倪鸿宝太史制词启》："引领云端，极瀛洲之炜煜；束身天末，限弱水以迢遥。愧不及门，幸堪委贽，借衮欲干乎椽笔，抒诚敢献其芜词……时惟报绩之年，忽荷明珉之命。尊汉典而钦承，式金式玉；代尧言而秉制，为许为燕。虽高文大册，有愧曲士之微踪；而忠国孝家，抑亦生民之至性。倘蒙洒翰，敢不镂心？"（［同治］《广昌县志》卷七，页19A）

案：黄立言授遵义知府三年秩满，慕元璐声望乞草制。书云"愧不及门，幸堪委贽，借衮欲干乎椽笔，抒诚敢献其芜词"，而元璐律己谢贽。蒋士铨《倪文正公传》："一县令求草制，致束帛内裹黄金，公受帛返金，嶷然自矢。"（《倪氏宗谱》卷一四传赞志述，页28A）

　　黄立言（1566-1641），字太次，号石函。江西广昌人。万历十九年（1591）乡试中举，选任严州府推官，代知杭州府。调达州知府，时川、贵奢崇明、安邦彦反，协助总督朱燮元剿灭奢、安。崇祯四年（1631），授遵义知府，仕至福建盐运副使。著有《石涵集》等。［同治］《广昌县志》卷五有传。（页24A）

　　黄立言授阶中宪大夫，妻某氏封恭人，父黄登赠中宪大夫，母刘氏赠恭人，为撰诰敕。

　　《倪文贞集》卷四《四川遵义军民府知府黄立言》："尔具官某，屡试而效，移守祥牁，其治文明，傅以严健。农桑芒刃，相错为功，使德浸于中，威行旁远，朕闻而尚之……得子拊循，更益继者，踵事勿失，则亦可以无患矣。用旌子以风，可阶中宪大夫，锡之诰命。"（页1A）

　　《妻》："尔具官某妻，封宜人某氏，以中华燕婉，从其夫万里戎马，侏离不以为惧。今即谓尔夫所绥民靖边者，举由中赞，朕不能知，然固已难矣。用加封尔为恭人。"（同上，页2A）

　　《父》："尔原任长棱卫经历黄登，乃具官某之父，原其夙所居职，比于古之参军。受官铨衡，而临戎幕，左右鞾韦，咄嗟钤符。克以才称，为时所誉，则亦文武之资也……用加赠尔阶，锡之诰命。"（同上，页2B）

　　《母》："尔赠宜人刘氏，乃具官某之母，操绩致勤，敬姜复出，尔子之强立不怠，自其成童则已然矣……朕用加赠尔恭人，旌而有子。"（同上，页3A）

　　案：［光绪］《遵义府志》卷二七"知府"："黄立言，江西，举人。"（页22A）其父诰文"用加赠尔阶"，《代言选》作"用加赠尔阶中宪大夫"。（卷五，页30A）

　　东城兵马司指挥田苏兆授阶文林郎，为撰诰敕。

　　《倪文贞集》卷四《江西临江府推官今升东城兵马司指挥田苏兆》："尔具官某，当理洪州，强立察朗，金日清霜。移试辇毂，益彰通敏，其明习积练，所由来矣。故曰习者之门，巧者不过，仍以往绩，授尔阶文林郎。"（页5B）

　　案：［同治］《临江府志》卷九"推官"："田苏兆，云南鹤庆人，举人……俱崇祯间任。"（页16A）田苏兆，万历四十年（1612）举人，崇祯中任临江府推官、东城兵马司指挥，仕至员外郎。

　　颖州知州沈延祉授阶奉直大夫，父沈应和封如子官，为撰诰敕。

　　《倪文贞集》卷四《直隶凤阳府颖州知州沈延祖［祉］》："尔具官某，守其家学，敷为国华，文誉雄骞，才锋健奋。属以筮仕授之名州，惟汝阴为中都根本之区，况比岁当灾，盗泮仍之，会资尔心晶如水，月镜非钩……用授尔某阶。"（页6A）

　　《父》："尔生员授儒官沈应和，才名江海，学号厨仓，毫茂可观，神清不俗……夫景必随形，枝皆禀柢，故知韦经之传为世业，于间以报其前修矣。爰是封尔某阶。"

（同上，页6B）

案：［乾隆］《颍州府志》卷五"颍州知州"："沈延祉，鄞县人。"（页59A）继任尹梦鳌"（崇祯）七年"任。敕文曰"沈延祖"，误。［光绪］《鄞县志》卷三五"沈汝璋传"："曾孙延祉，万历四十三年举人，知荆门直隶州，有能声，崇祯间改官指挥佥事。"（页34B）又沈延祉敕文云"用授尔某阶"，《代言选》作"是用嘉尔授尔阶奉直大夫，锡之诰命"（卷五，页36A）；其父敕文云"爰是封尔某阶"，《代言选》作"爰是封尔为奉直大夫，锡之诰命"（同上，页36B）。

宁波府推官李清授阶文林郎，妻陈氏封孺人，父李长祺赠如子官，母姜氏封太孺人，为撰诰敕。

《倪文贞集》卷四《浙江宁波府推官李清》："敕曰：人亦有言，以法律为诗书。夫以法律为诗书，不犹愈于以非法律为法律者乎？……尔具官某，本诸晶心，致精审克，东海之无冤民，朕则闻之。维甬海邦，罔不寇贼，再岁以来，遂以衰止，则刑平之效乎？用阶尔文林郎。"（页3B）

《妻》："尔具官某妻陈氏，自尔夫之以哀敬明清，着平东海，中赞之力，则已彰然。且夫窭贫者，士之所叹，而况妇人乎？睹斯阳阳，弥征齐德。兹用封尔为孺人。"（同上，页4A）

《父》："尔生员李长祺，乃具官某之父，以大儒名卿为之祖若父，而其子则亦有良吏之声于天下，即尔中处，述作已明……兹赠尔为某官。"（同上，页4A）

《母》："尔以节旌姜氏，乃具官某之母，松栢之心，是天所笃，靡他靡愿，誓存共姜……其义道关风会，讵曰渺微？兹封尔为太孺人。"（同上，页4A）

案：［乾隆］《宁波府志》卷一六"推官"："李清，句容，进士，（崇祯）五年任。"（页47A）

李清（1602-1683），字心水，号映碧。南直兴化人。崇祯四年（1631）进士，授宁波府推官，擢刑科给事中。以上疏语侵尚书甄淑，诏镌级，调浙江布政司照磨，起吏科给事中。京师陷，福王时迁工科都给事中，号为清正，迁大理寺左丞。及南都失守，归隐于家，以著述自娱。著有《三垣笔记》《南渡录》等。事具《清史稿》卷五〇〇遗逸一本传。（第45册，页13816）

应同年郭都贤之请，题王铎石交图。

《倪文贞集》诗卷下《题王觉斯石交图为郭天门吏部》："千夫舁不上丹徒，看有模棱物态无。交尽世人惟得此，资他风骨耐他粗。"（页31A）

案："郭天门吏部"名都贤，"王觉斯"即王铎，同为天启二年（1622）进士。从郭都贤、王铎、倪元璐仕履行迹看，三人仅是年同在京师。

郭都贤（1599-1672），字天门，号些庵。湖广益阳人。天启二年（1622年）进士，授行人，历任吏部主事、员外郎，出为四川参议，督江西学政，分守岭北道，巡抚江西。北京陷，悲愤不食。桂王立肇庆，以兵部尚书召，已祝发为僧矣。为官清正，风骨崭然，博学强记，工诗文，书法瘦硬，兼善绘事。著有《些庵诗钞》。《清史稿》卷五〇一本传。（第 45 册，页 13860）

是月，刘广胤父刘子諴卒，为撰墓志铭。

倪元璐《明广西横州知州豫庵刘公墓志铭》："公讳子諴，字叔贞，姓刘氏，别号豫庵。其先淮上人，三徙而家宜之康宁里……壬寅，首恩贡，廷擢第五，公例得优除，而私念伯子了影甚，星驰以返……旋领武冈州学博……癸丑，入觐，奏治行卓异，驰赠其父母。时同官刘公重庆、王公之案研究性命之义，忻挹古循吏，历荐廿七疏，拟清华选，卒以资擢知广西横州……乃补河南藩幕，摄通许延津。丙寅春，擢获鹿令……会辛未春，贼逼宜城，公结众歃血，围得解，宜方赖公……公卒崇祯甲戌十二月廿二日，距生嘉靖乙卯二月廿六日，享年八十。配张氏，封孺人。所婚嫁皆阀阅名族。而子广胤属志于余。"（［乾隆］《宜川县志》卷八"铭"，页 18A）

案：［乾隆］《宜川县志》卷四："刘知州子諴墓，在县北九台山，倪元璐撰墓志铭。"（页 9B）刘子諴，字叔贞。陕西宜川人。读书国学，授湖广训导，擢盐川令，升横州知州，卒于是年十二月。其子广胤，例贡，选开封府通判，［乾隆］《宜川县志》卷六"例贡"："刘广胤，河南开封府通判。"（页 13A）

同馆吴桢母杨太夫人年七十，撰文寿之。

《鸿宝应本》卷六《寿吴翰编母杨太夫人七十序》："吴子澹人，苞真统远，与居三年，求益不已。以吾智井，不副瓶綆，乃厉声气，益广丁嘤，引衾延馨，收召四远，久之亦以为未有得也。时则太夫人就禄彩舆，周览王畿，既复兴睠家园，挈季翩反，而留吴子。及其冬杪，已跻七旬，衿绅传哦，宫钟道著……嗟乎！终吴子之身，有此五取者，而犹虑其功能不出，不必为大贤上臣？是犹陈馈十牢，而忧不饱，吾不信也。是故太夫人者，天下之所归慈也，蕡畬堂构，有甚焉者。于是元璐之祝太夫人寿，则有词矣。"（页 41A）

案："吴翰编"即吴桢，文云"吴子澹人，苞真统远，与居三年，求益不已"，其为崇祯四年（1631）进士，"与居三年"，当是年作。又云"及其冬杪，已跻七旬"，吴母七十年辰。是年，吴桢因寓所被焚而卒，《玉堂荟记》卷上："吴澹人亦梦曾为松风寺僧，方水师作序曾述及之。后寓所失火被焚，三日而卒，亦僧茶毗之义也。"

韩熿师七十寿辰，撰文贺寿。

《鸿宝应本》卷六《寿阁学蒲州先生韩象云师七十序》："大人者，其为人之归道易知也。其为天之归气、归数、归命者，未有能明之者也。古之大人，其天之于是三者，则莫不归之矣。归气傅说，归数周公，归命召公……是故有妫而降，盛明而上，凡八九大人者，其器大小不同量，其道皆有以自尽，其气与数与命，则天必一听之。一听之者，不尽听之也。不尽听之者，天之意以为三者是其权与神，岂可以全听人乎？有必全听之不疑者，惟吾师蒲州先生。先生者，大人之归也。"（页3A）

案：《明史》卷二四〇韩爌传："（崇祯）十七年春，李自成陷蒲州，迫爌出见，不从。贼执其孙以胁。爌止一孙，乃出见，贼释其孙。爌归，愤郁而卒，年八十矣。"（第20册，页6243）可知其生于嘉靖四十四年（1565），是年七十。

同年黄道周作《书品论》，论及元璐书法，曰"人从未解其妙耳"。

黄道周《书品论》："行草近推王觉斯，觉斯方盛年，看其五十自化。如欲骨力嶙峋，筋肩辅茂，俛仰操纵，俱不由人。抹蔡掩苏，望王逾羊，宜无如倪鸿宝者，但今肘力正掉，著气太浑，人从未解其妙耳。"（《黄道周集》卷一四，页596）

案：黄濬《花随人圣庵摭忆》"黄石斋、赵撝书论书警语"："黄石斋有论书卷子，是居兔图时随意所书，考其年月，为崇祯七年甲戌。"（页134，山西古籍出版社，1999年）"论书卷子"即指《书品论》，故系于此。

本年，后金兵至宣府，旋师出塞。京师戒严。高迎祥等农民军被围于兴安车箱峡，伪降复叛，兵部侍郎兼总督五省军务陈奇瑜下狱论戍，洪承畴兼摄五省军务。

【诗文系年】

《醉巫》《请不》《题曹方城靖海一筹》《答杨国博以任》《广东惠州府博罗县知县刘守诚》《陕西西安府华州蒲城县知县钱一宠》《湖广武昌府江夏县知县刘勤》《浙江嘉兴府崇德县知县龚立本》《陈赤城修罗星亭成》《寿三槐党太翁辞》《复黄郡守》《仲兄三兰学使射书跋后》《与李公懋明》《致某前辈》《答邹孝廉》《为胡甥武迁题扇石奉陈明卿祭酒》《与胡武迁甥》《吴来之进士近艺序》《答胡前辈尚英》《寿朋赋》《贺中冷中丞新建津关敌台碑文》《寿黄侍御母太夫人七十序》《答九江道王使君思任》《皇明纪略序》《朱成国心翼晋爵》《汪生洲司马先德六图赞》《四乞归省疏》《五乞归省疏》《制实八策疏》《制虚八策疏》《回奏用间疏》《驳张少宰疏》《议稿回奏疏》《诰封恭人宋母左氏墓志铭》《复云南巡方姜侍御思睿》《四川遵义军民府知府黄立言》《江西临江府推官今升东城兵马司指挥田苏兆》《直隶凤阳府颍州知州沈延祖》《浙江宁波府推官李清》《题王觉斯石交图为郭天门吏部》《明广西横州知州豫庵刘公墓志铭》《寿吴翰编母杨太夫人七十序》《寿阁学蒲州先生韩象云师七十序》。

崇祯八年乙亥（1635），四十三岁

任右春坊右庶子。八月，迁国子监祭酒。季弟倪元瓒卒。

邑人徐人龙来书，复之。

《尺牍逸稿》卷二《答徐亮生中丞人龙》："使来所言，悉已神会，捉鼻正恐不免耳。其时矣，弟动每多事，当揆贵臣，几欲剚我，然弟总不惧，圣明在上，无因言杀身之理。至此官久抛度外，若因之得遂乌私，三公九迁岂易此乎？小需新正开讲之后，即杜门决请，必得乃已。四年之间，凡五陈情矣，小臣无必留理，呫呫不止，定蒙严谴，情犹愈于留也。"（页24B）

案：毛奇龄《明正治卿中奉大夫兵部右侍郎累加二品服俸徐公传》："崇祯乙亥，服未阕，即起为岭北道，服除，拜命……朝廷嘉其能。"（《西河文集》卷六，页1A）时徐人龙署理岭北兵备道，题作"徐亮生中丞"，误。书云"四年之间，凡五陈情矣"，元璐崇祯五年（1632）二月首上乞归省疏，上年十一月五乞归省，至是四年。又云"小需新正开讲之后，即杜门决请，必得乃已"，明制经筵春讲以每年二月至端午，秋讲以八月至冬至为讲期，据"新正开讲"知此书作于一月。关于徐人龙生卒年，上引毛奇龄《徐公传》："（马）士英恶其言，讽台臣劾公，无可劾，乃使御史何纶论公耄，失拜舞仪，勒致仕。时公年六十有九……杜门却扫七年。"（引略）据《明季南略》卷三："（弘光元年二月十三日）兵部右侍郎徐人龙罢。"（页164）徐人龙弘光元年（1645）致仕，年六十九，则生于万历五年（1577），居家七年卒，则卒于顺治九年（1652）。

徐人龙（1577-1652），字亮生。浙江上虞人。万历四十四年（1616）进士，授工部主事，督学湖南，寻迁分巡湖南道参议，为珰所衔，乞终养归。崇祯八年（1635），服未阕起岭北分守道，服除拜命。迁苏松兵备道、按察使副使，再迁武昌道兵备，晋参政。升右佥都御史，巡抚山东登莱、东江等处，未久以旧事请告归。甲申（1644）三月，倪元璐荐举户部尚书，特旨以兵部尚书征，未至而京师陷。南明授兵部右侍郎，为马士英所恶，勒致仕。闭门安居七年而卒。参见毛奇龄《明正治卿中奉大夫兵部右侍郎累加二品服俸徐公传》。（《西河文集》卷六，页1A）

二月十二日，有书致弟倪元瓒。

倪元璐《致倪献汝尺牍（二）》："吾决策灯后杜门申请，属当大计，前辈以为理无请告，计事未竣而讲幄先开，遂不得间，复须中夏谋之耳。入春以来，圣政日出，辇下人情想望太平，欣欣相告。而流贼南獗，至震寝陵，腹心咽喉之区，坐成涂炭，怀此忧痛，茫茫百端。江淮既已沸骚，吴浙岂得安枕？不徒忧宗并亦恤纬耳。

诸会不至，自此知吾痴热之肠，真当下纯灰三斛，洗却付之冷泉。惟勿作何语，如更不来，可特差人取讨。此是我寒官仗义，悉将数年以来所得门人称觞酒杯，及内人钏镯等物，毁销以应，内一半系转展称贷，今债主日至吾门，有如星火。当怀勿急时，乞贷手书日再至，家人早暮叩头吃吃，声誓抵家即日归赵，何其哀切，今乃泄泄如此？人言此老凶恶无心肝，果不虚也。天则在京吾自能责之，徐氏子、九如兄必有以处，此可与谋之，特须婉曲。当今之世做好人甚难，义汉尤难也……二月十二日，仲兄璐平安字。献汝弟。"（故宫博物院藏，《中国书法全集（倪元璐）》，页118）

案：书云"流贼南獗，至震寝陵"，指是年一月张献忠陷凤阳、焚皇陵，震动朝廷。《明史》卷二三："（崇祯八年正月）丙寅，（张献忠）陷凤阳，焚皇陵楼殿，留守朱国相等战死。"（第2册，页318）又云："诸会不至，自此知吾痴热之肠，真当下纯灰三斛，洗却付之冷泉……此是我寒官仗义，悉将数年以来所得门人称觞酒杯，及内人钏镯等物，毁销以应，内一半系转展称贷，今债主日至吾门，有如星火。"可知其热心筹资组会以方便乡人，因乞贷人失信而陷入困境，债主日至门上催债。

绩溪县知县熊维典授阶文林郎，妻某氏封孺人，父熊希凤封文林郎，母某氏封孺人，为撰诰敕。

《倪文贞集》卷四《直隶徽州府绩溪县知县熊维典》："尔具官某，至清绝私，邑遂以理。凡其洒烦决蕴，绥良化顽，则皆无欲之为也，朕以为难。用阶子文林郎，锡之敕命。"（页16A）

《妻》："尔某氏乃具官某之妻，朕嘉尔夫，拊循吾民，若保赤子。官俸之外，非有余财，尔之中襄，不言可见。是用封尔为孺人。"（同上，页16B）

《父》："尔熊希凤乃具官某之父，由尔子悬鱼之清，征于马骨，是故知其有本，不然则其教也。胡威原涉，不其鉴欤？是用封尔某官。"（同上，页16B）

《母》："某氏乃具官某之母，勤斯天只，而尔子以之笃其学。嗟予慎旃，而尔子以之共其官，是诚母师，为众母母。用封尔为孺人。"（同上，页17A）

案：［康熙］《徽州府志》卷四"绩溪知县"："熊维典，崇正［祯］四年任。"（页66A）维典字约生，江西建昌人，崇祯四年（1631）进士，知绩溪县，擢兵科给事中，累官大理少卿。［康熙］《徽州府志》卷五有传。（页35B）其父敕文"是用封尔某官"，《代言选》作"是用封尔文林郎，锡之敕命"。（页1B）

临海县知县周瑞旭授阶文林郎，为撰诰敕。

《倪文贞集》卷四《浙江台州府临海县知县周瑞旭》："敕曰：邑于天下，具体而甚，穷吏之才，故曰难焉……朕苟得一循吏，视其才若岳海然。尔具官某，晶心茂能，通敏沈断，承风者谓之严健，仰沫者谓之温恭。移是使宰天下，讵有难哉？

可阶尔文林郎，锡之敕命。"（页17B）

案：［康熙］《临海县志》卷四"知县"："周瑞旭，号九日，吉水人。崇祯四年以进士任。才干明敏，丁艰去。"（页8A）周瑞旭（？-1639），字长度，仕至吏部文选司郎中，丁艰归，卒于家。

临漳县知县张尔忠授阶文林郎，为撰诰敕。

《倪文贞集》卷四《河南彰德府临漳县知县张尔忠》："尔具官某，读书为学，学为经纶。治漳三年，致专取济，节浮给馈，及于人田。擐甲治军，民不曰扰，宁武再出，愚智无端。朕不知其诚之生才，诚生于才也。大吏奏尔绩曰最，用授尔阶文林郎。"（页18A）

案：［光绪］《临漳县志》卷四"知县"："张尔忠，山东潍县人，进士，（崇祯）五年任。奉命行取授御史，历升都御史。"（页15A）文曰"治漳三年"，故系于此。

长安县知县梁州杰授阶文林郎，为撰诰敕。

《倪文贞集》卷四《陕西长安县知县梁州杰》："尔具官某，令秦三年，两城并戴。兴进弦诵，耘粗豪强，贫弱以存，流亡悉萃。与寇终始，民无惧心，闾井晏然，声势俱出。是则子以政教为韬钤，子可将也……用阶尔文林郎。"（页19B）

案：文云"令秦三年，两城并戴"，指梁州杰先授城固县知县，八个月调长安县，故系于此。《代言选》此文题注："进呈登轴被停给。"（页56A）梁州杰初仕为仇家所讼，元璐代同门生致书浙江巡按诉其冤情，似斡旋说项未果，诰敕虽上被停给。

安阳县知县巩焴授阶文林郎，为撰诰敕。

《倪文贞集》卷四《河南彰德府安阳县知县巩焴》："尔具官某，予之大邑，三年有成，其法以德，礼为鞭棰。以明清为钤辖，纲纪自立，民用以和，故曰善政之致和气，犹桴鼓也。朕嘉子绩，用阶尔文林郎。"（页19A）

案：［康熙］《林县志》卷六"知县"："巩焴，字育炉，号成我，陕西真宁县人。进士，崇祯五年任，调安阳。"（页8B）巩焴崇祯四年（1631）进士，五年（1632）知林县，调安阳，由礼部主事历任河北兵巡道金事。

金华县知县项人龙授阶文林郎，妻程氏封孺人，父项元辅封如子官，母方氏封孺人，为撰诰敕。

《倪文贞集》卷四《浙江金华府金华县知县项人龙》："尔具官某，治婺三年，大吏上其绩，曰无不办者，所司核之曰审是，则朕之所厚望也……顾今犹以恒贯阶尔文林郎，锡之敕命。"（页7B）

《妻》："尔具官某妻程氏，室家之壸，非朕所闻。若以尔夫宰邑邑治，化成名立，自朕观之，不有群资，则有阴赞，不然则其无中牵也。用封尔为孺人。"（同上，页8B）

《父》："尔项元辅具官某之父，朕闻其慕义抗躬，志节挺举，学儒不成，弃而学剑。尔子伟达之气，著于专城，则亦其道也。是用封尔某官。"（同上，页8B）

《母》："尔方氏乃具官某之母，由尔以母道教尔子，使其邑人有孔迩之戴，其子众母其母，母师比以三年之成。授尔封孺人。"（同上，页9A）

案：［道光］《金华县志》卷五"知县"："项人龙，号彷卧，歙县，进士，（崇祯）六年任。"（页10B）继任王士鏻"崇祯九年（1636）以进士任。"（页28B）敕文云"治歙三年"，则此文崇祯八年（1635）作。其父敕文，"是用封尔某官"，《代言选》卷五作"是用封尔文林郎，如尔子官，锡之敕命。"（页40A）

二月十五日，凤阳失陷，皇陵罹变，上疏乞下罪己诏，蠲除逋负，量宽繁瘠。

《倪文贞集》奏疏卷四《寇祸陈言疏》："盗贼之祸，至如今日，震及祖陵，可谓极矣。自往代衰朝所未曾有者，今于圣世有之，此国家大辱，诚陛下卧薪尝胆之时，诸臣嚼齿透拳之日也……若以臣愚所为陛下求其本谋、提其胜气者，则愿陛下首发罪已之诏……今民最苦，无若催科，顾亦未敢容易兴言冀停加派，惟请自崇祯七年以前一应逋负，悉与蠲除，断自八年督征。如令有司考成，亦务少宽繁瘠之乡，量以八分为率。又东南本色杂解，扰累无纪，今除上供军需，万难更议者，姑仍旧贯，其诸一切，苟非至急，如绢布、丝棉、颜料、漆油之类，悉可改从折色，官代输将。此二者，于下诚益，于上则亦未之损也……幸陛下内断于心，亟措行事，当事大臣亦勿以臣书生迂阔，付之飘风……崇祯八年二月十五日具题。"奉旨："这所奏亦见悃忱，蠲除逋负，量宽繁瘠，原属朝廷恤民至意，其本色杂解，匪系上供军需的作何折色代输？积案缠累无辜，的作何省发疏释？俱着该部详议确酌具奏，颁发诏书事宜，还候旨行。"（页1A）

所上各条诏下部议行，而首辅温体仁虚委拖延，再揭帖户部条列所奏各项，催促施行。

倪《谱》卷二："已而户部条例款项禀成政府，特拂抑之，仅以名应。府君闻之，揭致户部曰：顷职为民请命，谬陈数事，荷圣明一一下部。度贵部自有权衡，乃窃闻外议，以贵部于此尚且悠悠，冀以小塞而已……谨将小疏所陈，逐一开列，以竭区区如左……"（页8B）

是月，族侄倪在、倪会祯重修《倪氏宗谱》，请文震孟撰序。

文震孟《倪氏族谱序》："族谱名者，所以谱吾族而率族人，以尊吾之尊，亲吾之亲也……况倪氏诗礼传家，簪缨继世，其九族之表表者，又可无谱牒以会取之乎？今学士公以传南北之谱，绘图、列传、实传三卷，计四十余条，庶几可以享祀先祖，登拜坟茔，叙昭穆，通庆吊，昭扬先德，告戒后人，其于尊尊亲亲之义非小补也。倪氏子孙，尊知其所当尊，而不混于所施；亲知其所当亲，而不紊于其序，然后可以体祖宗之心，而不负学士公之意。爰书以为序。时崇祯十年春月吉旦大学士文震孟题。"（《倪氏宗谱》卷首旧序，页 8A）

案：末署"时崇祯十年春月吉旦大学士文震孟题"，而文震孟卒于崇祯九年（1636）六月，疑后世修谱者误题。据《倪氏宗谱》卷首"修谱人员"："崇祯八年乙亥二月，《横山谱》十六世孙在纂修、十六世孙会祯协修。"（页 2A）倪在字大生，号梅岑，行雍十一；倪会祯字六符，行善八，俱浩三房人。是年二月，元璐请同年文震孟撰序。

三月，季弟倪元瓒卒，年仅三十二。

《倪氏宗谱》卷二："元瓒，行性十二，又名元瑞，字华汝。郡庠生。心性抗直，至孝，割股救母……公年三十二岁，卒崇祯八年乙亥三［月］。"（页 109A）

倪廷坚《华汝公传》："时文正公已通显，名满四方，先生曰：'士贵自立，毋以兄为也。'筑室于禹穴之委宛山南，读书其中，出其智力，悉为办着，有未合者，昼夜仰思，因得耗血症。友劝之归养，曰：'人可无百年之寿，不可一日废学。'卒以是中道而逝，得岁仅三十有二。"（《倪氏宗谱》卷一四传赞志述，页 38B）

是月，原任都察院左都御史曹于汴追赠太子太保，为撰诰敕。

《倪文贞集》卷一《原任都察院左都御史追赠太子太保曹于汴》："尔具官某，尊其性命，学为圣贤，穷理存诚，养气得浩……朕以天下功效，不立治平无期；咸由诗书，教衰廉耻道丧。朝无耆旧，人昧典刑，是以汉师无功则思法直，唐律既否乃叹魏征。先见兴怆于曲江，奉公陨涕于征卤。以今视古，何独不然？兹用追赠尔为太子太保，锡之诰命。"（页 7A）

案：《国榷》卷九四："（崇祯八年三月甲戌）故都察院左都御史曹于汴，赠太子太保。"（第 6 册，页 5669）据《明史》卷二五四曹于汴传，曹于汴卒于崇祯七年（1634），年七十七。（第 21 册，页 6556）

右副都御史江西巡抚解学龙授阶通议大夫，为撰诰敕。

《倪文贞集》卷三《巡抚江西都察院右副都御史解学龙》："具官某，居品制才，矜节治气。昔以直道，罣于凶氛，谏草虽焚，党碑不没。世归正人之号，朕维旧德之求。属以江州重藩，比岁多事，爰命方叔，出总师干……慎封申画，周嘉终始之功；足食销兵，唐列上中之考。是用阶尔通议大夫。"（页 7B）

案：［咸丰］《重修兴化县志》卷八"解学龙传"："迁太常少卿、太仆卿，五年，改右佥都御史、巡抚江西。"（页 18B）其巡抚江西三年任满授阶。

工部尚书兼总理河道刘荣嗣来书，催撰郦道元记。

刘荣嗣《与倪鸿宝宫庶》："弟迁拙非治水才，远承注念，感激非浅。念去年除夕抵衙舍，今年正月初八日南来，十三日奈河开口，廿三日以流寇报急，暂返济宁。二月十五日，又复南行，廿日抵邳州，廿五日晤漕台，谓之智短能索、拮据不效则可，日未尝亲在河工则非也。今已河水深平，无浅无溜，而漕储道阻，船不虚从新河行，自二百余只过后，十余日尚无续者，乃并力于必不可挑之泇河，转盼伏水，至重运阻，虽有智者，且奈何哉？岂非弟命之不时，严谴之应至耶？……外《郦道元记》想久已忘之，若不惮搦管，尚冀挥示。"（《简斋先生集》文卷二，页71B）

案：刘荣嗣时以工部尚书兼总督漕运。《国榷》卷九四："（崇祯八年）九月戊申朔，逮总理河道工部尚书刘荣嗣。初，荣嗣以黄水济宿迁、德州之运，既凿，俱黄河故道，朝河暮淤，不可以舟……于是南京刑科给事中曹景参劾之，被逮。"（第6册，页5712）书云"外《郦道元记》想久已忘之，若不惮搦管，尚冀挥示"，指刘荣嗣任京兆尹时，拟彰扬京中先贤刘黄、贾岛、郦道元、张华，由董其昌、刘荣嗣、倪元璐、王铎分任撰记，惜未兑现，故寄书催促。其《与王觉斯太史》曰："老亲翁曾许为弟作张茂先记，久不见赐，岂觉斯先生亦负诺责乎？茂先，顺天人，弟在京兆时表章先贤，得四君子，刘去华黄、贾浪仙岛、注《水经》之郦道元、识剑气之张茂先，去华则玄宰记之，浪仙记弟自作数行，郦与张则老亲翁与鸿宝诺而忘焉者也。"（《简斋先生集》文卷二，页62B）

顺天巡抚张鹏云奏绩，奉命草制，复书答之。

《尺牍逸稿》卷一《答顺抚张中丞鹏云》："恭惟翁台文武万邦，为宪姓名，草木皆知。会逢奏绩，沗奉温文，此当有燕、许大手之才，韩、殴［欧］撼天之力。揄扬盛美，章阐高深，何意谬及雇穷，征其鸦点。既以职分所在，奔走为荣，祖构成文，爬沙报命。"（页13B）

案：《国榷》卷九二："（崇祯五年十月庚午）张鹏云、焦源清为右佥都御史，巡抚顺天、宣府。"（第6册，页5598）书云"会逢奏绩，沗奉温文"，或因任满三年奏绩，姑系于此。

张鹏云，字汉冲。山西阳城人。万历四十四年（1616）进士，授商丘知县，选刑科给事中，出为四川参议，寻为魏珰矫旨削籍。崇祯初起礼科给事中，迁太常寺少卿，晋右佥都御史，巡抚顺天。安辑百姓，弹压勋戚，引疾归，当事诬以规避，罢官。里居绝口朝政，凡七年卒。［光绪］《阳城县志》卷一〇有传。（页18B）

为从祖《倪坤传》题词，又为其女题"节义一乘"四字。

郑侨《倪坤传》："宗子鸿宝题谱［传］云：'夫重俪，礼不制；道所持，在存义。其女学之，于是冰蘖以晶其誓，妇无二情犹易，事所难在存嗣。其子学之，于是诗书以尚其志。呜呼！人辈出以恢奇，世相师而拔萃，淘国史之所辉，讵宗乘而不贵乎！'"（《倪氏宗谱》卷一四"县志列传"，页2B）

《倪氏宗谱》卷二："（倪坤）一女，适陈，早寡，抱血孤依父庐，抚孤成立，蜚声黉序。宗邑志旌，载文正公有'节义一乘'题谱［传］。"（页79B）

案：倪坤，字子缙，号环川。邑庠生。从曾祖倪铭之子。年二十八丧偶，遗二子一女在怀抱，母老，誓不再娶，躬操井臼，奉母抚孤。授徒吴会间，年八十客死于外。平生以节义自励，两以贤良征，不赴。授七品冠带，崇祀邑乡贤。［光绪］《上虞县志》卷一〇有传。（页 8B）元璐题词当作于重修《倪氏宗谱》时。

四月，同年祁彪佳以病辞归，于洛河登舟时来书。

祁彪佳《与倪鸿宝》："弟此番方遂三年来饮食梦寐之念，但恐悠悠居诸面目如故，不免负允放之圣恩，相成之知己耳。年翁锡以一杯，归而奉觞慈亲，共识明德，若年翁鼎铉事业，何妨暂养于林泉，佳山佳水间满望把臂同游。弟之祝愿者如此，幸年翁勿如我，欲再赐以志喜也。笑笑。外一函片芹乞致令兄年翁处。洛河登舟之顷，匆遽提笔，不尽欲吐。"（《都门入里尺牍》乙亥春夏季册，南京图书馆藏明钞本）

案：《祁彪佳年谱》："（崇祯八年）春在都门。先生日夕念太夫人，时已七袠有二，恐请病再不允，求台长代题，始获以病归。"（《祁彪佳日记》附，页 866）

二十七日，自讲筵归，夙疾陡发。

《倪文贞集》奏疏卷四《六乞归省疏》："臣于昨二十七日毕讲还寓，随即发呕，头目眩摇，良久小定。会有臣中表近亲，从臣乡来京见臣，臣私喜当有臣母家书，索之无有。稍咨臣母动定，又云都不详知，臣心疑战偃床，家人意臣成寐，久觉有异，相聚彷徨，然臣自明即是异时所患怔忡之症，今特加甚耳。"（页 5A）

二十八日，六乞归省，奉旨"准暂假调理，着即出供职"。

《倪文贞集》奏疏卷四《六乞归省疏》："奏为微臣夙疾陡发，乞假调理事……臣病本由思母，既已屡陈，未蒙鉴允，自后涉夏必发，发必经秋，如是三年矣。兹又见端，恐复延笃，缘今讲筵未撤，臣不敢不特奏明，谨一面召医调治，惟求即效，朝可夕出，毕目前讲读之功，如更十日起色不见者，是则可忧。区区之私，另图沥请，伏祈圣慈矜察。崇祯八年四月二十八日具题。"奉旨："倪元璐准暂假调理，着即出供职。该部知道。"（页 5A）

闻首辅温体仁有题升少詹事之议，致书左都御史唐世济乞转致谢意，并望准半年之假省母，或以南中一席见处。

《尺牍逸稿》卷二《与唐总宪世济》："某近以忆母负疴，方在申请。忽闻中堂老先生有题升少詹之议，业经具稿将上矣。此出温老先生汲引盛心，岂不感激，敢不仰承？但某陈情缕缕，凡五六请，徒以老母望八之年，倚闾甚切。某官京师十二年，从无一日迎养，绝裾出门，又复六年矣。今如以少詹留之讲筵，母子相见，知在何日？为此伏枕哀祈老先生，即为一请之温老先生：目下或且停升，俟小疏再上，特准半年之假一归省母，严限前来，此其上也。万不得已，或以南中一席见处，如方书田资先于某，由讲筵出领南雍亦既一年，理当迁转，倘移少詹之升于书田，而使某承其乏，如此则在某既无越躐之嫌，而又得归省之便，爱人锡类，温老先生之为德莫大于此者……病中不敢上书温老先生，夙谊敬布区区，伏望垂怜实时鼎致，于前二者酌处其一，俾得暂归一见老母，海枯石烂，报德何穷。"（页 17A）

案：《明史》卷一一二"左右都御史"："崇祯七年甲戌，唐世济，八月任……九年丙子，世济，十一月下狱。"（第 11 册，页 3498）唐世济与温体仁同为乌程人，故元璐乞转致于体仁。书云"某陈情缕缕，凡五六请"，可知此书作于已上《六乞归省疏》，即是年五月间作。"姜燕老"名曰广，"方书田"名逢年。

温相允改以少詹衔掌南翰林院事，恐越秩擢升引发朝议，再致书唐世济建言召还方逢年为少詹事，自己接替方逢年为南祭酒。

《尺牍逸稿》卷二《与唐总宪世济（二）》："伏承台谕，温老先生允停少詹之推，复欲加以詹衔俾掌南院，盛心谆至如此，感激何极！但某审思，方书田之资先某二人，讲读之劳又多某三年，今犹未离雍署，而某辄凌其上，揆之事体，实有未便。且方书田以去年六月推升，今恰一年，即以恒例言之，当得迁转，况又有讲筵积劳应叙乎？昨所见拟玉牒缺员，似宜移以属之，而即遣某为之后身，则衙门鱼贯之序，毫不紊淆，不至贻后人以口实矣……望即以此复之温老先生，幸早决此策，庶于汲引末学之中，存爱人以德之意。"（页 18B）

案：国子监祭酒从四品，少詹事正四品，若以右庶子（正五品）升少詹事掌院事，越秩擢升，超越同年方逢年，元璐顾忌人言。其《上钱相国象坤（二）》："前者蒙温老先生盛心往复，初拟题少詹，而某辞之者，以求归之切。继拟以少詹掌南院，而某又辞之者，以微闻人言，有独越祭酒一关，为讨便宜耳。"（《尺牍逸稿》卷二，页 21B）

五月初九日，七乞归省，奉旨"即出供职，不必屡请"。

《倪文贞集》奏疏卷四《七乞归省疏》："只以臣母行年七十有五，又臣通籍十四年，官京师者十二年，未曾一日迎养。又臣自庚午至今，违颜六年，臣何能不力求归？苟不得归，臣病又何能愈？然臣更有琐屑微情，为陛下殚陈之。臣所受先人数椽，火焚荡尽，臣母于是迄无宁居。又臣行时，以臣母之命携家赴京，今子女悉依臣所，臣同母一弟读书他邑，定省不能时至，臣母眼前寥然，独女婢二三人耳。每得臣母家书，辄叹凄寂，臣今坐处，诚若针毡。又臣异母弟生员元璜，少有至性，昔年庶母李病革，元璜割股肉方寸，杂糜进之，卒亦不效，遂至毁羸，寻感奇疾，于今四年，殆者数矣，臣母怜之，尤甚于臣。臣身沐恩光，出依日月，入拥妻孥，独使衰母病弟，栖止败垣，愁涕相向，肝心何在，得以晏然于此？晏然是其心已死矣，宁复久存长事陛下乎？伏望圣慈矜怜，特允暂归，无论生死，皆有衔结之日……崇祯八年五月初九日具题。"奉旨："着遵旨即出供职，不必屡请。该部知道。"（页 6A）

致书旧辅钱象坤，乞其言于温相以南祭酒见属，归省慰母殡弟。

《尺牍逸稿》卷二《上钱相国象坤》："昨周开老传台旨，似又以资序及讲员为拘，云天盛心，某非不感激，但某今日之情极矣。前者犹是倚闾陟屺、母子常情耳，乃昨于五月十七日接得家报，季弟元璥遂已病故，老母悲哀之极，眠食俱废。续又接得老母手书，既以中怀悲郁，又因亡弟发殡无措，趣某早归，语甚哀切。某数日以来肝肠尽裂，无复方寸，老先生至仁，乞赐嘘持，得从假放否？或依温老先生初议，以南司成见属，乘便一归，慰母殡弟，存殁之感，世世以之。倘必不得，某必死无疑，或不即死，必且疏求终养，百上不休，亦必得谴老先生爱某有素，宁忍某至此极乎？"（页20B）

案：钱象坤亦绍兴人，时辞官家居。象坤为温体仁门生。

再致书唐世济，愿以本官庶子掌南翰林院。

《尺牍逸稿》卷二《与唐总宪世济（三）》："伏承台教，温老先生允辞玉牒之推，又有移南之许，德已大矣。乃又必欲予以詹衔俾掌南院，某岂不更益感激！且闻方书田亦在题转，如此亦似可以相安，然鄙衷终有不能释然者，其说有三：自傅寄庵以十三年鼎甲，方书田以五年讲官，并由祭酒循级而登，某独凌节而上，何以谢同年？一也；又一时讲官求归者四人，其间有未必得请者，有得请而未必加官者，今某既得归，又骤加二级，何以慰同事？二也；且司成一官，有造士之责，向者小疏谬议馆监更弦事宜，诚自议之，而自任之，亦一件报效吾君、吾相之事，若当前却避，何以对圣明？三也。此三者，皆某由衷之谈，一字欺矫，鬼神必殛之矣。今日之事，只宜先题书田，而徐以贱名咨部，莫妥于此，莫感于此。万不得已，安不加詹，只以本官庶子往，亦便彼中班次、体统……老先生通晓之便，尚望力赐嘘回，万感万谢。"（页19B）

是月，座师韩日缵卒于京邸，撰文祭奠。

《鸿宝应本》卷一七《祭座师韩宗伯若海先生文》："呜呼！人量夫子，譬诸望日，悉知光华，莫明至极。二三子者，庶几管窥，宰予最污，亦不阿私。或曰夫子，中晶外炳，以文文起，以学学正。治史三长，启心一德，典礼寅清，造士无斁……呜呼哀哉！赐来何迟，负手倚杖，有若不可，秋阳江汉。请祷或应，不闻其病，筑场或尽，莫为之令。在三谓何，入百谁赎，天乎已矣，相向而哭。"（页6A）

案：梁朝钟《太子太保荣禄大夫礼部尚书掌詹事府兼翰林院大学士文恪韩公神道碑》："今上八年五月日，讲官、礼部尚书兼翰林院学士协理詹事府事、教习馆员韩子绪仲卒于官。"（《喻园集》卷二，页1A）

武康处士韦寀卒，为撰墓志铭。

《倪文贞集》卷一〇《韦若予处士墓志铭》："君名寀，字若予，浙西武康人。居上陌，矫志刻行，期为圣贤。其学以静诚为宗，四方闻其名，从游日众，随世为科举之文，世宗其文，如其人……豫章余公应桂者，孤岸少许可，独心贵君，号曰'畏友'。会有诏，公卿以下各举贤良一人，余公大喜曰：'无若韦生。'即草疏将上，使使物色君，顾已死……君以崇祯八年五月卒于里，葬武康之丹山。"（页35B）

案：余应桂（1585-1649），字二矶。江西都昌人。万历四十七年（1619）进士，授龙岩县令，调海澄县，选授御史，出任湖广巡按，后为巡抚，仕至兵部右侍郎，总督陕西军务。南明时起兵反清，兵败不屈而死。《明史》卷二六〇有传。（第22册，页6748）

黄绍杰劾温体仁再谪应天府检校，有诗送别。

康熙刻本《倪文正公逸稿》卷三《送黄水廉谪官》："看遍春明门外鞭，惟应此著是神仙……采石矶头浇李白，格天阁上榜胡铨。君今去觅中山酒，拼却床头五百钱。"（页4A）

案：《明史》卷二五八黄绍杰传："八年，贼犯皇陵，绍杰再劾体仁误国召寇，再谪应天府检校。"（第22册，页6660）黄景昉亦有《送同年黄水濂给谏之南京兆幕，兼柬李晓湘、孙鲁山二丈》（《瓯安馆集》卷五，页13B）。"李晓湘"名觉斯，广东东莞人，天启五年（1625）进士，仕至刑部尚书。"孙鲁山"名晋，亦天启五年进士。

致书荐邑人徐人龙任苏松兵备。

倪元璐《与年翁》："昨仲嘉兄薄暮过从，语次及贵乡备兵使者旁求后身甚切，冯留老不敢当之，意甚坚而决矣。弟不揣敬举所知，敝乡徐亮生讳人龙，其才品气概敝里无双，当年督学楚中，杨大洪诸老赞之太过，诸老既得祸，即以终养告归，幸以外吏免缪缴汤火。然淹疏已久，服阕于今将一年，两台交章荐之，不一而足也。以此人当贵乡重地，当无所不办，且其气义如云，尤任道之器。弟如于□□作游扬套语，即非人矣。惟□□□弟事，夜来熟筹定无害，此老既□□求归认状，尚肯留弟此中乎？南天两席，必有以处我，可不斡旋，年翁以为何如？弟名单具。"（美国宝蒙堂燕登年藏，《名贤书信手迹》，页9）

案：上款"年翁"，姓名不详，应即天启二年（1622）同年且为苏吴人。书云"南天两席，必有以处我"，时元璐谋求改南，"两席"指掌南京翰林院事及南京国子监祭酒。"仲嘉"即许士柔，"冯留老"名元飏，时苏松兵备缺，元璐与士柔初属意冯元飏，然元飏无意就之，于是又荐邑人徐人龙。毛奇龄《明正治卿中奉大夫兵部右侍郎累加二品服俸徐公传》："朝廷嘉其能，已迁苏松兵备道按察司副使，而黔民留之，诏可。"（《西河文集》卷六，页1A）又［光绪］《上虞县志》卷一〇徐人龙传："迁苏松兵备道按察司副使，会郴、桂贼起围长沙，攻衡州，上命两广江虞会楚合剿，而檄人龙监军。"（页25B）则徐人龙未就任，仍由冯元飏任之。《明史》卷二五七冯元飏传："请告归，寻起礼部主事，进员外、郎中，迁苏松兵备参议。"（第22册，页6642）

五月末，草拟《八乞归省疏》，因故未上。

倪元璐《八乞归省疏》："伏臣自四月二十七日以积思疾发，杜门吁请，凡章再上，未荷听俞，臣中怀感恋，实图抑情静调，小痊即出。不意五月十七日接得家报，臣前疏所称弟元瑲，竟于月前病故，臣方午粥，闻讣惊伤，遂致食停。中筤续又接得臣母手书，备称哀困，又议以今冬举葬，臣弟无地无资，冀臣一归与作经纪。臣益中纷，因成噤痢，悉计治之，仅获不死。半月以来，转为泄下，臣所患怔忡，本证百疗未瘳，而余病环侵，加功益祸……然向止陟屺之心，今兼在原之痛，夫孝友廉退，制行之原，疾病忧虞，丧功之本，陛下与世摩钝，妙有微权，伏幸察臣此言，遂俞所请……"（《奏牍四卷》卷四，页9A）

案：据《奏牍四卷》卷首目录，此为"未上二疏"之一，又书云："不意五月十七日接得家报……半月以来"，则此疏起草于五月末。

六月初五日，致书摄漳州府知府门生曹惟才。

倪元璐《与曹惟才》："敬问近祉日胜。祥刑摄郡之绩，海邦之人皆能颂之矣。仆累请不得，近似有南移之机，将母其有日乎？敝座师蔡元冈先生时时称道足下，有其门下士吴士华者，就试漳州，得以鼎吕遥嘘，与名郡牒，亦作人之一端也。临书神注。外臣条。六月初五日，生名正具。左冲。"（故宫博物院藏，《中国书法全集（倪元璐）》，页128）

案：此书无上款，据"祥刑摄郡之绩……有其门下士吴士华者，就试漳州"，应即门生曹惟才，时以兴化府推官摄漳州府知府。《漳浦黄先生年谱》卷上："（崇祯七年）适秋水曹公惟才以莆李摄府篆，敦请先生发皇圣学。"（《黄道周集》卷首，页100）又蔡献臣《署漳郡曹秋水节推公寿序》有题注"甲戌"（《清白堂集》卷六，页218）。"蔡元冈"名思充，此书荐其门下士吴士华。又云"仆累请不得，近似有南移之机，将母其有日乎？"指元璐移官南都事。

求南事一无消息，朝中枚卜阁臣将近，书邀某友涉夜过访。

倪元璐《涉夜帖》："弟欲一日涉夜私过台邸起居，并磬种种，非笔墨可得形设者，不知可否？正若河汉，亦如'明发不寐，有怀二人'时也。前日延到鲁山兄，有一得之效，及今似犹不迟，此亦非笔墨形设事也。他无所闻，张瑶碧咆哮于寄庵兄者，想当闻知，家兄无端与数字，水濂兄中涉贱兄弟字而致其要挟，除非必大累，总不如无事为福耳。荣推在即，大疏断宜需之。命下之后，昨弟为仲嘉兄言之，决矣。弟事无消息，然料断无北祭之事。晨陈具茨来，渠任为责成，总老亦不知如何耳。拙刻因面签未刻到，所以迟送，今附去三部。热甚，闻将徙寓，果否？弟名单具。"（《故宫藏明清名人书札墨迹选》，页370）

案：此书无上款，不详其人。书云："荣推在即，大疏断宜需之。命下之后，昨弟为仲嘉兄言之，决矣。"指六月二十八日帝将召集廷臣廷推宰辅，元璐以引疾杜门，故"决矣"不出，可知此书枚卜前作矣。又云"弟事无消息，然料断无北祭之事"，"北祭"指北京国子祭酒，其此时并无迁北祭酒的思想准备。书中涉多位朝中同僚："鲁山兄"即孙晋（？ -1654），南直桐城人，天启五年（1625）进士，时任工部给事中。"张瑶碧"名寿祺，天启五年（1625）进士，时为南京给事中。"水濂"即黄绍杰，时为兵科给事中，详前。"寄庵兄"即傅冠，"仲嘉"即许士柔，与元璐同年进士，同官翰林院。"陈具茨"名乾阳（1588-1640），字谱夫，号具茨。天启二年（1622）进士，授广信推官，迁河南道御史，巡按南畿，改大理寺丞，寻擢右佥都御史。［康熙］《武康县志》卷七有传。（页29B）"总老"即刘宗周，时应召入朝，正在进京途中。

又，《平生壮观》卷五著录"北京殉节诸贤翰墨"："诸公之迹，（倪）文正最优，曾见其与姚文初几札，更见其恤灾定乱札，及弟欲一日涉夜私过台邸札，又数札皆好。公等虽以名节为重，若品艺兼高，岂不更足重耶！"（页202）其中"弟欲一日涉夜私过台邸札"即指此札。"姚文初"名宗典，姚希孟子，以诸生贡太学。

六月二十八日，召尚书、九卿以及詹翰票拟，枚卜阁臣。

《国榷》卷九四："（崇祯八年六月）丙午，上御门，召廷臣，于阶旁列几研，谕：'廷臣才品，朕未遍知，今试票拟一疏。'阁臣、尚书立阶上，余分班试阶下，中官奉疏各分一帙，并二小束。传谕将疏票拟书于束上，一稿一誊，九卿詹翰各拟进。"（第6册，页5707）

案：郑《表》，六月丙午为二十八日。此次枚卜，元璐称病不出，同馆文震孟亦称病注籍不出。《文文肃公日记》："（崇祯八年）六月廿八日，皇上辟门遍召廷臣试以票拟，病不能出，鸿宝相知而亦不出三十日。旨下吏部取姜逢元等九人年籍、履历。"

七月二十六日，少詹事文震孟、刑部侍郎张至发俱礼部侍郎兼东阁大学士，预机务。

《国榷》卷九四："（崇祯八年七月）甲戌，少詹事文震孟、刑部右侍郎张至发为礼部左侍郎兼东阁大学士，直文渊阁。时震孟引疾，不预票拟，盖特简也。温体仁揭荐陈子壮、蔡奕琛。"（第6册，页5709）

案：郑《表》，七月甲戌为二十六日。

枚卜以后，致书弟倪元瓒，庆幸当初称病杜门不出。

《尺牍逸稿》卷一《又与弟献汝（三）》："宣麻得文湛老，吾道大光，刘念翁若来，八九可望。日者召对，吾注籍高卧如初，某老先亦杜门请养，闻召而出，今吾不失为场外秀才，而某老乃复副榜下第，又不可复申前请，真是抵触，进退出处之不可不慎如此。文湛老初极怂吾必出，至于手书再四，又托同心坐促，吾坚不听。始不谓然，后乃大服，每对人云：'吾真心服鸿宝，每事必高我一筹，早我一着。'"（页20B）

案：倪《谱》卷二："（崇祯八年）六月二十八日，上以枚卜召翰林自尚书以至编简及九卿堂上官，将试以票拟。时府君引疾求归，尚在杜门。政府香山何公吾驺两使至，谓上意久属，机不可失，即命召无偃蹇理。文公震孟方病，因注籍，亦手书劝驾。府君静筹久之，欻然而起曰：'诸君诚爱我，但事固不然，吾日日求归，言言终养，今闻枚卜遂尔突出，将何以对明发友生及其祎影乎？况枚卜大典自应确稽品望，博采舆评，岂如科场考选，可一试而得？出必不得，得亦不光。'遂坚卧不赴……及宣麻，惟文公入阁办事，盖不试而得之，而六公与试者皆不与。由是文公益叹服，谓同年曰：'鸿宝每事高我一筹，早我一着。'"（页13A）

元璐家书中又及此事，梁同书《倪文正公家书跋》："右倪文正公家书九通，内云世间至乐无逾天伦，故枚卜之举誓不赴召。公之孝，公所以成其忠也。展读数过，令人肃然起敬。"（《频罗庵遗集》卷一一，页8A）

张至发入阁为大学士，预机务，倪元璐、许士柔等馆中同年拒往拜贺，为所衔恨。

许士柔《崇祯七年十月二十二日谨揭外制处分本末》："当淄川初拜之辰，故事，宫坊例同史馆诣阁拜贺，而是日惟壬戌一榜不至，则柔与同年倪鸿老、傅寄老实倡其议。且敝衙门于前辈大拜，例投晚生名帖一次，而柔等于淄川不用此帖，淄川以此益憾，思有以中之矣。初柔之管理诰敕也，在崇祯元年七月，而其撰高忠宪诰命也，即在是年十月，不知高氏世兄何以迟至丁丑之秋始得请用宝，而淄川遂借褒忠之词为雪愤之地矣。"（《许大司成遗集》卷四，页8B）

案："淄川"即张至发。《明史》卷二五三张至发传："至发颇清强。起自外吏，诸翰林多不服，又始终恶异己，不能虚公延揽。"（引略）《馆阁旧事》卷上："词林典故内一款，如朔望免朝，止讲读以下诣内阁揖，宫坊以上不至。按此款鲜执行，惟崇祯八年八月，张公至发，自少司寇入阁，诸公意难之，藉是辍揖者累年，比宜兴周公至，仍复旧规。"（《宦梦录 馆阁旧事》，页175）馆中同人，以壬戌同年多当枢辅之任，且刚直不阿，讥刺时政，与执政多有不协。如黄道周、文震孟、倪元璐、许士柔、傅冠等，先后贬斥而去。

张至发（1573—1642），字圣鹄，号宪松。山东淄川人。万历二十九年（1601）进士，历知玉田、遵化，行取礼部主事，改御史，进大理寺丞，请终养不出。崇祯五年（1632）起顺天府丞，进光禄卿。精核积弊，多所厘正，遂受知于帝。八年（1635）至发与文震孟同入直，继温体仁为首辅。被弹劾，乃上疏，自谓当去者三，而未曾借口有病。忽得旨回籍调理，时人传为笑语，以为遵旨患病。卒，赠少保。事具《明史》卷二五三本传。（第21册，页6533）

求南祭酒已蒙温相见许，然半月以来未见行文呈报，致书何吾驺申之"伏望留意"。

《尺牍逸稿》卷二《上何相国》："元璐顿首奏记老先生阁下：某璐负疴中伤，不能出门抠望颜色，恭闻明日衮衣入直，不胜欣踊，敬用飏贺。某璐既以陟屺之思，兼罹在原之戚，势在必归。顷蒙温老先生许以南祭酒见处，半月以来未见咨移，不知何故？……且某璐自以其少詹与方书田作兑换，他人乌得而争？即与张诏白通融南北之间，亦为各从其便，少司成项、马二君即其例也。"题注："号象冈，香山人。"（页 22A）

案：书云"顷蒙温老先生许以南祭酒见处，半月以来未见咨移"，此书约作于七月中下旬。又云"即与张诏白通融南北之间，亦为各从其便"，"张诏白"名四知，亦天启二年（1622）进士，同官翰林院。《崇祯五十辅臣传》："张四知，号贻白。""诏白"即贻白之讹。元璐闻执政属意张四知出任南祭酒，故提出循例"通融南北之间"。前之通融南北之"少司成项、马"，即项煜、马之骐。

又致书钱象坤，温相已见许南祭酒，乞其斡旋坚之。

《尺牍逸稿》卷二《上钱相国象坤（二）》："前者蒙温老先生盛心往复，初拟题少詹，而某辞之者，以求归之切。继拟以少詹掌南院，而某又辞之者，以微闻人言有独越祭酒一关，为讨便宜耳。凡此两辞，尽出至诚。蒙温老先生见许南司成以来，半月于兹矣。倘或更端，望老先生鼎吕坚之，果许移南，断以司成为正。或不然容具疏申请，遂赐票俞，凡从讲筵予假者，例有殊典，翻足为荣耳。"（页21B）

闻南都二席已属他人，致书辅臣何吾驺，若求南不得将辞官终养。

《尺牍逸稿》卷二《上何相国（二）》："又元璐本只求归不求南，如温老先生坚悔前议，特望老先生先期垂示，元璐又图申请终养，必得后已。凡于讲筵予告者，例有殊典，翻足为荣耳。元璐此言，尤非饰情，惟鉴之。"（页 22B）

王思任来书言及枚卜之事，叹曰："主上仁明有余而英断不足，天下事大半去矣。"

王思任有书云："一［虏］未杀，寸土不复，而姚局持柄开门，诸老加官进爵。衰病宫詹乞休八次，又在用与不用之间，只得随波上下，旦夕称病笃矣。兄翁知此苦劳，枚卜不与，主上仁明有余而英断不足，天下事大半去矣。兹晋调者年家孙范汝楷，向属兄翁旧知，兹欲游华顶，一申前契，幸推分振之，感极感极。昨墓表不知到否，便中示我。思任顿首。"（《上海图书馆藏明代尺牍》第 6 册，页 140）

案：此书无上款，据文意应即致倪元璐。文云："衰病官詹乞休八次，又在用与不用之间，只得随波上下，旦夕称病笃矣。"可证。"昨墓表不知到否"，抑指王思任撰严封公墓志铭，详后。王思任所荐范汝楷，事迹未详。

八月，南都二席迁转落定，张四知为南京国子祭酒，王铎以本官署南京翰林院事，方逢年升少詹事还朝，元璐竟授国子祭酒。

《国榷》卷九四："（崇祯八年七月）倪元璐为国子祭酒，张四知为南京国子祭酒。"又："（八月）癸未，南京左春坊左［庶子］王铎署翰林院事。"（第 6 册，页 5710）

案：围绕南国子祭酒、南翰林院二官缺，馆中同人奔竞营求，周旋三月，终于落定。原任南国子祭酒方逢年，任满一年，如愿擢少詹事还朝，叶灿有《送方书田转官詹还朝，是时余横遭家难，公以儿瑛座师力持公议》。（《读书堂稿》卷一一，页28A）同年张四知迁南国子祭酒，官居四品，对于"求南即是求升"的他来说，可谓是如愿以偿。

王铎因忤权臣温体仁、吴宗达，数年营求迁转南都远而避之。张缙彦《王觉斯先生传》："掌南京翰林院。时乌程秉政，先生不欲附，故避而之金陵。"（《依水园后集》卷二，页58A）故宫博物馆藏王铎致侯恂尺牍可知"营求"情况，此札作于崇祯六年（1633）五月或稍前。尺牍释文："手启，敬启。老先生台下正直忠厚，文经武纬，社稷实重赖之。北镇昌平，东西控扼，丰功茂绩，将来鼎钟刻篆，可豫觇矣。铎鹿鹿硁小，离却家园，驰于事应，想望老先生亲台云覆星照，虽相去匪遥，弗能奉侍杖履，恭领玄诲，梦想弥增。家中携来周钟之真者一，图应博古，一一可披，一瓶复然。聊充老先生亲台书室清玩土仪尔，非敢为庭实也。复有启者，铎资俸当有转移，然非敢望升也。南京司业缺将出，专恳老亲台草一函与中堂周阁下，鸿辞丽藻，恳恳焉，则铎得以承命而南，分毫皆明德造赐。铎具有血气，瞰日旌心，不敢负国恩，敢负荐之之义哉？南地僻，人不肯南，铎以侍讲管司业，又兼职外转局也，人升谕德不为此也……眷生王铎顿首敬启。"（转引自薛龙春《王铎年谱长编》，页245）据薛《谱》所考，此札上款为侯恂，书云"北镇昌平"，指侯恂在兵部右侍郎督治昌平任上，崇祯六年（1633）五月授户部尚书。又"中堂周阁下"，指首辅周延儒，是年六月引疾罢归。王铎崇祯六年即营求转南，至此才遂愿。以左庶子署南翰林院事，未升官秩亦不尽如意。倪元璐《愤懑帖》："孟津兄总读南司成，庶子掌院非其所屑，其意惟恐人不据之也。数日来始知此兄营求可耻之状，不忍言之。年翁亦不必告人。"（《明贤手札》）由于两人同时求南，王铎如愿而元璐失意，曾经契交密友的同年出现了裂缝，投下了阴影，元璐甚而说出了"数日来始知此兄营求可耻之状，不忍言之"的重话。

最为失望的是为此经营数月的倪元璐，月前尚信誓旦旦"料断无北祭之事"，不料竟然成真，为此愤懑数月。倪《谱》卷二："先是，撤讲既不听归，内阁循资拟推府君少詹事管玉牒，日讲如故。具牍将上，府君闻之，诣阙力辞，以为求归四载，若复留讲筵，母子相见何日？必不得去。且图南以便版舆，愿以少詹让南祭酒方书田，而身承其乏，则具有斑衣之乐，无蹢等之嫌。首揆乌程谓讲官南徙，将无屈抑，若以詹衔掌南院，犹或庶几。府君谓得南已幸，何敢望詹衔祭酒自荣，无庸领院也。首揆为之首肯。已而破论，下直旬日，嘉善钱公士升、香山何公吾驺又欲留府君以詹事掌北院。府君以为若尔，非惟大拂初心，亦且薾资越级，越级上书缕缕千言，二公乃止，仍申首揆南雍之说。而首揆意属后资，事遂中变。府君为扼腕累日，叹曰：'吾初只求归，非敢求南，以南亦官也，所以言南借为归计耳。何以退难于进，出难于入？吾一生升沉总不结得政府缘……何政府之扼我如是哉？'愤极，只得一笑，府君经营南席者十旬，而竟领北司成云。"（页14A）

致书同年张四知，其新迁南京国子监祭酒。

倪元璐《愤溃帖》："愚弟所以奉复者疏矣，以胸中一段愤溃，欲诉只说自己话，为年翁惹事造次耳。以年翁求南即是求升，且向何人声说乎？以弟再思，或约掌房过耶？告以实病须归，因上再疏，仗其传致中堂，即准一假，万不可得，或以原官掌南院，亦便就医，何如？昨乌公语，适亦漏一句，盖云湛持亦要去，只是没人讲《春秋》，不然南还亦可安顿他云云。以此知一相闻即得，得则必不以南院，其在铨例之间乎？非求非与，计莫便于此。孟津兄总求南司成，庶子掌院非其所屑，其意惟恐人不据之也。数日来始知此兄营求可耻之状，不忍言之。年翁亦不必告人。弟名单具。"（《明贤手札》）

案：此书无上款，据"以年翁求南即是求升"，此人应为元璐同年，又同官翰林院，最终如愿"求南"，疑即新任南京国子祭酒张四知。又云："昨乌公语，适亦漏一句，盖云湛持亦要去，只是没人讲《春秋》，不然南还亦可安顿他云云。""乌公"指首辅温体仁，"湛持"指文震孟，新入阁为相，震孟讲《春秋》称旨，参见《国榷》卷九三："（崇祯七年九月）乙丑，日讲官少詹事文震孟请告，不允，震孟讲《春秋》称旨，温体仁语之曰：'行相君矣，何避也。'"（第6册，页5663）而元璐亦擅《春秋》，倪《谱》卷二："时上重《春秋》之学，府君日与生徒讲论，不沾沾传注，而引裾井然，号《春秋问答》。"（页19A）故温体仁因"只是没人讲《春秋》"而挽元璐留京，可谓不为无因，但有违前诺，重拂人情。

张四知（1597-1646），字贻白，号岩叟。山东费县人。天启二年（1622）进士，改庶吉士，授检讨。崇祯中，历官礼部右侍郎。十一年（1638）廷推阁臣，位列其中，给事中张淳劾其为祭酒时贪污状，四知力辩，薛国观亦力援之，明年五月遂入阁。在位四年，碌碌无为，十五年（1642）六月致仕。明亡降清，劾死。事具《明史》卷二五三本传。（第21册，页6546）

致弟倪元瓒书，拟劝母施太夫人北上，奉养京邸。

《倪文贞集》卷一九《与仲弟献汝（三）》："南雍已拟三月，竟得北鳣。舞膝在目，忽复夺之，中酒下第，不足喻此情怀。自政府以及亲知，无不劝我迎养，吾心大动，不可遏止。母亲之壮健，朝绅莫不知之，帝京上国，母亲亦岂可少此观光？弟幸为我预筹，勿拘勿执，当设身处地，即如吾通籍十四年，妻孥聚首，而将母无闻，天各一方，过此以往，归计尚未可知。吾口口节义，反疏承欢，以此惝恐，梦寐不宁。只此板舆，非有艰难，其诸一切，但得母亲一个'肯'字，吾自有安顿部署之法，家中、涂中总易易耳。"题注："元瓒。"（页6A）

案: 书云"南雍已拟三月, 竟得北鳣", 应于授国子监祭酒后作。盖五月营求改南, 至是三月, 拟作劝母北上迎养之计。

复书邑人徐人龙, 指执政如以一裸戏弄群儿。

《尺牍逸稿》卷二《答徐公亮生人龙》: "某行藏即不可深言。大都如人家长者, 出一果戏群儿, 号曰'前者得'。群儿竞前, 一儿无意独后, 长者即又变其说曰'与不前者', 儿方仰视天, 果落其袖, 如此得失, 总在人提弄中耳。人生只此处着得缓肉驽筋, 然天不欲出弟, 手足即穴革可得乎? 谢分清俸, 怜鹭之癯, 刲其鹤股, 又是一奇也。"(页24A)

案: 书云: "某行藏即不可深言……如此得失, 总在人提弄中耳。"指改官南畿未成, 被执政操弄, 既愤懑, 又无奈, 更失望, 数月的奔走努力付之东流。年初在《答徐亮生中丞人龙》中说: "弟动每多事, 当揆贵臣, 几欲刲我, 然弟总不惧, 圣明在上, 无因言杀身之理。"但没想到"当揆贵臣"会如此无耻, 如此无良。

是月, 为邑人周应中孙女周氏题辞。

《倪文贞集》卷一七《周孝愍赞》: "孝愍抗节死, 而不欲发鐩施之愧, 君子以为孝也。颂曰: 有健女子, 履仁蹈义。蹈义者何? 死以晶志。履仁者何? 死以冥事。志晶道光, 其节之遂……嗟周孝愍, 千年寡二。孰为之先, 曰清白吏。以彼须眉, 照斯袾帨。"题注: "光禄周公应中[孙]女。"(页14A)

案: 刘宗周《孝愍周氏传》: "吾乡故光禄少卿周宁宇先生……令女孙曰周氏, 嫁于汪而死义, 君子哀之, 私谥曰'孝愍', 言不愧为先生孙也……先生长子曰太学君惺, 早故, 遗一女一子, 女即孝愍氏。"(《刘宗周全集》第6册, 页740)刘《传》作于"崇祯乙亥八月十五日"。孝愍周氏为周应中孙女, 倪注疑误。

延聘同邑贡生郭振清教授二子。

[光绪]《上虞县志》卷一〇: "郭振清, 号霞宾, 常熟令南之后。崇祯六年岁贡, 入都谒选, 倪文贞聘教二子。时倪官祭酒, 膺眷独隆, 人皆庆振清可得美选, 清曰: '使吾以交翰林故得美选, 天下其谓我何?'不受选。后历任奉化、钱塘教谕。"(页48B)

九月初八日, 上《议复积分疏》, 奏陈育才造士八议。

《倪文贞集》奏疏卷五《议复积分疏》: "太学之制, 振古已崇, 莫盛于我太祖高皇帝……后乃积渐至于陵夷, 原其所由, 惟以纳粟。纳粟兴而教必废……臣谓人材必可教而成, 祖制必可求而复。惟陛下先定规模, 规模之大者, 尽于八议: 一议分合流品……一议审定教法……一议慎选分堂……一议崇尚经学……一议申阐文体……一议分别选格……一议召试简授……一议清楚历事……凡斯八议, 臣所为规模之大者, 悉本诸高皇帝成宪, 非臣臆说也。其一切科条约束, 临时损益, 有须奉旨者再请……崇祯八年九月初八日具题。"奉旨: "奏内条列各款, 甚于教学, 成

材有裨，着该部即与议覆，恪实举行。其召试简授事宜，俟教成另行奏夺。"（页1A）

案：倪《谱》卷二："九月，奏陈造士规条。府君初以归省不得，怏怏。既思树人大计事在辟雍，期不负吾君，不负吾学，实在于此。于是慨然以教育英才为己任。时太学积弛，生徒率以赀入，不足敷教，而天下新拔贡选，需明年鳞集阙下，然后分入两雍肄业。府君乃先加小刷，而以更弦之大，预条八议……俱奉俞旨下部。"（页15A）

同日，又上疏奏行国子监目前急切六事。

《倪文贞集》奏疏卷五《雍务急切疏》："顾以今生徒寥闻，才百余人，稍出科条，未能取畅，英才乐育，微有待焉。若夫目前之务，明旨所已孚者，不须再请，前人所可守者，不假更张，臣力所得自行者，又不须奏溷。而积分修举，以复旧为维新，除臣专疏奏请外，所有事关各该衙门，有呼难应，必祈天语用致叮咛者，殆有六端，谨条如左……为此具题，伏候敕旨。崇祯八年九月初八日具题。"奉旨："奏内国学修葺，勋胄入监，前已有旨，着再行严饬。其余各款，即与具覆。该部知道。"（页8A）

案：倪《谱》卷二："（崇祯八年九月）又陈雍务六事：一国学倾圮，亟应缮修；一勋贵子弟，到监习读；一养士钱粮，开申明白；一例生咨拨，设法防诈；一监生讼讼，所司移文知会；一监地寥旷，属员遵制巡防。"（页17B）

在国子监，月集太学诸生数百人亲为授课。

［民国］《宛平县志》卷五"黄鼎传"："业太学，受知于祭酒李公腾芳、倪公元璐。倪公月合太学诸生数百人，课以古今之文。鼎辄居前，效其文者率取上第，而己终不售时。时文公震孟居政府，每问天下人才，倪公必称黄生，将荐之朝，以谗去，不果。"

是月，题澹上人募造栴檀佛册子。

《鸿宝应本》卷一六《书澹上人募造栴檀佛册子》："有澹公者，支遁之流。彼文相国，今之裴休。以是契会，谋其所欲。莫如栴檀，能香丈六……况今芸芸，寇贼不息。皇帝而外，惟佛救得。栴檀我身，栴檀我世。何靳一毛？不拔以利。"题注："相国长州文公为之引。"（页23A）

案："澹上人"，未详。"文相国"名震孟，是年八月至十一月入阁为相，姑系于此。

致书天津巡抚贺世寿，世寿书复。

贺世寿《与倪鸿宝（二）》："台台品行文章，今之韩、欧。得一奉尘教，宠并登龙，况谬辱收采兰心玄味，脉脉迎许风尘海陆中，何幸得此？于役海滋，音驿阙然，迹如自外于长者，则挢荼万状，臣精销亡于方圆并画也。丑虏幸退，馈饷告

竣，始得拈管问台履平善，惟知己照察。"（《净香池稿》卷四，页18B）

案：书云"于役海澨，音驿阒然"，作于天津巡抚任上，故系于此。

十一日，同年郑鄤进京，与文震孟、傅冠、屈可伸、王锡衮、许士柔等携盒相访。

郑鄤《年丈傅寄庵、屈鹏洲、王昆华、倪鸿宝、许朗城携过存，文湛持亦至，异乡兄弟，话旧欣然，即席口号》："日月光华绕帝城，依然尊酒愧深情。当年亦有怀天未，此夜能无重友生。霜落寒枝开晓色，风吹残角续秋声。长安世事真如弃，独有青衫尚旧盟。"（《峚阳草堂诗集》卷一四，页9A）

案：《文文肃公日记》："（崇祯八年）十月十一日，晚刻，过郑峚阳，渠初入京也。同馆诸兄携具，余亦留焉。"

十二日，遵旨率领部属捐助陵工。

倪元璐《陵工捐助疏》："国子监祭酒臣倪元璐等谨奏：为陵工浩繁，圣孝纯至，敬随群谊，薄献微资事……请缨系南，越不能如终军；竭赀助县，官不能如卜式。臣等至陋，于兹可观。要以微诚所存，执随宁下，譬之飞津以资瀚海，捧土而益泰山。通计合监官僚若而员，共捐薪俸如干两，别条如左，乞下所司。崇祯八年十月十二日具题。"奉旨："这捐助银两着照数查收。工部知道。"（《奏疏四卷》卷三，页58A）

案：倪《谱》卷二："（崇祯八年）十月，遵旨率属捐助陵工。时御史詹尔选极言捐助苟且之政，收系论罪。关宁太监高起潜又请捐俸市马，刘公宗周上言：'一岁之间，助陵工，助城工，又助马价，亦何报称万一？而时奉急公之旨，诸臣于此毋乃沾沾有是心，惟皇上罢得已之役，节省爱养，何事屑屑以利为言乎？'寻亦罢归。"（页17B）《明史》卷二五八詹尔选传："上召廷臣及御史詹尔选于武英殿，上怒尔选，诘之，声色俱厉。尔选从容不为诎。问：'如何为苟且？'对曰：'即捐助一事亦苟且也。'反复数百言。且曰：'臣死不足惜，皇上幸听臣，事尚可为；即不听臣，亦可留为他日之思。'上益怒，欲下之狱，阁臣申救，良久，命颈系直庐，下都察院论罪。"（第22册，页6672）

十九日，以陵寝震惊，下诏罪己，命臣工共加修省，上《省愆陈言疏》。

《倪文贞集》奏疏卷五《省愆陈言疏》："天下之才，本诸其情，今之人情，率有四遁：曰缩朒多畏，曰揣摩善窥，曰画畔自了，曰悠忽坐废……臣愚故愿陛下兴进名节，提振纲纪，敦尚德礼，参互机权。励廉耻为功能，扶公论为元气。明职掌使，群材不匿，核赏罚使，众志不疑……尊谋所以救寡，益赏所以治怯，练兵所以减馈，储才所以省官，使天下之心毕出于赴功，不出于救过；天下之智悉注于实事，不注于空谈。无兵必使有兵，无饷必使有饷，无法必使有法，无人必使有人，寇贼自此可平矣。臣最戆愚，或冀其言，可存小安，坠魄不胜惭惧之诚。崇祯八年十月十九日具奏。"奉旨："倪元璐着遵谕恪修职业，敷教育才，以副委任，不必

引请。这奏殊切时弊，知道了。该部知道。"（页13A）

案：十月初三日，帝下诏罪己，避居武英殿，减膳撤乐，命臣工共加修省。《国榷》卷九四："（崇祯八年十月）丙申，国子监祭酒倪元璐遵例引罪。"（第6册，页5716）蒋士铨《倪文正公传》："十月，帝避居武英殿，布袍视事，令百官修省。时礼部侍郎陈子壮亦条奏十二事，与公疏皆下部。"（《倪氏宗谱》卷一四传赞志述，页28A）

十一月初七日，辅臣何吾驺、文震孟罢。

《国榷》卷九四："（崇祯八年十一月）癸丑，大学士何吾驺致仕，文震孟冠带闲住。工科都给事中许誉卿削籍。震孟自恃特简，于温体仁无所依附。尝与体仁论庶吉士郑鄤补官，体仁谓馆例未合，震孟曰：'晚生叨冒至此，岂宜但复庶常？'体仁云：'从容再议。'已拟谢升参疏，欲夺许誉卿俸，体仁难之，震孟作色掷笔曰：'即削籍无害。'体仁夕揭上。明日，二相同罢，由拟票时相持相激也。震孟负物望，大拜才两月，虽辟门特达之遇，龃龉同官，轻副一掷，识者惜之。"（第6册，页5718）

案：郑《表》，十一月癸丑为初七日。元璐《送何香山相国放归》诗注："时许都谏誉卿言事，香山、长洲与阁中某公争，票拟不合，遂俱罢官。"（《倪文贞集》诗卷下，页20B）"某公"即首辅温体仁。

初八日，与馆中傅冠、王锡衮、屈可伸、许士柔、郑鄤携榼饮文震孟邸，夜分始去。

《文文肃公日记》："（崇祯八年十一月）八日，同馆诸年兄携榼来饮，傅寄庵、王昆华、屈鹏洲、许朗城、倪鸿宝、郑崒阳夜分始去，而崒阳已被乌弹矣。"

有诗送别同年文震孟罢官归里。

《倪文贞集》诗卷下《送文长洲相国放归》其二："帝能夜梦鬼朝歌，其奈公超作雾何。骨鲠鱼头称参政，眼光牛背耐修罗。终南自放三彭走，京兆岂容五日多。归去支公亭上望，莫将霄鹤羡笼鹅。"（页20A）

案：同时之作，有姚希孟《喜伯舅南还二首》（《秋旻续刻》，页1A）、郑鄤《送文湛持阁老出都》（《崒阳草堂诗集》卷一四，页9B）、傅冠《送文湛持相国出都》（《宝纶楼诗集》七言律，页63B）。

送别何吾驺于郊外，有诗酬和。

《倪文贞集》诗卷下《送何香山相国放归》："如何鼎耳雉飞鸣，占日台司怪事生。累日精思堂偃月，一时坐失手调羹。都如渭水分泾水，宁有蛮兵报触兵。闻道横琴山色好，由他王气属秦城。""由来梦卜与人情，总赖斯篇文送行。难得青蝇为杜宇，不闻梼杌食仓庚。苏公暴公各盟诅，雷户崖户如践更。莫道香山无好伴，文公遗迹在零丁。"（页20B）

何吾驺《出都留别倪司成鸿宝》："当行飞雪冻寒侵，是夕把君诗细吟。若为泰交增赤泪，如追携手发孤心。浮云千古何须恨，多垒四郊谁独深。路出芦沟还好月，待看天上起凝阴。""快为归去痛相离，不语看君可那思。士亦有心宁好爵，时方酣意遂幽期。孤弦流水余三弄，绝壁高山有一枝。努力圣朝容洗耳，赤松何用访芝眉。"（《元气堂诗集》卷中，页70B）

案：［乾隆］《香山县志》卷六何吾驺传："倪司成追别郊外，赠诗云：……都人士咨嗟传诵，达于禁御云。"（页17B）同时之作，有姚希孟《赠香山何象翁相国归粤二首》（《秋旻续刻》，页2B）、郑鄤《送何象冈阁老出都》（《峚阳草堂诗集》卷一四，页9B）、郭之奇《送何香山师相国》（《宛在堂文集》卷一三，页12A）。

是月，同年许士柔为题《讲编》。

许士柔《讲编题辞》："我鸿宝在讲筵也，事尧舜之君，陈仁义之道，本正直忠厚之意，为昌期剀切之言，约而该，微而显，伊川之静正陈说，存诚尽心，鸿宝备焉。用能使精诚上通，圣明虚受，穆然倾听，而一时宰执听受，叹服为潞公、申公者不少。间有不然，鸿宝则曰：'吾知对扬圣明，安知周旋宰执，慷慨论列，无所顾避。极深研几，期在辅德成政。'盖有痛哭流涕所不尽言，而鸿宝言之。鸿宝其真侍讲也，夫逾年乃以国子祭酒辞讲筵而出，为刻《讲编》十五篇。崇祯八年孟冬年友弟许士柔拜手谨题。"（《倪鸿宝先生三刻》"讲编"卷首）

案：《讲编》亦元璐诸门生所刻，延请同年许士柔题。计十五篇，《经筵》三篇，《日讲》十二篇。《讲编》与《奏牍》同时刻印，是年十一、二月蒇事。元璐十一月十二日有《与倪元瓒》："至后二日仲兄平安字……外《奏牍》《讲编》各一册。"（详下）崇祯八年刻《讲编》已佚，存世最早为王贻轼补刻《倪鸿宝先生三刻》所收《讲编》。

十二日，致弟倪元瓒书。

倪元璐《与倪元瓒》："十五日，倪驯已到，有知母亲祺宁悦豫之状，不胜喜跃。板舆之事，未免迟回，使人闷闷……东邻蚕食不已，不得不持，世间乃有此人，八十老公，何苦耶？纶扉之间，近事可骇，长洲遂成终始，此老非惟正气，亦自有福，诚吾党之光也，所惜国家竟不得其一日之用耳。其诸百端不能殚说，聊此报平安，五日之内，即有便鸿详其缕缕。至后二日仲兄平安字。献汝弟收日，外《奏牍》《讲编》各一册。"（故宫博物院藏，墨迹见于网络）

案：郑《表》，是年冬至为十一月十四日，"至前二日"即十二日。书云"板舆之事，未免迟回，使人闷闷"，指八月致元瓒一函，拟迎母施太夫人北上奉养，而元瓒迟迟未回，故此云云。又云"纶扉之间，近事可骇，长洲遂成终始"，指文震孟，与何吾驺同日罢相。

十一月，云南巡抚钱士晋卒，年五十九，为撰行状。

《倪文贞集》卷一一《巡抚云南都察院右佥都御史昭自钱公行状》："公讳士

晋，字康侯，别号昭自，系出武肃……公年十七，补博士弟子员，二十四领乡荐，三十七成进士，筮授刑部福建司主事。出谳三辅，转本部广西司员外郎，擢守大名，迁督饷副使，晋河南右布政，中珰祸归。今天子登极，起山东右布政，视漕五年，拜大中丞，镇抚云南。其明年，以劳卒于官……公丰颐英盻，人望如神，与物无欺，张喉肝见。邮邻敦族，乡党归仁，及其死也，巷人皆哭。生万历丁丑八月二十一日，殁崇祯乙亥十一月二十日，享年五十有九。"（页6B）

案：元璐与钱士升、士晋兄弟交契，往来甚密。士晋是年十一月被劾，未处已卒。《明史》卷二五一钱士晋传："崇祯时，以山东右布政升云南巡抚……颇有劳绩。已而经历吴鲲化讦其营贿，体仁即拟严旨，且属同官林焊弗泄，欲因弟以逐其兄。命下，而士晋已卒，事乃已。"（第21册，页6488）

十二月，作《画石图》。

倪元璐《画石图》款识："乙亥嘉平。元璐。"（邓氏风雨楼藏，《倪鸿宝山水画石图册》）

为魏学濂所刻《治社八子集》撰序。

《倪文贞集》卷六《治社八子集序》："今天下多事，天子急救乱，使天下郡国之民，团结保练，户皆可兵，人期能战，以为如此足以制贼……魏子子一，愿一洒之，乃集其朋，大治舟楫，号曰八子，章鹄示人……嗟乎！居体致用以为之文章，求圣贤之心，以谋富强之事，未应一命，而争致其身，循此之情，授之笏必击贼，予之五万师，横行塞上矣。今求天下之锐于乡兵里甲，而不知文章之社之有将材，是则田鸠所笑，不知适秦之路，乃当由楚也。天下之文章议论，皆非一人可持。朝数人谋其忠孝，不可曰党，社数士治其文章，不可曰乱。小人无朋，下士岂有社乎？"（页19A）

案："魏子子一"名学濂，东林六君子之一魏大中之次子，学洢弟也。［光绪］《嘉善县志》柳洲亭载："崇祯间，钱继振、郁之章、魏学濂、吴亮中、魏学洙、魏学渠、曹尔堪、蒋玉立每月于此会文，邑侯李陈玉题其堂曰：八子会文处。"结诗社相倡和，时称"柳洲八子"，李陈玉有《魏里八子序》。

魏学濂（1608－1644），字子一，别号内斋。浙江嘉善人。魏大中次子。崇祯元年（1628），魏忠贤等伏诛，学濂刺血上《痛陈家难疏》，为父昭雪。读书柳州，务为佐王之学，益究心天文、地理、兵农、礼乐、刑律之要，时有盛名。崇祯十五年（1642）举于乡，次年成进士，改庶吉士。京师陷，谓同志曰："吾辈自分惟有一死。"赋诗二章，自缢死。参见黄宗羲《翰林院庶吉士子一魏先生墓志铭》。（《南雷文定》卷六，页5A）

国子监试贡生，亲撰策试程文。

《鸿宝应本》卷四《策用人才过疑信》："极世会之降，虽甚下世，亦必有才。极才运之升，虽甚上才，亦必有过……以圣人为才，则天下无才，以圣人疑人，人岂有得脱者乎？……今自上御宇，极命砌砥，五六年间，道再变矣。始以鞶带，大报鲠节，天下之心，出否即喜，而其才不奋，日益以微，譬之冬虫，阳至犹蛰；既以萧斧，厉诛缓勋，天下之心，乘震起惧。而其过不除，日益以肆，譬诸春草，随刈而生……如此而天下犹且砌刃相欺，无改蒙钝，即尽解一世之儒冠，溺之可矣。倘不其然，而有君无臣，是亦畸激之论，岂可奉为成辞，使后世信而讥笑之乎？"题注："试雍士程。"（页1A）

案：据题注，此任国子监时作，姑系于此。

南京兵部尚书范景文来书，有书复之。

《倪文贞集》卷一八《复范质公景文（二）》："迩者楚盗暂纤，秦寇复炽，而玄黄之庙战，奔荥之堠兴，睹兹百端，不知所效。某滥厕侍从，无补启沃，然惟有以不敢自欺之忱，尽因事献纳之职而已……向委蚓萦金石之事，诚不敢率尔谋之，就延至今。今又管城告竭，且晚南鸿有来，或得伸纸如志，便能报命也。瑟彼玉瓒，安得黄流与相侔副，惊承明赐，徒有醉心。附去玉导一枝、绫绸一匹，惟衣裳在笥，天子之所图也，朋盍簪勿疑，吾党能无意乎？"题注："时范公官南司马。"（页7B）

案：《范文忠公年谱》："（崇祯）七年甲戌，服阙，起南京都察院右都御史，大计，肃清官僚。八年乙亥，二月，流寇告丞，升南京兵部尚书，策御有方，贼畏威远遁。"（页5B）书云"向委蚓萦金石之事"，或指乞撰其父范永年墓志铭并书丹，《封中丞范仁元墓志铭》已成于前，镌刻书丹尚未有成。

跋王思任撰严谊墓志铭。严谊为严起恒之父，山阴人。

《倪文贞集》卷一五《王季重观察撰严封公墓铭跋》："严先生之人，王先生之文，会稽竹箭，东南之美也。严多行义，以富王先生之材；王极致精，以寿严先生之命……斯又可明姻娅之极义，孝子之永怀矣，故曰越有三仁焉。"题注："封公子名起恒。"（页11A）

案："王季重观察"名思任，时任九江兵备。"严封公"名谊，严起恒之父。邵廷采《西南纪事》卷四："严起恒，字震生，一字秋冶，浙江山阴人。从父谊官京卫，举顺天乡试。"（页12B）

题熊廷弼狱中二百咏诗卷。

《鸿宝应本》卷一五《题熊芝岗督师狱中二百咏卷》："十数年来，惟辽广一案，最易推明。不知方胜何以撤经？不知既败何以信抚？不知抚误何以杀经？不知经死何以存抚？小人之谋，动关气数，邓鄂皆然，何尤今日乎！苌弘碧血，光重党碑，过无一铢，头行万里。读此淋漓，条贯原委，毛茧之心，云虹之气。叹哭并发，中宵彷徨，尚冀后贤，不昧斯语。"（页10A）

案："熊芝岗"名廷弼（1569-1625），以兵部右侍郎经略辽东，与巡抚王化贞不和导致广宁失守，天启五年（1625）入狱被杀，化贞崇祯五年（1632）始伏诛。

事具《明史》卷二五九本传。（第22册，页6691）文云"十数年来，惟辽广一案，最易推明"，自天启五年（1625）至此逾十年，姑系于此。

国子监课试《主术论》，亲撰示程。

《倪文贞集》卷五《主术论》："且夫兴世变俗，制于神明，此非无术之所能为也。圣人之为此者，必有楗揆，益以计数，纡轸曲涂，隐神制气，以达其事……后世之主，苟欲周流六虚，钳控四远，有如尧、高宗者，亦已足矣。而乌知其时，不戮一人，不求一弊，比周则犹在侧，方命则犹在官。三年以前，则犹无言，三年以后，则犹无事。而时雍不改，中兴坐跻，协和无威主之称，赫濯有强国之誉。以此观之，治天下之不可无术也章章矣。术者道事之机毂也，道无术辅，天下必以道为愚，而苟非术以制事，事可胜逐乎？"（页23A）

案：《鸿宝应本》此文有题注："雍试示程。"（卷二，页5A）则任国子监时作，姑系于此。

门生曹惟才来书，有书答之。

《尺牍逸稿》卷五《答及门兴化曹司理惟才》："每望飞仙浴凤之区，神驰不已。独犊幸厕衣冠，门下不赋芄兰之诗，而特解吕虔之佩刀，何也？隆情过当，笔不能谢。伏惟顺时怡玉，以膺帝简。"（页25A）

案：书云："独犊幸厕衣冠，门下不赋芄兰之诗，而特解吕虔之佩刀，何也？""独犊"即长子会鼎，是年十五岁，"特解吕虔之佩刀"，或指曹惟才有所馈赠。

为邑人金有德妻钱氏撰传，浙江巡按赵继鼎题旌。

[嘉庆]《山阴县志》卷三四："钱氏，儒士金有德妻，年十八归金。二十三而孀，生一女一子。截发劓面，矢志自誓，刲股以疗病姑，茹茶食蓼，克有全节。子廷策，以明经授知县。万历四十七年卒，年五十二。崇祯乙亥年，按台赵题旌，有钱象坤、倪元璐、黄道周为之传。"（页19B）

案："按台赵"名继鼎。[康熙]《杭州府志》卷一八"浙江巡按御史"："赵继鼎，德州人，由进士六年任。"（页11A）

仁和柴世尧来书，以妹婿钱郡伯吏事相托。

柴世尧《致倪鸿宝侍读》："癸酉冬长安接台辉，今裘絺屡易矣。言念德意，耿耿不能忘。珂从过西湖，萍踪无恒，遂成疏节。年翁启沃之烈，夙著平章之略，日宏用人惟旧，简自帝心，枚卜吉从，直旦晚间事矣。世尧息影灵鹫，以候公车，舍妹婿钱郡伯相邀入闽，岭峻溪回，阅历万状，北至而知宦路嵚险更复过之。妹婿竞竞，官守不敢少逾，闽人士素所见谅。不意抚军新莅，忽有为之臧仓者，恐先入难免成心，年翁能推薄分赐之援手乎？倘既溺之灰可然，先张之弧得脱，高厚之恩，世世以之矣。"（《尺牍初征》卷七，页4B）

案：柴世尧，字云倩，浙江仁和人。少而嗜学诗文，有声公车，万历四十六年（1618）中乡试，崇祯间举特征不赴，隐居田园，廉孝恭谨。著有《蝶园集》。参见柴绍柄《家云倩征君祭文》（《省轩文钞》）。其女柴静仪，有诗名，被推为蕉园诗社"祭酒"。

本年，各路农民军会于荥阳，李自成献分兵之计。张献忠等率部破凤阳，焚皇陵。以卢象升总理直隶、河南、山东等处军务，与洪承畴分讨围剿。后金陷宁远，多尔衮攻掠山西。

【诗文系年】

《答徐亮生中丞人龙》《致倪献汝尺牍（二）》《直隶徽州府绩溪县知县熊维典》《浙江台州府临海县知县周瑞旭》《河南彰德府临漳县知县张尔忠》《陕西长安县知县梁州杰》《河南彰德府安阳县知县巩焴》《浙江金华府金华县知县项人龙》《寇祸陈言疏》《原任都察院左都御史追赠太子太保曹于汴》《巡抚江西都察院右副都御史解学龙》《答顺抚张中丞鹏云》《六乞归省疏》《与唐总宪世济》《与唐总宪世济（二）》《七乞归省疏》《上钱相国象坤》《与唐总宪世济（三）》《祭座师韩宗伯若海先生文》《韦若予处士墓志铭》《送黄水廉谪官》《与年翁》《八乞归省疏》《与曹惟才》《涉夜帖》《又与弟献汝（三）》《上何相国》《上钱相国象坤（二）》《上何相国（二）》《愤懑帖》《与仲弟献汝（三）》《答徐公亮生人龙》《周孝慇赞》《议复积分疏》《雍务急切疏》《书澹上人募造栴檀佛册子》《陵工捐助疏》《省愆陈言疏》《送文长洲相国放归》《送何香山相国放归》《与倪元璐》《巡抚云南都察院右佥都御史昭自钱公行状》《治社八子集序》《策用人才过疑信》《复范质公景文（二）》《王季重观察撰严封公墓铭跋》《题熊芝岗督师狱中二百咏卷》《主术论》《答及门兴化曹司理惟才》。

崇祯九年丙子（1636），四十四岁

任国子监祭酒。七月，有旨冠带闲住。九月，起程归里，十二月，至省。

正月十二日，闻圣体不安，上《恭候圣安疏》。

《倪文贞集》奏疏卷五《恭候圣安疏》："伏闻陛下宵旰焦劳，偶需静摄，旋传遂已勿药，雍晔如初，臣等忧喜回环，不能漠默……古之圣人，以不屈治志，以无暴治气，以无倦治精，以不费治神，所以先之劳之，适得强固干健，亹亹天和不伤。今寇祸虽极，而圣敬日跻，苟但措其纲条，竟可坐收平荡。譬之医者求病，诚明标本，只投一物，立起诸病，为治不难，愿纤睿虑，臣不胜犬马之诚。崇祯九年正月十二日具题。"奉旨："览奏亦见忠爱，知道了。该部知道。"（页16A）

案：倪《谱》卷二："（崇祯九年）正月，奉候圣恩。以医喻政。"（页18A）

二月初三日，积分新法将实施，上疏请特颁谕旨，激励志气。

倪元璐《积分请谕疏》："承命以来，既复数月，今春祭告成，四方之士渐遂麇集，一切科条臣与合监诸臣细切讲求，微有端绪，须时举行……自陛下御极以来，凡边计民生，官方学政，罔不事垂一谕，人奉为经……兴贤大事，法祖大猷，不奉圣谟，何由兴发？为此申请，特望陛下即洒天章，或谕阁臣拟撰取裁，要取轩轾，如雷振蛰，以此付臣，使臣禀炉施铸，虽甚缓弩，将亦必能揽撷菁莪，仰酬癙寐……崇祯九年二月初三日具题。"奉旨："造士规条及积分事宜，皇祖钦定监规详备明切，倪元璐着即遵旨恪实奉行，不必又请颁谕。该部知道。"（《奏牍四卷》卷四，页2A）

案：《国榷》卷九五："（崇祯九年二月）戊寅，国子祭酒倪元璐以积分奉旨举行，请特颁圣谕。上谓有皇祖钦定监规，毋赘。"（第6册，页5726）

释奠国子监，六堂教官与勋胄监生争长，折衷定礼，争者皆服。

倪《谱》卷二："（崇祯九年）定齿胄礼。释奠太学，六堂与勋胄争长，六堂曰：'吾，师也；勋胄，弟子也，弟不先师，应长六堂。'勋胄曰：'吾师司成，不师六堂，非生徒比，应长勋胄。'议未决，折衷府君。府君曰：'六堂非勋胄师，然固为生徒，师道惟尊，不可后勋胄，即未可拟袭封之极品，然固有秩，视千户之五品，朝庙尚爵，亦不可后，宜两全之。'乃身率勋胄奠启圣祠，而令六堂从司业后陪祭先师，争者皆服。"（页18B）

二十二日，经筵讲课，讲《尚书·无逸》一节。

《尚书·无逸》："徽柔懿恭，怀保小民，惠鲜鳏寡，自朝至于日中昃，不遑暇食，用咸和万民。"（《倪文贞集》讲编卷一，页7A）

案：此文《倪鸿宝先生三刻》署曰："崇祯九年二月二十二日。"

广东巡按刘呈瑞来书，有书复之。

《尺牍逸稿》卷五《复侍御刘公呈瑞》："再承明教，重以隆施，当摇山撼岳之时，而厪明月屋梁之念，高谊如云，可以想矣。舍亲颜令蒙推恩之至，读台谕感而泣下，谨望风百顿，以谢云天。尚冀明德有终，引之不替，荐剡所及，万蛰俱腾，蛇雀知恩，何况戴发？"题注："时按广东，令子名汝桂。"（页5A）

案：[雍正]《广东通志》卷二七"巡按"："刘呈瑞，浙江会稽人，进士，九年任。"（页8A）继任葛征奇"十年任"。据县志，刘呈瑞应为南直武进人。"舍亲颜令"，未详俟考。

刘呈瑞，字君开。南直武进人。崇祯四年（1631）进士，授户部主事，擢御史巡按广东。再按顺天，弹劾不避权贵，竭忠筹国，前后凡五十余疏。京师闻警，亲至通州鼓励士卒，城虽完而部属多溃，被劾罢归。甲申后，足不出户，数年卒。[道光]《武进阳湖县合志》卷二四有传。（页33A）

三月二十日，黄安县学生邹华妄行荐举及元璐名，上疏纠参。

《倪文贞集》奏疏卷五《被荐求罢疏》："昨二十日臣从署归，忽阅邸抄，见有湖广黄州府黄安县儒学生员邹黄，遵旨明白具奏一疏，妄行荐举，中及臣名，臣不胜骇异……故自吴鲲化以部民参及抚按，而后之为大吏者，且恐恐然，望豪珉而气慑，惟惧恶言之出其口，以为姜菲之威甚于斧钺。自邹黄以下士荐及缙绅，而后之为朝臣者，且恐恐然，闻叩阍而色沮，惟惧好言之出其口，以为游扬之辱甚于纠弹。如是而望天下宣力之臣，自好之士，扬眉昂首，以集事致功，岂可得乎？陛下诚宜自今亟垂厉禁，禁之不已，重法随之，于是以大谋付之廷论，以清议还之士大夫……崇祯九年三月二十日具题。"奉旨："邹黄已有旨了，倪元璐着安心供职，不必求罢。该部知道。"（页16B）

案：倪《谱》卷二："时武举陈启新以一言投契，立致清华，而诸生邹黄遂妄加月旦，未几而武生李琏至，欲搜刮巨室，嘉善驳之，反为乌程所挤，横议之患其流日甚，此府君之所为忧也。"（页19B）

与弟倪元瓒书，讲学问正路。

《倪文贞集》卷一九《与仲弟献汝元瓒（四）》："自五六岁时出就外傅，即读四子五经之书，所谓学也。讲学者，发挥其义理而已。博学审问，慎思明辨，讲学之法也。幼而学，壮而行，讲学之功也。祖孔孟而宗程朱，学如是亦足矣……弟辈试思吾言，则知诵圣贤之言，行圣贤之行，弗于正路中又生岐路也。"（页6B）

案：此书未署年月，或任国子监祭酒时有感而发，姑系于此。

同年李绍贤母杨氏卒，撰《杨夫人传》。

《倪文贞集》卷一四《杨夫人传》："杨夫人者，李太仆慕劬先生之配，宫允绍贤之母也。年十五而归太仆，二十二而太仆成进士，十七而举宫允，五十八而宫允入翰林，三十二而承誉命，七十二而以病卒，天下归富贵寿考终焉。其为人柔令，通晓大义……教宫允兄弟甚严，宫允之在翰林有大名，顾特端整，进止嶷然，世以是归功操绩，不诬也……倪子曰：余尝有言，不备龙德，不可以成妇仪。以其不可见过，不可见才，驯其气若婴儿，而当其履艰遘危，则又必责之壮男子难为之事。故曰妇无百行者，非通论也，若李母杨夫人者，岂可不谓之犹龙乎？"（页23A）

案："杨夫人"为李养质妻，养质卒于崇祯五年（1632），元璐为撰《明赠太仆寺卿原任陕西布政使左布政使兼按察司副使分巡西宁兵备李公慕劬墓表》（《鸿宝应本》卷一三，页8A）。杨夫人生于嘉靖四十四年（1565），卒于崇祯九年（1636）。又黄锦有《读闷卿李公暨杨夫人合传》（《黄锦集》，页2）。

春，门生韩鼎臣南归，携书问候会稽县知县张夬。

《尺牍逸稿》卷二《与会稽张令君夬》："闻下里水灾相仍，米价腾踊，当此萑苻大啸、赤白四飞之日，惟忧盗贼卒发，衣袽之戒，时战于心，所恃保障干城父母孔迩耳。某求归未得，有怀称兄，何时跻堂？怀此闷闷。适乘敝门生生员韩鼎臣之便，率候起居，空函乏将，伏希台鉴。韩生茂齿清才，幸垂神教诲之，感戴无纪，临书悚息。"（页9B）

案：［康熙］《会稽县志》卷一八"县令"："张夬，南京人，进士。"（页2A）张夬崇祯四年（1631）进士，初仕诸暨，约八年（1635）调会稽。《祁彪佳日记》卷五"归南快录"："（崇祯八年十二月二十六日）与止社兄同入城，晤谢海观、张撤藩两父母。"（页191）"张撤藩"即张夬，此书即作于是年春。

张夬（1589-？），字廷决，号撤藩。南直丹阳人。崇祯四年（1631）进士，授诸暨、会稽知县，历任济南知府。时山东残破，又值岁饥，夬抚民赈济，甚孚时望。定白莲教、武定州之乱，升本省监兑参议，罢归。旋授福建副使，升本省按察使。［光绪］《丹阳县志》卷一九有传。（页6B）

针砭时弊，作《八化诗》。

《倪文贞集》诗卷上《世事有可忧叹者，作八化诗》其一："鹓凤亦难必，肉咮化大拳。上功凭枉棒，下考等重渊。哭虎将焉避，捕蛇亦岂全。司勋无定论，少府量金钱。"原注："时灾荒相继，而司农告匮，注考首问催科。公尝曰'郡县者，亲民之吏，郡县不为民，无复能为民者'，又曰'考成煎峻守令，虽卓鲁必得弹责，而召杜亦化为屠伯'，故首及之。"

其三："锦练亦难必，天机化茧丝。萧何刀笔吏，郑綮滑稽诗。河汉而无极，豆笾则有司。尧言俞咈目，二典犹支离。"原注："散人上书言事者，多骤跻通显。"

其四："鼻耳亦难必，中准化侧轮。娼相翘专座，公卿翼两甄。防鱼教鳖守，引鸳与鸡亲。嫉恶贵巷伯，不知谁谮人。"原注："张彝宪既总理户、工二部，遂请共坐堂皇，少司空高公宏图争之，谓臣侍尚书不侍内臣也。乃命撤彝宪，复请别开府，檄召侍郎计事，高累疏乞休云。"

其八："丘陵亦难必，榛岭化麻园。贯索星临庙，皋陶祠咽门。死灰燃即溺，鬼朴至何言。地大官俱备，崖州宁足论。"原注："时政烦赋重，仕籍易干吏议。"（页24A）

案：《八化诗》，盖针砭时弊而作，每诗俱有注，可知其缘由云。又据其所针砭之事，知崇祯九年春作。元璐曾书赠好友许豸，其子许友《祭倪鸿宝师文》云："兹岁都门之变传及闽中，匆遽间犹未询知殉节诸公姓氏，友时从众中言曰：'吾师浙中倪鸿宝先生必死。'众走揖友问故，友曰：'昔先生祠居，曾作《八化诗》以遗先子，所云嘱先子勿出示人者，即此诗也。其中痛心疾首，摅愤为言，若豫知今日之变者。师既言之矣，死固其职也，后果如宰所云。'……呜呼！师为社稷死矣，而犹执吾君之词以自解，师向所云：'八化者，若此辈吾又不知，将安所化耶？'"

（《米友堂集》祭文，页1A）

四月，刘孔昭疏讦倪元璐宠妾冒封，又及听选监生许崇熙所著《五经典注》，诏下吏部议覆。

《国榷》卷九五："（崇祯九年三月）诚意伯刘孔昭劾国子祭酒倪元璐弃妻陈氏，封妾王氏，又及听选监生许崇熙所著《五经典注》讪上，命毁之。"（第6册，页5734）

倪《谱》卷三："崇祯九年夏四月，勋臣刘孔昭疏讦府君，罢归。乌程衔府君侵议，每思所以中之，以雅负时望，迁延未果。及领司成，官四品，例与廷推枚卜。窥上意颇向，构益急，顾言路无可喻意，会诚意伯刘孔昭觊戎政，遂以啖之，出袖中弹文，使越职讦奏府君冒封。诏下吏部议覆。"（页1A）

案：此事《国榷》系于三月，与倪《谱》异，此从倪《谱》。刘孔昭，号复阳，浙江青田人，刘基后裔，袭封诚意伯。武臣刘孔昭举劾倪元璐，检诸史料，其原委本末：

一是首辅温体仁忌倪元璐之大用，排挤异己。《明史》卷二六五倪元璐传："元璐雅负时望，位渐通显。帝意向之，深为体仁所忌。一日，帝手书其名下阁，令以履历进，体仁益恐。会诚意伯刘孔昭谋掌戎政，体仁饵孔昭使攻元璐，言其妻陈尚存，而妾王冒继配复封，败礼乱法。"（第22册，页6835）

二是由于温体仁私人丁进的嗾使。丁进与元璐虽为同邑，又同官翰林，然两人政治伦理明显不同，声望学问相形见绌，以致渐生嫌隙。《枣林杂俎》"王氏夺封"条云："倪元璐、丁进，俱天启壬戌进士，选庶常。尝中秋联句，丁首唱'中秋佳节好吟诗'，为人所哂。上偶问'崩'字何义，进曰'君死曰崩'，元璐曰'先帝升遐曰崩'。进自惭，渐隙。"（页129）更为时人诟病的，是丁进以私怨疏劾乃师韩爌。[光绪]《上虞县志》卷一〇丁进传："案《明史》韩爌传：原抱奇劾爌主款误国。无何，左庶子丁进以迁擢愆期怨爌，亦劾之……夫爌称贤相，进为其会试所举士，竟以私怨劾之。"（页48B）再崇祯六年选任典试江南人选，温体仁素例授所厚之丁进，元璐愤而辞任。江南榜出，台省交章奏劾丁进，丁进因此削籍，其疑元璐煽动而忌恨。王铎《规倪鸿宝》："足下与乌程之羽翼，侃言无讳，强项不下，不肯俯，不肯仰，彼有庆不往歌也，彼有丧不来哭也，斯无桑梓之道，孑孑踽踽，足下可规。"（《拟山园选集》卷一七，页6B）"乌程之羽翼"即指丁进。丁进以宿怨嗾使刘孔昭讦其事，史书多有记载。《枣林杂俎》"王氏夺封"条："同邑丁庶子进，以故隙嗾诚意伯刘孔昭讦其事，可坐总京营也。"（页129）又《崇祯实录》卷九："元璐见忌于同邑左庶子丁进，因嗾诚意伯刘孔昭讦之也。"（《明实录》第88册，页285）

三是刘孔昭因国子监生许崇熙所著《五陵注略》侵其祖，迁怒元璐。徐秉义《明末忠烈纪实》卷一一："常熟许重熙作《五陵注略》，言诚意伯刘世延邪横，损有司孔昭长短，而高启愚舜禅受之语，亦出自世延，其同乡许士柔以之遗刘孔昭，盖不知其中之及刘氏也。孔昭见之怒甚，以问士柔，士柔曰：'此不难，重熙国子生也，盍与祭酒言之，立毁其板乎？'孔昭因见元璐，乞毁之，元璐曰：'诺，然其书是非甚辨。'逾月，而孔昭侦之板如故，遂移怒元璐，上疏复理其妻事。"又黄宗羲《思旧录》："未几，而许重熙之《五陵注略》出其中，有碍于诚意伯刘孔昭之祖父，时先生为司成，孔昭嘱毁其板，先生不听，孔昭遂以出妇讦先生去位。"（页4B）

元璐上章奏辨，请于家取前所给诰敕验无冒封事，并乞免官。

《国榷》卷九五："（崇祯九年）国子祭酒倪元璐自免。"（第6册，页5747）

《烈皇小识》卷四："倪请于家取前所给诰敕，验无冒封事，罪无可坐。"（页119）

同邑朝官尚书姜逢元、侍郎王业浩、刘宗周及从兄倪元珙等俱撰文说明真相。

《明史》卷二六五倪元璐传："诏下吏部核奏，其同里尚书姜逢元，侍郎王业浩、刘宗周及其从兄御史元珙，咸言陈氏以过被出，继娶王非妾，体仁沮。"（第22册，页6835）

倪《谱》卷三："于是同里朝士尚书姜公逢元、侍郎王公业浩、刘公宗周等，及从父御史公揭辨分合之故，府君亦上章自理。"（页1A）

吏部议浙江抚按查覆，温体仁批曰"登科录二氏并载，何待行勘？"吏部改冠带闲住，温体仁票拟革职。

倪《谱》卷三："及吏部覆：'行抚按覆奏。'乌程虑勘报之得实也，即拟旨：'登科录二氏并载，朦溷显然，何待行勘？'于是部议冠带闲住，乌程票革职。上从部议，而封典如故。"（页1A）

《明史》卷二六五倪元璐传："会部议行抚按勘奏，即拟旨云：'登科录二氏并列，罪迹显然，何待行勘？'遂落职闲住。"（第22册，页6835）

同年许士柔上疏自白，密封原书以进。重熙为其族子。

《明史》卷二一六许士柔传："会体仁嗾刘孔昭劾祭酒倪元璐，因言士柔族子重熙私撰《五朝注略》，将以连士柔。士柔亟以《注略》进，乃得解。寻出为南京国子祭酒。"（第19册，页5719）

钱谦益《明故南京国子监祭酒石门许公合葬墓志铭》："乌程锄异己益急，悬金购私人诋娸，黜逐会稽，牵连公族子《重熙私史》，请事穷究，公密封原书进御史，祸乃止。"（《初学集》卷二八，页1053）

上命诸大臣举贤良方正士，首荐门生罗万藻。

《明史》卷二八八："罗万藻，字文止，（章）世纯同县人。天启七年举于乡。

崇祯中行保举法，祭酒倪元璐以万藻应诏，辞不就。"（第24册，页7403）

吴堂《罗艮庵先生本传》："崇祯丙子，上命诸大臣举贤良方正士，鸿宝倪公首以公名应诏，不赴。"（《此观堂集》卷首）

案：《天启七年江西乡试录》："第十六名，罗万藻，抚州府学生。《易》。"（页17B）又《明季北略》卷一〇："罗万藻，字文止，临川人……丁卯，倪元璐拔第十六人。元璐咨嗟累日，或问故，元璐曰：'我失大士而后文止耳。'"（页165）是年保举贤良方正，元璐首荐罗万藻。据罗万藻《候倪鸿宝老师》："藻不肖伏蒙推恩，以塞荐举之诏，部文到府，且愧且惊……急拟入都门，商所出处，而逡巡至仲冬，甫得就道，则老师当已抵家矣。幸及宽政，如例入场，场卷视往科精气稍益挺动，向老师所教，机锋光焰诸物，颇复飙出，同辈举谓可元，不肖亦私心自喜无憾，而摈落如前，揆之气类，则老师失志之时，亦不宜为藻得意之日耳。然不肖头颅至此矣。徒念作举人官，不耐气塞，发愤复归，而相知劝就简选，不肖亦尚在听违之间。"（《此观堂集》卷六，页1A）万藻十一月至京应考，惜遭摈落，有相知友劝其谒选，万藻不就复归。

罗万藻（1581－1646），字文止，号艮庵。江西临川人。长目修髯，于书无所不阅，阅必至能诵始已。天启七年（1627）举于乡，数赴春官不第。南明时为上杭知县。唐王立于闽，擢吏部主事。艾南英卒，哭而殡之，居数月亦卒。著《此观堂集》。事具《明史》卷二八八本传。（第24册，页7403）

勋胄子李国桢入国子监学，亟称其才。

《陶庐杂录》卷一："襄城伯李国桢者，向以世胄入太学，今大司农倪元璐为祭酒时亟称其才者也。进见言事慷慨，惩于侯家狃膏粱之习，不图报恩御侮。愿集诸官舍，教以骑射击刺之法，自当一队，且乞上御书营额。因取敕内'共武'二字以请，上亲为书'共武堂'赐之。"（页12B）

案："李国桢"，崇祯三年（1630）袭襄城伯，入太学为元璐所赏。元璐《雍务急切疏》："自后凡不由臣监起文报部者，不准承袭推用，其有恪勤受教如李国桢者，奖励以风，永著为令。"（《倪文贞集》奏疏卷五，页8A）

李国桢，字兆瑞。丰城人。崇祯三年（1630）袭襄城伯。短小犀利，有口才，数上书言兵事，又自请于京营外选练卫所官舍。十六年（1643），总督京营戎政，奉旨守京城，百计绸缪。城破，崇祯帝自缢，农民军舁梓宫于东华门外，百官过者莫进视，国桢踉跄奔赴，跪梓宫前大哭。自成劝降，国桢曰：有三事从我，即降：一祖宗陵寝不可发掘；二须葬先帝以天子礼；三太子、三王不可害。自成诺之，自缢死。（《爝火录》卷一，页50）

因保举守令之例，荐绛州贡生辛全。

倪《谱》卷二："以绛州选贡辛全，通五经，有孝行，出家储十三经、二十一

史授之，载之兼辆，生徒莫不鼓励思奋。寻又因保举守令之例，从而荐之。"（页19A）

刘宗周《征君复元辛子传》："督学袁公继咸廉访所属人才，得征君，接以殊礼，特超贡劝驾至京，入胄监。大司成倪公元璐复接以殊礼，令讲学辟雍，听者环桥，风动辇下，一时荐绅先生皆折节下之。"（《刘宗周全集》第6册文编下，页748）

案：是年奉旨以知府衔补用，给假归，刘理顺有《送辛复元归河汾》诗（《刘文烈公全集》卷三，页15B）。

辛全，字复元，号天斋。山西绛州人。少称神童，见书辄读，总角讲《河图》《洛书》，弱冠从塾师读《通鉴》。有志圣贤之学，每读程朱书，焚香端坐，录其言行以为法则，一时有"辛夫子"之称。相国吴甡、尚书贺逢圣、祭酒倪元璐、御史路振飞交荐，奉旨以知府用，给假归。卒于家，年四十九岁。著有《衡门芹》等。［乾隆］《直隶绛州志》卷一一有传。（页15A）

是年保举守令，浙江地方辟荐倪元瓒，元瓒不就。

韩广业《献汝公传》："烈皇帝求贤若渴，复行辟荐，当事荐牍有云'清修力学，非独第五擅名；中正品裁，直为一州之后'，又曰'气挺星岳，品粹圭璋'，又曰'继南阳之抱膝，遵北海之冥鸿'，俱坚卧不起。"（《倪氏宗谱》卷一四传赞志述，页35A）

又延浙人叶永华入教席，每与论经国大事。

［乾隆］《浙江通志》卷一八二："叶永华，字玉果，崇祯丙子举人，对智勇策近万言，主司黄景昉曰'此必名士'，与揭重熙、王宗熙称海内三奇。司成倪元璐谓其文骨峻嶒，必能任天下事，延入西席，每与论经国大事。著《藕孔集》《读书日记》。"（页24A）

致书吏部推荐本监属员，并荐及邹嘉生等。

《尺牍逸稿》卷二《咨呈吏部叙国学各属》："上来具言老年翁之高掌远跖，足擘二华，即由察吏善任耳……罗使者、邹静长想已受事，其人君子也，治文文起敝里，至今赖之。初与石斋相疑，其后转更相知，是蔺、廉非牛、李也。既入药笼，幸收声类，以彼其才，岂宜使之自为朔、蜀乎？海忠介初刻陆清简，后乃荐之，此大人之事，惟老年翁办此耳。偶及希亮。"题注："丙子。"（页26A）

倪《谱》卷二："（崇祯九年）以本监属员李克昌等十余人，博洽端方，可与造士，俸已及瓜，时当迁转。咨呈吏部，仍留本监，充六堂之用。"（页19B）

五月端午，诸门生编刻《奏牍》，属宋玫撰序。

宋玫《奏牍序》："小事宁裕，宁裕之道，恕人为本；大事振厉，振厉之道，恭国为宜，此所以陈言也。惜才节，疾谗说，忻有道，敦经训，放淫佚，端辩论，在朝廷道仁圣礼义之序，燕处听雅颂之音，此所以陈言也。毋苟得质疑言内，君子务择定远，小人必宽舒善，辞命务简，要必谛听，和威仪正起步，观颜色必劳谦，此所以陈言也……崇祯丙子夏五谷日宋玫文玉甫撰。"（《倪文贞集》奏牍卷首）

案：诸门生先后刻印《代言选》《讲编》《奏牍》。宋玫时为吏科给事中，现存崇祯刻本《奏牍四卷》卷首有宋玫此序。又《奏牍》刻于此间，元璐与某年兄书中曾言及："台命断不敢忘，以书候文起兄者，尚未及作，容明午驰上，以刻下万忙故也。小疏先送览四册，余嗣馈缕。弟名正具。冲。"（国家博物馆藏，《明人尺牍（一）》，页30）"小疏"即指新刻《奏牍四卷》。

应梁维枢之请，为其祖梁梦龙撰传。

《倪文贞集》卷一四《太宰梁鸣泉公传》："公名梦龙，字乾吉，其别号则曰鸣泉。先世山西蔚州人……年十五试有司第一，补弟子员，二十五乡荐，明年成进士，是为嘉靖癸丑。寻试宏词高等，改翰林院庶吉士。三年，出为兵科给事中……会河决，沛县行河，重臣议开新河，请才监司甚急。辅臣修郤者，辄言莫如京兆梦龙，因出公副，臬河南，领河务。公之治河也，考箕海锸，与卒同力，昼不敢庐，夜枕帻席衣。而处河上，大暑疫作，则出俸买药，饮诸役徒，活数万人，于是功成……公为太宰，铨综万流，无蹊有鉴，然谒不遂者辄憾恨……自公之殁，又十四年，而其冢孙维枢以隽才荐贤书，腰袅初躔，不知其届也。"（页5B）

案：梁梦龙（1527—1602）卒于万历三十年（1602），文云"自公之殁，又十四年，而其冢孙维枢以隽才荐贤书"，梁维枢万历四十三年（1615）中举。

梁维枢（1587—1662），字慎可。北直真定人。受业于杨涟，万历四十三年（1615）举于乡，崇祯十年（1637）内阁试以文章、楷法，授中书舍人，加尚宝丞，掌典籍事。以不谒东厂权珰，为所构褫职。事白，复升工部主事。十七年（1644），京城被围，守安定门，城破被拘执。入清，擢工部郎中，授山东武德道，谢病归。著有《玉剑尊闻》等。［光绪］《正定县志》卷三八有传。（页8A）

是月，姚希孟卒于家，撰文祭奠。

《鸿宝应本》卷一七《祭姚孟长先生文》："当时阉浊，先生党人。相逢须眉，亦曰党人。呜呼！谓先生党，先生如矢。谓非党人，党入君子。呜呼！党入君子，先生何耻？君子所依，先生多才。忮者欲杀，亦以多才。呜呼！忮先生才，先生以徙。才忮先生，忮者知已……呜呼！其身世倚，先生不死。某等詹詹，所悲时化。哭近妇人，微言以些。"（页10A）

案：《国榷》卷九五："（崇祯九年五月）前南京少詹事姚希孟卒。弘光初，赠礼部右侍郎，谥文毅。"（第6册，页5745）

祭悼之作，有黄道周《姚文毅公碑》（《黄道周集》卷二五，页1112）、范景文《祭姚宫端文》（《文忠集》卷七，页54A）、陈子龙《祭姚现闻詹事文》（《安雅堂集》卷一六，页22A）及《姚詹事诔》（同书，页10B）、李雯《公祭姚詹事文》（《蓼斋集》卷三八，页 17B）、黎遂球《祭姚现闻先生文（代香山何相公）》（《莲发阁集》卷二五，页 6B），又有陈子壮《姑苏哭年友姚孟长，时亦有文大学士之变，舅甥同落，海内咸伤讶之》（《陈文忠公遗集·练要堂诗》卷二，页 20B）、李雯《挽姚学士现闻年伯》（《蓼斋集》卷二二，页 11B）、阎尔梅《访姚文初于绛跌堂遂哭现闻老师瑞初二兄》（《白耷山人诗集》卷六上，页 25A）、刘城《挽宫詹姚现闻希孟》（《峄桐诗集》卷六，页 6A）、沈德符《挽姚孟长四首》（《清权堂集》卷一三，《沈德符集》，页 231）。

六月初三日，文震孟又卒于家，撰文祭奠。

《鸿宝应本》卷一七《祭文湛持相国文》："先生之德，居积致专。所以淹需，扶绳不先。三世之泽，笃其一人。五十而贵，显其中身。先生之志，负大取浩。所以决骤，应弦非躁。三月史官，道凌百尔。十旬执政，业掩千祀。凡其大端，奔星激电。诸有目者，可得而见……祸福如轮，彀以天心。贞邪如面，照以物情。当其东山，苍生曰吁。迨乎占熊，红走俱呼。既复投簪，食者失箸。俄而骑箕，春不相杵……呜呼！有闻鹃啼，而心惮惮。此一歌舞，世何以堪？某等忧天，涕泣如雨。在先生前，岂敢儿女？"（页 4A）

案：《国榷》卷九五："（崇祯九年六月）丙子，前礼部左侍郎兼东阁大学士文震孟卒。长洲人。抚按以闲住，不以讣闻。弘光初，赠尚书，谥'文肃'。"（第 6 册，页 5745）

祭悼之作，有黄道周《文文肃公碑》（《黄道周集》卷二五，页 1089）、钱士升《祭文湛持阁老文》（《赐余堂集》卷一〇，页 9A）、黎遂球《祭文湛持相公文（代香山何相公）》（《莲发阁集》卷二五，页 8B）、陈子龙《文相国诔》（《安雅堂集》卷一六，页 6B）、王铎《吊文湛持》（《拟山园选集（诗）》七言律诗卷一，页 24B）、贺世寿《寄挽文湛持》（《净香池稿》诗卷二，页 23A）。

七月初一日，有旨冠带闲住，而封典如故。

《崇祯实录》卷九："（崇祯九年七月癸卯朔）国子监祭酒倪元璐乞免，许之。"（《明实录》第 88 册，页 285）

倪《谱》卷三："于是部议冠带闲住，乌程票革职。上从部议，而封典如故。"（页 1A）

案：《烈皇小识》卷四："诚意伯刘孔昭应募，遂摘倪冒封事，并及许生重熙。盖熙曾纂有《五陵注略》，以书生不当妄言国事也。倪请于家取前所给诰敕，验无冒封事，罪无可坐。乌程票旨该部议处。至是，部覆上。有旨：'倪元璐冠带闲住去，许重熙革去衣巾，书板追毁。'"（页 119）许士柔虽自白得解，但不久出为南京国子祭酒。

有知交来安慰，笑谢曰"知者宜贺"。

倪《谱》卷三："有山人黄太和扬言于众曰：'倪先生此一处分在实录最可观：

七月朔日有食之，国子监祭酒倪某罢，居庸失守。'或以告府君，笑谢曰：'此言似佞而不厌也。'所知以去位吊者，对曰：'六年陟岵，七疏陈情，非荷人言，何缘子舍？今罢休已慰素心，章服尚娱斑彩，知者宜贺，何以吊为？'"（页1B）

同年张镜心闻讯有诗寄慰。

张镜心《寄倪鸿宝年兄》其一："积水浮断梗，惊风东西吹。野烧延山岗，宁遗松与芝。吴门沉匹练，越鸟集枯枝。盗嫂庸自白，杼母何能持？知子怀菀结，仰视天上箕。"其四："昂昂陌上松，植根非不固。所惜临修衢，屡为匠石顾。匠石何不仁，不使荫道路。借口青黄施，斧斤裁尺度。材美应速朽，士深宁自守。凤羽不爱翔，龙云不见首。岂其厌人间，物贵希世有。"（《云隐堂诗集》卷二，页3A）

案：张镜心时为太常少卿。《太常续考》卷七："张镜心，河南籍山西人，壬戌，崇祯八年任。"（页74B）诗云："盗嫂庸自白，杼母何能持？知子怀菀结，仰视天上箕。"指元璐被谤议而不能自明。

秋，作《石交图》。

《梦园书画录》卷一四著录"明倪文贞石交图小幅"："绢本，今尺高三尺七寸，阔一尺二寸八分。云根一片，笔有千钧。丙子秋日，元璐写《石交图》。"（页35A）

九月初一日，起程登车南返。

倪元璐《致倪元瓒》："吾于九月初一日上船，即日解维。一路有多丁防护，百事无虞，大约舟行七八十日方得到家。"（《钱镜塘藏明代名人尺牍》第5册，页90）

倪《谱》卷三："（崇祯九年）九月朔，登车南返。"（页2A）

途中致书弟倪元瓒，告知行程。

倪元璐《致倪元瓒》："虏已向北，将出口。吾于九月初一日上船，即日解维。一路有多丁防护，百事无虞，大约舟行七八十日方得到家。省下未免少停，临时又当知会。家中典房要紧。此时正弟得意之时，母亲燕喜之日也。喜贺喜贺。即日仲兄平安。"（《钱镜塘藏明代名人尺牍》第5册，页90）

案：此书原题《致倪元珫札》，误。书云"此时正弟得意之时，母亲燕喜之日也"，又署"仲兄"，为致元瓒书无疑。又云"家中典房要紧"，携家还里后拟暂且租房安顿。

舟行途中，始著《儿易》。

倪《谱》卷三："（崇祯九年九月）舟中作《儿易》。初以《易》不可为典要，偶取爻象之变化，以资发挥，后遂覃思著作，书成，号曰《儿易》。自叙曰：'汉人说《易》，舌本强橛，似儿强解事者。宋人梳剔求通，遂成学究，学不如儿，儿强解事，不如儿不解事也。'又曰：'子云《太玄》，童乌共之。童乌者，子云九岁儿也，盖自谦不敢当注《易》之名。'及门以古文'儿''倪'通用，遂以姓称《倪易》，失府君指矣。"（页2A）

初十日，抵天津，侄倪光荐送至静海，为题赠文石图轴。

倪元璐《题文石图轴》释文："一路秋光照画船，吾家小阮定神仙。爱君为写韩陵石，今日倪迁即米颠。似相如老侄。元璐。时丙子重九之明日，相如挐舟从津门相送至静海，酒酣作此志别。"（日本大阪市立美术馆藏，《艺苑掇英》第48辑，页31）

案：题识"丙子重九之明日"，即是年九月初十日，舟至天津而作。"相如老侄"应为其族侄倪光荐，[民国]《天津县新志》卷二三有传，与沈嘉客善，沈有《倪相如和还山什序》（《西溪先生文集》卷五，页17A）、《倪相如诗草序》（同上，页22A）。高尔俨有《送倪相如先生之任营丘》（《古处堂集》卷四七言律，页60B）。

途中有书致刘宗周，时宗周留滞天津。

《尺牍逸稿》卷三《答刘公宗周》："台台晶衷强干，正气绝才，入则燕许奉其垆锤，出则贾汲持其鞭键，留则中国之用司马，去则苍生之望东山也。其一出一入、一去一留之间，关系顾不大欤？某髧髦至细，重辱云肝，义气所垂，前无侨札。"（页1B）

案：刘宗周是年二月召还入朝，授工部左侍郎，屡上疏忤旨，六月以疾辞归获准。七月出都，行次天津，闻清兵破昌平、近京畿，遂留津佐巡抚贺世寿筹兵食。书云："其一出一入、一去一留之间，关系顾不大欤？"即指此。

十月初一日，作山水长条赠云斋道兄。

《藤花亭书画跋》卷四："倪鸿宝山水长条，绢本，高四尺零四分，阔一尺零八分。崇祯丙子十月朔日，云斋道兄政，弟元璐。"（《中国书画全书》第11册，页1053下）

案："云斋道兄"，未详其人。元璐九月初一自京师启程，初十至天津，计路程此时应行至山东境内。

为冒襄《朴巢诗集》作序。

倪元璐《朴巢诗初刻序》："辟强天才蔚起，退居海滨，结一巢于荒原古朴之上，而息影其间。海潮洞涌，女萝睇笑，耳目往还，胸怀吐纳。又多藏书卷，反复流连兴观，群怨思古，获我中饶至理，快义自难蓄忍。而发之于诗，沉郁顿挫，清新俊逸，无所不有，婉转以附物，惆怅而切情。寸管在手，而见卿雪澹宕，灵鸟回翔，此得诗其内者，辟强之所独而不可以语人也……凡读辟强诗，须考其朴巢之所得，则可以知辟强之所由合于古人也矣，诗其易言哉！崇祯丙子倪元璐题。"（《朴巢诗集》卷首）

案："辟疆"即冒襄，其父起宗与元璐交善。冒襄有《朴巢诗选》不分卷，张明弼、杜浚评辑，清初刻本。同时王铎有《冒辟疆朴巢诗稿序》，作于南都，曰："南都一年，半年卧床服药，了无佳况，独晤对吾辟疆兄，使人意畅心欢。"则此间冒襄栖居南京，元璐此序或归途经南京作。

冒襄（1611-1693），字辟疆，号巢民，又号朴巢。南直如皋人。起宗子。崇祯十五年（1642）副举，特授司理官，亲老不仕。后累膺征辟，皆辞免。邑有朴，距城南濠，就朴架亭与颧鹤同栖，遂自号巢民。家故饶亭馆之胜，好交游四方宾至如归，联镳方轨，殆无虚日。与方以智、陈贞慧、侯方域并称"明末四公子"。南明时珰焰复炽，襄联难荫诸孤结社金陵相抗，即蹈危险不顾。晚年却扫家居，卒年八十有三。著有《朴巢诗文集》《影梅庵忆语》等。［嘉庆］《如皋县志》卷一六有传。（页15B）

又应冒襄之请，为其朴巢题诗。

倪元璐《题冒辟疆朴巢》："寄身非陆亦非水，结室似瓢还似舟。别具洞天成小有，下临无地等浮丘。一枝深觉巢林稳，三匝应怜绕树周。便可为槎向星汉，榆枋宁羡莺鸠谋。"（《同人集》卷五，页14B）

案：据《如皋县志》冒襄传："邑有朴，距城南濠，就朴架亭与颧鹤同栖，遂自号巢民。"（引略）故此亭命曰"朴巢"，同人题咏者甚多。

为门生郑元勋影园一亭题曰"漖翠亭"。

郑元勋《影园自记》："一亭临水，菰芦幂瞝，社友姜开先题以'菰芦中'。先是，鸿宝倪师题'漖翠亭'，亦悬于此。"（《影园瑶华集》中卷，页7A）

案：扬州影园为郑元勋私家园林，建成于崇祯七年（1634）。元璐为影园一亭题额或途经扬州作。"社友姜开先"即宗灏（1614—？），字开先，冒姓姜，名承宗。江都人。宗灏崇祯十六年（1643）进士，后降清，历任常州府、平凉府知府，仕至宁夏道副使。

十一月十八日，晨由瓜洲渡过江，致书弟倪元瓒。

倪元璐《致倪献汝尺牍（三）》："今早渡扬江，雍八伻闻变先归，吾亦随发，沿途未免小稽，月初定可得到。惟虑鹢栖未定，母亲宜一过江，湖光不恶，正得小许盘桓为快也。刘念翁是否初三日入里门？此老真圣贤，向只信为清孤，今始知其无所不有。其所议吾者，惟云此事心本无愧，人亦共明，即不早奏闻亦无关碍，人之求之原不为此。惟是其自处未免牵濡，住居本宜隔别，何当犹使得承慈息，即微人言，亦无以昭示子孙。斯语吾甚愧之，所以急议更端，非为谢彼浮言，正是惕于正论耳。家下一切甚承持护为感，语不多及。十一月十八日，仲兄鸿宝，平安报献汝吾弟。"（故宫博物院藏，《中国书法全集（倪元璐）》，页132）

案：归里途中，时已过江。书云："惟虑鹢栖未定，母亲宜一过江，湖光不恶，正得小许盘桓为快也。"指会稽老宅已归原配陈氏居住，归无定所，拟迎母施太夫人至杭暂住。"刘念翁"即刘宗周，乞休辞归行至天津暂留，十月南返，约十二月初归至绍兴。又云："其所议吾者，惟云此事心本无愧，人亦共明，即不早奏闻亦无关碍，人之求之原不为此。惟是其自处未免牵濡，住居本宜隔别，何当犹使得承慈息，即微人言，亦无以昭示子孙。斯语吾甚愧之，所以急议更端，非为谢彼浮言，正是惕于正论耳。"其所议"吾事"，即所谓"出妻"而被劾冒封之事。宗周认为其处置"牵濡"，诚为的论。

过吴门，苏松巡按路振飞遣使来问，致书谢之。

《尺牍逸稿》卷五《与三吴巡方路侍御》："过金闾而不觌山龙，所谓过泗州不见大圣也……每闻歌舞之声，私心窃憙，以为能事，如此天下亦岂可轻正人哉！弟总支离，归而或可苟全性命。投林以来，以户外为天际，忽承使问，惊感难名，若夫奖期过差，似乎犹非好我。弟今日保残将母，乐事已多，惟冀台台绣斧告成，留相天子，弟从山中一笑堕驴足矣。"（页 1B）

案：时路振飞任巡按苏松御史。白桂昌《明路文贞公传》："崇祯辛未，召入为四川道御史。疏劾宜兴、乌程、巴县三相国、湖州冢宰及山东二抚臣，举朝惮之。癸酉，巡按福建……丙子，巡按苏松，吴中积弊，皆悉心厘剔。会常熟奸民讦奏乡宦钱谦益、瞿式耜，公疏申救忤旨，降谪。"（此碑现存苏州东山镇莳山禅寺）

路振飞（1590—1648），字见白，号皓月。北直曲周人。天启五年（1625）进士，除泾阳知县，征授御史，为官耿直，仗义直谏。崇祯末仕至漕运都御史，誓勤王，擒大盗，保障江淮。明亡后，拥立福王。弘光帝被俘，唐王立于福州，封路振飞为文渊阁大学士兼吏部尚书等，屡疏皆切时务，赍志而殁，世之惜之。谥文贞。[乾隆]《曲周县志》卷一五有传。（页 2A）

二十日，舟至绍兴斗阳，舟中作《云山图轴》赠祝汤龄。

《虚斋名画续录》卷二："《明倪文贞云山图轴》，纸本。高三尺五寸，阔一尺八寸三分。水墨山水。山容硪礏，云雾空蒙，两岸密树中隐露村舍，通以板桥，下坡板屋，二三树俱浓点，墨沉淋漓，直追大米遗法。'酝云酿雾成酸雨，醉得山容烂似泥。丙子至前五日写于斗阳舟中。博环瀛仁兄一笑。弟元璐。'"（《中国书画全书》第 12 册，页 660 下）

案：郑《表》，是年冬至为十一月二十五日，"至前五日"即二十日。"斗阳"即绍兴斗阳镇。此画赠"环瀛仁兄"，即祝汤龄（寰瀛），与元璐交善。[嘉庆]《山阴县志》卷一四："祝汤龄，字寰瀛，与倪文贞元璐交最密，元璐以少司马入都，强之与偕，不可。逮都城垂陷，元璐致书曰：'内有老母，外即翁兄，我思悠悠，独此而已。'其见重如此。"（页 101A）

元璐又有《画石为祝寰瀛》，亦赠祝汤龄之作。其一："我醉欲眠，其中空洞。"其二："静而有文，可不与语。"其四："比类连徒，棱棱岸岸。"其八："善舞多窍，强骨能飞。"（《倪文贞集》诗卷上，页1B）。

南湖阻风，与陆鼇酌于东楼。

陆鼇《南湖阻风，鸿宝伯命酌东楼》："虚阁平临积水坡，授衣犹觉暮寒多。钟声清自洲前出，雨色昏从几上过。百迭蘼芜萦远楫，千行鸥鹭隐残荷。凄其士女登临少，静对牺尊拭太阿。"（《槜李诗系》卷一九，页9B）

案：此诗作于嘉兴南湖，陆鼇此间乞归终养在里，姑系于此。

陆鼇，字味道，号廉石。浙江平湖人。天启五年（1625）进士，授刑部主事，恤刑江南，补工部。出守广东肇庆，清市舶，抑豪强。升岭南道副使，佐制府破海寇刘香香，走死。连猺叛，鼇摄巡南韶，密移师捣其巢，猺惶骇稽颡归顺。历福建参政，晋湖广按察使，激扬风纪，积弊悉除，请终养归。著有《宝纶堂集》。［光绪］《平湖县志》卷一五有传。（页61A）

舟抵塘栖，致书九江兵备王思任。

《尺牍逸稿》卷六《与王使君思任》："向岁都门曾承馨咳，至今心醉。承乏以来，幸游化宇。而遥望明霞，邈犹河汉，怒焉调饥，不足为喻也……惟台慈遮之巨腋，涤以微言，稍出解嘲之文，庶免投觯之祸也。某已届塘栖，清光日远，依檣摅谢，凭颖依依。"（页4A）

案："思任"原作"思佑"，误。王思任是年在九江兵备任上落职，暂居南京。书云"某已届塘栖"，此时已近省会杭州。又云："惟台慈遮之巨腋，涤以微言，稍出解嘲之文，庶免投觯之祸也。"思任以善谑闻名，又以所谑得罪于人，详前。

在塘栖，卓发之以诗来投，有诗酬之。

卓发之《投倪鸿宝司成兼呈刘念先房师》："嗟乎世间跅弛磊落奇男子，下视九州岛岛如蛟螭与蝼蚁。正当国运颠隮时，奈何絷骥足戢鹓翼，使之沦落烟波里。惟有鱼鱼鹿鹿人，头童齿豁佩琚而衣紫……仰天啸呼天亦为我沈醉自起舞，于是再拜稽首以告曰：人言臣狂臣自谓非狂。"（《漉篱集》卷二，页37B）

倪元璐《复诗》："吾告莲旬世间颠翻来去如蓬沤，不须巨声雷訇呼英雄叫竖子。夫物之不齐物之情也，大眼混龙蜦，小耳迷牛蚁……吁嗟乎！莲旬天下才，自命管葛垂五十。历落侘傺气，不得降狂疾时作。狂言四扬世人欲杀吾，奈何吾告莲旬何不神怒而骨怒，吾告世人莲旬之狂乃酒狂醒则不狂。"（上书，附卓发之诗后）

案：卓发之栖居南京，时归塘栖省觐。其《笠庵草序》："丙子初春，余归里省觐，阻风弘济，偶然得雪公，遂为偶然之游。"（《漉篱集》卷一一，页34B）"刘念先房师"名潜，知上海县被诬解职。倪诗云"莲旬天下才，自命管葛垂五十"，卓发之是年八月十八日五十寿辰，其《题大儿书扇》："丙子八月十八日，余五十初度。"（上书卷一五，页13A）

刘潜，字用潜，号念先。四川富顺人。崇祯四年（1631）进士，授婺源县令，调上海县，洁己爱民，以风雅饬吏事，被诬解职。《祁彪佳日记》卷五"归南快录"："（崇祯八年六月）二十二日，罗春元觉来同其座师之子刘君元复来晤，即上海令刘念先公郎也，言其尊公被诬事。"（页162）崇祯末入史可法幕。［光绪］《富顺县志》卷五有传。（页8B）

卓发之（1587-1638），字左车，号莲旬。浙江瑞安人。万历中昭雪逊国诸臣，乃上书执政，为其六世祖卓敬昭雪，报允，因建祠南京清凉山，筑械园以居，遂客居江宁。生平博雅能文，踯躅科场，仅以副贡肄业南雍，与当时名流文士及复社人物俱有交游。著有《漉篱集》。《金陵通传》卷二二有传。（页9B）

是月，门生罗万藻至京应试，又遭摈落，来书告以详情。

罗万藻《候倪鸿宝老师》："藻不肖自曾子家来京具禀，阔绝至今。计老师负不世出之才，凛大有为之气，望系朝野，风轶古今，当天子侧席倚注之时，谓宜首协昆命。而娄菲之徒，暧昧相构，遂令名贤纳履，轻于一叶，藻不知衅所从来，而反复邸报，大约见老师以不得已之情，受不忍解之过，此藻之所用心悲耳。藻不肖伏蒙推恩，以塞荐举之诏，部文到府，且愧且惊，未知其荣，而遂奉有违限议处之旨，因思国初行，此亦复有拘迫就道，如捕重囚之叹。岂古今荐举尽如斯耶？急拟入都门，商所出处，而逡巡至仲冬，甫得就道，则老师当已抵家矣。幸及宽政，如例入场，场卷视往科精气稍益挺动，向老师所教，机锋光焰诸物，颇复飙出，同辈举谓可元，不肖亦私心自喜无憾，而摈落如前，揆之气类，则老师失志之时，亦不宜为藻得意之日耳。然不肖头颅至此矣。徒念作举人官，不耐气塞，发愤复归，而相知劝就简选，不肖亦尚在听违之间。因王兄归，具禀附候，并缮场卷奉览。"（《此观堂集》卷六，页1A）

是月，岳翁邹学柱与夫人陈氏合葬归窆，为撰行状。

《倪文贞集》卷一一《通政大夫山西左布政使肖岩邹公行状》："公讳学柱，字国材，肖岩其别号云……隆庆丁卯举浙江乡试第八人，明年戊辰成进士，授平陵令……已擢江西宪副，备兵宁州。廨有物为厉，公操文驱之立绝。改视学江右，江右之文与其人，于是翔起，其后林然多巨公名卿。晋东广参政。丁龙岩公忧，三年起补河南，迁湖广右布政，又迁河南左布政……遭丁太夫人丧，三年起补山西……寻加右布政使守湖南如故……元璐自成童受知于陈恭介，恭介亟称之公，公见元璐文，即慨然许字以女。忆元璐舞象时，公当之晋，先大夫挐舟挈元璐送之江浒。酒间，公教元璐以文章行谊者，凡百十余言，元璐终身诵之。后又二年，公女未结缡早亡，元璐由此披猖失比，十年之后，变起帷幪，于是中伤，有逾怛恸。悲夫！公卒崇祯乙亥某月日，距生嘉靖丁未某月日，享年八十有九。"（页13A）

案：《鸿宝应本》此文有："光绪昆季将以丙子年十一月庚申日奉公柩合陈夫人归窆陈山之噢。"（卷一〇，页16A）邹学柱为元璐名分岳翁，是年十一月与妻陈氏合葬，《行状》应作于此间。

十二月中旬，舟将抵杭，驰使禀告母施太夫人。

倪《谱》卷三："（崇祯九年）十二月，舟将抵省，驰使白太夫人。会欲礼佛云栖，府君乃轻舸渡固陵，迎抵会城，瞻诸名蓝，因以卒岁。"（页2B）

二十日，有致刘宗周书。

倪元璐《周和帖》："吾昨有字到刘念翁，直明此意，大都云：在众论乡评于某身上事，大是小差处，洞如观火，不须涂护表白，只是于义理有所未惬者，不能顷刻即安耳。今日之举，全不是解塞人言，即此人言，亦有可采也，与刘语意如此，不知是否？廿一日。兄鸿宝。"（引略）

在杭州与诸友好朋旧相聚，议原任浙江督学陈大绶、邹嘉生入名宦祠。

倪元璐《与王贻栻（五）》："昨诸兄为邹润长公祖举名宦，而许公祖诘以何不及陈赤石先生，盖其盛意，吾等门士闻此面赤。即日具呈，尚图借重尊公临时共投一帖耳。"（引略）

案："邹润长公祖"名嘉生，崇祯初为浙江督学。"陈赤石先生"名大绶，万历三十六、七年任浙江督学，元璐尊为恩师。"许公祖"名豸，崇祯四年进士，时任宁绍海巡道。王贻栻为王业浩之子，倪元璐之婿，王业浩与元璐同为万历三十七年（1609）举人，故云"尚图借重尊公临时共投一帖耳"。

二十一日，又致书弟倪元瓒，拟以新年后择日还家，旧屋不足以容，赁屋为计。

倪元璐《周和帖》："留杭半岁，已是变局，若又暂渡复来，人必又疑吾后不更归矣。又且交际荒忽之态，恐又有别端窥揣，不如往守前说，以奉母亲耶？一面完试事，一面扫除新舍，过正月十日，选吉春归入宅。此亦母亲再四熟筹，又迁其说如此……今日之举，全不是解塞人言，即此人言，亦有可采也，与刘语意如此，不知是否？廿一日。兄鸿宝。"（《古书画过眼要录》（三），页1323）

案：此书十二月二十一日作。书云"惟是婚典在即"，指明年将为长子会鼎娶妻成亲，旧宅嫌小，欲"急作典计"。

同日，致书女婿王贻栻，借宝船明早至西兴镇迎施太夫人赴杭州。

倪元璐《与王贻栻（五）》："此中冀作小叙，实无针隙可分，酒食地狱之身，抱此歉歉。惟当并醉解元夺锦之辰，作牛饮鲸吞以叫快耳。愚廿二日准渡江，宝航廿一日发，廿二日早到西兴，实为大接引，感极。昨诸兄为邹润长公祖举名宦，而许公祖诘以何不及陈赤石先生，盖其盛意，吾等门士闻此面赤。即日具呈，尚图借重尊公临时共投一帖耳。璐生顿首。"（故宫博物院藏，《中国书法全集（倪元璐）》，页170）

案：王贻栻娶元璐次女。《倪氏族谱》卷二："（原配陈氏）生四女……次适山阴尚书王公业浩子、袭锦衣百户贻栻。"（页104A）"宝航"为王家自备之舟，又元璐《与王贻栻（十五）》："十五日借宝舟一往盛塘，许否？"（《中国书法全集（倪元璐）》，页170）可证。元璐拟借王家宝航"廿二日早到西兴"迎母赴杭礼佛。西兴镇，在萧山县西北十里，相传为范蠡屯兵城，有陵固可守，故名固陵，东晋南朝时改名西陵。"固陵"即萧山西兴镇。

二十二日，渡江至萧山西兴镇，迎施太夫人至杭州礼佛。

倪《谱》卷三："会欲礼佛云栖，府君乃轻舸渡固陵，迎（施太夫人）抵会城，瞻诸名蓝，因以卒岁。"（页2B）

倪元璐《与王贻栻（五）》："愚廿二日准渡江，宝航廿一日发，廿二日早到西兴，实为大接引，感极。"（引略，详上）

案：云栖寺，又称"云栖山寺"，佛教名寺，与灵隐、净慈、虎跑、昭庆并称杭州五大丛林名刹。

二十三日，从杭州返归绍兴，长子倪会鼎明日参加绍兴府试。

倪元璐《致倪献汝尺牍（四）》："母亲于廿一日上云栖拜经，廿五日可完。吾以会鼎赴考先回，明日又当往接也。安而不劳，不烦悬念。会鼎于明日廿四府考。"（引略）

是日，有书致弟倪元瓒。

倪元璐《致倪献汝尺牍（四）》："母亲于廿一日上云栖拜经，廿五日可完。吾以会鼎赴考先回，明日又当往接也。安而不劳，不烦悬念。会鼎于明日廿四府考，宗师廿七日下馆，当有考童的期，于此定归期，大都出月初五、六必当考着也。李玉老调维缇骑未妥，故迟开读，吾不得不与小作盘洹［桓］，其行亦不过五日内外耳……大姊昨见弟上母亲书云，稍酬婚嫁遂图披剃，世间只是做和尚好。今之和尚所以不好做者，其胸中尚知怕官，所谓汝胸头正闹在耳。做过官了，做和尚必当立地成佛，吾当图之。献汝弟，仲兄鸿宝九顿首。"（故宫博物院藏，《中国书法全集（倪元璐）》，页134）

案：书云"会鼎于明日廿四府考"，当二十三日作。"李玉老"名懋芳，字玉完。

二十四日，再返杭州，母施太夫人明日云栖佛事毕，再游杭州诸名刹，在杭卒岁。

倪元璐《致倪献汝尺牍（四）》："母亲于廿一日上云栖拜经，廿五日可完。"（引略，详上）

倪《谱》卷三："迎抵会城，瞻诸名蓝，因以卒岁。"（页2B）

暂居杭州，致书同年浙江巡按邓鈜。

《尺牍逸稿》卷四《与巡方邓侍御》："伏惟老公祖以日星之气，发其风霜，所以俗正民兴，还其鼓腹。原夫道周神湛，体定才坚，法垂功立。百年以来，持斧之使未有如老公祖者也。揽辔有成，鸿遵信宿，鳟鲂九罭之诗，于是乎作矣。某入山取深，遥憺法曜，徒有梦寻。惧冒崇严，露申荒澹。"（页19B）

案：［康熙］《杭州府志》卷一八"巡按御史"："邓鈜，金坛人，由进士十九年任。"

（页11A）继任乔可聘"十年任"。邓銝时任浙江巡按御史。

邓銝（1596-？），字符牂。南直金坛人。天启二年（1622）进士，授中书舍人，擢监察御史，巡按浙江。过黄家泾，指水自誓，征敛有度，谳狱明允，锄大猾，以安良善。旋中蛊归，疾发，卒。［光绪］《金坛县志》卷九有传。（页56A）

岁末，长子倪会鼎通过府试，补博士弟子员。

徐倬《无功先生传》："年十六侍父还里，补博士弟子员，声闻籍籍。"（《倪氏宗谱》卷一四传赞志述，页45A）

茹敦和《孝靖倪先生传》："年十六补诸生，其时于书已无所不读。"（［光绪］《上虞县志》卷四九，页20A）

本年，满洲建国号曰清，皇太极称帝，改元崇德。清兵入关，连陷昌平、宝坻等地，兵围京城，大掠而去。高迎祥兵败被杀，部下推李自成为闯王。

【诗文系年】

《恭候圣安疏》《积分请谕疏》《经筵讲编（三）》《复侍御刘公呈瑞》《被荐求罢疏》《与仲弟献汝元瓒（四）》《杨夫人传》《与会稽张令君夬》《世事有可忧叹者，作八化诗》《咨呈吏部叙国学各属》《太宰梁鸣泉公传》《祭姚孟长先生文》《祭文湛持相国文》《致倪元瓒》《答刘公宗周》《朴巢诗初刻序》《题冒辟疆朴巢》《致倪献汝尺牍（三）》《与三吴巡方路侍御》《与王使君思任》《复诗》《通政大夫山西左布政使肖岩邹公行状》《周和帖》《与王贻栻（五）》《致倪献汝尺牍（四）》《与巡方邓侍御》。

卷四 冠带闲住

崇祯十年至崇祯十五年

（1637-1642）

引言

　　倪元璐携家归里，一路舟车劳顿，风雨兼程，崇祯九年（1636）十二月中旬抵达杭州。到了杭州，他没有着急回绍兴故里，而在杭州逗留到春节以后。

　　因为母亲施太夫人要来杭州，到五大名刹之一的云棲寺礼佛拜经。再者由于绍兴老宅年久失修，长子倪会鼎婚礼在即，屋窄不足以容，他致书胞弟倪元瓒，嘱代为租赁新屋，拟于新年后回绍兴入住。这段时间，他在杭州忙于家事，陪侍母亲拜谒名刹，游览湖山；又忙于应酬，与浙中朋好故旧酬酢游从。他抽暇陪长子会鼎回绍兴通过府试，补博士弟子员，同时会鼎娶广东布政使余姚姜一洪女，正筹备明春举办婚礼。他奔波忙碌二月有余，以致积劳便血，他致书杭严道兵备黄鸣俊说："适积劳下血，又为长独娶妇，未免尘劳。"又致书友人宁绍台巡海道许豸说："两月之间如奔大役，形神并疲，天中届矣。"

　　过完春节，倪元璐奉母回到绍兴故里，开始了家居生活。生活安定下来，他开始筹建新的住宅。新宅选址绍兴城南五云门内东双桥，地近雷门，俗呼"罗门畈"，又称"罗纹"，土阜隆起，相传有唐罗隐坟。这里虽然地僻，但绿畴碧水，举目南山。他在园中构飞阁三层，扁曰"衣云阁"，阁中有"硕窠堂""满听轩""宁作我"轩。宅东自为小丘，名"儿山"。宅左又有筵妙楼，即著《儿易》处。其两旁种竹数百竿，颇极萧疏之致。所构园亭，颇极工巧，窗槛法式皆元璐手自绘画。祁彪佳《越中园亭记》记述其风景之胜："吾越无地非佳山水，而不能得之于闾阎之中，惟倪鸿宝太史所居，独见畅朗，衣云阁又其最也。万壑千岩，若特为此处铺设，至其透迤层折处，自堂及寝，无非园亭，近又引流为沼，积土为山，曲廊水轩，回环映带，更辟一绝胜地矣。"历时半年多，新宅已初具规模，当年十二月乔迁新居。

　　建筑新宅的同时，他又以同年祁彪佳家舟为式，制大小二舟。绍兴境内曹娥江、浦阳江、鉴湖水系汇入钱塘江，河网水系交织，主要交通工具是舟船，家家自备舟船作为出行工具。倪元璐所制大小二舟，小者往来城曲，曰"芥为之"，大者探问湖山，曰"锄水"，号曰"倪家船"。

　　倪元璐闲居林下七年，创作了丰富多彩的诗、书、画作品，也是他一生中著述最丰的时期。家居期间，同年祁彪佳也告假在家。祁彪佳和张岱组织了枫社，有近二十位越中士人参加，倪元璐、王思任、王业浩也参加社内活动。枫社的性质是诗社，其主要活动是结社郊游，雅士集会。他们徜徉于山水之间，或纵情于诗酒酬唱之中，拈题作诗，品评诗文，燕饮观剧。枫社经常的活动场所是祁彪佳的寓山园、张岱的梅花书屋、邢大忠的今是园、王业浩的小淇园，倪氏"衣云阁"也经常接待四方来客，并相约以"五簋"待客。枫社活动很多与戏剧相关，张岱能弹琴，祁彪佳、孟称舜能编剧，众人皆有观剧癖好，倪元璐和王业浩、祁彪佳都为戏曲家孟称舜创作的作品作序，称他为"我朝填辞第一手"。

"衣云阁"建成后，倪元璐迎来了同年黄道周的到访。崇祯十年（1637）六月，左谕德兼翰林院编修黄道周具疏辞职，自劾有"臣有三罪、四耻、七不如"，说"品行不如刘宗周，至性不如倪元璐"。道周为人正直，在朝不随流俗，数数上疏谏言。倪元璐读其疏稿，倍加赞赏："年兄持议侃侃，知圣明必前宣室之席耳。"然而，他的忠言直谏没有等来"宣室之席"，而是崇祯的激怒和呵斥。十一年（1638）七月，道周连上三疏指斥督臣杨嗣昌等夺情及私下与清廷议和，次日的御前会议上，又与杨嗣昌当场争辩，冒犯了崇祯的威严，被连贬六级，调任江西按察司照磨。道周贬逐途经浙江已是冬季，他专程来访绍兴，宿于衣云阁，门生陈子龙等也来相聚，被誉为"德星聚"。此年冬至，元璐专程赴杭州与道周再聚，两人同游灵隐寺翠光院、九溪十八涧，有诗唱和。是日，元璐书旧诗《古盘吟》并配画灵石峰，黄道周题引首"燕起鸿飞"，此书画合璧卷至今存世流传。

崇祯十一年（1638）八月，从兄倪元珙奉命治益邸丧事，事竣告病归里。元珙崇祯七年（1634）任江南督学，十年（1637）三月，太仓陆文声参奏张溥、张采"倡导复社以乱天下"，皇帝下旨由督学倪元珙严查，元珙因言陆文声欺妄，复社无可罪，皇帝责元珙蒙饰，被镌二级，降为光禄寺录事。元珙受了冤屈，一直忧郁不乐，虽然卒前十日擢升光禄寺丞，但竟于十二年（1638）三月卒于家，年仅五十六岁。倪氏兄弟两人"同时立朝，声称赫奕"，元璐痛失贤兄，为撰行状并撰文祭奠："……呜呼哀哉！少而同学，长而共朝，虽微枝气，已为石交。雁行忽拆，人琴并捐，伯兮仲兮，吹篪埙埙。白眉最良，伯仁早祸，二惠犹可，又弱一个。呜呼哀哉！举酒酹兄，尽此一壶，夜雨连床，岂可得乎？"

倪元璐闲居期间，正逢全国灾荒连年之时。江浙连年遭受特大旱灾，杭、嘉、湖、绍诸府粮价飚升，斗米四百钱。崇祯十四年（1641）正月，大雪旬余，山路皆断，绍兴府城内聚集饥民数千人，连日出现富户遭抢的情况。倪元璐联络刘宗周、祁彪佳、余煌等士绅，合力赈灾救荒。他草拟"救荒定乱之法"，提出"坊各养坊，坊各护坊，坊各戢坊"三策。具体实施中，他与祁彪佳等士绅负责与府县官员的联络，而具体司赈则由郡县诸生负责，他致书劝勉司赈诸生："博施济众之举，在今日行于一乡，他日宰天下亦当如是。"他还创设了"一命浮图会"，赈米七斗，可救一命，借佛家浮屠之说行赈济互助之善。他又参照古代常平社仓，倡议创设翊富义仓，并撰文阐明大旨及施行规则。倪元璐与邑中乡绅士人同心协力，亲司赈事，立粥厂，设药局，养老幼，医病疾，收死骨，救活饥民十几万人。

倪元璐虽然优游林下，但朝中一直有人举荐他复出。崇祯十四年（1641）四月，重新复出的首辅周延儒，起用罢废的大臣郑三俊、刘宗周、范景文等，数邀倪元璐出山，被元璐以母老婉辞。崇祯十五年（1642）二月，同年礼部尚书蒋德璟请召还陈子壮、顾锡畴、倪元璐等，并乞宽恕戍臣黄道周。同年五月会推阁臣，吏部尚书李日宣以倪元璐等十三人名上，被责以徇情滥举。九月，朝廷召还倪元璐为兵部右侍郎，元璐再以母老疏辞，有诏敦促他赴京就职。邑人刘宗周时任都察院左都御史，也来书催促他应召赴官："老兄有亲可事，有道可乐，优游绿野，敛人间之福，极于人世无多。惟是时艰未艾，匡济胥人，屈指海内第一流先辈典型，不能不首及年兄。恐东山之辙不暇久淹，即莱彩之欢，且以君父辖违乎？"

此时同年黄道周也特赦复为詹事府少詹事。他自九江经南京、杭州归闽，绕道绍兴，再访衣云阁。元璐在阁中施以锦帷，张灯四照以迎，道周不悦："国步多艰，吾辈不宜宴乐。"元璐笑道："会与公诀尔。"道周与同来的陈子龙等劝元璐应召入朝，挽危振颓，有《同彦升、卧子诸兄集倪园为鸿宝劝驾二章》诗曰："开轩筵众妙，斯道见长城。出处关爻象，端居动圣明。通潮画舫集，入座万山清。何必辞枢副，商霖望洗兵。"

崇祯十五年（1642）闰十一月十六日，正值倪元璐五十岁生辰，门生、子弟张罗为他祝寿，门人陆培撰《寿少司马倪公五袠叙》为寿，时任绍兴府司理的陈子龙，为乃师刻印《鸿宝应本》，请黄道周、葛寅亮、沈延嘉、周铨等友人作序。先前，倪元璐在京为宦时刻印了奏疏、讲编、制诰旧作，归里后委托女婿王贻栻进行重印，名曰《倪鸿宝先生三刻》，他历时五年潜心著述的易学专著《儿易》去年也付诸剞劂，至此，他的著述除诗歌外均已刻印传世，这是给他五十寿辰最好的贺礼了。

此时，清军分道入塞、逼近京畿的消息传到浙中，朝廷檄征四方兵入援，倪元璐闻讯奋然而起，长跽告母，并召还长子倪会鼎回家侍奉老母。他毁家募士，号召义旅，召得数百人随行北上。陈子龙、李雯、宋征舆、王翚、郭瀋等友人弟子纷纷赋诗壮行，黄道周闻之也欣慰地说："腊月始闻东警，得卧兄书，乃知鸿宝出山。鸿宝受恩最渥，托寄特重，虽在平时，无安坐理。"倪元璐大义凛然，率义旅奋勇北上，他由衷地对友人说："弟义无返顾，一出儿山，此身即非吾有。"

崇祯十年丁丑（1637），四十五岁

二月，归绍兴故里。长子倪会鼎大婚。于城南筑新宅衣云阁。

正月，在杭州，致书浙江巡抚喻思恂贺年。

《尺牍逸稿》卷六《喻抚台》："伏惟龙蠲回次，凤历新颁，一日之腊已回，万户之春幽动。老祖台元老壮猷，丈人贞吉……某枕流能梦，鼓腹知嫌，悉荷姘幪，差安寝食。寸草未报，阳晖已敷，春风风人，推食食我。斯德冈极，式歌庶几。愿销兵气，为日月之光；即有画图，著麒麟之阁。某不胜衔踊欣愿之至。"（页20B）

案："喻抚台"名思恂，崇祯六年（1633）八月任浙江巡抚至今。书云："伏惟龙蠲回次，凤历新颁，一日之腊已回，万户之春幽动。"当岁末新年之作。

是月，致书次婿王贻栻，委其重刻《代言选》《讲编》《奏牍》。

倪元璐《与王贻栻（二）》："一枝得所，即飞渡江，拒［距］晤不远也。儿子又蒙嘉赐，感感。前送至芜作京刻内各种俱有续入，幸即命原梓增缀，以便送人，其价即当专致耳。关公祖诗缣先已见委，今附去并致贱名，为道恐迟先寄，尚容面颂云云。余不多及。璐生九顿首。"（故宫博物院藏，《中国书法全集（倪元璐）》，页170）

案：此书无上款，阅其内容，可知受信人为次婿王贻栻。书云"儿子又蒙嘉赐"，指长子会鼎将大婚，王婿有送贺礼。又云"前送至芜作京刻，内各种俱有续入，幸即命原梓增缀"，指在京时门生编刻《代言选》《讲编》《奏牍》三种，印数不多，王思任《题辞》亦曰"因京本行乏"（详后），且续有新作增补，故委托王婿董其事。王婿重刻名为《倪鸿宝先生三刻》，卷端题"子壻山阴王贻栻重梓"。又书云"关公祖诗缣先已见委，今附去并致贱名"，"关公祖"名永杰，字人孟，［乾隆］《绍兴府志》卷二六"推官"："关永杰，陇西人，崇祯九年任。"（页37A）又据《祁彪佳日记》卷六"林居适笔"："（崇祯九年十月二十六日）出贺关人孟公祖新任，与外父晤语于巡道司。"（页237）则关永杰上年十月新任绍兴府推官。"诗缣"一事，《祁彪佳日记》亦有涉及，《日记》卷七"山居拙录"："（崇祯十年一月）二十日，微雨。出寓山，欲作《赠关人孟尊人诗》，未就。"又："二十一日……舟中作关公祖诗就。"（页252）可知值其尊人庆辰，征诸乡绅诗文祝寿。

关永杰（1600-1642），字人孟，号岳华。甘肃陇西人。世官百户，好读书，崇祯四年（1631）进士，授开封推官，强植不阿，民畏爱之。忧归，起绍兴推官。迁兵部主事，擢睢陈兵备佥事，驻陈州。十五年（1642）二月，李自成数十万众来攻，永杰与知州侯君擢等率士民分堞守，身中乱刃而死。赠光禄寺卿。事具《明史》卷二九三本传。（第25册，页7512）

王思任题《倪鸿宝先生三刻》。

王思任《倪鸿宝先生三刻题词》："玉汝史公与余世通家，讲砚相交也……《三刻》出，一为《代言》，鲜藻香辉，要不失日月云霞之气；一为《讲编》，亮工宝实，要不失五谷百昌之气；一为《奏牍》，正明森截，要不失山岳江河之气。而总之以忠孝为本，此二字者，浩然之所从出也……使玉汝执造命之秉，将一切须眉男子重塑一番，定当有幕幕闳闳、破鸿蒙而还滪洞者。斯人用舍，关系匪缓，社稷有灵，予日望之矣。因京本行乏，史公长倩尔式君，余宗彦也，谋重梓以公同好。尔式弱冠抱奇，盖亦负史公之气者，因为志其端如此。王思任题。"（《倪鸿宝先生三刻》卷首）

案："史公长倩尔式君"即王贻栻，元璐有《王甥尔式时文序》即其人（《倪文贞集》卷七，页24B），而曰"长倩"则误，贻栻为元璐次女之婿。

门生罗万藻来书，本拟过浙谒访老师，因病改道。

罗万藻《候倪老师书》："恭惟老师万福，自然亦决计不作举人官，拟道钱塘躬致候问……而误蒙傅寄老垂重，必以乃妹夫见托同归，既不及辞，遂辜前志，而亦遂为失魄之人，动乎四体之征。舟至济宁地面，身落贼手，几毙于斧，至广陵，复有贱荆之讣，以此相并，遂淹沉病，神形几离……戴初士录老师手书相示，卒读之，老师固无在不千秋也……具空函布候，无以为寿，谨身待罪，不敢冀老师之无罪也，惟怜照其不尽，幸甚。"（《此观堂集》卷六，页8A）

案：罗万藻上年十一月赴京应试遭摈落，是年春决计还乡。书云"蒙傅寄老垂重，必以乃妹夫见托同归"，"傅寄老"即傅冠，亦赣人，元璐壬戌同年。"戴初士"名国士，江西新昌人，天启七年（1627）典试江西所取士。［康熙］《新昌县志》卷三有传。（页75A）钱谦益《戴初士文集序》（《初学集》卷三三，页962）、陆培《戴初士文序》（《明文海》卷二五五，页2A），俱此人。

与卓发之、刘潜、汤荐玄、释雪公游杭州西湖，和卓发之花前赠答诗。

卓发之《同倪鸿宝、刘念先两先生、汤荐玄、雪公湖上看花，分得七虞，因作花前赠答二首》："雏莺曾相识，惊看此腐儒。霞犹留妾脸，霜乃着君须。雨沁偷含泣，风摇辄欲呼。不愁余薄命，为汝恨穷途。右花赠""花今骄处子，予则类狂夫。聊作醉人耳，安能哭汝乎。豪惟念朋侣，痴欲谢妻孥。莫负红颜好，山光照落树。右答花"（《漉篱集》卷三，页23B）

倪元璐和诗"果如花语者，花即是愚儒。那恃人欢面，轻看他怒须。彩旛烦厌胜，羯鼓耐追呼。何不寻江梦，管城无畏途。反花赠""即依君所说，君亦未狂夫。翠袖如漠尔，青衫何湿乎。河阳故俊杰，和靖有妻孥。求士先求骨，贵花宜贵树。反答花"题注："莲旬兄为花前赠答二诗，情姿高远，不量赓歌若为难之者，其实发明特锋钝耳。"（同上）

案：诗后并附刘潜（念先）和诗。"汤荐玄"名莲理，南直宝应人。吴应箕《与周仲驭书》："宝应友人汤荐玄，弟于倪鸿宝先生赠诗奇其人，于杨维斗坐间定交，此兄文武全才也。"（《楼山堂遗文》卷六，《吴应箕文集》，页657）"雪公"，未详。

为卓发之亡儿遗集题词。

《鸿宝应本》卷一五《题卓珂月缑笙遗吹》："卓珂月修文数月，而余始交其尊君左车，所受遗文，曲终人灭。此一赋二诗，是其剩鳞，亦既极乎情文，凌潘轹庾，假更数稔，真当奴仆命骚。要以珂月不自贵其觳漏，而天帝又难割其爱河，即其寿命，岂有延理乎？悲夫！"（页 6A）

案：卓发之长子卓人月，上年九月病卒，年仅三十一，著有《蟾台集》《蕊渊集》。《蕊渊集》崇祯十年刻本首载元璐题词，题作《蕊渊蟾台二集合叙》，末署："崇祯丁丑禊日始宁倪元璐书于钱塘茅氏之听月山房。"文云"卓珂月修文数月，而余始交其尊君左车"，指卓人月卒于上年九月二十九日，元璐十二月始交发之。

卓人月（1606-1636），字珂月，一号蕊渊。浙江仁和人。崇祯八年（1635）副贡生。容修长，目鲜朗，为诗文奇削琢刻，久则清远阊肆。著有《蟾台集》《蕊渊集》，杂剧《花舫缘》等。《金陵通传》卷二二有传。（页 9B）

卓发之又来书乞为《漉篱集》撰序。

卓发之《与倪鸿宝先生》："天下文人堪作命世豪杰者，应自不少，然目中实未见，见亦实未能辨，不敢妄许也。向日窃计当今岳渎，定属师台一人。而神气相逊，终隔罗縠，今乃得浸渍笔墨间，每读赓和诸咏，乃惊怖欲走，亦感叹欹歔而欲涕，又垂首短气而不觉膝自屈也。拙集仍送记室卒业，乞于遣候贵座师时，并大序掷来此中，大乞涂抹一过，若薙氏之芟草，向来东语西话，久已荡为飞尘。偶为亡儿撮漉，复成聚沫，既执鞭弭，以望接引，定不希假借避斧锧也……昨以追晤行客，不得候面，恨恨，随趋送函丈携手江滨也。"（《漉篱集》卷二二，页 57A）

案："贵座师"即南京工部尚书蔡思充，"黄公祖"即杭严兵备道黄鸣俊。

有书复卓发之，承诺抵家后即撰序。

倪元璐《答卓莲旬（一）》："得半日闲，周读枕秘，天下文章尽于此……然犹冀放限一月，容到家小了尘件即为之，遂是入山开宗第一章也。大章之逼汉人，在其神骨，或望其气，以为眉山，此盲人也。感至爱，欲于无拣择中稍形去取，竟有不能，得失寸心，知台兄岂当以我为佞？诗及各体，悉作是观。"（附卓发之书后，页 58A）

二月，奉母施太夫人归至绍兴故宅。

倪《谱》卷三："（崇祯十年）二月，奉太夫人归里。"（页 2B）

案：元璐上年十二月中旬抵达杭州，滞留约二个月，一则施太夫人欲往杭州云栖寺礼佛拜经，亦因绍兴故里宅屋未定，其《与王贻栻（二）》："一枝得所，即飞渡江，拒[距]晤不远也。"（引略）可证。

是月，东江镇陷于清军，朝鲜降清，闻而愤赋。

《倪文正公遗稿》卷二《闻朝鲜堕一城愤赋》："闻说东江一道墟，无衣知复赋何如？可无雀伺螳螂后，况是虾依水母居。哆口矢能修肃慎，咬龈车欲及蒲胥。边筹大约如风影，何日橐弓笑坠驴。""佩刀一寸十年腥，□□□□□□□。礼法眼凭秔散白，英雄骨咤蒋侯青。由来巴蜀人传檄，是处燕然石有铭。可惜时平闲欲死，将军买笔点花经。"（页31A）

案：诗后有注："东江之议，纷纷难决，先生曰：'可无雀伺螳螂后，况是虾依水母居。'读之生恻。朝廷屡言复岛，而岛卒不可复，谁之咎也？"可知指东江镇失陷。东江镇由毛文龙于天启二年（1622）始创，至是被清军攻破，历十六年。

春，长子倪会鼎大婚，娶余姚姜一洪女。

《倪氏宗谱》卷二："（会鼎）配大司农姜一洪公女，封恭人。"（页104A）

案：倪会鼎为元璐长子，崇祯三年（1630）聘余姚姜一洪女，是年完婚，年十七。元璐《与杭严道黄使君鸣俊》："适积劳下血，又为长独娶妇，未免尘劳。"（引略）又《与巡海道许使君豸》："顷承台命，惕息之余，思兴未出，旋为长独毕娶敝里，独此忙费，反复百端。先庚后甲，两月之间如奔大役，形神并疲，天中届矣。"（引略）又《与王贻栻（二）》："使惠为谢，一枝得所即飞渡江，拒[距]晤不远也。儿子又蒙嘉赐，感感。"（引略）"长独""儿子"即指倪会鼎。又会鼎长男运彩生于崇祯十一年二月，《倪氏宗谱》卷三："（倪会鼎子）运彩，行均二，字载搀，官生。善文词，笃孝行。生崇祯十一年戊寅二月二十八日卯时。"（页110A）此亦可为会鼎是年春大婚之旁证。

会鼎大婚宁绍台巡海道许豸送礼为贺，致书为谢。

《尺牍逸稿》卷五《与巡海道许使君豸》："顷承台命，惕息之余，思兴未出。旋为长独毕娶敝里，独此忙费，反复百端，先庚后甲，两月之间如奔大役，形神并疲，天中届矣……先兹飔谢，别状匪报，附邮不虔，山民多放，非老公祖之大不能容此。临书衔悚之至。"题注："时先公在籍。"（页24A）

案：《崇祯四年辛未科进士履历》："许豸，平远，易四房，壬子八月十一日生。侯官人。甲子四十四人，会六十五，三甲三十二名。大理寺政。壬申授户部主事，癸酉管浒墅钞关，甲戌升广西司员外，乙亥升浙江佥事，戊寅升浙江提学右参议。"（页14B）据[乾隆]《绍兴府志》卷二五，许豸崇祯九年（1636）以浙江佥事兼宁绍台巡海道（页28B），与《履历》稍异。又《式古堂书画汇考》书卷二八著录《倪鸿宝晴山诗》，草书，题识："题画似玉斧老公祖，元璐。"（《中国书画全书》第6册，页643上）即赠许豸。

许豸（1612-1640），字平远，号玉史，一作玉斧。福建侯官人。崇祯四年（1631）进士，历户部郎，榷许墅关，以羡锾筑塘，民德之。后擢宁绍道，增筑郡城，歼海寇陈奇老等。改督本省学政，时有权珰镇浙，豸抗不为礼，士有迎珰者，立拫之。[乾隆]《福州府志》卷五〇有传。（页56B）

杭严道黄鸣俊妻卒，遣家仆代往哀悼。

《尺牍逸稿》卷五《与杭严道黄使君鸣俊》："伏闻凤去镜分，鸾推壁拆，为众母母，有同伤悼。昔蒙庄鼓盆而歌，君子以为放而奉倩，神伤已甚，又先贤之所讥，二者之间，知老公祖有必以处此也。某炙鸡絮酒，实图躬致区区，适积劳下血，又为长独娶妇，未免尘劳，更复久之，益难解后夫之罪矣。以此遣僮代陈椒荔，伏幸垂鉴，为布灵帷。"（页34B）

案：［康熙］《兴化府莆田县志》卷二三黄鸣俊传："擢浙江提学参议，改杭严兵备，转参政。"（页13B）又［康熙］《杭州府志》卷一八，其崇祯十二年（1639）为浙江左参政，（页33A）则此时任杭严兵备道。书云"伏闻凤去镜分，鸾推壁拆"，黄鸣俊时有亡妻之痛。

蔡献臣来书询以近况，有书复之。

《尺牍逸稿》卷四《复蔡公虚台》："十四年来，遂如隔世。每怀德辉，虽昼亦梦寻，讵徒夜半乎？老公祖鸿遵既久，更复不出，天下何时太平？尝有客从郑乡来者，微知动定，道瘦文富，足以肥矣。某荷人言，还其子舍，投林以来，遂得与麋鹿气味通合，水乳既割，户限为鸿沟，都不复知山外何日月。"（页25A）

案："蔡公虚台"名献臣，万历四十四年（1616）任浙江巡海道，次年为浙江督学，或于此间赏识元璐并交往。书云"十四年来，遂如隔世"，指献臣天启三年（1623）十月在光禄寺少卿任上解职归里，至是十四年。又云"某荷人言，还其子舍"，时元璐归家闲居未久，复书告知近况。

蔡献臣（1563-1641），字体国，号虚台。福建同安人。万历十七年（1589）进士，授刑部主事，调兵部职方主事，迁礼部主客郎中、仪制郎中。出常镇参政，旋迁湖广按察使，被参劾削秩罢归。寻起浙江巡海道，升浙江督学，天启中擢光禄寺少卿，乃归。年七十九卒。著有《清白堂集》。［嘉庆］《同安县志》卷二二有传。（页35B）

胡麒生母徐太君六十寿辰，撰文寿之。

《倪文贞集》卷一七《寿胡母徐太君十赞》引曰："徐太君者，不栉之巨儒，操绩而谈道者也。彤管日书，不胜纪德……行年六十，方犹始孩。宝婺之辉，连乎南极，轩权之象，正于西华。闾巷方将宣引曼声，俯张广论，而元璐原无史识，不善巫纷，又以调奏高平，未宜繁节。风存静穆，取副徽音，极汰千仪，澹形十颂。"（页9A）

案："胡母徐太君"即胡麒生（圣游）之母。文云"圣游弱冠，以其戴经魁天下，名噪一时……请召为礼科给事中"，此为崇祯九年（1636）事。［康熙］《德清县志》卷七胡麒生传："崇祯九年分校京闱，时拟授礼科给事中，忌者嗾主考蜚语中之，谴归。"（页24B）《玉堂荟记》卷上亦详述其事。元璐撰文祝贺胡母六十寿辰，应在本年或稍后。

胡麒生，字圣游，号雪田。浙江德清人。崇祯元年（1628）进士，授行人，官至礼科给事中。九年（1636）分校京闱，时拟授礼科给事中，忌者嗾主考蜚语中之，谴归。入清后，以武选司主事留筦粮储，母老乞养辞归。著有《秋筠集》。［康熙］《德清县志》卷七有传。（页24B）

行草书《金山咏》诗轴赠周铨知县。

行草书《金山咏》释文：“巨灵驱岳走，半渡落泥丸。静鼓记舟里，中针定浪盘。竿头容塔进，壁上聚龙观。最是移情处，惊风失碧澜。金山咏之一，似简臣老父母正。元璐。”（湖北省博物馆藏，《中国古代书画图目》第18册，页79）

案：《金山》诗见《倪文贞集》诗卷上。（页14B）［光绪］《上虞县志》卷三“县令”：“（崇祯）周铨，字简臣，金坛人，崇祯丁丑进士。”（页30A）明例，进士三月殿试，视政实习三月至一年然后授职，崇祯十五年（1642）底仍在任。《祁彪佳日记》卷一二“壬午日历”：“（崇祯十五年正月）初二日……作书贺周简臣父母考成。”（页585）又同卷：“（十一月）初九日……自闻命以来，日则应酬且复邻邦父母如周简臣诸君书，夜则束装，更简一切帐籍付之内子，无日不至三更余，其劳其兄不可名状。”（页629）

周铨（1609-？），字简臣。南直金坛人。少负隽才，与弟钟齐名天下。天启时年甫二十余，所选时艺盛行于江左几二十载，为《春秋》诸名家冠。崇祯九年（1636）举于乡，次年成进士，授上虞县知县。上虞有陈编修颇骄横，赴告者三百余人，大创其仆。诸宦震慑，合谋陷之，谪代州判官。著述不倦，著有《未焚集》等。［光绪］《金坛县志》卷九有传。（页42A）

应知县周铨之请，为其父周召诗暨母徐氏撰墓表。

《鸿宝应本》卷一三《金沙周第五公暨配徐夫人墓表》：“金沙之乡，汤墅之阳，佳城郁葱，剑光皇皇。有过之者，下马致恭，仰视俯视，怃然而叹曰：‘嗟乎，周孝贞先生之墓。’……先生名召诗，字二南，别号第五，江左之金沙人。同藏为其配徐夫人……大都先生及夫人之所教其子者，必以忠孝，即教之读书治文章，亦必使之正情贞志而为之。是故简臣、介生方年弱冠，文章行谊之名，已噪天下。天下之称周氏父子，以为太丘眉山未足拟也。介生今犹困诸生，简臣以丁丑高第，来令吾上虞有声。上虞之民歌之曰：我父我母，盖皆其父其母之教云。”（页16A）

案：“周第五公”名召诗，为周铨之父。文云：“是故简臣、介生，方年弱冠，文章行谊之名，已噪天下。”简臣即周铨，介生即周钟。周召诗卒于天启六年（1626），陈子龙《周第五公传》：“熹宗之末年，逆庵窃国，公之门益多显者，公大不乐……至丙寅除夕，竟卒。明年珰诛。”（《安雅堂集》卷一三，页22B）

致书会稽县知县林逢春，议行敛解之法。

《尺牍逸稿》卷二《与会稽林令君逢春》：“派解一顷［项］，日既承命，密细诹询，大都台示条列，已为至均。谨复逐项开注重、轻、中三等，呈备览查，若其田亩之数，但于榜列之日别降明示，有不符者，许本户自行陈白，自无失矣。然总是民解扰累为甚，倘行敛解之法，每千遂可省费五十金，惠私宏大。此在两台可得自行，不须奏请，老父母毅然为之，则必得矣。"（页10B）

案：［康熙］《会稽县志》卷一八"县令"："林逢春，广东人，进士。"（页2A）是年进士，视政六个月后例授知县，姑系于此。

林逢春，字孟育，号木翁。广东南海人。崇祯十年（1637）进士，出黄道周之门。除会稽令，邑故繁剧难理，逢春至均九湖患田之累，调剂各驿帮递之劳，民皆悦服。以弗谐上官，左迁汀州永定，以守城功擢常州。十六年（1643），晋户部主事，督饷浙江，寻转本司员外。迁池州知府，未赴抱病归，年七十三卒。著有《兰陵》《鄞江》等。［同治］《南海县志》卷三八有传。（页31B）

是月，卓发之自南京来书，询赴金陵之约并撰序事。

卓发之《又与倪鸿宝先生》："小儿幸附公郎骥尾，尚拟泮水芹藻间，得瞻色笑，不意师台竟不复理渡江之概也。向谕三月间遣候贵座师时，以拙集见还，不知曾发足否？恐复以台冗夺未得即行，特遣长须走领，或尚未捉笔，乞留数日，以待所望……万一此时酬对尚烦，竟候教于秣陵清凉山下，恐敝止难觅，则讯之大宗伯叶曾翁署中。曾翁倾心椽笔，过于古人，或得尝鼎中之一脔，亦胜天汉之七襄也。"（《漉篱集》卷二二，页59A）

案：卓发之接家报已还南京，欲刻印《漉篱集》询问书稿及倪序。元璐原拟三月往南京谒座师蔡思充，因冗未能成行，故来书云："向谕三月间遣候贵座师时，以拙集见还，不知曾发足否？""大宗伯叶曾翁"即叶灿，时任南京礼部尚书。

复卓发之书，金陵之约愆期，遣使报命。

倪元璐《答卓莲旬（二）》："顷凌遽东渡，不得小俟高轩，归来梦寻，未至迷路也……尊稿获如天书法藏，缘过江松楸方了，又为儿辈经营娉娶，尘劳万端，金陵之约，以此愆稽。廿外有舍亲史维城原寓金陵者，暂归复出，当使奴子随之，晋候并报隆命。郎君龙文始变，昐瞬冲飞，世称三苏由此耳。附去张太史《史论》一套，吴叔大墨精一函，此亦佩刀之义，引贺郎君以良史材翱翔子墨之林，当尔时宁忘斯语？"（附卓发之书后，页61A）

案："舍亲史维城"，未详。又云："郎君龙文始变，昐瞬冲飞，世称三苏由此耳。附去张太史《史论》一套，吴叔大墨精一函，此亦佩刀之义。""郎君"指卓发之子，与倪会鼎同试补博士弟子员，上引《又与倪鸿宝先生》云"小儿幸附公郎骥尾"即指此。"张太史《史论》"指张溥撰《历代史论》，有明崇祯刻本。"吴叔大墨精"为明末休宁著名制墨家吴叔大所制。

题卓发之《漉篱集》。

《倪文贞集》卷一六《题卓左车集》："根天极人，钻宗贯德。上有盘庚，下至眉山而止，其情与法，无不取之。今世肤言求解老妪，奥学矜负牛蛇，二氏至死，不相往来。然不知世间牛蛇，老妪必知，老妪所通，牛蛇必伏。特非白香山诸贤可办，古今二才，子长左车耳。”（页11B）

案：“卓左车集”即《泷篱集》，是年三月开雕，未几竣事。徐士俊《泷篱遗集序》："去年春杪，先生将以所著《泷篱集》寿诸枣梨，索序索评甚亟……无几时《泷篱集》成。"（《泷篱集》附《遗集》卷首）《泷篱集》有叶灿序、王铎序、薛寀序、陈仁锡序及元璐题词。

三月初一日，陆文声参张溥、张采倡立复社乱天下，督学倪元珙奉旨核奏，因言其欺妄，被镌二级，降光禄寺录事。

《崇祯实录》卷一〇："（崇祯十年）三月庚子朔，时太仓庶吉士张溥、前临川知县张采皆家居，倡复社以敦古学，海内靡然趋之。奸人陆文声奏陈：'风俗之弊由于士子，士子皆以复社乱天下。'上乃命南直提学御史倪元珙核奏，元珙因极言文声欺妄，上责元珙蒙饰，降光禄寺录事。"（《明实录》第88册，页300）

案：黄道周闻倪元珙镌二官，有《督学倪三兰兄触降录事，诗以慰之》（《黄道周集》卷四四，页2315）、《屏居偶作寄倪侍御二章》（同上），李雯亦有《送倪三兰老师还朝》（《蓼斋集》卷二五，页12A）送别。

从兄倪元珙上疏，请令阁臣各疏名拟旨可考其能否，遂著为令。

《先兄三兰行状》："光禄虽贬官，心痛时事，上疏规切执政，语甚激。又云：'今阁臣分曹拟旨，无主名，有所逃责，请令各疏名，使明主得因事考其能否。'奏上，执政大怒，拟旨切责。然天子览奏，心是光禄言，更令易拟。凡三上不得天子意，天子竟自降诏俞之，著其言为令。阁拟疏名，自此始。"（《倪文贞集》卷一一，页20A）

案：《明会要》卷二九："内阁之职，同于古相者，以其主票拟也。旧制：红本至阁，首辅票拟。崇祯中，始用分票，首辅之权略分。时御史倪元璐请分票，自后本下，即令中书分之。见《通典》。"（页467）所云"御史倪元璐请分票"，"御史倪元璐"应为元珙之误，分票之议始自元珙。

三月二十一日，同年祁彪佳来访。

《祁彪佳日记》卷七"山居拙录"："（崇祯十年三月）二十一日……予先入城访客，晤倪鸿宝，出五云门至山，则外父同恬轩外叔先在矣。"（页261）

四月十八日，欲造二舟，同年祁彪佳送自家舟来借以为式。

《祁彪佳日记》卷七"山居拙录"："（崇祯十年四月）十八日……先是，倪鸿宝借予舟为式，是日令奴子操舟致之，予以小舟归。"（页265）

二十一日，应邀与邢大忠、倪元珙诸同年访祁彪佳寓山，席罢观《鹣钗记》。

《祁彪佳日记》卷七"山居拙录"："（崇祯十年四月）二十一日……午后，邀邢淇瞻、倪三兰、倪鸿宝三年兄至，举酌已，散步园中，始知宋吉辉、张澹居倒转信，坐中深为扼腕。与客观《鹣钗记》，二鼓始散，即以予舟送归。"（页265）

二十三日，陶宗臣邀集，与祁彪佳、姜一洪游曹山、吼山，登书带草堂，陶奭龄出陪。

《祁彪佳日记》卷七"山居拙录"："（崇祯十年四月）二十三日……抵曹山赴陶宗臣邀，陶石梁先生出陪。顷之倪鸿宝至，偕游吼山，迟姜光扬最后至，举酌观《双红记》。以小舟游水宕，登书带草堂，主人悬嶝在层楼迭阁，从舟望之，俨若朱霞天半，方快赏间，雨骤至，复于秋霞轩举酌，子夜别归。"（页266）

案：曹山，地处会稽山东南，与吼山隔河相对。绍兴陶堰陶氏在吼山、曹山建别业，将石宕疏浚取名"放生池"。张岱《陶庵梦忆·曹山》云："曹山石宕为外祖放生池，积三十余年，放生几百千万。"（页84）

闰四月初三日，会王文成祠，主会者为王业洵（士美），陶奭龄（石梁）阐明致知之旨，与会者祁彪佳、徐如翰（檀燕）、董懋中（黄庭）等。

《祁彪佳日记》卷七"山居拙录"："（崇祯十年闰四月）初三日，与邹汝功、郑九华入城，至王文成祠，诸绅至者陶石梁之外，有董黄庭、徐檀燕、倪鸿宝，主会者为王士美，举有用道学为说，石梁先生阐明致知之旨。"（页267）

初四日，与同年祁彪佳晤知府王期升，力言乡邑饥荒状。

《祁彪佳日记》卷七"山居拙录"："（崇祯十年闰四月）初四日……倪鸿宝以昨约至寓，同之晤王太公祖，力言剡中饥荒状，王公祖为之恻然，遂允宽征，第须金钱二三千耳。"（页267）

案：［乾隆］《绍兴府志》卷二六"知府"："王期升，宜兴人，崇祯十一年任。"（页22B）"王太公祖"即期升。

王期升，字丽青。南直武进人。［光绪］《武进阳湖合志》卷一七："（崇祯四年进士）王期升，职方司郎中，加太仆少卿。《陈志》：长沙知府。"（页46A）据《祁彪佳日记》卷七"林居适笔"："（崇祯九年十月）二十六日，至寓，值王丽青公祖来访。"（页237）王期升崇祯九年（1636）来守绍兴府，崇祯十三年（1640）改守长沙府。管绍宁《诰封中宪大夫浙江绍兴府知府震原王公墓志铭》："庚辰三月，刺史君移守长沙。"（《赐诚堂文集》卷一三，页2B）"庚辰"为崇祯十三年。

是月，作《林下茆屋图》。

《书画鉴影》卷一五："《林下茆屋图》，对幅，墨笔写意，'林下茆屋'题在石上。'丁丑季闰写似□翁老父母笑。元璐。'押尾白文'元璐'方印。"（页17B）

是月，同年张镜心新任两广总督，过杭州而未晤，懊悔累日。

《尺牍逸稿》卷五《与张总制湛虚》："间者旌麾耀明圣之湖，山麋都不之知也。及奉教函，如从天坠，懊悔累日。旋从他邮报颂，并以蛙鼓奉答咸池，想不浮沉也。王命卿士，惠此南国，方叔元老，克壮其犹。自可远烁伏波，近凌新建，当吉甫燕喜饮御诸友之时，是希夷梦回一笑坠驴之日也。"（页3B）

案：《国榷》卷九六："（崇祯十年闰四月丙辰）张镜心为兵部右侍郎兼右金都御史，总督两广军务。"（第6册，页5780）书云："间者旌麾耀明圣之湖，山麋都不之知也。""明圣之湖"即西湖。

五月十一日，同祁彪佳做东饯别亲家姜一洪，一洪新授广东左布政使。

《祁彪佳日记》卷七"山居拙录"："（崇祯十年五月）十一日，早出于城外，沈氏送姜光扬，主人设馔以饷……午后倪鸿宝至，同作主人，共谈于舟次，倪作扁字以赠。及暮姜光扬始至，饯毕已二鼓，乃归。"（页274）

案：[雍正]《广东通志》卷二七"左布政使"："姜一洪，浙江会稽人，进士，十年任。"（页11A）

致书两广总督张镜心荐亲家姜一洪。

《尺牍逸稿》卷四《与总制张中丞镜心》："顷为老年翁言敝亲姜光阳藩伯者，未知得蒙垂鉴？敝亲以静沉之气，致其精能，其于老年台臂指之期，度可无负。惟当公私俱困之时，又且道远，解报不时，司农诛求非意，纷纭一切，总恃万间。心常念之，又此申言，蛇雀在弟为甚也。切切主臣。"（页2A）

案：同年张镜心是年新任两广总督，"敝亲姜光阳藩伯"即亲家姜一洪，此间起为广东左布政使。

五月二十四日，枫社诸友集张岱新构云林秘阁，饭后听张岱弹琴，观《红丝记》。

《祁彪佳日记》卷七"山居拙录"："（崇祯十年五月）二十四日……抵偏门齐企之来晤，与之访张介子，顷之张宗子来促，遂赴其酌。枫社诸友已集于不二斋，宗子新构云林秘阁，诸友多晤谈于此。倪鸿宝最后至。饭后听宗子弹琴，优人以鼓吹佐之，及暮观演《红丝记》，席散宿舟中。"（页275）

案："张介子"名蕚，"张宗子"名岱。"云林秘阁"为张岱所构书屋，即"梅花书屋"，参见《陶庵梦忆》。（页25）

枫社集日，赏张岱家藏"木龙"石，命曰"木寓龙"。

《陶庵梦忆》"木犹龙"："木龙出辽海，为风涛漱击，形如巨浪跳蹴，遍体多著波纹，常开平王得之辽东，辇至京……不知何缘出易于市，先君子以犀觥十七只售之，进鲁献王，误书'木龙'犯讳，峻辞之，遂留长史署中。先君子弃世，余载归，传为世宝。丁丑诗社，恳名公人赐之名，并赋小言咏之。周墨农字以'木犹龙'，倪鸿宝字以'木寓龙'，祁世培字以'海槎'，王士美字以'槎浪'，张

毅儒字以'陆槎'，诗遂盈帙。"（页13）

案：《祁彪佳日记》卷七"山居拙录"："（崇祯十年六月二十二日）先是，得张宗子所作《木犹龙》诗，用苏长公《木假山》韵也。予与郑九华至寓山，午后属和成章，再为之作铭。"（页279）

新宅筑于绍兴城南五云门内东双桥，号曰"衣云阁"。

倪《谱》卷三："五月，治宅城南之罗纹。川畴交错，其罗如纹。府君性好山水，不乐广厦，以城南雅僻，有绿畴碧水，举目南山，故卜筑于此。"（页2B）

案：新宅位于城南，在今五云门内东双桥，此地又称"罗纹"，俗呼"罗门畈"，相传有罗隐坟，故名。《静志居诗话》卷二〇："尚书晚筑室于绍城南隅。"（页612）《霞外攟屑》卷四："文正新宅在今五云门内东双桥，所谓衣云阁，额曰'万马飞青'者。地近雷门，俗呼'罗门畈'，土阜隆起，俗传为罗隐坟。庄在于前，今止余楼居数椽矣。"（页16A）

窗槛法式，皆手自绘画，巧匠亦叹其精工。

《牧庵杂记》卷二"倪文正公逸事"："公晚筑室于绍兴府城南隅，窗槛法式皆手自绘画，巧匠见之束手，既成，叹其精工，其中堂东飞阁三层，扁曰'衣云阁'，凭栏则万壑千峰，皆在舄下，据一邑之胜。"（页8B）

新居尚未建成，资用已竭，致书王贻栻婿借支若干。

倪元璐《与王贻栻（一）》："蜗庐未成，而资用已竭，日贷无一应者，真可笑叹，计无复之。向年尊公所通七数，蒙谕到家不时取支，久不敢言，今不得不告消乏也，不知尊公曾有书来说及此否？或可专遂，幸为计之，即不妨陆续耳。"（故宫博物院藏，《中国书法全集（倪元璐）》，页170）

案：时筑新居费用不菲，告贷难求，其《与徐公亮生》："弟结庐遂不得成，丏贷通会途路已竭，始悔买山孟浪也。然而山气日夕佳，白云自怡悦矣。"（《尺牍逸稿》卷三，页15B）

鬻田营建新宅，感而有诗。

《倪文贞集》诗卷上《斥田治宅》："娄园袁师德，郑壁鲁新菑。郭巷反颜子，薇山半伯夷。襟全由肘让，肉尽恐疮疑。饥至方知误，误缘读泌诗。"（页22A）

案：《倪文正公遗稿》此诗自注："颜子居陋巷而有负郭田五十亩，吾视之诚悖，伯夷食薇而仍露处首阳，则吾已救得一半矣。"（卷一，页34A）

是月，前苏州推官周之夔讦奏张溥、张采倡复社，树党挟持，章下所司。

《国榷》卷九六："（崇祯十年五月己丑）前苏州推官周之夔讦奏太仓庶吉士张溥、前临川知县张采倡诸生复社，树党挟持，紊漕政，逐上官，章下所司。"（第6册，页5783）

案：祁彪佳有《与倪三兰》言及此事："顷闻年台竟有议处之旨，殊可骇愕。

吾年台以保士类、辟邪说而得处，公望愈重，人情愈饭，他日名位愈隆，展布愈大，不过迟一二年京卿之席耳，兹于年台何损乎？……周章甫果为陆文声后劲，不出年台所料，当日大疏方为复社消弭大衅，而彼开手以复社首恶为言，则动神明之疑，致年台之风波者，此疏有深毒焉。况其中所言曲庇数语，侵及年台已甚，弟与鸿宝兄议以为年台又当有一疏昌言，直发借题营官之隐，则不必护庇诸君，而保全自在……"（《林居尺牍》，《祁彪佳文稿》，页2251下）"周章甫"即周之夔，号五溪，福建闽县人，崇祯四年（1631）进士，授苏州推官，忤上官辞归。伏阙劾张溥及复社恣横状。著有《弃草集》。[乾隆]《福建通志》卷四三有传。（页86A）

祁彪佳来书言及周之夔疏讦复社。

祁彪佳《与倪鸿宝》："昨承赐分金，领讫。时以匆遽下乡，不及奉复诸公祖。复八坝公函想商人已达台览，兹得按台公祖之书，又如老留心地方极矣。但不知王太公祖擘画何似耳？周五溪又有奇文字附来供喷饭。弟入山已深，不欲出以语，未识令兄年兄暨张玉老何以应之也。"（《林居尺牍》，《祁彪佳文稿》，页2241上）

案："八坝公函"指钦赃害民事，详后。"周五溪"即周之夔，《祁彪佳日记》六月二十七日亦有涉及："是日，于邸报见苏之旧司理周五溪疏讦吴绅，语侵及予。"（页280）"令兄年兄"即倪元珙，"张玉老"即张国维，时为江南巡抚。

六月初三日，同年祁彪佳有书作复。

《祁彪佳日记》卷七"山居拙录"："（崇祯十年六月）初三日……入舟作书复倪鸿宝。"（页277）

初九日，祁彪佳来书邀请共餐。

《祁彪佳日记》卷七"山居拙录"："（崇祯十年六月）初九日……午后出寓山，值大雨，作书邀倪鸿宝小饭。"（页277）

六月十三日，黄道周上疏自劾，有"臣有三罪、四耻、七不如"之语。

《明季北略》卷一三："黄道周七不如"："（崇祯十年丁丑）十月，定东宫官属。先是，黄道周自陈七不如，谓：'品行不如刘宗周，至性不如倪元璐，远见深虑不如魏呈润，犯颜敢谏不如詹尔选，老成足备顾问不如陈继儒，朴心醇行不如李如灿、傅朝佑，文章气节不如钱谦益、郑鄤。'"（页221）

《漳浦黄先生年谱》卷上："（崇祯十年）六月十三日，具疏辞职，自劾'臣有三罪、四耻、七不如'之语。"（《黄道周集》卷首，页102）

二十四日，祁彪佳举五蘦于四负堂，共酌于静者轩，及暮乃去。

《祁彪佳日记》卷七"山居拙录"："（崇祯十年六月）二十四日，至柯园邀止祥兄过寓园，薄午，倪鸿宝、曾谦甫、柳白屿、可一师同舟至，举五蘦于四负堂。小憩起，共酌于静者轩，及暮而去，宾主欢洽。有坝税商人来见，共慰谕之。"

（页 279）

案：《祁彪佳日记》卷七"山居拙录"："（崇祯十年二月）二十一日，同郑九华至邢堂，市败产数间，欲构堂于丰庄，即名'四负堂'，以志吾过。"（页256）同卷："（四月）初五日，在山，四负堂成。"（页263）彪佳酷爱林泉山石，好友王金如来书"谓耽癖泉石，于君亲朋友兄弟之间皆有负焉"，故名曰"四负堂"。

二十六日，同年祁彪佳来书，请代撰八坝公书。

《祁彪佳日记》卷七"山居拙录"："（崇祯十年六月）二十六日，坐紫芝轩，为都门缙绅草八坝公书，再以一字致倪鸿宝。"（页279）

案："八坝公书"即指"致邓公祖言钦赃害民事"。

同年王铎作《规倪鸿宝》，言元璐刚直不阿，嫉邪太严，"有六可规也"。

王铎《规倪鸿宝》："仆不敏，与足下周旋，足下以仆可与言文，辱赐之款诚。仆以足下文实坚定，志意鲠笃，可称旷代之才也。近观足下有可当效药石者，他人不言，朋友有责善之道，思为足下进一规，足下能不以为逆耳乎？……以足下旷代之才，屈伸俯仰，如方朔之大隐金门，一龙一蛇，道互贯焉，奚不可？而足下嫉邪太严，介于石，巩于牛革，不稍转移于妨贤媚能之前，试盱两衡，观之有意，足下之拙乎、愚乎、莽乎、敢乎、踽乎、濡乎？不也，足下不能突梯滑稽？足下之才短于是，足下不履尾求哇，不能刚制于劲直谋国，而喉忌颔鳞于国之权臣。足下之才之所长，乃逢于戕败艾殄，足下何长天下士？犹曰倪公才长，不几几乎听之滥乎？今温、吴二蠹亦幸而萎矣。喂蝼如灰如不死，萎凋足下，足下虽居岩观川，震电凭怒，其大不利于足下犹未中辍也。足下性之砭确能改欤？能揣奸毒而再备欤？二虎猖猖，其庸有惜于足下？嗟乎足下，朋友攸摄，知己苦口，以一身负五可规之，偏庚而不自知也。非仆规之，其谁肯规？"（《拟山园选集》文集卷一七，页6B）

案：文云："凭虚加足下以小矢石，南归返棹，得将老母，不雇其大凶者，幸矣。"指元璐罢归冠带闲住。又据"今温、吴二蠹亦幸而萎矣"，指宰辅温体仁、吴宗达，温于本年六月致仕，吴于崇祯八年五月致仕。《明史》卷二三："（崇祯八年）五月乙亥，吴宗达致仕。"（第2册，页318）同卷："（崇祯十年）六月戊申，温体仁致仕。"（页321）王铎此文应作于是年六月温体仁致仕之后。

七月初二日，撰致巡按邓鋐公书言钦赃害民事，寄祁彪佳属其增删。

《祁彪佳日记》卷七"山居拙录"："（崇祯十年七月）初二日……得倪鸿宝所作公书，致邓公祖言钦赃害民事，予增其语之未畅者。"（页280）

案："邓公祖"名鋐，浙江巡按。所撰公书后得允行。《祁彪佳日记》卷七"山居拙录"："（崇祯十年七月）十一日……八坝商民以前公书得当事允行，群来言谢。"（页282）

八月十四日，祁彪佳入城来晤。

《祁彪佳日记》卷七"山居拙录"："（崇祯十年八月）十四日，入城晤外父……归舟晤倪鸿宝。"（页287）

八月十五日，中秋，致书许豸贺节并贺寿。

《尺牍逸稿》卷六《中秋日为海使者许公初度启》："千岁为秋，八月之望……极光炳其岁德，兵气销为月华。某荒野蚁民，相焉雀跃，觚觥上思柔之酒，弦管翘最深之云。为诵箕畴，五福曰寿，曾询海贾，万里同晴。曷极欢呼，冀垂鉴畜。"（页20A）

案："海使者许公"即宁绍台巡海道许豸，生辰为八月十一日。《崇祯四年辛未科进士履历》："许豸……壬子八月十一日生。"（页14B）

又为许豸作像赞。

《鸿宝应本》卷一六《海兵使者许平远像赞》："其面有肉，其性多骨，其容有霞，其肠多雪。其神安安，挥斥为力，其息深深，呵嘘为泽……亦类静者，亦类气侠，亦类专愚，亦类圣哲。五化曰周，三变其别，斯则儿童红女之所争睹景卿，而波鲸泽狐之所望影奔骇，比于逃霆者也。天子之形，何其杰哉！"（页7A）

九月初二日，祁彪佳有书寄至。

《祁彪佳日记》卷七"山居拙录"："（崇祯十年九月）初二日……抵家少顷，作书寄倪鸿宝。"（页290）

二十四日，同年祁彪佳等来访，参观新构府第。

《祁彪佳日记》卷七"山居拙录"："（崇祯十年九月）二十四日，与二友入城……值张介子，与同访王雅夷，介子先别，予与雅夷郎君观倪鸿宝新构府第，德公兄亦与王升之至，共游曲池及俞友之漪园。共饭于王雅夷家。"（页294）

秋，范景文为官南京有诗寄怀。

范景文《寄怀倪玉汝太史》："西湖感旧梦中过，桥畔秋容近若何。携奕山头皆谢墅，扣舷月下谱吴歌。星躔太史藏书丽，潮涌钱塘得气多。可忆白门孤啸者，江风萧瑟叹庭柯。"（《宗伯集》卷一一，页26B）

案：《范文忠公年谱》："（崇祯）八年乙亥二月，流寇告亟，升南京兵部尚书……十一年戊寅九月上疏言抚贼失计，又疏救黄道周等忤柄人，十二月削籍。"（页5B）诗云"西湖感旧梦中过""可忆白门孤啸者"，元璐落职乡居，范景文为南京兵部尚书时作。

读黄道周《慎喜怒以回天心疏》，有书致之。

《倪文贞集》卷一八《与黄石斋（四）》："每读大疏，神思豁然，得所论'慎喜怒以回天心'者，知兄正心之学，盖喜怒慎而好恶弗涉于一偏，刑赏悉归于至当，推而致之，即中和位育之理也。然尤愿在廷诸臣，精白一心，弗营金钱之窟，弗徇情面之私，弗沽声誉而昧国家之缓急，弗标名节而忘君父之焦劳，存虚公正直之心，

具明允笃诚之器，而后可以集事……年见〔兄〕持议侃侃，知圣明必前宣室之席耳。"（页4B）

案：黄道周《慎喜怒以回天心疏》题注："崇祯十年八月。"（《黄道周集》卷二，页184）道周是年五月晋升左谕德，掌司经局，八月上此疏。

十月二十三日，赴徐如翰席，同席者有姚应嘉、祁彪佳、陶书仓、姜玉洲等，观《四元记》。

《祁彪佳日记》卷七"山居拙录"："（崇祯十年十月）二十三日，大雾。早，与郑九华入城……赴徐檀燕席，同席为潘郢白、余心涵、钱阳明、胡青莲、姚兢初、姜玉洲、陈襄范、倪鸿宝、陶书仓、谢岵云，观《四元记》。"（页298）

十一月初三日，祁彪佳来书请为马同年如蛟父母撰传。

《祁彪佳日记》卷七"山居拙录"："（崇祯十年十一月）初三日……致书倪鸿宝，求为马讷斋父母传。"（页300）

案：所言"马讷斋父母传"，即元璐《封文林郎福建道监察御史马公鼎臣暨配封孺人刘氏墓志铭》（《倪文贞集》卷一〇，页17A），祁彪佳亦有《马讷斋父母赞》。《祁彪佳日记》卷八"自鉴录"："（崇祯十一年八月二十五日）作《马讷斋父母赞》。"（页348）

初六日，冬至，致书问候宁绍海巡道许豸。

《尺牍逸稿》卷六《与海巡道许使君豸》："时当阳长，地享波宁，与万汇以昭苏，征一方之清宴。惟老祖台元老壮犹，丈人贞律，倾否为泰，积刚曰强。七日独复之天，黄钟自养；三年有赏于国，朱缓方来。某负暗骏晖，延息鸿钥，近瞻紫霭，欣书鲁国之云；侧咏《缁衣》，恭献崔骃之袜……不胜距踊，莫极名言。"（页20A）

案：郑《表》，是年冬至为十一月初六日。

十二月，入居城南新宅衣云阁。

倪《谱》卷三："（崇祯十年）十二月，规模略成，遂入居焉。"（页2B）

案：祁彪佳《越中园亭记》卷二："吾越无地非佳山水，而不能得之于闉闍之中，惟倪鸿宝太史所居，独见畅朗，衣云阁又其最也。万壑千岩，若特为此处铺设，至其逶迤层折处，自堂及寝，无非园亭，近又引流为沼，积土为山，曲廊水轩，回环映带，更辟一绝胜地矣。"（页15A）

园中构三层楼，其两旁种竹数百竿，颇极萧疏之致。

《静志居诗话》卷二〇："尚书晚筑室于绍城南隅……堂东，飞阁三层，扁曰'衣云'，凭阑则万壑千岩，皆在鸟下。"（页612）

《柳南续笔》卷二："倪文正公元璐，甲申死节名臣也。爱构园亭，颇极工巧……园中构三层楼，其两旁种竹数百竿，颇极萧疏之致。公尝谓人曰：'卫诗云：瞻彼淇奥，绿竹猗猗。竹固水产也，今托根百尺之上，君以为何如？'其可笑如此。"

（页 15A）

黄宗羲《思旧录》："先生导余登三层楼，正对秦望，其两旁种竹数千竿，磨戛有声。先生笑谓余曰：'竹固水产也，今托根百尺之上，子以为何如？'先生殉节以后，余再过之，其地已为瓦砾矣。此亦通人之弊也。"（页 4B）

案：楼之两旁种竹数千竿。全祖望《夜与谷林坐天目山房看月，谈及倪文正公筑露台以种竹，及以徽墨涂壁，谷林欣然思效之，率尔有作》："衣云阁外万竿竹，绝地累土高十寻。尚书于此著《儿易》，黄芽竞苗苍精吟。"（《鲒琦亭集》诗卷二，页 21A）

宅东自为小丘，名儿山。

王翚《勤王篇送倪鸿宝司马学士北征》自注："先生宅东自为小丘，名儿山。"（《匪石堂诗》卷五，《上海图书馆未刊古籍稿本》第 46 册，页 141）又《秋日过学士倪文正公园五首》自注："越王城故有八山，先生凿治覆箦，自名儿山。"（同上卷二三，第 47 册，页 167）

衣云阁有"满听轩""硕窭堂""筵妙楼""宁作我"轩。

唐九经《补正应本说》："丁酉九月朔，余过满听轩……虽然先生浮葬浅土已十余年，硕窭堂亦几就圮……"（顺治十四年唐九经重修本《鸿宝应本》卷首）

《祁彪佳日记》卷一一"小救录"："（崇祯十四年四月）初六日，入城……薄暮至倪鸿宝园中，王抟九、玄趾两舅及张平子先在作主，张介子、奕远侄亦在，举五簋于满听轩，再小酌于筵妙楼，传觞闻乐，予深悔之，盖初已辞而不获也。"（页 517）

王翚《秋日过学士倪文正公园五首》自注："园有'宁作我'轩。"（《匪石堂诗》卷二三，《上海图书馆未刊古籍稿本》第 47 册，页 167）

孙永祚来游衣云阁，有诗。

孙永祚《题倪鸿宝先生园亭》："忧乐关天下，经营聊一丘。林塘多月事，楼阁与天谋。半野廛居地，千峰枕席秋。东山有芳墅，安石旧风流。"（《雪屋二集》卷四，页 19B）

又《题倪鸿宝先生衣云阁》："闲阖门开呼吸闻，星辰颗颗缀衣裙。当头欲摘广寒月，正面尝看秦望云。拔地下移旗五丈，倚空中驻鹤千群。莫言好道楼居日，一柱擎天正得君。"（上书，页 20B）

案：孙永祚，字子长，号雪屋，南直常熟人。明贡生。钱谦益颇重其才。入清，隐居教授。有《雪屋文集》。

宅左筵妙楼，即著《儿易》处。

倪《谱》卷三："著《易》处在宅左筵妙楼，楼峙水上，前通莲沼，左有土山，以其小也，亦称儿山。"（页 4A）

348

案：方其义有《饮倪鸿宝先生延妙楼出其易仪见示》（《时术堂遗诗》），即指其处。

门人王瞿等登楼看晴雪，衣云阁主人赋诗索和。

《倪文正公遗稿》卷一《王予安同诸子小楼看晴雪，因赋晴雪积长松二诗索和》："不观雪后松，安知天地容。妙夺胎于月，微留骨予峰。萧然五亩宅，淡者百为宗。非以君心素，因何设此供。"（五言律，页48B）

王瞿《倪司成招同诸子看雪衣云阁》："晴雪积长松，高楼不隐容。飞来将乐石，坐对大峨峰。炉瀑流晴照，儿山表物宗。儿山，先生自为山也。无劳杖履引，片片碧桃供。"（《匪石堂诗》卷一九，《上海图书馆未刊古籍稿本》第47册，页71）

案："小楼"即飞阁三层之"衣云阁"。何创时书法基金会藏"行书七律诗轴"，所书诗为《倪文贞集》诗卷下《小愈后，吴澹人诸君移尊过斋，作文字饮》之二（页19B），题识："杨伯祥诸子移尊草邸，时病方愈，似予安仁兄吟伯正之。元璐。"（何创时书法艺术基金会网站）"予安仁兄吟伯"即王瞿。

王瞿（1587-1667），字予安，又字懋远。浙江山阴人。崇祯六年（1633）举人，与祁豸佳、董旸、陈洪绶等号称"云门十子"。为诸生时，尝客袁崇焕幕中，南明时曾任兵部职方郎中。后为僧，名大俍。卒年八十一。著有《匪石堂集》。（《遗民诗》卷一〇小传，页3A）

闻有蜚语不利于浙江巡抚喻思恂，致书慰之。

《尺牍逸稿》卷五《与浙抚喻中丞》："得报，恫然大骇，不知所由。天下滔滔，浙独平宴，是谁之力与？功罪不明，而求天下之治，乌可也。圣主风雷鸿遵不远，惟我海国顿失长城，何恃而不恐？某山麋也，既已吞炭缝唇，不欲言门外事，抑心所谓危何能已已？"（页30B）

案：喻思恂抚浙四年有余，浙闽沿海得以安宁。[道光]《重庆府志》卷八喻思恂传："平海贼刘香，时倭贼出没为患，恂捐俸节费得银二十一万为防海军储，浙闽赖以敉宁。"（页37A）书云："得报，恫然大骇，不知所由。天下滔滔，浙独平宴，是谁之力与？功罪不明，而求天下之治，乌可也。"或指有蜚语不利于思恂。

李雯有诗寄赠。

李雯《赠倪鸿宝先生》："抗疏西清动九重，瞻仪胄子更雍雍。两朝南史推雄笔，一日东山作卧龙。自有苍生劳梦想，如公初服未从容。极知圣主求贤切，不许人间有赤松。"（《蓼斋集》卷二五，页12A）

案：据"自有苍生劳梦想，如公初服未从容"，当元璐归里闲居时作，姑系于此。宋征舆《云间李舒章行状》："（陈）卧子方盛自负，得（李）舒章气益壮，两人深相信。各有所论著，辄自方古人，高自位置，闻者大骇。已而姑苏姚学士现闻、会稽倪学士鸿宝，亟称两人才。"（《林屋文稿》卷一〇，页1A）倪元璐有《草书世说新语句》题识："似舒章世丈。元璐。"（《中国书法全集（倪元璐）》，页 213）即书赠李雯。

李雯（1607-1647），字舒章。南直上海人。少与陈子龙、宋征舆齐名，合称"云间三子"，以文章名世。父逢申，万历四十七年（1619）进士，官工部主事，劾兵部尚书梁廷栋误国，疏寝不报。会监督火药失事，廷栋中以违法论戍。雯走京师讼冤，不报，雯弟又伏阙上书，事遂得白。崇祯十五年（1642）举人，清军入关时，雯正在京城，荐授内阁中书舍人，充顺天乡试同考官。顺治三年（1646）南归葬父，染病而卒。著有《蓼斋集》《蓼斋后集》。[嘉庆]《上海县志》卷一三有传。（页21B）

商周祚召为左都御史，有书致之。

《尺牍逸稿》卷五《复商公等轩周祚》："昨岁曾于贵铃下王弁附候数行，莫沉浮否？"（页28A）

案:《国榷》卷九六:"（崇祯十年闰四月）庚子,起商周祚为都察院左都御史。"（第6册，页5780）又《祁彪佳日记》卷七"山居拙录"："（崇祯十年四月）二十七日，微雨。闻外父兼用总宪命，即走贺之。"（页266）彪佳闻悉升迁消息稍早。

十二月，邑人礼部尚书姜逢元、兵部尚书王业浩罢。

《国榷》卷九六:"（崇祯十年十二月）癸丑，罢礼部尚书姜逢元、兵部尚书王业浩。先是，吏科给事中陈启新疏论考选，有旨指其实，又进吏部访册，而逢元、业浩独圈多，上嫌其滥。启新遂参泾县知县尹民兴、江都知县颜胤浩及湖州知府陆自岳，俱谪之。"（第6册，页5795）

案:《祁彪佳日记》卷八"自鉴录":"（崇祯十一年正月）十九日……归阅邸报，见王峨云、姜箴胜同日被严旨放归。"（页315）"王峨云"即王业浩，"姜箴胜"即姜逢元。

姜逢元，字仲初，号箴胜。浙江余姚人。万历四十一年（1613）进士，选庶吉士，累迁国子司业，侍讲经筵，得大体。赵南星为左都御史，叹服之。时魏忠贤擅政，纂《三朝要典》，命逢元为副总裁。每搁笔而叹，忠贤朝闻夕逐，令其闲住。崇祯初，起为詹事，累官礼部尚书，加太子太保。崇祯十年，因考选上嫌其滥，严旨放归。[光绪]《余姚县志》卷二三有传。（页19A）

是月，同年徐石麒赴京入贺，题画送别。

《倪文贞集》诗卷下《题画送徐虞求京兆入觐》："千花万卉中不妍，千风万波中不颠。此是恒山大茂石，天教飞到圣人前。"（页33B）

案:《国榷》卷九六:"（崇祯十一年二月）南京应天府丞徐石麒入贺，在京上言。"（同上，页5801）此诗即送其入觐时题。

徐石麒（1577-1645），字宝摩，号虞求。浙江嘉兴人。天启二年（1622）进士，授工部主事，因得罪魏忠贤，被削籍。崇祯三年（1630）起南京礼部主事，迁考功郎中，历尚宝卿、应天府丞，入为左通政，累迁光禄卿、通政使，擢刑部尚书。以办熊开元、姜采案失上意，落职闲住。南明弘光时复职，官至吏部尚书，被劾称疾乞休。嘉兴城陷，朝服自缢死，谥忠襄。著有《可经堂集》。事具《明史》卷二七五本传。（第 23 册，页 7039）

刘廷谏来书，乞为其文集撰序。

刘廷谏《与倪鸿宝（二）》："小集一册，去岁曾言之，今究竟不能自割其丑，必欲乞一言为重……而究竟不能自割其丑，斯亦弟之愚也已。虽然，村留神遇鲁班，则深匿不出，问之曰：'卿善图物，吾不敢以貌露也。'弟谓村留亦愚，苟得公输一图，人将贵而重之，真面目毕见于世，良大愉快事，何以匿为？今日者乞灵一言，见之者不曰'北鄙刘郎之物'，而曰'上虞先生所品定之物也'，不将贵而重之乎？弟又何敢效村留之知，而究竟自匿其丑也。"（《尺牍新钞》卷八，页 38A）

案：刘廷谏有《雪庵初稿》，钱谦益有《刘咸仲雪庵初稿序》："余与咸仲先后下狱，咸仲先得释，来唁余于长安，尽出所著诗文，属余评之。"（《初学集》卷三一，页 909）钱序作于本年，乞元璐撰序亦应在本年。

题顺天巡抚陈祖苞《拂奸始末》。

案：倪元璐《陈令威中丞拂奸始末赞》，《鸿宝应本》有目文阙。陈祖苞（1586-1639），字尔翔，号令威。浙江海宁人。万历四十一年（1613）进士，历任昆山县令、永平府推官、兵部主事，以不肯媚珰诬杀落职。崇祯初复职，十年（1637）以右副都御史巡抚顺天，次年坐失事系狱，饮鸩死。［康熙］《海宁县志》卷一一有传。（页 16B）题曰"陈令威中丞"，应作于本年（1637）陈祖苞擢顺天巡抚后。"拂奸始末"，指天启五年（1625）陈祖苞不肯媚珰诬杀难民见揿。据［康熙］《海宁县志》卷一一陈祖苞传："（天启）乙丑，升兵部职方，实司山海关，锁钥云会。有难民聂廷金等七人被获，逆珰魏忠贤主东厂乱政，欲杀之冒功，嗾其党移书文致七人者罪，且唶以不次超擢，弗许。公审系难民，释之，逆珰怒其强直，矫旨罢任。"（页 16B）

书《读徐九一疏草诗轴》赠周祚新。

倪元璐《读徐九一疏草诗轴》题识："读徐九一疏草有作，书似又新老先生正。元璐。"（四川省博物馆藏，《中国古代书画图目》第 17 册，页 46）

案："又新老先生"即周祚新，祚新父子与越中诸友多有书画往来。如《祁彪佳日记》卷七"山居拙录"："（崇祯十年闰四月）二十五日……午后邀越卓凡、周又新乃郎同赵可孙、赵孟迁、张毅孺、张子威、僧赖先小酌，时风雨骤至，共快观于远阁前，是所未有也。"（页 271）又卷九"弃录"："（崇祯十二年二月）十五日……得周又新书，赠以画，杨龙友为之题咏，从张毅孺致来，即手复之。"（页 374）

周祚新，字又新，号墨农。贵州卫人。杨文骢妹夫。天启七年（1627）举人，崇祯十年（1637）进士。官主事，弘光时官兵部司官，卒。侨居金陵，善诗画，尤擅长墨竹，以及山水，每具郁勃之气，画不亚于杨文骢。精于赏鉴，所藏多名迹。《黔诗纪略》录其诗七首。（《黔诗纪略》，页942）

许豸之子许友执贽门下，约在本年。

许友《祭倪鸿宝师文》："每出谒师，退必立友于庭，曰：'两浙多贤大夫，然吾度无出鸿宝先生右者。先生之友，几遍天下，顾惟与吾最故。尔其手录所作诗文，亟往修贽门下。'"（《米友堂集》祭文，页1A）

撰《五簋享铭》，燕乐嘉宾崇尚简约。

《倪文贞集》卷一七《五簋享铭》，其一："饮食之事，而有江河之忧，我辈不救，谁救之者天下？岂有我辈聚会，是饮食人？《诗》云'以燕乐嘉宾之心'，言燕宾宜娱其意也。谨参往谋，条为食律……"其二："……夫惟简朴，名美用臧。朴则丰洁，简乃精良。以少为贵，岂作于凉。五簋十豆，惟酒无量。"（页15B）

案：明末时风尚奢，燕饮豪纵。叶梦珠《阅世编》卷九："肆筵设席，吴下向来丰盛。缙绅之家，或宴官长，一席之间，水陆珍羞，多至数十品。即士庶及中人之家，新亲严席，有多至二三十品者，若十余品则是寻常之会矣。"（页218）五簋之饮，源自宋苏轼《节饮食说》，浙中王思任、倪元璐、祁彪佳等倡之，王思任有《五簋斋铭》（《谑庵文饭小品》卷一，页44A）。［光绪］《青浦县志》卷一四王思任传："暇则以诗文自娱，留意人才……在官燕客用五簋，著《五簋说》以示风尚。"（页5A）

本年，朝鲜降于清朝。张献忠、罗汝才犯安庆，南京大震。李自成由秦州入四川，逼成都。两畿、山西大旱，山东、河南蝗，民大饥。温体仁致仕。

【诗文系年】

《喻抚台》《与王贻栻（二）》《和诗》《题卓珂月缑笙遗吹》《答卓莲旬（一）》《闻朝鲜堕一城愤赋》《与巡海道许使君豸》《与杭严道黄使君鸣俊》《复蔡公虚台》《寿胡母徐太君十赞》《金山》《金沙周第五公暨配徐夫人墓表》《与会稽林令君逢春》《答卓莲旬（二）》《题卓左车集》《与张总制湛虚》《与总制张中丞镜心》《与王贻栻（一）》《斥田治宅》《中秋日为海使者许公初度启》《海兵使者许平远像赞》《与黄石斋（四）》《与海巡道许使君豸》《王予安同诸子小楼看晴雪，因赋晴雪积长松二诗索和》《与浙抚喻中丞》《题画送徐虞求京兆入觐》《陈令威中丞拂奸始末赞》《五簋享铭》。

崇祯十一年戊寅（1638），四十六岁

绍兴里居。长孙倪运彩生。

正月初三日午后，同年祁彪佳来晤。

《祁彪佳日记》卷八"自鉴录"："（崇祯十一年正月）初三日……午后复投诸亲刺，晤倪鸿宝及田会伯乃翁即归。"（页312）

祁彪佳新建寓山园，承诺为撰《寓山赋》。

祁彪佳《与倪鸿宝》："春日芳菲，知老年翁奉老年伯母新祉，骈集一芹，以佐春觞，伏祈涵鉴。小园荷慨许作赋山灵，实闻斯言因屦剞未竣，遂迟珠玉之赐，求者［缓］正望年翁应之亟耳，尚容抠领躬谢。"（《里中尺牍》戊寅春季册，南京图书馆藏明钞本）

案："寓山"为祁彪佳新筑别墅，［嘉庆］《山阴县志》卷七："寓园，去府城西南二十里，有寓山。崇祯初，御史祁彪佳依山作园。园有八景，曰芙蓉渡、玉女台、回波屿、梅坡、视莺馆、即花舍、归云轩、远山堂诸名。"（页11B）其遍索友人撰文赋诗纪之，祁彪佳纂辑《寓山注》二卷，搜罗殆尽，然未见元璐有作。

二月初五日，祁彪佳再次来书索撰《寓山赋》。

祁彪佳《与倪鸿宝》："一芹未荷全鉴，殊为怅然，然小园尚有一二构造在意中，诎于费不能举，另幅附览，乞入之佳赋内可作梦游，亦未必不为他日兆也。翁艾舍弟扇头乞大笔，幸即挥赐。昨恳未及，敢再布之，不烦裁答。"（《里中尺牍》戊寅春季册，南京图书馆藏明钞本）

案：《祁彪佳日记》卷八"自鉴录"："（崇祯十一年二月）初五日……再致书倪鸿宝，索《寓山赋》。"（页318）疑即此书。

是月，叔父倪涷八十寿辰，元珙遍征诗文为寿。

黄道周《倪晋源年伯八袠贺以古风》："暗河桂子绕枝缠，何知明镜当天悬……自有新诗来解鼎，况逢荣树旧曝佺。行路合知骢马贵，抱关安识青牛玄。坐使疮痍出九地，岂有故旧呼二天。两岸不知秋水涨，花溪犹作秦人传。"（《黄道周集》卷三八，页1910）

案：《倪氏宗谱》卷二倪涷传："生嘉靖三十八年乙未二月十六日。"（页112B）是年八十。祝寿之作有：钱谦益《奉赠会稽倪太公十四韵》（《初学集》卷一〇，页352）、徐石麒《三澜倪老公祖征诗寿太翁老年伯，不敢谢，因赋以志喜》（《可经堂集》卷四，页9B）、蒋德璟《封侍御晋源倪公开八袠序》（《敬日草》卷五，页40A）、李雯《寿倪三兰老师尊人四章》（《蓼斋集》卷九，页4B）。又《祁彪佳日记》卷八"自鉴录"："（崇祯十一年八月）二十六日……从五云门入，贺倪晋翁年伯寿。"（页348）

是月，刑部尚书郑三俊下狱获释，以诗志喜。

《倪文贞集》诗卷上《郑元岳司寇解网志喜》："亦念皋陶直，平反信早乎。星辰摧贯索，勋业托耕锄。云著连山易，阿成卧佛图。清时询黄发，未易守菰芦。"

（页 32A）

案："郑元岳司寇"名三俊。《崇祯实录》卷一一："（崇祯十一年二月）癸卯，下刑部尚书郑三俊于狱。庚戌，上御门，召诸臣申饬。释三俊于狱，令其回籍。虽诸臣互救，上亦知其清节也。"（第 88 册，页 319）

郑三俊（1574-1656），字用章，号元岳。南直建德人。万历二十六年（1598）进士，授元氏知县，累迁南京礼部郎中、归德知府、福建提学副使，督浙江粮储。召为光禄少卿，改太常，擢左副都御史，褫职闲住。崇祯初，起南京户部尚书，移南吏部，入为刑部尚书。以拟旨不称，下狱。众官上疏力救，以其无赃私令出狱候讯，十五年（1642）正月召复故官。为人端严清亮，正色立朝。事具《明史》卷二五四本传。（第 21 册，页 6562）

二十八日，倪会鼎生子运彩，是为长孙。

《倪氏宗谱》卷三："（会鼎子）运彩，行均二，字载揆，官生。善文词，笃孝行。生崇祯十一年戊寅二月二十八日卯时。配下管侍郎徐公人龙孙女。"（页 110A）

三月，南京职方郎中钱位坤来书，复之。

《尺牍逸稿》卷三《复南职方钱大鹤》："海内才气之彦，望兄翁影子，无不自唾其面，以为不如。何况下走十年神交，知台兄梦中时有往来，此则实相不关，因想向在春明，边尘已动，许阉城时过饮，笑为言：'今世正骨绝才，无如南职方者。'言未绝口，临淮雁之惊矢至矣，世事可叹，岂止一端？天欲治平，必还我公，但得正人乘时，足以云救。某投林以来，不敢远飞衿气，忽承明问，猿鹤俱惊。家兄遂作监厨，浮沉不得出，台问当顺风致之。"（页 6A）

案："南职方钱大鹤"名位坤。［乾隆］《苏州府志》卷三七"进士"：（崇祯四年庚午科）钱位坤，与立，兵部郎中。"（页 21B）

钱位坤（1606- ？），字与立，号大鹤。南直长洲人。崇祯四年（1631）进士，授南职方主事，因事罢归。崇祯末，起为大理寺右寺丞。李自成陷京师，授国子监助教。国变消息传至江南，苏州诸生聚而焚劫其家。著有《大鹤山人宫词纪事》。《明季北略》卷二二有传。（页 635）

又为钱位坤家舟"烟霞载"题诗。

《倪文贞集》诗卷下《题钱大鹤职方烟霞载舟名》："离离白凤采，滚滚赤蛟涎。悉化为烟霞，氤氲装一船。""雷霆岂不闻，蛟龙时亦过。不愁眠不熟，此不是风波。"（页 23B）

案：钱位坤宦南京有舟名"烟霞载"。吴伟业《祭钱大鹤文》："忆昔南都，子官职方，受知枢密，经营设防……文雅从容，好整以暇，帐后清歌，《石城》《子夜》。灯球箫鼓，百戏杂陈，楼船《桃叶》，飘瞥若神。"（《吴梅村全集》卷五三，页 1076）范允临有《烟霞载为钱甥大鹤赋》（《输廖馆集》卷一五言律，页 19B），范景文亦有《烟霞载为钱与立题》（《文忠集》卷一一，页 32A）。

钱位坤有子号非台，居天平山之原，名其屋曰"续烟霞载"，倪会鼎有《钱非台续烟霞载》诗。诗序云："非台为大鹤先生哲嗣，崇正〔祯〕时先生以职方受钺破贼庐、六间，军声方振，权奸忌之，左迁散秩归，具一舟号'烟霞载'以寄志。时先文正公亦以忤权里居，有舟名'锄水'，篇章投赠，交相慨也。今非台继述于天平山之原，以船名屋，号'续烟霞载'，小子惭与恨俱不复成咏。"（《上虞诗选》卷三，页 1B）

三月，岳翁贵、湖、川、云、广五省总督朱燮元卒，为撰行状。

倪元璐《明特进左柱国光禄大夫少师兼太子太师兵部尚书兼都察院右都御史总督贵湖川云广五省军务兼巡抚贵州等处地方恒岳朱公行状》："公讳燮元，字懋和，别号恒岳，越之山阴人也……壬戌，崇明父子复至叙州，公兼程追剿，凡所复州县三十有七。此时，公以巡抚命，得便宜行事。癸亥，进兵部右侍郎，总督川、湖、陕西军务……甲子正月，录捣巢解围功，加右都御史。十一月，加兵部尚书。是时黔师失利，赐尚方剑，移督贵州。丙寅，招崇明心腹拍登等，遂斩伪大梁王奢寅首以献……安邦彦、奢崇明、莫德等犯永宁，公率黔、蜀将士拒战于红土川，尽歼其元凶，诸酋入屯自守，亲督黔兵追剿三百余里。安位穷迫，率所部四十八目、三十六宗乞降，凡擒斩二万余人，而黔事底定矣……滇酋普名声作乱，公出师协剿，而名声既歼，滇省晏然矣……公以戊寅三月二十四日卒于黔，享年七十有三。天子震悼，赐祭九坛，遣官视葬，恤劳臣也。"（《朱少师奏疏》卷首）

案：《国榷》卷九六："（崇祯十一年三月）丁亥，总督川、湖、云、广、贵州军务兼巡抚贵州、少师、兵部尚书兼右都御史朱燮元卒。"（第 5 册，页 5804）郡邑官吏及乡绅吊唁，有刘宗周《特进左柱国光禄大夫少师兼太子太师兵部尚书都察院右都御史总督贵湖川云广五省军务兼巡抚贵州等处地方恒岳朱公墓志铭》（《刘宗周全集》第 6 册，页 678）、陈子龙《特进柱国少师兵部尚书恒岳朱公传》（《安雅堂集》卷一二，页 28B），祁彪佳、张岱、陈洪绶赴吊并有奠文。

有书致同年两广总督张镜心。

倪元璐《与张湛虚》："一别如雨，每怀雄概，夜辄梦寻。老年翁以文武为宪之才，式是岭海机能钤算，坐静蛮烟，远攀伏波，近提姚水，由此入正枢揆，天下其定乎？弟投林以来，春晖足乐，菽水而外，无有他谋。既共麋鹿气味水乳，遂乃墐户塞耳，畏闻人声，不知山外是何岁月耶。顺风起居，感惠子之知我也。"（《云隐堂文集》附，页 8B）

案：书云"老年翁以文武为宪之才，式是岭海机能钤算"，即张镜心任两广总督时所作。

为次婿王贻栻举业文撰序。

《倪文贞集》卷七《王甥尔式时文序》："予以文章交尔式三世……余父事、兄事，游二郡之间，笔朋砚徒，旬必一集，每相其须情鼻采，即知意思，不待文成，悉已契会，因是道合与为婚姻。时尔式生方二岁，未可断其能文，而予谓可妻也。以是祖、父文心所蒸，足才十世，况一再传乎！而其后十年，尔式果以能文名……今夏以省司马公金阊境上，裹粮数百里。顾念三吴之间，多大儒哲匠，请得操文二十篇，广求针箴，定胜闭门造车。"（页24B）

案："王甥尔式"即王贻栻，娶元璐次女。《倪氏族谱》卷二："（倪元璐妻陈氏）生四女……次适山阴尚书王公业浩子、袭锦衣百户贻栻。"（页104A）。文云"予以文章交尔式三世"，其祖"水部先生"即王先铉，其父"司马公"即王业浩。王贻栻时约二十一岁，崇祯末袭锦衣卫千户。[光绪]《余姚县志》卷一九："王贻栻，以父业浩袭锦衣卫千户。"（页89A）王业浩时在苏州暂居，沈德符有《季夏同王峨云大司马集吴门徐清之园林观家伎，时徐元叹文学、何、李、卫三姬同集，即席赠别司马公二首》（《沈德符集》，页265）可证。

王业浩（？-1643），字士完，号峨云。祖籍浙江上虞人，迁居山阴。万历四十一年（1613）进士，初知谷城县，调襄阳，入为御史，魏忠贤专恣，凡直言，数罹诏狱，削夺归。崇祯改元，擢右通政，以右都御史总督两广。时粤陈万、钟灵秀等拥众数万据九连山，出没肆掠，业浩集兵击之，剿抚兼施，其乱悉平。加兵部侍郎，晋尚书。十年（1637），罢归。[嘉庆]《山阴县志》卷一四有传。（页62A）

左都御史商周祚来书，有书复之。

《尺牍逸稿》卷五《复商公等轩周祚》："老亲翁宪于万邦，而点灼加焉，令人眺裂。然老亲翁之过，则亦有之，未免为浙人，又未免为浙之贤者，又未免所在彪炳，跼人颅顶之间。若是，则今日之事固其宜也。虽然群心惜枉，圣主鉴切，此又非老亲翁不能得之，此举正为他日下枢揆钉子，振翮者低其距，理固然也……昨岁曾于贵铨下王弁附候数行，莫沉浮否？"（页28A）

案：书云"老亲翁宪于万邦"，则商周祚时任左都御史。《国榷》卷九六："（崇祯十一年五月）丙寅，商周祚为吏部尚书。"（第6册，页5808）此书是年五月前作。

春夏间，许豸升任浙江督学，撰文为贺。

《倪文贞集》卷八《贺许平远兵金晋督学序》："天子御极十余年间，任才求功，道亦百出矣……今许公方始受命，铎雨在握，莪苤未敷，而某推测小明，大约许公之所务为功者二而已。其精之必以其诚正之学，其粗之必极为文章之谋。且夫世甚急术，而不以诚正为迂；世甚急功，而不以文章为末者，此惟许公能明之也……是故吾量吾国，不过期月，文且大起；更益三年，将相大儒之才，漓然俱出矣。当是时，会稽之郡大夫王公、关公，闻天子之命许公也，奔告某，使为歌诵之言，某谢不敏。"（页5B）

案：《鸿宝应本》题作《贺浙江海兵道佥事许平远晋本省督学序》（卷六，页16A）。《崇祯四年辛未科进士履历》："许豸，字平远……戊寅，升浙江提学，右参议。"（页14B）又王嗣奭《许平远海宪督学本浙赋赠》："寒探春信溪梅畔，暑跂清阴水竹边。"（《密娱斋诗集》后集）则是年春夏间擢浙江督学。文云"会稽之郡大夫王公、关公"，"王公"即知府王期升，"关公"即推官关永杰。

同年祁彪佳再来书催促撰《寓山赋》。

祁彪佳《与倪鸿宝》："日来延颈望《太冲》《三都》，得示尚欲迟之少许日，年翁七步才速亦佳，况迟耶？不禁馋渴望命笔，早为我解之。二箧舍弟求得大笔，领入附谢，小构尚在跨踏，若早举事，不敢舍良工他属也。何日图面，言之怅怅。"（《里中尺牍》戊寅夏季册，南京图书馆藏明钞本）

端午，致书仁和县知县吴培昌。

《尺牍逸稿》卷六《与吴仁和》："天中节至，熏风南来。老父母扬江百炼之铜，以为明镜；茧五华之缕，是处朱孙。家佩辟兵之符，人饴益智之粽，锦翻江影，雷震欢声，此其时矣。某不能跻堂，又迷织组，遥陈涧藻，小佐菖花，幸勿彼哉！"（页19A）

案：［康熙］《杭州府志》卷二一"明知县"；"吴培昌，（崇祯）十一年任，华亭人，进士。"（页6B）书云"天中节至"，即端午节作。

吴培昌（1611-？），字永生，号坦公。南直华亭人。崇祯十年（1637）进士，授仁和县知县。与陈子龙、李雯等交善，陈子龙有《寄仁和令吴坦公，吴约余春明游湖上也》（《陈子龙诗集》卷一四，页474），李雯有《赠仁和令吴坦公》（《蓼斋集》卷二五，页12A）。

钱塘知县邬明昌之祖邬必强卒，为撰墓志铭。

《鸿宝应本》卷九《楚百岁翁邬廷实先生墓志铭》："今天子御极之十年，进士武昌邬公某，上言：'臣大父某，积学行义，已及百年。伏惟陛下清刚之气，降钟山川，悠远之征，渐被黎老。夫上有升恒之福，则下有难老之人，臣昧死谨具状闻。'天子览书甚悦，诏赐冠带粟肉，又使所司表石其闾，天下于是知有邬廷实先生。是故楚人荣之，曰'人必宜有孙也'。已而邬公谒选，授钱塘令，奉先生就养于官，以为其阅深中静，而明治民，将必有贻厥焉。而邬公视钱塘三月果大治，民于是乎歌'邬父'。是故吴人功之曰：'人必宜有祖也。'居之一年，忽骑箕尾，非有疾患，乘化洒然……先生生嘉靖十七年戊戌，卒崇祯十一年戊寅。"（页22A）

案：《国榷》卷九六："（崇祯十年五月）丁亥，进士武昌邬明昌上言：臣祖必信生嘉靖戊戌，今年百岁，命赐冠带粟肉，后戊寅卒。"（第6册，页5783）邬必强（1538-1638），一作必信，卒于其孙邬明昌钱塘官署。

邬明昌，字峒庵。湖广武汉人。崇祯十年（1637）进士，授钱塘知县，次年丁忧归。

〔康熙〕《武汉县志》卷六"进士"："邬明昌，字峒庵，崇祯丙子举于乡，丁丑联捷进士，授钱塘令。顺治三年总督江禹绪题荐一次，顺治九年按院李敬题荐一次。"（页46B）

五月二十九日，祁彪佳来访未晤。

《祁彪佳日记》卷八"自鉴录"："（崇祯十一年五月）二十九日……又访倪鸿宝，未及晤。"（页335）

是月，有诗寄吏部尚书商周祚。

《倪文贞集》诗卷下《寄商等轩冢宰》："鲲海蜗庐总莫论，大都容得下琴樽。欲将吏部长名榜，比勘东林离垢园。李下自无蹊径在，山公原有竹林存。幽居也不宜篱棘，多少禽鱼望引援。"（页21B）

案：《国榷》卷九六："（崇祯十一年五月）丙寅，商周祚为吏部尚书。"（第6册，页5808）在任仅七个月。上书同卷："（崇祯十一年十二月）乙未，吏部尚书商周祚免，以瞻徇溺职削籍。"（页5825）

翰林院检讨屠象美荐倪元璐、李邦华等三十七人。

〔光绪〕《平湖县志》卷一五："屠象美，字幼绳。崇祯辛未（1631）进士，授行人，对策称旨，改翰林院检讨、东宫讲读。疏荐倪元璐、李邦华等三十七人，寻罢归。筑园郡城，建百丈廊，极泉石之胜。乙酉（1645），为乱兵所害。"（页64B）

案：《国榷》卷九六："（崇祯十一年五月）乙丑，钦定考选官……张缙彦、汪伟、屠象美、马钢中为检讨……越数日，下各部前议可者覆行之。"（第6册，页5808）屠象美本年五月为检讨，十二月谢罪罢归。上书同卷："（十二月）庚寅，翰林院检讨屠象美，以荐刑部主事张凤翥召对，被酒失所言，象美谢罪。"（上书，页5824）其疏荐倪元璐等三十七人应在此间。

为会稽县知县林逢春文集撰序。

《倪文贞集》卷七《林令君行业序》："使天下性命之士治文章，文章之士治功谋，则天下之文治武勋俱出矣……林侯逢春之莅吾会稽，一日而人知其德，三月而人见其才，五月而闻诵之士皆思学为其文章……嗟乎！会稽人士之志气，一旦矜奋，皆务为林侯之文，是则福德在越，六千君子，其将再霸矣乎！……苟使会稽之学，尽化为林侯之文章，即林侯治会稽之事毕矣。"（页26A）

案：《鸿宝应本》题作《会稽长林使君行业序》（卷七，页19A）。"林令君"名逢春，上年来任会稽县知县。文云："林侯逢春之莅吾会稽，一日而人知其德，三月而人见其才，五月而闻诵之士皆思学为其文章。"姑系于此。

致书前浙江巡抚喻思恂。思恂免职将归，不能赴杭送别。

《尺牍逸稿》卷六《与抚军喻中丞》："海国之恃老公祖，犹西土之恃忠武，河东之恃晋公。衮绣忽移，壮夫短气，虽子仪终安王室，宁必细侯再至并州乎？某入山取深，不敢涉江，卧辕遥望三能，惟凭目送。不腆辞曰：馈贶倘蒙鉴茹，亦足比耶溪一钱也。感怀虹气，报德何期？望风依依，不知所说。"（页2B）

案：《国榷》卷九六："（崇祯十一年二月）巡抚□□右□都御史郑茂华、巡抚陕西右□都御史周汝弼、巡抚浙江右□都御史喻思恂各免。"（第6册，页5802）喻思恂上年有蜚语中之，二月被免。

致书大学士杨嗣昌，建言剔厘旧弊，反对加重民赋。时嗣昌提出"四正六隅、十面张网"之策，因议增兵增饷。

《倪文贞集》卷一九《与杨武陵相国嗣昌》："老先生未入纶扉，即毅然以名宰相自任，海内翘首治平，喁喁然有救时之望。然某窃有所质于左右者，今天下之势，兵与饷二者而已，兵不能战，而日以索饷为事；饷不能给，而因以加派为策。自古及今，无骤加二百余十万之赋而民力不困者，某固谓足饷之道，只在清兵而已。老先生剔厘整顿之方，所当与计、枢二部通盘合谋者，筹之有素。而某辄条数议，冀以蒭菲见采，世或有钳我于言者，惟垂察，幸甚。"（页1A）

案：杨嗣昌是年六月为礼部尚书兼东阁大学士，仍掌兵部事。元璐此书应杨嗣昌入阁后作，建言："自古及今，无骤加二百余十万之赋而民力不困者，某固谓足饷之道，只在清兵而已。"

杨嗣昌（1588-1641），字文弱。湖广武陵人。万历三十八年（1610）进士，除杭州府教授，迁南京国子监博士，累进户部郎中。天启初，引疾归。崇祯初起河南副使，移山海关饬兵备，擢右佥都御史，巡抚永平、山海诸处。拜兵部右侍郎兼右佥都御史，总督宣、大、山西军务，六疏陈边事，多所规画，帝异其才。以父忧去，复遭继母丧。召为兵部尚书，三疏辞，不许。提出"四正六隅、十面张网"之策，因议增兵十二万，增饷二百八十万，主张对清朝议和。十一年（1638）六月，改礼部尚书兼东阁大学士，仍掌兵部事。以督师往湖广围剿农民军，张献忠破襄阳，杀襄王朱翊铭，杨嗣昌已患重病，闻讯惊惧交加而卒。著有《杨文弱先生集》。事具《明史》卷二五二本传。（第21册，页6509）

七月，从兄倪元珙迁行人司副。

《先兄三兰行状》："亡何，执政罢，乃稍迁行人司副。"（《倪文贞集》卷一一，页20A）

案："执政罢"，指首辅温体仁上年六月罢归。

八月，黄道周贬江西布政司都事，之任途中有诗寄怀。

黄道周《途中寄鸿宝二章》其一："逐客已千里，围城今几时。通湾真陌道，樊口况舟师。雪屋高人卧，秋风猛士悲。一生愁寡特，傥有孝陵知。"（《黄道周

集》卷四一，页2040)

案：七月，黄道周并上"一论推督臣不拘守制、一论宣大督臣夺情、一论辽抚议款"三疏，上于平台召对，与杨嗣昌激辩于上前，上怒。《国榷》卷九六："（崇祯十一年八月）戊寅，礼部拟黄道周镌三级。工部给事中何楷、试御史林兰友俱疏救道周，夺岁俸。有旨：降道周六级、楷二级调用，兰友俟补再降一级。寻谪道周江西布政司知事，刘同升福建布政司知事，赵士春布政司简较，工部给事中何楷贬二级调用，林兰友再镌一级，俱在道救疏也。"（第6册，页5816）

是月，作《枯木竹石图轴》赠黄鸣俊。

《枯木竹石图轴》题识："戊寅秋仲。写似跨翁老公祖粲。元璐。"（广东省博物馆藏，《中国古代书画图目》第13册，页139）

是月，门生刘曰价来访，为其父原任大理寺丞刘重诲撰墓志铭，留之十日。

《倪文贞集》卷一〇《大理寺左寺丞鼎梅刘公墓志铭》："刘公名重诲，字忠甫，其别号则曰鼎梅。始祖德才君，当宋南渡，自闽徙赣，十一传为赠公梅隐先生，是为公父。梅隐娶于谭，生公。公生颖慧，十八补博士弟子，三十七举于乡，又十年，丁未成进士，筮令临淮。其治决蕴洒烦，均畸赋，苏疲递，招抚流亡三百户，民用歌之，以治行第一拜监察御史。鲠固敢言，他所条上君德、固守、正法等疏，陆敬舆不能过也。持斧畿辅，豪贵屏息，官终大理寺左丞。生嘉靖四十年九月十二日，以今崇祯十年七月十日卒于里第，获年七十有七……曰佺等期以今戊寅八月葬公南番渊之阳，而曰价以予一日长，又能知公，轻千里乞铭其隧，予虽病，不得辞。"（页9B）

案：《天启七年江西乡试录》："第二十七名，刘曰价，赣州府学生，《礼记》。"（《明代登科录汇编》，页12144）曰价来访绍兴，请乃师为撰墓志铭。元璐《与徐公亮生》："方卧病避客，适敝门生刘孝廉以其尊公墓石重跰相求，留之十日。"（引略）

致书湖广参政徐人龙，荐门生刘曰价之子弟。

《尺牍逸稿》卷三《与徐公亮生》："弟结庐遂不得成，丐贷通会途路已竭，始悔买山孟浪也。然而山气日夕佳，白云自怡悦矣。方卧病避客，适敝门生刘孝廉以其尊公墓石重跰相求，留之十日。于其行也，寄声青云，知丰隆必将之耳。孝廉尊公即廷尉鼎梅先生，此老忤珰正气，千世熊魂。孝廉英秀奇才，度宇尤称浑璞，在敝门中最是铮铰。其子刘良翊、甥谭心恂，并有美资，方应童子之科，望于主者，力致邹嘘，兼收为贵。"（页15B）

是月，从兄倪元珙奉命治丧益藩，事竣归里。

黄道周《三兰倪公墓志铭》："久之，以行人司副治益邸丧礼，勤劳王事，病复剧归，归又七月卒。"（《倪氏宗谱》卷一四墓铭，页20A）

案：《铭》云"归又七月卒"，按元珙明年三月卒，则是年八月归里。

秋，作《家居即事》诗。

《倪文贞集》诗卷下《家居即事》："闲来自觉颇仙仙，门外青山屋里泉。收七百秫已了酒，卖三十饼不论钱。攀花槛谏无春尽，卧月辕留到晓前。如此豪酣如此韵，道人原不喜枯禅。"（页11B）

秋，作《疏林远岫图》，至乾隆时铁保、玉保有题诗。

铁保《题倪文贞公疏林远岫图》："品画如品人，人贵画品尊。吉光片羽久不灭，鬼神爱此精气存。倪公著大节，彪炳垂乾坤。偶然胸臆托毫素，意象潇洒超篱藩……君不见，依云阁，成荒园。门外青山自春色，庭前芳树遗枯根。何如此画真不朽，摩挲不露兵燹痕。乃知神物寿千古，画师画师何足论。"（《惟清斋全集·梅庵诗钞》卷二，页5B）

玉保《题倪文贞公疏林远岫图》："文贞生平值世乱，慷慨捐躯赴国难。遗画摧残兵燹余，吉光片羽人争玩……一时良友愧知心，千古孤臣少同调。迄今胜地没草莱，唯余片纸缁尘埃。披图几笔妙点缀，空齐飚爽清风来。"（《萝月轩存稿》卷四，页5B）

案：铁保（1752—1824），字冶亭，号梅庵，满洲正黄旗人，嘉庆时官至两江总督。玉保（1759—1798），字阆峰，铁保之弟，官至兵部侍郎。《疏林远岫图》为其家藏，已佚，据"君不见，依云阁，成荒园""丈夫胸臆何处豁，衣云飞阁劳经营"，应作于依云阁建成后，姑系于此。

十月二十三日，与余煌、祁彪佳等晤浙江巡盐御史梁云构。

《祁彪佳日记》卷八"自鉴录"："（崇祯十一年十月）二十三日……与倪鸿宝、余武贞及诸乡绅晤梁眉居公祖。"（页356）

案：［康熙］《杭州府志》卷一八"巡盐监察御史"："梁云构，兰阳人，由进士（崇祯）十一年任。"（页15A）继任冯云登"十三年任"。

梁云构（1584—1649），原名治麟，字匠先，号眉居。河南兰阳人。崇祯元年（1628）进士，初授行人，考选江西道御史，曾任两淮巡按、两浙巡监，所至有实政。为少京兆管学政，升操江金都御史。入清，征通政司参议，迁大理寺卿，擢户部侍郎。卒于官。著有《豹陵集》。［民国］《兰阳县志》卷七有传。（页4B）

二十六日，与徐如翰、徐尔一、余煌、姚应嘉、祁彪佳集王思任家，公请巡盐御史梁云构，观《浣纱记》。

《祁彪佳日记》卷八"自鉴录"："（崇祯十一年十月）二十六日……至王遂东家，与徐檀燕、徐善伯、倪鸿宝、余武贞、姚兢初师，公请盐台梁公祖，观《浣纱记》。"（页356）

从兄倪元珙归里后，因劳顿而病噎，寝疾数月。

《先兄三兰行状》："亡何，执政罢，乃稍迁行人司副。寻奉命治益邸丧事，事竣归里。既以积劳，又闻寇难，祸及福藩，痛忿齿龂，忽病噎，寝疾五月而没。"（《倪文贞集》卷一一，页20A）

案：元珫八月归里，十月始病。《祁彪佳日记》卷八"自鉴录"："（崇祯十一年十一月）二十一日，与金顺高入城……再问倪三兰病。"（页359）可证。

十一月初三日，祁彪佳、余煌陪同巡按御史乔可聘来访。

《祁彪佳日记》卷八"自鉴录"："（崇祯十一年十一月）初三日……乔圣任公祖来晤，询地方利病甚悉。出于阳明书院，听刘先生讲学，投冯昌文、郑弘二友刺。即至倪鸿宝家，与余武贞共延乔公祖登衣云阁，公祖别，再酌乃归。"（页357）

案：［康熙］《杭州府志》卷一八"巡按御史"："乔可聘，宝应人，由进士十年任。"（页11A）可聘师事刘宗周，与黄道周、倪元璐等交善。［道光］《重修宝应县志》卷一六乔可聘传："性俭约，居官拒绝干谒，同朝惟严事刘宗周，而亲善黄道周、倪元璐、马世奇、陈龙正，皆世所谓东林贤人也。日汲汲以政治得失、人才邪正为虑。"（页26B）

乔可聘（1589—1675），字君征，号圣任。南直宝应人。天启二年（1622）进士，授中书舍人。张捷荐吕纯如为吏部尚书，帝以纯如附逆珰案，不许，吕黄钟又荐张捷为尚书。可聘上疏劾张捷荐吕纯如、吕黄钟又荐张捷相倚为奸，逆党图起，疏上，声望大著。崇祯十年（1637）考选监察御史，巡按浙江，遂坐他事降应天府知事，升大理寺正，不就。福王南渡，起河南道监察御史，引疾归。［道光］《重修宝应县志》卷一六有传。（页26B）

是月，作《蕉鹤图》。

《蕉鹤图》，立轴。纸本，水墨。款识："崇祯戊寅黄钟月，倪元璐。"有刘墉题识："石庵题。"（美国顾洛阜藏，《海外遗珍》绘画续，页90）

案："黄钟月"即十一月。

冯二酉先生年已八十有六，为撰传。

《倪文贞集》卷一四《冯二酉先生传》："先生家钱塘，少英秀，为钱塘诸生，有声，累举不第，遂弃去。益读书博览，自典坟迄梵野，无不涉者。文近江、庾，诗介柳、韦，尤喜为小词歌曲，中多闺思宫怨艳之言，所著流甚侈……今行年八十有六，犹辨蝇书。所居三圣桥……倪子曰：余后先生四十年，与先生游最久，尝欲生谥之一言，累思经旬，竟不得也。以为才士，有其德；以为恭士，有其风；以为华士，有其诚；以为介士，又有其侠尔。"（页21B）

案：文云"今行年八十有六……余后先生四十年"，则元璐四十六岁时作。

致书宁远兵巡道蔡［陈］懋德。

倪元璐《与陈云怡懋德》:"方今内外臣工兵农钱谷之司,即各展其职,朝考夕究,犹惧不给,而或高谈性命,或矫托气节,至于政事之刓敝,兵食之单虚,率置不问,是已享其名而上不获收其用也。人涉邛否,邛须我友,幸台台孰筹之。"题注:"戊寅。"(倪安世刻三十五卷本《倪文贞集》卷二〇,页 1A)

案:[道光]《济南府志》卷三五蔡[陈]懋德传:"崇祯初出任江西提学副使,迁浙江右参政,己卯,由宁远调济南道参议,升按察使。"(页 32B)懋德时任宁远兵巡道。

冬,同年黄道周贬逐江西,至浙江余杭大涤山,门生陈子龙、曹振龙等日奉杖履,扪高探幽。

《漳浦黄先生年谱》卷上:"冬,至大涤,陈卧子、曹木上诸友日奉杖履,扪高探幽。尝曰:'大涤三洞,虽不必异人是栖,然使汉武闻而褰裳,燕昭听而抵掌,何讵过乎!'又曰:'谢傅栖迟此山五十余年,捉鼻拂巾,为司马主簿。使其时风鹤无灵,鞭流遂断,苍生之望,东山之根,岂可复涤耶?'徘徊日夕,坐卧朱、李几案之下者久之。"(《黄道周集》卷首,页 109)

十七日,冬至,赴杭州会黄道周,同游灵隐寺发光院,有诗唱和。

黄道周《出大涤将渡胥江,而羲兆、木上诸兄又申湖上之约,会倪鸿宝祭酒来自山阴,遂偕朱士美、邵先之、施营方、缪子玄、陆梦文、姚有仆、何寿平、陶赞皇、陈颖凡同入灵隐登发光有作,属鸿宝、羲兆、木上和之四章》其一:"欲探湖中雪,迟开江上船。梅髯应早白,客意共茫然。世事余枯石,文明滞远天。自携蓝舆好,恰在古人前。"其四:"缺事有展齿,危心贴石栏。不贪湖水滟,仍借草堂安。扶病修藤政,冲寒剥箨冠。非因家信远,业作故园看。"(《黄道周集》卷四一,页 2049)

案:《漳浦黄先生年谱》卷上:"将行矣,又为縶维三日。会倪鸿宝祭酒来自山阴,持边信相示,悚然警听,未忍绝帆胥江。"(《黄道周集》卷首,页 109)是日元璐有约先去,道周有《长至日鸿宝别有约去,有诗颂之,翼日同有仆、木上过石屋烟霞,抵晚始归,与羲兆、士美、寿平同赋四章》(《黄道周集》卷四一,页 2052)。

是日,作行书《古盘吟》诗,并作灵石峰画,同年黄道周题引首。

《倪元璐书画合璧卷》,前为行书诗《古盘吟为范质夫吏部》,后画灵石峰,有题款:"戊寅至日偶作。"黄道周题引首曰"燕起鸿飞"。又有何兰旌跋:"倪文正公其品烈,具载《明史》,余不具述。余外母为文正公侄女,余以亲谊见文正公墨迹甚多,亲文正公亦有年。文正公长子子新先生与余同采芹,每试辄把臂其诗文墨迹效文正公,余家所藏已失去,今见文正公墨迹,如见文正公及子新先生也,笔墨之感人如是。夫后之想望文正公而不得见者,见此亦可以少慰矣。辛丑八月晦日,何兰旌书赠去凡贤倩。"(上海书店出版社,2008 年)

十八日，与黄道周同游九溪十八涧。

黄道周《同倪鸿宝过十八涧四章》序曰："诸友自石屋归，多话十八涧之胜者，约鸿宝去，不果。翌日，鸿宝乃携伊蒲馔过十八涧，憩理公禅室，归自新庵，得悬崖石壁，空嵌殊常，足振前观，盖再度烟霞之岭矣。"其二："居人不到处，许郭岂经过。写酹酬山鬼，然香媚鸟窠。啸归情不恶，理此意云何。尔汝十春事，高吟动薜萝。"其四："不畏浮沉宅，何愁化日山。石材尊老朽，主意入空闲。试结数椽厦，能消九豹关。乾坤未破碎，倪尔重开颜。"（《黄道周集》卷四一，页2052）

黄道周来访衣云阁，长子倪会鼎拜于门下问学。

庄敦和《孝靖倪先生传》："会漳浦黄先生道周方谪官江西，以病稽于越，文贞舍之衣云阁，命先生禀学焉。"（［光绪］《上虞县志》卷四八，页20A）

倪《谱》卷三："已而黄公被放，亦渡江而东，其门士陈公子龙司理越州，并盘桓于府君之庐，时人以为德星聚云。陈后亦尽节。"（页3B）

案：黄道周是年冬抵达大涤书院，又有绍兴之行，宿于衣云阁。朱彝尊《偕谢晋、吴庆祯登倪尚书衣云阁》："飞楼跨百尺，画栋长氤氲。我来偕客一延伫，置身仿佛云中君。忆昔楼成时，尚书归田里。北海方看尊酒开，东山终为苍生起。自从龙驭归鼎湖，公亦仗节死京都。子规燕市寻常见，白鹤辽东岁月徂……"题注："阁初成日，倪公燕漳浦黄公于此。"（《曝书亭集》卷三，页5A）

二十二日，祁彪佳来观所制二舟，又登衣云阁。

《祁彪佳日记》卷八"自鉴录"："（崇祯十一年十一月）二十二日……至稽山门入城，观倪鸿宝所造不借舟，又登其衣云阁。"（页360）

案：元璐归里后制大小二舟，小者往来城曲，曰"芥为之"，大者探问湖山，曰"锄水"。倪《谱》卷三："制二舟，小者浅槛疏帘，往来城曲，手额'芥为之'三字。广者簟庐竹榻，探问湖山，榜'锄水'外，揭倪家船。有说见后。兴至辄召宾故纵其所，如日暮则幞被舟中，见者知为府君，有李郭仙舟之慕。"（页3A）张溥有《倪鸿宝先生舟名锄水索诗次韵》。（《七录斋近集》卷一，页6B）

二十七日，黄道周辞去，于严滩有诗寄谢。

黄道周《严滩留别羲兆、木上并谢诸贤及鸿宝二章》："青云无故旧，白水各须眉。世道看后死，星辰安得知。山留五尺杖，天碎两朋碑。讲舍屏风上，应题《伐木》诗。""胡尘清不远，仗策尔多材。枕漱诒吾友，明潜避世猜。长天容寄雁，晚岁各衔杯。重晤知何日，梅魂雪未开。""聚首可经月，为欢毋以多。藤根穿百洞，鸿掌领群鹅。鬼妒道林兴，风憎名海波。寄言倪祭酒，阳白自为歌。"（《黄道周集》卷四一，页2055）

案：《漳浦黄先生年谱》卷上："长至后十日，乃发。"（《黄道周集》卷首，页 109）则道周二十七日起程离浙。

致书门生杨廷麟，廷麟以翰林院编修改兵部职方司主事，赞画卢象升军。

《倪文贞集》卷二〇《与杨机部廷麟》："一别遂三周岁钥，昔人云'邈若坠雨，翩犹秋蒂'，足征此况矣。投林以后，惟有山中白云，堪自怡悦。而中外交哄，每一念及，辄如辘轳上睡，醒梦俱牵，恨不及见褒鄂雄姿，开其眙睐也。台兄以沉经博古之才，而熟闻军旅之事，主上破格用人，授以赞画，壮犹贞律，正吾党立名阃外时矣……台兄运筹渊秘，坐扫槛枪，斯则不负吾君，不负吾学者，远胜文章报国矣。跂予望之，仆将藉以生色焉。"题注："戊寅。"（页1A）

案：《国榷》卷九六："（崇祯十一年十一月）翰林院编修杨廷麟改兵部赞画主事，赴总管卢象升行营。"（第6册，页5823）杨廷麟以文人从军，赞画宣府、大同、山西军务总督卢象升，为京师屏障，元璐持鼓励赞许态度，故曰"仆将藉以生色焉"。

十二月十五日，邀王思任、祁彪佳、姜玉丹、余煌、谢弘仪、钱德舆来赴席，观《霞笺记》。

《祁彪佳日记》卷八"自鉴录"："（崇祯十一年十二月）十五日……又问倪三兰病，晤其太翁年伯。乃赴倪鸿宝席，同席为王遂东、姜玉丹、谢岵云、余武贞、钱德舆，观《霞笺记》。"（页363）

案："谢岵云"名弘仪，字简之。《寓山注》卷上："谢弘仪，简之，会稽。"（页5B）

是月，应请为同年马如蛟父母撰墓志铭。

《倪文贞集》卷一〇《封文林郎福建道监察御史马公鼎臣暨配封孺人刘氏墓志铭》："予与马腾仲侍御如蛟同出韩宗伯若海先生门，比于胞乳。腾仲令山阴时，入拜予母甚恭。腾仲上奉其太公鼎臣翁及太君刘孺人，予虽隔千里，心事之，犹父母也。腾仲俄遭大故，举襄葬事，方使使属铭，而寇祸作，腾仲伯仲，俱以身殉……公名成，字汝器，别号駧野，亦曰鼎臣……公仪表峻伟，身长八尺。生嘉靖乙丑五月七日，卒崇祯甲戌十月六日。配刘，累封孺人，别自有传……腾仲昆季以崇祯乙亥十月合葬公及孺人，于其州殷塘北山之原。越四年戊寅，始追而志之。"（页17A）

案：马如蛟之季弟来书乞铭，又乞祁彪佳作《马腾仲父母像赞》，黄道周作《马和州墓志》。黄《志》云："和州之陷，马侍御既以节死，一门死者十余人，余闻之既晚，约与倪鸿宝为文写其哀痛，自以才不及鸿宝，谢病未遑也。又数年，天子既与郱加卿，任一子为官，而予方颠沛过留都，望侍御之墓。"（引略）

致书同年吴执御，执御罢职归里已六年。

《尺牍逸稿》卷三《与同年吴侍御执御》："六年以来，惟有梦寻，在今日亦只使得梦寻，苟一动笔，叫叹必形，叫叹出口，锋镞俱至……弟直讨便宜，一归

万事俱毕，将母之暇，遂可读书，此乐与他人言必不识也。"（页4B）

题陈洪绶画为宁绍兵备道王应华祝寿。

《倪文贞集》卷一七《赞陈章侯画寿兵宪王园长》："释其华轩，而巡阡陌。蔽芾翘薪，将无召伯。循兹渚陆，以拟遵鸿。衮绣赤舄，将无姬公。其必有图，牟弥夔州。观彼垒石，将无武侯。其必有侣，东园夏黄。馈以紫芝，将无子房。"题注："图作古贵公衮冕严服立乔木之下，临水泓然，旁列奇石，石上紫芝数本。"（页4A）

案：《鸿宝应本》题作《为林生景荨赞陈章侯画寿兵宪王园长》（卷一六，页10A）。"林景荨"不详其人，或为绍兴诸生。"兵宪王园长"名应华，时为浙江副使兼宁绍兵备道。［康熙］《杭州府志》卷一九"副使"："王应华，十一年由进士任。"（页13B）"陈章侯"名洪绶。

王应华，字崇闇，号园长。广东东莞人。崇祯元年（1628）进士。授武学教授，迁工部主事，调礼部，历员外郎、郎中，出为宁绍道副使，视学浙省，晋福建按察使。值鼎革，归乡里。辅永历帝，拜东阁大学士，帝入桂后，居家不出。［嘉庆］《东莞县志》卷三一有传。（页8B）

陈洪绶（1599-1652），字章侯，号老莲。浙江诸暨人。既长，师事刘宗周，讲性命之学。补生员，屡试不中。崇祯十五年（1642），入赀为国子监生，明年还里。既遭乱，混迹浮屠，自称老迟，亦称悔迟，亦称老莲。纵酒狎妓，醉后语及身世离乱，辄恸哭不已。工诗善书画，不屑依傍古人，染翰立就，人谓奕奕有生气。与顺天崔子忠齐名，号称"南陈北崔"。著有《宝纶堂集》。参见朱彝尊《崔子忠陈洪绶合传》。（《曝书亭集》卷六四，页23A）

义乌县知县熊人霖来书，复之。

《尺牍逸稿》卷一《与义乌令熊鹤台》："顷者方承云讯，示之祖武家学之所存，诵读未终，耳命随及。伏惟司寇功德，非陋士之所能丹青，重违台旨，勉伸虫臂，犹操蓬以发鲸钟，一草蚓萦，附使者上，惟当投之溷中，改命能者。"（页15A）

案：［嘉庆］《义乌县志》卷八"知县"："熊人霖，崇祯十一年任。"（页19B）熊人霖为义乌县知县，南京刑部尚书熊明遇（1579-1649）子。文云"伏惟司寇功德，非陋士之所能丹青，重违台旨，勉伸虫臂"，盖乞为其父文集题词。

熊人霖（1604-1667），字伯甘，号鹤台。江西进贤人。崇祯十年（1637）进士，授义乌县知县，十五年（1642）以治行第一擢工部主事，会乱起温处间，江闽震动，抚按奉旨会剿，留以部司监军调动军事。历任太常少卿。明亡，居家多有著述。［康熙］《进贤县志》卷一五有传。（页24B）

为上虞县知县周铨《未焚草》撰序。

《鸿宝应本》卷七《简臣周侯未焚草序》："黄子之文特奥清近六经，有澹

之神性。然黄子言必称金沙，以为近世文章，当归周氏。自简臣、介生、仲驭，
为今古之言，埏埴天下，垂二十年，天下皆倚其呵嘘，以为气候。今简臣受命，治
吾始宁，号曰'周父'。其先所论著酬酢，几十万言。吾门人范子曰谦，见而悦之，
奔告倪子曰：'文不在兹乎！'倪子读之四十余日，初见其态，既征其才，已又得
其骨体神性所在……然以吾范子之才，几及光禄，立乎光禄，以观永嘉，不至万里。
其颂周父曰'妙近自然'，于是则知周父之文之奇矣。"（页29A）

案："介生"为周钟，"仲驭"为周镳，均为周铨之弟，周氏兄弟以文章名天下。
"吾门人范子曰谦"，字哀生，上虞人，精研《周易》，善古文词，倪元璐延为子
师。周铨《醉石居未焚草不分卷》，有崇祯末刻本，东北师大图书馆藏，前有杨士
聪序，倪序未及收入。

是月，陈子龙来书乞为《皇明经世文编》撰序。

陈子龙《与倪鸿宝大司成》："海内人杰，郁为时栋，问世而生，若先生之
神才高峻，体道英朗，敝师黄先生之风标挺洁，抗情玄迈。至于忠贞体国，直道辅
世，岱巍华削，并秀宵涂，百代而后仰止，风流犹能廉立，幸哉！……拙刻《经世
编》已成，共五百余卷……与子龙同集此书者，敝友徐生孚远闳伟多闻，宋生徵璧
沉敏练达，虽在草莽，皆备先生异日驱使，大序中稍加品目，以成其远名。"题注：
"戊寅。"（《安雅堂稿》卷一八，页28A）

案：书云"拙刻《经世编》已成，共五百余卷……大序中稍加品目"，《皇
明经世文编》以人为纲，按年代先后为序，选文四百二十家，主编为陈子龙、徐孚
远、宋征璧，编成于是年夏。陈子龙来书为该书乞序，然似未成文。

冬，门生李九华谪官东瓯，携胡维霖书来。

胡维霖《寄倪鸿宝大司成》："海内以台翁出处卜世道盛衰。迩来奴氛深入内地，
腥秽之气袭人肺肠，四郊多垒，卿大夫不知耻，徒以贼房贻君父忧，即在山林稍有
血性者，无以对知已，台翁得无同乎？渴想鸿篇佳集，以快生平，可能见赐几种否？
兹因贵门生李滑疑东瓯之行，空函寄讯。"（《胡维霖集·白云洞汇稿》卷四，页
2A）

案："李滑疑"名九华，［康熙］《新昌县志》卷三李九华传："戊寅冬，
奉旨檄防定州，以属邑失事论戍浙江宁村所，癸未奉旨起复酌用。"（引略）

李九华，字瑞生，号滑疑。江西新昌人。崇祯元年（1628）进士，除福建南安知县，
行取兵部主事，提督京营马政。升兵部职方司员外，总督部营车驾司郎中，整饬宁
前兵备，山东金事。未任改井陉兵备，提督三关兼理驿传马政。奉旨檄防定州，以
属邑失事论戍浙江宁村所，奉旨起复酌用。南明时，起提督上江粮储，署理监军，
湖广参议，未赴。［康熙］《新昌县志》卷三有传。（页55A）

致书安庐巡抚郑二阳，其有复书。

郑二阳《答太史倪鸿宝》："古之治一邑者，尚有父事、兄事若而人，况抚临一方，命将出师，而顾块然独处，曾不能效古征辟，尊礼名贤，庶几闻所未闻，乃以寡昧欲树骏流鸿于不可为而为之，时多见其不知量也。弟自惭匪材，然以虚受人，窃尝奉教于君子矣。整襟危坐，庄诵手翰，经时之石，尽呕心之兰言，敬拜下风，谨用镂衷，弗但书坤。"（《郑中丞公益楼集》卷四，页63B）

案：书云"古之治一邑者，尚有父事、兄事若而人，况抚临一方，命将出师"，指郑二阳本年晋都御史巡抚安庐。郑二阳，号潜庵，河南鄢陵人。万历四十七年（1619）进士，授德安司李，听断明允，事无冤滞，时逆珰擅权，不为屈，左迁南京。后历吏、礼二部郎中，迁海防佥事，晋都御史巡抚安庐，以孤军保障南方，一时倚赖。

王铎有诗寄怀。

王铎《寄倪玉汝》："阴雾散火陆，北风吹草原。兴言念良友，潜居在一园。深构玄扃息，虚馆厚心魂。雅抱用世略，乃与樵牧言。"（《拟山园初集》五古卷八）

致冒起宗书，其丁父忧归里，将于来春既襄葬事。

倪元璐《与冒嵩少》："蒙放以来，投林取密，一溪户外，有如鸿沟。遥跂足三龙，与欢河汉，然而梦寻夜半，未尝路迷。昔人云：情随玄阴，滞心与回飚绝，不其然乎？台翁挺骨绝才，自弟所见，自命群推之彦，虽复嶙峋，未有能望其项背者。一日相司马，天下其定，山民闻之一笑坠驴矣。施恩不报，益以再三，诚不自意翁之肺腑刻切，至于如此，虽复三峡为词，十吏供笔，次淄悬河，不能鸣弟此感也。顷闻大事既襄，或可少假湖山，小涤苦土。来春三月，六桥之上，目极三能也。弟向以多事莽浪，为时权所怒，乃近事可笑，什伯于前，使莽浪子不得与闻，岂造物者两全之耶？"（《尺牍初征》卷一，页4A）

案：书云："顷闻大事既襄，或可少假湖山，小涤苦土。来春三月，六桥之上，目极三能也。"时冒起宗父丧丁忧，将于明年三月合葬父母，故云。

本年，清兵由墙子岭入塞，京师戒严。高阳陷，大学士致仕孙承宗死之。张献忠伪降于熊文灿。洪承畴大败李自成于潼关南原，自成仅以数骑遁。杨嗣昌为礼部尚书兼东阁大学士，预机务，仍掌兵部。

【诗文系年】

《郑元岳司寇解网志喜》《复南职方钱大鹤》《题钱大鹤职方烟霞载舟名》《明特进左柱国光禄大夫少师兼太子太师兵部尚书兼都察院右都御史总督贵湖川云广五省军务兼巡抚贵州等处地方恒岳朱公行状》《与张湛虚》《王甥尔式时文序》《复商公等轩周祚》《贺许平远兵金晋督学序》《与吴仁和》《楚百岁翁邬廷实先生墓志铭》《寄商等轩冢宰》《林令君行业序》《与抚军喻中丞》《与杨武陵相国嗣昌》《大理寺左寺丞鼎梅刘公墓志铭》《与徐公亮生》《家居即事》《冯二酉先生传》《与蔡[陈]云怡懋德》《与杨机部廷麟》《封文林郎福建道监察御史马公鼎臣暨

配封孺人刘氏墓志铭》《与同年吴侍御执御》《赞陈章侯画寿兵宪王园长》《与义乌令熊鹤台》《简臣周侯未焚草序》《与冒嵩少》。

崇祯十二年己卯（1639），四十七岁

绍兴里居。三月，从兄倪元珙卒。

正月十五日，作《山水花卉册》赠浙江督学许豸，图有十幅，每幅各题二韵。

《鸿宝应本》卷一六《为许平远使君作图并赞》序曰："学使者许平远公祖，文章之伯，理学所宗，越得岁星，奎移海峤。郡牧王公、关公，方征华论，用纪休明。许公闻之，谓曰止止，不如倪子，能为质言。师蚁咨童，斯为渊义，两公承诚，委责觚缣。小言詹詹，既用委塞，而许公油素三尺，复下玄亭，不可重陈，别形图绘。原夫绿字，多在山川，岂必白云，不堪持赠。我之貌物，彼己观风，何莫非文，即兹是道。又况于江淮草木，能知元老之名，山隰榛苓，足通美人之梦者乎？凡条十图，各占二韵。"（页8A）

案：文云"郡牧王公、关公方征华论"，指上年王期升知府和关永杰推官属撰《贺许平远兵金晋督学序》。元璐所作《山水花卉册》现藏上海博物馆（《中国古代书画图目》第4册，页88），绫本、墨笔，现存山水、树石、花卉八幅，每幅各有题诗，四言二韵。题识："己卯上元日写似平远老公祖粲。""平远老公祖"即浙江督学许豸。对照《为许平远使君作图并赞》，此册原应十幅，缺其二、其十两幅。

二十八日，晤祁彪佳，同赴王业浩席，观《红叶记》。

《祁彪佳日记》卷九"弃录"："（崇祯十二年正月）二十八日……归舟倪鸿宝来晤，再出访一二客，即与鸿宝赴王峨云席，观《红叶记》。"（页372）

案：王业浩崇祯十年（1637）十二月罢兵部尚书，归里家居。其有别墅镜圃，祁彪佳《越中园亭记》卷三："镜圃，三山之下，尽鉴湖之胜，园亭如列星，镜圃居其中。旧有别业，大司马王峨云复增饰之。阁最畅，堂最优，径路最委折。"（页17B）

门生沈延嘉父母偕寿六十，撰文为贺。

《鸿宝应本》卷六《封太史孝子沈无怀先生及配钱太君偕寿六十序》："近世甬东之乡，有两仁人：曰无怀先生者，守诚履方，甬东之人莫不学之，以为庚桑、太丘，不能如也；曰钱夫人者，持慈宝俭，甬东之妇人女子莫不学之，以为德曜、泰瑛，有如也。要其所极难最称者，则其孝也……循孔子之论，两仁人之以孝得寿，固然耳……此二人者，舜之徒也，先生、夫人，亦其流亚欤？于是以偕寿闻，春秋六十矣。方当履端上觞之辰，屠苏一樽，群甬之人，皆先两仁人，以为是方得

岁云。"（页 31A）

案："沈无怀先生"名泰灏，门生沈延嘉父。同里王嗣奭有《沈无怀六十双寿》（《密娱斋诗集》后集），亦同时作。沈泰灏寿庆不久即逝，王嗣奭又有《哭沈无怀》诗："才赋觞诗又挽诗，南山祝罢北邙悲。虽云寿殀彭殇泪，不料门间庆吊随。岂值玉楼征记日，竟虚黄屋乞言期。俗缘酬应疲津筏，田路照邀策尾箕。"（同上）

沈延嘉，字显申。浙江鄞县人。崇祯四年（1631）进士，授检讨，直起居注，充日讲官。时廷臣议狱，多以刻为能，延嘉讲"无虐茕独"章，反复切至，次日，遂下弛刑之旨。丁外艰，服阕，遂不出。南都建国，以谕德召，亦不赴。参见［乾隆］《鄞县志》卷一六附沈一中传。（页 11A）

是月，应邑人商周祚之请，为撰其母刘太夫人行状。

《倪文贞集》卷一二《诰封商母刘太夫人行状》："盖昔吾先大夫，与故廷尉燕阳先生，同荐于乡，而交最欢。居又甚近，腹背相倚，中离一涧不可梁，为方舟如席，引绳而渡，时时往来，语笑移日，以为常……是故太夫人者，元璐母子之所最知甚服，即令孝子不以告，观风不以询，固将著之彤管。而今以冢宰请状，又稍益之冢宰所自言者……太夫人至慈煦煦然，至是乃解柔著严，冢宰兄弟皆以太夫人为之父与师，业益大进……于是太夫人年已八十逾二矣，忽卧病月余卒，不及见二子而目暝，其心诚无恨云……太夫人生某年月日，卒某年月日，子孙、婚姻详家乘。"（页 23A）

案：文中"太夫人生某年月日，卒某年月日"，《鸿宝应本》作："太夫人生嘉靖戊午三月九日，卒崇祯己卯正月二十有六日，其既卒，而念台先生私谥之曰'贞慈'，人无以易以者。"（卷一〇，页 41A）又《祁彪佳日记》卷九"弃录"："（崇祯十二年正月）二十六日……晚得外家祖母之讣。"（页 372）"外家祖母"即刘太夫人，商为正妻，商周祚、商周初母，祁彪佳妻即商周祚女商景兰。刘宗周有《公祭商母刘太夫人文》（《刘宗周集》第 6 册，页 775），亦同时作。

冒起宗之父冒梦龄卒，为撰墓表。

《鸿宝应本》卷一三《诰封奉直大夫玄同冒公及配宗宜人墓表》："公名梦龄，字汝九，别号玄同。自其祖光禄、父参军，积德行义，以至于公。公以明经再为邑令，擢宁州守，不赴官而归隐，自称逸民。以其子观察贵，往来版舆丘园之间，赋诗饮酒者，二十余年，以疾终，年七十有一。宗宜人后一年殁，年亦七十有一……公散材于诗，归趣于酒，诗日不辍吟，酒不尽二斗不达曙不止。人谏之，不听，曰'吾如日暮不再旦，死则葬陶家侧耳'。又尝告人曰：'异日祭我于墓，不如及今觞我于室。'旷达如此，自命曰'达庵'……观察以某月日襄事，增城先生既志其幽，又使元璐著之。元璐兄事观察，而甚知公，则不可辞。"（页 12A）

案：《冒氏宗谱》卷六载此文，题作《明诰封奉直大夫宁州守名宦乡贤冒公汝九墓表》，文中"观察以某月日襄事"，"某月日"《宗谱》作"己卯三月既望"。

（页93B）冒起宗有《诰封奉直大夫迁四品阶先考玄同府君暨先妣宗太宜人行状》。（《拙存堂逸稿》卷三，页1A）"增城先生"即李蛟祯。

冒起宗又请重书《送冒嵩少赴官南吏部》诗。

冒起宗《跋倪鸿宝宫允赠诗》："公送余赴南铨诗，为癸酉人日……是诗书素缣，寻失去。遘闵中，戊寅乞公作先严墓表，请重书……"（《拙存堂逸稿》卷二，页101A）

同年邢大忠之任江西佥事兼南瑞兵备道，携致李邦华书。

《尺牍逸稿》卷三《与李公懋明邦华》："一别如雨，每怀德辉，虽昼亦梦寻，不徒夜半也。凤鸟不至，而望天下之太平；鵋鸣于邑，而望大贤之登庸，此岂可几乎？……惟跂三能，庐高无际，适乘敝同年邢观察赴官风便，潦略起居，谁知泥忆云？"（页5A）

案：李邦华罢职闲住，至今别逾十年。"敝同年邢观察"指邑人邢大忠，时起复江西佥事兼南瑞兵备道。[光绪]《江西通志》卷一三："邢大忠，浙江山阴人，天启壬戌进士，佥事。"（页37B）

三月十九日，从兄倪元珙擢光禄寺丞。

《先兄三兰行状》："寝疾五月而没，没前十日，而光禄丞之命下，今故称为光禄云。"（《倪文贞集》卷一一，页20A）

廿九日，倪元珙卒，年五十六。为撰行状。

《倪文贞集》卷一一《光禄寺寺丞先兄三兰府君行状》："元璐曰：光禄长元璐九岁，少同学五六年，日一赋宛鸠。其后同登第，邸中连床，夜论呢呢，至烛垂跋，童仆鼾齁四彻，语不得休。大约相谓：'吾兄弟今日，如趋涂办程，宜权骋宿，即所用报天子者，上之致身立朝，比隆崇、璟、琦、弼；次之则蕙然言出气飞，使世贵其道；最下则循事见能，所至一再称惠人廉吏耳。出此三端，不可为人，异时枕被相对，宁能裂裙障面乎？'忆为此语，垂二十年。而不意三言者，遂为光禄审传象照，夫人度量相越，盖甚远也……光禄讳元珙，字赋汝，别号三兰……光禄以万历戊午举于乡，天启壬戌成进士。生甲申十月七日，卒己卯三月二十九日。犹子会吉等卜葬有日，请铭，礼也。"（页20A）

案：《倪氏宗谱》卷二"倪元珙"："公年五十六卒，崇祯十二年己卯三月二十九日。"（页114A）[光绪]《上虞县志》卷九倪元珙传："元珙仪状颀硕，望若神人，推诚豁然，洞见心腑，与文贞公元璐同时立朝，声称赫奕。"（页29A）

四月初一日，同年祁彪佳来吊倪元珙。

《祁彪佳日记》卷九"弃录"："（崇祯十二年）四月初一日，与陈长耀入城……出唁倪三兰，不觉恸哭。"（页381）

初七日，祁彪佳午后来访，顺路访同年罗元宾、骆方玺。

《祁彪佳日记》卷九"弃录"："（崇祯十二年四月）初七日，陪吊之暇，午后出访倪鸿宝、骆武懿、罗天乐，天乐为予商出处之道甚详。"（页381）

案："骆武懿"名方玺，浙江诸暨人，天启二年（1622）进士，仕至太仆卿致仕。［乾隆］《诸暨县志》卷二一有传。（页8B）

初八日，至商周祚宅，同年祁彪佳来晤。

《祁彪佳日记》卷九"弃录"："（崇祯十二年四月）初八日，出贺林自名公祖，闻周简臣父母来吊，趋归商宅，倪鸿宝亦来晤。"（页382）

案：元璐至商宅，疑吊唁刘太夫人。据倪《谱》卷三："（公）杜门却扫，屏谢人事，车马不及公门。里中吉凶，重吊而轻贺。"（页3B）

十四日，诸同年约往从兄倪元珙家吊唁。

《祁彪佳日记》卷九"弃录"："（崇祯十二年四月）十四日，入城待诸年兄于长春馆，不至，自赴倪三兰家作吊。晤丁印趋。"（页382）

撰文祭奠从兄倪元珙。

《鸿宝应本》卷一七《祭先兄三兰府君文》："呜呼哀哉！吾道非耶，天命不又，使国催华，而家殒秀。如我兄者，中晶外朗，非徒体强，抑又道广。六品平阶，及其已殒，五十中身，仅浮而六……呜呼哀哉！少而同学，长而共朝，虽微枝气，已为石交。雁行忽拆，人琴并捐，伯兮仲兮，吹篪埙埙。白眉最良，伯仁早祸，二惠犹可，又弱一个。呜呼哀哉！举酒酹兄，尽此一壶，夜雨连床，岂可得乎？"（页15A）

十九日，祁彪佳、姜思睿来访，以五簋酌于衣云阁，再酌于书室。傍暮，同访王思任。

《祁彪佳日记》卷九"弃录"："（崇祯十二年）四月十九日……同姜崇愚驾舟，由南塘更小舟，访倪鸿宝，以五簋酌于衣云阁，再酌于书室，鸿宝为予看命。傍暮同访王遂东，小酌，仍送崇愚宿倪年兄家，予归舟中就寝。"（页383）

案："崇［颛］愚"即姜思睿，浙江慈溪人，天启二年（1622）进士，崇祯三年（1630）擢御史，疏陈天下五大弊，语极剀切。先后劾辅臣周延儒、温体仁，有声大著，出视河东盐政，代还，乞归卒。《明史》卷二三三附姜应麟传。（第20册，页6069）

二十一日，祁彪佳、姜思睿共饭于衣云阁。一同与王思任游禹穴，小酌禹庙，游董懋中园。

《祁彪佳日记》卷九"弃录"："（崇祯十二年四月）二十一日，至倪年兄家，与崇愚共饭于阁上。予先至外父家，候崇愚来吊，同之至稽山门楼，望诸山环列如屏帐。入舟对弈，少顷，鸿宝与遂东乃驾舟至，举酌，共游禹穴，小酌禹庙，游董

黄庭园，送之至遂东之通明亭，予作别。"（页383）

案："通明亭"为王思任所筑，位于王宅之东。王思任《通明亭初记》："去吾庐之东，十武而近，有隙地半官，枕桥带堞，对南山秦望屏，如望秦几，如飞鸟准之绳也。会稽、山阴、暨阳诸山，千叠万矗，俱褰袖而朝。众水绕会，更镜潭光来蜿蜒，碧波秀软，游鱼听人。又地有灌木柚梧，翠羽穿弄，鸡鸣桑颠，静入太古。王子乐之，于是临流相度，积石为丘，構亭其上。亭成，而榜之日'通明'"（《王季重集》杂记，页196）

时同年姜思睿将东渡，与祁彪佳为其送别。彪佳《与倪鸿宝》："小构数椽，殊惭轮奂，重叨宠注，名实兼隆，一枝之栖，荷此九鼎，真不觉愧汗之浃矣。肃登两仪，用佩盛雅，篆铭之私，未能笔述。昨王公祖饬馆以待，华亭公竟去，不知所之，其自处固应尔。二十八、九，姜崇愚东渡，想欲一晤，老年翁有刻暇，当偕之向衣云阁一畅谈也。诸不宣。"（《里中尺牍》己卯春夏季册，南京图书馆藏明钞本）

五月初二日，同年祁彪佳馈赠芥茶。

《祁彪佳日记》卷九"弃录"："（崇祯十二年五月）初二日……作书复陈木叔及任生玉衡，时任生惠以芥片，予转饷倪鸿宝。"（页384）

案："芥片"即芥茶，为明时贡茶，主产宜兴。祁彪佳《与倪鸿宝》："日来坐卧饮食于丹霄碧嶂间，快甚。别后辄苦冗病，益信清福不易享也。林父母仰藉九鼎，曾有回音否？新例周巡二年，想今直指应留之内，正可从容图之耳。偶得洞山芥片、五加皮酒，敬奉以佐蒲觞，敢干亵渎，正遵我年翁五簋之约耳，笔存为幸。"（《里中尺牍》己卯春夏季册，南京图书馆藏明钞本）

致书苏州司理倪长圩，荐通家沈自炳兄弟。

《尺牍逸稿》卷三《与家伯屏司理长圩》："适敝通家沈懋所先生之二子，诸生君晦、君□重研来吊先伯氏，于其还也，顺风起居。两兄为松陵名宿，度处狄龙已久，幸必留意奖成之。如此二难，在不肖眼中实未见有其辈也，率尔希鉴。"（页17B）

案："家伯屏司理"即倪长圩，崇祯九年（1636）乡试第一，次年成进士，授苏州推官，署嘉定知县，有惠政。转兵部主事，归。［光绪］《平湖县志》卷一五有传。（页67B）"沈懋所先生"即沈珫（1562-1622），南直吴江人，万历二十三年（1595年）进士，官至山东副使。［乾隆］《吴江县志》卷二八有传。（页29A）其从兄沈璟，万历二年（1574）进士，与倪冻同年。沈珫八子，俱以文名称世，号"沈氏八龙"。"君晦"即沈自炳，为珫第五子，其兄弟二人来绍兴吊唁倪元珙，故元璐致书荐之。

长孙倪运彩二岁，聘同邑徐人龙孙女。

《倪氏宗谱》卷三："（倪）运彩……生崇祯十一年戊寅二月二十八日卯时。

配下管侍郎徐公人龙孙女，无出。"（页110A）

案：聘徐人龙孙女时间未详，据下引元璐《贺登抚徐亮生亲家》已称"亲家"，而徐人龙是年五月授右佥都御史巡抚登莱，则运彩聘妇应在此前。

五月，徐人龙授右佥都御史巡抚登莱，致书为贺。

《尺牍逸稿》卷五《贺登抚徐亮生亲家》："我闻有命，踊跃至今。老亲翁元老壮犹，丈人贞律，李光弼之壁垒一变，辛弃疾之车旗可知……弟某髯髪，莫裨海岳，惟竹筊支颐，花罨垂背，东望沧溟，行吟大风。欃枪旦扫，三能夕升，一笑堕驴，万愿俱毕。老亲母尊太翟莆华行，前无锦伞。顺风飔贺，侑槭戈戈，无衣之咏袍泽，江汉之颂圭卣，或其义乎？"（页22A）

案：《国榷》卷九七："（崇祯十二年五月癸未）徐人龙为右佥都御史、巡抚登莱。"（第6册，页5843）题名"徐亮生亲家"，长孙倪运彩适聘徐人龙孙女。

又致书徐人龙，荐莱阳县知县沈嘉显。

《尺牍逸稿》卷三《与徐公亮生》："顷台眷荣发，附简飔贺，想时已达……莱阳长沈君者，卓然任道之器，不止治才，老亲翁一见定当引之阶上。宋九老昆季诵之为甚，不敢不闻。得贤有司共事，胜于十万师，老亲翁知人察吏，度不以弟言为丰干也。"（页26A）

案：书云"台眷荣发，附简飔贺"，指有书贺其新授登莱巡抚。"莱阳长沈君"名嘉显，字岫阳，崇祯七年（1634）进士。［康熙］《莱阳县志》卷五"知县"："沈嘉显，（崇祯）十一年任，河内人，进士。"（页8B）"宋九老昆季"指宋琮、宋玫兄弟，宋玫号九青。

是月初五日，端午，作《朱竹图轴》。

倪元璐《朱竹图轴》题识："今朝正是天中节，不写钟君写此君。赞曰：碧其骨，丹其色。问君何为？近朱者赤。崇祯己卯蒲月。元璐醉笔。"陈子龙跋："维先生墨胎片石，吁嗟乎！此君飞霞化碧，流采凝丹，吾将献琅玕，排阊阖，而吁乎帝阍。岁旃蒙作噩阳月。陈子龙题。"（台北"故宫博物院"藏，《故宫书画图录》第9册，页49）

案：《石渠宝笈初编》著录《朱竹图轴》，纸本，研朱笔。"天中节"即端午，"蒲月"为五月初。陈子龙跋作于弘光元年乙酉（顺治二年，1645）十月。

知府王期升筑塘通江，上虞士民设生祠于上陈，为作碑记。

《倪文贞集》卷一五《郡侯王公筑塘通江生祠碑记》："上虞之为国，以江海为外惧，而内亲湖，湖曰夏盖，方广百里，溉田一十四万有奇……至崇祯九年秋九月，潮乘飓威，吼决叶家埭塘，以尺计三百有六十。沸洲连山，逆行群飞，海湖疑战，沟岸移夺，庐墓徙宫于冯夷，桑田归魂于沧海，自虞注姚，至于甬东，凡淹没成禾千万，邑人大号。其时，上下愕眙，无能治之者，治之则益甚。于是毗陵王公，以南祠部郎来守越州……下令亟筑塘，既循众愿，计区征输，又请之台使者，发乡社谷如干济之，资用无绌。遂以其年十一月筑新塘，明年正月筑备塘。塘成，邑人皆贺……王公名期升，毗陵之义兴人，举崇祯辛未进士。"（页3B）

是月，蔡思充师致仕。

《国榷》卷九七："（崇祯十一年五月）己巳，工部尚书蔡思充致仕。"（第6册，页5841）

暑中始病足，有书致门生陈诚忭。

《尺牍逸稿》卷三《与陈子诚忭》："晤之明日，遂病足疡，不能出门，毒暑中读诸文可当冰蚕十斛，僭题缴上，可分致之。见陆兄幸为道意，识荆之日，贱足已病，勉倒屐耳。自此遂炽，终日趺坐，不即报谒，为怅怅也。曾作数字到学使，副墨附览，不须闻之陆兄，吾赋《缁衣》，亦自适已事耳。"（页19B）

案："陈诚忭"字天若，绍兴诸生，从学于元璐门下。"陆兄"疑即陆培，本年秋闱中举，详后。是夏始患病足，尺牍多有涉及：《与胡大行麒生》："不佞鬐鬣最微，膞肿已废，而君国之念，有不忍一日释者。"（《倪文贞集》卷一九，页3A）《与王郡守》："从干旌惠顾之明日，遂患河鱼，已而痏生于足，不能着芒履。"（《尺牍逸稿》卷四，页22A）《病足帖》："初九之会，承绎巷兄命弟僭主之。缘病足不能远出，候驾于敝庐，启知。"（《胜朝越郡忠节名贤尺牍》，页31B）《与王贻栻（十四）》："病起，筋骨急痛不可言，出门一步皆苦也。"（故宫博物院藏，《中国书法全集（倪元璐）》，页170）

七月，江西南昌九学廪生呈请倪元珫入祀名宦祠。

《呈文》："江西南昌南、新等九学廪增附生李玄珠、万中儁、王锡等，呈为恳恩崇祀原任代狩名臣，以永遗泽，以协舆颂事。原任巡按监察御史倪公元珫……恳将本宦批敕即日送主入南昌府庠……崇祯十二年七月。"（《三兰倪公崇祀名宦乡贤录》，页17A）

南昌县知县何谦母七十寿辰，有诗祝贺。

《倪文贞集》诗卷上《寿何非鸣母丘太孺人》："郑媛轻白锷，陶母删青鬈。致义须眉上，竞功诗礼间。人传韦氏学，仙在麻姑山。不食监河鲋，冰心自驻颜。"（页29A）

案："何非鸣"名谦，时任南昌县知县。幼孤，事母孝谨。是年七月，其母丘太孺人七十寿辰。钱谦益《何母丘太孺人七十序》："昆山何非鸣举进士，令南昌之八年，而其母丘太孺人春秋七十，崇祯十二年七月，为设帨之辰。非鸣之故人与其门弟子，胥往称觞堂下。"（《初学集》卷三九，页1066）

何谦，字非鸣。南直昆山人。崇祯四年（1631）进士，授南昌县知县。在任十年，才猷练达，清慎如一日。行取入朝，官至昌平巡抚。［乾隆］《昆山新阳合志》卷

三八有传。（页24B）

八月，次婿王贻栻将试秋闱，勉以"及时努力"。

倪元璐《与王贻栻（六）》："小女及甥辈安否何如，日夕为念。奴新安附差马回，若称只身不能携一物，已具鹅毛，旋复留下，以俟他鸿，希亮之。司衡处已力致区区矣，所冀及时努力，秋风一举摩天耳。"（故宫博物院藏，《中国书法全集（倪元璐）》，页170）

案：元璐绍兴闲居，逢崇祯十二年、十五年两次秋闱，王婿祖母十五年正月去世，此书应本年作。"司衡"应指浙江督学许豸，元璐与其交善。

九月初七日，与祁彪佳、严起恒参加岳翁朱燮元谕祭，浙江右布政林铭鼎出席。

《祁彪佳日记》卷九"弃录"："（崇祯十二年九月）初七日……小憩起，至朱恒岳墓所，倪鸿宝、严秋冶相继来，待道府公祖至，举谕祭毕，予陪林自名公祖席，及散登舟已日夕矣。"（页400）

是月，邑人常镇备兵道商周初卒，为撰墓志铭。

《倪文贞集》卷一〇《湖广布政司参议备兵常镇道谌轩商公暨配张孺人墓志铭》："自谌轩公通籍至于盖棺，十余年间，誉望满世，其最挺举，莫如其为谏官时耳。先是六七年，公以商城令治行高等，入为兵科给事中……而公亦益自奋，继上又十数书，多危切，大臣用事者忌之，出为按察司金事，视兵琼州……晋少参，移镇毗、润……论者以为公之为谏官，强直治气，皆由于此矣。自公之为谏官，风论一出，而天下皆归道于公，凡十余年间，出入中裔，小刱大割，天下之论公，与公自论，莫不引符于其为谏官也……公名周初，别号谌轩，举崇祯元年进士，生万历丙子，卒崇祯己卯，享年六十有四。"（页29A）

案：商周初（1577-1639），字恒仲，别号谌轩。商周祚弟。崇祯元年（1628）进士，仕至湖广布政司参议，备兵常镇道。周初卒于是年九月二十一日。《祁彪佳日记》卷九"弃录"："（崇祯十二年九月）二十二日……抵龙华桥，值季超入城，闻商谌轩弃世，走哭之。"（页403）同卷："（九月）二十七日……出吊商谌轩。"（页404）

门生吴尔埙中举。

［道光］《石门县志》卷一三"举人"："吴尔埙，之屏子……己卯科。"（页13A）

案：吴尔埙为同年吴之屏子，问学元璐门下。《倪文贞集》卷一〇《永宁别驾赠朝列大夫福建提学参议叙庵吴公暨配赠恭人陆氏墓志铭》："诸孙九人：……尔埙，余门士也，登己卯贤书，文行翔振，人谓先生子孙绳绳，然度其后又必千年也。先生名尚伦，字觐扬，叙庵其别号也。"（页7A）吴尔埙崇祯十六年（1643）进士，［道光］《石门县志》卷一四有传。（页37B）

十月十四日，赴钱德舆席，观剧《浣纱》之《采莲》，同席有王思任、张汝懋、王业浩、姜玉舟、祁彪佳等。

《祁彪佳日记》卷九"弃录"："（崇祯十二年十月）十四日……赴钱德舆席，同席为王遂东、张芝亭、王峨云、姜玉舟、倪鸿宝，德舆尽出家乐，合作《浣纱》之《采莲》剧而别。"（页406）

案："张芝亭"名汝懋，张元忭子。［嘉庆］《山阴县志》卷一四："（张汝霖）弟汝懋，万历癸丑进士，知休宁，有惠政，擢御史，官至大理寺丞。"（页51A）卒于崇祯十三年（1640）十月，《祁彪佳日记》卷一〇"感旧录"："（崇祯十三年十月十一日）便道吊张芝亭，读其《山居自述》。"（页469）汝懋与同邑周汝登交善，汝登《题张芝亭家藏卷》《题唱和无垢诗集》《与张芝亭》（《周汝登集》，页141、页156、页299），俱此人。

十六日，祁彪佳来书邀集寓山园，同被邀者有王业浩兄弟、张岱兄弟等。

《祁彪佳日记》卷九"弃录"："（崇祯十二年十月）十六日……灯下，作书邀王峨云、倪鸿宝及王士美、张宗子诸兄。"（页406）

二十日，日暮，与王业浩、王业洵、张岱、张萼、张弘、刘世鹍、董天孙、周永期等集祁彪佳寓山园，举五簋于四负堂，观杂戏，子夜乃别。

《祁彪佳日记》卷九"弃录"："（崇祯十二年十月）二十日……日旴时，王峨云、倪鸿宝、王士美、张宗子、介子、毅孺、董天孙、刘北生同舟而来，且偕松陵周生永期来，登临罢，举五簋于四负堂，遵鸿宝约也，演杂戏，尽优人之所长，子夜乃别。"（页407）

二十五日，访王期升知府，遇同年祁彪佳。

《祁彪佳日记》卷九"弃录"："（崇祯十二年十月）二十五日，舟中栉沐，出送王公祖请启，值倪鸿宝。"（页407）

案："王公祖"即王期升知府，祁彪佳邀游寓山园。《祁彪佳日记》卷九"弃录"："（崇祯十二年十月）二十七日，命奴子再邀王太公祖……得王太公祖复书，允以初三垂顾。"（页408）同页："（十一月初三）午后，驾舟出迎王丽青，余姚袁父母来，晤于舟次。少顷钱德舆邀至，与同迎王太公祖，暮至寓山，再举寓山，再举小酌，仍送之至家边而别。""王丽青"即期升。

二十八日，绍兴府奉倪元珙入祀乡贤祠。

《入郡乡贤祠公祭文》："维崇祯十二年岁次己卯十月甲申朔越二十八日辛亥，绍兴府知府王期升、同知毕九臣、山阴知县汪元兆谨以刚鬣柔毛庶羞香楮之仪，致祭于光禄寺寺丞、前南直隶苏松等处督学御史、三翁倪老先生老大人神位前……"（《三兰倪公崇祀名宦乡贤录》，页73A）

案：倪元珙入祀乡贤祠，绍兴府知府王期升、同知毕九臣、山阴知县汪元兆主祭。

是日，元珙子倪会吉等又举行家祭，有《入郡乡贤祠家祭文》。（上书，页75A）

汪元兆，字本中，号濬源。南直婺源人。崇祯七年（1634）进士，十年（1637）授山阴知县。性厚而慈，吏役逢迎者，或先事密陈，不拒亦不问，久之察其猾者案之，民皆称快。催科逋负者，唯谆谆劝谕，不先刑，士自好者，必厚待之。仕至嘉兴府知府。［嘉庆］《山阴县志》卷一二有传。（页10A）

十一月初二日，与祁彪佳、来泽兰、郑涵宇往贺宁绍台海巡道郑瑄。

《祁彪佳日记》卷九"弃录"："（崇祯十二年十一月）初二日，入城公送王丽青公祖贺轴，又同倪鸿宝、来泽兰、郑涵宇贺郑鸿逵公祖。"（页408）

案："郑鸿逵"名瑄［乾隆］《绍兴府志》卷二五"宁绍台分守道"："郑瑄，福建上官县人，辛未进士，崇祯十四年任参议。"（页28B）

郑瑄，字汉奉，号鸿逵。福建侯官人。崇祯四年（1631）进士，由户部郎擢嘉兴知府，政务简静，兴革利弊，振起文教，浚城河、筑官塘以利往来。迁判宁绍台海巡道副使，十五年（1642）升佥都御史，巡抚应天。南明福王时，升大理寺卿。唐王据福州，晋工部尚书。著有《昨非庵日纂》《抚吴疏草》。［乾隆］《福州府志》卷四九有传。（页67A）

初六日，上虞县奉倪元珙入祀乡贤祠。

《入邑乡贤祠公祭文》："维崇祯十二年岁次己卯十一月甲寅朔越六日己未，上虞县知县门生周铨谨以刚鬣柔毛束帛瓣香庶羞醴斋，致祭于光禄寺寺丞、前南直苏松等处督学御史、三翁倪老师老大人主位前……"（《三兰倪公崇祀名宦乡贤录》，页77A）

案：上虞县奉倪元珙入祀乡贤祠，知县周铨执门生礼主祭。是日，元珙子倪会吉等举行家祭，有《入邑乡贤祠家祭文》。（上书，页80A）

诸暨杨富春卒，为撰像赞。

倪元璐《时美杨公赞》："猗维杨公，家传清白。夙凛四知，操行卓荦……帝眷循良，一岁屡迁。寻命山左，典领卤务。重价厉民，申请减赋。管榷得宜，国用饶富。户有余盐，口碑载路。归老林泉，幅巾布袍。一邱一壑，以冏以遨。肃瞻图像，奕奕风标。暨山浣水，景仰匪遥。"末署："户部尚书兼翰林院学士年家眷弟倪元璐顿首拜题并书。"（《暨阳蕾山杨氏宗谱》册二）

案：杨富春（1562-1639），字时美，号启元，浙江诸暨人，曾任职山东监运司经历，升陕西秦府审理。（《暨阳蕾山杨氏宗谱》）文末署曰"年家眷弟"，则与杨家有戚谊。

又为杨富春子杨士昌撰像赞。

倪元璐《昌箓杨公赞》："峨峨暨阳，人材卓越。笃生继美，后先仕蜀……引年解组，宦橐萧然。路资匮乏，莫办车船。遣人回籍，取给以还。考终邱园，年逾七秩。积厚流长,子孙逢吉。苎萝山旁,浣纱溪侧。闻者兴起,清风亮节。"末署:"户部尚书兼翰林院学士年家眷弟倪元璐拜题并书。"(《暨阳蕾山杨氏宗谱》册二)

　　案:杨士昌(1583-1650),字长卿,号昌篆。杨富春子。由恩例授重庆府南川县主簿,升南直凤阳府中都卫经历。(《暨阳蕾山杨氏宗谱》行贤,页7A)

　　同年温处兵巡道许成章来书,遣仆携书致谢。

　　《尺牍逸稿》卷六《与许定海成章》:"日承十行裁锦,飞弱海之余澜;五斗分甘,散朱提之宝色。既无可报之玉案,又并失答平咸池,罪亦顽民,恃犹骄子。今者葭管飞灰,正阳长阴消之会;洪炉铸物,又云蒸霞变之期。敬走苍头,少摅素悃。附以野芹佐曝,犹之寸草酬春,不能称兕而跻,惟有望洋之叹。"(页16B)

　　案:[乾隆]《温州府志》卷一七上"兵巡道":"许成章,崇祯年任。"(页16A)崇祯六年冬赴任,傅冠有《送许石虹观察浙东》诗。(《宝纶楼诗集》七言律,页58B)《祁彪佳日记》多处涉"许石虹"(页85、页96、页99、页134、页396),俱此人。此书应元璐绍兴闲居时作,姑系于此。

　　许成章(1594-?),字叞稚,号石虹。南直长洲人。天启二年(1622)进士,崇祯六年(1633)冬任温处兵巡道,十三年(1640)升广东佥事,[康熙]《广东通志》卷二七"佥事":"许成章,江南长洲人,进士,十三年任。"(页41A)

　　致书徽州府知府戴自成,荐姻亲陆运昌之季子。

　　《尺牍逸稿》卷三《与及门徽州戴郡守自成》:"适有启者,钱塘陆梦鹤令君,即于王舍侄孙之儿女姻也,治吉水藉甚,知门下之所闻声相思者也。其季子某号者,奇才笃学,敝里推为侨盷。兹以读书云岩,居是邦也,事其大夫之贤者,固其义尔。幸如国子之于然明,引之阶上,生有均颂,临风依依。"(页30B)

　　案:陆运昌,字梦鹤,浙江钱塘人。崇祯七年(1634)进士,授永丰、吉水知县,多有政绩。与其弟鸣时、鸣煃有文名,时称"龙门三陆"。[康熙]《钱塘县志》卷二〇有传。(页10B)据陈子龙《吉水令梦鹤陆公传》:"子六人:圻,庠生;培,庚辰进士;阶、垣、墀、圻、培能文章,最知名。"(《安雅堂集》卷一三,页4A)倪书所荐其季子,即陆培。

　　戴自成,字哲之。湖广汉阳人。万历四十三年(1615)举人,选泾阳县谕。崇祯四年(1631)成进士,授刑部主事,历员外、郎中,录审江南人,推平恕。出守徽州府,崇祯十二年(1639),建阳军变,巡方陈起龙委之以镇,兵哗,劳瘁卒于任。[康熙]《湖广通志》卷三二有传。(页46B)

　　门生彭歌祥两次来书,有书复之。

　　《尺牍逸稿》卷一《复彭点平虞衡》:"春来得报,甚喜至欲狂。自不关文章声气之缘，以台丈命世才，早入世一日，世间亦早得清夷。今救世之士，非胸中三十车书，脊上一条硬肋子，即弥勒下降，亦无如之何也……不佞投林以来，与麋鹿气味遂同水乳，都不知山外是何岁月。两承嘉问，条达钝闻，精神晓冷，文字无复今古，断为开山无疑。读未见书，此一乐也。"（页6B）

案："彭点平虞衡"名歌祥，崇祯四年诗一房所选士，时任工部虞衡司主事。彭歌祥为徐汧弟子，亦为姚希孟、倪元璐所重。徐柯《题彭容臣册子序》："崇祯庚辰，余年十五，侍先文靖公京邸。时同郡周玉兔、彭公点平俱官仪曹，有容台二妙之目……盖彭公本郡人，而游学于燕，先文靖公丁卯赴公车，彭公始从受学焉。庚午、辛未，遂以文章受知于姚文毅、倪文正两先生，而其后出处生死之际，于先文靖公后先若一，斯亦异矣。"（《一老庵诗文集》，页77）"周公玉兔"名之玙。

彭歌祥（1611-1645），原名国祥，字天毓，改字点平。南直长洲人，占籍大兴。[乾隆]《苏州府志》卷二〇"进士"："崇祯四年辛未陈于泰榜……彭国祥，天毓，改名歌祥，礼部员外郎。"（页20A）授武学，升国子助教，转南工部虞衡司主事，再转礼部主事、员外郎。出为广东右参议，自琼州罢归。明亡，悲愤卒。参见《崇祯四年辛未科进士履历》。（页1A）

又致书门生戴自成，荐黄孝廉来谒。

《尺牍逸稿》卷三《又与及门徽州戴郡守自成》："人有艳新安者，即以兄为薮；人有趋兄者，又以仆为薮，新安累兄，兄之累仆也，亦已甚矣。求福于兄者，或十失而一得；求因于仆者，或百拒而一许，然固有不同。昨彭点平乞数言方去，今黄孝廉继之，一则兄自嘤鸣，一则道存倾盖。孝廉之在成均，仆不敢列之两庑，其胸中足三十车言，语妙天下，为人静沉远大。岁一省墓之便，适馆跻堂，幽郑之恭，是其分也，在兄亦何可不室延子羽，阶引然明乎？"（页31A）

会稽县知县林逢春邀饮，以足疾复书婉谢。

《尺牍逸稿》卷五《与会稽林令君》："恭承台召，饮之食之，教之诲之，非至愚悖，谁其敢辞？实缘脾患不已，重之病虐，又足生湿疣，不能移步，万不得已，冒罪申控。身是木孔中虫，虽罕睹天日，居然藉雨露以肥，何患不得醉饱乎？伏枕口占，不胜耿惧。"（页21A）

案：据前引[康熙]《会稽县志》卷一八，周灿继林逢春知会稽，交接时间为崇祯十三年春。《祁彪佳日记》卷一〇，"（崇祯十三年正月初三日）坐咸畅阁作书复林孟木（逢春）父母。"（页421）时林仍在任，又同年三月："十八日，汪濬元（元兆）、周闇昭（灿）两父母至。"（页436）则周灿已到任。故此书作于林逢春离任前。

元璐又有《与林令君》，亦致林逢春，附此参阅："方从始宁归，盥诵台教。仰窥老父母勤民之至，实心善政，情见乎辞，天下经济文章之莫大于是矣。我有子弟，子产诲之，浩荡难名，莫知所报。劳病不即造墀，另图百首。"（《尺牍逸稿》

卷四，页23B）

致书门士范日谦，属其代撰文稿。

《尺牍逸稿》卷一《与范子日谦（二）》："暨阳路父母乃祖先为望江司谕，今始祀名宦，似将扬其事而命叙。不佞敢求剩馥，一救微生，万万。"（页17A）

案：暨阳为诸暨旧称。［乾隆］《诸暨县志》卷一六"知县"："路迈，子道，武进人，进士，（崇祯）八年。"（页12A）继任南有台"十三年"任。此书应绍兴闲居时作。

范日谦，字哀生。浙江上虞人。英姿博学，为学使黎元宽（博庵）首拔士。精研《周易》，善古文词，声望重一时。倪元璐见其文大惊曰："吾国安得此人？"又序其举业文稿。［光绪］《上虞县志》卷一〇有传。（页43A）

创制局戏《百官铎》，又名《升官图》。

《百官铎例叙》："百官铎图谱，倪文正公手定也。文正为前明一代名臣，疏劾奄党，一再上言，时皆以论奏不当责之，用撰是谱以寓道人徇路之意，故其澄清流品，彰瘅淑慝。法极谨严，图中降调升迁，悉仍曩制，尤非打马杂戏简略无文者可比……时在光绪昭阳协合良月上浣磨兜坚室主人撰并书。"（《百官铎》卷首）

案：升官图之局戏，渊源有自，元璐据明代官秩创制，定迁擢，有降罚。《香祖笔记》卷六："明倪文正公鸿宝，亦以明官制为图。"（页119）又《陔余丛考》卷三三"升官图"："今'升官图'一名'百官铎'，有明一代官制略备，以明琼掷之定迁擢，有赃则降罚，相传为倪鸿宝所造。"（页18A）《千顷堂书目》卷一五"艺术类"："倪元璐《百官铎》一卷。"（页393下）又《倪氏宗谱》卷一六"艺文志"："文正公讳元璐……《百官铎》一卷。"（页2A）《百官铎》，又名《升官图》，现存清光绪九年磨兜坚室刻本，上海图书馆藏。

为冯元仲《圆罫并赞》题跋。

倪元璐《为冯次牧社兄圆罫赞跋》："余友次牧征君出失一得倍罫，是钻串《易》《河洛》出也。文人之淫，气无所收，敢于改古，家人笑之，闾里笑之，天下笑之，余定其必传无疑……而《百官铎》初成，次牧兄定以为必传，当与谑庵前辈《奕律》并垂，余则以为平平。次牧曰：'我与集生祖《易》《龙马》，史公祖《周礼》，谑庵祖高皇帝律。'余曰：'城中四大书，江南踞其一，越及四明乃居其三也。'"（《天益山堂遗集》卷末附）

案：冯元仲创制"失一得倍罫"，亦即圆罫，撰有《圆罫说》《天益山失一得倍罫之解》《圆罫说并赞》（《天益山堂遗集》卷一〇，页28A、页30A、页29A）。余大成（集生）将围棋盘由方改圆，亦称圆罫。周亮工《书影》卷一："近余集生中丞创为圆棋盘，然其法与方棋盘亦无大异。"（页38B）冯元仲言："我与集生祖《易》《龙马》，史公祖《周礼》，谑庵祖高皇帝律。""史公"指元璐创制《百官铎》。

冯元仲，字尔礼，又字次牧。浙江慈溪人。崇祯十二年（1639），为邑令汪文伟保举试吏部，以策论戆直部臣骇其狂直，仅授县丞，雅非所好，归隐汤山，改名天益山，筑藏书楼、望烟楼。著有《天益山堂遗集》。〔雍正〕《慈溪县志》卷一〇有传。（页9B）

致书幼女之婿胡镐。

《尺牍逸稿》卷二《与胡婿武迁》："昨呈投关公祖者，作何下落？大都贼情难执，只宜虐中听之。失贼已是晦气，勿于晦气之中又结业帐，幸慎处之，愚盖有所鉴而云然耳。捕人缓之则纵贼，急之则累无辜，直是无可奈何。然德之与财，宜权轻重。"（页16B）

案："胡婿武迁"即幼婿胡镐，详前。书云"昨呈投关公祖者，作何下落"，关永杰崇祯九年（1636）至十二年（1639）任绍兴府推官，姑系于此。

托祁彪佳为长婿寿自达谋官缺，彪佳来书谋之。

祁彪佳《与倪鸿宝》："承台谕，殊有同心，况属爱倩，宁敢靳片纸之助。但机会适有不偶，则因旧武进令以那借钱粮四万余，致马培元参发，奉旨查籍，闻其将前后抚按借抵三千余金，弟恐为其波累，是以录具数目，求陈白庵年兄筹时，以杜影借之口，小价至今未归。弟思已方求人，而又为人转求，似觉不情，知年翁定能垂亮也，欲另具数函推命。顷简之同籍，寿年兄之同门绝少当道，而求一相近地方道府，无寇梗之虞，可为令婿地者又绝少，始叹吾籍之寥寥至此，其何以仰对鼎委乎？"（《里中尺牍》己卯秋冬季册，南京图书馆藏明钞本）

案：此书作于是年秋冬间。"寿年兄"名成美（1590-？），字充之，号放泉，浙江诸暨人，万历三十七年（1609）与元璐同举乡试，天启二年（1622）又同中进士。〔乾隆〕《诸暨县志》卷一七"进士"："（天启二年壬戌文震孟榜）寿成美，行人。"（页10B）寿成美子自达为元璐长婿。《倪氏宗谱》卷二："配余姚中丞陈公克宅孙、蹉使启〔孙〕女，封一品夫人。生四女，长适诸暨进士寿公成美子，孝廉自达……"（页104A）"陈白庵年兄"名瑄，《天启壬戌科进士履历》："陈瑄，白庵……乙亥，升常州府知府；庚辰，革职。"（页13B）

十月，林日瑞调任广东右布政使，作画并题为别。

《倪文贞集》卷一六《为林浴玄司枭作图并题》："林浴玄使君者，道器之总轮，法范所归鞚也。治越三年，而有千年之誉……既移岁星，观乎桐柱，姊子徐生允臧等，攀辕自崖，郑重惜别，临岐之训，兴叹山麓，赏及临池，而咨袜坼，于是一年矣……是故画有玄理，而余不能知，其所微通者，丘壑云烟而已。"（页3A）

案：《鸿宝应本》题作《为总枭林浴玄使君作图并题》。〔康熙〕《杭州府志》卷一九"浙江等处提刑按察司按察使"："林日瑞，诏安人，（崇祯）十一年由进士任。"（页5A）本年十月调任广东右布政使，《祁彪佳日记》卷九"弃录"："（崇祯十二年十月）初十日……得林浴玄公祖别书。"（页405）

林日瑞（1586-1643），原名日烺，因避讳改名日瑞，字廷辑，又字浴玄。福建诏安人。万历四十一年（1613）进士，历官户部主事、郎中，转任浙江右参政，分守宁绍道。调江西任参政，分守湖东道，升浙江按察使，转广东右布政使，擢陕西左布政使。十五年（1642）夏，授右副都御史、巡抚甘肃。翌年十一月，李自成攻陷兰州，进遏甘州，城破，被俘被杀。赠兵部尚书，赐祭葬。事具《明史》卷二六三本传。（第22册，页6800）

冬，陆培将公车赴都参加春闱，有诗送别。

《倪文贞集》诗卷上《送陆鲲庭计偕》："习说又三载，逢人胆过头。衔官班屈宋，儿子第融修。伸纸只无畏，上书非有求。管城飞食肉，相法必封侯。"（页9A）

案："陆鲲庭"名培，本年秋闱中式，岁末入都参加明年会试，故倪诗系于此。陆培少有文名，为倪元璐、黄道周所重。

陆培（1617-1645），字鲲庭，号部娄。浙江钱塘人。少与兄圻、弟阶并驰名于时。十六年（1643）进士，授行人，奉使还省。南都倾覆，乃谋结壮士保乡土。清军下浙江，作绝命诗二章，遂自经卒。著有《旆凤堂偶集》。［康熙］《钱塘县志》卷二〇有传。（页8A）

书《题画石诗轴》赠吏科都给事中阮震亨。

倪元璐《行草书题画石诗轴》释文："千花万卉中不妍，千风万波中不颠。定是恒山大茂石，天教飞到帝姚前。为阮给谏题画石。元璐。"（《中国书法全集（倪元璐）》，页28）

案：所书即《题画送徐虞求京兆入觐》诗。"阮给谏"名震亨，时为吏科都给事中，明年正月被劾下狱。《崇祯实录》卷一三："（崇祯十三年正月）庚辰，下阮震亨于镇抚司狱，论死。先是，东厂获通贿籍，词连吏科都给事中阮震亨，吏部尚书谢升又劾之。"（第88册，页371）此幅作于被劾下狱之前。

为邑人王鬶题近艺文。

《倪文贞集》卷一六《题王懋远孝廉近艺》："与王予安孝廉石交三世。前三年，始相谋同巷居，篱壁连互，既邻切晨夕，深欢素心……懋远今岁才及终军弃繻，而群越之名彦老宿，拱手而让之牛耳者，已八九年，怪天下有才早慧如此……然余甚贵其人静凝，使持天下事，不必不如乃公健决也。若以其文章之力，恣其情才，处承明之庐，正堪作赋，追乎汉人，必及枚、左，使懋远不作赋，《七发》《三都》竟当单行也。"（页6B）

案：［乾隆］《绍兴府志》卷三二"举人"："崇祯六年癸酉科……王鬶。"（页67B）元璐与王鬶同邑且同巷居，文云："与王予安孝廉石交三世，前三年，始相谋同巷居。"王鏊《秋日过学士倪文正公园五首》:"园庐经始日,是我卜邻时。"(《匪石堂诗》卷二三,《上海图书馆未刊古籍稿本》第 47 册,页 167)可知此文作于本年。

延范日谦为诸子师,甚严敬之。

《尺牍逸稿》卷一《又答范子日谦》:"匆遽别去,忽逼岁除光。悦入新年,亦是肠胃文章,映日可见,锦囊花气,望春而飞者耶。岁炭代仪若干,幸垂涵照。"(页 10B)

案:"岁炭代仪"即馆师之贽。[光绪]《上虞县志》卷一〇范日谦传:"精研《周易》,善古文词,声望重一时。倪文贞见其文大惊曰:'吾国安得此人?'延为子师,甚严敬之。"(页 43A)

自曾祖倪铠至堂兄倪元珙,四代从祀学塾,撰文祭奠。

《鸿宝应本》卷一七《四代从祀磬宗私祭文》:"四代之德,家珍易数。父教子忠,孙绳祖武。南城惠人,文林太古。中议清刚,光禄健举。生俱有为,视彼庚俎。没而可祭,何惭孔庑?……见之于墙,观者如堵。百代仪刑,千年香火。"(页 22A)

案:四代从祀学塾,指曾祖南城知县倪铠,祖父封文林郎倪应薪,父琼州知府倪冻,从兄光禄寺丞倪元珙。

是年,斟酌古今,定家庙时祭合享之礼,撰文祭奠从兄元珙、亡弟元璐。

《鸿宝应本》卷一七《荐先兄光禄疏文》:"情为故从兄光禄寺丞元珙,法根殊净,道韵不凡,迹其治人,类多善政……恭诵某品经等各若干部,祗冀慈悲,为生怜悯。本缘信受缘轻,未离文士;既复功名趣尽,已厌宰官。是必证明,立俾解脱,一消劫业,长免轮回。竟托莲花而生,归诸净土;即使荆株已瘁,犹若同堂。"(页 19A)

又《荐亡弟华汝秀才疏》:"伏念亡弟诸生元璐,故有至性,不谐俗情,刲股救亲,守身若女。不幸短命,忽迫禅除,逝者如斯,嗟何及矣。元璐向者雁行在远,莫通池草之魂;今兹鹤表无归,愈切人琴之痛。会逢庆日,众设盂兰,虔请苾蒭六和,静转莲华十部……"(同上,页 20A)

案:倪《谱》卷三:"十二年己卯……斟酌古今,定家庙时祭合享之礼。"(页 3B)元璐疏文诵经祭祀从兄、亡弟。

本年,清军陷济南,三月北归。清军入关阅五月,深入二千里,下七十余城。张献忠叛于谷城,下熊文灿狱,杨嗣昌督师讨之。畿内、山东、河南、山西旱蝗。

【诗文系年】

《为许平远使君作图并赞》《封太史孝子沈无怀先生及配钱太君偕寿六十序》《诰封商母刘太夫人行状》《诰封奉直大夫玄同冒公及配宗宜人墓表》《与李公懋

明邦华》《光禄寺寺丞先兄三兰府君行状》《祭先兄三兰府君文》《与家伯屏司理长圩》《贺登抚徐亮生亲家》《与徐公亮生》《郡侯王公筑塘通江生祠碑记》《与陈子诚忭》《病足帖》《寿何非鸣母丘太孺人》《与王贻杕（六）》《湖广布政司参议备兵常镇道谌轩商公暨配张孺人墓志铭》《时美杨公赞》《昌篆杨公赞》《与许定海成章》《与及门徽州戴郡守自成》《复彭点平虞衡》《又与及门徽州戴郡守自成》《与会稽林令君》《与范子日谦（二）》《为冯次牧社兄圆罪赞跋》《与胡婿武迁》《为林浴玄司臬作图并题》《送陆鲲庭计偕》《题王懋远孝廉近艺》《又答范子日谦》《四代从祀瞽宗私祭文》《荐先兄光禄疏文》《荐亡弟华汝秀才疏》。

崇祯十三年庚辰（1640），四十八岁

绍兴里居。著《儿易》成。

正月十六日，祁彪佳来书。

《祁彪佳日记》卷一〇"感慕录"："（崇祯十三年正月）十六日，大雪……作书与倪鸿宝。"（页423）

二十日，复祁彪佳书。

《祁彪佳日记》卷一〇"感慕录"："（崇祯十三年正月）二十日，得倪鸿宝回札。"（页423）

同年张国维任工部右侍郎总督河道，有诗酬之。

《倪文贞集》诗卷下《与治河使者张玉笥》："帝亦无如方割何，山龙好与定颠波。李寻贾让岂无策，瓠子宣房各有歌。天老授书当济洛，支祁乞命保淮涡。倘闲好作河渠志，彩笔玄圭总不磨。"（页21B）

案：《张忠敏公年谱》："崇祯十三年庚辰，公年四十五岁。正月，升工部右侍郎，加兵部右侍郎总督河道，兼提调徐临津通四镇漕饷事。"（《张忠敏公遗集》卷一〇，页9A）

张国维（1595-1646），字玉笥。浙江东阳人。天启二年（1622）进士，授番禺知县，考选刑科给事中，擢太常少卿，升右佥都御史巡抚应天。崇祯十三年（1640）擢工部右侍郎，加兵部右侍郎，总督河道。岁大旱，漕流涸，浚诸水以通漕。十五年（1642）十月，升兵部尚书。次年四月，清兵入京畿，檄八总兵之师拒之皆溃，寻罢职下狱。得释驰赴江南、浙江督练兵输饷诸务，出城十日而都城陷。南明时授兵部尚书、武英殿大学士，明师败绩，知势不可为，作《绝命词》三章，投水死。著有《张忠敏公遗集》。《明史》卷二七六本传。（第23册，页7062）

门生萧琦来书，有书答之。

《倪文贞集》卷一九《答萧令君琦》："本不以一高第动色吾韩若，然而三立之事，正以是为阶者。立功不须言，即改学究而静进取，则立德立言亦从此始也。今民穷盗起，急需良有司休养生息之……忽承使问，感此梦寻，衣带钱江，望犹河汉耳。"题注："庚辰。"（页3B）

案：萧琦，字韩若，号庸翁。江西吉水人。天启七年（1627）中乡试第二，崇祯十年（1637）成进士，擢第七。初授始兴令，转高要，以失巡按欢，大计罢官，同乡李邦华、日宣暨倪元璐交疏代白，遂起工部主事，清介如故，又谪诸暨令。许都倡乱，琦与同年陈卧子、张公亮多方招抚，浙赖以安。南明时升兵部尚书，迁九卿，病殁。［光绪］《吉水县志》卷三五有传。（页16A）此书应萧琦宦岭南时作。

致书湖广巡抚方孔炤，值同里祝嵩龄赴任江华县知县。

《尺牍逸稿》卷三《与中丞方公孔炤》："恭惟老先生文武为宪，今之吉甫，有宋韩、范诸贤不能及也。荆南羊、杜以来，斯瞻威蠹斫斧之气，日月昭回，三楚定则天下皆定……兹乘敝窗友江华祝令赴官之便，率道相思，曰往微诚，是希崇照。又为敝友以龙门之旧士，依虎帐之高辉，教之诲之，将为之咏《绵蛮》之雅也。"（页30A）

案："中丞方公"即方孔炤。《国榷》卷九六："（崇祯十一年六月庚申）方孔昭［炤］为右佥都御史，巡抚湖广。"（第6册，页5813）书中"窗友江华祝令"即祝嵩龄，是年授江华县知县，［同治］《江华县志》卷四"知县"："祝嵩龄，浙江，举人，十三年任。"（页19A）

方孔炤（1590-1655），字潜夫，号仁植。南直桐城人。万历四十四年（1616）进士，授四川嘉定州知州，调任福宁知州、兵部主事。天启初年，升职方员外郎，忤崔呈秀，削籍。崇祯初，起原官，忧归。还朝累官至湖广巡抚，因楚兵败被逮下诏狱，后得减罪，仅戍绍兴。久之，用荐复官，复命兼理军务。命甫下而京师陷，孔炤南奔。马、阮乱政，归隐白鹿山十余年而终。《明史》卷二六〇有传。（第22册，页6744）

闰正月十一日，为仁和吴培昌知县事与王业浩作公札。

《祁彪佳日记》卷一〇"感慕录"："（崇祯十三年闰正月）十一日，微雨。江道闇、邹叔夏二兄过访，出王戢云、倪鸿宝所作公札，为仁和吴父母计挽回，留二兄游寓园，归举酌于新居。"（页427）

案："江道闇"名元祚，字邦玉，浙江钱塘人，筑有"横山草堂"，撰有《横山草堂记》（见［民国］《杭州府志》卷三〇，页14B），钱谦益有《湖山江氏书楼》《横山题江道闇蝶庵》诗。（《初学集》卷一八，页634、页635）"邹叔夏"亦钱塘人，名不详，其兄邹师绩（孝直）筑有泊庵而闻名。"王戢云"即王业浩。《祁彪佳日记》卷一〇"感慕录"："（崇祯十三年八月三十日）出候外父，待舟不至，走还舟访夏孔林，同之候王戢云并其两郎君尔拭、尔瞻，皆获晤舟次。"（页

386

558）王贻栻（尔拭）、王贻模（尔瞻）为其二子。"仁和吴父母"即知县吴培昌，上年被革职。《崇祯十年丁丑科进士履历》："吴培昌，坦公……授浙江仁和知县，己卯，革职。"（页6A）

拟公致浙江按察使顾燕诒书，诉会稽县民蒋祖忠之冤。

《尺牍逸稿》卷二《公致浙臬》："所有地方冤累一事，合词以请，幸垂听焉。蠹犯蒋元霖，侵饷事发，拘解脱逃，奉部院行文，原籍严提本犯者其正也，贵司檄县不得正犯，则拘家属者亦其正也。所谓家属者，父兄妻子，同产同爨耳，未有可以远族无干、几同陌路之人当之者也。乃县差乘本县缺官之际，择肉而食，混拘蒋三。蒋三本名祖忠，其以行呈者，此从来奸犯、狼役通套游移之故智，谅老公祖之所洞察者也。蒋三之与元霖同七世祖，从无往来，家谱可证，乡党亦共知……不意县文之以病报，且以保人徐成代解也……此皆某等目击冤痛，一则历奉诏旨，钦赃钦犯不许牵累无辜；一则仰体老公祖恤民察物，旁皇至意，不避斧钺，晶心矢陈。某等皆知自立，苟非可对天日、对圣明、对鬼神者，誓不敢罔老公祖，幸垂鉴纳，立将蒋三住提，徐成保释……剔蠹理冤，莫大之义，某等不胜瞻仰。"（页6A）

案："浙臬"即顾燕诒，［康熙］《杭州府志》卷一九"浙江按察使"："顾燕诒，（崇祯）十二年由进士任。"（页5A）继任曾栋"十四年由进士任"。

顾燕诒（1583-1667），字安彦。直隶太仓人。崇祯元年（1628）进士，授刑部主事，出守济南，蠲除苛政。擢福建驿传道，调任嘉湖兵备，晋浙江按察使、右布政使。为官清廉，刚正不阿，不屑与奸佞小人同流合污，被诬夺职。十六年（1643）昭雪复职。入清后，以疾辞不出。［民国］《太仓州志》卷一九有传。（页31A）

寓山桃花盛开，祁彪佳来书邀元璐过访。

祁彪佳《与倪鸿宝》："吾乡攀株之害，赖老年翁绘图入告，自此稍息，越人至今颂功德，不意尚有异冤如此。弟追随公论为荣，殊侈二状皆用图，计附使者去矣。数日后拟向灵隐深处聊避人事，俟寓山桃花盛开便归，此时得老年翁扁舟过访甚妙。"（《里中尺牍》庚辰春夏季册，南京图书馆藏明钞本）

二月初九日，张溥偕叶培恕到访绍兴。

《祁彪佳日记》卷一〇"感慕录"："（崇祯十三年二月）初九日，归省拜德公兄寿。闻张天如至，出寓山……薄暮，张天如乃同叶行可年兄过访，所携之友仍在舟中。"（页431）

叶培恕、徐倬来访，留之五簋，邀门生陈诚忭陪作文字饮。

《尺牍逸稿》卷五《与陈子诚忭》："适叶行可、徐方虎二兄过小楼，留之五簋，屈兄过从，与作款曲，并可谈《易》，正是文字饮也。渠注《毛诗》至《秦风》，乃以焚香搁管登之白简云。昨已束帛登龙，愿辍稿附尊注行梓，席间庶可面商耳。"（页21A）

长子倪会鼎初识徐倬，二人订交。

徐倬《倪文正公年谱序》："忆庚辰岁朋游越中……时无功即享盛名，捧珠盘，执牛耳，人遥望之以为巨公宿德，不知长倬才二岁耳，亦在弱冠时也。"（《道贵堂类稿·耄余残沈》卷下，页1A）

案：徐倬康熙四十六年（1707）有《酬会稽倪子新即次见寄原韵》云："黄发相思哭，人间那得知？情深三月葛，路隔一江篱。文字同兰臭，家门并玉蕤。还坚西子约，共唱竹枝词。"（《道贵堂类稿·耄余残沈》卷上，页4B）

是年，次子倪会覃年十七，与兄会鼎齐名。

《倪氏族谱》卷二："会覃……会稽廪生。心和性劲，具博通之才，与兄善，十七齐名。"（页103A）

二十三日，祁彪佳至衣云阁观新构楼。

《祁彪佳日记》卷一〇"感慕录"："（崇祯十三年二月）二十三日，舟泊南门……从金家庙至倪鸿宝宅前，观其新构楼。"（页431）

三月，王孙兰新任绍兴府知府，王期升调长沙。

管绍宁《诰封中宪大夫浙江绍兴府知府震原王公墓志铭》："庚辰三月，刺史君（王期升）移守长沙。"（《赐诚堂文集》卷一三，页2B）

［乾隆］《绍兴府志》卷二六"知府"："王孙兰，江南人，崇祯十三年任。"（页22B）

案：吴伟业《中宪大夫广东兵备副使王公畹仲墓志铭》："服阕，起补绍兴守。岁大祲，设法赈济，所全活甚众。久之，以积劳擢广东南诏兵备副使。"（《吴梅村全集》卷四三，页911）

王孙兰，字畹仲。南直无锡人。崇祯四年（1631）进士，授刑部主事，进员外郎，考选擢四川成都知府，以艰归。补绍兴知府，会绍兴饥，定赈救法，预为分区，使乡官分主之，籍记饥民之受赈者，所设散米给钱，粥厂移粥，药局病坊，官籴民籴，官积民积，浙东三府十九县皆行其法。升广东按察司副使分巡广南诏，张献忠兵至不守，北面称拜自经死。事具毛奇龄《明广东按察司副使分巡广南诏道殉节前绍兴府知府王公传》。（《西河文集》传卷五，页3A）

门人林时对中进士。

全祖望《明太常寺卿晋秩右副都御史茧庵林公逸事状》："公以崇祯己卯、庚辰连荐成进士，时年十八，授行人司行人……公之少也，伯兄荔堂先生喜言名节，公与上下其议论，荔堂引为畏友。执经倪文正公门，既释褐，施忠介公、徐忠襄公皆重之，多所指授。"（《鲒埼亭集》卷二六，页5A）

案：林时对，字殿扬。浙江鄞县人。崇祯十三年（1640）进士，授行人司行人。少执经倪元璐门下，常熟钱谦益闻其名招致之，不往。于同官最与刘中藻、陆培、沈宸荃相昵，或曰："冷官索莫，何以自遣？"曰："苟不爱钱，原无热地。"丁忧归里，钱肃乐一见契之。《小腆纪传》卷五七有传。（页 666）

应天府丞张玮来书，有书复之。

《尺牍逸稿》卷三《复应抚张二无》："东南弦化，尽化安澜，匝宇飞灰，独存碣石，台翁之能，则已见于天下矣。日者主上极圣，凌轩跞义，使以台翁际之，岂不鼓钟互答，桴鼓自孚，郑崇识其履声，魏征见为娥媚耶？"（页 2B）

案："张二无"即应天府丞张纬，题作"应抚"疑误。[嘉庆]《新修江宁府志》卷二五："崇祯庚辰，任应天府丞，时南畿大旱，公私交诎，流冗萃处，纬悉心赈济，于城内外立粥场，活数十万人。"（页 20A）

张玮，字席之，号二无。南直武进人。万历四十七年（1619）进士，授户部主事，调兵部职方，历郎中，出为广东提学佥事，不附魏珰建祠，遂引去。崇祯初，起江西参议，历福建、山东副使。召为尚宝卿，进太仆少卿。坐事调南京大理丞，引疾去。久之，起应天府丞，迁南京光禄卿，召为右佥都御史，迁左副都御史，旋以病谢归，未几卒。事具《明史》卷二五四本传。（第 21 册，页 6568）

四月初五日，亲家徐人龙长子至自登莱，致书人龙。

倪元璐《与老亲翁札（一）》："长公亲翁归，讯知雄概，因奉玄提。朋觌之辱，施及猿鹤，欣喜感惭，一时俱集。老亲翁今之李、郭，经手即成再造，非徒才大，实犹战兢得来耳……海运议兴，庙堂似在决策，如巨利巨害，深识周计，何以舍此？朝堂方知老亲翁，如汉室之于赵营平，营平往复爽论，使天子心屈而后其功可成。今圣人雄才密虑皆有之，可与忠言，即有不便，不妨熟计条上，此与临阵决机不同，审谋从容为贵也，何如远有于腊之事。草禀报谢。清和后五日，弟璐载顿。"（《明王阳明倪鸿宝手札合卷》，《听帆楼续刻书画记》卷下，《中国书画全书》第 11 册，页 912 下）

案："清和后五日"，即四月初五日。"老亲翁"即徐人龙，"长公亲翁"为人龙长子，长孙运彩聘其女。书云："海运议兴，庙堂似在决策，如巨利巨害，深识周计，何以舍此？"事见《国榷》卷九七："（崇祯十三年闰正月辛亥）："巡抚登莱右佥都御史徐人龙言'成山海运甚险'，有旨：海运由胶莱，仍与河漕无异，不必议。夫海运由莱，必由成山，云与漕河无异，误矣。"（第 6 册，页 5856）

又书复亲家徐人龙。

《尺牍逸稿》卷五《复登抚徐亮生亲家》："比闻戈舡下濑，坐遏狂鲸，此功不小。老亲翁不自鸣，所以愧若哓哓之子者乎？盖自其学问然矣……大疏争光日月，然方望老亲翁以耆功定乱，又兴二憾，将无有以鸥枭乱其斫斧者？此则天下之所共虑。或未即发，则犹可止也，何如？"（页 19A）

同年吴之屏父吴尚伦卒，为撰墓志铭。

《倪文贞集》卷一〇《永宁别驾赠朝列大夫福建提学参议叙庵吴公暨配赠恭人陆氏墓志铭》："叙庵先生又以循吏闻。先生之佐信阳、永宁两州，一时之为州佐者，莫或及之，故亦称第一也……生嘉靖辛酉，卒天启丁卯，享年六十有七。以少参贵，封文林郎，赠朝列大夫。配陆氏，内则周举，佐先生教诸子，严过先生。生后先生四岁，卒亦如之，享年亦六十有七，封孺人，赠恭人……先生名尚伦，字觐扬，叙庵其别号也。葬于保村安字圩之阡，有题其表曰：明吴叙庵公之墓，以使千年而后有辨于汉吴公云。"（页7A）

案：吴尚伦（1561-1627）为吴之屏父，之屏与元璐同年进士，其子尔埅拜师元璐。曾异撰有《吴叙庵先生暨配陆恭人合传》，亦同时作。（《纺授堂诗文集》，页330）

吴之屏（1599-1666），字谔斋。浙江崇德人。天启二年（1622）进士，授新城令，调繁南城，以卓异迁礼部郎。擢福建粮储道，转本省学政。寻转驿传道，值岁饥，多方捐赈，民赖以全。崇祯十七年（1644），擢福建巡抚。次年八月，清军攻福州，率众归降，后归里屏居。[道光]《石门县志》卷一四有传。（页34B）

门生刘渤上年新举江西解元，来访居留数月。

倪元璐《江右帖》："江右新解头刘钜溟，弟丁卯所拔拟元，以末场贻堂置副榜第一。今来过访，约午间到小楼出五篇享之，其意甚欲见台兄，倘无他事，借光半日，荣甚欢甚。惟惠然许之。弟璐顿首。"（《明人尺牍》，页23A）

案："刘钜溟"即刘渤，[康熙]《安福县志》卷二："（崇祯十二年己卯科乡举）刘渤，解元。"（页56A）元璐天启七年（1627）典试江西，拟取刘渤为解元，末场因病而失之交臂，上年如愿拔元。《倪文正公年谱》卷三："（崇祯十三年）《儿易》既成，海内问奇者如市。德清胡公麒生、徐公偁，三吴叶公培恕，江右刘公勃[渤]、戴公国士，甬东冯公家桢，上虞徐公复仪，皆连袂横经问难往复，馆于儿山累月乃去。"（页4A）

又为刘渤举业稿撰序。

《倪文贞集》卷七《刘讵溟解元近艺序》："应举临文，欲不作第二人，此无他法，为今人则求见我，为古人则求见今，敌今人则务制气，敌古人则务使智而已……文章之情，综是四者，则非偏师，而握全算，故必得第一也。安城刘子，于丁、己二卯，两举俱哀，文区雷叹，然以今遇马公神识，宜必第一。往予蒙者遇之，则亦第一，虽其才力，得不有其计数者乎？……夫文辨元魁，犹人分圣杰，魁之愧元，杰故不如圣。文之圣者，则亦有圣人之道焉，亦不可阶升，亦不为已甚，亦疾无称，亦怀刑焉尔。"（页19A）

案："刘讵溟"一作钜溟，即刘渤。刘渤上年应举拔元，典试为马世奇。《东林列传》卷八："马世奇，字君常，无锡人……己卯典江西试，取拔多知名士……如龚廷祥、堵胤锡、蔡凤、戚勋、萧琦、王汉、万发祥、刘渤、刘日杲等，皆先后

死节不愧师门云。"（页 19A）

著《儿易》成。

倪《谱》卷三："（崇祯十三年）著《儿易》成。分内外二仪，外仪发挥微义，虽因实创，内仪特标元解，不离经内之义。又分之以两编者，以本诸大象，如豫以作乐崇德，全卦皆归乐，革以治历明时，全卦皆归历，尊仲尼以兼三圣，俾程、朱不得不俛首之者。等于《易林》，六十四卦从而重之，卦占一辞，取《易》所固有而笺释以通之，使焦京无所擅繇、象。"（页 3B）

案：《儿易》始著于崇祯九年九月（1636）归里舟行途中，至是告竣，著书处为衣云阁筵妙楼。倪《谱》卷三："著《易》处在宅左筵妙楼。楼峙水上，前通莲沼，左有土山，以其小也，亦称儿山云。"（页 4A）

《儿易》既成，海内问奇者如市。

倪《谱》卷三："（崇祯十三年）《儿易》既成，海内问奇者如市。德清胡公麒生、徐公倬，三吴叶公德〔培〕恕，江右刘公勃〔渤〕、戴公国士，甬东冯公家桢，上虞徐公复仪，皆连袂横经问难往复，馆于儿山累月乃去。"（页 4A）

徐倬《倪文正公年谱序》："忆庚辰岁朋游越中，公正在家居，龙门高峙，绛帐宏开，四方执羔雁而来者，日数百人，倬亦在旅进旅退之中，公不知此童子为何氏也。时无功即享盛名，捧珠盘、执牛耳，人遥望之以为巨公宿德，不知长倬才二岁耳，亦在弱冠时也。"（《倪文正公年谱》卷首，《道贵堂类稿·耄余残沈》卷下，页 1A）

案："徐公倬"（1624—1713）字方虎，康熙十二年（1673）进士，浙江德清人。"三吴叶公德恕"，"德恕"应作培恕，字行可，崇祯七年（1634）进士，浙江嘉善人。"甬东冯公家桢"字端鲤，崇祯四年（1631）进士，浙江慈溪人。"上虞徐公复仪"字汉官，崇祯十六年（1643）进士。

四月，门生戴国士携吴甘来书至，求为书室题额。

吴甘来《上倪鸿宝座师》："客夏使程，幸逢天竺东山咫尺间，拘畏条格，乃不能全寸武，怅望可言？……闽闱之役，虽墨义颇有传者，因人碌碌，恐为门墙羞，敢因戴门生趋觐，敬呈试录，以供一粲。侑缄寸缕，亵衮已极，恃老师察原有素耳。门生陈情再上，徽庇应已得请，定省而外，便当闭户读书，免于堕落。顾措大依然，膝下斗室耳，倘辱挥豪命之两字，将悬南面，晨夕皈依，则老师如日进某于函席而启发之也。"（《吴庄介公集》卷三，页 14A）

案："戴门生"名国士，元璐天启七年（1627）所取士，是年来绍兴拜谒乃师，居留数月，次年乃归。吴甘来亦元璐江西所取士，上年典试福建，事竣归省。《吴公苇庵先生年谱》："（崇祯十二年）春二月，赴京复命。旬日，奉诏同翰林院编修刘公理顺主试福建，作《试录后序》……竣试事，便道省太夫人。"（《吴庄介

公集》卷六，页22B）

吴甘来（1599-1644），字和受，号苇庵。江西新昌人。崇祯元年（1628）进士，授中书舍人，擢刑科给事中，忧归。起吏科，进兵科右给事中，乞假归。十五年（1642），起户科都给事中。中外多故，荆、襄数郡，农民军未至而抚道诸臣率称护藩以去，甘来上疏劾之。都城陷，投缳死。赠太常卿，谥忠节。清朝谥庄介。著有《吴庄介公集》。事具《明史》卷二六六本传。（第22册，页6862）

五月端午，致书王孙兰知府，时病足未愈。

《尺牍逸稿》卷四《与王郡守》："从干旌惠顾之明日，遂患河鱼，已而疬生于足，不能着芒履。昨小婿朱生重蒙严断，感激之至。伏床哦叩，诚冀小间诣墀百首，而竟未能也。兹者节届中天，群国之人跻堂称兕，某独以病处后至，梅圣俞扪其双足而曰'是中有鬼'，岂不然乎？"（页22A）

案：书云"兹者节届中天"，则作于端午。"小婿朱生"为三女婿朱正色。《倪氏宗谱》卷二："生四女……三适山阴通判朱公贞元子漂阳令正色。"（页104A）

致书德清胡麒生，时麒生罢官闲居。

《倪文贞集》卷一九《与胡大行麒生》："鹏奋以来，吾道生色，迹其致用，方将彪炳千秋，岂特为世间达官巨卿已耶？不佞髯髴最微，臃肿已废，而君国之念，有不忍一日释者。惟奉兰心，窃欣榆意，高文精微，特达一时。"题注："庚辰。"（页3A）

初八日，与姜逢元、刘宗周、祁彪佳、余煌、张焜芳、王毣等会于王文成公祠，议和籴赈饥之事。

《祁彪佳日记》卷一〇"感慕录"："（崇祯十三年五月）初八日……至王文成公祠，乡缙至者为姜篯胜、余武贞、刘念台、倪鸿宝、张九山，孝廉为王予安、沈素先、钱君良璧，予主和籴之议，因出札稿观，皆以为可，诸文学聚集甚众，亦皆以为可，乃托姜篯老言之府公祖，三日期缙绅会于公所共相商议。"（页443）

案："张九山"名焜芳，崇祯元年（1628）进士，历南京户科给事中，忤上罢职，十六年（1643）正月，诏起芳官，舟次临清，遇兵而卒。［嘉庆］《山阴县志》卷一四有传。（页76B）"沈素先"名不详，与王毣（予安）交善，张岱《赠沈歌叙序》："吾友沈素先弱不胜衣，见人呐呐似不能言者，及其临大事，当大难，则其坚操劲节，侃侃不挠，固刀斧所不能劘，三军所不能夺也……忆昔素先与王予安交厚，后予安以事相累，素先为其被逮落狱，略无怨词。盖素先生平极敦友谊，素先与予安，友也，故生死以之。"（《张岱诗文集》文集卷一，页206）

张景华妻董氏及子张陛赈济饥民，建坊以旌，元璐赠联："分人以财，由已溺饥笑怀清，女师千仓自卫；从亲之令，与尔邻里胜麦舟，父子一士私沾。"

[康熙]《山阴县志》卷三三："张景华，举明经，时病笃，嘱妻董氏曰：'吾逝矣，身为大廷尉之子，配汝尚宝卿之女，无他憾，惟未列科甲，不瞑目。后以义行成吾志，足矣。'寻卒。氏嫠居，乐善修斋，贫者舍棺掩骼，购山为义冢及修圮路颓梁，粥济狱囚；为杨元代偿逋，赎其妻；焚周秀券，归其女。明崇祯庚辰岁饥，亟同子陛鬻田二顷，籴米五百石，赈济全活者以万计。著有《济言》十则，赈法甚良，刘宗周、王业浩、王思任为之序。倪元璐有赠联曰：'分人以财，由已溺饥笑怀清，女师千仓自卫；从亲之令，与尔邻里胜麦舟，父子一士私沾。'又各长吏旌以扁额，两院疏题建坊，旌曰'孝义流芳'。"（页6B）

案：张陛字登子，为张景华子。

郡中大饥，黄宗羲自余姚来谋于乡绅倪元璐、祁彪佳、王业浩。

《黄梨洲先生年谱》卷上："（崇祯十三年）岁大祲，邑中点解南粮，充是役者家覆，诸叔皆相向泣。公告籴黄岩，遏禁綦严，谋于倪鸿宝、祁世培、王峨云三先生，而其事得集。"（页12A）

六月十五日，致书祁彪佳荐雪航禅师。

《祁彪佳日记》卷一〇"感慕录"："（崇祯十三年六月）十五日……是日得倪鸿宝书，言雪航师精禅理且能师，予以一柬邀之。"（页450）

祁彪佳来书，愿具名荐前知县赵士谔入祀名宦祠。

祁彪佳《与倪鸿宝》："昨因妻父失跌，扶病躯入城省问，咫尺玄亭如隔河汉。承教雪师，定是远公一流人物，年翁为再世渊明，遂过虎溪来也。昌黎玉局，弟非其人，或者容我作陆敬修耳。已具一疏于山中，幸促之早来。赵荩庵名宦极当，不孝弟曾为破格免其身后赋役，公揭愿与贱名，敬复。外佛手四枚、虾鲞一瓶附献。"（《里中尺牍》庚辰春夏季册，南京图书馆藏明钞本）

案："赵荩庵"名士谔，万历中任会稽县知县，有政声，时诸乡绅公揭荐其入祀名宦祠。

是月，钱塘县女刘氏含冤自缢，郡官为之昭雪，撰文纪之。

《倪元璐集》卷一四《刘烈女传》："刘烈女者，钱塘人也，居江之浒，年十九字诸生吴嘉谏，未归。其父元辅，旧常将五百人，御倭海上，中罢家贫，所居浅隘，与少年张阿官邻。阿官故逋荡，窥女貌都，狂发，夜跃上楼，穴窗入逼女，女大呼贼，踉跄脱走。元辅惊起，禽阿官，縶而髡焉。未及旦，阿官兄子养忠知之，遽纠党斩门，谋夺阿官，且鸣金号于众曰：'元辅实以女伥，而又窬之。'女闻之，拊膺长号曰：'天乎，辱人至此！'当是时，女父母专外御，不能中顾，及事解散，登楼，见女投缳，奔救已气绝，乃以闻于郡……时郡守河南刘公有廉明声……复请之台使者，檄同从事北海刘公杂治之，一讯吐实。于是阿官等悉论如法，阖郡噪呼。"（页24A）

案：钱塘刘烈女事，又载［康熙］《杭州府志》卷三三。（页 22B）"郡守河南刘公"即杭州知府名梦谦，《杭州府志》卷二〇"知府"："刘梦谦，（崇祯）十一年任，罗山人，进士。"（页 35A）"杭州府推官"即刘开文，上书卷二〇"推官"："刘开文，（崇祯）十三年任，邹平人，进士。"（页 40B）

七月初五日，为雪航禅师作《募装佛疏》。

《祁彪佳日记》卷一〇"感慕录"："（崇祯十三年七月）初五日……少顷雪航师亦过访，共斋于紫芝轩。出倪鸿宝所作《栴檀像募疏》相示，以造舟缘起求予题数语。"（页 453）

二十日，同年祁彪佳投刺来访，言及朝中政事及辽中战事。

《祁彪佳日记》卷一〇"感慕录"："（崇祯十三年七月）二十日，入城……投刺晤姜光杨、倪鸿宝，乃知近事，揆席一时去者三，物故者一，又闻奴破八城之信。"（页 455）

案："姜光杨"即姜一洪。"揆席一时去者三，物故者一"，指是年五月姚明恭、张四知、魏照乘罢，六月，蔡国用卒。"又闻奴破八城之信"，殆指清军攻杏山，败祖大寿、吴三桂师，又攻锦州，尽刈城东稼而还等。

二十七日，祁彪佳来观新园。

《祁彪佳日记》卷一〇"感慕录"："（崇祯十三年七月）二十七日，从寓所发舟，便道访朱集庵于千峰阁，观倪鸿宝新园，抵庄前，饭于村店，乘肩舆至西渡口，同季超兄至化山谒三宜师，遂宿于庄楼。"（页 456）

从兄倪元珫入祀祁门县名宦祠，属长子会鼎往祭。

《入祁门县名宦祠公祭文》："维崇祯十三年岁次庚辰秋七月庚辰朔越祭日丁丑，徽州府祁门县知县边举等，谨以刚鬣柔毛庶羞香楮之仪，致祭于光禄寺寺丞、南直苏松等处督学御史、前任歙祁知县三翁倪老先生老大人神位前……"（《三兰倪公崇祀名宦乡贤录》，页 59A）

案：是日，祁门县诸生参加合祭，有《祁邑诸生合祭文》。（上书，页 60A）长子倪会鼎代往祁门合祭。徐倬《无功公传》："（会鼎）尝代文正至新安。先是，文正从兄光禄三兰为歙令，大著惠政。首抗逆奄黄山大狱，拯阖郡于水火，郡人感德立祠。先生过之，即倾资置产以永香火。"（《倪氏宗谱》卷一四传赞志述，页 45A）

是月，黄道周被逮入京，长子会鼎从之京师，受学于狱中。

庄敦和《孝靖倪先生传》："既而黄先生复被逮，廷杖下诏狱，先生从之京师，经营橐饘，受学于狱中。"（［光绪］《上虞县志》卷四八，页 20A）

案：《明史》卷二五五黄道周传："道周劾嗣昌，贬江西按察司照磨。久之，巡抚解学龙荐所部官，推奖道周备至，大学士魏照成恶道周甚，拟旨责学龙滥荐。

帝怒，立削二人籍，逮下刑部狱。责以党邪乱政，并杖八十。"（第 22 册，页 6592）

八月，陈子龙来任绍兴司李，适闻黄道周遭廷杖，相与悲涕竟日。

《国榷》卷九七："（崇祯十三年八月）黄道周、解学龙逮至，廷杖，下刑部。"（第 6 册，页 5872）

《陈子龙自撰年谱》卷上："（崇祯十三年）六月，就选人，得绍兴司李……以到官日闻石斋师廷杖之耗。予以师素羸，且不免矣，与倪鸿宝先生悲涕竟日。"（《陈子龙诗集》附录）

门生李清母姜氏卒，为撰墓铭。

《倪文贞集》卷一二《敕封李母姜太孺人墓铭》："丹阳之姜，为今望族，当显皇初载，大宗伯凤阿先生，名位最炳。及其中季，先生子养冲公，以外藩吏抗疏极论时政，忤旨，落十二官以老。当是时，养冲公之名，振于天下。其后又三十余年，给谏兴化李君清，严节敢言，失贵臣意，几中危法，其时之称鲠固者，又皆归李君也……太孺人生万历癸未，卒崇祯庚辰，葬上元县之跃鲤山，于是与征士同穴。"（页 8A）

案：李清母姜氏（1583-1640），为姜宝（凤阿）孙女，姜士昌（养冲公）之女。姜氏卒于本年，李清请乃师为撰墓铭，又为其父母建牌坊。［咸丰］《重修兴化县志》卷一"古迹"："七峰完峻，长安桥南，明倪元璐书。其西额'千载贞徽'，明王铎书，为明封给事中李长祺妻姜氏建。"（页 15B）

是月，从兄倪元珙又入祀歙县名宦祠。

《入歙县名宦祠公祭文》："维崇祯十三年岁次庚辰八月庚戌朔越祭日甲寅，徽州府推官署歙县事张懋忠等，谨以刚鬣柔毛庶羞香楮之仪，致祭于光禄寺寺丞、南直苏松等处督学御史、前任歙县知县三翁倪老先生老大人神位前……"（《三兰倪公崇祀名宦乡贤录》，页 56A）

案：是日，元珙子倪会吉等举行家祭，有《入歙县名宦祠家祭文》。（上书，页 57A）

九月二十五日，与王业浩、祁彪佳公荐吴中名士。

《祁彪佳日记》卷一〇"感慕录"："（崇祯十三年九月）二十五日……再作书致顾鸣六、吴无念。先是，两兄以三吴公荐名士为托，予与倪鸿宝、王峨云共事焉。"（页 466）

是月，王铎授南京礼部尚书，仅二月以忧去。

《国榷》卷七九："（崇祯十三年九月）庚子，王铎为南京礼部尚书。"（第 6 册，页 5878）又十一月乙巳："南京礼部尚书王铎忧去。"（上书，页 5883）

秋，作《山水图扇页》。

倪元璐《山水图扇页》，金笺，墨笔。款识："庚辰秋日。元璐。"（浙江省博物馆藏，《中国古代书画图目》第11册，页57）

又作《水墨瓶花图》。

《别下斋书画录》卷四："倪文正公水墨瓶花立轴，纸本，高四尺二寸七分，阔二尺二寸七分。鸿宝璐庚辰漫笔。"（《中国书画全书》第11册，页426下）

为山阴祝汝栋妻徐氏节孝褒册题辞。

《倪元璐集》卷一六《题节孝祝母褒册》："祝母者，治闺之砥绳，持世以筝缝，迹其遭遘，有甚共巴。卓厥我仪，实惟寒士，惨斯在疚，方丁妙年……陟彼屺兮，毋也天只，既年六十，声闻于天。遂有王言如丝，婺星若镜，字褒纪季，号六宣文，闾巷聚嗟，以为盛事……斯知雍门曼声，适催泪睫，清征哀曲，反召翔禽。圣人以致遂之业，谓之荣华；先王取幽怨之音，被诸弦管。有以也夫，有以也夫！"（页12B）

案：［康熙］《山阴县志》卷三四："徐氏，庠生祝汝栋妻，康熙庚戌科进士祝弘坊之祖母。年十八适汝栋，二十四岁而寡，产孤绍燨。生甫坠地，不敢绝食，稍长勉之以学，早列名胶序。氏能敬事舅姑，享年六十余，崇祯年间旌。有《节孝集》，倪文贞鸿宝为之序。"（页20B）

十二日，祁彪佳来访未遇。

《祁彪佳日记》卷一〇"感慕录"："（崇祯十三年十月）十二日……再出［晤］倪鸿宝及淳文社中诸友，皆不值。"（页469）

二十四日，祁彪佳来晤。

《祁彪佳日记》卷一〇"感慕录"："（崇祯十三年十月）二十四日……访余武贞不值，晤倪鸿宝、王尔吉、王雅夷归。"（页471）

同年李之椿父李汉翔卒，年七十九，为撰墓志铭。

《倪文贞集》卷一〇《封承德郎吏部稽勋司主事李汉翔先生洎配许安人高安人墓志铭》："凡负涛气，宜奔腾壮发，而广陵之皋人，所归道德于汉翔先生者曰：以其古处，古处以其守内，守内以其淳静……生嘉靖壬戌，没崇祯庚辰，瑞世七十九年。当其为士，士仪其文三十年，去为大官丞，吏隐二十年，以子吏部贵，声闻天子，称封公十九年。先娶许，良媛也，不幸早死。继娶高，先先生没十六年，备德尽仪，多士行，并以吏部贵，赠封俱安人。"（页28A）

案：李之椿崇祯五年（1632）罢职归里，在如皋城东南筑"指树园"，闲居至今。

十二月十五日，致书张尔忠荐门生陈其赤。

倪元璐《致肯仲尺牍》："昨岁之遭而办，天下何事不办？才生于诚，即向者天子不以愚言为不然也。绣斧摇动，三秦闻如山岳，君家伯纪入则埋轮，出则单车平贼，古张今张千年一律耶。仆幽栖颇惬，老母今年八旬，尚幸清安，山中人只明农将母是大学问耳。所知从都下来者，曾传惠讯注存，甚感。正复怀人不能不吟《采葛》之句，适得便风，率尔声候。西安守陈石夫是不佞丁卯所取得意士也，又尝司李敝乡，其才与守，不佞梦中犹能诩之。得事贤者，抑亦有天幸焉。愿登然明于其阶上，今日知人察吏孰如台丈者乎？路修且梗，不敢不赫蹏，万希垂亮。嘉平望日，友人元璐顿首手勒，尚肯仲使君足下。"（《古书画过眼要录》（三），页1321）

案："肯仲使君"即张尔忠，时任山西道御史。书云："昨岁之漕而办，天下何事不办？"即指其上年受命巡漕，疏通千里运河，漕舻衔尾而至京。张缙彦《资政大夫都察院右佥都御史肯仲张公传》："己卯，运河涸，漕舻不通，京师亿万军民皆庚癸呼，诸台臣避是役如虎，公独毅然受命，至则却常例十万以惠运弁，舳舻衔尾。漕事竣，上褒嘉赐白金二百。"（［民国］《潍县志稿》卷二七，页13B）元璐所荐"西安守陈石夫"，即陈其赤，天启七年（1627）江西所取士。［光绪］《崇仁县志》卷八之六陈其赤传："升西安府知府，时流寇猖獗，石夫诣大经略洪承畴营，愿领兵剿贼，经略壮之，予以兵擒渠魁卷地狼，斩贼无算。捷闻，升四川按察副使。"（页7A）

二十四日，浙江督学许豸卒。舟往杭州吊祭。

《祁彪佳日记》卷一〇"感慕录"："（崇祯十三年十二月）二十四日……午后闻许平远公祖之讣，痛悼不已。"（页480）

许友《祭倪鸿宝师文》："追先子没于武林官邸，师自会稽挐舟而来，把酒沃奠，哀辞惨至。"（《米友堂集》祭文，页1A）

案：曾异撰有《追挽许玉史学宪》（《纺缎堂二集》卷六，页29A），华夏作《哭许玉斧宗师文》（《过宜言》卷四，页18A）。

许豸梓棺发引归闽，致书王贻栻欲同列名衔祭悼。

倪元璐《与王贻栻（十四）》："许公祖发引在即，日内便发吊使，不知曾请之尊公许同事否？如许之，乞开示尊衔，轴中并列贤婿昆玉尊名，亦见感知之义如何？璐生顿首。"（故宫博物院藏，《中国书法全集（倪元璐）》，页170）

案："尊公"指其父王业浩，"贤婿昆玉"即王贻栻、王贻模兄弟。

十二月，从兄倪元珙母王太孺人将入葬，为撰墓志铭。

《倪文贞集》卷一二《从母王太孺人墓志铭》："晋源公先娶王太孺人，相庄十余年，而太孺人即世时，生伯兄文学十年，仲兄光禄八年。其后四十年，光禄成进士。又三年，始以歙令最，追赠今称太孺人。寻召入台，又以恩申赠，于是太孺人之德，闻于天子者再矣。光禄直节鲠亮，方有盛名，通籍未二十年，奄遽殒秀，天下悼之。盖光禄既殁，而太孺人凄怆犹在殡也……自太孺人之备德，齐案归顺，谐类归宜，拊下归惠，教勤归慈，通务归智，安贫归介，而元璐不敢详称，识其大

者耳……太孺人年十八归季父，生嘉靖己未二月十九日，卒万历辛卯八月十六日，享年仅三十有三。"（页14A）

　　案：《倪氏宗谱》卷二："（倪涑）配贺塾王氏，封恭人，生二子：元珂、元珙。"（页112B）王氏（1559—1591）为从兄元珙生母，文云"盖光禄既殁，而太孺人凄然犹在殡也……乃经度逾一年"，故系于是冬。

　　门生姜采将入朝为礼部主事，有书寄之。

　　《倪文贞集》卷二〇《与姜如农采》："夫必有任事之才，而后有议事之识，故欲靖寇则必先养民，欲养民则必先蠲赋，欲蠲赋则必先节饷，欲节饷则必先省兵，欲省兵则必先扼要害而清浮冒，国家疆事、朝事总坏于有空文而无实效。破的批肯，絜领提纲，斯盈庭之志气策力，亦焕然呼引日出，议即益少，功即益多，愿门下亟图之，节足一宣，足使啁嘈结舌耳。"题注："庚辰。"（页2A）

　　案：《姜贞毅先生自著年谱》："（崇祯十四年）辛巳年，三十五岁，升礼部仪制司主事。"（《敬亭集》附，页7）

　　《说大戴礼记》一卷约撰于此间。

　　钞本《说大戴礼记》徐维则跋："去岁吾师朱荪卿先生邀蔡鹤庼同年纂修《上虞县志》，于虞之世家访得《倪文正公大戴礼记说》钞本一册，时予方刻绍兴先正遗书，网罗散失，仅得十余种，师与蔡君即走函相告，且属写官家。遗书凡九翻，大抵与《儿易内仪以》《外仪》同为忧时感兴而作……光绪十八年闰月徐维则谨志。"

　　案：《倪氏宗谱》卷一六"艺文志"："《说大戴礼》一卷。"（页2A）现存会稽徐氏清光绪十八年钞本，题署"明倪元璐著"，仅九翻十八页，上海图书馆藏。据"大抵与《儿易内仪以》《外仪》同为忧时感兴而作"，姑系于此。

　　本年，清军攻杏山，败祖大寿、吴三桂师。又攻锦州，尽刈城东稼而还。张献忠、罗汝才合陷四川州县。李自成自湖广走河南，饥民附之。

　　【诗文系年】

　　《与治河使者张玉笥》《答萧令君琦》《与中丞方公孔炤》《公致浙枭》《与陈子诚忭》《复应抚张二无》《与老亲翁札（一）》《复登抚徐亮生亲家》《永宁别驾赠朝列大夫福建提学参议叙庵吴公暨配赠恭人陆氏墓志铭》《江右帖》《刘讵溟解元近艺序》《与王郡守》《与胡大行麒生》《刘烈女传》《敕封李母姜太孺人墓铭》《题节孝祝母褒册》《封承德郎吏部稽勋司主事李汉翔先生洎配许安人高安人墓志铭》《致肯仲尺牍》《与王贻栻（十四）》《从母王太孺人墓志铭》《与姜如农采》。

崇祯十四年辛巳（1641），四十九岁

绍兴里居。三子倪会稽生。

新年之始，时患眼疾，作《行路》诗。

《倪文贞集》诗卷上《行路》："行路不期到，抛鞭任钝驴。雨戾唾花面，云勤顾鹊庐。诗材资大猎，湖长奉新除。稍俟双眸阔，关门即著书。"（页8B）

向门生鲁元宠索徽墨调朱砂，涂沫墙壁门窗。

《茶余客话》卷一九："倪鸿宝在里门颇治园亭，以方于鲁、程君房墨调朱砂，涂墼墙壁门窗。门生鲁元宠为徽州推官，多藏墨，先生索之。间数日又索，元宠曰：'先生染翰虽多，亦不应如是之速。'既而知之，曰：'吾所用奉先生者，皆名品也，不亦可惜乎！'"（页4B）

案：鲁元宠，浙江会稽人。崇祯元年（1628）进士，授徽州司理，署休宁县篆，多善政，士民置义田立祠供奉。八年（1635）举卓异，为治行第一，授编修。十三年（1640）春闱，海内名士尽录公门。升广东布政司参议，历任都察院右佥都御史。甲申之变，皈依云门，隐迹而终。[康熙]《会稽县志》卷二三有传。（页15A）

时郡邑大饥，民有扰抢富室，阖城罢市。

倪《谱》卷三："三吴两浙大饥，时荒政久弛，公鲜宿储，米廪将罄，米价日腾，当事者通籴未至，城市不逞者聚千余人，剽富家米，日再告。长吏患之，造庐请策，府君曰：'折乱在萌，疗饥宜速，道止此耳。'"（页4B）

《陈子龙年谱》卷上："崇祯十四年辛巳正月，予以贺节入省。还，大雪者旬余，山路皆断。暨民大扰，予闻之驰往。途次见饥民千百为群持梃刃，负囊橐，拥车不得行。恕曰'民且夕且死，当往劫某氏某氏'。予反复晓劝，一辈解去，数辈又来，两日始达邑中。遂出令四郊，救饥民，斩乱民，擒乱首数人立诛之。"（《陈子龙诗集》附，页666）

十九日，为防饥民聚噪扰乱，提出"以坊养坊，以坊救坊，以坊戢坊"三策。

倪《谱》卷三："乃请郡守下令，且代之草曰：'照得今日救荒定乱之法，惟有三言，曰坊各养坊、坊各护坊、坊各戢坊而已。坊各养坊者，计附郭两县三十九坊，各以本坊之大户，给赈坊之穷民，穷民不得食，责之本坊之大户，听贫民公呈告府，以凭督催。坊各护坊者，各以本坊之穷民，守护本坊之大户，大户或被抢，失责之本坊之穷民，听大户公呈到府，以凭惩究。坊各戢坊者，各以本坊之乡约总甲，禁戢本坊之穷民，穷民有出各坊哄抢，责在本坊之乡约总甲，听大户公

呈到府，以凭罚治。'……由是民心大定，而富户亦鲜有顽拒者。"（页 4B）

案：《祁彪佳日记》卷一一"小救录"："（崇祯十四年正月）十九日……因诸暨流民多入越就食，而江北之丐徒较常尤甚，或曰驱之，驱于城则流毒于四乡矣，或曰安之，是必在郡者与赈粥，复业者与归资。而两者在官皆难处，予亦惘然莫为之计，惟闻倪鸿宝有三言，曰以坊养坊，以坊救坊，以坊戢坊，使乡村通行，庶几流民可无聚噪之事乎？"（页 489）

又推广"坊各养坊"于乡村，定村赈之法。

倪《谱》卷三："又定村赈之法。饥者欲于郊圻分设八区，广召饥者，府君曰：'……坊各养坊，即行之城市，于都鄙何独不然？总之事求径便，一则近而易察，无逸籍之民，亦无冒支之弊，而仰我者还为我卫；一则散而不杂，无守候之苦，亦无疾疫之忧，而非常者亦有可稽，其窎村零聚，则附入邻乡……'出于至诚，人思尽力，全活不可胜计。"（页 6B）

致书王孙兰知府，议救赈郡县各学贫困学生。

《倪文贞集》卷一九《与王郡伯孙兰（二）》："敬承德意，密访得各学城居极贫诸生，共九十余人，法取精严，汰之又汰矣……特率僚属各捐微俸，量行资助，自四月至于七月，分为三期，每期给银一两二钱，五日前示至，期齐赴府堂，候本府亲自给散周之，固可受也。或有未尽，以需续访，惟不许诸生自言，凡具呈陈乞者，一概不准行，在士之自处，宜有体节耳。今将各生姓名开列于后。"（页 9A）

案：倪《谱》卷三："又念寒士好修，耻于自言，乃密切访求，先后得二百余人，致当道捐俸周之，而佐以家廪。四阅月间，分三期，就郡庭给领，周之可受，但不许自行陈乞，以全儒雅。"（页 8A）

再与族人商订族自赈族之法。

《倪文贞集》卷一九《族议》："照得米价日腾，救荒无奇，顷蒙县父母德意勤赈，欲令里各赈里，年各管年，因思本族饥户原已不少，即具公书，以族自赈族之说报之矣……今议除两宦户捐赈之外，自三月初四为始，至麦熟而止，族中有田若干亩以上者，各随田亩多少，分等捐输，半月二赈，每赈每口米五升或银二钱，单到各自公平题认，倘有吝抗者，众共罚之，仍以富户报官。"（页 11B）

致书周铨知县呈报本族捐赈饥民实情。

《倪文贞集》卷一九《与上虞周令君铨（二）》："顷者五都饥民数十人，以富户失赈，哀吁道台，并告急于治某。时闻道台微信其言，有怒富户之色，而老母五都人也，治某乃急作调停，私立劝册一本，老母捐助三十金为倡，传募诸家。诸家固多好义，册到便俱欣然随力捐赈，不五日事竣，而道台之牌始下。"（页 13A）

陈子龙时任绍兴府司理，专司赈事。

《陈子龙年谱》卷上："（崇祯十四年）二月新令至，予得还郡。督抚遂属予专司骧事，以暨邑例遍行郡中。是时，廷尉郑公为守道，及郡守王公，皆一时循良。荐绅则刘念台、倪鸿宝、祁世培、余武贞诸先生，咸以救民为心。孝廉诸生亦多贤者，相助为理。而世培尤与予晨夕同事，官米粥厂，遂遍于穷乡深谷矣。"（《陈子龙诗集》附，页666）

诸生秦弘佑将访祁彪佳，托携书附候起居。

《尺牍逸稿》卷五《与祁》："治弟幽栖，仅能养母，比者岁饥，民乱汹汹，如处崩涛，未可谓老农易学，而麋鹿遂得安其性命也。方吟《采葛》之诗，适秦年侄见访山中，云将走谒铃下，敬附起居。白云不可持赠，仅达空函，统希崇照。"（页1A）

案："祁"即彪佳。"秦年侄"名弘佑，字履思，以字显，绍兴山阴人。刘宗周弟子，《刘子全书》收有与秦弘佑书近三十通，以论学为主，是诸生中书信往返最多的。（《蕺山弟子籍》，《刘宗周集》第10册，页588）

致书同郡司赈诸生，冀以各坊已募之米尽快施赈。

《倪文贞集》卷一九《与同郡司赈诸生（一）》："适闻汇齐送府之说，在乡绅五位中已有龃龉者，想不讹耳。总是此说大不通，募助银米何能一时奔赴？在本坊逐期给散，尚可零延凑补，或将籴入银两，应手翻腾，若欲一日取齐，万不可得之数。如此虽十年不得决策，索我众于枯鱼之肆矣。鄙意不如急发各坊开赈之示，而以各坊现在之米先给之，径以廿二日始事，并谋之世培年兄，立示为望。"题注："辛巳。"（页10A）

案：此即浙江省博物馆藏《致昆生书札》（《浙江省博物馆典藏大系（翰墨清芬）》，页94）。"昆生"，不详其人。

再致书司赈诸生，勉以"博施济众之举，在今日行于一乡，他日宰天下亦当如是"。

《倪文贞集》卷一九《与同郡司赈诸生（二）》："今必须汇齐送府，均派散给，不知汇送何时得齐？散给何时得及枵腹？引领不可泄泄也。凡议论之无弊者，须见到即行。至诸兄分任赈务，倍极辛勤，博施济众之举，在今日行于一乡，他日宰天下亦当如是，想黾勉从事，不敢告劳耳。"（页10B）

弟倪元瓒亦上救赈条议，赈米平粜以济饥民。

韩广业《献汝公传》："崇祯辛巳，天下奇荒，越中担米价至三四金，当事但作粥赈之。先生出条议曰：……一时以为荒政第一。先生于平时轸念夏末秋前青黄不接之苦，出食米有余，平粜以济之；及荒岁于赈上饥外，又于上次饥户每人给银五钱，曰：'帮价不忍居赈之名，胞与之量如此。'"（《倪氏宗谱》卷一四传

赞志述，页35A）

二十八日，晤乡绅余煌、祁彪佳，共商自温州、台州运米平粜。

《祁彪佳日记》卷一一"小救录"："（崇祯十四年正月）二十八日……又晤余武贞、倪鸿宝，共商越中善后之策与目前要务，相约明早再恳之成环洲公祖，且以公书致盐台冯中心公祖。先是，郑涵宇年伯为通粜致书于台州熊公祖，余武贞又作公书，至是发之经厅，已束装作第一批行矣。讯之从四明来者，言此时米价止一两六钱，惜为当事所禁，而姚江之赈事未举，乱萌犹在，诸友虑之。"（页495）

案："成环洲公祖"即台绍海巡道成仲龙；"盐台冯中心公祖"即浙江巡盐御史冯垣登，［康熙］《杭州府志》卷一八"巡盐监察御史"："冯垣登，新城人，进士，（崇祯）十三年任。"（页15A）冯垣登字中星，又作中心，号薇圃，江西新城人，崇祯十三年（1640）进士。［道光］《新昌县志》卷一四有传。（页39A）

二十九日，与余煌、祁彪佳、张焜芳等集于土地祠议赈事。

《祁彪佳日记》卷一一"小救录"："（崇祯十四年正月）二十九日，出晤刘九符公祖，遂与余武贞、倪鸿宝、张九山诸绅集于都土地祠……舟中作书复倪鸿宝、王予安。"（页495）

门生台州司李蒋鸣玉三年奏绩，撰文纪之。

《倪文贞集》卷八《蒋楚珍司理奏绩序》："金沙蒋君，为李官于台者三年，既有成矣。当此之时，其民之歌原田者万，大凡曰惟良；其属吏之赋缁衣者百，大凡曰惟察，顾吾以为是犹区观，未测其际也。始吾拔蒋君于雍，其被服造次，必于儒者。既而天下奇其文章，以为董、贾复出，以是临政，使之治民，岂不有其道德精微者乎？故以蒋君之司刑，听其言也，观其行事，则有五道焉。"（页8B）

案：［光绪］《台州府志》卷三"司李"："蒋鸣玉，崇祯十一年。"（页28A）魏裔介《蒋中完先生墓表》："（崇祯）丁丑成进士，任台州司李，莅任两考。"（《兼济堂文集》卷一七，页11A）文云"金沙蒋君，为李官于台者三年，既有成矣"，当蒋鸣玉任满三年后作。蒋鸣玉为元璐南国子司业时拔于南雍。

何腾蛟弟来访，有书致腾蛟。

《尺牍逸稿》卷五《与何腾蛟》："不奉教提，殆几廿载，每怀玄度，即吟《采葛》之诗。弟山栖茧存，明农将母之外，无复余事，故人天上，付之梦寻。介弟惠临，伏承拳问，云心虹气，未易可承。弟适病疬，殊缺地主之分，中心耿耿。"（页1B）

案：时何腾蛟丁忧在家。腾蛟（1592-1649），字云从。贵州黎平卫人。天启元年（1621）举于乡，崇祯中授南阳知县，迁兵部主事，进员外郎，出为怀来兵备佥事，调口北道。遭母忧，归。十六年（1643）冬，拜右佥都御史，巡抚湖广。南明福王立，总督湖广、四川、云南、贵州、广西军务，从事抗清活动，兵败被俘，绝食七日，乃杀之。事具《明史》卷二八〇本传。（页7171）

代笔致书学使王应华，为山阴生员陆曾烨说项。

《尺牍逸稿》卷三《致学使王观察应华》："兹所合请者，山阴生员今考五等陆曾烨，本好学攻苦之士，不意一日之短，道少魔多，老公祖之劣之是也。而生等特怜其平日下帷静专，几迷马足，又爱其他所论著《易》《诗》注疏等书，殊有思理，又重其人特立好修，不失尺寸，德行之选，可称无忝。然亦未常不忧其务僻矜负，必遭蹶困，而今承垆棒，遂已□然思返，此良马也，见鞭影即行矣。搜遗之役，老公祖如相其文，有洒变之机，即幸引观域外，不终弃之，由其心服而与之，其感之也倍至。"（页19A）

案：王应华上年接替许豸为浙江提学副使。《崇祯实录》卷一四："（崇祯十四年正月）甲戌，命成国公朱纯臣、新乐侯刘文炳、礼部尚书林欲楫同浙江提学副使王应华相视皇陵。应华善形家言，林欲揖荐之，故有是命。"（《明实录》第88册，页403）王应华善堪舆，见《祁彪佳日记》卷九："（崇祯十二年六月）二十九日，王园长公祖偕吴期生早垂顾，王公祖善堪舆，即入楼堂为予卜度，予出于舟次报谢之，归。"（页391）

春，作《竹石图轴》赠刘渤，时陆运昌来访。

《穰梨馆过眼续录》卷一〇著录"倪文贞竹石轴"："纸本，高三尺六寸八分，广一尺三寸。江右新解头刘钜溟弟，丁卯所拔拟元，以末场贴沾置之副榜第一，今来过访，出宣纸享之，其意甚欲见拙作，辱梦鹤兄惠顾，遂贻之。己巳春日，元璐写。"（《中国书画全书》第13册，页319上）

案："刘钜溟"即刘渤，"梦鹤兄"即陆运昌。此画署曰"己巳"（崇祯二年），与刘渤中江西解元时间不合，疑为辛卯之误。刘渤上年来访，居越数月；前任吉水县知县陆运昌以内艰归，来访绍兴，元璐作此贻之。

二月二十日，汪元兆知县偕祁彪佳来晤，商请王韹任天乐乡赈事。

《祁彪佳日记》卷一一"小救录"："（崇祯十四年二月）二十日……汪濬源父母知予在寓，期一晤，乃知汪父母极留神于天乐穷乡，先捐五十金，且致书于彼乡之缙绅、孝廉，协成其事，遣役持牌以导之，但以予所荐之孝廉王予安尚未力任，为饥民致求恳，又与同晤倪鸿宝，托鸿宝共求之。"（页501）

案："汪濬源"即山阴县知县汪元兆，"孝廉王予安"名韹。

二十一日，祁彪佳来书言籴米事。

《祁彪佳日记》卷一一"小救录"："（崇祯十四年二月）二十一日……予作书与余武贞、倪鸿宝，言台州告籴，殊觉艰难，且陆运从山而人夫甚少，又殊觉

迟滞，不得不商温州一路。又闻省城已到米舟有数百只，欲鸿老言之当事，通于吾越。"（页 501）

致书祁彪佳商籴米条款。

《倪文贞集》卷一九《与同年祁世培彪佳》："米尽而大饥又至，宜诸老之皇皇也。弟适病疡，不能遣步，昨陈天若兄到榻前，面商其条款，精详多可采行，惟年翁广咨独断行之。适见余武老公函，甚妙，诚得道台早回，以通官籴、禁私贩为两尽之谋。所禁之地，海口为急，江干次之。所以禁之之法，以有济无害为主，事固不容迟耳。"题注："辛巳。"（页 9B）

三十日，三子倪会稽生。

倪《谱》卷三："（崇祯十四年）季弟会稽生。"（页 7A）

案：《倪氏宗谱》卷二："（倪会稽），字子年，号敬修。官荫生。博通今古，不慕荣势。生崇祯六［十四］年辛巳二月三十日辰时。赘居长洲高士张明烈公女，生一子运恭。公年七十六岁，卒康熙五十五年丙申六月二十四酉时，葬姑苏。著有《满听轩文集》《诗集》。"（页 105B）会稽卒于康熙五十五年（1716），年七十六，则生于崇祯十四年（1641），《宗谱》云"生崇祯六年辛巳二月三十日辰时"，误。

门生范日谦来书催交文序，复之。

《尺牍逸稿》卷一《又与范子日谦》："昨赤老相晤，出估单见示，事正大难，此非周父母龙象其上，乌能济乎？募薄领在，并星课另期报缴，文序廿五以前定须寄教，催檄如火。"（页 17A）

案："赤老"疑即陈维新，"周父母"即上虞县知县周铨。书云"募薄领在"，指募赈事。又"文序廿五以前定须寄教，催檄如火"，指为其举业文稿撰序。

费时十日，为范日谦撰举业文序。

《鸿宝应本》卷七《叙范哀生近业》："始吾未交范子，从宗氏饮所，见其文大惊，时已醉眲，眼光忽出杯上，叫曰'吾国安得此人'？其后十年又见之，变又益上，则又叫曰'吾世安得此人'？盖其法聚西京以前，至于六经，三十车书，烹熬取液，命以衙俎，致其羹玄，所以穷幽致深，要归高灝。然自范子为之十余年，仅抢榆枋，今又三年，不得消息，为其文之不可以谋富贵如此……"（页 33A）

因眼疾请人誊清序文送范日谦，附札报命。

《尺牍逸稿》卷一《答门士范子日谦》："病目一月，虚监之神化为暗鬼，一序成之十日，欲遵命蚓紫，竟有不能。仍使副墨以上，或择宋字庄雅者为之，彼亦妍皮足裹痴骨也。鲸钟巨声，岂蒲宗之所能发？如哀小鸟，宜投溷中，世间不患无段文昌，何必昌黎之伯乎？笔落纸如行十里雾，不多语。"（页 15B）

邑人赏奇璧廷试对策称旨，特擢乾州知州，有诗送别。

《倪文贞集》诗卷下《送赏元亮之官》："天生彩笔列明霞，行祕书厨三十车。便到洛阳仍第一，去冬先发牡丹花。"注曰："赏先以明经廷试，值牡丹冬荣，遂邀特擢。"（页35A）

案：诗云"便到洛阳仍第一，去冬先发牡丹花"，赏元亮上年廷试称旨，此诗是年春作。

赏奇璧，字符亮，一字元亮。浙江山阴人。郡廪生。崇祯十三年（1640）廷试，对策称旨，特赐进士出身，授乾州知州，有政声。值闯变，弃官归。［嘉庆］《山阴县志》卷一四有传。（页88A）

春，蔡道宪之任长沙府司李，有诗送别。

《倪文贞集》诗卷上《赠蔡江门司理》："尽宇若毛鸷，长沙尤未宁。官兼佛救世，帝命尔司刑。但把光明烛，悉焚罗织经。颍川真宰相，万目注璃瓶。"（页24A）

案：《蔡忠烈公遗集》卷二《年谱》："（崇祯十四年）春，公补长沙推官，出都归里，迎卢太夫人就养。夏，奉太夫人之长沙。"（页11B）此诗殆蔡道宪赴任长沙司理途经浙江作。又扬州博物馆藏《行书五言诗轴》作于崇祯六年（1633），题识："送曹秋水司李莆中之任。元璐。"（《明清书画集粹》，页57）所书即此诗，仅"漳波尤未宁"改作"长沙尤未宁"，或元璐书旧诗酬赠蔡道宪。

蔡道宪（1615-1643），字符白，号江门。福建晋江人。崇祯十年（1637）进士，初授大理推官，转长沙推官。十六年（1643）八月，张献忠破长沙，道宪被执，拒降被杀，谥忠烈。著有《姤后诗集》。事具郭金台《蔡江门先生传》。（《石村诗文钞、些庵诗钞》，页187）

周延儒复相后，张溥来书谓其"以第一流声望相推许"，元璐复书答以"鄙性硁硁"，不能"依草附木"。

《倪文贞集》卷二〇《复张天如溥》："自家兄去江南，而议论之喧豗益甚矣。顾甘陵南北党部纷岐，名节之盛莫甚于东汉，而曾无救于衰乱之相，寻则清流标榜，固君子所深忧也。方今天日晶明，台兄真实学问，即著书立教，自足千古。厨俊顾及之交，何妨概为谢绝，至若小人之噂沓，又何足虑乎！宜兴出山，比于温国之复相，来教谓向以第一流声望相推许，不知鄙性硁硁，不可为依草附木之小人，亦岂可为游光扬声之君子？猿鹤沙虫，各自存其本相耳。况弟臃肿日衰，只八十一岁老亲萦回胸中，遂无复抵掌掀髯之气，先生其以顾长康画谢幼舆，可乎？刘念翁望典型风道，自言尝梦寻，比以病避客，见必诵先生此言，此老在位，必有学问耳。"题注："壬午。"（页6A）

案：此书题注"壬午"，即崇祯十五年（1642）作，误。据张采《庶常张公天如行状》："公生万历壬寅三月念三日丑时，以崇祯辛巳五月初八日丑时卒。享年四十。"（《知畏堂文存》卷八，页1A）张溥卒于本年五月初八日。又书云"况弟臃肿日衰，只八十一岁老亲萦回胸中"，元璐生母施太夫人生于嘉靖四十年

（1561），是年八十一。综此，此书应作于本年三四月间。又云"宜兴出山，比于温国之复相"，据《明史》宰辅年表二，周延儒是年复相，"二月召，九月入"（第11册，页3391），张溥来书转达周延儒见重之意，复书表达心意："来教谓向以第一流声望相推许，不知鄙性硁硁，不可为依草附木之小人，亦岂可为游光扬声之君子？"

四月初六日，薄暮，邀祁彪佳、祁鸿孙、王毓蓍、张萼、张峰等，举五篿于满听轩。

《祁彪佳日记》卷一一"小救录"："（崇祯十四年四月）初六日，入城……薄暮至倪鸿宝园中，王抟九、玄趾两舅及张平子先在作主，张介子、奕远侄亦在，举五篿于满听轩，再小酌于筵妙楼，传觞闻乐，予深悔之，盖初已辞而不获也。"（页517）

二十四日，与吴国辅、李懋芳举席，邀祁彪佳不至。

《祁彪佳日记》卷一一"小救录"："（崇祯十四年四月）二十四日……倪鸿宝、吴期生、李玉完举席，予以衰绖不便预。"（页524）

目疾未愈，致书王业浩求赠芭蕉十余本，以遮西晒。

倪元璐《与某》："贱目未能全好，图一晤不暇也。敝斋苦西晒，小淇园有蕉甚盛，不知可分删十余本否？如可乞命司园，或不便即不须也。赈事告成未？璐生顿首。"（《胜朝越郡忠节名贤尺牍》，页31B）

案：此书无上款，据"小淇园有蕉甚盛"，可知为亲家王业浩。祁彪佳《越中园亭记》"淇园"："从戒珠寺东，径入蕺山之脊，有堂三楹，曲廊出其后，贯以小轩其南高阁三层，北望海东，南望诸山，尽有其胜，阁下有奇石小池绕之，一泓清浅，为园之最幽处。向为吕太学美箭所构，近已属大司马峨云王公矣。"（页8A）小淇园原同邑吕美箭所有，为王业浩购得。来斯行《赋得小淇园为吕美箭太学》诗注："太学文安公孙，园在祠后。"（《槎庵诗集》卷五，页17A）又《祁彪佳日记》卷五："（崇祯八年十月十八日）适遇钱溪云，偕之登蕺山，游淇园，园为吕氏所构，今易王峨云有矣。"（页180）

致书亲家徐人龙，其内侄将往投亲，便候起居。

《尺牍逸稿》卷三《与徐公亮生》："弟以明农为上谋，而今米价忽然翔涌，至斗百八十文。又淫雨害稼，秋无半收，人情汹皇，时惧变作，然则老农岂易学耶？方病目卧叹，适令内侄钱兄以忍饥不过，罔畏惮途而投铃帐，便附起居。"（页32A）

官米有限，饥户又增，致书宁绍台道郑瑄主张罢平粜，设粥厂。

《倪文贞集》卷一九《与郑枭副瑄》："顷会集各坊司赈诸生，商榷良久，俱以官厂煮粥为甚便。盖平粜则分毫无利，即科余米给赈，亦不过人米数升，一二而尽耳。惟煮粥则食惠既赢，而延度又久，救民喘而定民志，莫善于此。至于给米，宜合算两县饥户，照口均分，今察山阴饥口仅一万八千，会稽多至二万四千，而米数乃照县中分，非平也。乞下郡邑，亟行改正。"题注："辛巳。"（页 8A）

案：倪《谱》卷三："时官商米给附郭二邑城市者，长吏使山、稽中分之。府君谓今两邑饥口通二万四千，而山阴仅八千，不计人口而计县分，非平也，为诵言改正之，畸零者分给各坊，为开厂置器柴薪之需。"（页 8A）

祁彪佳不赞成设粥厂，主张以平籴慰次贫，以余利济极贫。

《祁彪佳日记》卷一一"小救录"："（崇祯十四年五月）初八日……至大舟，奕远侄来，传王太公祖之意，言倪鸿老以城中籴户极多，官米有限，欲罢平籴，尽官商之本，外抽其余利之米，发各坊设厂，次贫者亦在食粥之列，但每一瓯取一钱，以寓生生不断之意。予即与两公祖议之，予意初查饥民，即有次贫为籴户，慰之以官米之平籴，延颈以望盖四阅月矣，奈何失信于彼，仍当以平籴慰次贫，以余利济极贫，斯一举而两利矣。两公祖极是予言，即作札复之。"（页 529）

初九日，祁彪佳来书约次日相晤。

《祁彪佳日记》卷一一"小救录"："（崇祯十四年五月）初九日……王太公祖封示道台之书，内有倪鸿老设粥八便之议，坚欲罢平籴。予复书谓但求有济饥民，原不执我成见，且以一字订倪鸿老次日相晤。"（页 530）

初十日，祁彪佳入城晤于王孙兰知府处，商设粥厂事。

《祁彪佳日记》卷一一"小救录"："（崇祯十四年五月）初十日……又晤倪鸿宝，适王搏九、王尔吉二舅及姜亲丈天植在坐，皆甚以粥铺为便，彼坊当日原不查次贫，皆在受赈之列。诸君云即他坊有次贫，亦买粥已耳，买粥与平籴奚办哉？予谓平籴果罢矣，仍当统计两邑次极贫户，均以余利之米分援，各坊听其因时制宜，先慰籴户，可俱为找赈，可借为粥铺之用。可与鸿老约，共作一书，上之当事，见吾辈意议之合。"（页 530）

十三日，王孙兰知府有回札，定设粥厂赈饥。

《祁彪佳日记》卷一一"小救录"："（崇祯十四年五月）十三日……得府公祖回札，言已见予与倪鸿老公札画一赈粥之说，予因劝其速出示，以慰次贫之嗷嗷，且以藩使、道台、郡邑诸公捐助数目揭示通衢，鼓励好义。"（页 532）

致书王孙兰知府报告粥厂施行情况。

《倪文贞集》卷一九《与王郡伯孙兰（一）》："粥示一颁，群情大定矣，惟闻官米用过一千五百石，山阴又增饥口，行商又求量宽，如此则米愈少，恐不能足五十日之数。昨道台以为温米谷至，便有接济，倘不时至，则奈何？又各坊公私诸赈，全得诸生之力，往来奔命，亦既劳止矣。至于粥厂，尤为繁琐，冀得温文鼓舞，使之乐善不倦，则士心益奋耳。"题注："辛巳。"（页 8B）

十七日，祁彪佳、方无隅来游满听轩。

《祁彪佳日记》卷一一"小救录"："（崇祯十四年五月）十七日……又与无隅至府学前，观草花于童漠津家，访商象贤新居，不值，遂共游倪鸿宝之满听轩，盘桓良久。"（页533）

十八日，与商周祚、祁彪佳、张焜芳、余煌、马权奇、钱德舆、谢弘仪等乡绅会集，拜谒道台商议通籴赈济事。

《祁彪佳日记》卷一一"小救录"："（崇祯十四年五月）十八日……至卫厅待诸绅，至者外父及倪鸿宝、张九山、余武贞、马巽倩、钱德舆、谢岵云、陈四门、王觉海、倪封翁，公晤道台，请其申详两台委重陈公祖出，通籴于三吴。青衿至者三十余人，孝廉止数人而已。"（页534）

是月，刻印《儿易》，撰《儿易内仪自序》《儿易外仪自序》。

倪元璐《儿易内仪以原序》："汉人说易，舌本强撅，似儿强解事者。宋人剔梳求通，遂成学究，学究不如儿，儿强解事，不如儿不解事也。古今谣谶，多出儿口，即易寄灵，任儿自言，必能前知矣……子云太玄，童乌共之，童乌者，子云九岁儿也。崇祯辛巳夏五月倪元璐序。"（《儿易内仪以》卷首）

又《儿易外仪自序》："凡仪所设，皆易本情，当其会心，觉龙马在侧。而顾外之者，以其假图召策，假版陈图，不免枝游，近于小道。又以图像所涉，意在明儿，墨守先儒，不敢自出。而儿得之，则生戏谑，所以外之也……其外至于风角鸟占，青乌禄命，亦归易焉；其外至于博奕之戏，范围错综，亦归易焉。天下之敢亵用易如此，然即以为非易所有，又不可也。崇祯辛巳相月倪元璐。"（《儿易外仪》卷首）

案：《四库全书总目》卷五："《儿易内仪以》六卷，《儿易外仪》十五卷……是书《内仪以》，专以大象释经，每卦列卦爻辞，至大象而止。以六十四卦大象，俱有以字，以之为言用也，故以名书。《外仪》则有原始、正言、能事、尽利、曲成、申命六目，而又别为小目以纪之，皆取系辞中字义名篇，篇各有图……元璐是书，作于明运阽危之日，故其说大抵忧时感世，借易以抒其意，不必尽经义之所有。然易兴于中古，而作易者有忧患，其书不尽言，其言不尽意，而引伸触类。"（页32下）

六月初七日，致书祁彪佳附挽留道台郑瑄公揭。

《祁彪佳日记》卷一一"小救录"："（崇祯十四年六月）初七日……得倪鸿宝书，见其挽留道台公揭。"（页539）

案：据《祁彪佳日记》卷一〇"感慕录"："（崇祯十三年十月）初一日……午后雨甚，坐楼下草札致熊汝望公祖，留守宪郑公祖久任。"（页468）宁绍台海巡道郑瑄任满将调，邑中乡绅欲挽其留任，元璐又代作公书上呈。

二十一日，祁彪佳来访，值月堂上人在座商掩骼之事。

《祁彪佳日记》卷一一"小救录":"(崇祯十四年六月)二十一日……出访客，晤倪鸿宝，值月堂师，共商掩骼之事……予归寓，饭后复出，与恒鉴、顿然二上人共商掩骼事，凡数往返乃丁议。"（页541）

案：掩骼会经僧侣恒鉴等倡议，刘宗周、姜逢元、倪元璐、祁彪佳等乡绅捐募，姜逢元起草《掩骼疏》。下引《祁彪佳日记》云："姜四兄廷牧出姜箴胜年伯所为《掩骼疏》，因共商掩骼事。"（引略）

二十四日，与祁彪佳等共议延续粥厂，受命专属此事。

《祁彪佳日记》卷一一"小救录":"(崇祯十四年六月)二十四日……在（药）局中饭后，各区总理诸友以次至，德公兄亦与中区总理至，予请倪鸿宝共议，大略城内官厂虽七月初十便停，而赈起私铺铺因会计得米约五十石，即为越民延一线之生矣。以其事专属之鸿宝，各乡则甚难之，赖诸友精神鼓舞不倦，乃共议欲以宽征、奖励二者鼓励各区，使之续举。议至日暮，乃罢归。"（页544）

二十五日，与诸乡绅集公所，议掩骼、襄蝗、禁贩、延粥诸事。

《祁彪佳日记》卷一一"小救录":"(崇祯十四年六月)二十五日……趋公所，倪鸿宝、余武贞、姜玉洲、李玉完皆集，姜四兄廷牧出姜箴胜年伯所为《掩骼疏》，因共商掩骼事。少顷，公晤道台，所言者襄蝗、禁贩、延粥诸公务，予辈各极欲吐之悃，道台倾听、折衷，见其惓惓谓地方盛意。坐间闻温米已至，因共商取其利为各厂延粥之用。"（页544）

二十八日，祁彪佳来书托撰公书挽留道台郑瑄。

《祁彪佳日记》卷一一"小救录":"(崇祯十四年六月)二十八日……又以挽留道台作书倪鸿宝，托其致公书，公揭于吴震崞。"（页545）

案："吴震崞"名邦臣（1601-1663），字道址，浙江山阴人，崇祯十三年（1640）进士，时在朝官御史。

应宁绍台海巡道郑瑄之请，为其父母撰墓铭。

《倪文贞集》卷一○《赠中宪大夫玄圃郑公暨配陈恭人方恭人墓铭》:"公讳元勋，字无功，别号为玄圃。其先世河南固始人，时有为福州路总管者，遂家于闽。数传曰奎者，有隐德，生万钟，万钟生演，演生曰休，即公父也。举于乡，仕为东粤从事，有声，以嘉靖［隆庆］己巳生公，公年五十而卒，时为万历戊午，未及见瑄之成，而其后以瑄贵，赠中宪大夫。"（页21B）

致书巡抚熊奋渭、巡盐御史冯垣登，连岁奇荒乞请缓征税负。

《倪文贞集》卷一九《与浙中丞暨盐使者》:"窃有请者，敝浙连岁奇荒，而杭、湖、绍尤甚，斗米至六百钱，积殣相望，此三百年所未有之灾，不知前此两台曾绘图以告否？若犹未也，则祖台今日之事矣。当此度支告匮之日，请蠲不得，尚可缓征，即仅缓征而德音既章，所司亦暂戢追呼之吏，俾民得专力东作，以待有秋……

今日东南之势极矣，极则必变，不得以西北斗米一金、人相食为比也，万惟仁人亟图之。”题注：“辛巳。”（页 7A）

案：“浙中丞”即熊奋渭。［康熙］《杭州府志》卷一八“浙江巡抚”：“熊奋渭，河南商城人，进士，（崇祯）十一年以右佥都御史任。”（页 6B）继任董象恒“十五年以右佥都御史任”。“盐使者”即冯垣登，详前。

七月初七日，有书致亲家登莱巡抚徐人龙。

倪元璐《与老亲翁札（二）》：“弟山栖幸无事，惟米价翔涌，斗二百钱，于今三月。闻山东饥又甚，人相食，树皮都尽，可哀也。老亲翁定饮水，弟则食珠，是则虎豹与猿鹤同饿耳。当弟至急时，辄得长公亲翁赒济百口，感云虹也。今于其行，潦禀言候，肉缓益甚，不能多语……七夕，弟元璐载顿。”（《听帆楼续刻书画记》卷下，《中国书画全书》第 11 册，页 912 下）

案：此书无上款，“老亲翁”即徐人龙，“长公亲翁”即其长子。

十三日，祁彪佳来书。

《祁彪佳日记》卷一一“小救录”：“（崇祯十四年七月）十三日，陈长耀入城。作书与倪鸿宝、杨三尹。”（页 549）

是月，致书汪元兆、周灿两知县，呈报领承粥厂诸事。

《尺牍逸稿》卷一《与山、稽二令君》：“七月民命紧关，而官私粥厂俱竭。昨祁世老传老父母德意，欲以盐台谷五百石，道台米百十石，别又若干石，通计米五百石接济私铺……敢此请命，或先将各项米数开示，或即示以发米日期，以便部署各铺宣扬义问，颙切。”（页 1A）

十六日，祁彪佳来书代吴门李模乞画。

祁彪佳《与倪鸿宝》：“李子木敝同官，吴门贤缙绅，与徐九一为姚文后两人也，今以忤珰罢官。留意名公书画，寄缄求老年翁但得淡山远水或枯木竹石，数笔妙染，彼便珍重过望矣。昨已代乞得王遂老一幅并附览，使者将发，暇日幸即为之，至祷。”（《里中尺牍》辛巳春夏季册，南京图书馆藏明钞本）

案：《祁彪佳日记》卷一一“小救录”：“（崇祯十四年七月）十六日……作书代李子木乞画于倪鸿宝，又作字候林燕公。”（页 549）“李子木”名模，南直吴县人，天启五年（1625）进士，授东莞知县，有声。入为御史，因劾论中官谪南京国子监典籍，杜门里居三十年。

二十二日，王孙兰知府邀诸乡绅至城隍庙，商议延长粥厂事。

《祁彪佳日记》卷一一“小救录”：“（崇祯十四年七月）二十二日，应酬诸客已，出于府城隍庙，各坊诸友皆集。少顷倪鸿宝亦来，王太公祖偕两邑父母，邀予与鸿老议于乡间业延粥，坊中亦欲仿行之耳。”（页 550）

二十五日，有书致祁彪佳。

《祁彪佳日记》卷一一"小救录"："（崇祯十四年七月）二十五日……得倪鸿宝书，亦以为昨日击毙奸牙，有权移于下之虑。"（页551）

门生姜采以戚畹田弘遇礼普陀册征诗，作诗讽之。

《倪文贞集》诗卷下《田戚畹奉诏礼补陀还，姜宗伯传册征诗，赋赓二绝》："玉节纷披妙鬘云，潮音端的是声闻。可知佛日辉如此，海不扬波为圣君。""金马碧鸡事有无，亲臣衔命岂区区。采风还报明天子，总写流民作一图。"自注云："按田太保弘遇，贵妃父也。妃有宠于君，田乐交贤士大夫，时奉命报谋祥之庆，祀岱岳，谒落迦，公方居林下，故以忧悯讽焉。"（页35B）

案："田戚畹"名弘遇。《普陀山志》卷二："（崇祯）十四年，内田戚畹奉旨进香到院，又捐资请方册佛经一藏，永镇山门，以垂不朽。"（页10B）邵廷采《明户部尚书死义倪文正公传》："崇祯十四年，田太保弘遇以贵妃父奉诏礼普陀。过越，冠绅传册征诗，报以二绝，竟不交面而罢。"（《思复堂文集》卷二，页78）

八月初四日，长兄倪元璞六十寿辰，撰诵经疏。

《鸿宝应本》卷一七《伯兄六十祝年诵经疏》："情为伯兄元璞，本命壬午八月初四日建生，比及今辰，已周甲子。全真葆朴，既六十年。其于人事，惟饮食为独明；似有佛因，但戒定而无慧……为此请僧就家启建保命延年道场，恭诵《莲华经》一十二部具如法仪者……"（页21A）

案：倪元璞字含玉，生于万历十年（1582）八月初四日，是年六十岁。《倪氏宗谱》卷二："含玉患疯，天真无出。"（页104A）

初六日，祁彪佳入城来访。

《祁彪佳日记》卷一一"小救录"："（崇祯十四年八月）初六日……午后复出谢诸太医，且晤倪鸿宝、姜箴胜。"（页553）

十六日，祁彪佳来书邀同余煌、金兰雅叙。

《祁彪佳日记》卷一一"小救录"："（崇祯十四年八月）十六日……作书邀倪鸿宝、余武贞、金楚畹雅叙。"（页555）

案："金楚老"即金兰，字楚畹，浙江山阴人。天启五年（1625）进士，授婺源知县，考选御史，巡按陕西，巡盐长芦，督学应天，拔寒素，拒请谒，以府丞致仕。［嘉庆］《山阴县志》卷一四有传。（页72B）

二十四日，祁彪佳来书。

《祁彪佳日记》卷一一"小救录"："（崇祯十四年九月）二十四日……致札于倪鸿宝、金楚老。"（页563）

十月初二日，从兄倪元珙入祀苏州名宦祠。

倪会吉等《入苏州府学名宦祠祭文》："维崇祯十四年岁次辛巳十月癸卯朔越日，

不孝会吉、会穀、会馨谨以牲醴之奠致祭以明光禄寺寺丞、前直隶苏松等处督学御史、先考三兰府君之主前……"（《三兰倪公崇祀名宦乡贤录》，页20A）

案：据上引《乡贤录》，苏州府九学廪生员崇祯十二年五月呈请，经江南学政兼巡按御史张凤翮批准，元珙是时入祀名宦祠。

初十日，萧山县知县郝愈受辱，祁彪佳来书欲为之诉于上官。

《祁彪佳日记》卷一一"小救录"："（崇祯十四年十月）初十日，作书倪鸿宝，郝父母受辱营兵，欲吾辈一言当事耳。"（页566）

案：[乾隆]《绍兴府志》卷二七"萧山县知县"："郝愈，筠连人，崇祯十三年任。"（页33B）继任蒋星炜"十六年任"。据[乾隆]《筠连县志》卷三："郝愈，经魁副，庚辰（1640）进士，任浙江萧山县知县。"（页15A）

十二日，祁彪佳入城来晤。

《祁彪佳日记》卷一一"小救录"："（崇祯十四年十月）十二日……予先入城，晤王尔吉、倪鸿宝，尔吉走晤于舟中。"（页566）

是月，作《悬崖孤松图》。

《穰梨馆过眼录》卷二八著录"倪文贞悬崖孤松轴"："缎本。高三尺六寸四分，广一尺四寸八分。辛巳冬十月画于淡多轩。元璐。"（《中国书画全书》第13册，页171下）

案：此画即《松石图》，朵云轩藏，《朵云轩藏品》第6集著录。（页21）

十一月初二日，有书请祁彪佳拟草公书，力主南粮征解改为折色。

《祁彪佳日记》卷一一"小救录"："（崇祯十四年十一月）初二日……倪鸿老因南粮之征本色为不妥，走札欲致公书。归舟陶书仓、夏孔林相继来晤，作书复倪鸿宝。"（页571）

案：南粮之征本色，增加越民负担，民情汹汹，刘宗周、姜逢元、倪元璐、余煌、祁彪佳等乡绅议改折色，委彪佳拟草公书。

初十日，祁彪佳入城来晤，商南粮改征之议。

《祁彪佳日记》卷一一"小救录"："（崇祯十四年十一月）初十日……晤余武贞、倪鸿宝，皆言因南粮欲征本色，民情汹汹，欲予定折色之议，且议帮贴之法。"（页573）

十四日，祁彪佳以南粮议稿来商，元璐与姜逢元、余煌皆以为可。

《祁彪佳日记》卷一一"小救录"："（崇祯十四年十一月）十四日，以小舟入城……以南粮议请教姜箴老、倪鸿老、余武贞，皆以为可。"（页574）

门生范日谦、王覃、祁鸿孙等编《越郡翔书》，为撰序。

《鸿宝应本》卷五《越郡翔书叙》："苟救时艰，必扬士气，士气如汞，不制则流。有物定之，使无漂举，然后征实，可得而财也。故务还其本业，独治文章，所谓治气，在治文章者……吾门人范子、王子、祁子、商子皆忧之，吾亦忧之。顾吾忧之，而气归才尽，呼不成声。之四子者，学广骨强，苕锋壮发，观其启疆树表，亘远穷高……于是号扬八区，综络百士，挥凡戴特，文三百篇。大都人选素心，言征奥学，高及秦汉，卑引齐梁。然其意，欲使经治并斋，儒兵通法，所以贵闻矜力，博悍为多。迹所致精，盖皆杰者，以匡世乱，不其沛乎？剞成，命曰《越郡翔书》。"（页28A）

郡邑建立义仓，为撰誓文。

《鸿宝应本》卷一七《义仓誓文》："循古之制，如何得饥？常平制公，崇安制私……凡若此者，皆神之为。以飨以祀，敬歌楚茨。冀神有灵，明昭孔时。水火盗贼，屏诸四夷。并形彰瘅，闲邪禁欺。或有不率，具如誓词。"（页22A）

又倡议参照古之社仓，在乡设翊富仓，撰序阐明大旨。

《倪文贞集》卷六《翊富仓书自序》："今岁大祲，民多死徙，于是公私上下，皆以成周委积之义为当求，其当事大夫，规宏经远，愁然聚而谋其大者，以求储于官。元璐茧存城曲，以拘墟之见，退而与其乡之士大夫，娓然谋其小者，以求储于社……今饥民习赈，等于骄子，更一年不登，诛求富者必立尽，此云翊富，是为富者策救，使不得贫耳。"（页15B）

案：倪《谱》卷三："疮痍既起，复慨然于备饥之无术，乃参稽古法，创立社仓……于是建义仓于所居之西陶坊，名其楼曰善有为，闾里倡谷半集。而召命至，未竟厥功，及领户部，奏上之。"（页11B）

诸乡绅公致浙江巡按左光先书，诉"钦赃扳害"之祸民，株累已极。

《倪文贞集》卷二〇《与左巡按光先（一）》："敝郡貔豸，自清霜法雨一番澄濯，骎骎乎可称乐土矣。惟所最苦者，坝税而外，无如钦赃扳害一节。业蒙台鉴，动色咨嗟，将为抗章请命，旋闻奉有明纶，踟蹰且止。旬日之间，接得舍亲金楚畹道长及诸老手书，并称圣明自忧旱以来，求民之瘼，惟恐不及，如清狱一诏，出自睿衷，一日而疏滞狱数千人，省豁赃银无算，欢声动地。然德音未已，尚尔旁皇，由此而推明主忠言，此其时也。钦赃之累，至今已极，循此不已，必有大忧，然自始祸至今，从未有痛切为圣明言之者。顷读明旨责成邑令，仰见如伤之心，然而不塞其源，流将日滥。今严文日下于两台，两台安得不行之所司以及于令，令又安得不出票拘提？才一拘提，无论果否冤诬，有无株累，而其家已破荡无余矣，此虽召杜、卓鲁亦无如之何，况乎本犯所扳之人与产尽属子虚，又安得真正主名，不株不波洒然应明诏哉？向见有里老公呈未投稿子，嫌其未畅，聊录奉览，如老公祖以目击之痛，皂囊直上，尤为径便耳。"题注："辛巳。"（页3A）

案："钦赃"指奉旨追赃没收其款物，"扳害"指本犯死亡、逃逸或财物不足，追索其家及其亲属，甚而累及外家（妻家）亲属。《祁彪佳日记》卷一二"壬午日记"："（崇祯十五年正月）十五日，至寓山。邢吉先来晤，备言其尊公官川中之苦，又言外家扳赃之苦。"（页587）明末"钦赃扳害"之祸民，史籍记载屡见不鲜。

左光先（1580-1659），号三山。南直桐城人。左光斗七弟。天启四年（1624）举人，授建宁知县，以卓异迁山西道御史，直言敢谏。巡按浙江，所上剔漕蠹、割重罪、改折弓矢、颜料及钱粮酒派诸疏，悉报可。其直声正气与兄光斗称"二难"。崇祯十六年（1643），平许都乱。南明时巡抚浙江，疏纠马士英。入清起江西道御史，加太仆少卿。著有《左侍御公集》。［道光］《桐城续修县志》卷一二有传。（页32A）

又作书力陈"钦赃扳害"之弊，供巡按左光先上疏奏罢扳赃之用。

《倪文贞集》卷二〇《与左巡按光先（二）》："伏自奸商积猾，冒支国帑官银，入手任意花销，及至事露，穷追牵扳四出，日甚一日。以至于今，何草不黄，无家不荡，其所扳之人，始犹及于亲族，继渐遍于远支；始犹止于同宗，今则广延他姓……伏乞祖台一面详查产户有无虚实，一面题请圣明，自今一切连赃，在内只合严追本犯，在外拘系其父母妻子，有产理无不完，产尽另希解网，庶几垂绝之家，可重生矣。"（页4A）

十一月初三日，同年张镜心父张仁声八十寿辰，撰文为贺。

《倪文贞集》卷一四《张洪川先生传》："张洪川先生者，名仁声，其别号则曰洪川，河南之磁州人也。先生仕为令，得称明府，以长君司马镜心官谏议时，承封谏议，得称封公……先生之教子，自为之师，不使就外傅，故司马早成。先生既归田，自称'野老'，性俭约，自其少贱，至今既贵且老，无异持……自先生居里，里中人恃之，甚其长牧。凡郡邑大举，民甚冤者，先生虽矜岸，必为其长牧讼言之……旧史氏曰：余兄事司马，几二十年，当其宰海陵大江，南北歌为神君，余时为诗十章纪之。即不知其有教之者，洪川先生之治乐至者，其师也。"（页17B）

案：张仁声（1562-1643），是年十一月初三日为其八十寿辰。王铎《诰封通议大夫兵部右侍郎洪川张公暨淑人许氏祔葬墓志铭》："寿八十二，生嘉靖四十一年壬戌十一月初三日，终崇祯十六年癸未十一月二十六日。"（《拟山园选集》卷六四，页4B）

撰就《张洪川先生传》，张镜心来书致谢。

张镜心《答倪太史鸿宝》："赵儋州至，获读手教，并赐大传。百拜登嘉，如抱拱璧，年翁片语只字，珍如吉光，乃不惜洋洋数千言，为老父表章，此不肖弟所以镂肝镂骨而不敢忘也。业招善手，集右军字上石，俟勒成呈阅，并展崇谢一芹，从姜公祖处附将，以志微结。附有白者，陶方伯虎溪与弟朝夕同城……世运剥极，山中非稳卧地，愿言加餐，为国珍重。"（《云隐堂文集》卷一七，页23A）

案："姜公祖"即元璐亲家姜一洪，时任广东左布政使；"陶方伯虎溪"即陶崇道。"赵儋州"即赵履祥，浙江上虞人，天启七年（1627）举人。［民国］《儋州志》

卷一"明知州":"赵履祥,浙江上虞人,崇[祯]年间任。"（页35A）

冬,王铎有诗见寄。

王铎《寄玉汝》:"难得投时好,滑稽出处间。蛟龙安可侮,经史又何闲。明月曹娥水,浮云大禹山。丹砂须让我,他日验红颜。"（《拟山园选集》诗集五律卷一一,页22B）

冬,有书致岭西兵备冒起宗,起宗有诗寄至。

冒起宗《得倪鸿宝司成书,因忆壬申岁都门往事》:"长笺瓤缕雪中看,把臂论心溯旧欢。燕市追陪看履曳,秣陵飞翰念曹寒。北扉犹重忠宣奏,南国傞弹贡禹冠。天保《采薇》歌并起,汉疆谁复虑呼韩。"（《拙存堂逸稿》卷四,页396B）

案:[嘉庆]《如皋县志》卷一六冒起宗传:"闻父讣归,服阕,备兵岭西,以卓异闻。"（页12B）《拙存堂逸稿》此诗系于"辛巳"。

十二月,黄道周戍辰州,长子倪会鼎从之大涤,又从之武夷。

庄敦和《孝靖倪先生传》:"黄先生复被逮,廷杖下诏狱,先生从之京师,经营橐饘,受学于狱中。黄先生戍辰州,阻于贼未赴,先生从之大涤,又从之武夷。"（[光绪]《上虞县志》卷四八,页20A）

本年,李自成陷河南府,杀福王常洵,又陷南阳,杀唐王聿镆。张献忠陷襄阳,杀襄王翊铭。清军又围锦州,大败援锦之师于松山。两畿、山东、河南、浙江、湖广旱蝗。

【诗文系年】

《行路》《与王郡伯孙兰（二）》《族议》《与上虞周令君铨（二）》《与祁》《与同郡司赈诸生（一）》《与同郡司赈诸生（二）》《蒋楚珍司理奏绩序》《与何腾蛟》《致学使王观察应华》《与同年祁世培彪佳》《又与范子日谦》《叙范哀生近业》《答门士范子日谦》《送赏元亮之官》《赠蔡江门司理》《复张天如溥》《与某》《与徐公亮生》《与郑枲副瑄》《与王郡伯孙兰（一）》《儿易内仪以原序》《儿易外仪自序》《赠中宪大夫玄圃郑公暨配陈恭人方恭人墓铭》《与浙中丞暨盐使者》《与老亲翁札（二）》《与山、稽二令君》《田戚畹奉诏礼补陀还,姜宗伯传册征诗,赋赓二绝》《伯兄六十祝年诵经疏》《越郡翔书叙》《义仓誓文》《翊富仓书自序》《与左巡按光先（一）》《与左巡按光先（二）》《张洪川先生传》。

崇祯十五年壬午（1642）,五十岁

绍兴里居。召为兵部右侍郎,以母老疏辞。闰十一月,闻京师有警,赴召勤王。

初春，致书徐人龙邀小楼观雪。

《尺牍逸稿》卷五《与徐中丞亲家》："周父母想犹未至，即刻望如约过从，小楼雪观亦不恶也。昨醉德面当声谢。"（页 20B）

案：毛奇龄《明正治卿中奉大夫兵部右侍郎累加一品服俸徐公传》："超拜右佥都御史，巡抚山东登莱等处。迭抚陈防海、通运、粮储各事宜。而嗣昌街怨，谓漕非所职，严敕之，且中以他事夺俸。人龙知事不可为，乞放归田。"（《西河合集》传卷六，页 1A）"徐中丞亲家"名人龙，时已辞官归里。"周父母"疑即会稽知县周灿。

又致书亲家徐人龙，因故未赴约为歉。

《尺牍逸稿》卷五《与徐中丞亲家》："昨早过峨老，冀得遄归受役，不意祁世老后至，迟之良久，登席时灯上矣。散已三十漏，不可更溷严筵，坐失有事之荣，将罹防风之罚。嵩此摅忱，幸察贳之。"（页 22A）

案："峨老"即王业浩，"祁世老"名彪佳。

正月十四日，致书次婿王贻栻，拟于月内往吊唁其祖母。

倪元璐《与王贻栻（十六）》："内必不召，召亦不往，何贺之为？闻尊公近状殊喜，仓公固不虚耶。日内方知令祖母老伯母亦已受吊，便当于月内伸其渍鸡，不知可否？委箑涂上。璐生再拜。"（故宫博物院藏，《中国书法全集（倪元璐）》，页 170）

案：《祁彪佳日记》卷一二"壬午日记"："（崇祯十五年正月）十四日，从南塘入城……晤王雪肝、毕玉台、李峨虹三公祖。吊张三峨及秦履思之乃尊、王峨云之乃堂。"（页 587）"王峨云之乃堂"即贻栻祖母。

年初，黄道周见元璐书，曰"鸿兄命笔在颜鲁公（真卿）、苏和仲（轼）而上"。

黄道周《书倪文正公帖后》："壬午初年，仆见公作书，告人云：'鸿兄命笔在颜鲁公、苏和仲而上，其人亦复绝出。'诸君讶未敢信。尝戏问鸿兄：'少时作何梦晤？'公云：'吾十四、五岁时，尝梦至一亭子，见和仲举袖云：吾有十数笔作字未了，今举授君。'和仲亦逸少才，其深刻奇隽，未必如公。然自晋宋上下，惟逸少、和仲通公一身耳。"（《黄道周集》卷二三，页 993）

新任漕运总督史可法来书，有书复之。

《倪文贞集》卷二〇《答史道邻可法》："军兴蜂午，庚癸四呼，飞挽无神，啸聚时出，时事之危，未有如今日者。非台台以壮猷绝干租荼，鞭履其间，则江淮南北不知作何釜沸？台台之身，非特宗社所凭，即白门诸君子一夕之安，亦九里万间之赐也……伏承明教，下询瞽蒙漕盐通变诸议，皆老谋硕画，聚米沙沙，而谈者顾有治人无治法，古今之通病也。惟台台有论事之识，亦惟台台有任事之才望，即以淮扬为端，推行于边镇，上慰宵旰，端在此矣。"题注："壬午。时史公以淮扬

巡抚改视漕政。"（页7A）

案：《崇祯实录》卷一四："（崇祯十四年）八月甲辰朔，吏部奏言：'漕运总督，宜重臣驻节淮上；当以史可法总督漕运、巡抚凤阳，朱大典提督凤阳等处军饷。'报可。"（《明实录》第88册，页408）元璐与史可法交往甚密，往来书牍多以不存。赵怀玉《倪文贞凌忠介合册跋》："倪文贞公能书工画，余家藏有所画海棠及自书诗卷。此札不过九行，无异吉光片羽。其云'史道老'者，盖阁部道邻先生分巡安庆时也。当公养疴里居，有衣云阁，极土木之功，擅林泉之胜，是犹信国未勤王时性豪华，声伎满前，贤者固不可测也。"（《亦有生斋续集》卷五，页4A）

是月，王思任夫人石孺人卒，其墓志铭阮大铖撰文，姜逢元丹书，倪元璐篆额。

《明□□石孺人墓志铭》："石氏为山阴□族，孺人年十七从其父薄宦长安中，是时遂东王先生弱冠成进士，衔诏归娶，一时艳之。而兰梦弗叶，承赠公意，筮吉纳孺人……按孺人生于万历壬午年十二月初三日，卒于崇祯壬午年正月初五日，享年六十有一。"（西泠印社2012秋季拍卖会中国明清御窑金砖专场图录）

案："遂东王先生"即王思任，万历二十九年（1601）纳石孺人为妾。孺人之卒，其墓志铭阮大铖撰文，姜逢元丹书，倪元璐篆额。《明□□石孺人墓志铭》署曰："巡视光禄厂库、通家侍生阮大铖撰文，赐进士第、资政大夫、太子少保、礼部尚书兼翰林院学士、经筵日讲官、起居注、实录副总裁、前詹事府詹事教习馆员、翰林院掌院事教习庶吉士、左右二春坊□德、国子监署监事司业、年家眷侍生姜逢元丹书，赐进士出身、朝议大夫、国子监祭酒、经筵日讲官、知起居制诰、纂修两朝实录、江西乡试主考、前右春坊右庶子兼翰林院侍读掌坊事、通家眷侍生倪元璐篆额。"

二月，同年礼部尚书蒋德璟请召还陈子壮、顾锡畴、倪元璐等。

《明史》卷二五一蒋德璟传："十五年二月，耕耤礼成，请召还原任侍郎陈子壮、祭酒倪元璐等，帝皆录用。"（第21册，页6500）

案：黄道周《书倪文正公帖后》："蒋晋江胆力不旺，先于宸前力为推毂，既为希烈所阻，亦复中辍。败棋借著，古人所难。唐季亦云：'用韩愈亦无甚异人，不用韩愈徒为士人愧惜。'仆不敢以此量公，犹冀后人不昧此语耳。"（《黄道周集》卷二三，页993）

三月初一日，祁彪佳入城来访。

《祁彪佳日记》卷一二"壬午日记"："（崇祯十五年）三月初一日，入城，微雨，旋霁。拜客，晤倪鸿宝、余武贞、郑切庵、王尔吉，归寓已薄暮矣。"（页594）

是月，归上虞故里扫墓，有书致知县周铨。

《倪文贞集》卷一九《与上虞周令君铨》："米价不减，而土廪俱尽，忧如之何？

比以归扫松楸，小留祖舍，导宣德意，捐俸倡赈，为里各管里、年各管年之计……又有启者，乱民抢掠一案，先之以威严，继之以宽大，仇扳必塞，牵累必禁，可谓操纵得宜之甚。而比闻四乡尤有小骚者，似由一二旧案偶稽结证，而地棍因之以吓挟，差役因之以索扰，皆望台丈悉行涤除，以示与民更始之意。"题注："壬午。"（页12A）

门生范日谦来书言及上虞抢劫未了之案，有书复之。

《尺牍逸稿》卷二《与门士范子日谦》："前所云讼，言之周父母者，此为抢劫未了之案，在当事操纵，极得其宜。而其中地棍差役，不无乘机生端，小滋牵扰，今欲周父母旷然与民更始，凡一二未结证者，悉与涤除，仍追销牌票，大张告示，以谕四远……盖今青黄不接，米价日腾，人心皇泅，威断之后，宜布阳和，示中宜及'此后犯者，立行解院枭斩'等辞，人心皇自凛然也。山、会自正尽以来，初亦稍骚，后当事以余、祁及不佞之言，特严渠寇及现获者，此外一切俱销，此中既感且畏，以至于令不佞无所知。惟是一腔痴赤，天地鬼神可鉴也，台兄其亦察之乎？"（页11A）

案：书云"盖今青黄不接，米价日腾，人心皇泅"，当是年春间作。"周父母"即周铨知县。

致书门生范日谦，告知晤周铨知县情况。

《尺牍逸稿》卷二《与门士范子日谦（二）》："昨周父母入郡城，会晤畅所愿言，旷然解网，足称快事。总之，渠魁仍可无漏，而反侧自此安矣。"（页12B）

周延儒有意起用元璐，上书以母老为辞。

倪《谱》卷三："宜兴再召，府君上书以效他山，曰：'……天下之计在明标本，寇深之由于民穷，才遁之由于法急，今之所为本计失也。与其日日治标标不得治，何如由本及标循序而求之，积一日则有一日之功乎？至若世道人才之计，老先生八九年来胸坎中日打百十回者，即一出而厌，天下无难，惟是人心亦甚难厌也。某窃谓难易之势，可以相权，在天下之所求于老先生者，不必皆甚难，在老先生之所自处者，不必皆甚易。惟老先生无仅塞天下以所易，而诸君子无遽求老先生以所难，则赤舄几几可以沛然，上下之间而无碍矣。某鬓髮已衰，明农逾量，无论其他，即八十一岁老母在堂，万无出虎溪一步之理。老先生药笼中所最不足留意者，某一人而已。不能奋飞，敬驰一介。'书达，宜兴善之，而不能尽用。"（页13B）

案：周延儒复任首辅，施行诸多善政，中外翕然称之。《明史》卷三〇八周延儒传："延儒被召，（张）溥等以数事要之。延儒慨然曰：'吾当锐意行之，以谢诸公。'既入朝，悉反体仁辈弊政。首请释漕粮白粮欠户，蠲民间积逋，凡兵残岁荒地，减见年两税……延儒又言：'老成名德，不可轻弃。'于是郑三俊长吏部，刘宗周掌都察院，范景文长工部，倪元璐佐兵部，皆起自废籍。其他李邦华、张国维、徐石麒、张玮、金光辰等，布满九列。释在狱傅宗龙等，赠已故文震孟、姚希孟等官。

中外翕然称贤。"（第 26 册，页 7925）

三月，代山阴、会稽二令起草文告，改平粜为煮粥。

倪《谱》卷三："（崇祯十五年）三月，官商继粜之米至甚少，议者以米少人多，欲裁饥口，府君曰：如此则饥口必哗，莫如并改煮粥，可使食惠赢而延度久，因代山、稽二令草文告曰：'今遵道府明示，改为煮粥之法，于坊里民厂外，各立官厂，每次饥纳钱一文，以当平粜，上饥免纳以当赈，日给粥一大碗，自十月望始，至七月中止，分票领粥，不许他坊村及流移等众搀杂混支，计粥每大碗连柴火工费约用钱五六文，今使即饥民以一赢五，延度逾月，校诸平粜之利不啻一倍，其各仰体以待丰年。'"（页 7A）

二十九日，祁彪佳来共商地方公务，司李陈子龙在座。

《祁彪佳日记》卷一二"壬午日记"："（崇祯十五年三月）二十九日，于倪鸿宝家晤陈卧子公祖，商官积南粮推赏诸事。又晤道台，所商者亦地方公务也。"（页 598）

米价方腾，麦青有待，创设"一命浮图会"，赈米七斗，人救一命。

《鸿宝应本》卷一七《一命浮图会疏》："窃为米价方腾，天灾未已……今则曲求巧便，别启因缘，不假多施，但占一命。计自春暮，以及秋中，为期百有四旬，量米日才五合，不过七斗，已阅三时。今以万钱广施万众，万腹仍枵，苟只一桥专渡一蝼，一缗即足。为此功德，胜于浮图……"（页 24A）

案：《祁忠敏公年谱》："倪鸿宝先生立专救法，恐泛救未必尽活，得米七斗，即可专救一人，名曰'一命浮图'。"（《祁彪佳日记》附，页 872）"一命浮图会"具体条款，参见倪《谱》卷三。（页 13B）

致书次婿王贻栻，附上《一命浮图会册》供注认。

倪元璐《与王贻栻（十五）》："送上《一命会册》，惟随意作功德，惟须查核的确，必真实穷饥无告者后以当之。注认之后，即宜举行，真胜七级浮图也……璐生顿首。"（故宫博物院藏，《中国书法全集（倪元璐）》，页 170）

又致书某婿，并附上《一命浮图册》。

倪元璐《甘雨帖》："甘雨应时，是大吉祥，足用狂舞。尊公亲翁岳降之辰，不能躬称觞祝，良歉，近闻道腴日胜也。《浮图册》送上，乞填所救姓名……璐生顿首。"（故宫博物院藏，《古书画过眼要录》（三），页 1396）

致书同郡司赈诸生，"一命浮图会"在城中行之半月，冀得普及乡村。

《倪文贞集》卷一九《与同郡司赈诸生（三）》："许时不晤，风道俱堕也。米价不减，外馈不至，贫富俱尽，道馑日出，虽或二麦将秋，宁可恃乎？无可奈何，创为一命浮图之会，私意操约而功广无如此者。城中行之半月，微有条绪，冀得遍之乡都。台兄幸与同心细切谋之，随方化导，必有应者。"（页 11A）

太仓知县钱肃乐借鉴创设"一命浮屠会"。

钱肃乐《一命浮图会册劝词》:"日为万民请命,天听弥高,炎威弥酷,咎在吏乎,抑在民也?……吾乡旧事,实获我心;邻邑新编,雅资娄政。况若春杪至于秋半,为时当有一百四旬;今从小暑逮乎重阳,屈指止得四明三晦。全活一命,总筹钱粟仅须二缗有奇;积德千秋,定卜报酬讵啻九畴大备?"(《钱肃乐集》,页104)

案:钱肃乐(1607-1648),字希声,浙江鄞县人,崇祯十年(1637)进士,授太仓州知州。钱肃乐借鉴绍兴之法,在太仓创设"一命浮屠会",规定:"每十日给米五升,钱一百文,自六月初旬起,至九月尽止。"类同元璐所创之法。

四月初九日,祁彪佳邀元璐及吴国辅、张弘晊于舟次。

《祁彪佳日记》卷一二"壬午日记":"(崇祯十五年四月)初九日,入城……作书知会吴期生、倪鸿宝、张毅孺来晊于舟次。"(页599)

案:"吴期生"名国辅,浙江山阴人,锦衣卫都指挥使掌卫事吴孟渊之子,以覃恩授锦衣卫。钱谦益《吴金吾小传》:"金吾姓吴氏,名国辅,期生其字。"(《有学集》卷三七,页1278)

十九日,同陈子龙、毕九臣、吴国辅等游寓山园亭,悬灯小酌,夜半乃别。

《祁彪佳日记》卷一二"壬午日记":"(崇祯十五年四月)十九日……倪鸿宝至,与之至柯园访王玄趾,旋至弥陀寺会吴期生。薄暮,始迎陈卧子、毕玉台两公祖。及游园,方无隅导之,悬灯再酌,夜半乃别。"(页601)

是日,诸友游祁彪佳寓山园,陈子龙有诗八首。

陈子龙《初夏,同倪司成、吴金吾、毕少府同游祁侍御寓山园亭八首》,其一:"南国称佳丽,西园足徜徉。地邻梅尉宅,人即郑公乡。碧岸花迎棹,朱栏柳拂床。清歌迟客意,引满向斜阳。"其二:"寓园幽绝处,暇日此经过。锦石支红药,青霞带绿萝。卷帘朝雨至,放艇夏云多。忽忆东山客,应怜对绮罗。"其八:"湘水罗含宅,成都扬子亭。山川逢暇日,宾客动干星。讲《易》琅玕榻,藏书琬琰铭。不知王逸少,曾见几峰青?"(《陈子龙诗集》卷一二,页389)

是月,黄道周释还至杭州,与方孔炤饯于西湖。

黄道周《昔过西泠,逢倪鸿宝、方仁植命酌山堂,未及三秋,举目觉异,鸿宝碧血已枯,仁植栖乌未定,又闻留、邺二仙翩然殊向,率尔书此,不禁泫然七章》其二:"此去伯夷远,徒闻玄度来。故宫烟草合,野渡箬帆开。世事啼花石,秋风醉羽杯。可能留客子,等与鹤儿回。"其七:"篮舆迟翻岭,征车隔故山。天无一日定,人得几时闲。缚帚归云路,镌书翠浪间。犹惭稀羽翮,不得数回还。"(《黄道周集》卷四四,页2284)

案:黄道周释还,越中诸友闻其至杭州,纷往谒晤。《祁彪佳日记》卷一二"壬午日记":"(崇祯十五年四月)二十二日……步至灵隐,欲访黄石斋不果,游包园而归。"（页601）元璐亦往杭城访之，黄道周《书倪文正公帖后》："此卷五六十帖，皆壬午、癸未出山时书。所料理间井赈恤作粥厂事，极为详悉。间有三帖及余者，似是壬午夏间湖上之晤。"（《黄道周集》卷二三，页993）

约同年黄道周中秋至董期生馆，有诗书壁。

《倪文贞集》诗卷下《订石斋至董瑞生馆》："煮泉以当醇，采菊以为脯。寄语十二郎，慎毋忘十五。"（页23B）

案：《倪文正公遗稿》题作《同石斋再订至董瑞生馆戏书壁》。［乾隆］《绍兴府志》卷三二"举人"："（崇祯六年癸酉科）董期生，知府，俱会稽人。"（页67B）后更名董场，浙江会稽人。为元璐门人，参与校订《倪文正公遗稿》，并作评注。《遗稿》卷端题曰："吴门后学顾予咸松交选，会稽门人唐九经豫公评，董期生端生订。"

门生曹宗璠来书，其罢职归里已八年。

曹宗璠《与倪鸿宝先生》："自兵兴狱起，垂二十年，士夫图荣利，务苟免，精锐销软，不肯言文章。萧敬范尝笑文士仰眠床上，看屋梁，千秋万世，谁传此者？乃放逐之人，释惭解愠，相依为命，敢贡之师台？……倘不吝教，更赐新刻数种，得以膏沐仪型，幸甚。"（《赖古堂尺牍新钞三选》卷一，页16A）

案：《崇祯四年辛未科进士履历》："曹宗璠，惕咸……壬申调封丘（知县），本年为东厂参，革职。"（页8B）被参革职缘由，见《三垣笔记》中："原任封邱令曹宗璠，（周）镳妇兄，先以银六两饷邑绅，边刑曹之靖为厂缉禁锢，具疏求雪，久搁不复，人皆谓镳所为。予不信，曹、张出镳手书保札以示，先谆谆引咎，后云'此后患难功名，皆镳躬任'，且有同邑诸公花押，而吴廷尉履中列名焉。时镳为韩给谏如愈所纠，恐两人乘机出疏故也。"（页57）

曹宗璠为元璐崇祯四年（1631）诗一房所取士。书云："乃放逐之人，释惭解愠，相依为命，敢贡之师台？"指其崇祯七年（1634）任封丘知县被参罢职。［民国］《封丘县志》卷五"知县"："曹宗璠，江南金坛县人，进士，崇祯七年任。"（页9B）同页继任为栾国祚，"崇祯七年任"。"壬申"为甲戌之误。

曹宗璠（1602-？），字汝珍，号惕咸。南直金坛人。崇祯四年（1631）进士，授黄岩知县，调封丘知县，同年为东厂参，革职归里。后起为上林苑监丞。好古，喜读书，诗宗温、李。著有《南华泚笔》等。［光绪］《金坛县志》卷九有传。（页42A）

张绍谦重订方孝孺《逊志斋集》，属为撰序。

《倪文贞集》卷七《方正学先生集序》："古今大忠，自楚三闾，至宋信国，未有不盛为文章者也。文章之力，贯道道立，召才才聚，天下无骨畏死之徒，定不能为之。圣贤尽性于忠孝，必立命于文章……孟子曰："我善养吾浩然之气。"当先生遭逊国之难，九死不悔，蹈刃如饴，非所谓养浩然之气者耶……南城张君廉健尚古，幸宰先生之邑，得以大聚先生之文，攟摭类次，刻而传之，惟恐失坠。其慕义景贤、兴起教化之志，迥出于俗吏。而余姚卢某者，撰次先生年谱，搜括遗篇，勤勤然佽助张君以阐扬风励为能事，合并书之，亦以劝后之人焉。"（页1A）

案：崇祯十六年刻本《方正学先生逊志斋集》二十四卷，拾补一卷，外纪一卷，年谱一卷，卷端题"盱江后学张绍谦道益纂定"。张绍谦为江西盱江人，时任宁海县知县。卷首有崇祯十五年（1642）刘崇周、倪元璐序，十六年（1643）钱谦益、陈子龙序。钱谦益《方正学先生逊志斋集序》云："宁海令南城张君重订故翰林侍讲方希直先生之集镂版行世……而余姚有卢生演者搜括先生遗集于其裔孙，汲汲然佽助张君，以表章风励为能事。"

与王思任、蒋鸣玉评选《永言集》。

《四库全书总目》卷一九三："《成氏诗集》五卷，直隶总督采进本。明大名成氏之家集也。一曰《适和堂初集》，成宰撰；一曰《适和堂继集》，宰子之莲撰；一曰《东壁园诗集》，莲仲子仲龙撰；一曰《鸂鶒园集》，莲季子少龙撰；一曰《永言集》，仲龙之子象斑撰。前四集皆称象斑纂录，象斑集则称倪元璐、王思任、蒋鸣玉三人选，则此集象斑所合刻也。"（页1764下）

案：成象斑，河南长垣人，台绍海巡道成仲龙长子。仲龙（1581—1654），字为霖，崇祯四年（1631）进士，除夏邑知县，调永城，选授兵科给事中，出为浙江按察金事兼台绍海巡道，转参议，迁陕西参政，历布政使。吴伟业《成方伯公传》："出为浙江台绍道参议……暇则时从倪公鸿宝、冯公邺仙、祁公世培诸君子游台宕间，仿佛康乐故事。"（［康熙］《长垣县志》卷七，页7B）其子象斑（1611—？）字子黻，崇祯十二年（1639）举人，亦从浙东诸公游。曹尔堪《孝廉成公传》："方伯公晋浙臬，建节天台，凡采访利弊，兴革厘，然公实分任之。台多佳山水，公每出游龙湫、雁宕之胜，皆入锦囊。黄面瞿昙，枯茗相对，诗筩酬答，皆远近名公。倪鸿宝、王季重、陈寒山、何无咎诸先生交最善。每一诗成，前辈皆为击节。倪先生尤器之，常语人曰：'成长公盖嶔嵜磊落人也。'"（［康熙］《长垣县志》卷七，页29B）

徐甥自杭城来，吴昌时欲荐徐甥卷于当事，元璐戒曰："士当先行节，后科名。"

邵廷采《明户部尚书死义倪文正公传》："吴昌时横经公门，壬午，将宾兴逍遥湖上。酒脯召客，欲属公甥徐某卷于内帘。徐喜，渡江走告公，公曰：'士当先行节，后科名。今出门辄图苟且，异时何望竖立？且来之志广才疏，吾方虑其遗宜兴忧，又可就其辙乎？'及周、吴败，咸思公言。"（《思复堂文集》卷二，页78）

案：吴昌时为首辅周延儒私人，与董廷献狼狈为奸，把持朝政。《三垣笔记》："一日，闻吴仪曹昌时改文选正郎，倪（元璐）愀然曰：'恐非其福。'"（页84）

同年邢大忠归老于乡，筑今是园，余煌名其堂曰"三益函"，元璐题曰"听嘤处"，取求友意也。

刘宗周《今是园记》："崇祯十五年，大方伯淇瞻邢先生归老于乡，日以读书课子为事，乃于戢山之东，因其地势营构一园。其间高者有阁，曰'冬青'，文公震孟所题也；轩曰'秋水'，陈公继儒所鉴也；徐公渭名其亭曰'奎璧之精'；余公煌名其堂曰'三益函'，倪公元璐又曰'听嘤处'，取求友意也；下者为池，城负为戢，因名以'濠'，意朴而辞古，取乎自然之致也；池左有楼，楼以船名，若舟之附水是也。而统名其园曰'今是'。"（《刘宗周全集》第5册，页632）

为会稽训导张廷仪撰像赞。

倪元璐《张六象赞》："安定之学，分经与治。六象之教，办志与器。志立道尊，器成才贵。诸生化之，彬彬棣棣。亦有侠襟，搴裳取霁。坐其春风，以为虹气。由其不惑，所以无累。寝疾七日，得正而毙……"（［雍正］《开化县志》卷九，页1B）

案：据［雍正］《开化县志》卷四"贡士"："张廷仪，会稽训导，升徽州府判。"（页28B）"张六象"疑即此人，即会稽训导张廷仪。又据［康熙］《会稽县志》卷一八，崇祯间训导有张廷仪，未明时间，然据前任舒日新"十年任"，继任毛元淳"十六年任"，（页5B）则张廷仪崇祯十三年（1640）至十五年（1642）在任。文云"寝疾七日，得正而毙"，或其"升徽州府判"未赴任，［康熙］《徽州府志》，徽州府通判无张廷仪名。

为周灿知县之祖父撰墓志铭。

《倪文贞集》卷一〇《光禄大官丞周桂寰公墓志铭》："周氏之著于松陵者，其先则大冢宰恭肃公以铨综著鉴，寻甸守中宪公以保障著才，进士宜春公以弦歌著道，侍御史来玉先生以刚鲠婴患著忠，而其后贤则今会稽使君灿，更以无欲不烦著廉爱，斯为盛已……而光禄桂寰公固有以名，公以恭肃、寻甸为之祖，宜春、侍御为之昆季，会稽使君为之孙，而松陵之人輙然而名公者，不曰孝子，则曰悌弟，不曰慈父，则曰义士，曰仁人……往者不可见，余向见侍御，今见会稽使君，孤松芳兰，其征也。夫公葬既十年，灿之治会稽，于是二年，锋车垂发，乃使余为之铭。"（页25B）

案：周灿崇祯十三年（1640）来任会稽知县，文云："夫公葬既十年，灿之治会稽，于是二年，锋车垂发，乃使余为之铭。"故系于此。

同年吴麟征来书，复之。

《倪文贞集》卷二〇《与吴磊斋麟征》："读大疏，道学经纶，俱备天下，如此才数百年中一二耳。每颂池塘春草，附通魂梦，则友其兄而难为弟……然而中边之交哄，殄瘵之载途，中夜傍徨，潸焉出涕。屈指当局诸公，未知谁堪胜此任者。

幸兄昆玉好为之，即一日上求救时，二难并砦于天衢，我闻一笑堕驴矣。"题注：
"壬午。"（页5B）

案：吴麟征时任吏科都给事中，其兄吴麟瑞字思王，万历四十七年（1619）进士，除常州推官，征授南礼部主事，改吏部，历九江参政、江西右布政，告归。起为偏沅巡抚。〔康熙〕《嘉兴府志》卷五六有传。（页46A）

五月十六日，祁彪佳来访调停会稽山税。

《祁彪佳日记》卷一二"壬午日记"："（崇祯十五年五月）十六日，林平山偕吴期生早过，予移舟出迎平山，托予调停会稽山税……出吊张三峨，晤倪鸿宝，又晤郭子式及山间争税诸友，于鸿宝家议止疏之事。"（页604）

是月，会推阁臣，吏部尚书李日宣以倪元璐等十三人名上，帝责以徇情滥举。

《明史》卷二五四李日宣传："（崇祯）十五年五月会推阁臣，日宣等以蒋德璟、黄景昉、姜曰广、王锡衮、倪元璐、杨汝成、杨观光、李绍贤、郑三俊、刘宗周、吴甡、惠世扬、王道直名上。帝令再推数人，而副都御史房可壮、工部右侍郎宋玫、大理寺卿张三谟与焉。大僚不获推者，为流言入内，且创二十四气之说，帝深惑之……大学士周延儒等亦乞优容，帝皆不许，遂下刑部。廷臣交章申救，不纳……狱上，日宣、正宸、煌成边，玫、可壮、三谟削籍。"（第21册，页6566）

同年王铎举家南移，至夏镇买舟南下，有诗寄至。

王铎《投鸿宝》："远访天倪动，岩中事事赊。休言阃外壁，已有鬓间华。仙路逢茅叶，僧溪捣葛花。不知琴石面，一任晚潮斜。"（《王铎诗集》辑诗卷二，页696，据私人藏《王文安公诗草》）

案：王铎父逝，崇祯十三年（1640）冬丁忧归里，上年三月其母又卒于家。时河南陷于兵祸，家山残破，他葬父母于祖茔，携家人眷戚近百口，乘舟而东，经新乡、滑县、封丘、夏镇等，拟栖居吴越以避战乱。王铎《与鸿宝》："携家刻稿，荀奉倩之中涂，罹之荼苦如是，欲向山阴道上一室读书。湖海当药，山泉当友，人生几何，磨蝎靡已兮。"（《拟山园选集》卷五二，页8A）是时王铎在宿迁邂逅北上赴朝的祁彪佳，亦提出移家绍兴，见《祁彪佳日记》卷一二。（页634）

是月，于颖继王孙兰来任绍兴府知府。

〔乾隆〕《绍兴府志》卷二六"知府"："于颖，金坛人，崇祯十五年任，升宁绍参政，有风节。"（页22B）

案：于颖是年五月来任。《祁彪佳日记》卷一二"壬午日记"："（崇祯十五年五月）十二日，与眉儿入城，贺于颖长公祖，得其所辑理学之书。"（页604）

于颖，字瀛长。南直金坛人。崇祯四年（1631）进士，授工部主事，以员外郎差督南中河道，升郎中。授顺德知府，丁忧归。起补绍兴知府，升本省督粮道，

以参政改分守宁绍。［光绪］《金坛县志》卷八有传。（页9A）

致书新任知府于颖，言须留意防范海寇。

《倪文贞集》卷一九《与于太守颖》："惟是敝郡往者每有无赖之徒，其非挟货泛洋，与倭为市，即下海入寇，伙抄行劫，归则仍是客耳……敝郡之藩篱惟定海，使贼得越此而西，则余姚之临山、上虞之谢塘山，会沥海、三江之间，处处皆贼所及。孙恩之乱，在弹指间也，惟老公祖留意。"题注："壬午。"（页13B）

六月，旧辅贺逢圣致仕，题画送别。

《倪文贞集》诗卷下《题画送江夏相公予告》："奇石骄无奈，高秋澹不群。知须几两屐，消受此山云。"（页24A）

案："江夏相公"即贺逢圣（1587-1643），字克繇，湖广江夏人。《国榷》卷九八："（崇祯十五年六月丁巳）时贺逢圣致仕，特召宴别。"（同上，页5930）诗云"奇石骄无奈，高秋澹不群"，应是年秋作。

初秋，王孙兰知府迁官，应门人所请题陈洪绶画赠别。

《倪文贞集》诗集下《为门人王毓蓍、赵甸、张峰题陈章侯画奉王雪肝郡守》："写作龙山一抹烟，才看春雨又秋天。三年饮此桃溪水，试问何如第二泉。""兰亭林竹耶溪钱，内史能文太守贤。合铸黄金松树下，龙鳞鹤羽共千年。"（页36A）

案：王孙兰崇祯十三年(1640)来任知府，诗云"三年饮此桃溪水"，当是年作。"陈章侯"即陈洪绶。王毓蓍，字玄趾，师事倪元璐、刘宗周，好交天下才士，以文誉称，甲申之变，自投水死。事具黄宗会《王玄趾先生传》。（《缩斋诗文集》，页137）赵甸，字禹功，长游宗周之门，传其学，丙戌（1646）后，僧服隐居，卖画自给，晚乃讲学于刘宗周读书地偶山，从学者众多。《小腆纪传》卷五八有传。（页698）张峰，字平子，浙江山阴人。

秋，作《古木遥山图》。

倪元璐《古木遥山图》题识："庚辰秋日写，元璐。"（西冷印社拍卖有限公司2010秋中国书画古代作品专场图录）

案：水墨绫本，钤印"倪元璐印"（白）、"鸿宝父"（白）。《大风堂书画录》《晋唐五代宋元明清名家书画集》著录。

八月十一日，祁彪佳入城来访。

《祁彪佳日记》卷一二"壬午日记"："（崇祯十五年八月）十一日，入城，从岸偏门……出访倪鸿宝，即放舟归。"（页615）

是月，邑人徐复仪浙江乡试中举，题其举业文。

《倪文贞集》卷一六《题徐汉官孝廉近艺》："汉官徐子之文之可尚者，以其气静而体安。静使气灵，安使体变，主其静安而天下之锋力才态，皆可磁引燧呼而出之也。故以徐子之文，置之金舆玉马之侧愈见华，处之土鼓陶匏之间愈见质。

是则天下之华质，无有能过乎其文者，此由其读书多也……曰其骨强，骨强则志立，志立则材聚也。"（页7B）

案：章学诚《徐汉官学士传》："徐公讳复仪，字汉官，出上虞徐氏……崇祯十五年壬午举乡试，癸未成进士，值祖母陆太宜人卒，疾驰归。"（［光绪］《上虞县志》卷四八，页25A）此文应徐复仪中举后作。

徐复仪，字汉官。浙江上虞人。崇祯十六年（1643）进士，值祖母卒，疾驰归，家居闻京师陷，恸哭誓讨贼。南明福王立，授刑部员外郎，有能声。出典云南乡试，未至而南都破。唐王立于福州，起翰林院编修，清军下福州，复仪幅巾草履走千里归，栖居山中，投谷中死。［光绪］《上虞县志》卷一〇有传。（页45B）

九月，房师南京工部尚书致仕蔡思充卒，同门士撰文祭奠。

《鸿宝应本》卷一七《同门士祭房师南京工部尚书蔡元岗先生文》："所谓大臣，四方是维，有宋以来，莫或过之。温国忠诚，魏公胆决，元城刚贞，子明骏发。得其一气，亦足以骞，况吾夫子，兼斯数贤……瞻望三山，道修且阻，及其讣闻，则几改火。负手曳杖，赐来何迟？秋阳江汉，有若何知？不及童子，执烛能说，不及孺子，磨镜能达。请祷何人，筑场何意？今不追古，乃至于是。曰克有罪，回何敢生？相向而哭，莫不失声。"（页8A）

案：《国榷》卷九八："（崇祯十五年九月）丁丑，故［工］部尚书蔡思充，赠太子少保。"（第6册，页5942）蔡思充本年六月因病乞归，行至莆阳，于八月廿四日逝世，年八十三。

九月初六日，诏起为兵部右侍郎兼翰林院侍读学士，以母老辞。

《国榷》卷九八："（崇祯十五年九月）癸酉，顾锡畴为南京礼部右侍郎，雷跃龙改南京吏部右侍郎，倪元璐为兵部右侍郎兼翰林院侍读学士。"（第6册，页5941）

案：郑《表》，九月癸酉为初六日。倪《谱》卷四："崇祯十五年冬十月，诏起府君兵部右侍郎兼翰林院侍读学士。府君家居七载，天下益多事，上思旧德，宜兴虑府君不拜命，故以佐枢环召。府君以母老疏辞甚力。"（页1A）《烈皇小识》卷五："时揆席既内外兼用，馆选又从知推考入，于是建议词林，亦得于别衙门升用，故少詹绍贤升户部侍郎，倪祭酒元璐起兵部侍郎，仍兼侍读学士。"（页154）又《宦梦录》卷三："周公廷儒每语人：宰相不答钱谷之问，词林改计部非是，惟兵机宜暗备帷幄。筹议改一员为少司马兼学士，初拟余，辞，再拟同里蒋公，亦辞。周公意咈然，逼于众议，乃即家起倪公元璐为之。"（《宦梦录 馆阁旧事》，页78）

十一日，祁彪佳来晤。

《祁彪佳日记》卷一二"壬午日记"："（崇祯十五年九月）十一日……闻陈公祖归，投以刺，便道晤倪鸿宝、余武贞，贺姜箴胜。"（页619）

门生陈诚忭、祁奕远设席饯贺乃师，以母病辞。

《尺牍逸稿》卷五《又与陈子诚忭、祁子奕远》："宠召本为夙约，亦何忍辞？适老母病疟，既将十日，今虽微有起色，而心凛凛，苟舍汤药而趋尊俎，是亦两兄之所心非者也。秋色方饶，愿以异日。谢谢。"（页21B）

十月初一日，同年黄道周在九江闻圣谕，特准赦罪还职。

《漳浦黄先生年谱》卷上："十月朔日，有人从留都来，传接出圣谕：'念其清操力学，尚堪策励，特准赦罪还职。'"（《黄道周集》卷首，页117）

左都御史刘宗周来书催促应召赴官。

刘宗周《与倪鸿宝祭酒》："望年兄清光如在天上，日欲奋飞而无从也。前从令甥闻，老姑娘稍有时恙，且不久而愈，慰喜！慰喜！老兄有亲可事，有道可乐，优游绿野，敛人间之福，极于人世无多。惟是时艰未艾，匡济胥人，屈指海内第一流先辈典型，不能不首及年兄。恐东山之辙不暇久淹，即莱彩之欢，且以君父辖违乎？而且奉扳［板］舆而北，又何患忠孝之不两全也？敢拭目以俟。"题注："壬午。墨迹，藏复粲家。"（《刘宗周集》第5册，页426）

案：《刘宗周年谱》："（崇祯十五年十月）十二日，先生至京师。十八日，皇帝召对于文华殿，先生复固辞，皇帝不允，辄问都察院执掌何在？先生对曰：'都察院之职，在于正己以正百僚。'皇帝曰：'卿力行以副朕命。'先生又辞职再三，皇帝曰：'已有旨了。'乃谢恩退。于是集诸御史申饬之。"（《刘宗周集》第9册附，页429）

二十六日，祁彪佳来访，太学生涂仲吉在座。

《祁彪佳日记》卷一二"壬午日记"："（崇祯十五年十月）二十六日，入城……出访客，晤涂德公于倪鸿宝座上，乃知予受命叨视首篆，且奉有严催到任之明纶。"（页626）

案：上年黄道周系狱论罪，涂仲吉抗章论救，并杖论戍，便道来访。倪《谱》卷三："（崇祯十一年戊寅）太学生涂君仲吉谒府君，遂定交。先是，黄公道周数直言及夺情相武陵。又言不宜破非常之格，奉不祥之人，上积怒，廷杖收系。涂抗章论救，并杖俱论遣，诣戍。便道过谒府君，连留旬日乃去。"（页3A）系于崇祯十一年，误。

涂仲吉（？-1649），字德公。福建漳州镇海卫人。入太学，黄道周下狱，上书力争，崇祯帝大怒，予杖，下狱，竟遣戍。十五年（1642），仲吉自戍所释归。明亡，隆武帝授仲吉御史，隆武二年（1646）削发为僧，居厦门。永历三年（1649），因忧愤呕血病卒。《小腆纪传》卷五八有传。（页706）

涂仲吉连留旬日，临别以诗送之。

《倪文贞集》诗卷上《涂德公太学以疏救予友石斋，廷杖遣戍，便道访予山中，临别感赋》："才接云虹气，吾旗已竖降。一浮锄水宅，共倚叫山窗。蒋筑能无径，潘才信若江。不须邀月上，君面有银缸。""赖有昌明气，一开混沌天。不曾知棒痛，岂可咎霆严。亦以王回义，愈知邹浩贤。须眉吾亦好，输尔独千年。"（页28A）

案：邵廷采《明户部尚书死义倪文正公传》"设五簋之享召客，闽人涂仲吉亦与。酒行，忽哽咽流涕，言：'方今中外多事，士君子致命守身之道，不可不讲，须于平日设身当境处之，不然，鲜不瞬丧名节。'诸生王毓著等咸在坐，闻公言，无不感动。终后，毓著沉柳桥，卒如公教。"（《思复堂文集》卷二，页78）

十一月初四日，与祁彪佳秉烛而谈。

《祁彪佳日记》卷一二"壬午日记"："（崇祯十五年十一月）初四日……出于会堂别史子复先生及王俊仲诸友二十余人。饭罢，与王大含谈讫，再出别客，与倪鸿宝秉烛而谈，赴郑鸿逵公祖席。"（页628）

初十日，黄道周与陈子龙、陈之遴、何瑞图、曹振龙、姚奇胤等来访衣云阁。时免戍还职，归闽绕道绍兴。

黄道周《何羲兆、姚二存、曹木上、陈彦升、倪子玉、叶恒生、姚圣之同陈卧子集倪鸿宝园中，各拈二韵》："宵中云汉净，日下酒枪宽。杖履无苛问，悲啼得旧欢。时清台榭好，道长琴书安。不谓剡溪棹，轻弹达者冠。""鱼雁情文老，群贤林竹亲。石栏关禹步，池藻动蔾宾。非尔谁容我，无家幸有邻。若耶云水外，不敢望车尘。"（《黄道周集》卷四二，页2115）

案：黄道周是月初十日到访绍兴。《祁忠毅公年谱》："（十一月）初十日启行，适黄石斋先生至越，晤于途次。"（《祁彪佳日记》附，页877）偕黄道周同来者，余姚何瑞图（羲兆）、萧山曹振龙（木上）、钱塘姚奇胤（二存）、海盐陈之遴（彦升）、绍兴司理陈子龙（卧子），倪子玉、叶恒生、姚圣之不详其名。

衣云阁施以锦帷，张灯四照以迎道周，元璐云"会与公诀尔"。

《牧庵杂记》卷二"倪文正公逸事"："公晚筑室于绍兴府城南隅……适黄石斋公至越，延止阁中，施以锦帷，张灯四照，出家乐侑觞，皆二八优童。黄公不怡，谓：'国家多难，吾辈不宜宴乐。'公笑曰：'今日与公诀尔，请尽一觞，以共千古。'既北行，遂殉寇难。"（页8B）

黄道周又用何瑞图韵，赋诗二章。

黄道周《用羲兆韵集倪先生宅，共诸子酬和二章》其二："油云能不约，万壑此来盈。有命归欤叹，浮生揽者情。扁舟成往迹，岐鸟或孤鸣。颠倒衣裳在，殷勤劝北征。"（《黄道周集》卷四二，页2119）

值倪母施太夫人八十二岁寿辰，道周赋诗祝寿。

黄道周《用木上韵集倪先生宅兼寿倪母二章》："排闼山未老，生明月始辉。探书丹穴迥，启石镇神威。尊足下堂健，加餐入道微。日中千里钓，可亦慰调饥。""万里银河望，乾坤一水盈。去曾愁季役，归未失鸥盟。伯仲人间奏，盐梅天上羹。尘

途看李杜，不记两家名。”（《黄道周集》卷四二，页2119）

案：黄道周来访衣云阁有诗六章，后返闽于桐庐君山舟次，书此诗册。题识：“六章同曹木上、何羲兆、陈彦升太史、陈卧子司理过倪园，并为倪母寿似正。壬午十一月十四日君山舟次，道周顿首。”（北京保利2015春季拍卖会“仰之弥高”中国古代书画夜场图录）

黄道周与陈子龙、陈之遴等劝元璐应召出山，振颓挽危。

黄道周《同彦升、卧子诸兄集倪园为鸿宝劝驾二章》其一：“开轩筵众妙，斯道见长城。出处关爻象，端居动圣明。通潮画舫集，入座万山清。何必辞枢副，商霖望洗兵。”“禁中知颇牧，四海想夷吾。丝竹当年可，纶麾此日殊。幽人容水鉴，下客引龙图。莫以师中锡，而烦儿大夫。”（《黄道周集》卷四二，页2118）

案：《大风堂书画录》著录“黄忠端诗翰”，释文：“□灵能不约，万壑此来盈。有不归欤叹，斯文揽者情。扁舟成往迹，歧鸟感孤鸣。颠倒衣裳在，殷勤劝北征。筵妙楼为鸿宝劝驾似正。黄道周顿首。”（页87）亦劝驾元璐北征之作，不见于黄集。道周《书倪文正公帖后》云：“崇祯末年，俱是陈希烈撑持，柳灿不过为阉官传送耳……败棋借箸，古人所难。唐季亦云：‘用韩愈亦无甚异人，不用韩愈徒为士人惋惜。’仆不敢以此量公，犹冀后人不昧此语耳。”（《黄道周集》卷二三，页993）

同日，与黄道周、陈子龙访祁彪佳，彪佳将赴任河南道御史。

《祁彪佳日记》卷一二“壬午日记”：“（崇祯十五年十一月）初十日……倪鸿宝、陈卧子陪黄石斋来晤，时石斋有不出山之意，予动色争之，而且以计典宽严为问。”（页629）

案：《祁彪佳行实》：“壬午冬赴掌道命。先是，六月服阕，九月奉命掌计典，兵警道梗，十一月始闻报。”（《祁彪佳日记》附，页842）

黄道周归闽辞别，劝以“枕流漱石，不如吃饭着衣”。

黄道周《与倪文正公书（一）》：“往岁别剡溪时，不知□躏畿南，乃使兄独赋《无衣》……忆临行时，曾领玄诲，云‘枕流漱石，不如吃饭着衣’，今遂迷误至此，宁复有洗耳砺齿之乐乎？”（《黄道周集》卷一七，页713）

又《与倪文正公书》：“陈卧子乃两书嘲让，曹远思至，以为偃蹇丘园，辞色俱厉。如此穿衣吃饭，再不由人，枕流漱石，亦无着处也……”（同上，页715）

黄道周归闽途中，有诗寄陈子龙兼怀元璐。

黄道周《寄别卧子兼怀鸿宝》：“绍兴使君万斛珠，随风飞洒千泽苏。文章经济各大雅，出之我口宁为谀。云门兰亭坐亲切，鹤子下堂啄碧雪。客棹不敢闲游移，犹请老翁看五泄。天下水无匡庐奇，雁荡无声差胜之。五泄壮险不可及，安能过于倪公诗。倪公与余最相契，一字动有千峰势。”（《黄道周集》卷三八，页1877）

黄道周道出雁荡灵峰，有诗来谢倪元璐、顾锡畴、周凤翔、涂仲吉等。

黄道周《出灵峰谢鸿宝、瑞屏、巢轩诸丈并别涂德公三章》其二："从此皆丘壑，于今信草莱。野人扶杖过，石笈瘗书回。不复亲官榻，居然避债台。相知谁最好，男子木兰才。"（《黄道周集》卷四一，页2058）

裒辑生平酬应之文为《鸿宝应本》，刻印属陈子龙任之。

倪会鼎《倪文贞集题识》："先公官翰林掌外制日久，及门杨机部、王二弥诸君刻卷轴鸿篇为《代言选》，凡六卷，一时馆阁翕然宗之。及崇祯丙子，先公以司成归里，复裒辑生平酬应之篇都为一集，曰《应本》，其剞劂则陈黄门卧子任之。刻甫竣，而先公以佐枢环召。"（倪安世本《倪文贞集》卷末）

黄道周于归闽舟中为《鸿宝应本》撰序。

黄道周《倪鸿宝先生应本序》："修其文而不足以明天下，则不若蓬卷而处；修其质而不媲于天，则不如椎髻而舂……故仁义者，精微之产也；礼乐者，奥博之致也。奥博精微，著于心貌，而施于文章，在生者之身，犹是疏翟五谷也。而少见者多怪，多怪者重创，明主亦因之，以为必屏圭璧，荡金锡而后可为治于天下……由斯而谈，予见鸿宝，则不复谈文章，亦不复谈《易》，岂为慢乎？予之蓬卷而椎结，固已久矣。崇祯壬午十一月弟黄道周识于毂水舟中。"（崇祯本《鸿宝应本》卷首）

案：黄道周《简寄大涤与羲兆、木上（三）》："鹿鹿数往还，无益人事，而徒为诸兄烦苦，真惭愧也……有一函寄陈卧子者，内左沧屿志铭一道、倪鸿宝序数行，至即达之，无它也。"（《黄道周集》卷一九，页799）"倪鸿宝序"即此序，"左沧屿志铭"即其所撰《左忠毅公墓志》（上书卷二六，页1134）。

陈子龙为《应本》撰序。

陈子龙《鸿宝应本序》："《应本》者，始宁倪先生所为作也。先生之著述多，兹集其单篇杂辞，因人事酬对而为文者，凡若干卷，自名之……先生以英朗天挺之才，弘远多识之学，应期名世，作时君宗，修辞立诚，乃其余绪。而奏对则轶董、贾，掌制则追典谟，阐经则并游、夏，执简则俪南、狐，洵乎经纬之鸿裁也。至于酬应之文，尤非经意，而辩雕所至，已绝攀蹑。今观《应本》所载，投赠之雅莫非名德，褒美所及不滥平流，使被辞者荣于山龙，铨品者信于金石……今天子以枢府召先生，方将升之百揆，授以大政，翼亮本朝……而子龙备吏于越，得与先生周旋翰墨之间，晨提夕命者且三载，又岂易遇哉？壬午至后一日华亭晚学陈子龙题于语亭舟次。"（崇祯本《鸿宝应本》卷首）

周铨知县为《应本》撰序。

周铨《倪鸿宝太史集序》："鸿宝先生人伦之所诵乔岳也，置身于古高矣。徒咏叹其文辞，此薮泽之视乌，睹所为寥廓者乎？虽然读先生书，见先生人，忠孝之事于是全矣。先生守正不阿，履行霜雪，登籍以来，身无喉舌之司，屡建谠论，凡所指陈，皆社稷大计，忧深虑远。天下讽述其章，等于贾子治安，魏公思渐，莫不顿足起舞，曰斯文之出，邦家之福……世传漳江黄先生与先生并称，百年之久，四海之大，两先生起而作者一空，敬其人及其文，推之百代亦犹是耳。李汉之序昌黎曰：'日光玉洁，周情孔思，而泽于仁义道德之旨。'下走愿附斯义也。门下晚学生周铨顿首题。"（崇祯本《鸿宝应本》卷首）

案：云南省图书馆藏崇祯本《鸿宝应本》有此序，国家图书馆藏崇祯本未收此序。

徐甥允时又请葛寅亮为《应本》撰序。

葛寅亮《倪太史应本序》："一代文章，必有一代英绝为之领袖，若昌黎之起衰八代，欧阳之痛矫西昆者，今日人士无不敛袵而钦倪太史鸿宝。太史髫岁登隽贤书，士羡张纯，早慧英年，摛词天阙，朝推学士人龙。近悬车日久，其所研阅而驯致之者，谋篇日益富矣。兹以应酬文始于杀青，名曰《应本》。其甥徐子允时，以太史指走杭问序于予，予逊谢不敏……文章为经国之大业，行且以三不朽并垂千古。予不能尽测太史，而积厚流长，见端知委，即以不能尽测者测之矣。钱塘葛寅亮拜手题。"（崇祯本《鸿宝应本》卷首）

案：葛寅亮（1570—1646），字冰鉴，号屺瞻。浙江钱塘人。万历二十九年（1601）进士，仕至左通政，崇祯十二年（1639）罢归。南明时仕至工部尚书，隆武亡，绝食殉国。著有《葛司农遗集》。参见张右民《司农葛先生传》。（《葛司农遗集》附）

门生沈延嘉为《应本》撰序。

沈延嘉《应本序》："文心大关风会，吾师洞视万古，起而正之，笔柱墨涛，莫不溥本肇末。以身著道，以道著文，一切疏议笺题，风吟月咏，虽极汗澜，卓踔渊泫，澄深而大指攸归，则必本六经而唱忠孝……帝优旧硕，特起中枢，行陟保衡，均庸吉甫……延嘉愧匪游、夏，莫赞则同，谨就侍侧井窥，抒其万一如此。崇祯壬午甬上门生沈延嘉敬识。"（崇祯本《鸿宝应本》卷首）

闰十一月，吴钟峦来任绍兴府照磨，交邑中诸君子。

吴钟峦《自述之八》："壬午闰冬，赴越州任，府治一望山水，真如图画。而衙舍不堪栖止，就近僦一乡绅寓居之。郡守为于瀛长颖，郡丞为毕九臣，司理为陈卧子子龙，山阴令为钱圣沾世贵，会稽令为杨屋山鹏翼，乡绅为姜箴圣、李玉完、章格庵、倪鸿宝、王遂东、金楚畹、余武贞、周奠维，孝廉为王自超、陶履卓。"（《十愿斋全集》"自述"，页15A）

案：钱肃乐《吴宗伯公传》："甲戌，联第殿试第三甲，授长兴令……令长兴得交刘念台先生……入越，则交倪鸿宝、章格庵诸君子。"（《十愿斋全集》卷首）

吴钟峦（1577—1646），字峦稚，号霞舟。南直武进人。崇祯七年（1634）进士，授长兴知县。以旱潦，征练饷不中额，谪绍兴照磨。逾年，移桂林推官。福王立，迁礼部主事。鲁王起兵，擢礼部尚书。清兵至宁波，乃急渡海，入孔庙抱孔子木主

自焚死。《南疆绎史》卷一五有传。（页11A）

十六日，值五十生辰，门生陆培撰序祝寿。

陆培《寿少司马倪公五袠叙》："今天子龙御十五年，玄默敦牂，岁阴在午，星开明，炎炎有光。于是上方劳思中兴，留意耆硕方正之臣。天行德，三能色齐，海内咸喁喁然，望风瞻化，扶杖往听矣。而始宁倪鸿宝先生，特以高节伟望，为朝正人誉，天子闻之，以为吾爪牙任，乃以少司马领经筵侍从，幢牙葺毒，金巾枀羽，斾旌旟旐，左右为歌……时培以通门故，牛马走，得执觞再拜于先生堂下，出一言为寿。"（《旆凤堂偶集》，页32A）

郭濬有诗奉贺寿辰。

郭濬《壬午冬闰，倪鸿宝先生五十奉寿二首》其二："天将作意赍非熊，凤诏重辉纬运同。三略近推周尚父，九还新授夏黄公。玄阴自避长庚色，紫气全回大壑风。四海倚瞻扶正术，坐销兵镘笑谈中。"（《虹暎堂诗集》卷一○，页11B）

是月，作《书画合璧卷》。

倪元璐《书画合璧卷》，卷轴装。前草书《四十初度有作》四首，见《倪文贞集》诗卷上。并配山水画一幅，题识："壬午冬仲写于澹多轩。元璐。"有罗振玉题识。（上海图书馆藏，《上海图书馆藏明清名家手稿》，页16）

案：翁同龢《题临倪文正公画》题注："倪文正公横幅，末署'壬午冬写'……最后书四十初度诗四首，盖补录十年前作。"（《瓶庐诗稿》卷三，页9A）翁氏所题此卷与上海图书馆藏品几尽相同，疑即一物。

邑人重修古嵩城庙，为撰碑记。

倪元璐《古嵩城庙碑记》："虞邑七十余里，有古庙曰嵩城，盖为晋吴国内史左将军袁公建。嵩城者何？因公讳嵩也……幸各志记之颇详，千载而下，犹堪凭吊。虽然如公者，生多捍卫，死有令名，文章节义，夐绝今古，既已存亡生死矣……明崇祯十五年十二月吉旦，邑人倪元璐熏沐撰。"（《倪氏宗谱》卷一四碑文，页38B）

案：[光绪]《上虞县志》卷三七："《古崧城庙碑记》，崇祯十五年……新增。碑高六尺，广三尺，额书'古崧城庙碑记'六字，记正书，二十行，行五十六字，在崧城庙。"（页62A）

是月，清军分道入塞，朝廷檄征四方兵入援。元璐长跽告母，赴召勤王。

倪《谱》卷四："已闻畿辅震惊，时闰十一月八日也，部檄征四方兵入援。府君瞿然起曰：'诏以臣贰枢，而闻警不前非义也。'乃长跽告太夫人以故，太夫人曰：'吾被尚健饭，尔其勉诸。'府君又计此行匪徒赴召，合议勤王，遂毁家募士，号召义旅，得敢死数百人。"（页1A）

召长子倪会鼎归自武夷，侍奉老母施太夫人。

茹敦和《孝靖倪先生传》：“黄先生戍辰州，阻于贼未赴，先生从之大涤，又从之武夷，会文贞以兵部侍郎召，先生始归。”（［光绪］《上虞县志》卷四八，页20A）

案：倪会鼎受学黄道周于狱中，从之大涤书院，再从之武夷，至此召还回家代父侍奉。徐倬《无功公传》：“文正佐枢勤王，先生请鞭弥从。文正正色命之曰：‘吾身虽已许国，代吾养者，非尔而谁？仗剑奚为乎！’先生唯唯不敢违。”（《倪氏宗谱》卷一四传赞志述，页45A）

将赴召入都，有诗别黄道周兼怀钱谦益、顾锡畴诸友。

《倪文贞集》诗卷下《蒙赐佐枢环召，别石斋兄兼怀诸公》：“投林又复赋翩雔，蜡屐东山未可为。大有皋伊海内望，敢云颇牧禁中知。黄巾豕突如游釜，赤子饥驱亦弄池。鼓枻中流需共济，卬须也恐办装迟。”（页22B）

案：四库底本题作《蒙赐佐枢环召，别石斋兄兼怀牧斋、九畴诸公》。（页18B）

陈子龙赋诗送先生率义旅勤王。

陈子龙《送倪鸿宝少司马学士赴召，闻有虏警，随率义旅勤王》：“倪公诏征不欲赴，闻警翻然衣跗鞋。几年凤翮在文昌，此日龙韬开武库。英谋亮节有威名，壮士纷纷都请行……此去但凭司马法，直须痛饮月氏头。岂止忠猷闻宇县，拊髀风云至尊羡。纵使搴旗细柳军，何如借箸蓬莱殿。愿公旦暮秉丝纶，澄清九域靖风尘。《采薇》本自承《天保》，不数麒麟阁上人。”（《陈子龙诗集》卷一〇，页293）

案：明亡，黄道周兵败身亡，陈子龙又有《石翁师召后，以仲冬过越晤鸿宝先生，却归漳南，闰月闻□师大入畿辅，鸿宝先生募义旅入卫。丙子之役石翁师首倡勤王，旧勋不可忘也，献时志怀》诗忆及此时：“胡雏夜啸卢龙月，万马奔腾暗辽碣。有诏尽征天下兵，十道旌旗同日发。倪公奋袂持长缨，一麾壮士皆从征。长弓大箭穿贼垒，短衣匹马朝王京……海内始知申大义，群胡亦自震先声。此时风尘暗畿甸，至尊侧席明光殿。”（《陈子龙诗集》卷一〇，页292）

门人王亹赋《勤王篇》送别。

王亹《勤王篇送倪鸿宝司马学士北征》：“与公互篱壁，风雨欣素心。诲家胜章句，纬画榷古今……甘盘念旧学，起公东山鄠。毁家雪国耻，绝裾洒寒林……兵事有标本，节制宝荇琛。此义久晦塞，旌节徒尔森。奕奕医闾铭，瞻言属倪岑。”（《匪石堂诗》卷五，《上海图书馆未刊古籍稿本》第46册，页141）

李雯赋长句送别。

李雯《送倪鸿宝先生以侍读学士兼司马入朝》：“夫子东山秀，新除皇命崇……朝论归南仲，皇心属大鸿。不惟枢右贵，行见上台隆。禹穴铭鸢动，天山宿雾空。壮猷方五十，麟阁振英风。”（《蓼斋集》卷二二，页10B）

宋征舆闻元璐召命，赋赠十二韵。

宋征舆《倪鸿宝先生以学士兼少司马，奉赠十二韵》："报国收英杰，怜才擢隐沦。大庭瞻气象，双阙见嶙峋。次第开黄阁，殷勤拜紫宸。玉边飞檄净，金殿直庐亲。语默师千古，安危寄一身。丹青如可待，何处有风尘。"（《三子新诗合稿》卷六，页121）

案：宋征舆（1618-1667），字直方，一字辕文。南直华亭人。顺治四年（1647）进士，授刑部江西司主事，升员外郎，出为福建右参议，提督学政。擢尚宝卿、宗人府府丞，久之晋左副都御史。与陈子龙、李雯号"云间三子"。著有《林屋诗稿》。（《三子新诗合稿》卷首，页7）

孙治亦赋诗奉赠。

孙治《奉赠倪鸿宝太史拜少司马》："儿宽昔侍紫宸班，诏出承明近赐环。雨露九天仍北极，江湖十载忆东山。燕台气色增三辅，属国威名护百蛮。身是老臣能补阙，几从清夜奉天颜。"（《孙宇台集》卷三六"七言律"，页1A）

案：孙治（1619-1683），字宇台，浙江仁和人。诸生。与陆圻、陈廷会等称"西泠十子"。精于《易》，以著述称于时。

郭濬有诗送别。

郭濬《送倪鸿宝先生北上》："讲席资调鼎，军谋赖洗兵。履声云外起，剑气斗边横。锦帐骊歌缓，沧江彩鹢明。留侯恢汉业，计日慰皇情。"（《虹暎堂诗集》卷七，页10A）

墨庵禅师铭起亦赋诗送别。

墨庵禅师《送倪鸿宝先生入都》："圣朝方侧席，兵事重兼文。司马平邦国，非熊猎渭濆。韬钤今用老，朋党尔离群。此后烦神筹，无忘宵旰勤。"（《檇李诗系》卷三三，页49B）

案：墨庵禅师名铭起，文学沈中畏孙，原名起，字仲方，于东禅寺出家。好游览，著书甚富，有《学园集》八卷、《续集》一卷等。康熙二十一年（1682）病殁。（《檇李诗系》卷三三小传，页49B）

闰十一月十九日，黄道周闻元璐率勤王义旅数百人北上，曰"鸿宝受恩最渥，托寄特重，虽在平时，无安坐理"。

黄道周《答萧中丞书》："闰月十九日，倪鸿兄闻已提旅入援，吾乡与岭表遂绝，《无衣》之篇，此非草野之所敢问……腊月，道周顿首。"（《黄道周集》卷一八，页750）

又《与夏彝仲明府书》："献闰过钱塘，乃知老迍台素舫已渡鸳水……腊月，始闻东警，得卧兄书，乃知鸿宝出山。鸿宝受恩最渥，托寄特重，虽在平时，无安坐理。"（上书卷一五，页648）

十二月初九日行至镇江，致书祝汤龄。

倪元璐《与寰瀛书》："弟于今日初九抵润州，明日渡江，三四日即到淮，相机为必达之计。虏破临清是实，或传尚犯兖、济，未肯即去，或云已还蓟者，江以南殊无定说也。弟义无返顾，一出儿山，此身即非吾有……寰瀛老兄台座。十二月初九日。弟璐顿首。"（《明代名贤尺牍集》，页 188）

案："寰瀛"即祝汤龄，［嘉庆］《山阴县志》卷一四祝汤龄传："元璐以少司马入都，强之与偕，不可。"（页 101A）书云"弟于今日初九抵润州，明日渡江，三四日即到淮"，时正欲渡江北上。

外孙张中发随舟从至镇江。

张中发跋《倪文正公书画册》："文正先生为予外祖行，弱冠艺文时蒙奖许。丙子以后屡过鉴湖，从先生于别圃，凭高则万马飞青，满听则松风韵碧，往往意兴所至，不揣卑昧发其狂瞽，先生勿责也。壬午再召，值冀门之警，先生奋袂勤王，予亦从舟抵京口。"（《壬寅销夏录》，《续修四库全书》1089 册，页 603 下）

行抵淮扬，逗留多日。时清军入山东，攻陷临清，分兵兖州、济宁。行前曾致书漕运总督史可法借兵三千，至此方知无兵可分。欲觅盐徒为助，亦无应者。

倪《谱》卷四："计维扬天下巨镇，兵必聚，史公可法抚其地，训必精，先驰书假劲兵三千，鼓行入卫，仗剑继之。及抵淮抚帐，健儿才二千，画淮自守未足，府君怏怏失望。史公以无兵可分，亦怏怏会留都。江浙援兵相继至，诸将吏请府君就统其众便宜部署，府君为按行营垒，察士气不扬，又无马甲不任用，不得已则欲大募盐徒，问粮餫使者，不应。府君乃投袂而起，曰：'吾即不能捍卫，旦夕必达，不贻君父忧。'将三百骑夹趋冲险出济北。"（页 1A）

黄道周《倪文正公墓志》："趣淮上，问淮使者觅盐徒为助，无有应者。公叹曰：'吾即不破，贼朝夕必达，不以虏独遗君父。'乃身率十骑，持满夹，趋冲险，出济北，十余日达京师。"（《黄道周集》卷二七，页 1178）

案：元璐率数百人北上勤王，至此进退维谷。前方军情不明，淮安、扬州兵寡粮缺，尚不足以自保，逗留多时绝意率三百骑冒险进京。张岱《快园道古》笑谈部卷一五："先伯九山临清被难，嗣子墨妙往奔丧，闻乱，不果往。倪司马元璐发兵勤王，至淮而返。时人对之曰：'张孝子奔丧，莫（墨）妙不去；倪司马勤王，原路（元璐）归来。'"（《快园道古、管朗乞巧录》，页 172）此时元璐逗留多时有之，"至淮而返"则为不实。

在淮安遇门生李清，其服阕北上。

《三垣笔记》："予以壬午冬季过维扬，梦予师倪司成元璐为予题一绢云：'深山移静，罹卜筑之无声。'倪虽上虞，实寄籍山阴，深山移静，将弹冠矣。果起少司马，至京改司农，寻还詹事府。未及枚卜，殉闯祸，非'罹卜筑之无声'何？"

（页84）

与李清、周镳、方孔炤同行北上。

《三垣笔记》："予起补吏科不数日，即闻边警，以主恩深重，冒险北上。行至淮安，方遇予师倪少司马元璐、周仪曹镳、方中丞孔炤等，议同行。"（页84）

在淮安，有客献议开登州通漕运，可省贴脚银二百万两，闻而奇之。

《三垣笔记》："予与倪少司马元璐寓淮，有客献议，谓开登州某路以通漕运，可省贴脚银二百万两。倪以为奇，于召对及之，不一月，即改户部尚书，上意欲节此费耳。后予询前后巡漕诸公，佥云'贴脚无几，客妄言也'。"（页46）

二十五日，入都途次，致书祝汤龄。

倪元璐《与寰瀛书》："客况新禧，且歉且贺。独子百凡得卵翼，非笔可谢。郎君往扬试事，听之自然。如其归来，决策又图矢效耳。上宅平安之甚，诸悉小儿书中，不一一。廿五日，弟璐顿首。"（《明代名贤尺牍集》，页190）

案：此书无上款，然观其内容应为致祝汤龄书。

是月，黄道周为从兄倪元珙撰墓志铭。

案：黄道周《明故光禄寺寺丞三兰倪公墓志铭》，《黄道周集》诸本俱失载。末署："崇祯壬午岁嘉平吉。赐进士出身、中宪大夫、詹事府少詹事兼翰林院侍读学士、前左春坊左谕德、掌司经局事、纂修玉牒实录、经筵日讲官，年家弟黄道周拜撰。"（《倪氏宗谱》卷一四墓铭，页20A）

王铎来书言在江南颠沛流离情状，不久前于高邮失之交臂。

《拟山园选集》卷五二《与鸿宝》："仆自夏镇挐舟，辄问上虞公，欲一陪巾履叙艰危。故人意至高邮，晤李令始知足下鹢首从雨声空蒙中分风过也。悭缘咫尺，失于交臂，阿闷一现，难再睹耶……足下琰琬为性，世道赖之……兵事今成土羹，如戊寅仆守都门，一矢不加，鲜有血战。犁城张祸，中原一块土沦亡至此，文武大吏泄宪犹昨，任其焢然，安得独谓天之杌之哉！孙白谷差强人意，十万寇歼其七，以遭金蔽地，贪胜致溃，他虚饰不足言，言之齿冷耳。足下中枢攸赖，辰告大猷，除其斥屏，洗涤贪将，自有振刷，勿令饰虚语以糊人目，乃可后效耳。"（页8A）

案：此书作于是年十二月，王铎举家南移，途次高邮、扬州，备极艰辛。高邮"李令"即李舍乙，字青藜，崇祯十年（1637）进士，任高邮六年。见［乾隆］《高邮州志》卷八。（页73A）

本年，清兵克松山，陷锦州，洪承畴、祖大寿降清。清兵分道入塞，连下畿南、山东州县，京师戒严。李自成围开封，决黄河，陷襄阳。孙传庭总督三边军务。

【诗文系年】

　　《与徐中丞亲家》《与徐中丞亲家》《与王贻栻（十六）》《答史道邻可法》《与上虞周令君铨》《与门士范子日谦》《与门士范子日谦（二）》《一命浮图会疏》《与王贻栻（十五）》《甘雨帖》《与同郡司赈诸生（三）》《订石斋至董瑞生馆》《方正学先生集序》《张六象赞》《光禄大官丞周桂寰公墓志铭》《与吴磊斋麟征》《与于太守颖》《题画送江夏相公予告》《为门人王毓蓍、赵甸、张峰题陈章侯画奉王雪肝郡守》《题徐汉官孝廉近艺》《同门士祭房师南京工部尚书蔡元岗先生文》《又与陈子诚忭、祁子奕远》《涂德公太学以疏救予友石斋，廷杖遣戍，便道访予山中，临别感赋》《古嵩城庙碑记》《蒙赐佐枢环召，别石斋兄兼怀诸公》《与寰瀛书》《与寰瀛书》。

卷五 靖国忠烈

崇祯十六年至崇祯十七年

(1643-1644)

引言

崇祯十五年（1642）闰十一月十九日，倪元璐率义旅北上，十二月九日行至镇江，次日渡江，十五日即抵达淮安。途中不断有人加入，队伍也壮大为千人规模，吏科给事中李清、礼部主事周镳及原湖广巡抚方孔炤北上赴任，也在淮扬加入同行。时清军侵入山东，攻陷临清，分兵兖州、济宁，兵锋直指淮扬。行前，元璐曾致书漕运总督史可法，借兵三千北上勤王，至此方知淮扬兵寡粮缺，尚不足以自保，又欲觅盐徒为助，亦无应者。前方军情不明，路途梗阻，元璐一行进退维谷，在此逗留一月有余。

转眼到了新年，清军抢掠山东饱载而去，西路稍通，倪元璐决意冒险北上，正月二十五日启程，不日抵达济宁。正值兵荒马乱，济宁人心浮动，流言纷飞，一会飞骑传清军至，城中如沸，一会又传左良玉纵兵大掠，李自成自荆襄顺流而下，后来证实皆为谣传，士民有惊无险。他将随行队伍分作两队，两帜左右相望，身率百骑间道星驰十几日，于二月十九日抵达北京。此时京城都门昼闭，援兵不至，清军尚在京畿虎视眈眈，在京朝官闻倪元璐至，一时皆惊，崇祯闻之也惊喜地说："固知是吾倪讲官也。"即日召见，授兵部右侍郎兼翰林学士。

倪元璐视事未久，五月又擢升户部尚书，仍兼翰林学士。时兵事孔棘，朝中六部以管钱粮兵马的户部和兵部最受重视，崇祯同时起用倪元璐为户部尚书，冯元飙为兵部尚书，一主赋，一主兵，两人同乡里，负才望，素称相知，户兵合一，彼此参合，共治合谋，朝野并期以天下太平大业。但明初著令凡户部官不得用浙江、江西、苏松人，因此他上疏请辞户部尚书。当日，崇祯召他至中左门，不许例辞："卿志性才猷，非诸臣比，勉为朕任劳。"元璐说必使我做，我有"三做"：一实做，清兵核饷，使军饷与员额相符，厘清兵虚饷缺的宿弊；一大做，小生小节无益于数，凡举措必求可得数十百万，必为利于国家而无害于民；一正做，以仁义为根本，礼乐为权衡，施政如有害于民，我必为民请命。他的"三做"可谓是施政纲领，崇祯听了不觉褒叹道：'卿真学问之言，根本之计。'他上任后，将户部尚书官署匾额换作"三做堂"。

倪元璐的"三做"，首先从"实做"切入，一是清兵核饷，数清用足；二是合旧饷、新饷、练饷三饷为一；三是重订户部差规，苦乐有差，慎选才能，剔除贪贿之弊。他与兵部尚书冯元飙同坐户部堂，当面与两部属员对簿，共查出浮饷三百余万，宣大也查汰六十余万，宁抚查汰七十余万。三饷合一的改革，是将所有税赋合并为正赋、兵饷，悉去边饷、新饷、练饷等名目，正赋为常赋，兵饷随事平而减。自崇祯十六年（1643）七月一日实施，户部已并三饷为一，但外州县仍沿用三饷名目，且天下税赋并无减轻，所以改革的成效很有限。他在推行改革中，"有任大之忧，有察细之苦"，注重选拔清通敏慧的才干之士，如桐城诸生蒋臣有用世才，他造邸访之，推荐用为户部司务，又重用刘显绩、张铭骏、陈裔诵、介松年、堵允锡分司稽察，保障改革的顺利实施。

倪元璐提出的财政及其他改革措施，如漕盐、钱钞、漕折、截漕等十条开源节流之策，多为长远之策，如能假以时日，得到充分的推行和实施，也许能产生深远的效果。但宿弊积重难返，远水不解近渴，这些举措有的得以实施，取得了一些效果，如天津截漕粮运京，减少了运输环节和运费；有的举措已经获准实施，但形势遽变错失良机，如将秦藩府库积财用于饷军，保卫秦晋地方，崇祯批准后尚未拟旨，西安已被李自成攻占；有的举措未及定夺北京已被攻陷，如为弥补税赋额缺，请开输资赎罪、捐俸充饷朝廷给予封荫诰命等权宜之法，崇祯犹豫许久未作决断而明亡。

随着前方战事节节败退，明王朝的财政状况也极端恶化，所缺兵饷达五百三十多万两，而且路途阻塞，各地税赋上解也不及时，倪元璐左支右绌，心力俱疲。更令人沮丧的是，此时兵部尚书冯元飙引疾提出了辞职。元飙在兵部三月，与元璐同心剔厘，推行清兵核饷，终因时事颓危，忧劳成疾，引疾杜门。初，崇祯疑其佯装称病，屡遣中使往视赐物，实为窥探，见其真病才允许辞归。黄道周曾对倪、冯有过品评："邺仙（元飙）、鸿宝（元璐）与玄子（何楷）则皆所谓备道德、综经术之人也。通达四周，敏机审括，则冯公为胜；正谊明道，以不致君为耻，则倪公庶焉。"冯元飙的引疾辞归，对倪元璐的信心打击很大，他忧心愁悴，知国事之不可为。

崇祯十六年（1643）十月，礼部尚书林欲楫致仕，倪元璐以户部尚书兼署礼部事。首辅陈演忌元璐为崇祯所倚重，指使辅臣魏藻德言于上曰："计臣才品俱优，但起家词林，钱谷终非所长，请有以易之者。"崇祯听后默然，他说："倪尚书好官，肯任事，但时势甚艰，未能速效。即撤，谁代之者？"辅臣方岳贡也说元璐清操练事，无人可代。陈演与元璐同年进士，《明史》陈演传曰："演为人既庸且刻。"崇祯经不住陈、魏等人反复陈言，十七年（1644）春节刚过，就传旨解倪元璐户部尚书任，仍视户部事。不久，崇祯谕户部务必筹措兵饷百万两以应急需，而元璐回奏不称旨，遂以吴履中为户部左侍郎署部事，元璐回詹事府专直日讲。

这一年的正月，李自成称王于西安，国号大顺，建元永昌。二月，李自成入山西，直驱北京。大顺军兵锋所至，势如破竹。倪元璐对友人说："今无兵无饷，无将无谋，而贼如破竹，人心瓦解，然吾心泰然。以上忧勤，初无荒淫失德之事，读尽史书，岂有如此圣英而一败涂地者？但近日举动，凡遣委封赏，听言用人，多是手忙脚乱。吾受恩深重，无可效者，惟有七尺耳。"他下定了殉国的决心。又寄书关照胞弟倪元瓒，若有不测，要好语劝慰母亲施太夫人。

三月十九日子时，大顺军攻入北京内城，崇祯皇帝朱由检在司礼监太监王承恩陪同下，来到煤山上吊自尽，王承恩随之上吊殉难。城中人马喧嚣，一片混乱，倪元璐束带向阙，北谢天子，南谢母太夫人毕，举酒酹关公绘像，与友人对酌三盏，题案留遗言曰："南都尚可为。死，吾分也。毋敛棺，以志吾痛。"遂自缢身亡，终年五十二岁。当日殉节尽忠者有勋戚三人、文臣二十一人，倪元璐首殉国难。殉难前，门士金廷策曾劝他："公何不效信国（文天祥）出外举兵图光复，奈何轻自掷？"他回答："身为大臣，而国事至此，即吾幸生，何面目对关公？"元璐逝后，李自成得知其殉节尽忠，传令箭告诫："忠义之门，勿行骚扰！"

倪元璐等人以身殉国的消息，四月二十日左右传到南京，二十八日越中家人得知死讯，长子倪会鼎以父柩在都中，微服北行。李自成战败撤出北京，清军随之进京，五月四日，倪家具呈扶柩归还绍兴原籍，清朝大学士范文程知道后即差一官送至通州张家湾。倪会鼎一路经历艰险，直至九月扶梓抵达故里。绍兴的旧俗，灵柩例不入城，但绍兴地方长吏为倪家破例，具仪仗鼓吹迎柩入城。刘宗周、祁彪佳等邑中友人闻倪元璐殉难丧归，前来吊唁，各地友人也纷纷撰文赋诗哀悼哭吊。时同年黄道周在故里漳州讲学，得知倪元璐殉难之后，说："吾知所自处矣。"他有《倪鸿宝年兄竭忠殉难，天下闻者无识不识有栋折山颓之恸，稽诸古人，无与为辈，即欲沥血泻地称扬宣，叹无以为辞也，念鸿宝兄生平喜予作七言诗，因勒四章，登之素帛生刍之义，与驴鸣同奏，足志呜咽云尔》悼念好友，其四云："兵农礼乐亦长城，孤掌难支大厦倾。志养已教生不憾，英魂岂为死垂名。龙蛇退笔存巨鹿，虎豹遗姿照二京。千古词臣谁第一，髯苏宣陆让先鸣。"

九月，南明恤典死节诸臣，倪元璐赠特进荣禄大夫、太保、吏部尚书，谥文正，上褒三代，予祭六坛，有司造葬，建祠京师，曰旌忠。顺治十年（1653）六月，清廷赐故明殉难大学士范景文、户部尚书倪元璐等十六人谥，倪元璐谥文贞，特遣官致祭，并给祭田七十亩，春秋永祭。

崇祯十六年癸未（1643），五十一岁

二月，入朝为兵部右侍郎兼翰林院学士。五月，升户部尚书兼翰林院学士。十月，兼署礼部。

正月十八日，致书母亲告知途中情况，拟于本月二十五日起程北上。

倪元璐《与母亲》："男及各众俱平安。□掠淮属已尽饱载而去，西路已通，择吉廿五日长行。从男行者不下千人，一路保取平安，万万不须挂念也。争先到即

要登船起身，只此禀母亲大人膝下……正月十八日男元璐百拜。"（《明贤手札》）

三致绍兴司李陈子龙书，子龙有书答之。

《安雅堂稿》卷一八《上倪鸿宝少司马》："旌麾北指，三奉教言，悠悠之思，日月俱迈……春气日深，真房必护辎重北行，以避炎暑，留我华人以阻运道，秋深卷土重来，则我南北既断，物力大绌，祸不忍言。今南路援兵，云集淮阴，而朝廷不闻有所措置，命一重臣建大将旗鼓，悉统诸道，渡河而北。闻蓟督在沧，保督在单，再益南兵为三，覆以待之。确侦真房饱飏之处，更番奋击，上则歼其精锐，次亦截其辎重，使真房既失利而去，则所留汉人必望风而靡，如此尚可保今岁之不来，再图绸缪之策耳……今楚中惟有呕敛汉口之舟于南岸，沿江严守，而蜀中下巴渝之甲，以扼夷陵，庶可少遏其势，求一虞彬甫政不可得耳。国事如此，所恃者众贤满朝，主上求言纳谏，舍己从人，天下事尚可为也……今天下喁喁，以格君之业仰望我公。若得君志一定，用贤弗贰，去邪弗疑，则智者效谋，勇者效力，何至环视无一人哉？……瞻仰日远，书疏寡通，惟有祝望台阶之光，用占休明之福，诸惟为道为天下珍重。"题注："壬午冬。"（页29B）

案：书中有"春气日深"之语，应是年初春作。

陶汝鼐于南京集同社送郭梦白将军随元璐北上勤王，有诗。

陶汝鼐《癸未白门大集，同社送郭梦白将军赴倪鸿宝太史勤王》："渔阳老将鲁诸生，同作铙歌劝义兵。大侠自能横剑赋，勤王先已直师声。人皆望阙龙鳞远，子不为家虎威成。且晚定期皇路靖，腾腾臣马踏空行。"（《荣木堂诗集》卷六，《陶汝鼐集》，页137）

案：陶汝鼐（1601--1683），字仲调，一字燮友，别号密庵。湖广宁乡人。崇祯元年（1628）选贡，帝幸太学，诏授第一，授官五品，不拜。据梅英杰编《陶密庵先生年谱》，其崇祯十五年"岁莫抵苏州"，本年正月初六日探梅邓尉山，二月舟抵当涂，因阻兵乃徘徊吴门白下之间。（页12B）此诗应本年春作于南京。"郭梦白将军"，未详。

过夏镇，阎尔梅酌于西园，坐中有倪元璐、方孔炤、李清、涂必泓，作竟夕谈。

《白牟山人年谱》："（崇祯十六年）是年，倪鸿宝学士元璐、方仁植中丞、李映碧黄门、涂印海侍郎应诏入都，过夏镇，山人酌之西园，作竟夕谈。"（页6A）

案：夏镇为运河"四大古镇"之一，位于苏鲁两省、沛滕两县交界处。阎尔梅为东道主，其名为时所重。《文节公白牟山人家传》："诸有当时名者，借庐斫至称奇才，老生皆怫以为不可及。倪鸿宝有当今武库之目，而方仁植、李映碧、涂印海亦云，其时山人名一籍甚。"（《白牟山人集》附）

阎尔梅（1603--1679），字用卿，号古古，因生而耳长大，白过于面，又号白牟山人、蹈东和尚。南直沛县人。崇祯三年（1630）举人，为复社巨子。明亡后，为史可法画策，史不能用。乃散财结客，奔走国事，清初剃发号蹈东和尚。诗有奇气，声调沉雄。著有《白牟山人集》。参见清鲁一同编《白牟山人年谱》。

抵济宁，忽飞骑传清军至，城中如沸，同行诸公惶惑欲遁，与李清矢志不移。

《三垣笔记》："予与倪少司马元璐行抵济宁，忽飞骑传北兵至，城中如沸，妇女啼号载道。诸公皆惶惑欲遁，倪走书约予，矢不他移，且拟次日与周仪曹镳、钱寺簿位坤同登城犒兵，诸公惭而止。又行至一小堡，值北兵攻某城，炮声甚逼，诸公又惶惑欲遁，倪曰：'吾当以死守堡耳。'次日方徐徐登道。时与北兵虽分道，然相去仅三十里，一横冲便至，倪不惧也。"（页46）

又谣传左良玉纵兵大掠，李自成自荆襄顺流而下，江淮震骇。

《倪文贞集》奏疏卷六《御寇机宜疏》："臣至济宁，风闻左良玉纵兵大掠，闯贼已自荆襄顺流而下，江淮震骇，既而知其非实也。"（页2A）

在济宁，时河道总督为黄希宪。

《三垣笔记》："予行至济宁，与河道黄总督希宪晤，希宪，故应抚。坐次间，言首揆必败。予愕问故，希宪云：'往在江南时，见首揆弟名正仪，今为新同袍者，每得乃兄手书，即遍示亲知，招摇纳贿。'又云：'差役自长安来，见首揆门如市，朝廷耳目广，终以此败耳。'首揆者，予师周辅延儒也。"（页46）

案：元璐、李清同行，当亦同晤。黄希宪，原名金贵，字双南，江西分宜人。天启五年（1625）进士，知顺德县，擢御史，两淮巡盐。迁大理寺少卿、应天巡抚，晋秩河道总督兼兵、工二部侍郎。南明时被诬以河工冒饷，下诏狱，会乱遇盗被杀。［民国］《分宜县志》卷八有传。（页13A）

时清军未退，沿途未靖，所率义旅分作两队，身率百骑小路行进。

倪《谱》卷四："时大师深入，自良涿南下，破临清，分兵为二，一趋兖郡，一趋济宁。铁骑三十万，连营九百余里，亘山截流，无隙可入。裨较以孤旅无援，请暂退观变。府君正色曰：'吾千里勤王，有进无退，且北兵日南，进退皆危，与其退不免危，何如进更得全？君辈本以义从，不当复计利害。'将较皆服，于是申约束，以故副将张鹏翼、参将牛化麟老于边情，使各将一队分觇，身率百骑间进，两帜左右相望。"（页2A）

过德州，时武德道兵备为雷縯祚。

《三垣笔记》："予过德州，与同乡雷金宪縯祚晤，縯祚乙榜，刚愎。时范督志完尾北兵，德州兵横甚，不杀贼杀良。又行牌仰道，縯祚以非所辖，怒抗，不令入城。未几，疏纠，有'凭借大力'等语，盖暗指周辅延儒也。"（页47）

案：雷縯祚，字介公，南直太湖人。崇祯三年（1630）举人。十三年（1640），就试教职，特用为刑部主事。十五年（1642）擢武德道兵备佥事。寻以忧去。南明福王时，为马士英所陷，逮治赐死。《明史》卷二七四有传。（第23册，页

7032）

至雄县，传闻清兵已近，周镳、钱位坤决意不行，与李清联舆前进。

《三垣笔记》："予与倪少司马元璐行至雄县，传闻北兵弥近，周仪曹镳、钱寺簿位坤决意不行。诸仆皆止予，予曰：'倪，吾师也，背师独生不可。'遂联舆行。行二日，有传倪与予皆陷身北兵者，众咸懊叹，惟镳抚掌大笑曰：'前行者竟何如！'时位坤与同行诸公皆以此薄之。"（页47）

过涿州，旧辅冯铨飞骑至，邀回州城与语半日。

《三垣笔记》："予与倪少司马元璐行过涿州，忽冯辅铨以飞骑至，邀回州款语，半日方旋。予问倪曰：'冯何言？'倪曰：'惟言不敢与声气左耳。'"（页47）

案：冯铨（1596--1672），字伯衡，号鹿庵，顺天涿州人。万历四十一年（1613）进士，授检讨。天启五年（1625），以礼部侍郎兼东阁大学士入内阁，次年因得罪崔呈秀而罢职。崇祯初，以谄事魏忠贤赎徒为民。甲申（1644）明亡降清，以大学士原衔入内院佐理机务，卒，谥文敏。事具郭棻《光禄大夫太保兼太子太师礼部尚书中和殿大学士谥文敏鹿庵冯公暨配一品夫人刘氏合葬墓志铭》。（《学源堂文集》卷九，页7A）

道经河间府，知府颜胤绍上年抗清守城死，其子伯璟拾父遗骸，复访得幼弟归，闻之恻然，为文祭曰："父忠子孝，是吾师矣。"

《小腆纪传》补遗卷五："颜伯璟，字士莹，曲阜人，复圣六十六世孙也。性孝友，补四氏学生员。父允绍，官河间知府，值大兵至，城孤乏援，力不支，朝服北向拜，阖室自焚死……伯璟既拾父遗骸，复访得其弟，与俱还。倪元璐，其父座主也；至是道经河间，为文以祭曰：'父忠子孝，是吾师矣。'由是伯璟之名闻一时。"（页854）

案："颜允绍"即颜胤绍，字赓明，山东曲阜人。崇祯四年（1631）诗一房所取士，历知凤阳、江都、邯郸，迁真定同知，擢河间知府。十五年（1642）闰十一月，清兵围攻河间，坚守无外援，城破失陷，自焚死。《明史》卷二九一有传。（第24册，页7470）

二月十三日，有书致金太液，极念祁彪佳等都中友人。

《祁彪佳日记》卷一三"癸未日历"："（崇祯十六年二月）十三日……出晤张二无堂翁，归阅屯、盐二大计揭，及冯郴仙，值金太液，知倪鸿宝有疏至，其书极念予。"（页655）

案："金太液"，未详俟考。

十九日，历经艰险星驰至京，在京朝官一时皆惊。

黄道周《倪文正公墓志》："乃身率数百骑，持满夹趋，冲险出济者十余日，

达京师。"（《黄道周集》卷二七，页1178）

倪《谱》卷四："十余日达京师，时计吏、援兵杳绝，都门昼闭，京僚闻府君至，一时皆惊。"（页2A）

案：元璐率义旅勤王，黄道周称其"胆略倍于宋贤"。倪《谱》卷四："（会鼎）侍漳海夫子驻军信州，时客坐抵掌，尝论府君勤王之举胆略倍于宋贤宗泽……今倪公以必达为主，宁进尺死，无退寸生，岂非胆力过之？……倪公起于田里，无兵柄，亦未有官守，进退之间，绰有余裕，乃张空拳、冒白刃，竟以百十子弟批熊罴而狎骊睡，计无反顾，旬日瞻天，方之于张，难易何似？"（页2B）

帝闻之甚喜，曰"固知是吾倪讲官也"，即日召见。

黄道周《倪文正公墓志》："天子闻之，甚喜曰：'固知是吾倪讲官也。'即日召见，问所以灭虏御寇者，公为陈情形先后之数甚备，上为嘉纳。"（《黄道周集》卷二七，页1178）

是日，召对毕，上《恭承召对疏》。

《倪文贞集》奏疏卷六《恭承召对疏》："陛见之晨，遽蒙清问，遍灭寇贼切实要着，臣遂率尔而对。首奏南北情形，次奏目前方略，次奏御寇机宜，次奏制财足用、兵饷宜合，次奏淮镇切谋及夫截漕末议……然臣以为犹属标计也，为今本谋，在乎主术，力行仁义，提振纪纲，爱惜人才，兴尚气节。定心志，一议论，信诏令，慎诛赏，其下则竭忠毕力，惟以殄寇安民实效是求，而不徒托之空言，如此何患大功不成，太平无日乎？……崇祯十六年二月十九日具题。"（页1A）

三月二十四日，祁彪佳闻元璐已入城，来晤于朝房，值张凤翔、冯元飙，吴昌时继至。

《祁彪佳日记》卷一三"癸未日历"："（崇祯十六年三月）二十四日……下午闻倪鸿老已入城，再朝房走晤之，值张蓬元、冯郧仙，最后吴来之至。"（页663）

二十九日，遵旨上疏，提出以九江为中权，武昌为前茅，淮扬为后劲，御寇机宜在于制财足用。

《倪文贞集》奏疏卷六《御寇机宜疏》："为遵旨申奏御寇机宜存乎制财足用事……惟夫规模，大概妄谓宜以九江为中权，武昌为前茅，淮扬为后劲。始事之图，先在遏之使不得下，必欲进击剿除，特须兵饷厚集，力满气充。若旦夕计功，则臣不敢知也。又臣统观今日大患，在于兵饷之权离而为二，师中丈人不得自制财用，譬使操舟不予之柁也。以臣愚见，督抚行军，宜必假之利柄，凡一切屯铸矿榷之务，悉听便宜……崇祯十六年三月二十九日具奏。"奉旨："本内以九江为中权，武昌为前茅，淮扬为后劲，联络遏剿，殊得制胜要着。至御寇须先足财，屯铸矿榷作何便宜举行，还着该部从长条议来看。"（页2A）

案：《崇祯实录》卷一六："（崇祯十六年三月癸卯）兵部右侍郎倪元璐召对，

申奏曰：'今之本谋，存乎主术，力行仁义，提振纪纲，爱惜人才，崇尚气节；定心志、一议论、信诏令、慎刑赏，其下则竭忠毕力惟是求。如此，何患大功不成、太平无日乎！……而机宜在乎足财安民。以臣愚见，督、抚行军，必假利柄，一切屯、铸、盐、榷之务，悉听便宜，则可以布谋而制胜矣。'上善之。"（《明实录》第88册，页468）

同日又上《淮镇切谋疏》，建言淮海截漕，胶河转饷，两淮可省贴脚数百万。

《倪文贞集》奏疏卷六《淮镇切谋疏》："该臣观南北扼会，惟在两淮，诚得精兵三万，益以战舰千余，近翼金陵，远蹴江汉，倘遇警报猝至，檄万兵入援，朝闻夕发，南兵征调，悉可不烦天下，大计必在于此。惟以公私俱竭，措饷无从，臣于是有截漕之议也……今议海船从淮口出莺游门，过斋堂岛，不过好风两蓬，直进胶河口，装上小船剥进胶河，不五十里，径抵分水岭，雇觅居民小车，盘至岭脊，凡四十里，达于莱河，复装小船，沿海扬帆，略无岛礁漂损之患，再用好风四五蓬，即抵天津。此功一成，而两淮三百万饷出其中矣……循此行之，淮之富强甲于天下，即一淮安灭寇，沛然有余矣……崇祯十六年三月二十九日具奏。"（页3B）

案：截漕之议实未施行。《明史》卷八七："十六年夏，尚书倪元璐请截漕粮由胶莱河转饷，自胶河口用小船抵分水岭，车盘岭脊四十里达于莱河，复用小船出海，可无岛礁漂损之患，山东副总兵黄荫恩献议略同，皆未及行。"（第7册，页2142）

四月初四日，以兵部右侍郎兼充经筵日讲官。

《国榷》卷九九："（崇祯十六年四月）丁卯，兵部右侍郎倪元璐直讲官。"（第6册，页5971）

同年王家彦奉使关中，有诗送别。

《倪文贞集》诗集下《送开美之关中》："猎猎秋髭霜满颧，未行先已挂秦烟。无人能识骑牛气，有字须题落雁巅。儒眼尽他酣百二，客身总不入三千。归来莫道囊如洗，定有雍州帖一船。"（页22B）

案：诗后编者注曰："公自佐枢管计后，诗文仅见数首，殆由时艰任重，无心吮毫耶。"则此诗作于应召入朝后。王家彦时任太仆卿，疑为马政事奉使关中。《明史》卷二六五王家彦传："十五年迁太仆卿。家彦向言马政，帝下兵部檄陕西督抚，未能行。至是，四疏言马耗之故，请行官牧及金牌差发遗制……帝手其疏，语执政曰：'家彦奏皆善。'敕议行。"（页6847）

王家彦（1602--1644），字开美，号尊五。福建莆田人。天启二年（1622）进士，授开化知县，调兰溪，擢刑科给事中，屡迁户科都给事中，丁忧归。起吏科都给事中，擢大理丞，进本寺少卿。十五年（1642）迁太仆卿。顷之，擢户部右侍郎，都城被兵，命协理京营戎政。城陷，家彦投城下，不死，自缢于民舍。南明弘光朝赠太子太保、兵部尚书，谥忠端。著有《王忠端公文集》。《明史》卷二六五有传。

（页 6847）

跋山东总兵刘泽清制词册。

《鸿宝应本》卷七《跋刘鹤州总戎制词册》："元璐伏读刘大将军誉命之词，作而叹曰：呜呼！贞臣敌忾，圣主报功，彤弓以来，兹其烂也……今即一日虏殄寇宁，天子弢宵辍旰，朝饮至暮，跻堂称觥，祝圣人寿，圣人则赐天下酺三日。当是之时，天下大乐，大将军亦有无穷之闻。"（页52A）

案：刘泽清字鹤洲，山东曹县人。以将材历任武职，明崇祯十四年（1641）八月，起为山东总兵。《明史》卷二七三有传。（第21册，页7006）又倪元璐有《刘大将军奏议序》，疑亦此人。（《倪文贞集》卷七，页21A）

致书新任山阴县知县钱世贵。

《尺牍逸稿》卷六《与钱》："恭惟老父母台台道渊神龙，才山雕虎……诚循良之上席，百雉之崇帘，福行一路，入即三公者也。某夙钦斗极，近润洪河，徒以山麋，比于缩茧。赋缁衣而忘适馆，望干旌而惊在郊。下士之有诚，后夫之宜戮，姬勤稽懒，于斯已见矣。兹专一介，申忤由来，爵踊之私，蚁呼不尽。"（页18B）

案：〔康熙〕《山阴县志》卷一八"知县"："钱世贵，十六年。"（页4B）钱世贵，字圣沾，南直青浦人，明崇祯十三年（1640）进士，授诸暨知县，调山阴知县。〔乾隆〕《青浦县志》卷二二有传。（页19A）

十二日，祁彪佳来书并及吴邦臣，为救鲁青海事。

《祁彪佳日记》卷一三"癸未日历"："（崇祯十六年四月）十二日……是日，方面有司拾遗疏稿完，以鲁青海处在贪列，作书与倪鸿宝、吴震崆共援之。"（页667）

案："鲁青海"，未详俟考。

十五日，黄道周在家闻两都告急，牵挂元璐等都中友人。

黄道周《答陈卧子书（二）》："四月拜上巳书，草草未有以报也。此间天末，真成酰鸡，近旨如何，亦无由见之，但闻两都告急，江右调危。近云□已出口，果否？倪鸿宝、冯邺仙诸老又如何？会稽归而蜀川出，此世道当然，何足为怪……四月望日，道周谢。"（《黄道周集》卷一八，页758）

案：书云"会稽归而蜀川出"，指上年左都御史刘宗周削职，王应熊应召入朝。

十七日，访祁彪佳。

《祁彪佳日记》卷一三"癸未日历"："（崇祯十六年四月）十七日，族侄来，知十八日南归，乃作家报付之于倪鸿宝处。家间正月初八日书，知越中讹传不一，家中念予甚切……予以未见朝不出，客来甚众，方密之、倪株山、倪鸿宝、涂印海、黄仲霖、陈眉丈、伦百式、葛介龛、李拙予、吴全初、郑大野、徐心水相继不绝，应酬极苦，欲出晤堂翁遂不能矣。"（页668）

二十七日，访祁彪佳病。

《祁彪佳日记》卷一三"癸未日历"："（崇祯十六年四月）二十七日，毛禹老直至榻前问予疾，亦异数也。自此倪鸿宝、黄仲霖、涂印海、陈眉丈、吴震岖相继来晤。"（页669）

五月初，阁臣陈演入对言及《义社翼富仓书》，请元璐誊缮进呈。

《倪文贞集》奏疏卷六《义社仓书疏》："崇祯十三、四年，臣乡大饥民乱，臣时里居，极一郡长吏及绅士富民之义，修赈千端，仅可小救，而群力已竭，富者皆贫。臣于是叹乡无积贮，而听命于岁之为害至此也。乃起而讲求社仓之法，准古人而断以己意，行于臣之一乡，已有端绪，因著缘起，名曰《义社翼富仓书》……顷五月初，阁臣陈演等恭传皇上富民至意，召臣与谋，臣因及此，阁臣称善。闻其明日入对，遂为皇上言之，退索臣书，臣敬誊缮进呈，倘有可行，便乞颁晓天下。"（页7A）

初八日，访祁彪佳。

《祁彪佳日记》卷一三"癸未日历"："（崇祯十六年五月）初八日，堂上为予拜题刷卷差疏。赵石城、倪株山、倪鸿宝相继来晤。"（页671）

初九日，祁彪佳来书。

《祁彪佳日记》卷一三"癸未日历"："（崇祯十六年五月）初九日……作一字致倪鸿宝。"（页671）

十一日，授户部尚书兼翰林院学士，冯元飙授兵部尚书。

《崇祯实录》卷一六："（崇祯十六年五月辛丑）以兵部右侍郎倪元璐为户部尚书，兵部左侍郎冯元飙为兵部尚书，不得例辞。时大学士陈演谋首揆，说上曰：'天下不治，由兵、农不合。今以元璐主赋，元飙主兵，彼此参合，不日可治。'上心然之，故有是命。"（《明实录》第88册，页476）

案：元璐主赋、元飙主兵，两人联袂出任，皆孚人望。黄道周《何司农荣召序》曰："其时始宁倪元璐、慈溪冯元飙皆负世望，称相知，先后庀两部，天下喁喁，谓是两公者合宪共虑，兵无溢额，饷不缩节，居围上下，或可为也。而豫楚已溃，关宁又弃，两公亦不得以伊、吕之器驾于刘、陈……以周所见，邺仙、鸿宝与玄子则皆所谓备道德、综经术之人也。通达四周，敏机审括，则冯公为胜；正谊明道，以不致君为耻，则倪公庶焉。"（《黄道周集》卷二一，页863）

十二日，祖制浙人不得官户部，上疏请辞户部尚书。

《倪文贞集》奏疏卷六《奏请祖制疏》："该臣于昨十一日酉时在部办事，接到吏部咨文，钦奉圣谕：'兵部侍郎倪元璐着升户部尚书，即日到任，不必例辞，故谕钦此。'……顾臣犹未敢遵旨即日到任者，缘察《会典》洪武二十六年著令，凡户部官不得用浙江、江西、苏松人。臣浙人也，皇上恪遵祖宪，事关更革，不容不一奏明，为此徘徊具请，恭候圣裁。崇祯十六年五月十二日具题。"奉旨："目前国计民生，应有生节大道，以卿邃学敏识，讲幄敷陈，特兹简用，原非例推，着即遵谕到任，不必逊请。该部知道。"（页 6A）

同日，帝召至中左门面咨司计经画，元璐奏陈三说：一曰实做，一曰大做，一曰正做。

倪《谱》卷四："五月十一日，特简府君为户部尚书，兼翰林院学士、日讲如故，以冯公元飙为兵部尚书，诏无例辞。复召至中左门……府君念太平非司农可致，引祖制浙人不居户部例固辞，不许。乃奏曰：'必使臣，当有三做：一实做，先准饷以权兵，因准兵以权饷，则数清而用足；一大做，凡所生节，务求一举而得巨万，毋取纤嗇，徒伤治体；一正做，以仁义为根本，礼乐为权衡，政苛厉民，臣必为民请命。'奏未终，上褒叹曰：'卿真学问之言，根本之计。'乃叩首谢，受事。"（页 3B）

题户部尚书官署曰"三做堂"。

倪《谱》卷四："及退，遂以'三做'额堂，用明司计本谋。首求实做者三：曰慎饷司以清兵也，并三饷以驭纷也，定差规以杜竞也。"（页 4A）

撰《三做堂记》，恭记皇上召见情形。

《倪文贞集》奏疏卷一五《三做堂记》："崇祯十六年癸未岁五月十二日，上面咨臣元璐司计经画。臣璐奏陈三说：'一曰实做，一曰大做，一曰正做。实做者，期与枢部通盘合算，先准饷以权兵，因准兵以权饷……'上曰：'枢臣冯元飙户兵合一之说，正是此意。'臣璐又奏：'大做者，小生小节无益于数，求一举即可得数十百万，又必为利于国无害于民者，悉心讲求，以图有济，此所谓大做也。'上曰：'总是生财大道，四言尽之。'臣璐又奏：'正做者，以皇上尧舜之君，而责治平之道于司农，又选择儒臣讲官为之，凡所设施，岂可出于掊敛权宜之陋策？臣必将以仁义为根本，礼乐为权衡，苟政有厉民者，臣必为民请命……'上曰：'卿此言甚是，真根本之谋，圣贤之道。钦此。'经筵日讲官、户部尚书兼翰林院学士臣倪元璐恭记并书。"（页 7B）

十八日，祁彪佳早出来候，不值。

《祁彪佳日记》卷一三"癸未日历"："（崇祯十六年五月）十八日，早出候蒋八公、倪鸿宝，不值。"（页 672）

受命五日，三承召对，上《求治大谋疏》以明户部所奉之谕旨。

《倪文贞集》奏疏卷七《求治大谋疏》："……盖皇上教之已，至臣今一奉明训，以太平为决策，安民为主计，同心为良图。臣即才智出诸臣之下，而必以皇上所期一二人事业，厚自期许，主张既定，天下事岂有难为者哉？又臣五日之间，三承召对，仰见皇上轸恻民命，爱惜人才，烛照隐微，处分大事，真天地不可为大，日月不可喻明，至道玄符，应机合节。臣心惊喜，以为太平立见，臣犹春虫适乘阳气耳。臣莅事方三日，先谨叙述所承谕旨，以明臣司计奉行本谋所在，更需一月清厘见端，另当逐一条陈，恭请进止，臣不胜惶悚待命之至。崇祯十六年五月十八日具题。"奉旨："饬备强兵，亟须裕饷，其根本重在安民。卿以儒臣特简司计，正宜讲求大道，体朕节用爱人至意。"（页1A）

同年王家彦来书，言军中二月以来兵饷告匮，冀得一二万两稍缓眉睫。

王家彦《与倪鸿宝大司农书》："兹有恳者，不肖今晨进营，各军环溯告匮，据称选健每月米折盐菜等银该二万二千余两，壮丁该每月三千余两，自二月缺至今，各军徒沃空釜，沙中偶语已微露矣。而吴国老又自请，密阅边内情形，昨已得俞旨，于翼朝启行，而望日正当开操，非搏黍未可止嗁。不肖独手难拍，谫拙无才，恐生意外。老年兄谋周军国，应边应营，备极苦心，此时省直半罹寇虐，外解自难麕至，不肖何敢以危词耸台听？然或得一二万稍济睫前，俾开操之日无生他端，不肖之荷提挈多矣。肃此鸣控，希鉴宥为荷。"（《王忠端公集》卷八，页35A）

案：书云"而吴国老又自请，密阅边内情形，昨已得俞旨，于翼朝启行，而望日正当开操"，"吴国老"指吴甡，是年三月帝以襄阳、荆州、承天连陷，命吴甡往督湖广师。甡具疏请得精兵三万，而以所需兵饷一时难以猝集，吴甡迟延未发，后定于五月出征。此书则五月间作，题为"倪鸿宝大司农"与此契合。

门生吴甘来来书述及本邑土瘠赋繁，旱涝继至，已积六岁之逋。

吴甘来《上大司农书》："某碌庸无似，自置邱泉，将母明农，无所干预。唯是闾党疾苦，未容秦越，又圣主德意，台台仁闻，不敢不奉扬，辄布舆情于左右。下邑新昌，固西江四疲邑，题定以八分考成者之一也，土瘠赋繁，竭于奔命。高安南粮，徼恩永折，而下邑山穷水尽，有米如珠，有艇如拳，有河如杯，滩石累比，有如溯洄，乃独为向隅，六岁之逋，良非得已。今且旱涝洊至，年甚一年……以下里之疲，频经入告，凤负如许，虽时和年丰，不能新旧并输，矧逢岁恶？日引呼天，涣汗遥传，解泽且被，台台之哀而矜之，宁复俟某缕渎耶？"（《吴庄介公集》卷三，页10A）

案：此书亦五月作，时吴甘来告假在家，将赴朝复官。《吴公荠庵先生年谱》："（十六年）正月，力疾就道……三月始达钱塘。是时乱兵蹂青、徐间，山东诸路皆绝，又复从间道冒险。六月，乃抵都，时瘳极矣。"（《吴庄介公集》卷六，页24A）

二十三日，上疏请各边司饷皆兼兵部职方衔。

《倪文贞集》奏疏卷七《司饷兼衔疏》："盖臣部司官外差之最重且大者，莫如各边粮储，如宁远、山海、大同、昌平、密云、蓟州、永平、易州、宣府、代州、甘固、延绥、宁夏等差。察臣部旧条，皆在中差之列，今臣欲改作大差，必妙选清廉才智、实心能任之人为之……如臣之议，请凡各边粮储，皆兼兵部职方一衔，敕书增加'综核军务'数语。凡边伍虚实，饷司必知之，饷司亦必得而问之矣……崇祯十六年五月二十三日具题。"奉旨："各边饷司，允属重寄，奏内改差兼衔等项，依议行。"（页 4A）

二十五日，有旨以首辅周延儒蒙蔽推诿，令朝臣议处。所撰议单为祁彪佳参考。

《祁彪佳日记》卷一三"癸未日历"："（崇祯十六年五月）二十五日，邀同寅齐集于衙门，祈祷毕，即以看议首揆事，共商于川堂。众议大略主于从宽者，盖其出山后，起废、蠲逋、清刑诸事，颇惬人心耳……予从王尔杖处得倪鸿宝单，遂并面呈毛禹老，灯下再改予单。"（页 674）

案：清军兵至京畿，首揆周延儒自请视师，驻通州不敢战，日上章奏捷。清军退去，乃请论功议勋劳，被中官尽发蒙蔽推诿事，帝乃大怒，令府部诸臣察议处置。《明史》卷三〇八周延儒传："陈演等公揭救之，延儒席槁待罪，自请戍边。帝犹降温旨，言'卿报国尽忱，终始勿替'，许驰驿归，赐路费百金，以彰保全优礼之意。及廷臣议上，帝复谕延儒功多罪寡，令免议。延儒遂归。"（第 26 册，页 7925）"王尔杖"即元璐次婿王贻杖，时亦在京。"毛禹老"名士龙，时任左佥都御史。

二十六日，祁彪佳出候，拟商议单。

《祁彪佳日记》卷一三"癸未日历"："（崇祯十六年五月）二十六日，出候倪鸿宝，值吴磊斋，乃与磊斋共至朝房，以议单与磊斋观之。"（页 672）

二十九日，鉴于司饷诸官兼核兵饷，上疏请慎加考察选择。

《倪文贞集》奏疏卷七《慎察司饷疏》："盖臣意以计曹最重者，内惟三饷，外则粮储，而今欲责司饷以清兵，事体尤异。臣昨具疏，随察各镇粮储，目前报满议代，经前部臣傅淑训具题得旨者，宁远则张三杰、密云则何敦季；具题未得旨者，易州则王六如；其咨吏部未具题者，宣府则任远，大同则郭维藩。凡此数员，皆臣初识，未经察，信前部臣精明详慎，定不失人。然而今昨不同，昨用之司饷，又一才也；今用之清兵，又一才也，以一郎官之权，而望以兼厘兵饷，其才岂易得者乎？非清不足服众，非察不足发奸。而事关军旅，何术以使督抚同心，将领受命，士卒归诚？办此三者，即其人才干有余，臣度求之本部必不足，不得已而将取之兵曹，又不得已而将取之刑、工二部……崇祯十六年五月二十九日具题。"奉旨："兵饷兼核，必须料理得人，览奏知道了，卿既自矢公明，何必瞻顾？这饷司即慎加察择来用。钦此。"（页 6A）

三十日，过晤祁彪佳。

《祁彪佳日记》卷一三"癸未日历"："（崇祯十六年五月）三十日，雨。倪鸿宝、向梅舟相继过晤。"（页 675）

六月初四日，上疏荐桐城诸生蒋臣，拟用为本部司务。

《倪文贞集》奏疏卷七《荐举襄计疏》："有安庆府学生员，今保举考中知县蒋臣者，博学名通，究心世事二十余年，即问之可知百事，其人方以谒选入都，固可延而致之也……诸臣殊多知之者，尚书范景文、冯元飙、抚臣史可法等，并言其人真用世才。又其为人端直，家贫事母孝，臣以为有士如此，宜告皇上。皇上一日召蒋臣，以布衣入对中左门，叩所蕴蓄，或诚可用，幸以赐臣任为户部司务官……崇祯十六年六月初四日具题。"奉旨："据奏蒋臣究心兵食，堪襄计务，着吏部察议具覆，召对候旨行。"（页7B）

案：蒋臣，字一介，号谁庵。南直桐城人。崇祯九年（1636）举贤良，十六年（1643）谒选京师，初授县官，户部尚书倪元璐荐之，召对平台，授户部司务，晋户部主政。请行钞法议，终不可行。京师陷，间道南奔，依史可法，留参军务。清军攻陷南京，在博山寺削发为僧。著有《无他技堂稿》。《小腆纪传》卷五六有传。（页649）

初六日，帝召对桐城诸生蒋臣于中左门。

《崇祯实录》卷一六："（崇祯十六年）六月戊辰，召隆平侯张拱薇、吏部尚书李遇知、兵部尚书冯元飙、御史杨鹤及桐城诸生蒋臣于中左门。臣故保举，以户部尚书倪元璐荐，为户部司务。其言钞法曰：'经费之条，银、钱、钞三分用之。纳银卖钞者，以九钱七分为一金，民间不用，以违法论。不出五年，天下之金钱尽归内帑矣。'吏科给事中马嘉植疏争之。"（《明实录》第88册，页479）

案：黄景昉《宦梦录》卷四："司农倪公元璐疏荐保举生员蒋臣，精心计裕理财资，召见，以儒生巾服入对中极殿，上倾听久之。既罢，余笑谓诸公：'此何异苏秦说秦王时乎？'蒋盛谈屯盐钱钞诸法，谓富强立致，特授户部司务，首议钞，为开局，画格制造，需桑穰数百万斤，事窒碍难行，卒无所济。"（《宦梦录·馆阁旧事》，页117）

为蒋臣评鉴文集。

蒋臣《无它技堂遗稿》卷端署曰："上虞倪鸿宝先生鉴定，吴桥范质公先生辑选。"（《无它技堂遗稿》目录卷首）

陈洪绶离京南归，赋诗五首并作《蕉石图》志别。

陈洪绶《寄别倪鸿宝太史》其一："只避瓜田李下猜，席门深掩不曾开。君今出酒呼小友，略得诗文便寄来。"其三："门前日满酒三杯，古木苍崖画不来。若得今秋能上策，冷金付与阿琼催。"其五："交道纷纷容易薄，半缘家事半功名。请看去马争飞鸟，不待君来一送行。"（《陈洪绶集》补遗，页421）

案：陈洪绶入赀为国子监生，本年还里。朱彝尊《崔子忠陈洪绶合传》："崇祯壬午，入赀为国子监生。明年还里，既遭乱，混迹浮屠，自称老莲，亦称悔迟，亦称老莲……后数年，以疾卒。"（《曝书亭集》卷六四，页23A）元璐《送陈章侯南还暨阳》题注："章侯为予画蕉石志别。"（详后）

酬诗五首送陈洪绶还乡。

《倪文贞集》诗卷下《送陈章侯南还暨阳》其一："不堪云乱雨长离，凄绝蕉风夜动时。此意自难将作赋，江淹多是未曾知。"其二："有我君何易别离，酒浓诗酽夜深时。可当一片韩陵石，归去逢人尽说知。"其三："玉鞭在手眼迷离，是写芭蕉怪石时。供作丹徒书院谱，世间只有米颠知。"（页31B）

倪诗嘲洪绶隐事，其行至河西务再寄五绝答之。

陈洪绶《倪鸿宝太史以五绝句赠别，内有嘲予隐事者，至河西务关上复寄五绝句》："两袖清风归去时，家人应有餔糜词。不知饮尽红楼酒，又得先生送别诗。"（《陈洪绶集》卷一七，页318）

案：题曰"复寄五绝句"，仅存此一首。

同年王家彦来书，并附其子文稿乞加裁削。

王家彦《与倪鸿宝大司农书》："一代昌黎，领袖斯文，海内早已荷有元灯之照，提利刃以剪蹊芜，开户牖以熏后进，廓清之功真不在禹下也。仲儿赓靖未识操觚，谬作冗长之文，自以为欲尽意于笔砚，而不知其多叠架于床屋，亦曾寓书力诋其狂，反笑谓三十年陈人，不知文体之变者。近日寄稿一部，仍前诞肆，谨抄上，敢乞大加裁削，俾慑于一代宗工，或不至蒙，趋而不返也。"（《王忠端公集》卷七，页47A）

案：家彦长子赓恭，仲子赓靖。［康熙］《兴化府莆田县志》卷一八王家彦传："子赓恭袭荫。"（页16A）

初九日，上《并饷裁饷疏》，乞并三饷为一饷。

《倪文贞集》奏疏卷七《并饷裁饷疏》："夫饷一而已，今三分之：曰边、曰新、曰练，其始以次而加，因时取义，虽章今制，勿没前名，不图积久为之，遂成弊害……以臣愚见，合之枢臣所商，请必以简驭繁，合三为一。自今十六年七月初一日始，布告天下，凡征民粮，悉去边饷、新饷、练饷、杂饷之名，止开正赋、兵饷二则。凡田一亩，分别上、中、下，正赋若干，兵饷若干。正赋一项，万世永经，兵饷则俟事平以渐减编。赐复敕各州县，刻为易知一单，家谕户晓……崇祯十六年六月初九日具题。"奉旨："本内并三饷为一饷，以便清稽，兼省纂溷，深得执简驭繁之法，以后各省直征收民粮，悉去三饷杂饷名色，止开正赋、兵饷二则，依田起科，俟事平酌减，依议行。"（页9A）

初十日，上《停遣部科疏》，奏撤催饷科臣。

《倪文贞集》奏疏卷七《停遣部科疏》："题为官省则专，能办则励，谨条简截责成之法，以速输将事……以臣之议，催饷科臣既当停遣，催饷侍郎亦宜并罢，即分催司属亦不可差……朝遣既停，抚按自无所推卸，然尤望皇上特申严谕，兼敕抚按，而尤专其事于按臣……至于钱粮起解，职属藩司……今请令有司完解到司，取有藩司实收印结，立申到部。臣部于文到之日，即于本官名下注完考优，立移吏部纪录，先经降罚者，立与开复，凡收结不到部，罚在州县，收结既到而银解后时者，计道里远近归罚藩司……崇祯十六年六月初十日具题。"奉旨："览奏，简要直截，深得速运之法，已另有谕旨了。"（页11B）

十二日，上《天津截漕疏》，建言漕粮到津，先运入京五十万石，其余截运关、宁诸镇。

《倪文贞集》奏疏卷七《天津截漕疏》："前初六日枢臣冯元飙从召对出，至臣部，口传皇上圣谕：所奏召买截帮事，宜即与计臣详议来说。钦此……而今据押漕道臣方岳贡报称，漕船头两帮已抵天津，此则议须早定矣……善处之策，惟敕津抚，漕帮到者，不拘头次，定额五十万石疾先进京，度可足二月之食，其余听津抚如常截运关、宁诸镇，期于速达，如此则京、边俱济矣……崇祯十六年六月十二日具题。"奉旨："是即行津抚，将漕帮到者，不拘头次，先运入京五十万石，余听截运关、宁，仍察新裁额数发去，务期速达，该部驰饬。"（页13B）

二十六日，上《惠恤车户疏》，建言改民运为官运，纾解民困。

《倪文贞集》奏疏卷七《惠恤车户疏》："今为畿民大累者，无如金报车户一事……臣意大都惟欲改民运为官运，自置车辆，集资募民。而今漕已至津，更弦无及，然目击汤火，则先为半救……臣之策不止半救，然试以今年变通便利，遂以道有欢声。即不改官运，而民已不厉，即改官运，而官亦不费矣。时日既迫，群情望恩，倘蒙鉴俞，乞早批发……崇祯十六年六月二十六日具题。"奉旨："览卿奏深得救困之策，本内并西仓于东，受军米于桥，及预支月粮事宜，既称便益，俱依议行。其巡仓各官就桥总理，力禁插和水湿，尤能革弊宜民，即着卿速行严饬。"（页15A）

案：倪《谱》卷四："故事，漕艘抵通，畿县金报车户陆运入京，官予值不及半，畿民岁苦之，至是欲改民运为官运，而漕已至津，更弦无及，故为半救。一并仓，东仓距大通桥近而西仓远，今米至不过二百万石，可并西于东，坐缩地十余里；一桥支军，故受米于桥者，今使受米于仓，道里远而米特纯，且无勒索赔少之苦，军更乐之。于是又量增脚价三厘，部费不过五千金，而欢声动地矣。"（页7A）

夏，作《秋山图轴》。

《宝迂阁书画录》卷一："《倪元璐秋山轴》，绫本，浅绛，款在左上方，行书：'崇祯癸未夏为琴翁词丈。元璐。''倪元璐印''鸿宝印'。此轴模写秋山笔意，苍老于平淡中，取韵于荒率处，取神胎乳。倪黄不同凡骨，明季鸿宝与黄石斋字均见重于时，以其大节不磨，故笔墨亦与之不朽也。"（页47B）

七月初一日，续配夫人王氏携家眷至京。

倪元璐《与母亲》："元璐禀上母亲：男自甚安，媳妇于七月初一日到矣，上下大小，亦俱平安，皆母亲之庇。"（详后）

案："媳妇"指续配夫人王氏，四月清军退出关外，沿途靖安，方安排王氏及家眷入京团聚，王氏居京至甲申之变后。《明季北略》卷二一上"倪元璐"："……一门殉节，共十有三人，一云妾王氏、幼子迄无恙。"（页505）

新秋，外孙张中发来访京邸。

张中发跋《倪文正公书画册》："文正先生为予外祖行，弱冠艺文时蒙奖许，丙子以后屡过鉴湖，从先生于别圃……迨癸未新秋，复谒燕邸，时已大司农矣。旅舫初进，先王喟然叹民薄世奢，国计所由诎。予曰：'古云榷酤，今独未行，顾不如禁种秫，高帝所以治源也。'时先生方发内帑积谷储粮急籴，则囷户容奸缓贮，则上传星火。予曰：'昔贤刘大夏曾办此矣。'先生抚掌称善。讵知一别邦轸，人亡箕尾，上游河山，壮气慷慨□矣。"（《壬寅销夏录》，《续修四库全书》1089 册，页 603 下）

案：《国榷》卷九九："（崇祯十六年七月），甲午，发帑金四十万贮富新仓，出陈纳新，勿轻动。"（第 6 册，页 5983）文中"时先生方发内帑积谷储粮急籴"，即指此。

浙中冯元仲有诗寄赠。

冯元仲《寄赠倪鸿宝社兄》："借君华国重立台，独立无依百不回。切切上书磨谏舌，期期阁诏理忠悬。一身若用消都长，三代当兴去复来。房杜既对诸葛笨，姚崇亦止救时才。"（《天益山堂遗集》续刊，页 1B）

案：时冯元仲归隐天益山。诗云"借君华国重立台""切切上书磨谏舌"，应元璐复出后作。

初六日，冒雨访都察院，为李玄笃事晤左都御史李邦华。

《祁彪佳日记》卷一三"癸未日历"："（崇祯十六年七月）初六日，倪鸿宝来晤，为李玄笃冒雨晤堂翁，乃得请，及归，衙门前水深尺许矣。"（页 681）

十三日，上《饷部事宜疏》，建言就近派拨诸镇兵饷，撤回催饷侍郎。

《倪文贞集》奏疏卷八《饷部事宜疏》："该臣等奏，近设总督剿寇粮饷侍郎，辖饷三百万，凡东南剿饷多经解会……以臣之议，自今各督抚镇额饷，皆由臣部酌量道里就近拨派。顷行江督已札拨江西三府，准此类推……行文所有钱粮备各该地方差委径达军前，或遇军行辽远，许交驻扎镇所，该道代为转输，地方延误者，该督抚立行题参，加等处治……崇祯十六年七月十三日具题。"奉旨："拨饷就近，允属便计，各督抚镇额饷着照依奏，内派定地方径运解军前，一应转输、题参、优叙等项俱依议。该部仍将拨过数目若干，详行奏明。饷部免设，庄祖诲着回京另用。钦此。"（页 1A）

十七日，与浙江同乡祁彪佳、吴麟征、冯元飙、李维樾、向梅舟集户部朝房，商地方防御事。

《祁彪佳日记》卷一三"癸未日记"："（崇祯十六年七月）十七日……午后，至十三道朝房会吴磊斋、李拙予、向梅舟，因同之至户部朝房，吾浙同乡毕集。少顷倪鸿宝、冯邺仙至，共商吾乡应用抚军及监司，与地方防御事宜，各书一纸缴之

鸿宝处，及暮乃散。"（页683）

十九日，致书母亲施太夫人，拟八月派人归寿母亲。

元璐《与母亲》："男元璐禀上母亲：男自甚安，媳妇于七月初一日到矣，上下大小，亦俱平安，皆母亲之庇。男只是衙门事体，干系重大，未免焦心。幸皇上圣眷，尚未衰减，若得乘此脱身归养，便是全福耳。因忙甚，半个月不曾作家书，知母亲必多挂念也。男不能孝顺，会鼎夫妇，一发不如男夫妇了，不知把母亲如何冻馁？思之泪下。八月初头，即差人归寿母亲，一切俱于后书详悉。七月十九日，男元璐百拜。"（北京保利十二周年秋季拍卖会"仰之弥高—中国古代书画夜场"图录）

二十四日，祁彪佳蒙帝召对，于吴邦臣家询召对事。

《祁彪佳日记》卷一三"癸未日历"："（崇祯十六年七月）二十四日，奉上召对，止晤程锦壶，即于朝房会吴磊斋、孙北海、蒋圖岩……（午后）倪鸿宝在吴震崆家邀予晤，询召对事，光含万亦来。"（页685）

二十五日，上疏辞经筵日讲，专心部务，温旨留之。

《倪文贞集》奏疏卷八《辞讲专部疏》："该臣蒙恩陛见之又明日，即蒙钦命充补日讲官……乃昨二十四日酉时，忽接阁派讲章，期须来朔进讲，臣随诣阁力辞，而阁臣以臣自承前命，不曾效有一言，且未奉旨刊除，例难径行出缺，以此臣宜自请……实以心计既粗，无暇精言，性命身匏有系，不能兼典衣冠，望准所辞，别遴能者，臣不胜谆切待命之至。崇祯十六年七月二十五日具题。"奉旨："卿学谊素优，还着遵旨，供事以资启沃，不必遽辞。该部知道。"（页3A）

又疏请权宜之计，开赎罪例且官员输赀给诰命，以募资饷军。

《倪文贞集》奏疏卷八《宥罪锡类疏》："今国用甚诎，重之蠲额至五百余万……生节之效，远者五年三年，最速亦须一年，而今所急，即在旦夕耳。谋及权宜，又多不可，皇上圣明，具超世之识，臣亦儒者，有守道之诚，早夜竭思，惟求得乎见诸《诗》《书》、近于仁义而为之。无已，其宥罪锡类乎？……幸皇上决计，即日下诏施行。崇祯十六年月日具题。"（页4A）

案：蒋士铨《倪文正公传》："时国用日诎，公不得已，请开赎罪例，且令到官满岁者，得输赀给封诰。"（《倪氏宗谱》卷一四传赞志述，页28A）又倪《谱》卷四："疏请宥罪锡类。时边需国用缺额悬殊，生节效需数年，而所急近在旦夕，又不敢以权宜之术自形苟且，惟求见于《诗》《书》、近于仁义者而为之。乃上言：……。奏上，上慎重名器，留中久之。"（页9A）

重订户部差规，率僚属宣誓于神祠。

倪《谱》卷四："司属诸差有苦乐大小之殊，营之与谢庖疽兴焉。府君谓不正己无以率属，不率属无以致功。乃分别特差、大差、中差、小差、上苦差、次苦差凡六等，特差即饷司，慎选才能，不拘格序，大差各司保举，其余以苦乐次序为乘

除。规既定，率僚属誓于户部之神祠。"（页7A）

八月初五日，免朝，祁彪佳来谈。

《祁彪佳日记》卷一四"癸未日历"："（崇祯十六年八月）初五日，以奏祭入朝，至午门内始知免朝。与倪鸿宝谈，又与张观涛谈，归。"（页687）

初八日，黄道周来书言及近况，附赠所镌晶章、紫玄二印。

黄道周《与倪文正公书（二）》："鸿宝年翁：……知始入都，鱼水之欢，上慰宵旰。□骑闻声，以次喙貌，帷幄有人，喜可知也。去冬道病，常恐不得至家，及睹丘陇，想望松楸，始晤生还之恩隆于蕃锡，草木狐兔，俱监此心……姚二存，后来之彦，气谊最真，依依于兄，匪朝伊夕，不知兄何以教之？二存使来，适贼稍退，聊简荒札，情绪不伦，聊镌晶章、紫玄二方，附尘左右，并问冯邺兄起居如何。八月八日，道周顿首。"题下有注："癸未墓下乞休时。"（《黄道周集》卷一七，页714）

案：黄道周《答姚有仆书》云："拜书，知兄将入都门，深慰于心。仆老惫已极，无复它虑，但愿安卧林壑耳……前鸿宝书附致，想于吾兄极为注念，不烦丁宁。凡交情不能骨肉，但以骨肉处之，无不尽者。仆苦贫，临难始觉，虽乡间未能见谅，再不敢通都下一语。二镌章寄上。鸿宝晤时，道衰惫，逢乱后，无复人世之意耳。"（《黄道周集》卷一九，页771）姚奇胤（？--1646），字有朴，号二存，黄道周崇祯三年（1630）浙江乡试所取士，本年中进士，其遣使赴闽告知乃师，道周有书复之，并附致元璐书。

八月十六日，祁彪佳出都赴任江南御史，来书辞别。

《祁彪佳日记》卷一四"癸未日历"："（崇祯十六年八月）十六日……巳刻出都门。""十七日，作字与吴震嵕、沈苍屿、俞华邻、冯邺仙、倪鸿宝、徐心水话别。"（页689）

是月，上《覆奏并饷疏》，覆奏并三饷为一饷之具体事宜。

《倪文贞集》奏疏卷八《覆奏并饷疏》："题为乞并三饷为一饷，以清饷源事……今据新饷司郎中张鸣骏、边饷司主事刘显绩、练饷司员外郎陈宸诵会称，遵即公同酌议分配之法，察三饷非出数不均，则入数不一，即配为三分，而省直钱粮、练饷已于各镇皆有分拨，因议并三司为二司，将镇之繁者搭以简，饷之多者配以少，并易知单式样到臣……二司每年共该出银二千一百二十二万一千四百八十七两零，共该入银二千一十万一千五百三十三两零，除蠲免去银四百二十五万六千五百零六两，实征银一千五百八十四万五千零二十七两，共计缺额银五百三十七万六千四百五十九两等因。"崇祯十六年八月十七日奉旨："据奏三饷并一，分为左右二司，配定省镇出入及易知单式，具见综理，知道了。钱粮自有定额，州县官私派沿征，剥民冈上，最为可恨，着该抚按严饬，仍将开征款项数目勒限册报，并照式立限，俱依议。钦此。"（页6A）

与兵部尚书冯元飙共汰浮饷，减耗蠹之费，一时为清。

《东林列传》卷二四"冯元飙"传："一日，元飙至户部堂，与元璐联坐，面令吏书对簿。吏书半匿不敢出，元飙呵责之。元璐以是得汰尺籍浮饷三百余万，耗蠹之费，一时为清。"（页1A）

案：倪《谱》卷四："先公筹计才九阅月，又一月而国事去，然宣府饷司孙公裏已报清六十余万，宁抚黎公玉田汰七十余万，而兵部亦咨报缺兵之饷三百万。"（页4A）

二十七曰，上《胪陈生节疏》，广采群言，奏陈漕盐、钱钞、漕折、截漕、京盐、杂折、清兵、省弁、役税、洋政十条生节之策。

《倪文贞集》奏疏卷九《胪陈生节疏》："题为胪陈生节要议事。臣观今天下大事，患不富强也。然富强之谋，必衷之于仁义而始无弊。臣本腐儒，谬膺巨委，当此时势危迫，圣主焦劳，三月以来，咨求筹划，心血几尽。生财大道，远或数十年，近亦数年，既不足以救眉急，权宜之策臣不敢为，求其正切，不过数端，其间又有必恃资本以行，或更须参伍而定者，具列如左，仰厪睿思……已上十条，臣所持生节之谋，采群言而衷于圣贤经世之道，然其取效，必通数年为计。若旦夕见功，急抵蠲缺，则犹未有策也……崇祯十六年八月二十七日具题。"奉旨："奏内钞法、广铸已有旨了，杂折酌行三年，清兵汰将专责各省抚镇勒限核详，不许仍前冗滥，漕盐截运、京盐、洋税各款，仍着议妥详奏，以救时艰。钦此。"（页1A）

案：黄景昉《宦梦录》卷四："尚书倪公元璐初以枢贰召，连上疏称旨，特改大司农。旧制浙人无官户部者，辞不许。既受命，因言臣以儒臣讲官司邦计，当以尧舜之道、孔孟之学事皇上，一切头会箕敛之术，耻不屑为。嗣陈三策：曰大做、曰实做、曰急［做］。词意廓落，冀一举可生财节财以数十万计，若在旦夕焉者，究亦不能践也。"（《宦梦录 馆阁旧事》，页112）

是月，兵部尚书冯元飙以病辞，帝慰留之，坚请乃允去。

《国榷》卷九九："（崇祯十六年八月）戊辰，兵部尚书冯元飙引疾，左侍郎张伯鲸摄部事。"（第6册，页5986）又同卷："（十月）兵部尚书冯元飙罢。元飙在任，文符填委不能决，托疾杜门，上尝阴托人贿求边将不纳，故得善去。"（页5999）

案：冯元飙在部三月，与元璐同心剔厘，推行清兵核饷，终因时事颓危，忧劳成疾，顾不能有所为，引疾而罢。初，帝疑其佯称病，屡遣中使往视赐物，实为窥探，见其真病而允归。《烈皇小识》卷七："以冯元飙为兵部尚书，元飙素习占风望气，揣知寇虏交讧，剪灭无术，乃佯称病。一日，在朝班，伪称疾发，瞆眩仆地，扶曳而出长安，班役妇孺，皆嗤笑其为细人伎俩，辱朝廷而羞当世之世也。"（页202）

九月，内出帑金四十万买米贮京仓。与辅臣蒋德璟分别上疏请扣折漕粮，以罢

召买，兵民两便。

《倪文贞集》奏疏卷九《扣折漕运疏》："仰惟皇上轸念京庾，因新漕未至，现米仅支两月军粮，特发内帑四十万金，为召买积贮之谋……故臣初意欲于岁运之内，扣五十万石入京仓，而以每石八钱折给四镇，在边兵既可以得金，而太仓遂实有善米，上下交利，一举可竣。今问之津抚，知仅折米二十万二千五百石，臣即折发帑金一十六万二千两，札委员外姬琨往津守催将漕米，督催启运，以实京仓。又察今京军匠役亦喜折色，请即以九、十两月米按照时价折色与之，则又可坐扣米十六万石，连四镇共得漕米三十余万矣，此外仅余帑金七万，买之易易……至臣受事以后，日议清厘麋冒之法，其四镇向来所折、所运实数，容臣详细核察奏明，垂为定制，则兵民皆属至便，而国家岁有积贮，民力可以稍弛矣。恭候圣裁。"（页8A）

蒋德璟《为倪司农请准米折疏》："适计臣倪元璐以回奏召买事到阁面商，言蒙发帑金四十万买米，前即折扣津运关、宁、蓟、永四镇米二十余万石，用银十六万二千两。余已选委司官，分头购买。而新禾尚未全获，奸囤先充，籴商其鼓腾本价，居奇射利之弊，有难尽悉者，似以折色给军为便……崇祯十六年九月十一日题。"（《愍书》卷九，页12A）

案：蒋德璟时任礼部尚书兼东阁大学士，其留心国计，善于理财治兵，将九边十六镇新旧兵食之数，及屯、盐、民运、漕粮、马价等，汇总编纂《御览备边册》呈上。蒋与元璐同年进士，志趣投合，情谊交笃，对于军务国计常相商榷，配合默契。倪安世本《倪文贞集》奏疏卷二《翰林院侍讲蒋德璟》有蒋士铨（定甫）题识："吾家八公先生敏于掌故典礼，治历援据精核，而才猷干略尤为五十辅臣之冠，其谏钞法、裁练饷诸奏皆与文贞同心协赞，详载先生召对日记。"（页9A）

九月十五日，于皇极殿举行殿试，充读卷官。

《国榷》卷九九："（崇祯十六年九月）丙午，策贡士陈名夏等四百人于皇极殿，赐杨廷鉴、宋之绳、陈名夏等进士及第出身有差。"（第6册，页5990）

倪《谱》卷四："九月，殿试充读卷官。殿试例在三月，先因戒严改会试于八月，故迟之。"（页14B）

福建林之蕃、林垾中进士，两人俱为元璐所器重。

［民国］《长乐六里志》卷七林之蕃传："崇祯癸未，第进士，同侯官林垾为倪元璐所器重。及谒选，垾得海宁知县，之蕃得嘉兴，又同省密迩。"（页23B）

案：林之蕃，字孔硕，又字涵斋，福建闽县人。崇祯十六年（1643）进士，授嘉兴知县。居官清廉，不喜逢迎，被劾归，一瓢一衲，寂隐山中。善山水，落笔苍润，韵致萧疏。［乾隆］《福建通志》卷四三有传。（页78B）林垾，字子野，福建福清人。崇祯十六年（1643）进士，授海宁知县。南明时累官至吏部侍郎，抗清兵败战死。［乾隆］《福建通志》卷四三有传。（页87B）

姚文然本年中第，有诗上呈。

姚文然《上倪鸿宝太夫子》："蓬池清切五云高，曾赐冰盘和郢醪。只拟谢安司北斗，犹烦杜预领东曹……越溪特简一司农，桃花春水南帆绝……海树苍茫近凤池，成连相导谒吾师。"自注："刘元功夫子为公门下士。"（《姚端恪公诗集》卷二，页12A）

案：姚文然（1621--1676），字若侯，号龙怀。安徽桐城人。崇祯十六年进士，入清后官至刑部尚书，谥端恪。著有《姚端恪公集》。

密封上疏言边事，帝有旨宜密，遂焚疏草。

倪《谱》卷四："（崇祯十六年）九月……贼兵盘踞陕西，分半趋宣大，府君上密封言事，有旨宜密，遂焚草。"（页14B）

是月，内发钞式，奉旨详议钞法。

《崇祯实录》卷一六："（崇祯十六年九月）甲寅，作新钞。户部尚书倪元璐上言：'内发钞式，命臣详议钞法。度一岁有五十万之入，筹国长计，孰便于斯？或以久废乍复，人则骇之，不知此即民间之会票也，宋时，谓之钱引。终元之世，钱法不行，尚尔用之不匮，况复化裁通变、稽古宜民乎！'"（《明实录》第88册，页490）

战事频仍，军费开支巨大，缺饷达五百三十多万两，且外解不时至，元璐调拨腾挪，出入有度。

黄道周《倪文正公墓志》："时郡邑残破，蠲免多，外解不时至。公晓夜持筹，漏三十下，绕床不休。因酌里道以给兵食，驰书告督抚，使自生节，以佐司农之不逮。日数百函，纤悉备至，故终公在部，士无哗者。"（《黄道周集》卷二七，页1178）

《玉剑尊闻》卷一："是时，师旅繁兴，边费无艺，加以水旱，所在告灾，元璐出入有度，一切烂妄，悉禁勿予，四方租赋不加，然而国用足以加赋。"（页24A）

是月，黄道周自故里来书言年来病剧，已绝意世途。

黄道周《与倪文正公书》："弟抵家伏枕墓下，蒸湿侵寻，下部遂痿，不任屈伸。入秋，胸膛大作痛，倍于往年……家僮回以八月十边始抵庐次，贼虽稍退，而病殊剧，便已绝意世途，销声陇首。陈卧子乃两书嘲让，曹远思至，以为偃蹇丘园，辞色俱厉。如此穿衣吃饭，再不由人，枕石漱流，亦无着处也。世路即不以廉耻待人，士君子当以廉耻自与……"题注："洪思曰：癸未墓下乞休时。"（《黄道周集》卷一七，页715）

是月，门生吴甘来晋户科都给事中。

《吴公萚庵先生年谱》："（崇祯十六年）九月，晋户科都给事中……先生职司谏垣，所规生节，一本经术大道，时有议行钞者，有议采矿者，先生每于召对时委屈开陈，绝不以一时权宜之术亵国体，前后凡十余疏皆奏可。"（《吴庄介公集》卷六，页25A）

秋，庆元县知县杨芝瑞任满，邑人建祠祀之，撰文为记。

倪元璐《杨大夫记》："公出姑孰鼎族，为先司马如翁贤胄，孝廉尔台公则其令嗣也。家学夙著，代有显人。辛酉举于乡，庚辰冬拜庆元令，历癸未秋，擢武定邦伯。公之惠政，洽于庆民，而庆民爱慕之也深，不忍贤者之将去我也，乃协谋建祠于西北郭，尸之祝之，庙貌之，以昭盛德，以识不忘。祠成，请记于予……公讳芝瑞，肯堂其别号云。初授庆元县知县，升武定知州。崇祯癸未记。"（[道光]《庆元县志》卷一二，页22B）

案：杨芝瑞，号肯堂。南直当涂人。天启元年（1621）举人，明崇祯十三年（1640）至十六年任庆元县知县，升武定知州，卒于官。[道光]《庆元县志》卷八有传。（页23B）精勤敏练，洁己爱民，祀"杨公祠"。[道光]《庆元县志》卷五："杨公祠，太平门，明崇祯十五年建，祀知县杨芝瑞，嘉庆四年毁，十二年吊租复建。"（页10B）

十月十三日，上《杂折事宜疏》，建言宫内所供诸物，除袍缎等外，俱折价输纳以减民负，不允。

《倪文贞集》奏疏卷九《杂折事宜疏》："臣察十库诸色，名为上供，内外所司倍存严慎，一解一纳，艰累千端，有解必赔，无纳不驳。凡内库驳退之余，即非民间所敢公取，徒以膏血委之沟壑，因而追比株牵，家号路哭，而究竟一驳即有一欠，驳之不止，欠无完日，民已破家，库仍悬罄……谨开明条款，伏幸诏谕天下，凡十六年以前逋欠，悉如常价纳纳，免行倍加。此后除上供袍缎不敢轻议，其余货物，凡官可召买者，悉从折色，令各该抚按公估时价，量添解费输纳……崇祯十六年十月十三日具题。"（页10A）

十六日，上《鼓铸大计疏》，建言欲使私铜尽绝，不如专禁打造。

《倪文贞集》奏疏卷九《鼓铸大计疏》："本月初十日，恭接圣谕：'……今内外文武军民人等，俱宜急公体国，共济急需，着遵照律例，除镜子、军器、寺观钟磬铙钹及柜箱等物事件锁钥、乐器、古铜免毁，其余定限三个月俱行销毁。'……凡一法之立，一弊即生，今欲使私铜尽绝，无如专禁打造，犯者重论。夫用之家千，而造之家一，禁千不如禁一，此为绝源之法……然而民铜不出，铸本犹微有法，于此请令有司罚赎减半，征铜如稍有力，应罚银一两三钱者，仅输价值六钱五分之铜，则民争输铜矣……崇祯十六年十月十六日具题。"奉旨："奏内欲绝私铜，无如专禁打造，深得要领，即着卿悉心讲求鼓铸善策，以资裕国。钦此。"（页12B）

案：《国榷》卷九九："（崇祯十六年十月）壬申，括民间废铜铸钱，户部尚书倪元璐奏，有司罚赎，减半征铜，如稍有力征一两三钱，仅输价直六钱五分。"

（第 6 册，页 5995）

是月，以户部尚书兼署礼部事。

《明史》卷一一二"户部尚书"："（崇祯十六年）倪元璐，五月任，十月兼署礼部。"（第 11 册，页 3501）又"礼部尚书"："（崇祯十六年）倪元璐，十月以户部尚书兼署。王铎，三月召，未赴。"（上书，页 3502）

案：《国榷》卷九九："（崇祯十六年）太子太保、礼部尚书林欲楫致仕。"（第 6 册，页 5999）元璐继之兼署礼部事。《明史》卷二六五倪元璐传："十月，命兼摄吏部事。"（第 22 册，页 6835）误。

十七日，户部司务蒋臣议行钞法，条上八事。

《痛史本崇祯长编》卷一："（崇祯十六年十月）丁丑，户部用司务蒋臣议行钞法，条上八事。"（页 13）

三十日，上《督抚制置兵财疏》，详议"各边督抚境内兵财听自制置"。

《倪文贞集》奏疏卷九《督抚制置兵财疏》："昨以阁臣陈演等传臣至东阁，恭述圣谕：'关门三协，应用本地之饷，养本地之兵，及计臣前奏一切屯铸生财等事，责成该督抚便宜举行事宜，可会同详议具奏。钦此。'臣惟今日之势，诚必以督抚境内兵财听自制置，略如唐藩镇者，然后天下之事可得而为，所谓大建规模者也……臣向覆淮抚史可法请增兵饷一疏，责其自条生息所宜，欲以淮扬为端，渐行边镇，可法尚未覆奏。今即以蓟顺为端，渐行内路可耳……皇上惟戒诸臣以清浮冒、杜侵渔为节用之道，惟戒诸臣以因天时、乘地利、顺民情为生财之道，则兵食足而民信，圣贤之论政全矣。崇祯十六年十月三十日具题。"奉旨："各边督抚境内兵财听自制置，诚为便计，这畿府正赋、民屯、本折原额并屯盐鼓铸事宜，着行该督抚计议速奏。"（页 14B）

案：倪《谱》卷四："（崇祯十六年十月）先是，府君以枢贰陛见，奏言今日大患在兵饷之权离而为二，师贞丈人不得自制财用。宋张浚视师关陕，朝廷特命赵开为之转运使，以是军用沛若，所向有功。今督抚行军宜必假之利柄。上以为然，命条议以闻，府君咨移直省，令各举境内所宜，未报。上因关门三协之饷，思前奏谕户部令督抚详议便宜。"（页 15A）

致书浙江巡按左光先，时浙中许都作乱。

《尺牍逸稿》卷四《与巡方左侍御光先》："敝乡海寇之警，传者皇皇，读大疏知壮犹之所在。敝里单屏，甚于列国，诸无可恃，所恃惟老公祖耳。不审出师之后声息何如？邮筒倘便，乞时赐知闻。总是鲸鲵小疾，不足烦挥羽扇也。"（页 18B）

案：[乾隆]《浙江通志》卷一四八左光先传："崇祯间按浙，举贤惩贪，不畏权势。适许都倡乱，据兰溪、东阳、义乌、武义、浦江。时抚军、直指皆虚席，光先命蒋若来、贾鸿阳等共击之，连收四邑，都退保紫薇山。绍兴司李陈子龙单骑说其降，光先曰：'三城未破，可受都降，今穷蹙将就擒，奈何欲受降以宽其罪哉？'执戮之。"（页33B）书中"海寇之警，传者皇皇"，即指许都倡乱。

十一月初八日，上《救秦急策疏》，建言宜使秦藩悉输钱粮饷军自保，未及实施而秦藩府库尽为敌有。

《倪文贞集》奏疏卷一〇《救秦急策疏》："臣维古者封建诸侯以为屏翰，国家大谊笃于宗藩。今天下诸藩，无如秦富，晋虽小俭，亦尚能国也。皇上何不立垂手诏，切谕两藩以剿贼保秦责秦藩，以遏贼不入晋责晋藩。如两王能任杀贼，即不妨假以大将之权；如其逊不知兵，宜使悉输所有，与其赏盗，何不享军？贼平之后，益封两藩各一子，仍如亲王之制，亦足报之矣……伏惟圣明决策施行。崇祯十六年十一月初八日具题。"奉旨："逆寇西犯秦晋，诸藩自当竭力同仇，这奏切谕饷军事宜，深得封建屏翰之旨。着吏、礼二部拟议速奏。"（页1A）

案：倪《谱》卷四："（崇祯十六年十一月）请敕谕秦、晋二王同仇饷士。时李贼西犯，盗窃仁义，所至望风瓦解，开门款逆，新督呼兵号饷，户部不能大付。府君奏言：……。上嘉纳，命礼部拟诏，然是时西安已陷，秦藩府尽为贼所有，仅诏晋王而已。"（页16A）

上《门税积弊疏》，呈请厘清门税积弊，肃官贪贿，纾解商困。

《倪文贞集》奏疏卷一〇《门税积弊疏》："臣比察崇文门税事，不觉叫叹失声，嗟乎！官贪如此，百姓安得不穷，天下安得不乱乎！有商人汤茂等，因臣方务厘剔，呈称该差苛罚情弊。臣初疑其言过实，因拘本差书办三人及铺商十余人到部，臣亲讯之。群商具言，每有失报一纱一裙，通罚全单而又倍之，至于数百者，臣大骇，安得有此？……臣讯该办有此否，对曰自来有之，例实如此，臣益大骇。问以奉何明旨？则曰无有也；问有例簿否？亦且无有也。臣叹无律无例，而能守之不失，此之律例，即在该办胸中口中。提掣本官耳，又问此项罚资，销归何处？对以即充饷额，不别分疏，此又知尽归私橐耳……臣因之深思，敬陈末议：自后商人失报货物者，依律只没本件入官，此外更无科罚，所没货物，即发本商，照时估变偿上纳……崇祯十六年月日具题。"（页2A）

十九日，上举枚卜，吏部右侍郎李建泰、左副都御史方岳贡并兼东阁大学士。

《明史》卷二四："（崇祯十六年十一月）辛亥，吏部右侍郎李建泰、都察院左副都御史方岳贡并兼东阁大学士，预机务。"（第2册，页333）

案：本次枚卜阁揆，翰林院候选人为李建泰、倪元璐，六部及都察院候选人为沈惟炳、方岳贡，而李、方入阁。倪《谱》卷四："（十一月）十九日，上举枚卜。故事，斋宿文华殿，以金瓯二纳姓名，一贮翰林，府君暨李公建泰；一贮卿贰，铨佐沈公惟炳、副宪方公岳贡，祷穹昊而探之，方、李皆前，简入阁。先是，上数为廷臣言，计、枢二臣皆公诚有才，至是复品题诸大僚，及府君则曰：'计臣却好有心思，会做文事，且公忠，事事从国家起见。'主眷如此，而不能进乎咫尺，或以为宦官媢嫉故进枚卜之说，多其人以幸先公之不与云。"（页16B）

廿五日，致书祝汤龄言及户部诸事之难，自矢"惟不取一文，不与一事，谨身饬属，求免刑戳而已"。

倪元璐《与寰翁仁兄》："内而老母，外即翁兄，我思悠悠，独此而已。有南来亲友，并传起居清吉，甚慰。嫂夫人已全健否？弟沉苦海，不知何时得拔足振衣而出。外解不至，额内之供缺至七百余万，额外之需纷起而未已。庚癸回乎，宵旰日甚，如弟庸才，何以办此？弟所能者，惟不取一文，不与一事，谨身饬属，求免刑戳而已。明年四月运交已字，不知果是清闲美地，得遂乞恩给养之愿否？翁兄暇日，乞为我详推。忙次草率，不尽万分之一。十一月廿五日弟璐顿首。上寰翁仁兄。"（《中国书法全集（倪元璐）》第57卷，页210）

案：［嘉庆］《山阴县志》卷一四祝汤龄传："逮都城垂陷，元璐致书曰：'内有老母，外即翁兄，我思悠悠，独此而已。'其见重如此。"（页101A）即指此书。

二十七日，上《申请封典疏》，奉旨"封典准暂行"。

《倪文贞集》奏疏卷一〇《申请封典疏》："臣面承圣谕，岁内须措银百万，倘外解不至，臣复何措乎？虽有权宜，如赎罪事例，亦犹远在来年，臣计划无之。复申封典锡类之说，苟以是号于天下，亦已缓请。先自京官三品以下，近畿外任各官及畿内外林居闲住而止，未经赠封者，听得捐助，分别等次，酬以应得封典，限以尽岁而止，或可立得若干万。皇上圣明，慎重名器，顾臣谓此与他项滥冒不同……义取救急，此等不为，无可为者。臣本儒臣，设策出此，诚心疚汗流，顾以为犹愈于加派开采耳……崇祯十六年十一月二十七日具题。"奉旨："封典准暂行，即会同吏部详酌议妥具奏。"（页4B）

二十八日，上《盐政改官疏》。黄家瑞新任右佥都御史、督理淮扬等处盐法军饷，呈请明确其职掌，要在抚商通货，行刘晏之术。

《倪文贞集》奏疏卷一〇《盐政改官疏》："顷蒙皇上召对内阁府部等官，臣从诸臣后奏称，国家命脉系乎淮扬，诚为南北咽喉，财赋都会，贼寇所最睥睨。今盐商五百万资本荡于乱兵，失业星散，非徒亏课已也，天下形势于是乎且将坐失，而不可收拾，最足寒心。请特命才望大臣一员专镇扬州，抚商通货，行刘晏之术，兼令联摄灶丁盐徒，渐成保障，富强大业，端在于斯……奏讫，蒙天颜霁悦称善。其明日，传命吏部如议，选举能者，吏部咨商于臣，以淮海道佥事黄家瑞上。奉圣旨：'是，黄家瑞升都察院右佥都御史，督理淮扬等处盐法军饷事务。钦此。'臣闻家瑞之为人也，洁清而敏决制下，举朝皆贺。然臣惟恐更制之始，不明指归，或以此举仅为盐策一事已耳。如仅以盐而已，御史执之有余，今之任事者亦能也，所贵乎大臣者，欲以博通兼综为务，以盐为端，而益以通货贸迁，如刘晏所为，灶丁盐徒皆可兵也……崇祯十六年十一月二十八日具题。"（页6B）

案：《痛史本崇祯长编》卷一："（崇祯十六年十一月）丁巳，擢黄家瑞为都察院右佥都御史，督理淮扬盐法军饷。"（页44）

黄家瑞（1605--1645），字祯臻，号如千。山东滕县人，明崇祯七年（1634）进士，授汾阳知县，以内艰归。服阕，调良乡，迁祠祭主事，升员外郎，寻特简扬州兵备佥事。十六年（1643）冬，超擢右佥都御史，督理淮扬盐法军饷。福王立，乞休，寓居平湖。后从沈犹龙等起兵反清，兵败赴水自杀。〔康熙〕《滕县志》卷七有传。（页68B）

十二月初一日，奉旨上《厘饬漕欠积弊疏》，奏整顿漕粮亏欠积弊五法。

《倪文贞集》奏疏卷一〇《厘饬漕欠积弊疏》："臣于本月十九日恭承召对，清问漕欠过多，作何厘饬。臣时面奏大要，言其弊有二：一在于兑次军民，通谋折干；一在于沿途旗甲，私行盗卖。欲绝折干之弊，惟责巡漕御史于京口地方设法盘验，欲绝盗卖之弊，惟多设督漕官员，就沿途处所多方禁缉，除此二者，别无他谋。昨阁臣陈演等传臣至东阁，恭述上谕询问厘饬之详，谨条五议以请……行此五者，厘漕之道已尽，伏候圣裁。崇祯十六年十二月初一日具题。"奉旨："条奏五议，悉于漕事有裨，着速行各该衙门恪实遵行。"（页8B）

案：倪《谱》卷四："（崇祯十六年）十二月朔，奉谕奏厘漕五弊。"（页17A）

初三日，上《请停开采疏》，建言请停开采，使督抚自制财用，听其便宜，不听。

《倪文贞集》奏疏卷一〇《请停开采疏》："本月初二日阁臣陈演等传臣至阁，恭叙上传二事：一议开采，一议事例，钦此。该臣看得为开采之言者，盖以此天地自然之利，行之可必无弊者也。然臣中夜思之，窃犹以为未便，虽曰铸山埒称煮海，原其利害，实相径庭。其说有六……有此六者，臣不敢议。凡救敝世，如理败楹，若为求蔽风雨之计，而转开鸟鼠之穴，则利未享而害先之。臣惟恐诏令一出，示人以端，有司欲以见功，奸人因之生事。天下皆山也，闻风而起，言矿之徒日集辇下，鼎鼎骚骚，安知所底？以臣之见，莫如确循明谕，使该督抚自制财用，听其便宜……崇祯十六年十二月初三日具题。"（页10A）

案：倪《谱》卷四："（崇祯十六年十二月）三日，请停开采。时国用匮绌，泰西人汤若望多艺能、精术数，奏上火攻、水利、坤舆格致诸书，上善之，谕户部奉行开采。府君力陈未便，其说有六：铸山虽侔煮海，利害实相径庭，海挹注而已，山须凿发劳费，一也。庐墓所在，鉏斸及之，二也。毁掘所加，动伤形势，三也。自万历年间矿使为害，议苟复兴，群心动摇，四也。当年进奉总属包承，尽是民脂，岂为地宝，五也。有矿卒殃民，即必有矿贼殃矿，此辈一聚，不可复散，六也。有此六者，臣不敢议。以臣之见，莫如确循前谕，使各督抚自制财用，听其便宜。不听。"（页17B）

十二月，吴昌时被斩首示众。

《明季北略》卷一九："（崇祯十六年）十二月，诛吏部文选司郎中吴昌时。"（页 342）

案：《荷牐丛谈》卷三："吴昌时狡谋辣手，初入仕版，即工通内，遥折朝权。凡宫中动息，彼必预知，人服其通天手段也，群起而誉之。太宰郑玄岳，遂从仪曹调为文选，笔铨柄……倪文正公闻其调文选，愀然曰：'恐非其福。'"

初五日，周延儒赐死，独往吊唁。

邵廷采《明户部尚书死义倪文正公传》："周延儒赐死，朝士无敢唁者，公曰：'往纶扉巨公，群思剚刃吾腹，宜兴独以文章容我。昔蔡邕变颜于董卓，睢固素服于崔浩。明主厉法，寮采伸情，何嫌何疑？'上竟不问。"（《思复堂文集》卷二，页 78）

案：《明史》卷二四："（崇祯十六十二月）乙丑，周延儒有罪赐死。"（第 2 册，页 333）郑《表》，十二月乙丑为初五日。

初六日，上疏言钞法难于遽行，宜逐渐推行。

《倪文贞集》奏疏卷一○《钞法难于遽行事》："前月二十日，恭承召对，面谕臣会同王鳌永、蒋臣详议钞法推行事宜……皇上行钞，先行自上，不以责民，如起解、存留钱粮，及罚赎、税契、关税、间架等项，百姓所输官者，即须用钞，钞无兑耗，民必便之。若朝廷之所予民，如军糈、商本、匠值、役饩，不遽行钞也。民间田屋、米盐一切交易行使，听其自便，不强勒必行钞也。即有折阅不便，官自受之，于民何与焉？此意断宜于数月之前诏谕天下，使百姓晓然，知此法之行，实于民间有利无害，以此大定其心，则讹言不兴，令行无禁。至於法行以渐，宜自近始，在内局造钞，且不须多。明年先于畿辅一二县，慎择廉敏甲科往为之令，如征粮收受有法，罚赎税契等项如法征收，移其私囊以为国课，使民欢然称便……崇祯十六年十二月初六日具题。"奉旨："览奏，自属至论，但钞法期于速行，其间或有窒碍，自宜详细讲求，岂得迟之数年，即会同王鳌永确议奏来。"（页 12B）

案：兵饷匮乏，外解不至，蒋臣请行钞法解决财政困难，户部侍郎王鳌永亦赞行之，尚书倪元璐上疏言钞法难于遽行，主张"法行以渐"，逐步推行，帝不听，期于速行。

初九日，外解未至，为早定人心，奏借承运库银二十万，解到缴补。

倪《谱》卷四："（崇祯十六年十二月）九日，奏借内帑。时岁行将终，京边翘首，广浙解银六十余万在途未至，府君欲早定人心，奏借承运库银二十万，解到缴补。"（页 18A）

是时，蓟辽总督王永吉陛见，以兵饷不敷请责成户部。

倪《谱》卷四："蓟督陛见，以兵饷不敷，请责成户部。上曰：'生节效远，外解不前，计臣岂置度外？'见知于上如此。"（页 18A）

案：时任蓟辽总督为王永吉。《国榷》卷九九："（崇祯十六年五月）总督蓟镇赵光抃、总兵薛敏忠遣戍，督师范志完拟徒，巡抚山东王永吉降为事官，总督蓟辽保定军务练兵，剿敌自效。"（第6册，页5976）

二十四日，首辅陈演忌元璐，唆使辅臣魏藻德言于帝："元璐书生，不习钱谷。"

蒋士铨《倪文正公传》："十六年冬，陈演、魏藻德皆以计臣词林起家，钱谷终非所长奏，帝曰：'计臣实心任事，顾时艰未能速效，即撤之，谁予代者？'方岳贡具言元璐清操练事，不可易。藻德曰：'代之诚难，顾军国大事，幸熟思之。'"（《倪氏宗谱》卷一四传赞志述，页28A）

倪《谱》卷四："（崇祯十六年十二月）二十四日，为万寿节。上撤乐，畴咨至漏下十刻，涕泣而求长算。通州魏相藻德乘间言：'计臣才品俱优，但起家词林，钱谷终非所长，请有以易之者。'上默然，徐曰：'计臣实心任事，但时艰未能速效，即撤，谁代之者？'谷城方相岳贡奏：'计臣诚敏练达，至清绝尘，在廷无出其右，孰为可代？'通州又言：'臣今诚处万难，在计臣必谓臣求疵，在廷臣或疑为卸担，第军国事大，不得引嫌耳。'喋喋语不止，上踌躇久之，乃从其请。"（页18A）

二十五日，上疏自陈求罢，不报。

倪《谱》卷四："翌日，府君自陈求罢，不报。"（页18A）

忧心愁悴，知国事之不可为，常自兴叹。

《倪文正公遗稿》卷一《忆母遂病，三上疏求归不允，却赋十诗》有倪会鼎注："此先君壬申作也。后癸未官大司农，忧心愁悴，坐间突然兴叹，酒间忽然鼓掌，或遽问曰：'天下事尚可为乎？'客拟议，先君曰'咦'，顿足而入。盖先君忠孝之性，一往不返，每如此。男会鼎述。"（页21B）

是月，追叙平叛将刘超功，荫一子锦衣金事。

庄敦和《孝靖倪先生传》："先是，文贞在兵部以擒刘超故，荫一子锦衣金事。"（［光绪］《上虞县志》卷四八，页20A）

案：倪《谱》卷四："（崇祯十六年十二月）追叙平叛将刘超功，荫一子金吾，奏辞，不许。"（页17A）原保定总兵官刘超上年十一月叛，帝命凤阳总督马士英讨之，明军直抵城下，刘超出降就缚。

襄城伯李国桢总督京营戎政，有诗赠之。

《倪文贞集》诗卷下《赠李襄城》："上将星光依太微，隆墠召虎拜稽时。此来不是闲钟鼓，为听彤弓三奏诗。"（页36B）

案：《明史》卷一〇六"功臣世表二"："襄城伯，国桢，明崇祯三年袭。十六年十二月己酉加太子太保，总京营。明年，城陷，贼执杀之。"（第10册，页3130）

是月，亲家王业浩去世。

《痛史本崇祯长编》卷一："（崇祯十六年十二月）原任兵部尚书王业浩卒，浙江巡抚董象恒以闻，赠太子太保，荫一子中书舍人，赐祭葬。"（页46）

本年，李自成陷承天，又回兵破潼关、陷西安，孙传庭战死。张献忠陷武昌，攻占湖南、江西大部地区。清兵破山东德州、莱阳等，四月北还。八月，清皇太极卒，子福临继位，改年号顺治。

【诗文系年】

《与母亲》《恭承召对疏》《御寇机宜疏》《淮镇切谋疏》《送开美之关中》《跋刘鹤州总戎制词册》《与钱》《义社仓书疏》《奏请祖制疏》《三做堂记》《求治大谋疏》《司饷兼衔疏》《慎察司饷疏》《荐举襄计疏》《送陈章侯南还暨阳》《并饷裁饷疏》《停遣部科疏》《天津截漕疏》《惠恤车户疏》《饷部事宜疏》《与母亲》《辞讲专部疏》《宥罪锡类疏》《覆奏并饷疏》《胪陈生节疏》《扣折漕运疏》《杨大夫记》《杂折事宜疏》《鼓铸大计疏》《督抚制置兵财疏》《与巡方左侍御光先》《救秦急策疏》《门税积弊疏》《与寰翁仁兄》《申请封典疏》《盐政改官疏》《厘饬漕欠积弊疏》《请停开采疏》《钞法难于遽行事》《赠李襄城》。

崇祯十七年甲申（1644），五十二岁

二月，解任户部尚书，仍归詹事府，专日讲。三月十九日，李自成陷京师，崇祯帝崩于煤山，自缢殉节。

正月初一日，崇祯帝揖阁臣赐茶，阁臣并云边费所恃者内帑，帝默然良久。

《甲申传信录》卷一："崇祯十七年甲申春正月朔旦，朝罢，上揖阁臣赐茶，阁臣并云：'库藏久虚，外饷不至，一切边费，刻不可缓，所恃者皇上内帑耳。'上默然良久，曰：'今日内帑难以告先生。'语毕，潸然泪下。"（页10）

帝召对平台，右谕德周凤翔言"宜发内帑收人心，不宜复扰民间"，元璐谓其"切中时病"。

谢晋《周巢轩公传》："比军需告匮，箕敛下逮优娼，公谓今日事势止宜发内帑收人心，不宜复扰民间，具议闻。倪公元璐为大司农，见之曰：'此议切中时病，然非先生不敢言亦不能言也。'"（《周文忠公集》附录）

毛奇龄《周文忠公传》："是时贼势迫，召对平台，问减寇之策，言论慷慨，上为流涕。会军需告急，议税民间间架，凤翔曰：'事至此，是宜收拾人心时也，尚可括民财以摇国势耶？昔贤谓民心一失，不可复收；国势一倾，不可复振，正谓是也。'尚书倪元璐亟持其言。"（《周文忠公集》附录）

初二日，同年蒋德璟进御览备边册，有旨同户部核对兵饷。

倪《谱》卷四："（崇祯十七年）正月二日，磨对兵饷。初，蒋晋江进《御览备边册》，纪载九边十六镇原额兵马钱粮，上谕同户部堂司磨对。至是府君以兵饷左右二司刘君显绩、陈君宸诵携新旧册籍诣东阁，逐款较阅，亦不甚远，但各边兵马之数报户、兵二部者多寡悬绝，虚冒强半，晋江谓须合津运、部运及各边原有民运，与屯、盐通融察算，则蒙弊尽出矣。复条上十款，以便部答，府君登对详明，晋江以行晚为憾。"（页18B）

案：参见蒋德璟《奉面谕与户部堂司磨算兵饷回奏揭帖》，文云："德璟纂九边十六镇原额兵马钱粮，名《御览备边册》，另进简明册一本。岁内蒙上面谕，令会户部堂司磨算。因与计臣倪元璐，约令刘、陈两司官，先斋新旧册至东阁细加磨对，亦不甚差。只各边兵马之数报户部甚多，报兵部甚少，中间虚冒强半，户部止据边册给发而已。又各边原自有屯田、盐引、民运，本折少者数十万，多者百余万，自为支销，并不提起。即岁中一奏报，竟亦不经目也。万历戊午以前，部发边饷银三百万尚苦其多，至今日加至二千三百万尚苦其少……复条为十款，以便部中登答。倪公条奏亦自明悉，惜各边未通行耳。"（《悫书》卷一一，页2A）

初三日，命以原官专供讲职，仍视户部事候代，笑曰："是吾志也。"

倪《谱》卷四："（崇祯十七年正月）三日，上传倪元璐令以原官照旧专供讲职，仍视部事候代。"（页19A）

《痛史本崇祯长编》："崇祯十七年正月（甲午）命户部尚书倪元璐以原官专供讲职。"（页73）

案：郑《表》，正月甲午为初五日，此从倪《谱》。黄道周《倪文正公墓志》："通州、谷城受井研旨，谓词臣不任钱谷，请上撤大司农还讲幄。上曰：'倪尚书好官，肯任事。但时势甚艰，未能速效，即撤，谁代之者？'诸臣结舌。上一日品诸臣至公，笑曰：'计臣却好有心，会做文字。且公忠体国，无如计臣者。'而诸臣排之不已，以楮币、矿砂为太祖、神宗时盛事，鼓舞不倦，行之在人，舍此则计臣坐穷矣。上沉思久之，乃诏计臣元璐，着以原官照旧与供讲职。公笑曰：'是吾志也。'"（《黄道周集》卷二七，页1178）"井研"指陈演，"通州"指魏藻德，"谷城"指方岳贡。

是日，户部胥吏赵钺密疏尽发夙弊，京边岁蚀数百万，谕辅臣蒋德璟传钺到阁询问，经核实，时侵赃诸胥已辇金逃散漏网。

倪《谱》卷四："（崇祯十七年正月三日）奸胥结党漏网。先是，（崇祯十六年）冬十月，上虞人赵钺故部胥也，曾历各边，身为奸蠹，老矣，与新胥瓜分不平，愤激叩阍，尽发夙弊，京边岁蚀数百万。上重其事，谕辅臣密传到阁按条详询，钺具言：……晋江以其言非无稽，语府君缚见[奸]胥穷究之，府君曰：'事须候旨，若窟穴主名，则固得之矣。'至是，奉旨，而诸胥已辇金星散，晚矣。盖连结内廷，始终恃以无恐也。"（页19A）

案：参见蒋德璟《回奏赵钺清察钱粮揭帖》，文云："其疏在去冬十月，璟一见即与司农倪公元璐言之，宜速唤到部，尽缚奸胥清查。倪公谓：'此吾乡人，久为部胥，尽得窟穴主名，然须得旨行之。'璟召对时力言数次，上面许即发，而竟未发也。或谓诸胥所为，因各辇金逃散，至正月始发此疏，晚矣。"（《悫书》卷一一，页4A）

初四日，内阁请以元璐改任礼部尚书，帝以六部礼居户下，"似近左迁"，不许。

倪《谱》卷四："（十七年正月）四日，内阁请以府君改领礼部，上以六卿礼居户下，似近左迁，不许。内阁承旨，出以南吏部员缺将以属府君。八日，上祀太庙还，又传谕：'讲臣元璐专供讲职。'名而不姓者，惟首辅为然，隆礼异数，举朝眙。内阁以上眷方深，供讲又经再谕，不可出之于南，惟令料理候代云。"（页20A）

是日，邑人在京为官者上言请以本省乡绅团练乡兵，从之。

《崇祯实录》卷一七："（崇祯十七年正月）癸巳，户部尚书倪元璐等请以浙省乡绅团练乡兵，浙西则推徐石麒、钱继登佐之，浙东则推刘宗周、姜应甲佐之，于保伍中简练乡勇，实行古弓弩社法。从之。"（《明实录》第88册，页513）

初八日，黄道周来书言去冬出行失足，幸得不死。请转致宰辅书，以疾乞休。

黄道周《与倪文正公书（一）》："鸿宝年翁阁下：往岁别剡溪时，不知口蹢畿南，乃使兄独赋《无衣》。然弟亦已病，如蚕蚕岠虚，决非骖服之具，又空卷握锋，无为也。比读大疏，所以仁义纬繘为定命辰告者，甚善……弟命奇穷，久无意人世。去腊出行江东，与诸生凿一鸟道，徘徊之间，遂至失足，直下悬崖二十余仞，幸得不死，又与黄门北司同功。乐正子春之所悲啼，亦塞上老翁之所发粲也。忆临行时，曾领玄诲，云枕流漱石，不如吃饭着衣。今遂迷误至此，宁复有洗耳砺齿之乐乎？蒋八翁尝谓仆以酉运破月建，恐不可支，周亦以此决意空山，终寻君平之业，但悬只眼，看鸿兄钟鼎出于岱华之上耳。今既折肱，终难叱驭，而墓下风鹤，日闻狼烽不绝，若士山呵能属固守已为幸矣。为此力疾，乞一休，致政府书，幸转达之，并道六十老翁，三番不死，亦无终日蹈焦原、涉吕梁以为快乐之事也。病腕，不能多作揭，并藉行人致银台司为祷，外附《孝经大传》《洪范明义》二种请正。正月谷日，道周顿首。"洪思注："甲申墓下乞休时。"（《黄道周集》卷一七，页713）

黄道周读元璐所上各疏，感叹有诗。

黄道周《从邸报知鸿宝发言，遂成玄感，既数日，得鸿宝书，备阅诸疏，清时喜起，良畅于怀，已有长言，再伸短什四章》，其一："融雪固神力，排云亦日晖。有言先众妙，不斗自当机。天意托麟语，物华仰凤威。应怜元凯世，谏草出精微。"其三："敏手既难遇，天衣岂易缝。道人轻粉藻，真主重山龙。一语发明梦，千方闻晓钟。穷崖春未到，怒草已从容。"（《黄道周集》卷四二，页2143）

案：诗云"融雪固神力，排云亦日晖"、"穷崖春未到，怒草已从容"，当是年春作。

初十日，朝毕，御赐蟒衣一袭，以示特典。

倪《谱》卷四："（崇祯十七年正月）初十日，朝毕，宣旨御赐蟒衣一袭，以示特典。当即谢恩，温谕良久。"（页20B）

是日，倪元瓒遣仆入都，赍祁彪佳等乡绅公疏来。

《祁彪佳日记》卷一四"甲申日历"："（崇祯十七年正月）初十日，倪献汝之仆入都赍公疏来别。"（页721）

案：时浙东有许都之乱，祁彪佳等乡绅作公疏来告急。《祁彪佳日记》卷一四"甲申日历"："（崇祯十七年正月）初五日……再作公启，告急于倪鸿宝、吴震崿。"（页720）

十二日，上疏求罢，优诏留之。

《痛史本崇祯长编》："（崇祯十七年正月辛丑）户部尚书倪元璐求罢，优诏留之。"（页77）

案：郑《表》，正月辛丑为十二日。

十四日，上《屯盐合一疏》。保定巡抚徐标建言盐、屯、漕三事合一，元璐覆称"与臣前议相符"，仍主以米易盐，诸商之在畿者自行屯种。

《倪文贞集》奏疏卷一一《屯盐合一疏》："臣前引司务蒋臣之议，欲使诸商以米易盐，积米于淮，自淮起运，避险省费，官商并利，法虽莫善于此，诚恐漕运盐课一年有中断之虞，是以再请召对酌行。今保抚徐标援臣之议，疏请商人输粟于津、于通、于京、于畿南，并海运、河运亦可酌省。北道无粟，开荒即可成熟，是合屯盐为一，诚补救之急着。盖臣条议十款中，有京引一议，欲输粟于津，别开京引二十万，以省截留，使漕挽尽实京师，抚臣之意正与臣议相符。至于开荒屯种，自是良法，若准按数行盐，惟虑开屯徒有虚名，舋务反受匿讪，莫若但令以米易盐，则诸司之在津者，自行屯种以备上纳，将无事督责，而耰锄遍野，此一举两利之道也。候命下再行条请。崇祯十七年正月十四日具题。"奉旨："京引输粟议属可行，仍令商径纳京仓为便，该部再加详议具奏。"（页1A）

案：元璐上年八月二十七日上《庐陈生节疏》，条例生节之谋十事，其一为盐漕合一，保定巡抚徐标进而建言盐、屯、漕三事合一。

京师粮储告匮，沈廷扬请借漕粮二十万石从海运京，从之。

全祖望《明户部右侍郎都察院右佥都御史赠户部尚书崇明沈公神道墓志铭》："甲申正月，流贼事急，京师粮储告匮，公言于户部尚书倪公元璐，曰：'事急矣，请以大部檄借漕粮二十万石从海运，不可复拘常期，侥天之幸得达京师，或可以济。'倪公然之。公以户部檄驰至淮，漕抚路公振飞然之。"（《鲒琦亭集外编》卷四，页7B）

　　案：《国榷》卷一〇〇："（崇祯十六年十二月丁丑）户部尚书沈廷扬加光禄寺少卿，专海运。"（第6册，页6008）

十八日，门人王毖归里，祖席送别。

　　王毖《四哀诗》其一《户部尚书、翰林院学士上虞倪公元璐》诗注："余以正月十八日出都，公时祖我勉之，叹息而已。"（《匪石堂诗》卷一四，《上海图书馆未刊古籍稿本》第46册，页320）

二十日，奉谕辅臣及户部、兵部大臣于内直房会议，密谋调关宁之师星驰西御。

　　倪《谱》卷四："（崇祯十七年正月）二十日，奉谕密谋讨贼之师。时逆贼李自成已据有关中，上拊髀踯躅，欲调关宁大帅将精骑星驰西御，命中揆及计枢大臣就内直房会议。府君言：'关帅兵精，诚可藉以剿寇，但此兵一调，则宁远惊疑，势将溃散，揆之重轻，未见其可。'中枢以为关帅之调不调，视宁远之撤不撤，倘宁未可撤，则兵未可轻动，中揆亦皆以为未可，莫任其议。上独断手书，密封下兵部：撤宁远弃之，入守山海关，而令关帅西讨。"（页22B）

　　案：时辅臣及计枢大臣密谋调关宁军入关拱卫京师，终因事关重大议论纷纭而不能决。倪《谱》言"上独断手书，密封下兵部：撤宁远弃之，入守山海关，而令关帅西讨"，应为正月二十三日事，见蒋德璟《回奏议撤宁远揭帖》："闻寇将自秦入晋，廷议撤宁远弃之，入守山海关，而令吴三桂统劲兵五千往山西拒贼，非得已也。宁远折而入奴，则山海必不可守。而军民尚八九万，纷纷入关，议令天津发海舟接归去。"（《悫书》卷一一，页22A）

二十一日，上《防守措置要略疏》。时辅臣李建泰督师宣大将行，乃陈虚实五议，帝善之并下建泰酌行。

　　《倪文贞集》奏疏卷一一《防守措置要略疏》："是故今日之谋大略，贵于虚实并进。虚者在督辅建泰奉圣主威灵，奋其敌忾之气，鼓倡忠义，磨励钝顽，收拾人心，镇定民志而已。实者在于防河守城，制兵措饷。今河亘千数百里，兵力所必不能及，宜责沿河州县，各自为防。所虑望风奔逃，人无固志。臣请大宣德意，于沿河保德、蒲、解、绛、吉、兴县、荣河、河津、平陆、芮城、垣曲、乡宁、宁乡等十四州邑，蠲十七年田租之半，又以其半留该地方资其防御，一切征调供亿勿相烦累……其一则扼势建瓴，防易为力……其一则远饷不给，宜谋近取……其一则兵贵乎精，宜明用寡……臣不知兵，言其浅者，伏候圣明裁择，乞速下督辅，审酌施行。崇祯十七年正月二十一日具题。"奉圣旨："这条奏虚实诸款，悉中机宜，着督辅详酌行。该部知道。"（页3A）

　　案：倪《谱》卷四："（崇祯十七年正月）二十一日，以贼入秦，申河防三议。贼闯既陷潼关，所至瓦解，督师孙公传庭死之。上命曲沃李相建泰督师率宣、大兵三万进剿，不时至，所将惟禁旅千五百人，乏精锐，财用不继，府君乃陈虚实五议……上善之，下曲沃酌行。"（页21A）

二十二日，有旨谕户部，边饷告急，外解不至，着驰檄各省督催解京，不得贻误。

《痛史本崇祯实录》卷二："（崇祯十七年正月）辛亥，谕户曰：边饷告急，外解不前。督饷臣既撤，即着盐臣王家瑞管理，驰檄各省直督催解京，不得贻误。"（页84）

案：郑《表》，正月辛亥为二十二日。

二十三日，上《钞法窒碍疏》。帝欲锐行钞法，谕户部详议，建言法行有渐，宁徐无骤。

《倪文贞集》奏疏卷一一《钞法窒碍疏》："该臣奉命会同王鳌永看得钞法利行，道宜慎始，而窒碍则有四端：一当推行之。先愚民未明圣意，讹兴挠阻也，今议早颁诏谕明告天下，以法行自上……一议设钞商……今议遴选能吏试于近畿，授之科条，以立榜样，必如民间交易，简易公平，使民翕然称便，因而推之天下，则如流水也。一有司征收……今议责成抚按，严饬有司遵行，凡赎税一两而上，宁减数示宽，不许搀用银镪，违者赃论，仍以钞行多寡，殿最考成，则有司知励也。一民间买钞……今议设法禁杜，仍计地方应领钞贯，依数倍之，如应十万者，倍给二十万，宁赢留余，毋缩踊贵，则亦无弊也。以四议举其梗凡，此外补苴变通，在乎任者。总之，法行有渐，今日以安辑人心为本。臣惟常怀鱼惊鸟散之忧，以襄皇上惇大宽裕之治，必求有功，宁徐无骤。伏候圣裁。崇祯十七年正月二十三日具题。"奉旨："这钞法四议尚未详，速着再确酌来说。"（页7B）

案：倪《谱》卷四："（崇祯十七年正月）二十三日，遵旨推行钞法。上以侍郎王公鳌永、司务蒋君臣之言，锐行钞法，谕户部详议。府君言……上以钞有人无，出弗善也，已召京商领散，贯责一金，莫有应者，急且卷箧去。钞法卒格不行。"（页23A）

二十六日，辅臣李建泰出京督师，帝御正阳门楼行遣将礼，授尚方剑，文武大臣与宴。

《国榷》卷一〇〇："（崇祯十七年正月）乙卯，命驸马都尉万炜告太庙，行遣将礼，敕礼部右侍郎兼东阁大学士李建泰曰：'代朕亲征，以尚方剑从事，一切调度赏罚，俱不中制。'上临轩，授尚方剑，幸正阳门楼宴饯之，命文武大臣侍坐。乐作，上手赐卮酒曰'如朕亲行'，建泰顿首谢。即行，上目送之，至泣下。是日，大风霾，占曰'不利行师'，建泰御肩舆，不数武杆折，识者咎之。进士程源说监军凌駉曰：'此行也，兼程抵太原，收拾三晋，犹可济也。若三晋失守，无可为矣。'"（第6册，页6019）

案：倪《谱》卷四："（崇祯十七年正月）二十六日，上行遣将礼，府君与宴。督府曲沃启行剿贼，上遣驸马都尉万炜告太庙，御正阳门楼，宴饯官军，旗幡十万余，旌旗金鼓甚盛。驾至，则鸿胪赞礼，御史纠仪，内阁部院五府京营并与宴。酒七行，上亲酌金卮三赐之，奖谕数百言，内珰为挂红簪，花鼓乐导，上方剑而出。"

（页 23B）"曲沃"即李建泰。

同日，有旨令户部制定开采事例，上奏言开采非便，事例准贡可暂行。

《崇祯实录》卷一七："（崇祯十七年正月乙卯）谕户部开采事例。尚书倪元璐言'开采非便，事例准贡可暂行'，从之。"（《明实录》第 88 册，页 518）

是日，前兵部尚书张国维因兵败下狱，上疏言张国维可用，命仍原衔督理浙直输饷练兵。

《崇祯实录》卷一七："（崇祯十七年正月乙卯）逮前兵部尚书张国维，以蒙蔽故也。逮至，左都御史李邦华、户部尚书倪元璐俱言国维可用，命仍原衔督理浙直输饷练兵。国维奏输纳事宜，命部议之。"（《明实录》第 88 册，页 518）

是日，上《请免军籍疏》，请改军籍为民籍，脱籍纳资可得银千万，不听。

《倪文贞集》奏疏卷一一《请免军籍疏》："臣昨晤京西屯抚方孔炤，出其所条免军籍为民籍一议。大略以凡军之家，原有一支当军他卫，每十数年归宗勒取军装，大户尝派二三百，小户百两不等。今其军之绝者，屯田为人所占，其不绝者，亦既长养子孙承户矣。祖籍军名，似可豁除合无，凡系军籍许纳军装银两，免其勾补，改为民籍，只此一项，可得千万，民所乐输……臣闻其言，惊叹心折，天下军籍，皆苦军装，究竟未尝勾补，徒费一番骚索耳。诚得纳资脱籍，化军为民，天下人情必大感悦。只一籍百金，计之天下军籍约百七十余万，除经贼乱残区之半，少亦可得千万，一岁挞伐之事，充然有余。此亦所谓顺民之欲，以便民为裕国，虽权实正者也……崇祯十七年正月二十六日具题。"奉旨："军籍原属祖制，岂可议更？不准行。"（页 5B）

二十七日，上《请撤桑穰中官疏》，请停撤内臣收买桑穰，责成有司，以安人心。辅臣蒋德璟亦再疏入，乃辍不行。

《倪文贞集》奏疏卷一一《请撤桑穰中官疏》："陛下锐行钞法，专遣内臣孙元德前往浙江、苏松、山东等处收买桑穰，头运已报起解，专官速成，在臣部可藉手辞责矣。乃顷自浙江来者，备述民间惊闻中使之至，凡纸户、伞铺悉皆窜逃……凡民间自取桑穰，皆因剪落遗条，俟四月蚕事告成之后，以其暇日收弃地之利，于桑无害。今以钦限迫急，朝使威严，所司望风，奸徒生事，势必就桑取皮，先蚕毁叶，皮尽根枯，则终身之资绝，叶弃蚕死，则一岁之事荒……臣昧死请敕钞局，先将解到桑穰造用，其余惟严责抚按，专属有司，必俟蚕成之后，收买报命，所遣内员，立行停撤……今臣杞忧，急以入告，伏望即日俞行，安定人心，早速为贵耳。崇祯十七年正月二十七日具题。"（页 9A）

蒋德璟《回奏改票桑穰钞匠二本待罪揭帖》："至桑穰一事，则尤有可商者。国初命农家凡有田五亩，栽桑麻各半亩。又命凤、滁等处，每户种二百株。又命天下多栽桑枣，每里初年二百株，三年六百株，违者戍罚有差。故其时桑多而穰亦多。今自奴寇残破之后，畿内及山东、河南几无桑矣。杭、嘉、湖三府，虽为宜桑地，而水旱时告，赋敛繁兴，农桑之家愁苦尤甚。骤责以桑穰田十万勌，恐尽括之亦不能彀，而其害将有不胜言者。至于作房工料之费，及民情惶惑之状，臣尚未敢尽陈……崇祯十七年正月二十七日上。"（《悫书》卷一二，页7A）

案：桑穰，指桑树的第二层皮，为造皮纸上等原料。黄道周《倪文正公墓志》："既遣中使从浙直收买桑穰。公乃见蒋晋江，告曰：'此事吾不独力，愿与公分之。'蒋公许诺……上犹豫久之。蒋公亦再疏入，乃辍不行。"（《黄道周集》卷二七，页1178）

三十日，蒋德璟极言练饷之失，帝极震怒，元璐与诸臣申救。

《三垣笔记》附识中："光给谏时亨疏言练饷殃民，追究倡议之人，蒋辅德璟拟旨，有'向前聚敛小人，倡为练饷搜括，致民穷祸结，误国良深'等语，上不悦，因召对面诘曰：'这票内聚敛小人为谁？'德璟不敢直斥杨嗣昌，但以旧李司农待问对，而于科臣则云失记。上曰：'朕非聚敛，止欲练兵。'德璟曰：'上岂肯聚敛？因既有旧饷五百万，新饷九百余万，复增练饷七百三十万，当时部科实难辞责。且所练兵马安在？蓟督抽练兵四万五千，今止二万二千，保督抽练三万，今止二千五百，保镇抽练一万，今止二三百。若山永兵七万八千，蓟密兵十万，昌平兵四万，宣大山西兵、陕西三边兵各二十余万，一经抽练，将原额兵马俱不问，并所抽亦未练，徒增七百三十万之饷耳，民安得不困？'上又言：'今已并三饷为一，何必多言？'德璟言：'户部虽并三饷为一，然外州县追比只是三饷。'上震怒，责以朋比，德璟力辨，诸辅臣复为申救，而倪司农元璐以钞饷系本部职掌，自引咎，上始稍解。德璟退……因引罪出直，上虽慰留之，竟以此去。未几，练饷亦议裁。"（页224）

倪《谱》卷四："（崇祯十七年正月三十日）蒋晋江恶练饷之失，数为上言，至是光给事时亨复言练饷殃民，追咎首议。晋江拟旨有'聚敛小人'之语。上疑讽刺，震怒，诸辅冢宰皆为申救，府君至以钞饷系户部职掌，自引咎，上乃稍霁，命起晋江。又极言练饷之失，退而具揭求退，诘旦，而练饷议裁矣。嗟乎！府君与晋江积虑极言而不得者，乃得之于一怒之余，圣英转圜如此。"（页24B）

案：参见蒋德璟《回奏改票练饷本并席藁请罪揭帖》。（《悫书》卷一二，页9A）邵廷采《明户部尚书死义倪文正公传》："是日，上怒蒋德璟条旨言练饷事有'聚敛小人'语，诘问德璟，不屈。公以钞饷户部职掌引咎，上乃稍霁，命起。德璟出，又补疏极言练饷之失，且求退。诘旦，谕裁练饷。"（《思复堂文集》卷二，页78）

是日，召对文华殿，谕户部务措兵饷百万两，以济边需。

倪《谱》卷四："（崇祯十七年正月）三十日，召对文华殿，谕府君：钱粮户部职掌，目前务措百万，以济边需。时库贮不满二千，而责成重大如此，府君奏外解未到，中途梗阻，因言浙中东阳、义乌之变。上曰：'不必奏，即与辅臣议足。'"

476

（页 24B）

二月初二日，又蒙召对，确陈军国大计及措饷事项。

倪元璐《阁部最要事宜疏》："臣于正月三十日及二月初二日连蒙召对，确陈军国大计。"（《倪文贞集》奏疏卷一一，页 10B）

连蒙召对，催饷甚亟，初三日上疏条奏户部最要事宜。

《倪文贞集》奏疏卷一一《阁部最要事宜疏》："臣于正月三十日及二月初二日连蒙召对，确陈军国大计。其间有臣先已奏明者，有临时面奏者，愚劣之诚，皆蒙皇上嘉许。而丹陛仓猝，恐口语未能悉达，又仰见皇上委曲畴咨，日旰未御尚膳，悚仄而退，谨将阁部最要事宜，摘列条奏如左，伏候圣监施行。计开：一、各处钱粮通欠数目……仍行文十日一催，责成司官赵龙等，及各关仓附近等差，分头督催，不敢泄玩，各州县完欠细数，另造清册备察……一、臣部之应付京边者，惟恃外解。今饷银解到八万余两，而京边之索饷者，不啻数百万……当此京边嗷嗷，饷之未至也，犹引领而待，饷之既至，则内外交迫，倘不发则事不可知，臣罪无辞，身无足惜，而事之决裂不可挽也。臣察浙银久报到河间，臣已差促沿途地方官拨兵护解，使京边不致抉望，俟解到奏明……崇祯十七年二月初三日具题。"（页 10B）

初六月，再谕户部：边饷甚亟，外解不至，应严以赏罚，内责部科，外责巡按。

《国榷》卷一〇〇："（崇祯十七年二月乙丑）谕户部曰：边饷甚亟，外解不至，皆由有司急赃赎而缓钱粮，不严赏罚，何以劝惩？今内责部科，外责巡按，痛禁耗索，完额则升京堂，否者除名。"（第 6 册，页 6023）

案：郑《表》，二月乙丑为初六日。时门生吴甘来为户科给事中，所记当时皇上召对催饷情形。《吴公苇庵先生年谱》："（崇祯十七年）二月，西路告失，军兴烦急。上一日召对，圣威盛形，大司农倪公鸿宝首以饷数开陈，未蒙温谕。先生徐进曰：'臣科与户曹表里，所核今饷折输欠若干，固可按籍稽也。但臣独虑者闻贼而逃，民见贼而喜，恐不啻无饷之患，愿轻赋税以收拾人心，是为今日急着，不则寇假仁义以相诱惑，则开门犒迎。其势也，惟得将能御兵，使之不害民、不畏贼，残破不足虑耳。'上然之。"（《吴庄介公集》卷六，页 25B）

同年兵部右侍郎王家彦来书，言军饷不继，危机四伏。

王家彦《与倪鸿宝大司农》："老年台以论思兼筹九伐，只为时事正殷，圣明独务所急，旒扆弘开，重烦启沃，礼乐韬铃，兼总条贯。自调元之席，延纡岁月，遂使舆情久郁，天心未泰，今以其时可矣。锋车晋入，风传欢吹，士类咸依，不肖久疏抠侍，枯守城头，无从一奉清光，写此茂悦。念乘城已六阅朔，馈饟莫续，张颐待哺者嗷嗷难戢，让举匕而守俎豆，非可望于千万操戈之士，不肖为此怦怦。贼一股先奔者，连营于香河、宝坻之间，而西突者鸷伏易、涞，日久未动，非纠集劲旅，五攻十围，旄头之悬，何日之有？冀旦夕解陴守之严，得乎老年台安攘至计，经纬河汉，舟楫江涛，必有以解今日之悬，上怡吾君，下苏吾民，亦不鄙愚蒙有约

略教之乎?"(《王忠端公集》卷七,页41A)

案:书云"念乘城已六阅朔,馈饷莫续",则王家彦任兵部侍郎协理京营戎政时作。《明史》卷二六五王家彦传:"顷之,擢户部右侍郎。都城被兵,命协理京营戎政……初,分守阜成门,后移安定门,寝处城楼者半岁……十七年(1644)二月,廷推户部尚书。帝曰:'戎政非家彦不可。'特留任。"(第22册,页6847)

初九日,门生姜采谪宣州,来辞于京邸。

姜采《倪文正公字跋》:"崇祯甲申二月初九日,采以谪谴宣州,辞先师于京邸。先师方为大司农,是夜应召平台,漏三十下出朝。先生见采下拜,采伏地不敢起。先师握手痛哭曰:'子知大内帑金仅四十万两,如此何以立国?子此行努力,老夫不能正首丘矣。'未几神京陷,先生果尽节死。"(《敬亭集》补遗,页292)

案:《姜贞毅先生自著年谱》:"甲申年三十八岁……二月一日,诏谴宣州卫,同年友成德等各赋诗送行,初十日出都。"(《敬亭集》,页12)

十二日,经筵进讲《大学》"乐只君子"一节,言及"生财有大道",帝疑其讽切,责其"边饷匮乏,部中未见有长策,徒作此皮面语",元璐徐奏曰:"臣儒者,只知因民之情,藏富于国耳。"

《明会要》卷一四:"(崇祯)十五年,倪元璐以大司农充讲官,讲'生财有大道'一节,极言加派聚敛之害。上震怒,谓:'边饷匮乏,部中未见有长策,徒作此皮面语。'元璐徐曰:'臣儒者,所陈虽是书生语,然不敢怀利以事君。'上默然。次日谓阁臣曰:'讲筵有问难而无诘责。昨日之言,朕甚悔之。'"(页229)

黄道周《倪文正公墓志》:"甲申二月,经筵讲'乐只'之章,公因敷陈生财大道。上疑其讽切,辄语曰:'今边饷匮绌,压欠最多,生众为疾,作何理会?'公徐奏曰:'皇上圣明,不妨经权互用。臣儒者,只知因民之情,藏富于国耳。'既不慑,亦不引谢。"(《黄道周集》卷二七,页1178)

案:《明会要》系于崇祯十五年,非是。倪《谱》卷四:"府君既奏撤桑穰内员及争借助士民,多危言,上怵于正论,从之,意弗善也。"(页25B)

十三日下午,陈演等传元璐至内阁,有谕旨云:"从来讲筵惟有问难,未尝诘责,昨日偶尔诘饬,朕之过也。"

《倪文贞集》奏疏卷一一《启沃奏谢疏》:"乃昨十三日晡,阁臣陈演等传臣至阁,恭述今旦上御暖阁,召阁臣,特谕云:'从来讲筵惟有问难,未尝诘责,昨日偶尔诘饬,朕之过也。先生每宜救正,朕仍传谕讲臣,以后照常尽诚启沃,毋得因此辄有避忌。钦此。'阁臣又备述圣怀撝抑,诚切谆悬,臣就阁庭应声泪下。"(页14B)

十四日,上奏谢恩,并请解户部职,专守讲筵之司,温诏答之。

《倪文贞集》奏疏卷一一《启沃奏谢疏》:"第臣自去年五月管计,业于关、宁、蓟、永四镇首清本折三十万,又遣司饷郎中孙襄于宣府镇清饷六十万,又咨查宁抚黎玉田清饷七十余万，又先后准枢臣冯元飚、张缙彦咨报缺兵之饷三百余万，硁硁之诚，以为兵清而饷无浮冒，饷无浮冒而国用足，国用足而加赋可以渐减，赋渐减而民力少休，于以殄寇剿贼，莫切于此。惟是从前匮缺已甚，圣明宵旰，臣孤存报国之心，而不能纾国之急，臣实有罪。而天言垂教，引为已辜，则臣更何地自容也。仰祈皇上解臣计职，使臣守讲读之司，专文墨之事，必当益励学问，誓竭愚诚……崇祯十七年二月十四日具奏。”奉旨：“览卿奏谢，知道了。着益摅荩効忠，实裨治理，其生节清厘事宜，原属司计职掌，亦要殚力筹划，无致匮缺，以副特恩。”（页14B）

有诏行“借助赎罪”之令，又命户部详议“借及士民”，限五日完成。十七日上疏言此举“百害俱生”，帝为罢借士民。

《倪文贞集》奏疏一一《奉议输捐疏》：“该本部题前事等因，奉圣旨：‘这借助赎罪分别叙释等事，俱依议，仍着多方劝输，以济边急，不得听其推诿。内员武职，俱一体照款行，如有殷富士民，好义借助，作何旌劝，也着详议来说。分省原自妥便，但系被寇地方，无妨别举，谕旨严禁抄传。知道了。钦此。’臣思借助之令及于官绅，在圣衷犹以为非其得已，况士民乎？夫官绅义无所逃，相与鼓劝之，犹存礼体，士民何知？而临以诏令，名为鼓劝，实则逼胁蹂蹴之耳，必有挟仇取贿，百害俱生……伏乞鉴裁，免行详议，臣不胜悚息，谨题请旨。崇祯十七年二月十七日具题。”（页16B）

案：《国榷》卷一〇〇：“（崇祯十七年二月乙亥）命劝贷文武诸臣，限五日，户部上文武纳银貤封事例。”（第6册，页6027）又倪《谱》卷四：“（崇祯十七年）二月十一日，上行捐助之令。借助断自宸衷，令廷臣举奏中外文武之有财力者，设格鼓励，继有旨借及士民。府君言：……上为罢借士民，而命张公国维劝输浙直。”（页25A）

是日，又上疏奏劾户部司属榷关之苛虐者。

倪《谱》卷四：“（崇祯十七年二月）十七日，奏劾司属榷关之苛虐者。”（页26A）

十八日，通州兵噪伤巡抚杨鹗，巡按柳寅东奏言“饥军索饷”致哗，奉旨户部回话，上《饥军索饷疏》。

《倪文贞集》奏疏卷一一《饥军索饷疏》：“该顺天巡按柳寅东题为‘饥军索饷，斫伤抚臣，地方大变，已经剿抚，星驰上闻事’，崇祯十七年二月十八日酉时，奉圣旨：‘哗兵戕抚，殊可诧异，为首的密拏正法，胁从的安戢还伍。俱着该督抚道加意料理，其致哗情由，仍着巡按御史即行密察，奏饷银多方措发，户部堂司官回话。该抚被伤情形，兵部马上差人飞探具奏。钦此。’臣闻报骇愤，受命恐惶，哗军至戕抚臣，实为异变，据以缺饷为词……然而时当匮绌，饷实不敷，自该抚七月受事以至于今，凡发过月饷银共二十万八千两，近以外解不至，应不以时，会有至者，又以根本急计，偶作那移，边人不知，易生怏怏。臣谨一面凑措现饷，不拘多寡，随所有应之；一面派拨顺天府属涿州等处额税共五万两，乞遣行人司行人谢于宣前往守催押解，足以小安军心，杜其偶语矣。臣以驽庸，竭蹷生节，伏候圣裁。"（页18A）

案：《国榷》卷一〇〇："（崇祯十七年二月辛巳）通州兵噪，伤巡抚杨鹗。鹗上章自劾乞罢，上以'杨鹗实心任事，岂因其噪辄易？'赐药金三十。"（第6册，页6030）顺天巡按柳寅东，字凤瞻，四川梓潼人。崇祯四年（1631）进士，授广东巡按御史，十六年（1643）巡按顺天。明亡后仕清。《清史列传》卷七九有传。（第20册，页6611）

二十日，奉旨祭祀太仓之神。

《痛史本崇祯长编》："（崇祯十七年二月二十日）遣户部尚书倪元璐祭太仓之神。"（页91）

二十三日，上《请停催饷疏》，言宜撤遣催饷内臣，朱大典罚额宜减过半。

《倪文贞集》奏疏卷一一《请停催饷疏》："前奉圣旨：'军饷亟需，解运中断，蠲缓迭颁，民生未苏，今特差乾清宫管事王坤，科臣韩如愈、马嘉植、辜朝荐，着各照题定地方访察……又朱大典已有旨着抚按提问，姑令纳银四十万，用济军需，准减其罪，一并会同抚按勒限督解……'臣等恭诵制词，具征德意，本以民生日蹙，守令无良，违诏屯膏，察一警百，是则此举诚为惠民，而设原非专在催征。即以催征言之，当兹时艰四噪，外解不前，臣等同处一舟，不寒俱栗，况臣璐司计，尤切扬号。又凡皇上敕遣内臣，每严约束，知必周思利害，切诫多端，使者定能遵体德意，载其清静。然而臣等相与筹维，期期以为未可者。诚以臣乡金华之乱，虽贼渠授首，而党蘗未清，朱大典适居金华，其地人本枭悍，重以骇荡之余，忽闻诏使天来，一惊百动，又四十万金何容易办？势必迁延时日，牵引亲朋，汹汹不休，良奸并起。即其他郡邑，积荒新警，是处惊危，科内诸员一时总至，有司承奉督责，宁复聊生，乱人乘之，恐遂无浙，是则臣等之所大惧也……至朱大典物论虽腾，而罚额太侈，尤希恩减过半，免累地方。臣等不胜惶悚激切之至。崇祯十七年二月二十三日具题。"奉旨："专委科臣已有旨了。朱大典贪婪异常，岂得代为请减？并一切应解钱粮，如催不及额，致误军需，该科必罪，不贷。"（页19B）

案：倪《谱》卷四："（二月）二十二日，奏撤催饷中官。上遣中官王坤、科员韩如愈、马嘉植、辜朝荐四出催饷，并罪辅罪督，罚银各四十万。府君上言……语甚切至，上为撤内员。"（页26A）又《国榷》卷一〇〇："（崇祯十七年二月丙戌）户部尚书倪元璐请减朱大典赃银，不允。"（第6册，页6031）

朱大典，字延之，一字未孩。浙江金华人。万历四十四年（1616）进士，仕至总督漕运兼巡抚庐、凤、淮、扬四郡，移镇凤阳。崇祯十四年（1641），给事中方士亮等劾以"不能持廉"，诏命革职候审。事未竟，而东阳许都之乱作，被仇家构以罪，诏逮治，籍其家充饷，会国变止。南明福王时，召为兵部左侍郎，晋尚书。唐王在福建登基，授东阁大学士，督师如旧。清军兵临金华，大典与部将固守，以身殉国。事具《小腆纪年》卷九小传。（页343）

二十四日，上《殄寇大谋疏》，陈守御遏援三策，不报。

《倪文贞集》奏疏卷一二《殄寇大谋疏》："臣观今日贼势披猖，急需剿御之策……惟最关目前大计者，则有三策，径具奏闻。一首惠京师，心膂畿辅，以定本谋。夫贼之猖獗至此者，非贼之能也，皆由人心涣离，为贼作势耳。今日急着胜气，惟在固结人心……宜预令本地在京诸臣，确举其乡宦绅衿士、德望群推者一二人，特各赐敕书，使之联结党闾，鼓励忠义，寇至婴城并力固守，事平之后，察明有功，破格旌叙，并赐复民租一年，以此握固，胜于调援，此一策也。一特重留都，肘腋凤淮，以通中脉。祖宗两都并列，今日始知深心。盖以迁鼎燕都，鞭长难及，遥尊弓剑，以系人情，今宜移变萧疏，还其赫濯，凡一切官设、军容、政教、法禁，必与辇毂并重，中坚屹然，而外引凤淮为两翼……自淮以南至于江，责之淮抚；自淮以北至于济，属之抚宁。各务增兵逾万，练成劲师，无事则俾之分治封疆，有警则责其互相羽翼，通漕护运，即在其中，此又一策也。其一聚粤闽江浙为一气，肩背吴会，以壮南维。今西北不竞，宜用东南，而粤闽江浙势分情涣，无复唇齿辅车之势。夫春秋同盟，倚强与国，就四省而论，闽为中权，以其大岭在前，负海为固，水师方盛，甲于诸州。请改闽抚为督，通辖四省，一处闻警，通盘调度，轻则就近，大则连衡……今臣此议，既可以壮西北之声援，又可以鼓东南之义气，从此遏灭闯、献，不敢南窥，此又一策也。臣之所急者，有此三策，此外兵食之谋，向操五说：其一并兵；其一海运；其一免军籍为民籍；其一赎罪，推于大辟疑赦；其一给封，极于三代，罢闲内军籍赎封……崇祯十七年二月二十四日具题。"（页1A）

案：倪《谱》卷四："贼逼畿辅，陈守御遏援之策……未报。"（页28A）

二十六日，解任户部尚书，仍归詹事府，专任经筵日讲官。吴履中为户部侍郎，管尚书事。

《崇祯实录》卷一七："（崇祯十七年二月乙酉）户部尚书倪元璐解任，仍归詹事府，专日讲。"（《明实录》第88册，页526）

《小腆纪年》卷三："（崇祯十七年二月乙酉）明罢户部尚书倪元璐，以大理寺丞吴履中为户部侍郎，管尚书事。"（页67）

案：郑《表》，二月乙酉为二十六日。倪《谱》卷四："上以大理寺丞吴履中为户部左侍郎，笕计务。先是，上重司农之寄，吏部五推，内阁六举，上意皆不属。至是阅两月，府君始得代解部事。"（页27A）吴履中，字暄山，南直金坛人。天启五年（1625年）进士，历官大理寺丞，是年二月，擢户部侍郎，署尚书事。《小腆纪年》卷三："履中为御史时，有声，尝上言用温体仁、杨嗣昌为二失。既管部务，无所表见。京师陷，元璐投缳死，履中竟降贼被掠。徐鼒曰：'元璐侃侃持论，

深识事机，台省诸公，无出其右，而乃置之闲散之地，易以阘冗之才，甚矣思宗之闇于用人也。'"（页69）

解事后，又上《议恤车户疏》，建言厘革车户金报之权，不报。

《倪文贞集》奏疏卷一二《议恤车户疏》："去夏臣才受计，即欲陈奏，而仓臣白贻清以为运事方兴，不及改作，仅立为半救之策：曰并仓、曰桥支。才一并仓，即省车户脚价二万金，一时小欢，然不大解，更弦汤火犹在。臣自去年九月至今二月日，进诸司刘显绩等、车户湛得盛等，反复商论，既有成谋，臣岂敢以离局之身谢其事乎？臣观车户大累在于金报，金报之权属之郡县……初臣议欲移运于官，今思官仍倚力车户耳，不如径直为功，请择车户之久惯有身家者，定为永役，历世不迁，有若人之经纪铺商然者。其后听得子孙相承，亦许募择顶补，如此则可不烦金报，畿民由此其卧于于然矣。然而运价不敷，谁肯领任？……今臣议增给每石五分，每百万石增银一万两，照米入增减，多亦不过二万两，从户部措给……崇祯十七年二月日具。"（页4A）

案：倪《谱》卷四："（崇祯十七年二月）府君虽谢事，犹惓惓于车户，以去年仅止半救，更申全议。……然时事孔棘，未奉进止。"（页27A）

为孙传庭《抚秦四录》撰序。

《倪文贞集》奏疏卷七《孙督师抚秦四录序》："《四录》者，白谷孙公传庭抚军关内奏绩对扬之书也，曰《鉴劳录》，曰《清屯始末》，曰《练兵总录》，曰《省罪录》……方岁丙子，公受命抚秦，海水群飞，蔓荆载道，标无劲旅，廪寡宿粮，谈兵之家，莫不徘徊审顾，需剖将来。公投袂而起，慷慨无前，率未练之卒，出百死之计，不旬月而禽剪渠魁，俘献阙下，大憝元恶，相继伏诛……而武陵之怃，乘间窃发，因其灰心引疾，坐以诬罔，无将幽系请室，罚行赏稽，时论之颠，无若此者。然自公去秦，而寇日滋横，上益思公，乃召公于圜扉。已使督师七省，时余在司农，备陈末议，请行营粮糗从军所壁，就近辇输，俾无反顾。及公率师出关，分道进讨，自将大兵，由阌乡、宝丰进击逆闯，频战频捷，克复日闻，中外相庆，指顾荡平。乃天吴恣虐七日，其鱼举近输之粟，皆断阻不前，士马并困，不得不退保就食。而一军之却，坐误全师，贼反乘之，因而溃败……悲夫！余与公同膺环命，并佐中枢，尝诵《四录》于木凤之日，辄欲弁其简端。会军书旁午，援笔辄投，今解计归讲，不忍以心许之言负吾死友，为叙梗凡，以挥宿涕。"（页2A）

案：孙传庭（1593--1643），号白谷。山西代州人。万历四十七年（1619）进士，明崇祯九年（1636）出任陕西巡抚，组建秦军，伏杀闯王高迎祥。十五年（1642）拜陕西总督，清剿李自成、张献忠。十六年，战死于陕西潼关，年五十一。《明史》卷二六二有传，曰"传庭死而明亡矣"。（第22册，页6785）文云"余与公同膺环命，并佐中枢……今解计归讲，不忍以心许之言负吾死友"，则解任户部尚书后所作。

是月，荐徐人龙为户部尚书，特旨改兵部尚书。

《小腆纪传》卷二四"徐人龙传"："甲申，晋户部尚书，以倪元璐荐，特旨兵部。比至淮，闻国变，恸哭草檄讨贼。"（页264）

案：毛奇龄《明正治卿中奉大夫兵部右侍郎累加二品服俸徐公传》："甲申，复荐推公户部尚书，时倪文正司计，力荐公可用。故事，官计无浙人者，上特用文正，今复用文正荐，特旨兵部，马上催公入京。"（《西河文集》卷六，页1A）

二十八日，帝命府部大臣各奏战守事宜，密疏请命太子抚军监国南京。

《国榷》卷一〇〇："（崇祯十七年二月丁亥）命府部大臣各条战守事宜，上候于文华殿。各札入，左都御史李邦华、少詹事项煜、左庶子李明睿各言南迁及东宫监抚南京，上骤览之，怒甚，曰：'诸臣所言者谓何？'稍间，色渐平，亦以寇氛日剧，言或可采也。而竟中寝。"（第6册，页6031）

《甲申传信录》卷一："（崇祯十七年）三月初一日，召对陈州生员张鑨中左门，请皇子监国南京，择一二老臣忠爱大臣辅之。左谕德李明睿请南迁，日日上奏。翰林户部尚书倪元璐、都御史李邦华，请太子监国南京。上曰：'朕方责诸臣以大义，而使太子出，是倡逃也。其谓社稷何！'会科臣光时亨具奏以为不可，议遂寝。"（页10）

案：元璐奏请东宫抚军南出，参见《守御遏援疏》："故臣尝奏请留都政令宜与京师并重，近复密奏东宫宜抚军南出，以鼓东南之气，系近道之心，乃圣明守经，以为不可。今贼已逼京，人心动摇，益须早决大计，号召勤王，事机一失，后即难追……伏祈皇上参览前事，早奋乾断，命皇太子统师而南，选京营将校并精卒万人，择廷臣有才望者辅之，出于河间、德州之间，事急则帅天下兵入援，贼退则前驻留都，控引淮徐，遏贼转掠山东，窥截漕路，诚令两京莫安，命脉流通，然后徐用东南，以收平荡，又何难焉？"（详下）

同日，吏科都给事中吴麟征请弃山海关外宁远、前屯二城，徙吴三桂入关以卫京师，倪元璐等赞同此议，阁臣陈演等皆以弃地非策。

《国榷》卷一〇〇："（崇祯十七年二月辛亥）命府部大臣各条战守事宜，上候于文华殿……吏科都给事中吴麟征请弃山海关外宁远、前屯二城，徙吴三桂入关，屯宿近郊以卫京师。三桂忠勇，可倚以办寇。廷臣皆以弃地非策，不敢主其议。"（第6册，页6031）

《三垣笔记》附识上："京师闻宣、云既陷，诸臣皆以京兵不足恃，非蓟督王永吉、宁远吴三桂、密云唐通合力一战不可，上然之。陈辅演以为不可，揭云：'一寸山河一寸金，锦州告急，宁兵万不可调。'上命召诸臣赴阁会议，有主不可调者，有持两可者，有主迁南京者。独朱成国纯臣、倪宫詹元璐、金少司寇之俊、孙都谏承泽以为当调，而吴都谏麟征争之尤力，谓事当从实……陈辅演、魏辅藻德皆与是议左，方辅岳贡移书南司马，深咎之，麟征不顾也。"（页219）

案：元璐赞同吴麟征檄吴三桂兼程入援之策，《守御遏援疏》云："宜速檄边将吴三桂，将关宁之众兼程入援。三桂既至，则唐、通有所犄角而自奋，二镇互相声援，并蓟津之兵亦奋矣。"（详下）

三月初三日，上《守御遏援疏》，内则言守御，外则言遏援，未报。

《倪文贞集》奏疏卷一二《守御遏援疏》："臣于本月朔日谢管部务，专供讲职，矻矻之诚，未能解主忧而舒国恤，中夜傍惶，实深负疚。忽闻贼拨已及，举朝惊骇，伏想圣明弥加赫怒，臣绕床竟夜，眦发俱裂……今内则言守御也……宜敕府部各衙门推择奏闻，仍察曾经城守著绩者，不问绅士，擢委一同调度，事习则能赡，志定则气出耳。京军所阙月饷，即与补给，部库不足，借支内帑。军无反顾，乃有奋心，如贼果逼城，须重悬赏格，又飨犒时颁，壶餐不绝，要在鼓舞无倦，人思致死，然后退可以守，进可以战。今京营十万之众，用之登陴，不为寡阙，如其未足，取诸卫卒，不必派役民丁，动骚闾左。通仓米粟速运入都，牛车未足，就令京军负戴，用元人董抟霄传运之法，数日可毕……在外则言遏援。宜速檄边将吴三桂，将关宁之众兼程入援。三桂既至，则唐、通有所犄角而自奋，二镇互相声援，并蓟津之兵亦奋矣……故臣尝奏请留都政令宜与京师并重，近复密奏东宫宜抚军南出，以鼓东南之气，系近道之心，乃圣明守经，以为不可。今贼已逼京，人心动摇，益须早决大计，号召勤王，事机一失，后即难追……惟皇上以暇豫之思，决勇敏之策，宗社苍生，实为厚幸……崇祯十七年三月初三日具奏。"（页5B）

案：倪《谱》卷四："贼逼畿辅，陈守御遏援之策……未报。"（页38A）

初四日，辅臣蒋德璟引疾求罢，许之。

《痛史本崇祯实录》："（崇祯十七年三月壬辰），大学士蒋德璟引疾求罢，帝优诏许之。赐路费银四十两，纻丝二表里，令驰驿去。"（页109）

案：郑《表》，三月壬辰为初四日。先是，蒋德璟论练饷之害，帝震怒，责以朋比。《明史》卷二五一蒋德璟传："德璟力辩，诸辅臣为申救。尚书倪元璐以钞饷乃户部职，自引咎，帝意稍解。明日，德璟具疏引罪。帝虽旋罢练饷，而德璟竟以三月二日去位。给事中汪惟效、检讨傅鼎铨等交章乞留，不听。德璟闻山西陷，未敢行。及知廷臣留己，即辞朝，移寓外城。贼至，得亡去。"（第21册，页6500）

是日，部臣蒋臣来访倪府商讨局势，元璐决以死明志。

蒋臣《告倪文正公文》："犹记甲申三月之四日，谒公于私第，就公咨国计。公语某曰：'事势万不可为，然以星命决之，天子万年，即不谷亦不应有死，法可无虑也。'某对曰：'如事势何？脱不可讳则奈何？'公笑曰：'惟有死耳。'某对曰：'公已谢事，无官守矣，能如信国京口夜遁，更图后计乎？'公愀然曰：'吾不能，子何云不在其位也，设前此在林间？率尔闻变，身为大臣，持此不死之身，将安之乎？'某流涕曰：'虽然，犹有太母在矣。'公曰：'固无可如何也，亦有家弟及儿子辈在矣。有子不能致身，将安用之？虽然，吾误子矣，子志不欲仕，而吾强之仕；子谓时事万不可为，而吾强之为；子有老亲而无家，且弟与子皆幼，子才十倍于吾，吾已致位大僚，而子才百未尽一，如子则真未可以死也。'某泣谢曰："夫子其以某为非人耶？古人有言曰：子在，回何敢死？如子死，则某何敢生？'公曰："不然，此亦易地则然矣。死易，不死难，子且勉为其难者。曩者天子实欲骤贵子，赖某持之甚力，谓求子方欲自代，但须少迟之岁月。今幸子名位不极，不为世所指名，故谓子可以无死，非谓子不能死也。'嗟乎！如公之死，持之甚定，而安之若素，英风正气，浩浩行空，真无憾矣。"（《无他技堂遗稿》卷一三，页6A）

初五日，面对乱局，知京师将不保，誓言"惟有七尺以报国恩"，怀一巾于袖中，"时至即行"。

倪《谱》卷四："三月五日，寇势日亟，府君谓所知曰：'今无兵无饷，无将无谋，而贼如破竹，人心瓦解，然吾心泰然。以上忧勤，初无荒淫失德之事，读尽史书，岂有如此圣英而一败涂地者？但近日举动，凡遣委封赏，听言用人，多是手忙心乱。吾受恩深重，无可效者，惟有七尺耳。'"（页38A）

案：元璐知事不可为，始为不测预作准备。蒋士铨《倪文正公传》："公在户部，忧瘁非常，知不能支，怀一帨于袖中，尝曰'时至即行耳'。"（《倪氏宗谱》卷一四传赞志述，页28A）刘宗周《哭殉难十公用前韵》其二《大司农鸿宝倪公》序曰："公官大司农，知国事不可为，时怀一帨于袖中，曰'时至即行'。"（《刘宗周集》第6册，页1022）

又急递家书，关照弟倪元瓒，若有不测，劝慰照顾母施太夫人。

韩广业《献汝公传》："未几，闯贼陷京，文正急递至，曰：'时事如此，唯有七尺，吾心泰然，弟以好语慰太夫人，切嘱。'"（《倪氏宗谱》卷一四传赞志述，页3A）

倪《谱》卷四："又驰家书曰：'脱有不测，幸好谢慰太夫人。'"（页38A）

三月初七日，天津巡抚冯云飏遣子至京，欲迎崇祯航海，行幸留都，诸臣意见纷纭，其子留京七日才归天津。

黄宗羲《巡抚天津右金都御史留仙冯公神道碑铭》："公留仙巡抚天津。先是，崇祯十六年冬十月，公密陈南北机宜，谓：'道路将梗，当疏通海道，防患于未然。'天子俞之，公乃具海舟二百艘，以备缓急。明年三月，使其子恺章入迎天子，奏曰：'京师戎政久虚，以战以守，无一可恃。臣督劲旅五千驰赴通郊，躬候圣驾航海，行幸留都。'初七日，恺章至京师，见张公国维，张公曰：'寇深矣，是请也不可缓。'倪公元璐曰：'皇上有国君死社稷之言，群臣无以难也。'方公岳贡、范公景文曰：'曩者津门饷匮，公要苏州之运以给之，天子方怒，疏上且死。'恺章傍徨七日，不得要领，归报于公。未四日而京师陷。"（《南雷文定》卷五，页20A）

初八日，弟倪元瓒所遣家仆归里，携元璐及吴邦臣、吴麟征书去。

《祁彪佳日记》卷一四"甲申日历"："（崇祯十七年四月）十一日……正初所遣倪鸿宝家人上公疏者归，出京于三月初八日，持倪鸿宝、吴震嶞、吴磊斋书，言贼席卷秦、晋，攻宣、大，举朝忧危。磊斋又言予差宜且竣，不然恐于衙门事体不便。"（页736）

初九日，同年王铎起礼部尚书，未赴。

《国榷》卷一〇〇："（崇祯十七年三月丁酉）起王铎礼部尚书。"（第6册，页6038）

案：郑《表》，三月丁酉为初九日。时王铎丁忧携家迁南，服阕，起礼部尚书，未及赴官而明亡。

十八日，申刻，京师外城陷。

《明季北略》卷二〇"十八日申刻外城陷"："丙午早，喧传勤王兵到，盖唐通叛兵诡言索饷也。时黄沙障天，忽而凄风苦雨。良久，冰雹雷电交至，人情益惶惧。九门禁守，不通往来，道无行人。贼攻城益急，炮声益甚，军民皆无固志……贼攻西直门不克，攻彰义门。申刻，门忽启，盖太监曹化淳所开。德胜、平子二门亦随破，或云王相尧等内应也。自成率群贼大队疾驰入，沿途杀掠，官军悉鸟兽散。"（页452）

案：《雪交亭正气录》卷一："甲申三月十八日，有诏召元璐，密语移时，出。"（页7A）是日召对他书未载，姑此存疑。

十九日，辰刻，李自成率军陷京师内城。崇祯帝崩于煤山。

《国榷》卷一〇〇："（崇祯十七年三月十九日）丁未，昧爽。天忽雨，俄微雪，须臾城陷，先入东直门。"（第6册，页6047）

《明季北略》卷二一上："崇祯十七年甲申三月十九日丁未，李自成陷北京，烈皇帝崩于煤山。"（页503）

闻京城陷，束带向阙，北谢天子，南谢太夫人，举酒酹关公绘像。

《明季北略》卷二一上倪元璐传"三月丁未，京师陷，公纱帻绛衣，北向拜阙曰：'身为大臣，不能保国，臣之罪也。'又南向再拜，遥辞母太夫人。"（页505）

倪《谱》卷四："十九日，辰晷，都城陷。府君闻之，束带向阙，北谢天子，南谢太夫人毕，举酒酹关壮缪绘像，亦自浮满。"（页28B）

与左副都御史施邦曜等友人对酹三盏，饮毕，即别去自缢。

《甲申传信录》卷三"三月十九日，平旦，都城既陷。元璐整冠束带，望阙四拜，南面拜母，取酒奠邸第武安侯前。与施邦曜对酹三盏，方命饮：'饮毕即自缢，从先帝驾耳。'邦曜曰：'如此，我亦从君行。'元璐曰：'诚如是，再加一盏，与君共之。'更与邦曜对酹三盏。邦曜起，元璐曰：'君速反舍，即能践此言，慎勿

往与他人语。若少迟，君不复死矣。'邦曜诺，既去。"（页39）

《李闯小史》卷二："都察院左副都御史施邦曜，余姚人。十八日见贼逼城，即以死自誓。贼既入，出问其从者曰：'倪爷安在？'从者侦之，还报曰：'自尽矣。'公绐之曰：'若等候于此，吾即往视倪爷。'乃入，若往衣冠者，既久不出，视之则自缢死矣。公与倪公毕命外庭，犹未知大行之变。二公知之素，故殉难并早云。"（页108）

门士金廷策以文天祥出外以图匡复为劝，元璐严词拒绝。

倪《谱》卷四："门士金子廷策进曰：'公何不效信国出外举兵图匡复，奈何轻自掷？'曰：'身为大臣，而国事至此，即吾幸生，何面目对关公？'曰：'太夫人在堂，独不为地耶？'乃默然一泪，既而曰：'老母八十四矣，而犹高健，复何憾？'"（页28B）

殉忠前题案留遗言曰："南都尚可为，死吾分也。毋紟棺，以志吾痛。"

倪《谱》卷四："遂题案曰：'南都尚可为。死吾分也。毋衿棺，以志吾痛。'以帛自经而绝。"（页28B）

《甲申传信录》卷三："元璐题几案云：'南都尚可为，我死分也。慎勿棺衾，以志吾痛。若即欲殓，候大行殡，方可收吾尸。'"（页39）

案：元璐尚有遗诗一绝，黄道周《跋倪尔征册子》："弘光元年夏五月，舟中观倪尔征家藏鸿宝兄遗笔一绝云：'千花万卉中不妍，千风万波中不颠。此是恒山大茂石，天教飞到圣人前。'"（《黄道周集》卷二三，页1001）倪会吉（1608--1670）字尔征，从兄元珖次子。《倪氏宗谱》卷二："会吉，行善四，字尔征，廪生，学优诗史，兼善岐黄。生万历三十六戊申八月十二日……公年六十三岁卒，康熙九年庚戌三月十八日。"（页115A）

是日巳刻，自缢殉国，年五十二。

《明季北略》卷二一上倪元璐传："因谓家人曰：'即欲殓，必俟大行殡，方收吾尸。'于是步出，至厅事，南面坐，乃投缳……久乃绝，玉箸双坠几尺，舌藏眸敛，颜色如生。"（页505）

案：刘宗周《哭殉难十公用前韵》其二《大司农鸿宝倪公》，序曰："及三月十九之变，公即以巳刻死。自此遂有继公而起者。"（《刘宗周集》第6册，页1022）巳刻即上午九至十一时。又《小腆纪年》卷四："翰林院学士上虞倪元璐酬酒汉寿侯像前，自缢死，一门十三人殉。"（页96）《明季北略》卷二一上倪元璐传云："一门殉节，共十有三人，一云妾王氏、幼子迓无恙。"（页505）而《明史纪事本末》卷八〇曰："独身效死者，大司农倪元璐。"（页1395）"一门十三人殉"不可信，续配王氏及二子会罩、会稆俱未随之殉死。

自缢时有仆尚欲解之，有老仆哭而止之曰"此主翁成仁之日也"。

《甲申传信录》卷三："元璐出，厅事前南向坐，携一巾，语仆人曰：'我分当死，意决矣，勿得解我。'因举手自缢。众欲解之，一老仆曰：'此主翁成仁之日也，勿可违命。'遂绝，耳中微流血，鼻垂双筋者寸许。"（页39）

殉国文臣中，以元璐最先，南明列为忠烈第一。

刘宗周《哭殉难十公用前韵》其二《大司农鸿宝倪公》，序曰："及三月十九之变，公即以巳刻死。自此遂有继公而起者。"（《刘宗周集》第6册，页1022）

《李闯小史》卷二："殉难二十余人中，公最先。"（页107）

《明季北略》卷二一上施邦曜传："先帝升遐，九列中最先自尽者倪文正与公，皆越人。"（页510）

是日中午，农民军入邸舍，见陈尸于堂而去。继又传令至寓曰："忠义之门，勿行骚扰。"

《明季北略》卷二一上倪元璐传："是午，有贼骑突入，问公安在，则陈尸于堂矣，乃愕然驰去。顷之，有伪职王方弼者颁示，且传令箭至寓曰：'忠义之门，勿行骚扰。'由此家人获安……贼无不太息，称忠臣者。"（页505）

案：当日农民军来倪寓情节，史籍记载歧异。《爝火录》卷一："贼入倪元璐家，见停丧在堂，即报李自成。自成曰：'即使不愿做官，说明还乡有何不可，何至如是？'戒贼众勿再入其门。"（页47）又《雪交亭正气录》卷一："顷之，贼骑至，问公何在，则以陈尸于堂，愕然曰：'可惜明朝一好官。'伪兵政王公弼示于门曰：'忠义之门，扰者罪。'复遣伪礼政巩焴致奠而去。"（页7A）

二十八日，改殡崇祯帝及皇后周氏，葬于昌平。

《国榷》卷一〇〇："（崇祯十七年三月）辛亥，改殡大行帝、后，出梓宫二，以丹漆殡先帝，以黝漆殡先后，加先帝翼善冠衮、玉渗金靴，先后袍带亦如之。"（第6册，页6058）

案：元璐遗言"候大行殓，方可收吾尸"，仲子会覃遵命。《明季北略》卷二一上倪元璐传："公子会覃，不忍违遗命，乃俟先帝殓，始合棺。"（页505）

四月十四日，长兄倪元璞卒，年六十三。

《倪氏宗谱》卷二倪元璞传："生万历十年壬午八月初四日午时……含玉患疯，天真无出，以元璐次子会覃入继为嗣。公年六十三岁，卒顺治元年甲申四月十四日午时。葬山阴盛塘。"（页103A）

二十八日，祁彪佳至上元县，始闻倪元璐等都中诸公死讯。

《祁彪佳日记》卷一四"甲申日历"："（崇祯十七年四月）二十八日，早别沈涵若即起行，饭于淳化巡司。朱弦庵及止祥俱遣仆出迎，乃知倪鸿宝、李懋明诸公有殉难者……知南都于二十一、二日已知北都之变。"（页740）

死讯传至会稽，长子倪会鼎以父柩在京，微服北行。

庄敦和《孝靖倪先生传》："四月，越中变闻，左都御史刘先生宗周、苏松巡抚祁公彪佳、吏科都给事中章公正宸等，皆衰绖荷戈，恸哭于军门请讨贼，而巡抚黄鸣俊不时出师。先生以文贞柩在贼中，将微服北行，乃募壮勇数十人与俱，布讨贼之檄于天下。南都既立，福王亦无意出师，而我大清兵入关讨贼，贼审走，遂葬庄烈帝于思陵，先生亦得扶文贞柩以归。"（［光绪］《上虞县志》卷四八，页20A）

　　徐倬《无功公传》："文正首殉国难，闻变行旅断绝，先生奔丧丛戟之下，濒危者再。"（《倪氏宗谱》卷一四传赞志述，页45A）

　　元璐在京殉难，家人瞒着母施太夫人，久之终不能隐，元瓒乃力行宽慰。

　　［光绪］《上虞县志》卷九倪元瓒传："元璐殉国难，先作书由急递寄元瓒曰：'时事至此，惟有七尺，吾心泰然，当以好言慰太夫人。'元瓒哀国痛兄，目肿声喑，故作好容告母曰：'兄扈驾从海道南幸，旦夕可至。'母奋身掷曰：'国家至此耶，尔兄必死矣。'元瓒预作邸抄出袖中曰：'此据也。'不数日，有姻党遽白之，母曰：'吾固言儿必死，但汝勿再效兄耳。'"（页30A）

　　五月初四日，在京家人具呈扶柩回籍，清大学士范文程见是上虞人，即差一官送至通州张家湾。

　　《爝火录》卷三："（崇祯十七年甲申五月初四日）故学士倪元璐家具呈扶柩回籍，范文程见是上虞人，即差一官送至张家湾，倪夫人等俱肩舆出城，一时称希觏焉。"（页129）

　　十五日，福王登极于南京，诏以明年为弘光元年。

　　《明季南略》卷一"福王登极"："甲申五月十五日壬寅辰时，福王即帝位于武英殿，诏以明年为弘光元年。"（页10）

　　是月，鲁藩巨野王朱寿鏳为《倪氏世谱》题词。

　　朱寿鏳题《倪氏世谱》："天水演派，名盛中华，吉庆覆域，忠烈世家。鲁藩巨野王朱寿鏳题，崇祯甲申年狉宾月令发。"（《倪氏宗谱》卷首）

　　案："狉宾月"为五月。时鲁藩亲、郡王迁浙东，次年闰六月，鲁王朱以海就任监国。据《明史·诸王世表二》，明太祖朱元璋第十子朱檀于洪武三年（1370）封为"鲁王"，就藩山东兖州府，传承十三王至鲁监国朱以海。（第9册，页2624）朱寿鏳为鲁藩第八代郡王。

　　灵柩过吴门，孙永祚赋诗挽之。

　　孙永祚《倪鸿宝先生柩车至吴门，敬挽二首》："板荡乾坤坼，精忠日月光。身余青史寿，气化白虹长。陟降随先帝，从容异国殇。读书真不负，留配古人香。""泰山钦凤望，死更重于山。壮节雄千古，丹心柱两间。不为柴市戮，宁逊侍中殷。曳旐吴门过，风吹一激顽。"（《雪屋二集》五卷，页7A）

　　九月，长子倪会鼎扶梓还归会稽。

徐𣎴《无功公传》："及抵里，俗例柩不入城，先生号恸城下，激切感动郡人，长吏闻，具仪仗鼓吹迎入城，返甲第，以寓九招，遂为事始。"（《倪氏宗谱》卷一四传赞志述，页45A）

十一日，同年祁彪佳来吊唁。

《祁彪佳日记》卷一四"甲申日历"："（崇祯十七年九月）十一日……又闻倪鸿宝殉难丧归，并吊之。"（页775）

刘宗周有诗哭倪元璐等殉难十公。

刘宗周《哭殉难十公用前韵》，其三《大司农鸿宝倪公》序云："公官大司农，知国事不可为，时怀一帨于袖中，曰'时至即行'。及三月十九之变，公即以巳刻死。自此遂有继公而起者。公所著有《儿易》，余尝受而读之。"诗云："台阁文章星斗寒，风标不比俗儒酸。回澜紫海皆通汉，照乘明珠只走盘。莫向当场看早暮，先从下手较轻安。忠臣第一垂青史，五十工夫儿也般。"（《刘宗周集》第6册，页1022）

黄道周闻先生殉难，有栋折山颓之恸，赋七律四章哭吊。

黄道周《倪鸿宝年兄竭忠殉难，天下闻者无识不识有栋折山颓之恸，稽诸古人，无与为辈，即欲沥血泻地称扬宣，叹无以为辞也，念鸿宝兄生平喜予作七言诗，因勒四章，登之素帛生刍之义，与驴鸣同奏，足志呜咽云尔》，其一："不周山撼海波飞，四海空蒙安所归。欲假乌魂依墓树，拟看龙血溅君衣。武担石圻文昌落，箕尾芒寒白日微。三季中衰无死者，个真直道古人稀。"其四："兵农礼乐亦长城，孤掌难支大厦倾。志养巳教生不憾，英魂岂为死垂名。龙蛇退笔存巨鹿，虎豹遗姿照二京。千古词臣谁第一，髯苏宣陆让先鸣。"（《黄道周集》卷四七，页2503）

同年傅冠有诗挽殉难名臣十四人。

傅冠《挽殉难名臣十四首》之二《倪大司徒学士鸿宝》："旧学当年沃紫宸，纯忠一德许谁伦。骑箕奋节攀龙驭，正气嶙峋照玉珉。"（《天启崇祯两朝遗诗》卷六，页499）

案：傅冠崇祯十一年（1638）引罪辞归，时闲居江西故里。[康熙]《进贤县志》卷一五傅冠传："及甲申三月，报至，则号恸骨立，为位赋诗而哭，吊李公邦华、倪公元璐、马公世奇诸君子，词极悲壮，识者知其绝意于人世矣。"（页15A）

张岱作《三仁咏》，吊殉难越人倪元璐、施邦曜、周凤翔。

张岱《三仁咏》题注："越有三仁，董子不许。今兹诸公，远过种蠡。溯内名流，堂皇累累。越尚有人，贤于不死。述三仁。"其二："八斗文章八面才，兵农礼乐一身赅。生平学问留三疏，死得从容尽一杯。君自有言存息壤，贼来无计下轮台。忠臣未有非文士，有道碑铭数言胎。"（《琅嬛文集》，页96）

案：张岱又有《三不朽图赞》，"忠节"有倪元璐像赞："赞曰：穿天心，出月胁。落笔惊人，泣鬼雨血。奏疏丝纶，有明第一。以浙人而任司农，以词林而治兵革。单骑勤王，事皆破格。攀髯鼎湖，神归箕毕。不如人言，但啜茗而为翰林清客。"（页39）

熊文举有诗吊唁。

熊文举《读鸿宝先生集焚吊》："临危慷慨自精忠，不枉文光彻彩虹。献纳可称真学士，谟谋差愧大司农。遥怜霞格三山在，欲挽灵车八极同。江外门生久零落，西台谁为溯悲风。"（《雪堂先生诗选》卷三，页18A）

案：熊文举，字公远，号雪堂。南昌新建人。崇祯四年（1631）进士，初授合肥县令，擢吏部主事，迁稽勋司郎中。明亡后降清，授通右政，仕至吏部左侍郎兼兵部右侍郎，卒于官。著有《雪堂全集》四十卷。《清史列传》卷七九有传。（第20册，页6598）

五月，有草莽孤臣作《三忠赋》吊越郡倪元璐、施邦曜、周凤翔。

草莽孤臣《吊越郡三忠》："岁侵侵兮时仲夏，悼灵均兮效骚雅。逢辰缺兮心偃蹇，苦遭回兮泪复下。帝监在兮诵有明，贞皇轨兮登迈驾。播昌烈兮粹志清，菲饭食兮知稼穑……比干剖兮箕子囚，为捐躯兮报君也。忠之烈兮义之尽，名之高兮并之寡。志馥馥兮久弥章，庙迟迟兮应昭假。气凭虚兮御玉虬，驾云骖兮奠金罍。誉三仁兮有仲尼，告巫咸兮再申写。"（《李闯小史》卷二，页108）

案："草莽孤臣"未详其人，疑即越郡人。

部臣蒋臣撰文悼念先生。

蒋臣《诔文》："嗟乎！先生凌云其气，琅月其襟，抱大有为之志，阨于遇而不伸。挥斥盘错，迎刃肯綮，负可以有为之才，困于格而小试。历落自矜，傲岸违世，怀确乎不可夺之守，混于时而靡悔……嗟乎！先生体骨坚贞，辞吐忼慨，伏枥之壮心犹存，击筑之英风未艾。若岭上之松，岩际之柏，饱历乎风霜，皆诸精锐少年所未逮……嗟乎！先生无遗憾于天壤，已存顺而殁宁，而吾党不能不痛悼于先生者，以未尽先生之才之志之守，又安能不想像其生平，酌山中之桂醑，其俯鉴而来歆。"（《无他技堂遗稿》卷一三，页9A）

门人侯方域有《哀辞九章》哭倪元璐等师友。

侯方域《哀辞九章》序云："哀辞者，感群公之既没而作也。倪、周二公，师也；练公，父执也；史公，世旧且明存亡所系也；张公以下，友也。哲人既萎，情见乎词。李公以雄才终于卑官，抑更伤其志，有难言者，用附于末，盖亦少陵之哀郑台州云尔。"其一《户部尚书翰林院学士倪文正公元璐》："上虞倪司徒，廓清起东浙。弱冠事坟典，探讨穷禹穴。长啸两京巅，魏晋皆丘垤。赋生大王风，歌入郢客雪。属当启祯间，国华飒以子。公乃振雄藻，海内才人悦。小子早汩没，虀齑瞻采缤。蒬菲曾勿遗，许在绛帏列。入室进所制，吐哺手自阅。款曲命我坐，不惜殷勤说。幸从上虞游，上虞有大节……志在殉社稷，君臣同一辙。靖献皇祖前，万古须臾决。永谢江左贤，中兴无泄泄。至今天地闭，谁吊荒祠碣。"（《侯方域全集校笺》卷一六，页968）

门生郭振清率诸生来恸哭先生。

〔光绪〕《上虞县志》卷一〇郭振清传："甲申闻国变，率诸生恸哭先生庙，遂发丧数日，挂冠归……甲午（1654）卒于家。"（页48B）

门生解元孔大德设位撰文哭奠先生。

〔道光〕《金溪县志》卷三五孔大德传："（崇祯）十七年国变，大德哀愤不欲生，俄闻倪、龙二公先后殉难，乃设主撰文哭奠之。明年南都覆，悲痛逾甚，由是绝迹城市，服故衣冠，出入井里，人皆危之，不恤也。有劝赴公车者，辄斥之，惟以读书灌田自遣，言及倪公则泣下。"（页1A）

许豸之子门人许友撰文祭奠。

许友《祭倪鸿宝师文》："友之先子尝为师于浙，其于浙东西之贤大夫，先子类皆得而友之，就中独与师称善。每出谒师，退必立友于庭，曰：'两浙多贤大夫，然吾度无出鸿宝先生右者。先生之友，几遍天下，顾惟与吾最故。尔其手录所作诗文，亟往修贽门下。'迨先子没于武林官邸，师自会稽拏舟而来，把酒沃奠，哀辞惨至。自后宰扶丧南归，师无论在京在邑，辄从过宾口中觅友兄弟近状。友于块枕中，时陈先子书簏，理浙中诸贤大夫赠言，亦独吾师笔墨居多。其或伤痛时事，意有所指，至有嘱先子勿出示人者，先子皆别汇为一函，手装而笔识之。故友思先子而不见，往往念吾师则如见先子焉。兹岁都门之变传及闽中，匆遽间犹未询知殉节诸公姓氏，友时从众中言曰：'吾师浙中倪鸿宝先生必死。'……先子先逝，不及操笔为师铭传，以师大节，遍告于浙东西之都人士。但师今既没，其遗墨将复益重，予独幸收藏为多，自当取师所赐者，联为大轴，纳之先子簏中，谨沥酒再拜，与先子交相贺曰：先子得友，小子得师矣。"（《米友堂集》祭文，页1A）

阎尔梅有诗哭吊。

阎尔梅《哭倪鸿宝先生》："忆昔山亭醉，推予武库名。如斯嘉后学，所以恸先生。绝笔无家事，招魂只履声。读书真不愧，国史借光荣。"（《白耷山人诗集》卷五，页55A）

郭濬赋《七哀》诗，哀悼殉国之王章、李邦华、倪元璐、范景文、汪伟、马世奇、吴麟征。

郭濬《七哀》诗序："壬午内难，殉国之烈，一时累百。今甲申三月之变，惨忽尤甚，而殉难者仅二十余臣。以予所闻七公，予既素承盼睐，且感其得正而死。哀叹之余，节以短歌，为赞为颂，不自知也。"之三《倪大司农》："赫赫司农，两间正气。鼎折天倾，有死无二。整汉官仪，从容就义。凛凛如生，贼莫敢视。越山嵯峨，英风勿坠。”（《虹暎堂诗集》卷二，页 23A）

门人王亹有《四哀诗》哭倪元璐、周凤翔、施邦曜、吴甘来四公。

《四哀诗》序曰：“崇祯甲申三月十九日甲辰，逆贼李自成陷都城，烈皇帝身殉社稷，群官莫知也。一时伏节者二十余公，而余乡则倪尚书公元璐、周庶子公凤翔、施副都御史公邦曜、余儿自超会试房座主吴都谏公甘来死焉。三公者，同乡前辈也，雅与游好，吴公则以通家世讲晤言京邸。诸公义炳千秋，情存一日，悼不能已，耿焉悲溯，作诗述哀焉。”其一《户部尚书、翰林院学士上虞倪公元璐》：“尚书起始宁，风期太傅连。照人万星月，举世餐云玄。东山伫巨望，勤王毁家赆。强胡方虎顾，群寇更狼涎。卒仓策兵食，画不窘方园。天子事督责，三事日待愆。从容陈便宜，谔谔复便便。太息大厦颓，庸讵一木肩。是时甲申正，祖邛进勉旃。公言无及矣，许国有身焉。余归声同人，瘝思中夜煎。天蹶果忽遘，伏节诸公前。生理良有尽，明哲能争先。先者齐岳渎，后者食犬豣。古今三不朽，惟公享其全……”（《匪石堂诗》卷一四，《上海图书馆未刊古籍稿本》第 46 册，页 320）

钱塘李式玉有诗吊唁。

李式玉《挽倪鸿宝先生》：“岳岳风裁抗殿庭，朱缨苍玉占威灵。来从神降嵩华气，归去身骑箕尾星。有志未能清赤县，言臣今已葬青萍。巫易工祝歌些乱，风雨凄森白昼暝。”（《南肃堂申酉集》七言律，页 2B）

案：李式玉（1622--1683），字东琪，号鱼川。浙江钱塘人。著有《鱼川集》《巴余集》《南肃堂诗稿》等。事具毛际可《东琪李君墓志铭》。（《会侯先生文钞》卷一三，页 10B）

慈溪冯遵祖有诗哭之。

冯遵祖《哭倪鸿宝先生》：“呜呼痛哉十三人，投髯割雾玉楼明。曹江鼓浪迎归棹，绕门龃石吹歌声。胥山之上千林秃，蜩鹗鸣乱鸾凤哭。爇云松月不堪携，忠魂忍向江南宿。卢韩即世文无旦，赤堇剑逋群神涣。夙昔雄文帝子吟，天狼骭裂歌号半。独我报汴愧陈东，不赴招魂反楚风。天有泐兮地有碣，身长往兮义无穷。”（《甲申纪事》卷一三，页 20B）

九月初三日，赐北京殉节大学士范景文、户部尚书倪元璐、左都御史李邦华等人赠谥、祭葬有差。

《明季南略》卷二：“（甲申）九月初三日戊子，赐北京殉难文臣二十一人、勋臣二人、戚臣一人祭葬、赠荫、祠谥有差。阁臣范景文谥文贞，户部尚书倪元璐谥文正，左都御史李邦华谥文忠，兵部侍郎王家彦谥忠端，刑部侍郎孟兆祥谥忠贞，右都御史施邦曜谥忠介，大理寺卿凌义渠谥忠清，太常少卿吴麟征谥忠节，左春坊庶子周凤翔谥文节，左谕德马世奇谥文忠，左中允刘理顺谥文正，检讨汪伟谥文烈，太仆寺丞申佳胤谥节愍，户科给事中吴甘来谥忠节，御史陈良谟谥恭愍，御史陈纯德谥恭节，御史王章谥忠烈，吏部员外许直谥忠节，兵部郎中成德谥忠毅，兵部主事金铉谥忠节，观政进士孟章明谥节愍，惠安伯张庆臻谥忠武，襄城伯李国桢谥贞武，驸马都尉巩永固谥贞愍。立祠南京，赐名旌忠。又赠死节诸生许琰官翰林院五经博士，从祀忠臣庙中。"（页85）

案：管绍宁《议予北都殉难诸臣谥祭葬疏》："户、礼两部尚书兼翰林院学士倪元璐，照《会典》二品官本等祭二坛，今以死勤事，抗节不屈，身死纲常，亦应加赠一品，比加升一品致仕祭五坛例，再请特恩加祭一坛，有司造葬，立祠京师，岁时致祭，况本官经筵讲读有年，尤宜加恩者也。其谥一拟'文正'，一拟'文忠'。"（《赐诚堂文集》卷二，页5B）元璐弟元瓒力主谥"文正"，乞请于先生门生李清。其《三垣笔记》云："文正一谥，旧不谥死节者，倪宗伯元璐弟与予书曰：'曾子云得正而毙，孟子亦云顺受其正，何必不谥死节者，以谥先兄可乎？'予言于管少宗伯绍宁，以为然，遂与刘中允理顺俱谥文正。"（页240）李清又言于南明礼部尚书兼东阁大学士王铎，其不以为然，书云："王辅铎与倪宗伯元璐同籍同官，称莫逆交。及元璐殉难，予持乃弟揭，以谥文正为言，铎拂然曰：'倪年兄以身殉国，不谥亦足不朽，何必文正？予已言之仪部矣。'言虽正而意实薄，此即忘君事仇之先兆也。"（页240）

赠特进荣禄大夫、太保、吏部尚书，谥文正，上褒三代，予祭六坛，有司造葬，建祠京师，曰旌忠。

黄道周《倪文正公墓志》："逢新命旌公忠第一，赠特进荣禄大夫、太保、吏部尚书，谥文正，予祭六坛，有司造葬，建祠京师，曰旌忠。"（《黄道周集》卷二七，页1178）

倪《谱》卷四："南都继统，恤死节诸臣，诏褒忠烈第一，赠特进光禄大夫、太保、吏部尚书，谥文正，上褒三代，予祭五坛，加祭一坛，有司造葬。祭葬部文已下原籍，所司未及举行。祠祀京师，曰旌忠，在一子金吾世袭。"（页29A）

礼部尚书兼东阁大学士姜曰广亲撰赠恤制诰。

《赠恤制诰》："南省令曰：国家运遭阳九，即圣明亦社稷是殉，所赖二三大臣僇力持危，忘身报主，虽壮志未遂，而生气不泯……尔原任户部尚书兼翰林院学士倪元璐，学本圣贤，道先仁义，左史读五典三坟，盖称倚相；国子教九德六舞，不愧司成。拟秉国钧，政化将更如琴瑟；咛熙帝载，勋猷可寿之鼎彝。文章则贾董相与雁行，雕龙绣虎；气节则真魏堪齐骥足，浴日补天……愍纶首逮，国典斯崇，用赠尔特进光禄大夫、太保、吏部尚书……兹将归尔骨，易尔名，尔九原可作我国家收三百载教育之报，尔荩臣扬千万年俎豆之光。"（乾隆三十五年本《倪文贞集》奏疏卷首）

案：此文末有倪安世跋："右福王赠恤之文，盖姜公曰广所拟撰者。"

以元璐殉难故，荫一子锦衣佥事，长子会鼎以丧服辞不赴也。

494

庄敦和《孝靖倪先生传》："先是，文贞在兵部以擒刘超故，荫一子锦衣佥事。至是，以殉难故，又荫一子锦衣佥事。先生当得两佥事。明世武臣无丁忧例，累檄促之赴官，而是时皖人阮大铖翻逆案，骤起掌兵部事。先生遂以丧服辞不赴也。"（［光绪］《上虞县志》卷四八，页20A）

十一月初二日，好友余煌撰文祭奠。

余煌《祭倪鸿宝司农文》："维崇祯十七年岁次甲申十一月己酉朔，越日年家眷弟余煌谨致于陨故户部尚书兼翰林院学士、赠太保、谥文正鸿宝倪老亲翁之灵……是非徒吊而欷歔，实见时事之日非，而借以发其愤懑耳。然以先帝之英明，群臣之师济，而翁之遭时，雅有君臣鱼水之意，予方幸狂言之不中，而岂意竟至是耶！呜呼哀哉！班职未敬，贼忽薄矣，警报初传，城忽破矣。驾谁护矣？宫谁卫矣？而独翁也，愤焉首殉，与嚼齿断龈、握拳透爪者，同其激烈。呜呼哀哉！蛇豕食于殿廷，豺狼于嗥巷陌，或抱首以偷生，或腼颜而劝进。攀髯莫及，孰为弓箭之藏；反而未几，复下穹庐之拜。翁于此时，在帝左右，胡不为厉，以殛此曹，而悠之听之耶？……翁虽死不死矣，然则予于翁何哭，哭我辈之生而生，不如翁之死而不死也。"（《余忠节公遗文》，页46B）

本年，李自成称王西安，国号大顺。三月，连破大同、宣府、居庸关，十九日，陷京师，崇祯自缢于煤山。清军四月入关，五月击败李自成进入北京。福王朱由崧立于南京，改元弘光。

【诗文系年】

《屯盐合一疏》《防守措置要略疏》《钞法窒碍疏》《请免军籍疏》《请撤桑穰中官疏》《阁部最要事宜疏》《启沃奏谢疏》《奉议输捐疏》《饥军索饷疏》《请停催饷疏》《殄寇大谋疏》《议恤车户疏》《孙督师抚秦四录序》《守御遏援疏》。

谱余

清顺治二年乙酉（1645）

二月，礼部尚书黄道周疏请奉敕祭禹陵，奉旨获准。

《漳浦黄先生年谱》："（弘光元年）春正月入都。先生见用事诸臣措置乖方，不欲久厕朝班，即于二月二十二日疏请奉敕祭禹陵。比抵会稽，致斋七日。"（《黄道周集》卷首，页133）

案：是年，南明福王改元弘光元年。道周正月应召至南京，就任礼部尚书兼翰林院学士。是月上疏请赴浙江绍兴祭祀禹陵，二十六日获准。

四月，黄道周祭禹陵事毕，道经会稽拜倪母施太夫人，有诗问候。

黄道周《口占候倪母前庆》："种松已作老龙髯，勿复青霜白雪嫌。帝子乘云相携手，依然华舞近珠帘。""北堂强饭且加餐，千古声名一日欢。知废知兴二母事，看将仲虎再开坛。"（《黄道周集》卷四九，页2601）

案：黄道周《请修禹庙疏》："臣自三月朔日恭奉御祝，发舟龙江，至四月朔日入会稽，致斋七日，自朝拜香亭外，不敢见客。八日乃至禹庙行礼，宣扬德音。"（《黄道周集》卷四，页250）道周拜谒倪母约在初十日。韩广业《献汝公传》："及金陵纷纭，党人肆虐，漳江黄子道周知事不可为，因时乞祭告禹陵，登堂拜太夫人，哭奠文正，口占云：'北堂强饭且加餐，千古声名一之理。'"（《倪氏宗谱》卷一四传赞志述，页3A）

黄道周专往上虞哭吊亡友，有诗。

黄道周《又哭倪文正公》："崇祯末年天下空，始以司农归倪公。五尺白麻阔如宝，欲剪桑穰为青铜。倪公赴召初出时，手无寸铁批熊罴。三日五召十起草，身如不周为天支。未经百日已中变，蟪蛛横天日色乱。章华台上多眉须，不与暴苏讲同贯。须臾贼至开城门，倪公号弓排天阊。九关虎豹穿狸裾，多须暴公翻倾盆。盗贼亦犹有泾渭，忠臣之家不敢毁……生张巡，死苏轼，少真卿，老长吉，千秋有手明霹雳，

安敢为公坐太息。"（《黄石斋先生大涤函书》卷五，页35A）

案：道周专往上虞哭吊元璐，其《书九山帖后》有张福永跋："盖乙酉四月，在会稽时所作。黄子禹陵事毕，既往吊倪文正公于上虞，周文节公于山阴，因言念九山，书出数行，遂及吴、姜、冯、周焉。声气之感，深于骨肉，曷足怪乎？"（《黄道周集》卷二三，页976）

黄道周撰《倪文正公墓志》。

黄道周《倪文正公墓志》："主臣之际，难言之矣！蟛蜞扬辉，曦轮不光，不见才则难为主，见才则难为友，固有圣主贤臣共集一堂，杀身赴之，而卒无济于喜起之事。当崇祯时，天子甚圣，顾天下臣子无一足使者，熟视在廷，犹抱心于倪先生。即倪先生亦自谓圣主知臣，臣即死犹一当以报天子。而荧惑乘之，载扬载止，使圣天子不知所以用，倪先生不知所以副，可悲也！……公当昌、启之际，蹀虎操蛇，得其要害，故群奸弭耳，伏不敢肆。每一疏出，如撞朝钟，上震廊序。即使彼人读之，亦相对口塞，不敢出一语。以故天下诵公者难为德，忮公者亦难为害。公凝然独行，挈日月以走山泽，不逢不若，则崇祯元年三疏，其最著者矣。先帝每得公疏，必粘之屏间，出入顾盼，以为天下伟人。诸臣阴懵之无间，则引弘治时华容、洪峒以六卿称外补阳奉之耳。呜呼！以天子十七载之知，不能使一词臣进于咫尺，以五日三召之勤，不能从讲幄致其功，卒抱日星与虞渊同陨。呜呼，岂非天乎！"（《黄道周集》卷二七，页1178）

案：　中贸圣佳2002春季中国书画（古代）专场拍品有黄道周撰并书《倪元璐墓志铭》手卷，即此文，末署："时龙飞弘光元年初夏。赐进士出身、光禄大夫、太子太保、礼部尚书、协理詹事府事兼翰林院学士、前吏部左右侍郎、正詹事兼翰林院侍读学士、充经筵日讲官、管理实录玉牒，同年友弟漳海黄道周顿首拜识。"（见拍卖图录）又《倪文正公遗稿》卷二《九月山行便谒禹庙》诗注："乙酉，黄先生得祠禹陵之请，为师作志，并评《忆草》。"（七言律，页2A）此文作于道周祭陵之后。

又《倪元璐墓志铭》手卷，末尾钤朱文篆书"倪尔猷图书印"并沈德潜跋。"尔猷"即倪会宣，为元璐次子。道周此行与元璐及两子多有往还，其《与尔猷书》："梅雨未晴，百川方灌，与献龙诸季泛坐遣日。展诸筐中，见鸿兄文正公所作画松，浑深浏漓，虽小道，自是艺流之所不到。读所题尔猷扇头，殷殷进之忠孝……元年初夏，自吼山舟还宛委，题鸿兄所作扇头松石。"（《黄道周集》卷二二，页955）

五月，黄道周舟中跋倪会吉家藏册子，册有元璐遗笔一绝。

《跋倪尔征册子》："弘光元年夏五月，舟中观倪尔征家藏鸿宝兄遗笔一绝云：'千花万卉中不妍，千风万波中不颠。此是恒山大茂石，天教飞到圣人前。'余识之曰：'海涵珊瑚初着花，岛移瑶草故抽芽。仙人已去鹤书在，常有榴皮度酒家。'尔征喜，请再跋，余又曰：'寻常着足亦万里，弃翻犹成大小山。不知何物餐君字，

并得安期千转丹。'"（《黄道周集》卷二三，页 1001）

案："倪尔征"名会吉，为从兄元珙之子。

五月，南明上褒三代，曾祖父倪铠赠太保、吏部尚书、特进光禄大夫，曾祖母徐氏赠一品夫人。

《诰赠文正公曾祖父太保》："尔原任南城知县倪铠，乃太保、吏部尚书、特晋光禄大夫倪元璐之曾祖父，秀挺青苹，函开绿宇。胸宽云梦，上青天鸟道而坿膺；背负天风，学白水鱼竿之入幀……较晋闱而蹊成桃李，改南城而泽遍桑麻。屡经荐剡于政成，遂傲烟霞而拂袖至今。馨闻俎豆，祚启后昆，爰追世德之获报，始验栽培之有人。兹用赠尔为太保、吏部尚书、特进光禄大夫，锡之诰命……弘光元年五月日。"（《倪氏宗谱》卷首天章，页 25B）

《诰赠文正公曾祖母徐氏一品夫人》："尔徐氏乃太保、吏部尚书、特晋光禄大夫倪元璐之曾祖母，持身霜俭，宅德幽闲。以浣濯自安，不争纨绮；以糟糠自厌，唾彼膏粱……兹用赠尔为一品夫人……弘光元年五月日。"（上书，页 27A）

案：上年九月，南明福王恤死节诸臣，"上褒三代"，疑因原配陈氏申诉，夺续配王氏所封而延搁，封赠制诰俱署"弘光元年五月"。

祖父倪应薪赠太保、吏部尚书、特进光禄大夫，祖母陈氏赠一品夫人。

《诰赠文正公祖父太保》："尔封文林郎倪应薪乃太保、吏部尚书、特晋光禄大夫倪元璐之祖父，根柢六经，光芒五纬……重然诺，则人称祖禹；敦信义，则风高太邱……笃生有庆，积美奚私。兹用赠尔太保、吏部尚书、特晋光禄大夫，锡之诰命……弘光元年五月日。"（上书，页 28A）

《诰赠文正公祖母陈氏一品夫人》："尔封孺人陈氏乃太保、吏部尚书、特晋光禄大夫倪元璐之祖母，机丝亲操，徽效蝇声，菽水躬承，吉占熊梦……兹赠尔为一品夫人……弘光元年五月日。"（上书，页 29A）

父倪冻赠太保、吏部尚书、特进光禄大夫，嫡母曹太恭人赠一品夫人，生母施太恭人封一品夫人。

《诰赠文正公父太保》："尔原任琼州府知府、赠中议大夫倪冻，乃太保、吏部尚书、特晋光禄大夫倪元璐之父，架传黄石，笥守青湘，天韵浚明，风猷茂著……息弁珰则岁省金钱万计，新船政则民留尸祝千家。皖伯番君，五马丰碑屹石；召父杜母，一担行李萧然。是真二千石之良，用演十万户之福……兹用赠尔为太保、吏部尚书、特晋光禄大夫，锡之诰命……弘光元年五月日。"（上书，页 30A）

《诰赠文正公嫡母曹太恭人一品夫人》："尔封太恭人曹氏乃太保、吏部尚书、特晋光禄大夫倪元璐之嫡母，粹德韫中，和风逮下。班箴翼怠，人尽号为女宗；颜训承家，家并钦其士行……兹用赠尔为一品夫人……弘光元年五月日。"（上书，页 31A）

《诰赠［封］文正公生母施太恭人一品夫人》："尔封太恭人施氏乃太保、吏部尚书、特晋光禄大夫倪元璐之生母，穆践闺彝，雅循内则……勉尔子以一日忠臣，即是千秋孝子。果然慈训式合义方，岂独诵诗书金门领袖。更有盘根错节，青史扬镳，至今血洒彤廷，遥忆春晖静夜。兹用封尔为一品夫人……弘光元年五月日。"（上书，页32A）

原配陈氏封一品夫人。

《诰赠［封］文正公元配陈太夫人一品夫人》："尔陈氏乃原任户部尚书兼翰林院学士、今赠太保、吏部尚书、特晋光禄大夫倪元璐之妻，载扬淑德，诞受嘉贞，秀特阀阅名门，芳秉肃雍遗范……夫忠既竭国门，名标青史以永垂；妇德聿彰闾里，宠被龙章而重锡。是用封尔一品夫人……弘光元年五月日。"（上书，页33A）

案：此次朝廷恤典，先封续配王氏为一品夫人，时原配陈氏仍健在，亲往南京申诉，时诚意伯刘孔昭权倾一时，竟夺王氏封，改封陈氏。《枣林杂俎》"王氏夺封"条云："尚书上虞倪元璐玉汝，少娶余姚陈氏失欢。既登第，嬖妾王氏纂封命……陈氏实同母夫人居，非遣归者。甲申末，陈氏诉于朝，时孔昭在事，夺王氏，改封。白璧微瑕，君子惜之。"（页129）又章大来《偶阳杂录》："鸿宝先生初娶陈，以他事不合，复娶王……后先生殉难京师，弘光朝议恤典，陈亲往金陵，复予陈。"（页10A）

闰六月初六日，祁彪佳在绍兴投池死。

《明季南略》卷五"祁彪佳赴池水"："乙酉夏，大清兵入浙，檄诸绅投揭。公闻，语夫人商氏曰：'此非辞命所能却。若身至杭，辞以疾，或得归耳。'阳为治装将行者；家人信之，不为意。闰六月六日丙戌夜分，潜出寓园外放生碣下，自投池中。书于几云：'某月日，已治棺寄戢山戒珠寺，可即殓我。'其从容就义如此。后谥忠敏。"（页279）

案：是年五月十五日，清军入南京，弘光帝出奔芜湖，文武诸大臣降。六月，杭州潞王降清。

初八日，刘宗周绝粒二旬卒。

《明季南略》卷五"刘宗周绝粒死"："明年，大清兵至杭州，公与同郡祁彪佳约举事，不果。彪佳先死，公绝粒二旬，以闰六月八日戊子乃卒。有绝命诗曰：'留此旬日生，少存匡济志。决此一朝死，了我平生事。慷慨与从容，何难亦何易。'又示婿秦嗣瞻诗云：'信国不可为，偷生岂能久。文山与叠山，只争死先后。若云袁夏甫，时地皆非偶。得正而毙矣，庶几全所受。'"（页281）

十二日，徐汧在苏州虎丘新塘桥下投水自尽，临终前遗书戒二子。

《明史》卷二六七徐汧传："明年（1645），南京失守，苏、常相继下。汧慨然太息，作书戒二子，投虎丘新塘桥下死。郡人赴哭者数千人。时又有一人儒冠蓝衫而来，跃虎丘剑池中，土人怜而葬之，卒不知何人也。"（第22册，页

6887）

案：又，同年徐石麒本年自缢于家。父丹生有《吴江观倪文正公赠徐忠襄公书画箑幛子作歌留赠计生》，序云："甲申之变，词林倪文正公元璐官户部尚书，自缢于京邸，徐忠襄公石麒以司科里居，不及于难。南都肇位，拜吏部尚书，与政府不合，三疏乞骸骨去。乙酉禾中师起，王师平禾，城陷，公自缢于私第……倪公雅精绘事，兼工草虫花鸟。此画山水，书五日集同年观竞渡诗云：'各出辟兵符一道，散为续命缕千丝。'亦近于诗谶也。"诗云："君不见天启壬戌称得士，我乡相公典会试。南金竹箭罗群英，威凤祥麟照青史。又不见上虞才子倪司徒，嘉善名卿徐宝摩……可怜四万陈陶尽，野老年年枉断肠。"（《国朝松陵诗征》卷一八，页3B）父丹生，字山夫，浙江桐庐人。工诗、画，诗各体皆擅，尤其是长篇歌行体，曾加入萍水吟社。有《贯斋遗集》。计生名东，吴江人。

八月初五日，黄道周致书倪元瓒，动员倪氏子侄前来投军。

黄道周《与献汝书》："（唐王）登极以来凡两月，江东诸父老未有至者，仅温、台诸郡朝廷破格慰其士民，想是诏书留滞兰溪之间，马方数道，无由宣此新意也……仆提师苦不能多，欲刻期下湘湖，缚筏断胥涛而上，不知诸昆季谁为谢玄者？盘旋五十日，共餐同梦，一朝举事，不能不属盼于鸰原也……兄有老亲，必不能来闽中，尔征想亦同之。子新、子方方少年，或能意表行事……八月五日。"（《黄道周集》卷二二，页958）

案：是年闰六月十五日，黄道周等拥明唐王即皇帝位于福州，为隆武帝，道周晋少保兼太子太师、吏、兵二部尚书、武英殿大学士。同月，鲁王朱以海在绍兴就任监国。"尔征"为倪元珙之子会吉，"子新"为元璐长子会鼎，"子方"疑即元璐次子会覃，字子封，音近而讹。

黄道周又致书倪会鼎，邀其赴闽襄助唐王。

庄敦和《孝靖倪先生传》："南都再亡，唐王聿键僭号于福州，漳浦以大学士督师，承制授先生职方郎中，监其军事，先生复以丧服辞。漳浦遗之书曰：'属以时事之艰，思借着于君，非敢以一官相溷也。正使缟冠素鞨出入戟门，于君何讥，于仆何损？'"（［光绪］《上虞县志》卷四八，页20A）

十月初三日，倪会鼎、会覃携家丁七十多人从浙东来投黄道周从军。

黄道周《乞奖异倪元璐、祁彪佳子姓疏》："初三晚刻，晤旧殉难忠臣倪文正之子会鼎、会覃及其侄会绍，皆携家丁跋涉千里来迎臣师。"（《黄道周集》卷六，页316）

庄敦和《孝靖倪先生传》："先生雅不欲与唐王事，以漳浦故不可以不赴。迤逦趋广信，卧邸舍待之，漳浦至议兵事多不合，漳浦愤然曰：'君昔者在吾前，智略辐辏，今喋喋如此，老生耳。'先生曰：'先生正欲为火迫文天祥，然于事无济。'若何，婺源败，漳浦见法于江宁，先生请其元葬之，事毕遂归，杜门不复出。"（［光

绪]《上虞县志》卷四八，页 20A)

是月，黄道周上疏请给倪元瓒、倪会鼎、会覃等加以朝官。

黄道周《乞奖异倪元璐、祁彪佳子姓疏》："浙东贤者，倪元璐而外，无过刘宗周、祁彪佳，而今皆抱义以死。其生者无过章正宸、熊汝霖，今皆已表章敦用。然熊汝霖巨才也，以衰绖事戎行，抗御长江，有李纲、宗泽之风，非节钺不足以展骥足。其逸于草野者有祁彪佳之兄骏佳、倪文璐之弟元瓒，是皆毁家为国，能断能谋，起于昆支，弈其家世，七闽之所无有也……今浙东诸师远来迎臣者亦不能逾千，惟金华监生郑守书募集义勇可六百余人，与倪会鼎、会覃、会绍之卒合为二营，又上饶秀才郑祚远募集义勇可四百余人，与郑官生大伦及诸乡绅之卒合二营，以之附益臣师，亦不能及万，而欲以之救新破之徽，抗屡胜之敌，臣岌岌乎恐其不能也……如祁骏佳、倪元瓒、郑守书、倪会鼎、会覃、郑祚远、大伦，皆加以朝官，或准臣实授，使来者有所劝，使臣亦藉以用众集谋，不为浮说讹言所败。"（《黄道周集》卷六，页 316)

案：时倪会鼎授兵部职方郎中，会覃辟监军察皖。［光绪]《上虞县志》卷一一倪会鼎传："唐王立闽中，道周荐其有用世才，改授兵部职方郎中，固辞。"（页 2A)《倪氏宗谱》卷二："会覃……唐藩镇越，辟监军察皖。"（页 103A)

浙人建七忠祠于吴山之麓，祀甲申殉难之倪元璐、施邦曜、周凤翔、凌义渠、吴麟征、陈良模、俞志虞，黄道周撰文纪之。

黄道周《吴山七忠祠碑》："崇祯甲申，乾坤迸裂，天子殉国。一时士大夫鱼贯稽首，以就寇庭。盖自石勒、侯景而下，禄山、朱泚而上，未有辱于此者。于时闻变决志者二十有九人，而浙居其七焉。上虞则户部尚书倪公元璐、山阴则左副都御史施公邦曜、左春坊左庶子周公凤翔、乌程则大理寺卿凌公义渠、海盐则吏科都给事中吴公麟征、鄞县则监察御史陈公良模、新昌则试御史俞公志虞……天子既将有特祠之命，而武林诸子矜爱于吴山之上肇建合祠，遂成崇构，跻于同堂，而伏腊尸祝之，则亦胥涛所喷其英心，紫阳所增其遒致者矣。"（《黄道周集》卷二五，页 1100)

清顺治三年丙戌（1646)

三月初五日，黄道周抗清战败，被执南京就义，年六十二。

《漳浦黄先生年谱》卷下："遂以三月五日完节于金陵之曹街，兀立不仆。已，更提四子赴他市。而赵士超过曹街，趋抱先生首于怀，恸哭曰：'师乎！魂其少须，吾即来矣！'四子遂同日就义。"（《黄道周集》卷首，页 148)

《明史》卷二五五黄道周传："战败，被执至江宁，幽别室中，囚服著书。临刑，过东华门，坐不起，曰："此与高皇帝陵寝近，可死矣。'监刑者从之。幕下士中书赖雍、蔡绍谨，兵部主事赵士超等皆死。"（第22册，页6592）

案：[光绪]《上虞县志》卷一一倪会鼎传："初，道周之死事也，会鼎方以病寓徽，恸哭持弟子服为合敛金陵，寄其榇于僧寺。"（页2A）

陈子龙有诗怀倪元璐、黄道周，彰扬两先生之忠节义举。

陈子龙《石翁师召后，以仲冬过越晤鸿宝先生却归漳南，闰月闻□师大入畿辅，鸿宝先生募义旅入卫。丙子之役石翁师首倡勤王，旧勋不可忘也，献时志怀》："胡雏夜啸卢龙月，万马奔腾暗辽碣。有诏尽征天下兵，十道旌旗同日发。倪公奋袂持长缨，一麾壮士皆从征。长弓大箭穿贼垒，短衣疋马朝王京。前年虏入雄州城，我师匣中双剑鸣。毁家不满千金橐，结客能为万里行。海内始知申大义，群胡亦自震先声。此时风尘暗畿甸，至尊侧席明光殿。弦高却敌未足奇，鲁连解围真可羡。珊瑚作柄五丝缠，为师拂拭旧羽扇。指麾天地无征战，柏梁高台侍君宴。"（《陈子龙诗集》卷一〇，页292）

郭濬有《后四怀诗》，怀念黄道周、倪元璐等四公。

郭濬《后四怀诗》之三《倪鸿宝先生》："天风净妖氛，朝旭动昆阆。群物候阳辉，乾坤发遐想……抗疏披天阍，居然辟榛莽。王道期荡平，易训同人广。岂徒扩包荒，扶贞错群枉。浩浸息狂澜，珊瑚骨其网。招延遘昌时，天衢藉恢朗。兰芬托先契，何啻存倾仰。携手惊望洋，所睹但泱漭。怀贤缅道风，因之贡嘉奖。"（《虹暎堂诗集》卷四，页10B）

九月，蒋臣来吊唁先生，至杭州而折返。

蒋臣《告倪文正公文》："丙戌秋杪，常拓钵乞食走数百里哭公。至于武林，豺狼满邑，罗网满郊，足不得前，废然而返。"（《无他技堂遗稿》卷一三，页6A）

案：蒋臣欲殉难而未死，间道归南京。方拱乾《原户司徒郎谁庵蒋公传》："甲申之变，公易服诣彝伦堂自经，会逢人捬之，吐血数斗而活，乃髡发间道归白门，其血衣及所寄老亲书俱在也。"（《无他技堂遗稿》卷首）

邑人俞鈇有诗吊倪元璐、施邦曜等。

俞鈇《吊倪鸿宝、施四明诸公》："西京遗恨竟如何，重续燕山正气歌。箕宿星光追驾尾，虞泉日影竭挥戈。水清任氏湖应满，地碧三年血未磨。欲倩巫咸招陈魄，千秋涕泪洒铜驼。"（《越风》卷一，页23B）

案：诗云"地碧三年血未磨"，故系于此。《越风》卷一作者小传："俞鈇，字子坚，号一宅子，会稽人，诸生。"（引略）

孟瑶来越中，有诗怀倪先生。

孟瑶《投山阴蒋同野兼怀倪鸿宝先生》："天涯生气几人存，雁唳蛩鸣未足论。

余不学诗孤北地，君能尚友起西园。寒花就径贻香晚，脱水经风接席温。别后莫忘通寤寐，倪家庭户向黄昏。"（《百名家诗选》卷五九，页3A）

案：孟瑶，字二青，河南汲县人。

杜肇勋有诗悼挽。

杜肇勋《挽倪文正公》："不能留社稷，何敢惜吾身。地碧千秋血，天成一代人。乾坤终大运，日月捧孤臣。举世方行素，先生独取仁。"（《倪氏宗谱》卷一六，页7A）

案：此诗又见《闲古斋集四种·冰壶草》（页41A）。杜肇勋，字功王，山阴人。

公卒后，冒起宗将元璐手书十一通摹勒上石。

冒起宗《跋倪文正公真迹》："海上叠经兵火，德甫之装尽化为云烟飞去，独文正公手书十一通陆离敝箧，虽儿辈能宝藏，实有默相之者。今春云间顾公彦重来过访，出旧岩石授之摹勒。公八法别具神韵，而丰骨巉削，结构遒逸，至今贯虹裂石之气，勃勃飞动，侧理间直与平原并照千古。余昔浮沉中外，多与世违，独公痂嗜最笃，期许溢格，故于曹濮襄樊，每思横波直上，仰副知己。今已矣，公精灵烜赫天上，余衰残病废，顽钝余生，抚兹墨宝，面甲汗淫淫至踵矣。"（《拙存堂逸稿》文卷二，页102A）

案：此十一通手书中，有元璐《送冒嵩少赴官南吏部》，十一年（1638）重书。冒起宗《跋倪鸿宝官允赠诗》云："公送余赴南铨诗，为癸酉人日……是诗书素缣，寻失去，遘闽中，戊寅乞公作先严墓表，请重书，今寿岩石。"（《拙存堂逸稿》卷二，页102A）

清顺治八年辛卯（1651）

蒋臣再至越中吊唁先生，撰文祭奠。

蒋臣《告倪文正公文》："呜呼！甲申之变，文正倪公夫子首殉国难，皎皎大节，与日争光。公桃李满天下，而受知最深、相期最重，未有如不孝孤某者也……丙戌秋杪，常托钵乞食走数百里哭公，至于武林。豺狼满邑，罗网满郊，足不得前，废然而返。今兹之役，至公里者，不惟浃旬，而且逾岁，趑趄宛委、镜湖之间，瞻顾踯躅，乃始得辟踊号咷，为文以告夫子也。涉世之末流，其艰如此，岂不痛哉！……嗟乎！如公之死，持之甚定，而安之若素，英风正气，浩浩行空，真无憾矣……不孝孤某忍死至今，将终望公待公，请得毕事公之志，以无负受知于公矣。谷刍涧藻，但有血忱敢告。"（《无他技堂遗稿》卷一三，页6A）

闰二月，门人唐九经刻《倪文正公遗稿》，顾予咸选，董期生等校订。

　　唐九经《倪文正遗诗序》："《应本》集中诸体已备，而独遗夫诗者……夫先生之诗之拗耳，再二三年伯直与少陵、太白对，遂不敢笺释而竟，授梓以附于《应本》之后。顺治八年岁在辛卯闰二月门人唐九经顿首书。"（国家图书馆藏《倪文正公遗稿》卷首）

　　顾予咸《倪文正公遗稿小言》："鸿宝倪先生天下皆知其大文章人也，大经纶人也，大节义人也……自余吏越，炙其遗像，凛凛有生气，此非绘图之倪先生，而先生真文洋洋洒洒于丰采间……唐子豫公执经先生之门三十年，收拾蠹余，得若干首刻而成书，授于余，余曰：'有心哉，唐子也。唐子能收拾有字句之诗，而能收拾先生无字句之诗乎？'唐子曰：'子言是也，天下之为倪先生不数人，而收拾先生字句者，惟余一人。'而收拾先生无字句者，千秋万世之有血气、有心知而已。是为序。吴门后学顾予咸松交甫书。"（《倪文正公遗稿》卷首）

　　案：唐九经为先生门人，此间刻印《倪文正公遗稿》及补刻《鸿宝应本》。其《补正应本说》曰："鸿宝先生之集虽多，而其大者则《应本》与《遗诗》二种，即今天下所脍炙先生之集，亦惟《应本》与《遗诗》为最。盖《应本》乃先生手授梓，而《遗诗》则九经代为梓也。"（唐九经重修本《鸿宝应本》卷首）顾予咸《倪文正公遗稿小言》亦曰："唐子豫公执经先生之门三十年，收拾蠹余，得若干首刻而成书，授于余。"（《倪文正公遗稿》卷首）顾予咸时任山阴县知县。

　　倪元璐诗稿名曰《忆草》，二卷，生前未刻。其《九月山行便谒禹庙》诗注："乙酉，黄先生得祠禹陵之请，为师作志，并评《忆草》。"（《倪文正公遗稿》卷二七言律，页2A）即指其诗稿。又谢元汴有《读忆草吊倪鸿宝先生》："孤生者必奇，物固贵高骞。为千古树鹄，不为一世贤……天地非无偶，倪公黄夫子。合之则双美，上骈生耳目。峨若松千丈，书同泣鬼神。譬如仓氏初，不有两兄弟。制奇字古文，人物皆弇闭。我之生荒裔，海水属苍天。五岭割尻脽，挹华嵩袂肩。石师梁丘降，麟书吐铜里。鸿公生禹穴，宛委鸟为耘。小子而狂简，岭肃海壮之。"（《霜山草堂诗集》五言古，《清代稿抄本》第8辑372册，页88）谢元汴号霜崖，广东澄海人，崇祯十六年（1643）进士，仕唐王授兵科给事中。[光绪]《潮州府志》卷二九有传。（页29A）

　　唐九经，字敏一。浙江山阴人。王思任外甥。崇祯十年（1637）进士，知长洲县，有惠政。擢淮州府推官，监藩镇军事。御史王应昌以督学八闽荐九经，九经辞不赴。会岁大祲，倡议施赈，全活甚众。工书。[嘉庆]《山阴县志》卷一四有传。（页88A）

清顺治九年壬辰（1652）

同年张镜心作《九哀》诗，怀及倪元璐。

张镜心《九哀》之五《倪公元璐》："平生谏草涕痕新，人事应知历数屯。战角声连北极动，阴风倾洞日车翻。九边是处多遗廑，万死何由赎至尊。此日乾坤争绝续，只从泉下报君思。"（《云隐堂诗集》卷二，页8B）

案：题注："壬辰。"甲申之变时，张镜心丁忧在家，黄道周荐于南明，固谢不就，入清后不仕，逍遥泉石，自号云隐居士。

八月十七日，二叔倪涑卒，年九十四。

《倪氏宗谱》卷二："（倪）涑，行重十，字光仲，号晋源。邑庠〔生〕。器量宽洪，乐善好施，以次子元珙贵，封文林郎，晋封御史，享寿九十四岁。两朝膺宠，锡四代，见曾、玄，三为邑大宾，二为府大宾，晚景荣华，罕有其比。生嘉靖三十八年乙未二月十六日□时……卒顺治九年壬辰八月十七日，葬黄泥庵桂尖下。"（页112B）

清顺治十年癸巳（1653）

六月十七日，清廷赐故明殉难大学士范景文、户部尚书倪元璐等十六人谥，元璐谥文贞，特遣官致祭，并给祭田。

《清史稿》卷五："（顺治十年六月）辛亥，赐故明殉难大学士范景文、户部尚书倪元璐等及太监王承恩十六人谥，并给祭田，所在有司致祭。"（第2册，页134）

案：郑《表》，六月辛亥为十七日。清廷赐官地七十亩，以供春秋两祭。绍兴府奉旨置办，实际拨田地、河荡、溪沙滩二十七块，共折合六十九亩二分，并颁给赐地印册。详见《文正公祭地碑文》，文载《倪氏宗谱》卷一四"祠铭"（页4B），此碑立于会稽县大堂粮柜之旁。

八月十二日，朝廷遣官谕祭。

《谕祭文》："维顺治十年岁次癸巳八月甲子朔越十二日乙亥，钦奉皇帝谕祭故明户部尚书兼翰林院学士谥文正倪元璐之灵，曰：文章华国，节义维风，有一于此，殁有余荣。维尔元璐，遭时不偶，尔骨欲寒，尔名不朽。不朽维何？文山之歌，似尔正气，伊谁较多……呜呼！衣冠楚楚，结缨不苟，附骥攀鳞，喜随君后。泰山鸿毛，死为重轻，畴能似尔，不愧科名。地有河岳，天有日星，尔名并垂，振古如生。特隆谕祭，尚其歆承，赐谥文贞，加坛谕祭。顺天府办祭，部臣读文，赐地七十亩，春秋永祭。"（《倪氏宗谱》卷首）

清顺治十一年甲午（1654）

秋，归庄来游越中，拜倪元璐像，有诗悼之。

归庄《拜倪文正公像》："名儒雅望冠群贤，天上攀髯又最先。恩重名尝依魏阙，时危才不老经筵。兵农力任边疆事，章奏空教天下传。邂逅钱塘承馨欸，遗容仿佛是当年。"（浙江省博物馆藏归庄《墨竹诗翰卷》，《浙江省博物馆典藏大系（翰墨清芬）》，页110）

案：归庄（1613--1673），又名祚明，字玄恭，号恒轩。南直昆山人。明末诸生，与顾炎武友善，有"归奇顾怪"之称，顺治二年（1645）在昆山起兵抗清，事败亡命。善文能诗，擅长书画。著有《归玄恭遗著》等。浙江省博物馆藏归庄《墨竹诗翰卷》，清顺治十四年（1657）归庄为好友路安卿所作。卷中有归庄墨竹画五段、顺治十一年（1654）秋归庄游越诗九首，及顾炎武题跋。游越诗九首为《同诸公发舟吴门赴山阴友人之约分韵得八庚》《舟次石门同诸君再分韵得五歌》《古小学拜念台先生祠》《拜倪文正公像》《拜祁忠敏公像》《遥哭故刑部员外郎钱希声先生》《山阴道中同诸公韵得二萧》《会稽山谒禹陵分韵得十蒸》《同诸公泛西湖分韵得七虞》，未收入《归庄集》。诗后有归庄跋："强围作噩之岁秋九月，至洞庭东山，居停安卿道兄斋中者二旬。临行，以此卷索余书画云：不拘时，乘兴为之。是年冬十一月，寓檇李天宁禅院，偶一日无事，令老苍头磨墨，先作墨竹数丛，后附甲午（1654）秋游浙东时近体九首。兴会适到，殊觉远胜平日，朱子葆兄对案观予落笔如飞，为之击节。""强围作噩之岁"为丁酉年，即顺治十四年（1657）。

清顺治十四年丁酉（1657）

倪宅衣云阁为风所催，满听轩亦入贾人之手。

唐九经《补正应本说》："盖此版向藏衣云阁上，不谓阁遭鬼物之妒，忽一夕为风雨所摧，故版致失依，竟落贾人之手……丁酉九月朔，余过满听轩，见有毁瓦划墁数十辈，惊问其故，知此轩又落贾人之手，刻期来朝将立变为瓦砾场矣……硕窜堂亦几就圮。"（唐九经重修本《鸿宝应本》卷首）

案：《静志居诗话》卷二〇："尚书晚筑室于绍城南隅，窗槛法式，皆手自绘画，巧匠见之束手。既成，始叹其精工……堂东，飞阁三层，扁曰'衣云'……顺治初尚存，曩尝携舍弟千里暇辄登焉。今已鞠为荒草矣。"（页612）元璐殉节后，衣云阁亦为历来名人贤士凭吊之地。

门人王豐过倪氏故园，有《秋日过学士倪文正公园五首》，其一："园庐经始日，是我卜邻时。考室栽旬岁，骑箕且四期。山河看昔貌，风景海余思。尝识亭名旧，今来字照谁。"（《匪石堂诗》卷二三，《上海图书馆未刊古籍稿本》第 47 册，页 167）又有《由东郭门南上翠水桥入倪园，回折柳桥塔山一带三五里许，小舟绿泛纪之》（上书卷四，《上海图书馆未刊古籍稿本》第 46 册，页 136）。

张岱《吊倪文贞废宅》："骑箕归天府，攀髯去故乡。国事已如此，臣家敢不亡？青蒿埋碧血，衰草没荒塘。板荡承天运，流离见侠肠。有魂追旧主，无语问苍穹。碎是平泉石，幻为白玉堂。灭门成义烈，画墁毁文章。应作笑旧主，肯留瓦砾场？惟嗔陶靖节，犹自守柴桑。"（《张岱诗文集》诗卷二，页 53）

孟骙《过钱炼师悟真坛，即倪文贞公故第废址》："眼底谁联石鼎诗，城南洞壑去寻师。拟过滴落研朱地，正值锄云种药时。驷马不来宜驾鹤，黍离漫赋且餐芝，百年回首沧桑事，刚抵仙翁一局棋。"（《越风》卷一〇，页 11A）据《越风》作者小传："孟骙，字敏度，号药山。会稽人。明经。著有《笋庄诗钞》。"

朱彝尊来登衣云阁，有《偕谢晋、吴庆祯登倪尚书衣云阁》（《曝书亭集》卷三，页 5A）、《再过倪尚书宅题池上壁》（同上，页 7A），二诗系于"旃蒙协洽"，即顺治十二年（1655）作。

顺治十五年（1658），黄宗羲来郡城，过衣云阁满听轩吊唁。《黄梨洲先生年谱》卷中："（顺治十五年）同泽望公之郡城，过满听轩，吊倪鸿宝先生。登柳桥，吊王玄趾先生。"（页 8B）

施闰章《过倪园吊文正公》："亭馆何玲珑，合杳无终始。高榭累丹岑，修廊照清沚。凿筑成川岩，高深信具美。谢傅东山宅，康乐始宁里。声名蔽天壤，丘壑情所止。抗节何从容，正气森岳峙。披发白云乡，魂归或眷此。便娟想芰荷，萧瑟瞻松杞。美人不可见，挥泪长川汜。"（《施愚山集》诗卷四，页 65）此诗又见施闰章《越游草》，题作《集倪园》，题下有注："鸿宝先生凿池累土，名曰'儿山'，宫室瑰异，为越郡之望，是日杨允达置酒。"

毛奇龄有《游倪司农园亭》（《西河全集》七言律诗一，页 6B），徐缄有《过倪文正公园亭》（《诗观初集》卷五，页 33A）。

九月，门人唐九经补刻《鸿宝应本》。

唐九经《补正应本说》："鸿宝先生之集虽多，而其大者则《应本》与《遗诗》二种，即今天下所脍炙先生之集，亦惟《应本》与《遗诗》为最。盖《应本》乃先生手授梓，而《遗诗》则九经代为梓也。夫《应本》一集既自梓而自藏之矣，曷言补？盖此版向藏衣云阁上，不谓阁遭鬼物之妬，忽一夕为风雨所摧，故版致失依，竟落贾人之手。贾人市利，初心以为质久逾期遂可奄有，如金珠类利获数倍，乃沉埋隐沦，多历年所，市利者悟，余与机石翁因得取归。检其版，凡文中尾尽缺无存，甚而正张多所散失，幸余架上藏有原本，稽其所缺，即将原书翻刻补之，不第张数不少，虽字画亦皆仍前。不知者以为九经补之，知者以为先生之灵自补之也……时顺治十四年岁次丁酉重阳月，会稽门人唐九经顿首书。"（唐九经重修本《鸿宝应本》卷首）

清顺治十六年己亥（1659）

母施太夫人约卒于是年，葬于上虞桂尖山。

［光绪］《上虞县志》卷九倪元瓒传："丙戌，天下归顺，越中乂安，而母年已八十六矣。或日一食，元瓒亦一食，或不食，元瓒亦不食。病日亟，刺臂血作疏，吁天求代。及卒，元瓒已六十有三，犹作婴儿号，形貌焦黑，至不可识。庐墓三年，又逾年而卒，年六十有七。"（页30A）

韩广业《献汝公传》："及邻省溃兵交集于越，画江自守，先生早奉母避兵归虞。洎越归版图，郡城粗安，始得归家。而太夫人病益深，中夜刺臂血作疏，吁天就代。及卒，高年哀毁，几至灭性。次年，即造茔上虞，将挈家居虞，卢墓终身。"（《倪氏宗谱》卷一四传赞志述，页35A）

案：文云"及卒，元瓒已六十有三"，据《倪氏宗谱》，元瓒卒于康熙二年（1663），年六十七岁，则前推四年，施太夫人卒于本年。又据前考，施太夫人生于嘉靖四十年（1561），本年逝世时享年九十有九。再，据韩广业《献汝公传》，元瓒为施太夫人"造茔上虞"，墓在原籍上虞县桂尖山。倪立言《御赐祭地赎回碑记》："会有潘金耀侵占桂尖山地事，桂尖山者，文正公生母施太夫人宅兆之所在焉。"（《倪氏宗谱》卷一四祠铭，页8）

清康熙二年癸卯（1663）

弟倪元瓒卒，年六十一。

《倪氏族谱》卷二："元瓒……生万历二十五丁酉九月二十四日酉时……公年六十七岁，卒康熙二年癸卯三月初一日未时。葬平水畈。所著《理学儒传》《性理抄》《子园集》《诗集》等书。"（页107A）

韩广业《献汝公传》："享年六十七岁。卧病数日，不废吟咏，无一语及家事。凡所纂辑，自《性理大全》《春秋五传》，群史自史汉至刘宋而止，及《杜少陵诗集》《绍兴府志》，皆有论断，所著文集十数卷藏于家，私谥贞靖先生。"（《倪氏宗谱》卷一四传赞志述，页3A）

案：《颜习斋先生言行录》卷下"教及门第十四"："倪鸿宝之弟元瓒亦进士也，

甲申变，弃家偕其妻隐深山，治生同农夫。康熙间，有同年友大贵，同某太守更士人服访之，年已耄，不相识矣。叙往事久之，有老妪持箕帚碓糁入，其夫人也，贵人曰：'金币不敢以赠，愿供米麦若干石、炭若干包。'元瓒曰：'素不受人馈，却之恐公弗堪，请为公施粥以赡贫民。'贵人行后尽施之，复键户遁，莫知所之。"（页10B）此述元瓒晚年事甚详，惟曰"元瓒亦进士"则误。

清康熙八年己酉（1669）

三月，次子倪会覃卒，年四十六。不及一月，其妻郑氏继卒，贫不能敛。

《倪氏宗谱》卷二："会覃……生明天启四年甲子五月十三日申时。配临山金宪郑公咸一女……公年四十六岁，卒清康熙八年己酉三月十六日戌时。"（页103A）

案：时郡有疫情，会覃暴卒，不及一月，其妻郑氏相继死，贫不能敛，邑人沈歌叙助其葬事。张岱《赠沈歌叙序》："歌叙与倪文正公次公子子封比闾而居。子封以时疫暴死，贫不能敛，凡衣衾棺椁，皆歌叙为之惨淡经营，卒能成礼。此时尚有奴婢妻孥，共为襄事。不及一月，子封之配郑院君相继死，奴婢逃散，四壁徒存，仅一幼子，长号尸侧。歌叙不忍坐视，破家竭力，为措棺衾。时方溽暑，停阁数日，骨肉零落，不堪举手，独歌叙一人，与藐孤一子，昏暗一灯，举其腐烂之尸，庄严入殓。盖馆之后，伴其孤儿相守数月，阴风凄惨，于血肉臭腐中蹲踞盘旋，毫无秽意。"（《张岱诗文集》文集卷一，页206）"子封"为会覃之号。

清康熙十年辛亥（1671）

浙江巡抚范承谟闻元璐权厝未葬，行文绍兴府查实："是否尚未葬并权厝何处？有无棺椁损伤以及择地建坟须费何若？"

魏纪瑞《葬倪文贞公》："为行查事，照得前代倪文贞公鸿宝先生忠节文章如日星河岳之在天地，不惟后学所当景仰，抑且先帝大赐褒嘉，谕祭殷隆，天章璀璨，特恩殊礼，炳耀千秋，而况守土之官，密迩荒躅之地，岂可令其神灵无据，邱垄弗登？今闻丛殡尚暴风烟，体质未归窀穸，英魂怨恫，行道恻伤，深惟我殡之风，岂伊异人之任？合亟查讯，以义安藏。为此牌仰该府官吏照牌事理，速讯倪公是否尚未葬并权厝何处？有无棺椁损伤以及择地建坟须费何若？一一确查估计，限几日内即行详覆……"（《四此堂稿》卷七）

案：唐九经《补正应本说》云："丁酉九月朔，余过满听轩，见有毁瓦划墁数十辈，惊问其故，知此轩又落贾人之手，刻期来朝将立变为瓦砾场矣……虽然先生浮葬浅土已十余年，硕庼堂亦几就圮……"（清顺治十四年唐九经重修本《鸿宝应本》卷首）"丁酉"为顺治十四年（1657），时"先生浮葬浅土已十余年"，则倪氏子孙贫无力厚葬，于其棺椁归里未久即予薄葬浅土。时湖州府知府吴绮也致书元璐子欲助其葬父，后因罢官不果。沙张白《吴园次传》："闻绍兴倪文正公亦未克葬，贻书招其子，使来为计。会罢官不果。"（《扬州足征录》卷一）

魏纪瑞（1620--1677），字善伯，号伯子。江西宁都人，与其弟魏禧、魏礼合称"宁都三魏"。魏纪瑞时在浙江巡抚范承谟幕府，代其草拟公文。范承谟康熙七年（1668）至十一年（1672）在浙江巡抚任上。参见魏禧《先伯兄墓志铭》（《魏叔子文集》卷一八，页962）

冬，浙江巡抚范承谟捐俸，檄知府张三异营倪元璐葬事，葬会稽县白莲岙圣仪洞之左。

［光绪］《上虞县志》卷一〇倪元璐传："康熙十一年，浙江巡抚范承谟捐俸，令郡守张三异营其葬事。"（页35A）

［雍正］《浙江通志》卷二三八："明户部尚书谥文正倪元璐墓。《绍兴府志》：'在白莲岙山圣仪洞，传详忠臣。旧《浙江通志》：康熙十年，巡抚范承谟以其子孙贫不能葬，捐俸四十金行府议，知府张三异更为捐俸营葬。先是，里绅姜天枢知文正无葬地，欲以白莲岙山赠之，后竟践其言。'"（页5A）

案：浙江巡抚范承谟、绍兴知府张三异捐俸营葬，《上虞县志》谓"康熙十一年"，《浙江通志》谓"康熙十年"，据李式玉《谒倪文贞公祠》题注："今辛亥冬始营葬事。"（《巴余集》卷二，页6B）可证为是年冬。《倪氏宗谱》所载《文贞公年谱》云："（元璐）葬会稽县白莲岙圣仪洞之左。总督范公讳承谟捐俸致奠，檄郡邑营葬事。按范公后尽节闽中，天章宸翰，褒恤优渥，同志辉映，更一奇也。"（卷一七，页71B）

范承谟（1624--1676），字觐公，号螺山。辽东沈阳人，汉军镶黄旗。范文程次子。顺治九年（1652）进士，曾任弘文院编修，累迁至浙江巡抚，在浙江四年，勘察荒田，奏请免赋，赈灾抚民，漕米改折，深得民心。擢福建总督，三藩之乱时，为耿精忠囚禁二年，坚贞不屈，自缢死节。谥忠贞。《清史稿》卷二五二有传。（第32册，页9723）

清康熙二十七年戊辰（1688）

浙江督学王揆在绍兴建六贤祠，祀天启、崇祯忠节黄尊素、刘宗周、施邦曜、倪元璐、祁彪佳、周凤翔，黄宗羲前来拜祭。

《黄梨洲先生年谱》卷下："（康熙二十七年）九月，寓郡城。九日，拜六贤书院。即六贤祠，在南罗门畈。王颛庵督学行部东浙，表章启祯忠节，立六贤祠。以忠端公为首，次刘忠正宗周、施忠愍邦曜、倪文正元璐、祁忠敏彪佳、周文忠凤翔。咸丰辛酉毁于贼，宗涤楼观察稷辰议重建，未及举行，附其主于四贤书院。"（页10B）

案："王颛庵督学"即王掞，江苏太仓人，王时敏子。康熙九年（1670）进士，授翰林院编修，迁赞善，提学浙江，累升内阁大学士。

李式玉有《谒倪文贞公祠》，姑系于此。诗曰："国破身难惜，时危事已非。君臣同患难，朝野有光辉。月落一灯暗，风生匹马归。城西才槁葬，行路各沾衣。"（《倪氏宗谱》卷一六，页7A）

清康熙二十九年庚午（1690）

续配王夫人年九十余，仍在世。

［光绪］《上虞县志》卷一一倪会鼎传："母年九十余，会鼎年七十而侍晨夕，母子之间衣不纯采。"（页2A）

案：王夫人为会鼎生母，会鼎生于天启元年（1621），是年七十岁，王夫人年九十有余。顺治八、九年间，绍兴大饥，王夫人有钗簪易米之举。唐九经跋《倪文正公书画册》："辛卯、壬辰岁大饥，王夫人数发其秘笥与市易粟，余得畅观焉。"（《壬寅销夏录》，《续修四库全书》第1089册，页603下）辛卯、壬辰为顺治八、九年。

清康熙四十五年丙戌（1706）

十二月初一日，长子倪会鼎卒，年八十七。私谥"孝靖先生"。

《倪氏宗谱》卷二倪会鼎传："会鼎，行善十七，字子新，号无功。会稽庠生。忠孝性成，博学多能，荫锦衣卫金事，累征奉政大夫，兵部职方清吏司郎中。康熙十年诏求山林隐逸，长吏以公名应，避匿不就，晚年尤恬澹好静，讲学东山，阐明圣教，海内称高士……公年八十七岁，卒康熙四十六年丁亥十二月初一日戌时。葬萝纹畈。"（页104A）

庄敦和《孝靖倪先生传》："孝靖倪先生会鼎者，字子新，晚而自号无功，明忠臣文贞公元璐子也……康熙四十五年终于家，时盖八十有七。议谥者宜兴陈维崧。"（［光绪］《上虞县志》卷四八，页20A）

清康熙五十一年壬辰（1712）

绍兴府知府俞卿将蕺山一庙改祀越之倪元璐等名贤，孟骙有诗歌之。

孟骙《蕺山改祠歌》序曰："蕺麓之阳多优窟，山半有庙祀老郎，即明皇也，神丛所依，周甲子矣。滇南俞太夫子守吾越，撤其像，归其值，改祀前太守汤公于庭，有功德于民也，祀文成、忠愍、文贞、忠端、忠敏，或以理学，或以忠节，且越产也。涤淫昏，扶名义，政莫大焉，山川为改色矣，爰歌以志之。"其七《倪文贞公》："鼎湖龙化首攀髯，取义成仁一死甜。密坐英灵堪把臂，同参《儿易》更无嫌。"（《笋庄诗钞》卷二，页14B）

案：［乾隆］《绍兴府志》卷二六"知府"："俞卿，字恕庵，云南陆凉人，辛酉举人，康熙五十一年任。"（页23A）蕺山在绍兴城东北，隶山阴县。

孟骙又有《七宝林吊倪鸿宝先生》，附此备考："元礼龙门正里居，浙臣特起议军储。岩岩击贼司农笏，烈烈诛奸太史书。樽酒孤臣酬壮缪，哭庭大义付包胥。文山不得黄冠老，愁向星坛听步虚。"（《笋庄诗钞》卷三，页14A）

清乾隆五年庚申（1740）

曾孙倪长庚、长康等刻印《倪文贞公年谱》，倪会鼎编，徐倬、倪长庚序。

徐倬《倪文正公年谱序》："尝读睢阳传后之书，桑海遗民之录，其于见危授命、杀身成仁之义，摹写淋漓，文章顿挫，百世之下，呜咽涕泗，然此犹出自他人手笔也。若夫孤子操觚，诸孙雠字，墨和泪渍，血与汗青，如会稽倪公年谱，有不初读之而怃叹，再读之而泣下浪浪者乎？……公有子为无功先生，著书尤富，与郑、马相埒，即今所撰年谱，当年时事无不贯穿于年经月纬之中，非仅一家书也……今获兹年谱当奉为天球河图，永作世宝，因跋纸尾，以志私淑之意云。吴兴门下士徐倬谨熏沐拜手跋。"（《倪文正公年谱》卷首）

倪长庚《序》："先曾祖文贞公年谱，为王父手辑之书，编纂考核，载阅寒暑，宗伯徐公倬序之详矣。剞劂无资，迁延岁月，念清白遗风，萧然四壁。仰沐皇仁浩荡，得邀墓田之锡以奉蒸尝，故每遇春秋，享祀王父，必先率子孙辈北望稽首，炷香以祝万寿，而后入家庙歌《采苹》焉……至先文贞公尚有诗文、奏疏旧稿，曾经门下士分校帙成，兵火之余，飘零散佚，间有存者，鲁鱼刻豕之讹，尽需订正，尚冀选撷定编，更刻完本，于以敬副圣朝褒忠之厚泽，昭久道化成之景运也，不其盛乎！乾隆庚申之岁曾孙长庚、长康恭述。"（《倪氏宗谱》卷一七，页4A）

案："乾隆庚申"即乾隆五年（1740）。长庚、长康为会鼎之孙。据《倪氏宗谱》卷三，倪会鼎幼子运建，运建有三子，即长子长驾（出继），次子长庚，幼子长康。（页111A）

清乾隆十三年戊辰（1748）

绍兴知府杜甲捐俸于上虞承泽书院建倪文正公祠，倪安世、全祖望撰文纪之。

倪安世《高祖文贞公祠堂碑记》："忠臣烈士，国家之所重者，非仅旌其身也，凡以风励天下也……岁戊辰，江都杜使君甲以廉干来守越州，凡所以兴化致治者，无不仰体圣意。会展谒先公像，怅无专祠，乃就邑之承泽书院，构数楹而奠焉。呜呼！先公纯忠粹学，海内有泰山北斗、景星卿云之慕，维虞实桑梓地，士林敦文饬行，益当以乡先贤为模楷……祠成甫一年，使君遂更调杭州，几移治河间，去后七载，乃追叙其事而书之。乾隆甲戌春王月，玄孙安世恭述。"（《倪氏宗谱》卷一四祠铭，页3B）

全祖望《明太保倪文正公祠堂碑铭》："尚书赠太保倪文正公，本上虞人而居会稽。今有司致祀，皆就近莅事于会稽，而上虞反阙焉。然会稽亦未尝有特祠。乾隆戊辰，知府扬人杜君谓当建祠于上虞，而苦经费无所出，时予方主越中讲席，语君以上虞故有书院，何不即其中重新两楹以祀公？古之释奠，必于其国之先师，公岂非上虞之先师也与？是甚合礼意，杜君曰善，因捐俸鸠工，特具栗主以入祠，而属予铭之。"（《鲒埼亭集》卷二四，页1A）

案：［乾隆］《绍兴府志》卷二六"知府"："杜甲，江苏华亭人，乾隆十三年任。"（页23B）续任郑肇奎"乾隆十五年任"。倪文正公祠堂建于上虞县承泽书院。［光绪］《上虞县志》卷三三："倪文贞公祠，在承泽书院后。本朝乾隆十三年绍兴知府杜甲捐俸创立，邑人钱仪吉募捐廓充之。道光二十年邑人王志熙掌教书院，白署令龙泽潓，官备祭器，每春秋丁祭后，集文武官同日致祭，著为例。"（页14B）倪安世为元璐玄孙，《倪氏宗谱》卷三："安世，字济可，郡庠生，生雍正二年甲辰二月十四日。"（页112B）

清初南京亦建有倪文贞祠，张五典《明倪文贞祠》："南都王气未全销，辈几留题酹酒瓢。龙跃鼎湖归远驭，鹃啼燕市彻残宵。高明栏槛衣云阁，咫尺园陵白下桥。合着石斋陪座右，倪黄署榜照丹青。"（《荷塘诗集》卷一五，页9A）张五典字叙百，号荷塘，陕西泾阳人。乾隆二十五年（1760）举人，官上元知县。工诗，兼善山水。著有《荷塘诗集》。

元璐栗主入新祠，全祖望又赋神弦曲。

全祖望《始宁倪文正公新祠神弦曲》："舜江兮汤汤，夏湖兮茫茫。太保陟降兮自帝之旁，衣云阁圮兮茂草荒。太保东归兮思故乡，百年恩命兮堂堂。坠典初昭兮日使君之藏，三菁山高兮夜有寒芒……"（《鲒埼亭集》诗卷八，页8A）

案：上引全祖望《明太保倪文正公祠堂碑铭》云："予于公之主入祠，即已为之迎神送神之曲。"（引略）即指此。

邑人陈燧有诗怀念先生。

陈燧《倪尚书文贞》："军兴思古将，国破祭先臣。直到垂危日，方抡未杀身。丹心留素草，碧血委边尘。共挽龙髯去，应推第一人。"（《上虞诗选》卷三，页26B）

案：《上虞诗选》卷三诗人小传："陈燧，字太周，号退洲，乾隆壬午举人，官孝丰教谕。"（页26A）陈燧乾隆二十七年（1762）举人，姑系于此。

清乾隆三十七年壬辰（1772）

蒋士铨刻印《倪文贞公全集》三十八卷，文集二十卷，奏疏十二卷，讲编四卷，诗集二卷。

蒋士铨《锲倪文贞公全集后序》："乾隆辛卯之夏，予馆越之戢山，山阴平确斋前辈捧一编示予曰：'此吾乡先生倪文贞公古文，公玄孙安世秀才之藏本也，勿梓将散亡湮没是惧，君其有意乎？'予受而读之，歆奇瑰玮，不名一体，而抑塞磊落之致，时见于褚墨。闻古称邹鲁尚经学，韩赵多奇节，公殆兼而有之。因亟令缮写付习。其明年，予就馆维扬，确斋寓书于予，以公《疏章》《讲义》寄示，予既卒读，因喟然曰：'公之文犹乔木焉，讲义其本根之包孕也，奏疏其柯条之气焰也，制诰其体干之精神也，诗文其枝叶之华花也，使第采其卷轴酬应之篇，而逸其敷奏对扬之制，譬则车只轮而鸟单翼也。'因分为两编：《文集》二十卷，《奏疏》《讲编》十六卷，庶几百世而下诵公全集者，凛然见公生气，而知公之学术有本有末如此也。原稿虽经秀才编辑，而甄综点勘，予辄佽助之，阅三月而藏事焉。"（乾隆三十七年刻本《倪文贞集》奏疏讲编卷首）

案：蒋士铨（1725--1785），字心馀，号清容居士，晚号定甫，江西铅山人。乾隆二十二年（1757）进士，官翰林院编修，二十九年（1764）辞官，主持戢山、崇文、安定三书院讲席。乾隆三十六年（1771）夏，蒋士铨在越中主持戢山书院，经山阴平圣台（确斋）之介，始刻《文集》二十卷。《文集》刻成后，蒋已移馆扬州安定书院，平圣台又寓书属之《奏疏》《讲编》十六卷，蒋氏历时三月而藏事。继之，蒋又刻成《诗集》二卷。至此，刻成《倪文贞公全集》全部三十八卷，蒋氏居功至伟。平圣台《刻倪文贞公全集后序》云："余龆年与倪氏任可、霁可兄弟同砚席，岁时升堂拜文贞公画像，并见公遗集庋箧衍中，累累巨帙，时懵无知，特爱敬讽阅一过而已。比余宦游南北二十余年，归而任可捐馆，霁可尚困逢掖，连蹇不得志，向所见箧衍中累累巨帙，屡经手校，益瑰玮可诵，惟以剞劂无资，恐后人之湮没散失是惧。铅山蒋定甫太史闻而倡其侪镵金畀梓人，且为论定篇帙，作传以弁其首。余自岭外归，太史主讲维扬，复寓书督役，为鸠费于江南。嗟乎！以太史之勤于公集如此，益知公之德业文章，感发兴起于千百世无疑矣……顾以霁可之敬承先烈，捧持不堕，而太史尚义好古，采清芬而扬幽馥，其因缘固不可泯于是乎。同郡后学平圣台再拜。"（乾隆三十七年刻本《倪文贞集》奏疏卷首）文中"任可"即倪名世，霁（济）可即倪安世，俱为倪元璐玄孙。

倪元璐书画作品知见录

序次	作品名称	式样、尺寸、款识、钤印	收藏	著录
1	行书游西山诗卷	纸本。24cm×350.6cm。此卷有倪元璐、黄景昉、闪仲俨、倪会宣等诗。倪诗题识："右余十八岁庚戌上公车游西山作也。初不存草，昨偶于故友败箧中见之，恍然梦寐。然其声体固犹儿嚎雏飞，老不能进而少已不强如此，书此博粲。元璐。"钤印：倪元璐印、鸿宝（白）。	故宫博物院	《中国古代书画图目》第 21 册，页 255
2	行草书节录吴都赋轴	绫本。151cm×52cm。题识："元璐书似心水亲丈。"钤印：倪元璐印（朱）、太史氏（白）。	故宫博物院	《中国古代书画图目》第 21 册，页 254
3	行草书诗轴	绢本。	故宫博物院	《中国古代书画图目》第 21 册，有目无图，页 378
4	行书七言诗句轴	纸本。	故宫博物院	《中国古代书画图目》第 21 册，有目无图，页 378
5	行草书杜牧诗轴	纸本。128.5cm×93.1cm。诗即杜牧《赠李秀才是上公孙子》。题识："元璐似千岩辞丈。"钤印：倪元璐印（白）、鸿宝氏（朱）。	故宫博物院	《中国古代书画图目》第 21 册，页 255
6	行草书体秋诗轴	绫本。184.5cm×46cm。诗即《倪文贞集》诗卷上《体秋》之一。题识："体秋八绝之一。元璐。"钤印：倪元璐印（朱）、太史氏（白）。	故宫博物院	《中国古代书画图目》第 21 册，页 255
7	行书五言律诗轴	绫本。167.5cm×48cm。诗即《倪文贞集》诗卷上《忆母遂病，三上疏求归不允，却赋十诗》之四。题识："元璐。"钤印：倪元璐印（朱）、太史氏（白）。	故宫博物院	《中国古代书画图目》第 21 册，页 255
8	行草书苏轼七言律诗扇面	纸本，泥金。17.3cm×52.2cm。所书苏轼七言律诗。题识："书苏长公诗。元璐。"	故宫博物院	《中国古代书画图目》第 21 册，页 256

序次	作品名称	式样、尺寸、款识、钤印	收藏	著录
9	行书题桃源图诗轴	绫本。133cm×41.2cm。诗即《倪文贞集》诗卷下《题桃源图为韩寅仲先生》。题识："题小桃源图。元璐。"钤印：倪元璐印（白）、太史氏（白）。	故宫博物院	《中国古代书画图目》第 21 册，页 255
10	仿米芾山水扇页	金笺，墨笔。17.6cm×53cm。题识："仿南宫，应稼轩先生命。弟元璐。"钤印：元璐（朱）。	故宫博物院	《中国古代书画图目》第 21 册，页 257
11	行书昌化多山诗扇页	纸本，泥金。18cm×54.9cm。诗即《倪文贞集》诗卷下《昌化多山奇甚》。题识："昌化多山颇奇，道中却赋，似吉生词兄正。元璐。"	故宫博物院	《中国古代书画图目》第 21 册，页 256
12	行书诗册	纸本。	故宫博物院	《中国古代书画图目》第 1 册，有目无图，页 2
13	草书鲍照舞鹤赋卷	纸本。30.4cm×909.8cm。题识："予承乏南雍，客有遗以双鹤者，朱顶绿足，驯扰潭侧，虽啄头自如，神殊不王，一日翅成，望飙起舞，折木衔枝，吞吐云汉，为明远形容所未及。今书前赋，以所及见其未及，若或遇之耳。元璐。"钤印：倪元璐印（朱）、太史氏（白）。	故宫博物院	《古书画过眼要录》三，页 1120
14	行书致肯仲尺牍	纸本。25.4cm×60.4cm。释文："昨岁之漕而办，天下何事不办？才生于诚，即向者天子不以愚言为不然也。……嘉平望日，友人元璐顿首手勒，尚肯仲使君足下。"钤印：倪元璐印（白）。	故宫博物院	《古书画过眼要录》三，页 1321
15	行草书致倪献汝尺牍	纸本。28.5cm×39.5cm。释文："……刘念翁是否初三日入里门？此老真圣贤，向只信为清孤，今始知其无所不有。其所议吾者，惟云此事心本无愧，人亦共明，即不早奏闻亦无关碍，人之求之原不为此。惟是其自处未免牵濡，住居本宜隔别，何当犹使得承慈息，即微人言亦无以昭示子孙。斯语吾甚愧之，所以急议更端，非为谢彼浮言，正是惕于正论耳。家下一切甚承持护为感，语不多及。十一月十八日，仲兄鸿宝，平安报献汝吾弟。"	故宫博物院	《古书画过眼要录》三，页 1321

序次	作品名称	式样、尺寸、款识、钤印	收藏	著录
16	行草书甘雨帖	纸本。27.5cm×22cm。释文："甘雨应时，是大吉祥，足用狂舞。尊公亲翁岳降之辰，不能躬称觞祝，良谦。近闻道腴日胜也。《浮图册》送上，乞填所救姓名，昨有之饥，以济赈为辞，恳为申请者，想必有故，偶愆期，补之可也。徐敬、张氏、毛五。璐生顿首。"	故宫博物院	《古书画过眼要录》三，页1322
17	行草书周和帖(一)	纸本。28.5cm×42.9cm。释文："遣周和归收拾房子，其中应先修理及小房住人应给搬资者，惟所命之。至于桌椅什物应否买备，亦惟指示，其银用如弟处不足，可寄字来取。母亲于廿一日上云栖拜经，廿五日可完。吾以会鼎赴考先回，明日又当往接也。安而不劳，不烦悬念。会鼎于明日廿四府考，宗师廿七日下馆，当有考童的期，于此定归期，大都出月初五、六必当考着也。……献汝弟。仲兄鸿宝九顿首。"	故宫博物院	《古书画过眼要录》三，页1322
18	行草书周和帖(二)	纸本。26.5cm×39.3cm。释文："昨周和去湘，致所云顾三来书，感弟渌心切热在吾身上，真如月行周天，一日打旋一过。此弟至性，非吾可得谢也。留杭半岁，已是变局，若又暂渡复来，人必又疑吾后不更归矣。……吾昨有字到刘念翁，直明此意，大都云：在众论乡评于某身上事，大是小差处，洞如观火，不须涂护表白，只是于义理有所未惬者，不能顷刻即安耳。今日之举，全不是解塞人言，即此人言，亦有可采也。与刘语意如此，不知是否。廿一日。兄鸿宝。"	故宫博物院	《古书画过眼要录》三，页1323
19	行书致倪献汝尺牍	纸本。释文："弟何日走金闾，如可辞不去亦得也。吾决策灯后杜门申请，属当大计，前辈以为理无请告，计事未竣而讲幄先开，遂不得闲，复须中夏谋之耳。入春以来，圣政日出，辇下人情想望太平，欣欣相告。……寄归疏草一册，报简不能多带也，疏中区区，蒙上实见施行者什得三四。岁内有闻，想葵明能道之耳。经堂扁额容另题寄。锦二舅想不果行，康侯亦未能[能]即出，并以寇梗次，且往来同此戒心耳。二月十二日，仲兄璐平安字。献汝弟。"	故宫博物院	《倪元璐の书法》，页237
20	行草书七言律诗轴	16.9cm×54cm。书《倪文贞集》诗卷下《登白门松风阁》。题识："清明前五日，出城登松风阁。似士愿世丈正之。元璐。"	故宫博物院	《倪元璐の书法》，页253

序次	作品名称	式样、尺寸、款识、钤印	收藏	著录
21	行草书送何香山放归诗句轴	纸本。134cm×28.2cm。书《倪文贞集》诗卷下《送何香山相国放归》之二第二联。释文："难得青蝇为杜宇，从无栲杌食仓庚。元璐。"	故宫博物院	《中国书法全集（倪元璐）》，页130
22	行草书七言律诗扇面	所书《道经吴桥范质公吏部招饮澜园月上泛舟却赋》之四。题识："旧作。似百师辞丈。元璐。"	故宫博物院	《中国书法》2013年12期，页80
23	行书七律诗扇页	金笺。书《高秋雁影》诗。题识："元璐。"钤印：倪元璐印（白）。	故宫博物院	《故宫博物院藏明清扇面书画集》第三集，第53幅
24	画竹扇面	金笺，水墨。17.6cm×52.1cm。题识："癸酉夏季，元璐似炳藜丈。"钤印：元璐戏笔（白）。	故宫博物院	《故宫博物院文物珍品大系-明代书法》，页277
25	草书湖上偶成诗扇面	纸本，泥金。16.5cm×49.5cm。诗即《倪文贞集》诗卷下《丙寅春日湖上偶成》。题识："元璐。"	故宫博物院	《中国书法全集（倪元璐）》，页30
26	行草书五言律诗	绢本。121cm×35.5cm。诗即《倪文贞集》诗卷上《访客出春明门》。题识："元璐。"	故宫博物院	《中国书法全集（倪元璐）》，页147
27	涉夜帖	释文："弟欲一日涉夜私过台邸起居，并罄种种，非笔墨可得形设者，不知可否？……荣推在即，大疏断宜需之，命下之后，昨弟与仲嘉兄言之，决矣。弟事无消息，然料断无北祭之事，晨陈具茨来，渠任为责成，总老亦不知如何耳。拙刻因面签未刻到，所以迟送，今附去三部。热甚，闻将徙寓，果否？弟名单具。"	故宫博物院	《故宫博物院藏明清名人书札墨迹选》，页370

序次	作品名称	式样、尺寸、款识、钤印	收藏	著录
28	敬问帖	纸本。高 26.6cm。释文："敬问近祉日胜。祥刑摄郡之绩，海邦之人皆能颂之矣。仆累请不得，近似有南移之机，将母其有日乎？敝座师蔡元冈先生时时称道足下，有其门下士吴士华者就试漳州，得以鼎吕遥嘘，与名郡牒，亦作人之一端也。临书神注。外臣条。六月初五日，生名正具。左冲。"	故宫博物院	《中国书法全集（倪元璐）》，页 128
29	行书诗册	纸本，十篇。署曰："倪元璐，戊辰春。"	故宫博物院	《中国古代书画鉴定实录》第 1 册，页 24
30	行草书信札册	此册收倪元璐信札十六通，共十八页。札末俱署"璐生顿首""璐生再拜"等。崇祯九年十二月至十五年罢官闲居在家所作。	故宫博物院	《中国书法全集（倪元璐）》，页 170
31	朱竹轴	纸本，研朱笔。125.7cm×61.13cm。题识："今朝正是天中节，不写钟君写此君。赞曰：碧其骨，丹其色。问君何为？近朱者赤。崇祯己卯蒲月。元璐醉笔。"陈子龙跋："……岁游蒙作噩阳月。陈子龙题。"	台北"故宫博物院"	《故宫书画图录》第 9 册，页 49
32	行草题画诗轴	纸本。130.3cm×41cm。所书诗即《倪文贞集》诗集下《题画》之一。题识："元璐。"钤印：倪元璐印（朱）、太史氏（白）。	台北"故宫博物院"	《中国书法全集（倪元璐）》，页 21
33	草书求归不得诗赠若翁轴	纸本。178.5cm×50.8cm。诗即《《忆母遂病，三上疏求归不允，却赋十诗》之三。题识："求归不得十之一，似若翁老父母正之。元璐。"钤印倪元璐印（白）、玉汝（朱）。	台北"故宫博物院"	《中国书法全集（倪元璐）》，页 108
34	竹石图轴	绢本，墨色。165.4cm×47.8cm。题识："壬申初夏。元璐写似诏如辞兄。"	中国美术馆	《中国古代书画图目》第 1 册，页 45
35	行草书郊游诗轴	绢本。157.8cm×48cm。诗即《倪文贞集》诗卷上《郊游》之一。题识："元璐。"	中国美术馆	《中国书法全集（倪元璐）》，页 111

序次	作品名称	式样、尺寸、款识、钤印	收藏	著录
36	行草书七绝诗轴	纸本。165.3cm×43.2cm。《倪文贞集》诗卷下《送徐水部奉使荆关》之一。题识："徐比部新婚奉使荆关赋贺。元璐。""比部"为水部之讹。	国家博物馆	《国家博物馆藏中国古代书法》，页581
37	贱字帖	纸本。165.3cm×43.2cm。释文："贱字玉汝号鸿宝，小鸟何似粪佛头？然而附青云是吾愿也。此复。大篆方在捉管，明日完上。年弟倪元璐拜。"	国家博物馆	《国家博物馆藏中国古代书法》，页583
38	台命帖	纸本。释文："台命断不敢忘，以书候文起兄者，尚未及作，容明午驰上，以刻下万忙故也。小疏先送览四册，余嗣觊缕。弟名正具。冲。"	国家博物馆	《明人尺牍》一，页30
39	草书戊辰春十篇等诗册	纸本。此册十四页，诗即《倪文贞集》诗卷上《戊辰春十篇》八首，诗卷下《昌化多山奇甚》一首。题识："戊辰春十篇，始宁倪元璐。""昌化多山有作，元璐。"	首都博物馆	《中国古代书画图目》第1册，页298
40	行草书五律诗轴	纸本。131.2cm×47.4cm。诗即《倪文贞集》诗卷上《默坐》。题识："元璐。"钤印：倪元璐印（朱）、太史氏（白）。	首都博物馆	《中国古代书画图目》第1册，页288
41	山水图扇页	金笺，墨笔。题识："庚午夏五写，似超宗道兄。……元璐。"	上海博物馆	《中国古代书画图目》第4册，页89
42	山水花卉册	绫本，墨笔。37.3cm×65.3cm。原作十幅，仅存山水、树石、花卉八幅，各题有四言诗，对照《为许平远使君作图并赞》，所缺其二、其十，其它八首完全相同。题识："己卯上元日，写似平远老公祖粲。元璐。"钤印：倪元璐印、鸿宝。	上海博物馆	《中国古代书画图目》第4册，页88
43	山水轴	洒金笺，墨笔。25.7cm×30.4cm。题识："元璐。"钤印：倪元璐印（白）、鸿宝父（白）。有清高凤翰所题"品画"一篇，并题五律一首。	上海博物馆	《中国古代书画图录》第4册，页89

序次	作品名称	式样、尺寸、款识、钤印	收藏	著录
44	松石图轴	绫本，设色。	上海博物馆	《中国古代书画图录》第4册，有目无图，页443
45	行书七古诗轴	绫本。89.2cm×39.5cm。释文："袍能弄色马能骄，人度新香上草桥。一掷一成卢千采，三交三□稍可骁。欲图燕市酒杯热，莫遣钱塘潮水消。便瘦也应胜革带，明年验取沈郎腰。元璐。"钤印：倪元璐印（朱）、太史氏（白）。	上海博物馆	《中国古代书画图目》第4册，页88
46	行书五古诗轴	绫本。	上海博物馆	《中国古代书画图录》第4册，有目无图，页443
47	行草书五言古诗轴	绫本。157.1cm×41.5cm。释文："闲庭生柏影，荇藻交行路。……元璐。"	上海博物馆	《中国书法全集（倪元璐）》，页110
48	行草书五律诗轴	纸本。103.7cm×60.3cm。诗即《倪文贞集》诗卷上《冒雨行乐陵道感赋》。题识："元璐。"钤印：倪元璐印（朱）。	上海博物馆	《中国古代书画图目》第4册，页89
49	行书五律诗轴	绢本。128.2cm×43.1cm。诗即《倪文贞集》诗卷上《冒雨行乐陵道感赋》。题识："元璐。"钤印：倪元璐印（朱）、太史氏（白）。	上海博物馆	《中国古代书画图目》第4册，页90
50	草书五律诗轴	绢本。	上海博物馆	《中国古代书画图目》第4册，有目无图，页443
51	行书五律诗轴	纸本。	上海博物馆	《中国古代书画图目》第4册，有目无图，页443

序次	作品名称	式样、尺寸、款识、钤印	收藏	著录
52	草书郊外访客诗轴	绫本。	上海博物馆	《中国古代书画图目》第4册，有目无图，页444
53	行书杜甫诗句轴	绫本。81cm×26.1cm。释文"百年地辟柴门迥，五月江深草阁寒。元璐。行之辞丈。"钤印：倪元璐印（朱）、文学侍从之臣（朱）。	上海博物馆	《中国古代书画图目》第4册，页90
54	行书李白五律诗轴	绢本。123.6cm×48.9cm。诗即李白《访戴天山道士不遇》。题识："元璐。"钤印：倪元璐印（朱）。	上海博物馆	《倪元璐の书法》，页32
55	行书金山诗轴	绢本。128.2×43.1。诗即《倪文贞集》诗卷上《金山》。题识："元璐"。钤印：倪元璐印（朱）、太史氏（白）。	上海博物馆	《倪元璐の书法》，页59
56	行书五言诗轴	纸本。133cm×41.5cm。诗即《倪文贞集》诗卷上《送冒嵩少赴官南吏部》之一。题识："元璐。"钤印：倪元璐印（白）、太史氏（朱）。	上海博物馆	《朵云轩捐藏国家博物馆书画选》，页55
57	湖山放棹扇页	题识："元璐似三峡辞兄"。钤印：璐（朱）。	上海博物馆	《上海博物馆藏明清折扇书画集》，第72
58	草书澜园招饮诗扇面	纸本，泥金。17cm×52.5cm。诗即《倪文贞集》诗卷下《道经吴桥，范质公吏部招饮澜园，月上泛舟却赋》之四。题识："旧作似百师辞丈。元璐。"钤印：倪元璐印（白）。	上海博物馆	《上海博物馆藏明清折扇书画集》，第98
59	行书谢翱五律诗轴	绫本。150.1cm×41.5cm。书宋谢翱《效孟郊体》。题识："元璐。"钤印：太史氏（白）、倪元璐印（朱）。	上海博物馆	《倪元璐の书法》，页71
60	致倪元瓒札	释文"虏已向北，将出口。吾于九月初一日上船，即日解维。一路有多丁防护，百事无虞，大约舟行七八十日方得到家。省下未免少停，临时又当知会。家中典房要紧。此时正弟得意之时，母亲燕喜之日也。喜贺喜贺。即日仲兄平安。"编者误为致倪元珙札。	上海博物馆	《钱镜塘藏明代名人尺牍》第5册，页90

序次	作品名称	式样、尺寸、款识、钤印	收藏	著录
61	又屈刘蕡帖	纸本。　二页，22.7cm×28.4cm、22.6cm×26.6cm。释文："又屈刘蕡，使人心痛。然飞黄要月裹，不争一步之先。……敬谢张平老处，即致不能喝骊为恨恨，长途伏望珍重，转眼三年也。一缄乞致湛持兄，外一簏请正大方。薄仪附犒从者，惟鉴涵之。叶兄同行，并祈为弟声致，忙极不觊缕。弟名单具，冲。"	上海图书馆	《书法丛刊》2000年第3期，页38
62	一别如雨帖	纸本。　二页，22.6cm×27.1cm、22.6cm×27.5cm。释文："一别如雨，紫芝季真之慕，无时去心。……来教具感云襟所谕当一二，如命以明说项本怀此，本不待教诫而然也。尊贶多嘉，不敢不拜，大篇及尊委以迄报李之诚，统俟后鸿专报，今忙极不能及也。生名正肃，冲。"	上海图书馆	《书法丛刊》2000年第3期，页42
63	书画合璧卷轴	绢本。24cm×185cm。草书《四十初度》五言诗四首，见《倪文贞集》诗集下，并配山水画一幅，末署："壬午冬仲写于澹多轩。元璐。"钤印：倪氏元璐、鸿宝。前有清陈三立题签及罗振玉题字、题识。	上海图书馆	《上海图书馆藏明清名家手稿》，页16
64	致台翁札	纸本。释文："昨小睡起，始见台教，知有珠沈玉碎之痛，不胜惋愕！虽然数也，在台翁不至八子七壻图中小添一队耳。爱女甚男，安昌之去不足听也。顾宽遭珍重，欲至慰，为客所弹，辄此效忠。老母命笔致候，夫人亦同斯见。元璐顿首。"钤印：元璐（朱）。	朵云轩	《明清名贤手札》，页12
65	行书五律诗轴	纸本。	朵云轩	《中国古代书画图目》第12册，有目无图，页315
66	行草书郊行即事诗轴	绫本。	朵云轩	《中国古代书画图目》第12册，有目无图，页316

序次	作品名称	式样、尺寸、款识、钤印	收藏	著录
67	行草书祝寿诗轴	纸本，泥金。183cm×59cm。所书七言律诗二首不见于《倪文贞集》诗集。题识："小诗奉祝斗翁老年伯□太君伯母偕寿。年犹子始宁倪元璐。"	朵云轩	《倪元璐の书法》，页88
68	松石图	纸本，水墨。98cm×45cm。题识："辛巳冬十月画于澹多轩，元璐。"钤印：倪元璐印（白）。	朵云轩	《朵云轩藏品》第6集，页21
69	行书七言两句诗轴	纸本。123.5cm×27.5cm。释文："开门满院空秋色，新向芦峰过夏归。元璐。"钤印：倪元璐印（白）。	天津市历史博物馆	《书法丛刊》1999年第2期，页67
70	松石图卷	绫本，墨笔。24.3cm×177.5cm。款识："壬申初夏，元璐写。"	天津市艺术博物馆	《中国古代书画图目》第9册，页178
71	行书五律诗扇页	金笺。"五瑞辞丈"上款。	苏州博物馆	《中国古代书画图目》第6册，有目无图，页344
72	行书五古诗扇页	金笺。款识："元璐。"	苏州博物馆	《中国古代书画图目》第6册，页62
73	松石图轴	纸本，墨笔。"润甫辞宗"上款。钱柱文题："壬戌四月。"	无锡市博物馆	《中国古代书画图目》第6册，页183
74	山水图轴	纸本，墨笔。署"庚辰春日"。	无锡市博物馆	《中国古代书画鉴定实录》第4册，页2034

序次	作品名称	式样、尺寸、款识、钤印	收藏	著录
75	楷书家书册	纸本，楷书。此册分两段，前段27cm×70cm，后段27cm×128cm。释文："男元璐百拜禀上母亲。锦二舅至，具悉母亲康健之状，男不胜喜跃。……后日许多葛藤，子孙许多疑难，今日一着扫断。万事安定，亦可喜也。书到如母亲欲遂扬言，便须公公正正对众说明；若欲隐秀，姑且从容说出，亦无不可，可与四弟酌之。印五弟缺甚好，一年有干金之趁，只怕他做不过耳。兰侄须催他上紧读书，入学之事男一力承当，誓图必得也。十月初九日，男元璐再百拜。"金蓉镜引首"抑志珥节"四字，卷后亦有金跋。	无锡市博物馆	《中国书法全集（倪元璐）》，页93
76	行草书致倪献汝尺牍	纸本。释文："前月初七，锦二舅到，得家报平安。又听锦二舅抵掌欢欣，所称母亲胜健清安之状，喜舞不可名言，至足踊出于几上。……印九弟亦不言来京本意，印五弟已是免苦不过，后来者何慕乎？凡向来所称脂地，尽变火炕，蠢蠢靡所骋，今日之谓也。印五弟实无分毫之获，日夕愁革愁责，本缺欲买与人，自五百褪至一百，卒无人肯居之者。陈二舅吾竭尽心力，尚无安顿之处，其他可知己。二月望日，仲兄又字。"	无锡市博物馆	《倪元璐の书法》，页242
77	行书五言诗轴	绫本。134cm×50cm。书《倪文贞集》诗卷上《赠蔡江门司理》。题识："送曹秋水司李莆中之任。元璐。"钤印：倪元璐印（朱）、太史氏（白）。	扬州市博物馆	《明清书画集粹》，页57
78	行书五言律诗轴	绫本。150.5cm×49.1cm。书《倪文贞集》诗卷上《戊辰春》诗十首之五，题识："曩作有感之一，似心严辞宗正之。元璐。"钤印：倪元璐印（朱）、太史氏（白）。	浙江省博物馆	《中国古代书画图目》第11册，页57
79	倪黄书翰合册	纸本。26.8cm×32.2cm，三开。黄道周书自作《壬申元日》六诗，题识："壬申正月三日录似鸿宝先生教正。"倪元璐题曰："瘦云肥雨。元璐。"倪会鼎有跋。	浙江省博物馆	《书法丛刊》总25辑，页42
80	山水图扇页	金笺，墨笔。款识："庚辰秋日。元璐。"	浙江省博物馆	《中国古代书画图目》第11册，页57

序次	作品名称	式样、尺寸、款识、钤印	收藏	著录
81	行草书致昆生书札	纸本。27.1cm×12cm，二开。此札即《倪文贞集》卷一九《与同郡司赈诸生》之一，题注："辛巳。"末署："昆生兄立示为望。璐伏报顿首。"鉴藏印：祖州（朱）、检叔（朱）、陆士宝秘（朱）。	浙江省博物馆	《浙江省博物馆典藏大系（翰墨清芬）》，页94
82	行书五律诗	绢本。157.8cm×48cm。题识："元璐。"	浙江美术学院	《中国古代书画图目》第11册，页173
83	倪元璐张煌言扇面合卷	纸本。28cm×1220cm。合装倪元璐张煌言二人扇面。范永琪题签："明倪文贞张忠烈两先生遗墨，后学范永琪敬题。"卷后题跋及观款44人。题识："丁丑冬日写。元璐。"	天一阁	《书法丛刊》1998年第4期，页56
84	行草书五言诗轴	绢本。156cm×44cm。书《倪文贞集》诗卷上《体秋》之二。题识："体秋之一。元璐。"钤印：倪元璐印（朱）、太史氏（白）。	西泠印社	《中国古代书画图目》第11册，页187
85	草书七律诗轴	绫本。179.5cm×43.6cm。书《倪文贞集》诗卷下《集红酣亭同凌骏甫、闵园客赋》。题识："元璐。"	绍兴市博物馆	《中国古代书画图目》第11册，页250
86	草书五言诗轴	纸本，"玉树辞丈"上款。	温州市博物馆	《中国古代书画鉴定实录》第6册，页2664
87	行书李贺四歌诗轴	纸本。148cm×47.4cm。题识："书长吉四歌于渤海舟中，时己巳夏五，园客倪元璐。"钤印：倪元璐印（朱）、鸿宝（白）、别号园客（白）。	余姚市文物保管所	《书法丛刊》2000年第3期，页33

序次	作品名称	式样、尺寸、款识、钤印	收藏	著录
88	行草书与石斋先生尺牍册	福建省博物馆藏倪元璐与石斋先生尺牍册，尺牍四通，凡九页，26cm×12.8cm，与黄道周致倪元璐长札一通九页合装一册。尺牍（一）释文："高篇暂缴，如不即刻尚求再教也。大疏梓成送览，工手滥恶，奈何？曾与约不住，则必灭灶更然，但又烦拏□之力耳。……石斋先生。弟璐载顿首。得佳赐，心神并映，感谢。"尺牍（二）释文："大录读已烂熟，弥不厌多，有从我求者尚图请益耳。正走马过馨欲言，先复。弟璐载顿首。冲。"尺牍（三）释文："以焦《易》卜兄浴麟，得离本卦曰：'时乘六龙，为帝使东，达命宣旨，无所不通。'此十六字气象轩岸，得雄无疑。……所委卷册少日当上。昨送马腾仲至十五里外，归已薄暮，雾报为罪。弟元璐顿首。石斋先生。"尺牍（四）释文："雪中茧缩，里亲过从，盖为酒食所累，无复诗兴文心。今日拟趋贺，出门稍迟，泞不可行。……辽环样本附缴，前大疏第五后三枚刻竟，讹恶已勒令改。为可临如再誊一通，三日内付下为望。弟璐顿首。"	福建省博物馆	《中国古代书画图目》第14册，页199
89	行书七律诗	金笺。书《倪文贞集》诗卷下《贺文文起宫相举子》。题识："元璐。"	安徽省博物馆	《中国古代书画图目》第12册，页202
90	草书七言诗二句轴	绢本。149cm×45cm。款识："元璐。"	济南市博物馆	《中国古代书画图目》第16册，页255
91	行书七绝诗轴	绫本。128cm×22cm。释文："鹤不西飞龙不行，露干云破洞箫清。少年仙子说闲事，遥隔彩云闻笑声。元璐。"	烟台市博物馆	《中国古代书画图目》第16册，页341
92	行书九日有赋诗轴	纸本。218cm×70cm。释文："使得一天红叶飞，青山略较白云肥。更无写意图如此，岂有登高赋者非。招五大夫松共饮，敕六从事酒无归。醉来不觉身如蝶，去与黄花打一围。九日有赋。元璐。"钤印：倪元璐印（朱）、太史氏（白）。	湖北省博物院	《中国古代书画图目》第18册，页79

序次	作品名称	式样、尺寸、款识、钤印	收藏	著录
93	行书五律诗轴	纸本。163cm×45.3cm。书《倪文贞集》诗卷上《戊辰春》之七。题识:"戊辰春作十二之一,似剑君道丈。元璐。"钤印:倪元璐印(朱)、太史氏(白)。	湖北省博物馆	《中国古代书画图目》第18册,页76
94	行草书访客出春明门诗轴	绫本。125cm×49cm。书《倪文贞集》诗卷上《访客出春明门》之二。题识:"旧作访客出春明门之一,似。元璐。"	湖北省博物馆	《中国古代书画图目》第18册,页79
95	行草书登老竹岭诗轴	纸本。184.5cm×81.7cm。书《倪文贞集》诗卷下《登老竹岭》。题识:"老竹岭。元璐。"钤印:倪元璐印(朱)、太史氏(白)。	湖北省博物馆	《中国古代书画图目》第18册,页79
96	行草书金山诗轴	绫本。126.3cm×49.5cm。书《倪文贞集》诗卷上《金山》。题识:"金山咏之一,似简臣老父母正。元璐。"	湖北省博物馆	《中国古代书画图目》第18册,页79
97	行书奏稿手札册	纸本。27.5cm×32.5cm。十六开。	湖北省博物馆	《中国古代书画图目》第18册,页77
98	行书集范吏部澜园诗册	纸本。31.8cm×57.8cm。十开。题识:"集范吏部澜园之二。元璐。"	湖北省博物馆	《中国古代书画图目》第18册,页78
99	行书楚辞句轴	绢本。149cm×51.6cm。释文:"屯余车其千秋兮,齐王轪而并驰;驾八龙之宛转兮,驾载云旗之委蛇。元璐。"钤印:倪元璐印(朱)、太史氏(白)。	湖北省博物馆	《中国古代书画图目》第18册,页79
100	行书旧作五律诗扇页	金笺。	武汉市文物商店	《中国古代书画图目》第18册,有目无图,页281
101	草书七言两句诗轴	纸本。125cm×26cm。释文:"拟升山位辟支上,莫负花盟息壤时。元璐。"	重庆市博物馆	《书法丛刊》总16辑,页55

序次	作品名称	式样、尺寸、款识、钤印	收藏	著录
102	行书卜居五律诗轴	绫本。171.3cm×52.5cm。书《倪文贞集》诗卷上《卜居》之一，题识："卜居之一。元璐。"钤印：倪元璐印、太史氏。	四川省博物馆	《中国古代书画图目》第 17 册，页 46
103	行草书读徐九一疏草轴	绢本。书《倪文贞集》诗卷上《读徐九一疏草》，题识："读徐九一疏草有作，书似又新老先生正。元璐。"	四川省博物馆	《中国古代书画图目》第 17 册，页 46
104	行书七言两句轴	纸本。	重庆市博物馆	《中国古代书画图目》第 17 册，有目无图，页 281
105	行草书七言二句轴	绢本。85cm×24.5cm。释文："安邑独高闵仲叔，丹台密署紫阳君。元璐。"选《倪文贞集》诗卷下《寿闵心宇八十》句。	广东省博物馆	《中国古代书画图目》第 13 册，页 139
106	行草书七绝轴	绢本。194cm×49cm。	广东省博物馆	《中国古代书画图目》第 13 册，有目无图，页 340
107	行草书五律诗轴	绫本。177.8cm×48.2cm。释文："橐驼亦易识，诅田庐山神。宁与石言晋，不能松事秦。时当旦复旦，辨有醇乎醇。冷眼带江上，刑天谁后身。元璐。"钤印：倪元璐印（朱）、太史氏（白）。	广东省博物馆	《中国古代书画图目》第 13 册，页 139
108	行草书李贺诗轴	绫本。177.8cm×48cm。书李贺《南园》。题识："元璐书。"	广东省博物馆	《中国古代书画图目》第 13 册，页 139
109	枯木竹石图轴	绫本，墨笔。112.5cm×47.5cm。题识："戊寅秋仲，写似跨翁老公祖粲。元璐。"	广东省博物馆	《中国古代书画图目》第 13 册，页 139

序次	作品名称	式样、尺寸、款识、钤印	收藏	著录
110	花果卷	纸本，设色。266.4cm×24.4cm。题款："甲戌季夏，戏写花果八种为介石辞兄笑。弟元璐。"钤印：倪元璐印（白）、鸿宝（白）。	广东省博物馆	--
111	松荫客话图扇页	金笺，墨笔。释文："春暮初郊外，纡堤雨后苔。远公开茗碗，胜友集兰台。不为逃禅到，还应护法来。悠然清净意，欲去更徘徊。谒陵过延寿庵以锦麓兄出示因题。天启辛酉初夏，元璐。"	广州市美术馆	《中国古代书画图目》第 14 册，页 53
112	梅花图轴	绫本，墨色。"寂山老翁六十寿并正。"	广州市美术馆	《中国古代书画鉴定实录》第 8 册，页 3796
113	行草书五言诗轴	纸本。182.6cm×46.1cm。书《倪文贞集》诗卷上《体秋》之一。题识："体秋八绝之一。元璐。"钤印：倪元璐印（朱文）、太史氏（白文）。	广州艺术博物院	《风雨行间——广州艺术博物院藏明末清初书法展》
114	行草书杜甫诗句轴	纸本。135cm×27.5cm。书杜甫《题李尊师松树障子歌》诗句。释文："握发呼儿延入户，手持青［新］画新［青］松障。元璐。"钤印：倪元璐印（朱文）、太史氏（白文）。	广州艺术博物院	《风雨行间——广州艺术博物院藏明末清初书法展》
115	草书七绝诗轴	纸本。133cm×46cm。释文："乞取池西三两竿，房前栽着卧时看。亦知自惜难判割，犹胜横根引出栏。元璐。"	广州市文物商店	《中国古代书画图目》第 14 册，页 174
116	行草登吴柔文清寄阁诗轴	纸本。160cm×60.7cm。题识："登吴柔文清寄阁一绝，书似四知词兄正之。弟元璐。"钤印：倪元璐印（朱）、太史氏（白）。	辽宁省博物院	《中国古代书画图目》第 12 册，页 316
117	行书七言二句轴	纸本。121.9cm×28cm。释文："秋窗觉后情无限，月堕馆娃宫树西。元璐。"	辽宁省博物院	《中国古代书画图目》第 15 册，页 127
118	行草书赠凌宇五律诗轴	绫本。177.5cm×46.5cm。释文："三年同珥笔，谁不辨青蓝。……似凌宇老先生。元璐。"	辽宁省博物院	《中国书法全集（倪元璐）》，页 33

序次	作品名称	式样、尺寸、款识、钤印	收藏	著录
119	行书题画七绝诗轴	绫本。208cm×52cm。题识："元璐。"	沈阳故宫博物院	《中国古代书画图目》第 15 册，页 241
120	行书五律诗轴	纸本。178cm×54.5cm。题识："元璐。"	沈阳故宫博物院	《中国古代书画图目》第 15 册，页 241
121	行书卜居诗轴	绫本。175cm×50cm。释文："亦为贪道韵，求与寺钟邻。嗜酒酒泉郡，姓何何国人。楚云小歇脚，舞取略旋身。幸有池兼竹，其家已不贫。卜居之一，元璐。"钤印：倪元璐印（朱）、太史氏（白）。	大连市文物商店	《中国古代书画图目》第 16 册，页 77
122	行书五言诗扇面	纸本，泥金。16.5cm×50.5cm。书《倪文贞集》诗卷上《请不》之一。题识："旧作。元璐"。钤印：倪元璐印（白）。	吉林省博物馆	《中国古代书画图目》第 16 册，页 121
123	行书咏物诗轴	绢本。书《倪文贞集》诗卷上《诸虫名呼被于人事，因据为义者凡八物，各赋一章》之一。题识："咏八物之二。元璐。"钤印：倪元璐印（朱）、太史氏（白）。	陕西省博物馆	《中国古代书画图目》第 18 册，页 237
124	草书五律诗轴	绫本。169cm×40cm。释文："故人隔天风，海水吹不立。聊将尘渴心，远赴山中汲。晴香芝兰生，暝翠雾露湿。惟尘鸡犬吠，幽林能径入。元璐。"钤印：倪元璐印、太史氏。	山西省博物馆	《中国古代书画图目》第 8 册，页 125
125	行书尺牍二通	尺牍二通，27.3cm×32cm，与黄道周楷书《宓衍堂铭》、瞿式耜尺牍一通合装为一卷，题为《明胜国三忠遗墨卷》。尺牍释文一："来翰此举为极义，不可迟也。老亲翁领袖传单，无不响应者，敢揎掇？弟璐顿首。昨вращ司投帖，亦不妨示之鞭影耳。"其二："木老报章送览，不明言辞。许其常尚未可知也。老亲翁或且折柬约之，弟求与□□□以廿三日，盖明日弟适有小冗耳。弟璐顿首。"	香港中文大学（北山堂旧藏）	《中国书法》2019 年第 10 期，页 94

序次	作品名称	式样、尺寸、款识、钤印	收藏	著录
126	行书致寰瀛尺牍	纸本。26.5cm×11cm，二页。释文："种种云虹，非笔可谢。临岐握别，实难为怀。弟于今日初九抵润州，明日渡江，三四日即到淮，相机为必达之计。虏破临清是实，或传尚犯兖济，未肯即去，或云已还蓟者，江以南殊无定说也。弟义无返顾，一出儿山，此身即非吾有，……寰瀛老兄台座。十二月初九日，弟璐顿首。"	台北何创时书法基金会	《明代名贤尺牍集》，页188
127	客况新禧帖	纸本。27cm×16cm×2。释文："客况新禧，且歉且贺。独子百凡得卵翼，非笔可谢。郎君往扬试事，听之自然。如其归来，决策又图矢效耳。上宅平安之甚，诸悉小儿书中，不一一。廿五日，弟璐顿首。"	台北何创时书法基金会	《明代名贤尺牍集》，页190
128	行书七律诗轴	纸本。书《倪文贞集》诗卷下《小愈后，吴澹人诸君移尊过斋，作文字饮》之二。题识："杨伯祥诸子移尊草邸，时病方愈，似予安仁兄吟伯正之。元璐。"钤印：倪元璐印（朱）、太史氏（白）。	台北何创时书法基金会	何创时书法基金会网站
129	行草书七言诗轴	绢本。127cm×40cm。书《倪文贞集》诗卷下《寿年友海陵令张湛虚》之一。题识："元璐。"钤印：倪元璐印、太史氏。	台北何创时书法基金会	《倪元璐の书法》，页192
130	草书李商隐诗轴	156cm×43cm。书李商隐《无题》诗。题识："始宁倪元璐书。"	台北何创时书法基金会	《倪元璐の书法》，页161
131	行书七言二句诗轴	纸本。138.5cm×28.2cm。释文："朝为剑魄澄江上，暮作笔花清梦中。元璐。"钤印：倪元璐印（朱）、太史氏（白）。	林氏兰千山馆	《倪元璐の书法》，页31
132	行草书致环瀛翁兄尺牍	纸本。三页。释文："环瀛翁兄：桐庐寇乱，破城杀官，他日归途，当知趋避。连得小儿书，知尊体胜健为喜。霜寒方厉，小儿感提携抚海之德，非可笔谢。住宁且久，不如返徽，若小儿书中所云扬州、南京之说，此断断不可者，已悉家报。此行亦只无奈，聊与一二真切知作小商量，岂可沿门托钵，受人嗤厌乎？果尔，弟声价顿丧矣。即使一无所得，亦付之数，弟决不允之，望主持力寝之。切切万万，此沥血语也。府上俱佳安，昨日晤长君甚壮。至前三日弟璐顿首。"	--	《中国书法全集（倪元璐）》，页217

序次	作品名称	式样、尺寸、款识、钤印	收藏	著录
133	行书致寰翁尺牍	纸本。13.6cm×43.7cm。释文："内而老母，外即翁兄，我思悠悠，独此而已。有南来亲□，并传起居清吉，甚慰。嫂夫人已全健否？弟沉苦海，不知何时得拔足振衣而出。外解不至，额内之供缺至七百余万，额外之需纷起而未已。庚癸回乎，宵旰日甚，如弟庸才，何以办此？弟所能者，惟不取一文，不与一事，谨身饬属，求免刑戮而已。……十一月廿五日，弟璐顿首。上寰翁仁兄。"	谢冰岩	《中国书法全集（倪元璐）》，页210
134	行草书题画石送姚现闻前辈诗轴	绢本。163cm×45cm。书《倪文贞公》诗卷下《题画石送姚孟石前辈》。题识："题画石送姚现闻前辈。元璐。"	香港至乐楼	《中国书法全集（倪元璐）》，页108
135	行书赠怭轩题画诗轴	纸本。153.5cm×47cm。书《倪文贞公》诗卷下《题画赠王葱岳中丞》之二。题识："似怭轩父母。元璐。"钤印：倪元璐印（朱）、太史氏（白）。	日本东京国立博物馆	《中国绘画总合图录》第四卷，页225
136	行草书赠乐山五言律诗轴	绢本。165cm×47.3cm。释文："满市花风起，平堤漕水流。不堪春解手，更为晚停舟。上埭天连雁，荒祠水蔽牛。杖藜聊复尔，转盼夕阳游。元璐似乐山辞丈。"钤印：倪元璐印（朱）、太史氏（白）。	日本东京国立博物馆	《倪元璐の书法》，页126
137	行草书七言诗轴	纸本。134cm×50.8cm。释文："章华宫人夜上楼，君王望月西山头。夜深宫殿门不锁，白露满山山叶堕。元璐。"钤印：倪元璐印（朱）、太史氏（白）。	日本东京国立博物馆	《倪元璐の书法》，页43
138	行草书五言律诗轴	绫本。161cm×46.3cm。书《倪文贞集》诗卷上《山行即事》。题识："元璐。"钤印：倪元璐印（朱）、太史氏（白）。	日本东京国立博物馆	《倪元璐の书法》，页184
139	草书七绝诗轴	绢本。187.7cm×40.5cm。书唐李群玉《题龙潭西斋》。题识："元璐。"钤印：倪元璐印（朱）、太史氏（白）。	日本东京国立博物馆	《倪元璐の书法》，页194
140	行草书五言律诗轴	175.3cm×43.6cm。所书《倪文贞集》诗卷上《忆母遂病，三上疏求归不允，却赋十诗》之四。题识："元璐。"钤印：倪元璐印（朱）、太史氏（白）。	日本东京国立博物馆	《倪元璐の书法》，页104

序次	作品名称	式样、尺寸、款识、钤印	收藏	著录
141	行书五言律诗四首册	29.2cm×20.7cm×5。书《游鸡鸣山寺》《再至飞来》《雪后》《郊行》四首诗。题识："元璐。"钤印：倪元璐印（白）、别号园客（白）。	日本东京国立博物馆	《倪元璐の书法》，页218
142	赠鲁斋五律诗轴	书《倪文贞集》诗卷上《郊游》之一。题识："闻黄石斋归途遍游名山妶赋，似鲁斋老先生正之。弟元璐。"钤印：倪元璐印（朱）、太史氏（白）。	日本京都国立博物馆	《倪元璐の书法》，页85
143	行草书文心雕龙句册	30.3cm×12×12cm。书《文心雕龙》神思第二十六。题识："元璐。"钤印：倪元璐印（朱）、太史氏（白）。	日本京都国立博物馆	《倪元璐の书法》，页158
144	题文石图轴	绫本。156.3cm×47.8cm。释文："一路秋光照画船，吾家小阮定神仙。爱君为写韩陵石，今日倪迂即米颠。似相如老倅。元璐。时丙子重九之明日，相如挐舟从津门相送至静海，酒酣作此志别。"	日本大阪市立美术馆	《艺苑掇英》第48辑，页31
145	赠王思任山水扇面	题识："庚申相月为季重先生写。倪元璐。"	日本京都泉屋博古馆	《中国书法全集（倪元璐）》，页4
146	行草书蜀都赋立轴	绫本。156.5cm×49.5cm。释文："若乃刚悍生其方，风谣尚其武。奋之则賨旅，玩之则渝舞。锐气剽于中叶，骄容世于乐府。元璐似侍梅辞丈。"钤印：倪元璐印（朱）、太史氏（白）。	日本兵库黑川古文化研究所	《倪元璐の书法》，页149
147	草书题画赠吴符远诗轴	纸本。122cm×50.5cm。书《倪文贞集》诗集下《题画赠吴符远》。题识："元璐。"钤印：倪元璐印（白）、鸿宝（白）。	日本桥本关雪纪念财团	《倪元璐の书法》，页38
148	行书赠止吉甥诗轴	141.5cm×48.5cm。书李白《鲁城北郭曲腰桑下送张子还嵩阳》。题识："似止吉甥。元璐。"	日本高木圣雨藏	《倪元璐の书法》，页62
149	水墨山水图	题识："元璐。"	日本田边碧堂	《唐宋元明名画大观》，页366
150	行草书七绝诗轴	155.5cm×44cm。释文："六宗牛迹已支离，各踢木毬自舞狮。叫到指头无佛处，死心踏地礼寅师。元璐。"钤印：倪元璐印（朱）、太史氏（白）。	日本静嘉堂	《倪元璐の书法》，页152

序次	作品名称	式样、尺寸、款识、钤印	收藏	著录
151	行草书七绝诗轴	126.4cm×48cm。书《倪文贞集》诗卷下《寿年友海陵令张湛虚》之四。题识："元璐。"钤印：倪元璐印（朱）、太史氏（白）。	日本静嘉堂	《倪元璐の书法》，页166
152	行草书五律诗轴	纸本。131.2cm×47.4cm。纸本。书《倪文贞集》诗卷上《默坐》。题识："元璐。"钤印：倪元璐印（朱）、太史氏（白）。	日本澄怀堂美术馆	《倪元璐の书法》，页138
153	行草书五律诗轴	纸本。151.5cm×44.5cm。书《倪文贞集》诗卷上《默坐》。题识："元璐。"钤印：倪元璐印（白）、鸿宝氏（白）。	日本澄怀堂美术馆	《倪元璐の书法》，页145
154	行书五言律诗轴	161.6cm×50.4cm。书《倪文贞集》诗卷上《夹沟马上作》。题识："元璐。"钤印：倪元璐印（朱）、太史氏（白）。	日本藤井齐成会有邻馆	《倪元璐の书法》，页54
155	行草书七绝诗轴	151.5cm×44.5cm。释文："僧厨沸酒百蚊飞，双枣沉茶紫茧微。酒罢书横依旧睡，梦为蝴蝶别花归。元璐。"	日本澄怀堂文库	《中国书法全集（倪元璐）》，页197
156	草书赠大白题画诗轴	182.7cm×49.5cm。书《倪文贞集》诗卷下《题画》。题识："题画似大白辞兄正之。弟元璐。"钤印：倪元璐印（朱）、鸿宝（白）。	日本书道美术馆	《倪元璐の书法》，页39
157	行草书赠虎陈戊辰诗扇面	纸本。16cm×52cm。书《倪文贞集》诗卷上《戊辰春》十首之六，题识："旧作似虎陈辞宗正之。元璐。"	日本私人	《倪元璐の书法》，页250
158	云石图轴	绫本，水墨。130.8cm×45.4cm。题识："不痴不诡，拟云拟水。元璐。"钤印：倪元璐印（朱）、太史氏（白）。	美国纽约大都会艺术博物馆	《美国顾洛阜藏中国历代书画名迹精选》，页266
159	自书茌平道中诗扇面	金笺。16.8cm×47.9cm。题识："元璐。"	美国纽约大都会艺术博物馆	《美国顾洛阜藏中国历代书画名迹精选》，页267
160	杂花图卷	题识："戊辰仲夏，雨窗无聊，遂作此卷以遣孤怀。元璐。"	美国弗利尔美术馆	《海外珍藏中国名画（明代至清代）》页103

序次	作品名称	式样、尺寸、款识、钤印	收藏	著录
161	行书七言律诗轴	103.9cm×47cm。书明孙一元《把酒漫成》诗。题识："元璐。"钤印：倪元璐印（朱）、太史氏（白）。旁有姚鼐题跋："鸿宝先生笔翰，见之自使人增敬，其字实瘦劲可爱，又非特以人重也。"	美国弗利尔美术馆	《倪元璐の书法》，页49
162	行书茌平道中诗扇面	纸本。16.8cm×47.9cm。书《倪文贞集》诗卷下《茌平道中》。题识："元璐。"	美国克兰夫顿美术馆	《倪元璐の书法》，页251
163	行书仲嘉过从帖	纸本。释文："昨仲嘉兄薄暮过从，语次及贵乡备兵使者旁求后身甚切，冯留老不敢当之，意甚坚而决矣。弟不揣敬举所知，敝乡徐亮生讳人龙，其才品气概敝里无双，当年督学楚中，杨大洪诸老赞之太过，诸老既得祸，即以终养告归，幸以外吏免缴汤火。然淹疏已久，服阕于今将一年，两台交章荐之，不一而足也。……南天两席，必有以处我，可不斡旋，年翁以为何如？弟名单具。"	美国宝蒙堂燕登年	《名贤书信手迹》，页9
164	蕉鹤图轴	纸本，水墨。题识："崇祯戊寅黄钟月，倪元璐。"有刘墉题识："石庵题。"	美国顾洛阜	《海外遗珍》绘画续，页90
165	苍林秀石图轴	纸本，水墨。140.5cm×57cm。释文："崇祯五年壬申戏草。春再次淮泗，蓬窗闃寂，啜茗兀坐，静观景物，傍岸有苍林秀石，奇超天成，得造化之灵气，抱幽人雅怀也，拈笔为之图。元璐。"钤印：倪元璐印（朱）。	美国乐艺斋	《海外藏中国历代名画》第6卷，第213页
166	秋景山水图轴	绫本，水墨。113.2cm×50.8cm。释文："千经山中彭泽酒，片帆江上马当风。似解兄南行。元璐。"钤印：倪元璐印（朱）、鸿宝（朱）。	日本静嘉堂文库	《海外藏中国历代名画》第6卷，第214页
167	奇石图轴	绢本，水墨。92.7cm×38cm。奇石画一题识："惟澹故远，非简不奇。文章之道，想亦如斯。璐。"钤印：倪元璐印。画二题识："应龙欲飞，商羊起舞。缊然而云，潈然而雨。元璐。"钤印：倪元璐印。	定静堂	《定静堂中国书画名品选（图版）》，页46
168	画石图	题识："乙亥嘉平。元璐。"	邓氏风雨楼藏	《倪鸿宝山水画石图册》

序次	作品名称	式样、尺寸、款识、钤印	收藏	著录
169	尊教帖	纸本。释文："……前请正诸拙内《江西墨叙》，后路偶失一幅，忆默以呈，今家弟带至原刻，中讹落数语，诺标识送览，倘已就删，不知可改正否？词头小暇当录数则。又请。名正具。"	邓实风雨楼	《倪鸿宝山水画石册》
170	有母帖	纸本。释文："小人有母不能为寸草之将，而藉手云天使春晖色壮。……王君事当主者例迁，不审虫臂效否？前书简得附上，复曾为转属王孺老，得其报，语某驾弟亦闻其才，即当力致某年兄云云，此七月初旬事也。忙中率谢，统俟晤宣。名正具。左玉。"	邓实风雨楼	《倪鸿宝山水画石册》
171	罗生帖	纸本。释文："贵社友罗生，未奉台教时业已摸索得之，藉以冠冕诸士矣。诚为鸡群之鹤，故足通沆瀣之气于台台也。……绫箑勉涂塞命，真恶札也。弟璐又顿首复。左冲。"	邓实风雨楼	《倪鸿宝山水画石册》
172	竹石图轴	纸本，水墨。117cm×40cm。题识："甲戌阳月写于且园。元璐。"钤印：倪元璐印（白）、鸿宝父（白）。	王南屏	《王南屏藏中国古代绘画》，页337
173	山水图轴	185.1cm×65cm。题识："天启七年丁卯夏四月。倪元璐。"	张岱山	《宋元明清名画大观》，页69
174	行草五言诗	163cm×46cm。书《倪文贞集》诗卷上《选房士稿得二十四人》。题识："元璐。"钤印：倪元璐印（朱）、司马学士（朱）。	韩天衡艺术馆	韩天衡艺术馆网站
175	行草书昌化多山诗轴	纸本。124cm×29.1cm。书《倪文贞集》诗卷下《昌化多山奇甚》第三联。释文："九锡拟加溪上石，七擒不纵岭前云。元璐。"	唐云	《中国书法全集（倪元璐）》，页206
176	简笔山水图轴	纸本，水墨。112cm×46cm。题识："云山五箧。元璐。"钤印：倪元璐（白）。	艺趣山房	《艺苑掇英》68辑，页18
177	山水图轴	绢本。长三尺九寸二分，宽二尺零一分。题识："倪元璐。"	三水蔡氏藏	《神州国光集》第五集
178	行草书七绝诗轴	130cm×56.2cm。书《倪文贞集》诗卷下《登张炼师三层阁》。题识："元璐。"钤印：倪元璐印（朱）、太史氏（白）。	--	《倪元璐の书法》，页35

序次	作品名称	式样、尺寸、款识、钤印	收藏	著录
179	草书赠景峰题画诗轴	书《倪文贞集》诗卷下《题画》之二。题识："题画似景峰年辞兄。弟元璐。"钤印: 倪元璐印（朱）、太史氏（白）。	--	《倪元璐の书法》，页42
180	草书五言律诗轴	纸本。163.5cm×63.5cm。书《倪文贞集》诗卷上《饕餮》。题识："元璐。"钤印: 倪元璐印（朱）、太史氏（白）。	--	《倪元璐の书法》，页64
181	行书七言古诗轴	193cm×48cm。书《倪文正公遗稿》卷二《庚午冬十月至都答所知》。题识："庚午冬入都门戏答所知, 时冬寇方退。始宁倪元璐。"钤印: 鸿宝（白）。	--	《倪元璐の书法》，页66
182	行草书题画石诗轴	180cm×49.5cm。书《倪文贞集》诗卷下《题画送徐虞求京兆入觐》。题识"为阮给谏题画石。元璐。"钤印: 倪元璐印（朱）、太史氏（白）。	--	《倪元璐の书法》，页70
183	行草书七绝诗轴	159cm×51cm。书宋林逋诗《即席送江夏茂才》。题识："元璐。"	--	《倪元璐の书法》，页75
184	行草书五律诗轴	纸本。书《倪文贞集》诗卷上《饮临清马太学园亭自午至月上始散，得游字》。题识："集清源马太学园亭作。元璐。"钤印: 倪元璐印（朱）、太史氏（白）。	--	《倪元璐の书法》，页76
185	行草书赠仲谋五律诗轴	178.3cm×43.7cm。书《倪文贞集》诗卷上《郊游》之一。题识："闻黄石斋归途遍游名山妨赋二之一，似仲谋辞宗正之。弟元璐。"钤印: 倪元璐印（朱）、太史氏（白）。	--	《倪元璐の书法》，页84
186	行草书五律诗轴	165cm×45cm。书《倪文贞集》诗卷上《请不》之一。题识："元璐"。钤印: 倪元璐印（朱）、太史氏（白）。	--	《倪元璐の书法》，页100
187	行草书卜居诗轴	162cm×49.8cm。书《倪文贞集》诗卷上《卜居》。题识："似润甫辞宗正。元璐。"钤印: 倪元璐印（朱）、鸿宝氏（白）。	--	《倪元璐の书法》，页116
188	行草书赠嵩岳五律诗轴	纸本。142.5cm×45.5cm。书《倪文贞集》诗卷上《访客出春明门》之一。题识："似嵩岳先生正。元璐。"钤印: 倪元璐印（朱）、太史氏（白）。	--	《倪元璐の书法》，页122

序次	作品名称	式样、尺寸、款识、钤印	收藏	著录
189	草书选房士稿诗轴	156cm×42.5cm。书《倪文贞集》诗卷上《选房士稿得二十四人》。题识："选房士稿成作，元璐。"钤印：倪元璐印（朱）、太史氏（白）。	--	《倪元璐の书法》，页134
190	行草书七绝诗轴	127.3cm×46cm。释文："六宗牛迹已支离，各踢木毬自舞狮。叫到指頭无佛处，死心踏地礼寅师。元璐。"钤印：倪元璐印（朱）、太史氏（白）。	--	《倪元璐の书法》，页153
191	行书瑞芝咏诗轴	159cm×47cm。书《倪文贞集》诗卷上《瑞芝为吕豫石太常赋》。题识："瑞芝咏。元璐。"钤印：倪元璐印（朱）、太史氏（白）。	--	《倪元璐の书法》，页154
192	草书世说新语句轴	绫本。159cm×47cm。题识："似舒章世丈。元璐。"钤印：倪元璐印（朱）、太史氏（白）。	--	《倪元璐の书法》，页160
193	行草书五言律诗轴	189cm×47cm。释文："但望云蚊气，吾抚即已降。……似瑞庭辞丈正之。"钤印：倪元璐印（白）、太史氏（白）。	--	《倪元璐の书法》，页167
194	行草书七言二句轴	124cm×29cm。释文："九锡拟加溪上石，七擒不纵岭前云。元璐。"钤印：倪元璐印（朱）、太史氏（白）。	--	《倪元璐の书法》，页168
195	行草书七言律诗轴	书《倪文贞集》诗卷下《昌化多山奇甚》诗。题识："元璐。"	--	《倪元璐の书法》，页169
196	行草书五律诗轴	所书即《倪文贞集》诗卷上《斥田治宅》。题识："元璐。"	--	《倪元璐の书法》，页170
197	行草书五言律诗轴	139.3cm×50cm。书《倪文贞集》诗卷上《体秋》之一。题识："似五云辞丈。元璐。"钤印：倪元璐印（朱）、太史氏（白）。	--	《倪元璐の书法》，页171
198	行草书五律郊外诗轴	128cm×53cm。书《倪文贞集》诗卷上《郊外》。题识："元璐书。"钤印：倪元璐印（朱）、太史氏（白）。	--	《倪元璐の书法》，页172
199	行草书五言律诗轴	161.5cm×40.5cm。书《倪文贞集》诗卷上《郊外》。题识："郊行即事。元璐。"	--	《倪元璐の书法》，页173

序次	作品名称	式样、尺寸、款识、钤印	收藏	著录
200	行草书五律卜居诗轴	138cm×45.8cm。书《倪文贞集》诗卷上《卜居》。题识："元璐。"钤印：倪元璐印（朱）、太史氏（白）。	--	《倪元璐の书法》，页174
201	行草书五言律诗轴	158cm×45cm。书《倪文贞集》诗卷上《山行即事》。题识："元璐。"钤印：倪元璐印（朱）、太史氏（白）。	--	《倪元璐の书法》，页180
202	行草书王之涣诗轴	书王之涣《凉州词》。题识："元璐。"钤印：倪元璐印（朱）、太史氏（白）。	--	《倪元璐の书法》，页193
203	行草书七绝诗轴	155cm×55cm。书薛能《野园》诗。题识："元璐。"钤印：倪元璐印（白）、太史氏（朱）。	--	《倪元璐の书法》，页198
204	行书古盘吟册	书《倪文贞集》诗卷上《古盘吟》诗。题识："崇祯戊寅清和，书于衣云阁。元璐。"钤印：倪元璐印（白）、鸿宝（白）。	--	《倪元璐の书法》，页223
205	行书信札	27.5cm×11.2cm×2/27.5cm×9.2cm。释文："拟奏玄灵曲辞，如君的的有仙姿。……封太史□□老年伯并请正。年家子倪元璐。"	--	《倪元璐の书法》，页228
206	行草书赠玄照扇面	纸本，泥金。16cm×52cm。书《倪文贞集》诗卷上《送冒嵩少赴官南吏部》。题识："冒嵩少奉迁得南吏部，诗以送之。似玄照老先生正。元璐。"	--	《倪元璐の书法》，页249
207	行书七言律诗扇	222cm×52.3cm。所书《道经吴桥范质公吏部招饮澜园月上泛舟却赋》之二。题识："元璐。"	--	《倪元璐の书法》，页249
208	行书七言律诗扇	17cm×51cm。书《倪文贞集》诗卷下《家居即事》。题识："家居即事之一。似五翁老先生正。元璐。"	--	《倪元璐の书法》，页251
209	行草书五言律诗扇	17.3cm×54cm。书《倪文贞集》诗卷上《冒雨行乐陵道感赋》。题识："旧作。元璐。"	--	《倪元璐の书法》，页252
210	行书五言律诗扇	16.9cm×53cm。书《倪文贞集》诗卷上《请不》之二。题识："元璐。"	--	《倪元璐の书法》，页252

序次	作品名称	式样、尺寸、款识、钤印	收藏	著录
211	行书七言律扇面	16cm×52cm。释文："无过梅花最澹明，石知抛竹几多尘。……旧作对雪，似碧湖先生正之。弟元璐。"	--	《倪元璐の书法》，页254
212	草书刚是屠苏得岁时诗轴	书《倪文贞集》诗卷下《寿年友海陵令张湛虚》之六。题识："元璐。"	--	《中国书法全集（倪元璐）》，页27
213	行草书七绝诗轴	纸本。165cm×44cm。释文："远携琴谱与诗稿，寄卧船窗一榻深。莫问云中认江树，等闲惊起故园心。元璐。"	--	《中国书法全集（倪元璐）》，页146
214	行草书七律诗轴	书《倪文贞集》诗卷下《昌化多山奇甚》。题识："元璐。"	--	《中国书法全集（倪元璐）》，页147
215	行草书赠肯仲有感作诗轴	书《倪文贞集》诗卷上《请不》之二。题识："有感作似肯仲兄正之。友人倪元璐。"	--	《中国书法全集（倪元璐）》，页148
216	诗画合册	纸本。行草书《鸡鸣山》《再至飞来》《郊行》《雪后》诗四首，与自作山水、奇石等图合装一册。题识："元璐。"	--	《中国书法全集（倪元璐）》，页149
217	行书与长公亲翁尺牍	释文："长公亲翁归，讯知雄概，因奉玄提。朋觌之辱，施及猿鹤，欣喜感惭，一时俱集。……今圣人雄才密虑皆有之，可与忠言，即有不便，不妨熟计条上，此与临阵决机不同，审谋从容为贵也，何如远有于腊之事。草禀报谢。清和后五日，弟璐载顿。"	--	《中国书法全集（倪元璐）》，页158。
218	行书与老亲翁尺牍	释文："秋来伏想纶羽整暇为福也。比闻戈师出海，胜气坐楚老上，榆关报斩获，堵回掎之角，岂不由楼船涛怒，苞流江汉者乎？弟山栖幸无事，惟米价翔涌，斗二百钱，于今三月。闻山东饥又甚，人相食，树皮都尽，可哀也。……老母暨室人声候老亲母夫人锦绪万福。七夕，弟元璐载顿。"	--	《中国书法全集（倪元璐）》，页163。

序次	作品名称	式样、尺寸、款识、钤印	收藏	著录
219	行书致老年翁尺牍	释文："小婿归，备述云虹，真郘成、羊舌再见于今也。蒙惠多仪，犹为瑶玖之愧瓜桃。……弟益懒驽，每摊书则眼皮堕地，执笔则头岑岑，如此真废人矣。小壻再往，自循所约，想老年翁知之矣。通家弟倪元璐拜。"	--	《中国书法全集（倪元璐）》，页169。
220	行草书五律诗轴	纸本。诗即《倪文贞集》诗卷上《默坐》。题识："元璐。"	--	《中国书法全集（倪元璐）》，页193
221	草书七绝诗轴	绢本。127cm×40cm。诗即《倪文贞集》诗卷下《寿年友海陵令张湛虚》。题识："元璐。"	--	《中国书法全集（倪元璐）》，页202
222	行书七绝诗轴	纸本。128.2cm×55.4cm。释文："风格居然百世师，不呼他丈却呼谁。世人到处抛袍笏，难道南宫拜是痴。元璐。"	--	《中国书法全集（倪元璐）》，页202
223	书画合璧卷轴	纸本。25cm×332cm。卷前倪书《倪文贞集》诗卷上《古盘吟》诗，卷后倪作灵石峰画。黄道周、程颂万题引首。卷后有何兰旌、金蓉镜、陈三立、陈曾寿、朱孝臧、余肇康、夏敬观、陈夔龙跋。题识："戊寅至日偶作。"	--	《倪元璐书画合璧卷》，上海书店出版社，2008年
224	松石图轴	纸本。题识："松岂无骨，石亦有姿。惟斯二者，是谓相知。元璐。"钤印："倪元璐印"（白）、"鸿宝氏"（白）。	--	《木雁斋书画鉴赏笔记》第4册，页2801
225	行草书江右帖	纸本。释文："新解头刘巨溟，弟丁卯所拔拟元，以末场贻堂置副榜第一。今来过访，约午间到小楼出五篝享之，其意甚欲见台兄，倘无他事，借光半日，荣甚欢甚。惟惠然许之。弟璐顿首。"	--	《明人尺牍》，页23A
226	疏林外屋	题识："元璐。"钤印：元（朱）、璐（朱）。	--	《历代名画大观》山水册页，页53

序次	作品名称	式样、尺寸、款识、钤印	收藏	著录
227	山水长条	绢本，高四尺零四分，阔一尺零八分。题识："崇祯丙子十月朔日，雪斋道兄政。弟元璐。"	--	《腾花亭书画跋》，《中国书画全书》第11册，页1053下
228	仿古山水竹石画册	绫本。十幅，每幅高六寸五分，阔七寸。题识："时戊辰八月之望，冯桢卿谏议促成，刻炬而就，亦云徐熙草草耳。元璐写。"	--	《听帆楼续刻书画记》，《中国书画全书》第11册，页916上
229	云山图轴	纸本，水墨。题识："酝云酿雾成醇雨，醉得山客烂似泥。丙子至前五日写于斗阳舟中，博环瀛仁兄一笑。弟元璐。"钤印：倪元璐印（白）、鸿宝（白）。	--	《庞虚斋藏画集胜》，页20
230	竹石图轴	纸本。诗堂35.5cm×61cm，本幅33.5cm×61cm。题识："李广疑虎，老聃犹龙。元璐。"钤印：倪元璐印、鸿宝父。诗堂："倪宫端在庶常时，写山水有元季黄子久、倪元镇笔法。距今十余年，一变为苍雅突兀之势。如此图者近于化矣。王太史得之，以为衣钵。珍重珍重。董其昌。"	--	北京匡时2013年秋季艺术品拍卖会古代绘画专场图录
231	古木遥山图轴	水墨绫本。126cm×50cm。题识："庚辰秋日写，元璐。"钤印：倪元璐印（白）、鸿宝父（白）。	--	西泠印社拍卖有限公司2010秋中国书画古代作品专场图录
232	几沉樊底帖	纸本。22.2cm×31.5cm。释文："几沉樊底，玉笈少詹之推，题本既就，偶得闻知，以偏师上之，竟止矣。方书田可来，弟可去矣。闻姜燕老已定南宰，此中院长以待年翁，阁中定议如此。腐鼠不足吓年翁，然度不能得去，姑且俯首就之，何如？弟再疏已下，澹然无复讲官，小少体色，断出廷人之手无疑也。弟名单具。"	--	中国嘉德2006秋季拍卖会食笋斋珍藏中国书法专场图录

序次	作品名称	式样、尺寸、款识、钤印	收藏	著录
233	王丈帖	释文："王丈甚早，已先施恐不复报，愿如再会，致尊命不难也，柴亲之酌兄奈何，生看座之嫌忍，置弟孤怀之地，倘执此情。弟于谢亲翁之招亦断足不敢赴矣，激切虔祈，弟自为非为东道主人也，幅然万万，弟元璐顿首。"	--	上海崇源 2010 年 秋季文渊永乐专场拍卖图录
234	松石鸣泉卷	水墨，绫本。题识："壬申初夏元璐写。"钤印：倪元璐印、鸿宝、元、璐。	--	佳士得香港 2016 年 秋中国古代书画专场图录
235	行书七言联	纸本。37cm×179cm×2。释文："许愈问剑岂无意，杜陵痛饮真吾师。卓明学兄，元璐。"钤印：元璐之印（白）、鸿宝（朱）。	--	《艺苑掇英》第七十三期，页 12
236	草书七绝诗轴	绢本。157cm×46cm。所书唐赵嘏《题僧壁》诗。题识："戊寅冬十月，书似雨玉词丈文几。元璐。"钤印：倪元璐印、太史氏。	--	北京保利 2013 秋 季艺术品拍卖会图录
237	雨过溪山图	题识："丙寅冬日，写似云翁词兄粲正。倪元璐呵冻。"钤印：倪元璐印、鸿宝。	--	北京保利 2015 春 季拍卖会中国古代书画日场图录
238	与倪元瓒札	纸本。释文："十五日，倪驯已到，有知母亲祺宁，悦豫之状，不胜喜跃。板舆之事，未免迟回，使人闷闷。试事会旭遂于此，本不当冒然而赴，多此一出。六年未满，尚可得挈，当有商量之处，未可学孟敏之风，遂付破甑于不顾也，后来减灶更然却难耳。东邻蚕食不已，不得不持，世间乃有此人。八十老公，何苦耶。纶扉之间，近事可骇，长洲遂成终始，此老非惟正气，亦自有福，诚吾党之光也。所惜周家竟不得其一日之用耳。其诸百端不能殚说，聊此报平安。五日之内，即有便鸿详其缕缕。至后二日仲兄平安字。献汝弟收日，外（代言）奏牍讲编各一册。"钤印：曾藏丁辅之处（朱）、葱玉所得明贤翰札（朱）、谷水审定（朱）。	--	--

征引文献

一、谱主著述及书画作品

1、《代言选》五卷，二册，明倪元璐撰，明崇祯刻本。

2、《奏牍》四卷，明倪元璐撰，明崇祯刻本。

3、《倪鸿宝先生三刻》（代言选五卷，讲编二卷，奏牍六卷，附一卷），明倪元璐撰，明王贻栻崇祯刻本。

4、《鸿宝应本》十七卷，明倪元璐撰，明崇祯十五年（1642）刻本。

5、《鸿宝应本》十七卷，明倪元璐撰，清顺治十四年（1657）唐九经重刻本。

6、《倪文正公遗稿》二卷，明倪元璐撰、顾予咸辑，清顺治八年（1651）刻本。

7、《倪文正公遗稿》三卷，明倪元璐撰，清康熙四十六年（1707）刻本。

8、《倪文贞公诗集》二卷附录一卷，明倪元璐撰，南京襄社民国二十四年（1935）影印本。

9、《倪文贞公集》 三十八卷，明倪元璐撰，清乾隆三十七年（1772）倪安世刻本。

10、《倪文贞集》三十八卷，明倪元璐撰，清文渊阁《四库全书》本，民国七十五年（1986）影印本。

11、《倪文贞公诗文稿》不分卷，明倪元璐撰，国家图书馆藏稿本。

12、《倪文贞公集残稿》一卷，明倪元璐撰，上海图书馆藏稿本。

13、《倪文正公尺牍逸稿》六卷，明倪元璐撰，台湾"中研院"傅斯年图书馆藏清钞本。

14、《倪文正公说大戴礼》一卷，明倪元璐撰，清徐维则跋，上海图书馆藏清光绪十八年（1892）钞本。

15、《儿易内仪以》六卷、《儿易外仪》十五卷，明倪元璐撰，清文渊阁《四库全书》本，民国七十五年（1986）影印本。

16、《国赋纪略》一卷，明倪元璐撰，清道光十一年（1831）六安晁氏木活字学海类编本。

17、《玑屑》一卷，明倪元璐撰，国家图书馆藏稿本。

18、《百官释例》一卷，明倪元璐撰，清光绪九年（1883）磨兜坚室刻本。

19、《秦汉文尤》十二卷，明倪元璐编，明末刻本。

20、《倪玉汝先生中秘点评五言便读皇明纪略鼎裔》三卷，明倪元璐点评，明崇祯七年（1634）刻本。

21、《倪鸿宝山水画石图册》，邓氏风雨楼藏，上海神州国光社，民国七年（1918）影印。

22、《倪元璐书画合璧卷》，上海书店出版社，2008年。

23、《倪元璐十七帖》，故宫博物院藏，吉林文史出版社，2015年。

24、《倪元璐の书法》，吉川蕉仙编，日本二玄社，2011 年。

二、其他文献

    （一）史部文献

1、《明史》三百三十二卷，张廷玉等撰，中华书局，1975 年。

2、《清史稿》五百三十六卷，赵尔巽等纂，中华书局，1998 年。

3、《明实录》，上海书店影印本，1982 年。

4、《清实录》，中华书局影印，1986 年。

5、《清史列传》八十卷，中华书局，1987 年。

6、《国榷》一百零八卷，明谈迁撰，中华书局，1958 年。

7、《明通鉴》一百卷，清夏燮撰，上海古籍出版社影印光绪二十三年（1842）湖北官书处重校刊本，1990 年。

8、《明会要》八十卷，清龙文彬撰，中华书局，1956 年。

9、《明史纪事本末》八十卷，清谷应泰撰，中华书局，2015 年。

10、《近世中西史日对照表》，郑鹤声编，中华书局，1981 年。

11、《明史钞略》，《续修四库全书》据国家图书馆藏清吕葆中家钞本影印，上海古籍出版社，2002 年。

12、《户部题名记》一卷，明毕自严撰，明崇祯三年（1630）刻本。

13、《太常续考》八卷，明佚名撰，清文渊阁四库全书本，民国七十五年（1986）影印本。

14、《宦梦录 馆阁旧事》，明黄景昉撰，中华书局，2022 年。

15、《明季北略》二十四卷，清计六奇撰，中华书局，1984 年。

16、《明季南略》十六卷，清计六奇撰，中华书局，1984 年。

17、《崇祯长编》（外十种），清佚名等编，北京古籍出版社，2002 年。

18、《小腆纪年》二十卷，清徐鼒撰，中华书局，1957 年。

19、《小腆纪传》六十五卷，清徐鼒撰，中华书局，2018 年。

20、《崇祯阁臣行略》一卷，明陈盟撰，清光绪顺德龙氏知服斋丛书本。

21、《东林列传》二十四卷附录二卷，清陈鼎撰，清文渊阁四库全书本，民国七十五年（1986）影印本。

22、《居士传校注》，清彭绍升撰，张绍锋校注，中华书局，2014 年。

23、《明末忠烈纪实》二十卷，清徐秉义撰，上海图书馆藏清钞本。

24、《万历二年进士登科录》，《天一阁藏明代科举录选刊》"登科录点校本下"，宁波出版社，2016 年。

25、《天启壬戌科进士同年序齿录》一卷，撰者不详，明天启间刻本。

26、《天启二年会试录》一卷，撰者不详，明天启间刻本。

27、《天启七年江西乡试录》一卷，明倪元璐等撰，《明代登科录汇编》

影印天启中刊本。

28、《崇祯四年辛未科进士履历》一卷，撰者不详，明崇祯间刻本。

29、《赵凡夫传叙行实》三卷，明冯时可、赵均等撰，明万历间刻本。

30、《三不朽图赞》，明张岱撰，浙江古籍出版社，2017 年。

31、《慈溪碑碣墓志汇编（唐至明代）》，慈溪市文物管理委员会办公室等编，浙江古籍出版社，2017 年。

32、《晋江碑刻选》，粘良图辑，厦门大学出版社，2002 年。

33、《雪交亭正气录》十二卷，明高宇泰撰，民国约园四明丛书本。

34、《思旧录》一卷，清黄宗羲撰，清昭代丛书本。

35、《甲申核真略、定思小纪、李闯小史》，明杨士聪、刘尚友、明懒道人撰，浙江古籍出版社，1985 年。

36、《烈皇小识》八卷，清文秉撰，上海书店据神州国光社 1951 年版复印，1982 年。

37、《先拨志始》二卷，明文秉撰，上海书店据神州国光社 1951 年版复印，1982 年。

38、《西南纪事》十二卷，清邵廷采撰，邵武徐氏丛书本。

39、《南疆绎史》，清温睿临撰，清道光十年（1830）李瑶活字印本。

40、《甲申传信录》十卷，清钱士馨撰，上海书店据中国历史研究社排印本影印，1982 年。

41、《朱少师奏疏钞》八卷，明朱燮元撰，清雍正十一年（1733）刻本。

42、《黄梨洲先生明夷待访录》一卷，明黄宗羲撰，清初刻本。

43、《上虞贺溪倪氏宗谱》十八卷首一卷末一卷，民国十七年（1928）经锄堂刻本。

44、《冒氏宗谱》十卷首一卷，江苏如皋冒氏据道光二十八年（1848）刻本翻印本，1984 年。

45、《暨阳蕾山杨氏宗谱》不分卷，民国元年（1911）续修木活字本。

46、《宅埠陈氏宗谱》四十八卷，清光绪十四年(1888)萃伦堂木活字本。

47、《卓氏遗书》二卷，明卓发之辑，明天启刻本。

48、《陈子龙自撰年谱》，明陈子龙撰，《陈子龙诗集》附，上海古籍出版社，2006 年。

49、《倪文正公年谱》，清倪会鼎编，清咸丰四年（1854）刻本。

50、《倪元璐年谱》，清倪会鼎编，中华书局，1994 年。

51、《姜贞毅先生自著年谱》，明姜采撰，《敬亭集》附，华东师范大学出版社，2011 年。

52、《吴公苇庵先生年谱》，明吴甘来撰，《吴庄介公集》附，清咸丰吴叙伦刻本。

53、《范文忠公年谱》，清王孙锡编，清康熙间刻本。

54、《漳浦黄先生年谱》二卷，明庄起俦撰，中华书局《黄道周集》卷首附，2017 年。

55、《黄道周纪年著述书画考》，侯真平撰，厦门大学出版社，1994 年。

56、《张忠敏公年谱》，清张振珂编，《张忠敏公遗集》附，清咸丰刻本。

57、《魏廓园先生自谱》，明魏大中编，《藏密斋集》附，明崇祯元年（1628）刻本。

58、《天山自叙年谱》，明郑鄤编，清宣统二年（1910）刻本。

59、《钱士升年谱》一卷，明许重熙撰，《赐余堂集》卷首附，清乾隆四年（1739）刻本。

60、《王季重先生自叙年谱》，明王思任编，清王鼎起、王霞起订，清初刻本。

61、《祁彪佳行实》，明祁熊佳撰，浙江古籍出版社《祁彪佳日记》附，2016 年。

62、《祁忠毅公年谱》，撰者不详，浙江古籍出版社《祁彪佳日记》附，2016 年。

63、《吕明德先生年谱》四卷，清施化远等编，清康熙二年（1663）新安吕氏刻本。

64、《万年少先生年谱》，罗振玉编，民国八年（1919）铅印本。

65、《钱谦益年谱》，方良撰，线装书局，2007 年。

66、《祁忠敏公年谱》，明王思任撰，《祁彪佳日记》附录，浙江古籍出版社，2017 年。

67、《王铎年谱》，张升撰，上海书画出版社，2007 年。

68、《王铎年谱长编》，薛龙春撰，中华书局，2019 年。

69、《金忠节公年谱》，明金镜、金鑪撰，清初刻本《金忠节集》附。

70、《黄梨洲先生年谱》三卷， 清黄炳垕撰，清同治十二年（1873）余姚黄氏刻本。

71、《先忠节公（吴麟征）年谱》，清吴蕃昌编，清初刻本。

72、《郭之奇年谱》，饶宗颐撰，《饶宗颐二十世纪学术文集》第九册，中国人民大学出版社，2009 年。

73、《白耷山人年谱》，清鲁一同编，民国间刻本。

74、《陶密庵先生年谱》，梅英杰编，民国九年（1920）刻本。

75、《雅园居士自叙》一卷，清顾予咸撰，丛书集成续编影印"戊寅丛编"本。

76、《蕺山刘子年谱》二卷附一卷，明刘汋撰，浙江古籍出版社《刘宗周全集》附，2012 年。

77、《吴梅村先生年谱》四卷，清顾师轼撰，清光绪三年（1877）重刻本。

78、《三兰倪公崇祀名宦乡贤录》，明倪会吉撰，明崇祯刻本。

79、《文文肃公日记》，明文震孟撰，国家图书馆藏稿本。

80、《三鱼堂日记》十卷，清陆陇其撰，清同治九年（1870）浙江书局刻本。

81、《大清一统志》五百六十卷，清穆彰阿、潘锡恩等纂修，上海古籍出版社影印《四部丛刊》本，2008年。

82、［光绪］《顺天府志》一百三十卷附录一卷，清万青黎等修，张之洞、缪荃孙纂，清光绪十二年（1886）刻本。

83、［康熙］《宛平县志》六卷，清王养濂修，李开泰、张采纂，国家图书馆藏民国间抄本。

84、［光绪］《通州志》十卷首一卷末一卷，清高建勋等修，王维珍等纂，清光绪九年（1883）递增刻本。

85、［乾隆］《天津府志》四十卷，清李梅宾、程凤文修，吴廷华、汪沆纂，清乾隆四年（1739）刻本。

86、［光绪］《正定县志》四十六卷首一卷末一卷，清庆之金、贾孝彰修，赵文濂等纂，清光绪元年（1875）刻本。

87、［乾隆］《唐县志》十卷首一卷，清黄文莲修，吴泰来纂，清乾隆五十二年（1787）刻本。

88、［光绪］《永年县志》四十卷首一卷，清夏贻钰修纂，清光绪三年（1877）刻本。

89、［乾隆］《曲周县志》十九卷，清劳宗发修，王今远纂，清乾隆十二年（1747）刻本。

90、［光绪］《临漳县志》十八卷首一卷，清周秉彝修，周寿梓等纂，清光绪三十年（1904）刻本。

91、［道光］《济南府志》七十二卷首一卷，清王赠芳、王镇修，成瓘、冷烜纂，清道光二十年（1840）刻本。

92、［乾隆］《历城县志》五十卷首一卷，清胡德琳修，李文藻等纂，清乾隆三十八年（1773）刻本。

93、［乾隆］《淄川县志》八卷首一卷，清张鸣铎修，张廷寀等纂，清乾隆四十一年（1776）刻本。

94、［民国］《重修新城县志》二十六卷首一卷，袁励杰、张汝玉修，王寀廷纂，民国二十二年（1933）铅印本。

95、［康熙］《新修齐东县志》八卷，清余为霖修，郭国琦等纂，清康熙二十四年（1685）刻本。

96、［康熙］《益都县志》十四卷首一卷，清陈食花修，钟锷等纂，清康熙十一年（1672）刻本。

97、［光绪］《益都县图志》五十四卷首一卷，清张承燮修，法伟堂等纂，清光绪三十三年（1907）刻本。

98、［乾隆］《诸城县志》四十六卷，清宫懋让修，李文藻等纂，清乾隆二十九年（1764）刻本。

99、［民国］《潍县志稿》四十二卷图一卷，清常之英修，刘祖干纂，民国三十年（1941）铅印本。

100、［光绪］《增修登州府志》六十九卷首一卷，清方汝翼、贾瑚修，周悦让等纂，清光绪七年（1881）刻本。

101、［康熙］《莱阳县志》十卷，清万邦维修，卫元爵等纂，清康熙十七年（1678）刻本。

102、［民国］《东平县志》十七卷，张志熙修，刘靖宇纂，民国二十五年（1936）铅印本。

103、［光绪］《滋阳县志》十四卷，清李兆霖等续修，周衍恩等续纂，清光绪十四年（1888）刻本。

104、［康熙］《滕县志》十二卷，清黄浚修，王特选纂，清康熙五十六年（1717）刻本。

105、［康熙］《曹州志》二十卷，清佟企圣修，苏毓眉等纂，清康熙十三年（1674）刻本。

106、［道光］《巨野县志》二十四卷首一卷，清黄维翰修纂，清道光二十六年（1846）续刻本。

107、［宣统］《聊城县志》十二卷首一卷，清陈庆藩修，叶锡麟等纂，清宣统二年（1910）刻本。

108、［康熙］《东阿县志》十二卷，清刘沛先原修，郑廷瑾等增修，清康熙五十四年（1715）增刻本。

109、［康熙］《长安县志》八卷，清梁禹甸纂修，清康熙七年（1668）刻本。

110、［乾隆］《蒲城县志》十五卷，清张心镜修，吴泰来纂，清乾隆四十七年（1782）刻本。

111、［乾隆］《宝鸡县志》十卷首一卷，清许起凤修，高登科纂，清乾隆二十九年（1764）刻本。

112、［乾隆］《宜川县志》八卷首一卷末一卷，清吴炳修纂，清乾隆十八年（1753）刻本。

113、［康熙］《城固县志》十卷，清王穆修纂，清康熙五十六年（1717）刻本。

114、［雍正］《山西通志》二百三十卷，清觉罗石麟修，储大文纂，清雍正十二年（1734）刻本。

115、[乾隆]《保德州志》十二卷首一卷，清王克昌原本，王秉韬续纂修，清乾隆五十年（1785）增刻本。

116、[乾隆]《高平县志》二十二卷末一卷，清傅德宜修，戴纯纂，清乾隆三十九年（1774）刻本。

117、[同治]《阳城县志》十八卷首一卷，清赖昌期修，谭澐等纂，清同治十三年（1874）刻本。

118、[雍正]《平阳府志》三十六卷，清章廷珪修，范安治纂，清雍正十三年（1735）修，清乾隆元年（1736）刻本。

119、[乾隆]《直隶绛州志》二十卷图考一卷，清张成德修，李友洙等纂，清乾隆三十年（1765）刻本。

120、[康熙]《河南通志》五十卷，清顾汧修，张沐纂，清康熙三十四年（1695）刻本。

121、[乾隆]《杞县志》二十卷首一卷，清周玑修，朱璇纂，清乾隆五十三年（1788）刻本。

122、[康熙]《兰阳县志》十卷，清高士琦修，王旦等纂，民国二十四年（1935）铅印本。

123、[顺治]《封丘县志》九卷首一卷，清余缙修，李嵩阳纂，民国二十六年（1937）铅印本。

124、[康熙]《延津县志》十卷，清余心孺纂修，清康熙四十一年（1702）刻本。

125、[乾隆]《新修怀庆府志》三十二卷首一卷图经一卷，清唐侍陛等修，洪亮吉纂，清乾隆五十四年（1789）刻本。

126、[乾隆]《安阳县志》十二卷首一卷，清陈锡辂修，朱煌纂，清乾隆三年（1738）刻本。

127、[康熙]《长垣县志》八卷，清宗琼曾修，王元烜增纂，清康熙三十九年（1700）刻本。

128、[康熙]《林县志》十二卷，清徐岱、熊远寄修，万兆龙纂，清康熙三十四年（1695）刻本。

129、[康熙]《商丘县志》二十卷首一卷，清刘德昌修，叶澐纂，清康熙四十四年（1705）刻本。

130、[光绪]《续修睢州志》十二卷首一卷，清王枚修，徐绍廉纂，清光绪十八年（1892）刻本。

131、[康熙]《汝阳县志》十卷，清邱天英修，李根茂纂，清康熙二十九年（1690）刻本。

132、[光绪]《光州志》十二卷首一卷，清杨修田修，马佩玖纂，清光十二年（1886）刻本。

133、［嘉庆］《商城县志》十四卷首一卷末一卷，清武开吉修，周之缫纂，清嘉庆八年（1803）刻本。

134、［康熙］《湖广通志》八十卷图考一卷，清徐国相、丁思孔修，宫梦仁等纂，清康熙二十三年（1684）刻本。

135、［康熙］《湖广武昌府志》十二卷，清裴天锡修，罗文龙纂，清康熙二十六年（1687）刻本。

136、［同治］《汉川县志》二十二卷首一卷，清德廉、袁鸣珂修，林祥瑷纂，清同治十二年（1873）刻本。

137、［同治］《应山县志》三十六卷首一卷末一卷，清刘宗元等修，吴天锡纂，清同治十年（1871）刻本。

138、［康熙］《蕲州志》十二卷，清王宗尧修，卢纮纂，清康熙三年（1664）刻本。

139、［康熙］《武昌县志》八卷，清熊登修，孟振祖纂，清康熙十三年（1674）刻本。

140、［康熙］《荆州府志》四十卷首一卷，清郭茂泰修，胡在恪纂，清康熙二十四年（1685）刻本。

141、［乾隆］《江陵县志》五十八卷首一卷，清崔龙见修，魏耀等纂，清乾隆五十九年（1794）刻本。

142、［乾隆］《石首县志》七卷，清张坦修，成师吕纂，清乾隆元年（1736）刻本。

143、［同治］《江华县志》十二卷首一卷，清刘华邦修，唐为煌等纂，清同治九年（1870）刻本。

144、［康熙］《江南通志》二百卷，清赵宏恩等修，清文渊阁四库全书本，民国七十五年（1986）影印本。

145、［嘉庆］《新修江宁府志》五十六卷，清吕燕昭修，姚鼐纂，清嘉庆十六年（1811）刻本。

146、［乾隆］《苏州府志》八十卷首一卷，清雅尔哈善等修，习寯等纂，清乾隆十三年（1748）刻本。

147、［乾隆］《长洲县志》三十四卷首一卷，清李光祚修，顾诒禄等纂，清乾隆十八年（1753）刻本。

148、［乾隆］《昆山新阳合志》三十八卷首一卷末一卷，清张予介等修，顾登等纂，清乾隆十六年（1751）刻本。

149、［民国］《太仓州志》二十八卷首一卷末一卷，王祖畲纂修，民国七年（1918）刻本。

150、［崇祯］《常熟县志》十五卷，清龚立本纂，民国五年（1916）钞本。

151、［乾隆］《吴江县志》五十八卷首一卷，清陈荀纕等修，倪师孟等纂，民国间石印本。

152、［嘉庆］《松江府志》八十四卷首二卷图一卷，清宋如林修，孙星衍等纂，清嘉庆二十三年（1818）刻本。

153、［乾隆］《青浦县志》四十卷，清孙凤鸣修，王昶纂，清乾隆五十三年（1788）刻本。

154、［乾隆］《华亭县志》十六卷，清冯鼎高修，王显曾等纂，清乾隆五十六年（1791）刻本。

155、［光绪］《崇明县志》十八卷，清林达泉等修，李联琇等纂，清光绪七年（1881）刻本。

156、［光绪］《南汇县志》二十二卷首一卷，清金福曾等修，张文虎等纂，清光绪五年（1879）刻本。

157、［嘉庆］《上海县志》二十卷首一卷，清王大同修，李林松纂，清嘉庆十九年（1814）刻本。

158、［嘉庆］《无锡金匮县志》四十卷首一卷，清秦瀛纂，清嘉庆十八年（1813）刻本。

159、［光绪］《丹阳县志》三十六卷首一卷，清刘诰、凌焯等修，徐锡麟等纂，清光绪十一年（1885）刻本。

160、［嘉庆］《溧阳县志》十六卷，清李景峄、陈鸿寿修，史津纂，清光绪二十二年（1896）刻本。

161、［光绪］《金坛县志》十六卷首一卷，清夏宗彝修，汪国凤等纂，清光绪十一年（1885）活字本。

162、［乾隆］《句容县志》十卷首一卷末一卷，清曹袭先修纂，清光绪二十六年（1900）杨世沅刻本。

163、［道光］《武进阳湖县合志》三十六卷首一卷，清孙琬、王德茂修，李兆洛、马仪炜纂，清道光二十三年（1843）刻本。

164、［光绪］《重刊宜兴县旧志》十卷首一卷，清阮升基修，宁楷纂，清光绪八年（1882）刻本。

165、［雍正］《江都县志》二十卷图一卷，清陆朝玑修，程梦星等纂，清雍正七年（1729）刻本。

166、［乾隆］《高邮州志》十二卷首一卷末一卷，清杨宜仑修，夏之蓉等纂，清乾隆四十八年（1783）刻本。

167、［道光］《重修宝应县志》二十八卷首一卷，清孟毓兰修，乔载繇等纂，清道光二十年（1840）刻本。

168、［万历］《续修泰兴县志》八卷，清凌垲、张先甲修，张福谦纂，清嘉庆十八年（1813）刻本。

169、［乾隆］《直隶通州志》二十二卷，清王继祖修，夏之蓉等纂，清乾隆二十年（1755）刻本。

170、［嘉庆］《如皋县志》二十四卷，清杨受廷、左元镇修，马汝舟等纂，清嘉庆十三年（1808）刻本。

171、［乾隆］《邳州志》十卷首一卷，清邬承显修，吴从信纂，清乾隆十五年（1750）刻本。

172、［嘉庆］《合肥县志》三十六卷首一卷，清左辅纂修，民国九年（1920）据嘉庆刻本影印。

173、［道光］《续修桐城县志》二十四卷首一卷，清廖大闻等修，金鼎寿纂，清道光十四年（1834）刻本。

174、［光绪］《续修舒城县志》五十卷首一卷末一卷，清吕林钟等修，赵凤诏等纂，清光绪三十三年（1907）活字本。

175、［乾隆］《颍州府志》十卷，清王敛福修纂，清乾隆十七年（1752）刻本。

176、［光绪］《宿州志》三十六卷，清何庆钊修，丁逊之等纂，清光绪十五年（1889）刻本。

177、［光绪］《滁州志》十卷首一卷末一卷，清熊祖诒纂修，清光绪二十三年（1897）木活字本。

178、［嘉庆］《芜湖县志》二十四卷首一卷，清梁启让修，陈春华纂，民国二年（1913）嘉庆刻本重印活字本。

179、［民国］《当涂县志》三十三卷，清张海等修，万橚等纂，民国间石印本。

180、［光绪］《宣城县志》四十卷首一卷，清李应泰等修，章绶纂，清光绪十四年（1888）刻本。

181、［康熙］《徽州府志》十八卷，清丁廷楗等修，赵吉士等纂，清康熙三十八年（1699）刻本。

182、［乾隆］《歙县志》二十卷首一卷，清张佩芳修，刘大魁等纂，清乾隆三十六年（771）刻本。

183、［康熙］《休宁县志》八卷首一卷，清廖腾煃修，汪晋征纂，清康熙三十二年（1693）刻本。

184、［道光］《祁门县志》三十六卷首一卷，清王让修，桂超万纂，清道光七年（1827）刻本。

185、［康熙］《婺源县志》十二卷，清蒋灿修纂，清康熙三十三年（1694）刻本。

186、〔雍正〕《浙江通志》二百八十卷首三卷，清李卫、嵇曾筠等修，沈翼机、傅王露纂，清乾隆元年（1736）刻本。

187、〔康熙〕《杭州府志》四十卷图一卷，清马如龙修，杨鼐等纂，清康熙二十五年（1686）刻本。

188、〔万历〕《钱塘县志》十纪，明聂心汤纂修，清光绪十九年（1893）钱塘丁氏刻本。

189、〔康熙〕《钱塘县志》三十六卷首一卷，清魏峴修，裘琏等纂，清康熙五十七年（1718）刻本。

190、〔乾隆〕《严州府志》三十五卷首一卷，清吴士进修，胡书源等纂，清乾隆二十一年（1756）刻本。

191、〔民国〕《萧山县志稿》三十三卷首一卷末一卷，彭延庆修，姚莹俊纂，张宗海续修，民国二十四年（1935）铅印本。

192、〔康熙〕《嘉兴府志》十六卷，清吴永芳修，钱以垲等纂，清康熙六十年（1721）刻本。

193、〔光绪〕《嘉兴县志》三十七卷首二卷末一卷，清赵惟崀修，石中玉等纂，清光绪三十四年（1908）刻本。

194、〔康熙〕《重修嘉善县志》十二卷，清杨廉修，郁之章纂，清康熙十六年（1677）刻本。

195、〔光绪〕《平湖县志》二十五卷首一卷末一卷，清彭润章等修，叶廉锷等纂，清光绪十二年（1886）刻本。

196、〔光绪〕《海盐县志》二十二卷首一卷末一卷，清王彬修，徐用仪纂，清光绪三年（1877）蔚文书院刻本。

197、〔康熙〕《海宁县志》十三卷图一卷，清许三礼纂修，清康熙二十二年（1683）刻本。

198、〔嘉庆〕《桐乡县志》十二卷，清李廷辉修，徐志鼎等纂，清嘉庆四年（1799）刻本。

199、〔嘉庆〕《石门县志》十二卷，清耿维祜修，潘文铬等纂，清嘉庆二十三年（1818）修，清道光元年（1821）刻本。

200、〔乾隆〕《乌程县志》十六卷，清罗愫修，杭世骏纂，清乾隆十一年（1746）刻本。

201、〔乾隆〕《长兴县志》十二卷首一卷，清谭肇基修，吴莱等纂，清乾隆十四年（1749）刻本。

202、〔康熙〕《德清县志》十卷，清侯元棐修，王振孙等纂，清康熙十二年（1673）刻本。

203、〔民国〕《德清县新志》十四卷，吴翯皋、王任化修，程森纂，民国二十一年（1932）铅印本。

204、［康熙］《武康县志》八卷，清冯圣泽修，骆维恭纂，清康熙十一年（1672）刻本。

205、［乾隆］《宁波府志》三十六卷首一卷，清曹秉仁等修，万经等纂，清乾隆六年（1741）补刻本。

206、［光绪］《鄞县志》七十五卷，清戴枚修，张恕等纂，清光绪三年（1877）刻本。

207、［雍正］《慈溪县志》十六卷，清杨正笋修，冯鸿模等纂，清乾隆三年（1738）增刻本。

208、［民国］《慈溪县志》五十六卷附录一卷，清杨泰亨、冯可镛纂，民国三年（1914）据光绪二十五年（1899）刻版印。

209、［乾隆］《余杭县志》四十卷，清张吉安修，朱文藻等纂，民国八年（1919）吴兰孙铅印本。

210、［光绪］《余姚县志》二十七卷首一卷末一卷，清周炳麟修，邵友濂等纂，清光绪二十五年（1899）刻本。

211、［乾隆］《绍兴府志》八十卷首一卷，清李亨特修，平恕、徐嵩纂，清乾隆五十七年（1792）刻本。

212、［嘉庆］《山阴县志》三十八卷，清高登先修，沈麟趾等纂，清康熙十年（1671）刻本。

213、［康熙］《会稽县志》二十八卷首一卷，清吕化龙修，董钦德纂，民国二十五年（1936）铅印本。

214、［乾隆］《诸暨县志》四十四卷首一卷末一卷，清沈椿龄修，楼卜瀍等纂，清乾隆三十八年（1773）刻本。

215、［光绪］《上虞县志》四十八卷首一卷末一卷，清唐煦春修，朱士黻纂，清光绪十七年（1891）刻本。

216、［乾隆］《嵊县志》十八卷首一卷末一卷，清李以琰修，田实矩等纂，清乾隆七年（1742）刻本。

217、［民国］《新昌县志》二十卷，金城修，陈畬等纂，民国八年（1919）铅印本。

218、［光绪］《台州府志》一百卷，清赵亮熙、郭式昌修，王舟瑶等纂，民国十五年（1926）铅印本。

219、［康熙］《临海县志》十五卷首一卷，清洪若皋纂，清末据康熙二十二年（1683）刻版重印。

220、［道光］《金华县志》十二卷首一卷，清黄金声修，李林松纂，清道光三年（1823）刻本。

221、［嘉庆］《义乌县志》二十二卷首一卷，清诸自谷修，程瑜等纂，清嘉庆七年（1802）刻本。

222、［雍正］《开化县志》十卷首一卷，清孙锦修，方严翼等纂，清雍正七年（1729）刻本。

223、［乾隆］《温州府志》三十卷首一卷，清李琬修，齐召南等纂，清乾隆二十七年（1762）刻本。

224、［光绪］《乐清县志》十六卷首一卷，清李登云、钱宝镕修，陈珅等纂，民国二十年（1931）铅印本。

225、［道光］《庆元县志》十二卷首一卷，清吴纶彰等修，史恩绪等纂，清道光二十三年（1843）刻本。

226、［光绪］《江西通志》一百八十卷首五卷，清刘坤一等修，刘铎、赵之谦等纂，清光绪七年（1881）刻本。

227、［乾隆］《南昌府志》七十六卷首一卷末一卷，清陈兰森、王文涌修，谢启昆纂，清乾隆五十四年（1789）刻本。

228、［道光］《南昌县志》四十卷首一卷末一卷，清阿应麟等修，彭良裔等纂，清道光六年（1826）刻本。

229、［道光］《浮梁县志》二十二卷首一卷，清乔溎修，贺熙龄纂，清道光十二年（1832）增刻本。

230、［民国］《分宜县志》十卷首一卷，清李寅清修，严升伟等纂，清同治十年（1871）刻本。

231、［道光］《新昌县志》二十五卷首一卷末一卷，清曾锡龄、谭梦骞纂修，清道光四年（1824）活字本。

232、［同治］《临江府志》三十二卷首一卷，清德馨、鲍孝光修，朱孙诒等纂，清同治十年（1871）刻本。

233、［道光］《临川县志》三十二卷，清刘绳武等修，纪大奎等纂，清道光三年（1823）刻本。

234、［同治］《崇仁县志》十卷首一卷附编一卷，清盛铨等修，黄柄奎纂，清同治十二年（1873）刻本。

235、［道光］《金溪县志》六十卷首一卷末一卷，清李云修，杨護等纂，清道光三年（1823）刻本。

236、［康熙］《进贤县志》二十卷，清聂当世修，陈时懋等纂，清康熙十二年（1673）刻本。

237、［乾隆］《吉安府志》七十四卷首一卷，清卢崧修，朱承煦等纂，清乾隆四十一年（1776）刻本。

238、［乾隆］《泰和县志》四十卷附录一卷，清冉棠修，沈澜纂，清乾隆十八年（1753）刻本。

239、［光绪］《吉水县志》六十六卷首一卷，清彭际盛等修，胡宗元等纂，清光绪三年（1877）补刻本。

240、［康熙］《安福县志》八卷，清黄宽等修，王谦言等纂，清康熙五十二年（1713）刻本。

241、［乾隆］《安福县志》二十二卷首一卷，清高崇基等修，王基言等纂，清乾隆四十七年（1782）刻本。

242、［康熙］《万安县志》十二卷首一卷，清黄图昌修，刘应举等纂，清康熙二十八年（1689）刻本。

243、［光绪］《瑞金县志》十六卷首一卷，清张国英修，陈芳等纂，清光绪元年（1875）刻本。

244、［同治］《广昌县志》十卷首一卷，清曾毓璋修纂，清同治六年（1867）刻本。

245、［乾隆］《福建通志》七十八卷首一卷，清郝玉麟等修，谢道承等纂，清乾隆二年（1737）刻本。

246、［乾隆］《福州府志》七十八卷首一卷，清徐景熹修，鲁曾煜等纂，清乾隆二十一年（1756）补刻本。

247、［民国］《长乐六里志》十二卷，李永选纂，《中國地方志集成》影印本，1990 年。

248、［光绪］《同安县志》三十卷首一卷，清吴堂修，刘光鼎等纂，清光绪十二年（1886）朱承烈刻本。

249、［康熙］《建宁府志》四十八卷，清张琦修，邹山等纂，清康熙三十二年（1693）刻本。

250、［乾隆］《重修浦城县志》十三卷，清李藩修，林鸿等纂，清乾隆八年（1743）刻本。

251、［咸丰］《重修兴化县志》十卷，清梁园棣修，郑之侨等纂，清咸丰二年（1852）刻本。

252、［康熙］《兴化府莆田县志》三十六卷首一卷，清金阜谢修，林麟焻纂，清康熙四十四年（1705）刻本。

253、［康熙］《仙游县志》四十卷，清卢学傅修，郭彦俊纂，清康熙十七年（1678）刻本。

254、［乾隆］《泉州府志》七十六卷首一卷，清怀荫布修，黄任等纂，清同治九年（1870）章倬标刻本。

255、［道光］《晋江县志》七十七卷首一卷，清胡之鋘修，周学曾等纂，清道光九年（1829）修，钞本。

256、［康熙］《漳浦县志》十九卷续志一卷，清陈汝咸修，林登虎等纂，清康熙四十七年（1708）增刻本。

257、［康熙］《诏安县志》十二卷志余一卷，清秦炯修纂，清康熙三十年（1691）刻本。

258、［光绪］《长汀县志》三十三卷首一卷末一卷，清谢昌霖续修，刘国光续纂，清光绪五年（1879）刻本。

259、［乾隆］《建宁县志》二十八卷首一卷，清韩琮修，朱霞等纂，清乾隆二十四年（1759）刻本。

260、［道光］《重庆府志》九卷，清王梦庚修，寇宗纂，清道光二十三年（1843）刻本。

261、［同治］《内江县志》十五卷首一卷，清张揩原本，张兆兰等续修，黄觉续纂，清同治十年（1871）刻本。

262、［光绪］《威远县志》三编四卷，清吴增辉修，吴容纂，清光绪三年（1877）刻本。

263、［乾隆］《富顺县志》五卷首一卷，清段玉裁、李芝修纂，清光绪八年（1882）重刻本。

264、［乾隆］《筠连县志》四卷，清佚名纂，清乾隆中修，上海图书馆藏钞本。

265、［光绪］《鹤庆州志》三十二卷首一卷，清王宝仪修，杨金和、杨金铠纂，民国间钞本。

266、［道光］《贵阳府志》八十八卷首二卷余编二十卷，清周作楫修，萧管等纂，清咸丰二年（1852）补刻本。

267、［道光］《遵义府志》四十八卷首一卷，清平翰等修，郑珍、莫友芝纂，清光绪十八年（1892）补刻本。

268、［雍正］《广东通志》六十四卷，清郝玉麟修，鲁曾煜等纂，清雍正九年（1731）刻本。

269、［乾隆］《广州府志》六十卷首一卷，清金烈修，张嗣衍、沈廷芳纂，清乾隆二十四年（1759）刻本。

270、［道光］《佛山忠义乡志》十四卷，清吴荣光纂修，清道光十一年（1831）刻本。

271、［乾隆］《博罗县志》十四卷，清陈奟虞修纂，清乾隆二十八年（1763）刻本，广东省图书馆1958年油印本。

272、［嘉庆］《东莞县志》四十六卷，清彭人杰等修，黄时沛等纂，清嘉庆三年（1798）刻本。

273、［乾隆］《揭阳县志》八卷首一卷，清刘业勤修，凌鱼纂，清乾隆四十四年（1779）刻本。

274、［道光］《南海县志》二十六卷首一卷，清潘尚楫修，邓士宪等纂，清同治八年（1869）刻本。

275、［乾隆］《香山县志》八卷首一卷，清暴煜修，李卓揆纂，清乾隆十五年（1750）刻本。

276、［道光］《新会县志》十四卷首一卷，清林星章修，黄培芳等纂，清道光二十一年（1841）刻本。

277、［光绪］《琼州府志》四十四卷首一卷，清明谊修，张岳崧纂，清光绪十六年（1890）补刻本。

278、［康熙］《儋州志》三卷，清韩佑纂修，清康熙四十三年（1704）刻本，国家图书馆藏民国钞本。

279、《西湖志纂》十二卷，梁诗正等辑，清文渊阁四库全书本，民国七十五年（1986）影印本。

280、《越中园亭记》不分卷，明祁彪佳撰，清宣统三年（1911）绍兴公报社刊本。

281、《扬州休园志》八卷首一卷，清郑庆祜撰，清乾隆三十八年（1773）察视堂自刻本。

282、《普陀山志》六卷，明周应宾撰，明万历三十五年（1607）张随刻本崇祯增修本。

283、《寓山注》二卷，明祁彪佳撰，明崇祯刻本。

284、《四库全书总目》二百卷，清永瑢等撰，中华书局，1965年。

285、《北京图书馆古籍善本书目》，北京图书馆编，书目文献出版社，1987年。

286、《千顷堂书目》三十二卷，清黄虞稷撰，上海古籍出版社，1990年。

287、《明别集版本志》，崔建英辑，中华书局，2006年。

288、《宋元旧本书经眼录》，清莫友芝撰，中华书局，2008年。

（二）子部文献

1、《颜习斋先生言行录》，清钟錂辑，《颜李丛书》民国十二年（1923）铅印本。

2、《入就瑞白禅师语录》十八卷，明释寂蕴辑，释明雪撰，清顺治六年（1649）刻本。

3、《陶庵梦忆、西湖梦寻》，明张岱撰，浙江古籍出版社，2012年。

4、《快园道古、管朗乞巧录》，明张岱撰，浙江古籍出版社，2016年。

5、《三垣笔记》，明李清撰，中华书局，1982年。

6、《枣林杂俎》，清谈迁撰，中华书局，2006年。

7、《北游录》，清谈迁撰，中华书局，1960年。

8、《帝京景物略》八卷，明刘侗、于奕正撰，北京古籍出版社，1980年。

9、《陶庐杂录》六卷，清法式善撰，清嘉庆二十年（1815）刻本。
10、《玉剑尊闻》十卷，清梁维枢撰，清顺治赐麟堂刻本。
11、《觚剩》八卷续四卷，清钮琇撰，清康熙三十九年（1700）临野堂刻本。
12、《物理小识》十二卷，明方以智撰，清光绪十年（1884）宁静堂重刻本。
13、《蕉廊脞录》八卷，清吴庆砥撰，中华书局，1990年。
14、《旧京遗事》四卷，明史玄撰，清退山氏钞本。
15、《玉堂荟记》二卷，明杨士聪撰，国家图书馆藏清抄本。
16、《陔余丛考》四十三卷，清赵翼撰，清乾隆五十五年（1790）湛贻堂刻本。
17、《越缦堂读书记》，清李慈铭撰，上海书店出版社，2000年。
18、《牧庵杂记》六卷，清徐一麟撰， 清同治七年（1868）居易山房刻本。
19、《偶阳杂录》一卷，清章大来撰，清光绪六年（1880）会稽赵氏刻本。
20、《人海记》二卷，清查慎行撰，清咸丰元年（1851）小嫏嬛山馆刻本。
21、《新订解人颐广集》，清钱德苍增辑，清同治光绪经纶堂刻本。
22、《爝火录》三十二卷，清李天根撰，浙江古籍出版社，1986年。
23、《茶余客话》二十二卷，清阮葵生撰，清光绪十四年（1888）铅印本。
24、《柳南随笔》六卷《续笔》四卷，清王应奎撰，清嘉庆刻借月山房汇抄本。
25、《榕村语录续集》二十卷，清李光地撰，清光绪傅氏刻本。
26、《五杂俎》十六卷，明谢肇淛撰，上海古籍出版社，2012年。
27、《霞外攟屑》十卷，清平步青撰，民国六年（1917）刻香雪崦丛书本。
28、《阅世编》十卷，清叶梦珠撰，中华书局，2007年。
29、《中国古代书画图目》，文物出版社，2000年。
30、《中国古代书画鉴定实录》，劳继雄撰，东方出版中心，2011年。
31、《故宫书法图典》，故宫出版社，2016年。
32、《明代名人墨宝》，上海书画出版社影印本，2001年。
33、《海外珍藏中国名画（明代至清代）》，陈传席编，天津人民美术出版社，2010年。
34、《明清书画 -- 湖北省博物馆藏书画选》，湖北省博物馆编，文物出版社，2007年。
35、《海外遗珍（绘画续）》，台湾“国立故宫博物院”编，1988年。
36、《名贤书信手迹》，美国宝蒙堂燕登年藏，天津人民美术出版社，2002年。
37、《明贤手札》，编撰者不详，梁同书题签，清刻本。
38、《明徐勿斋自书赠倪鸿宝诗卷》一卷，明徐汧撰， 浙江省图书馆藏稿本。
39、《明画录》八卷，清徐沁撰，清嘉庆四年（1799）读画斋丛书本。
40、《退庵所藏金石书画跋尾》，清吴荣光撰，《中国书画全书》第9册影印，上海书画出版社，1996年。

41、《吉云居书画录、续录》，清陈骙德撰，上海科学技术文献出版社据"合众图书馆丛书"影印，2016年。

42、《书画鉴影》二十四卷，清李佐贤撰，清同治十年（1871）利津李氏刻本。

43、《宝迂阁书画录》四卷附录一卷，陈夔麟撰，民国四年（1914）铅印本。

44、《平生壮观》，清顾复撰，上海古籍出版社，2011年。

45、《明代名贤尺牍集》，何创时书法艺术基金会，2013年。

46、《明清书法论文选》，崔尔平等编，上海书店出版社，1994年。

47、《中国书法全集》第五十七卷"倪元璐"，刘恒编，荣宝斋出版社，1999年。

（三）集部文献

1、《陈恭介公文集》十二卷，明陈有年撰，明万历三十年（1602）陈启孙刻本。

2、《月峰先生居业次编》五卷，明孙矿撰，万历四十年（1612）吕胤筠刻本。

3、《白榆集》二十八卷，明屠隆撰，明万历龚尧惠刻本。

4、《黄忠端公集》七卷，明黄尊素撰，清康熙十五年（1676）许三礼清远堂刻本。

5、《刘宗周全集》，明刘宗周撰，浙江古籍出版社，2012年。

6、《朱国桢诗文集》，明朱国桢撰，浙江古籍出版社，2015年。

7、《王季重集》，明王思任撰，浙江古籍出版社，2012年。

8、《王季重先生文集》，明王思任撰，明刻本。

9、《避园拟存》三卷，明王思任撰，明末清晖阁刻本。

10、《读书佳山水题咏》一卷，明王思任撰，明刻本。

11、《槎庵诗集》八卷，明来斯行撰，明来顺堂刻本。

12、《文忠集》十二卷，明范景文撰，清景印文渊阁四库全书本，民国七十五年（1986）影印本。

13、《鹿忠节公集》二十一卷，明鹿善继撰，清刻本。

14、《清閟全集》八十九卷，明姚希孟撰，明崇祯张叔籁、陶兰台刻本。

15、《陈文忠公遗集》五卷，明陈子壮撰，清康熙刻本。

16、《胡维霖集》三十四卷，明胡维霖撰，明崇祯刻本。

17、《赐余堂集》十卷，明钱士升撰，清乾隆四年（1739）钱佳刻本。

18、《简斋先生集》十五卷，明刘荣嗣撰，清康熙元年（1662）刘佑刻本。

19、《凝翠集》五卷，明王元翰撰，民国《云南丛书》本。

20、《喻园集》四卷，明梁朝钟撰，民国《广东丛书》本。

21、《侯太史遂园诗集》十三卷，明侯恪撰，清顺治十二年（1655）刻本。

22、《韩文恪公集》三十三卷，明韩日缵撰，清康熙刻本。

23、《牧斋初学集》一百十卷，清钱谦益撰，上海古籍出版社，2009年。

24、《牧斋有学集》五十卷，清钱谦益撰，上海古籍出版社，1996年。

25、《牧斋杂著》，清钱谦益撰，上海古籍出版社，2007年。

26、《元气堂诗集》三卷，明何吾驺撰，清嘉庆二十四年（1819）刻本。

27、《建霞楼集》二十九卷，明李孙宸撰，清刻本。

28、《清白堂稿》十七卷，明蔡献臣撰，厦门大学出版社，2012年。

29、《藏密斋集》二十四卷，明魏大中撰，明崇祯刻本。

30、《歇庵集》二十三卷，明陶望龄撰，万历乔时敏等刻本。

31、《博望山人稿》二十卷，明曹履吉撰，明崇祯十七年（1644）刻本。

32、《柴庵疏集》二十卷，明吴甡撰，清初刻本。

33、《读书堂稿》十二卷，明叶灿撰，明崇祯刻本。

34、《苍霞续草》二十二卷，明叶向高撰，明万历刻本。

35、《淨香池稿》九卷，明贺世寿撰，明崇祯间刻本。

36、《咏怀堂诗集》四卷《外集》二卷，明阮大铖撰，明崇祯八年（1635）刻本。

37、《四素山房集》十九卷，明刘鸿训撰，明崇祯刻本。

38、《燕香斋集》十卷，清刘余佑撰，清康熙刻本。

39、《世笃堂稿》六卷，明耿如杞撰，清活字印本。

40、《镜山全集》七十二卷，明何乔远撰，福建人民出版社，2015年。

41、《素雯斋集》三十八卷，明吴伯与撰，明天启刻本。

42、《董其昌全集》，明董其昌撰，上海书画出版社，2013年。

43、《已畦文集》二十二卷，清叶燮撰，清康熙叶氏二弃草堂刻本。

44、《葛司农遗集》不分卷，明葛寅亮撰，国家图书馆藏清抄本。

45、《静悱集》十卷附录一卷，明吴之甲撰，清雍正吴重康刻本。

46、《白毫庵集》五卷，明张瑞图撰，明崇祯刻本。

47、《步丘草》二十卷附一卷，明谢廷赞撰，明万历四十二年（1614）刻本。

48、《香雪庵诗集》一卷，明许如兰撰，民国十九年（1930）铅印本。

49、《左少保忠毅公集》不分卷附录一卷，明左光斗撰，明崇祯刻本。

50、《隐秀轩集》四十二卷，明钟惺撰，上海古籍出版社，2017年第2版。

51、《周汝登集》，明周汝登撰，浙江古籍出版社，2015年。

52、《黄道周集》，明黄道周撰，中华书局，2017年。

53、《黄石斋先生大涤函书》六卷，明黄道周撰，明崇祯十五年（1642）刻清初何瑞图等增刻本。

54、《黄石斋未刻稿》，明黄道周撰，清吕留良辑存，国家图书馆藏清末民国间抄本。

55、《拟山园选集》八十二卷，清王铎撰，清顺治十年王镛、王鑨刻本。

56、《拟山园选集（诗）》五十四卷，清王铎撰，清顺治十年王镛、王鑨刻本。

57、《王铎诗集》，清王铎撰，明末刻本。

58、《黄锦集》，明黄锦撰，暨南大学出版社，2018年。

59、《可经堂集》十二卷附一卷，明徐石麒撰，清顺治八年（1651）徐柱臣刻增修本。

60、《霞起楼诗》八卷，明李之椿撰，明末刻本。

61、《崟阳草堂诗文集》，明郑鄤撰，民国二十一年（1932）活字本。

62、《云隐堂文集》三十卷诗集十卷附录四卷，明张镜心撰，清康熙十一年（1672）奉思堂张潩刻本。

63、《王忠端公文集》十一卷，明王家彦撰，清顺治六年（1649）刻本。

64、《蒋氏敬日草》十二卷外集十二卷，明蒋德璟撰，南明隆武元年（1645）续刻本。

65、《悫书》存十卷，明蒋德璟撰，国家图书馆藏清息耕堂钞本。

66、《克薪堂诗集》《文集》十三卷（残），明郑之玄撰，明崇祯七年（1634）刻本。

67、《药园文集》二十七卷（存二十二卷），明文震孟撰，《罗氏雪堂藏书遗珍》影印辽宁省图书馆藏钞本。

68、《湛辉阁草》十卷附《怡云草》一卷，明王应斗撰，清康熙刻本。

69、《许大司成遗集》四卷，明许士柔撰，清钞本。

70、《文园集》八种，明陈维新撰，明崇祯刻本。

71、《冢宰公遗稿》二卷，明傅永淳撰，灵寿傅氏文化研究会编，2014年。

72、《宝纶楼集》六卷，明傅冠撰，明崇祯十七年（1644）刻本。

73、《石村诗文钞、些庵诗钞》，明郭金台、郭都贤撰，岳麓书社，2010年。

74、《漉篱集》二十五卷遗集一卷，明卓发之撰，明末传经堂刻本。

75、《蕊渊集》十二卷《蟾台集》四卷，明卓人月撰，明崇祯十年（1637）刻本。

76、《无他技堂遗稿》十六卷，明蒋臣撰，清康熙四十九年（1710）刻本。

77、《吴庄介公遗集》六卷首一卷，明吴甘来撰，清咸丰吴叙伦刻本。

78、《张忠敏公遗集》十卷首一卷附录六卷，明张国维撰，清咸丰刻本。

79、《宛在堂文集》三十四卷，明郭之奇撰，明崇祯刻本。

80、《吴梅村全集》，清吴伟业撰，上海古籍出版社，1990年。

81、《弃草集》十七卷，明周之夔撰，明崇祯木犀馆刻本。

82、《偶居集》八卷，明钟震阳撰，明崇祯五年（1632）刻本。

83、《此观堂集》十二卷，明罗万藻撰，清乾隆二十一年（1756）跃斋刻本。

84、《王太史遗稿》八卷附录一卷，明王邸撰，清刻本。

85、《刘文烈公全集》十二卷，明刘理顺撰，清顺治刻康熙印本。

86、《澹宁居集》十三卷，明马世奇撰，清乾隆二十一年（1756）跃斋刻本。

87、《七录斋诗文合集》十六卷，明张溥撰，明崇祯九年（1636）刻本。

88、《知畏堂文存》十二卷《诗存》四卷，明张采撰，清康熙刻本。

89、《醉石居未焚草不分卷》，明周铨撰，明崇祯刻本，《中国古籍珍本丛刊（东北师范大学图书馆卷）》第59册影印，国家图书馆出版社，2017年。

90、《依水园文集》四卷，清张缙彦撰，清顺治刻本。

91、《琴张子萤芝集》，明张明弼撰，明天启五年（1625）段君定刻本。

92、《欧安馆诗》三十卷，明黄景昉撰，明刊本。

93、《十愿斋全集》十四卷，明吴钟峦撰，清康熙刻本。

94、《蔡忠烈公遗集》，明蔡道宪撰，清道光二十六年（1846）刻本。

95、《赐诚堂文集》十六卷附录一卷，明管绍宁撰，清道光十一年（1831）刻本。

96、《拜环堂文集》六卷，明陶崇道撰，明末刻本。

97、《拙存堂逸稿》十卷，清冒起宗撰，清顺治刻本。

98、《朴巢诗选》不分卷，明冒襄撰，清初刻本。

99、《靖海纪略》四卷，明曹履泰撰，清蒋生沐辑"别下斋丛书"影印本。

100、《凌忠清公集》六卷，明凌义渠撰，清初刻本。

101、《凌忠介公诗集》四卷，明凌义渠撰，清光绪四年（1878）重刻本。

102、《余忠节公遗文》一卷，明余煌撰，民国《越中文献辑存书》本。

103、《洵美堂诗集》九卷，明杨文骢撰，民国二十五年（1936）刻本。

104、《陈子龙诗集》，明陈子龙撰，上海古籍出版社，2006年。

105、《安雅堂集》十八卷，明陈子龙撰，明崇祯刻本。

106、《敬亭集》，明姜采撰，华东师范大学出版社，2011年。

107、《张岱诗文集》，明张岱撰，上海古籍出版社，2014年。

108、《琅嬛文集》，明张岱撰，浙江古籍出版社，2016年。

109、《侯方域全集校笺》，明侯方域撰，人民文学出版社，2013年。

110、《虹映堂诗集》十四卷，明郭濬撰，清顺治刻本。

111、《米友堂诗集》七卷《文集》不分卷《杂著》四卷，清许友撰，清康熙间刻本。

112、《白牟山人诗集》十卷《文集》二卷，清阎尔梅撰，清康熙刻本。

113、《陶汝鼐集》，明陶汝鼐撰，岳麓书社，2008年。

114、《蓼斋集》四十七卷《后集》五卷，清李雯撰，清顺治十四年（1657）刻本。

115、《居易堂诗集》一卷，明林垐撰，明崇祯十七年（1644）刻本。

116、《霜镜集》十三卷，明陆宝撰，明崇祯刻本。

117、《旆凤堂偶集》一卷，明陆培撰，明崇祯十六年（1643）刻本。

118、《留补堂文集》四卷《诗选》六卷，明林时对撰，国家图书馆藏清钞本。

119、《天益山堂遗集》十卷《续刻》一卷，明冯元仲撰，清乾隆八年（1743）刻本。

120、《匪石堂诗》三十二卷，明王霪撰，钞本，《上海图书馆未刊古籍稿本》第46、47册，复旦大学出版社，2008年。

121、《南雷文定》十一卷后集四卷，明黄宗羲撰，清康熙二十七年（1688）靳治荆刻本。

122、《南雷文约》四卷，明黄宗羲撰，清乾隆郑性刻本。

123、《陈洪绶集》，明陈洪绶撰，中华书局，2017年。

124、《缩斋诗文集》，明黄宗会撰，华东师范大学出版社，2009年。

125、《密娱斋诗集》九卷后集一卷，明王嗣奭撰，国家图书馆藏钞本。

126、《吴应箕文集》，明吴应箕撰，黄山书社，2017年。

127、《南甫堂申酉集》，清李式玉撰，清顺治五年（1648）刻本。

128、《巴余集》十卷，清李式玉撰，清康熙四十一年（1702）刻本。

129、《闲古斋集四种》，明杜肇勋撰，清顺治刻本。

130、《居易堂集》，明徐枋撰，华东师范大学出版社，2009年。

131、《峄桐文集》十卷《诗集》十卷，清刘城撰，清光绪十九年（1893）刘氏刻本。

132、《道贵堂类稿》十六卷，清徐倬撰，清康熙刻本。

133、《沈德符集》，明沈德符撰，浙江古籍出版社，2015年。

134、《莲发阁集》二十六卷，明黎遂球撰，清康熙黎延祖刻本。

135、《迦陵集》一卷，明黎遂球撰，国家图书馆藏明崇祯十七年（1644）钞本。

136、《一老庵诗文集》，清徐柯撰，华东师范大学出版社，2010年。

137、《钱肃乐集》，明钱肃乐撰，浙江古籍出版社，2014年。

138、《过宜言》八卷附录一卷，明华夏撰，民国二十二年（1933）四明张氏约园刻四明丛书本。

139、《纺绶堂诗文集》，明曾异撰撰，商务印书馆，2017年。

140、《汗漫吟》八卷，明张之奂撰，明崇祯刻本。

141、《晃岩集》，明池显方撰，厦门大学出版社，2009年。

142、《彭燕又先生文集》三卷《诗集》一卷，清彭宾撰，清康熙六十一年（1722）刻本。

143、《夏峰先生集》，清孙奇逢撰，中华书局，2004年。

144、《思复堂文集》，清邵廷采撰，浙江古籍出版社，2010年。

145、《施愚山集》，清施闰章撰，黄山书社，1992年。

146、《姚端恪公文集》十八卷《诗集》十二卷《外集》十八卷，清姚文然撰，清康熙刻本。

147、《雪堂先生文选》十六卷《诗选》三卷，明熊文举撰，清顺治刻本。

148、《翁山文外》十七卷，清屈大均撰，《续修四库全书》影印国家图书馆藏钞本。

149、《郑中丞公益楼集》四卷，明郑二阳撰，清康熙刻本。

150、《孙宇台集》四十卷，清孙治撰，清康熙二十三年（1684）刻本。

151、《雪屋二集》五卷，明孙永祚撰，清顺治十七年（1660）刻本。

152、《时术堂遗诗》六卷，明方其义撰，清康熙刻本。

153、《六柳堂遗集二卷余一卷》，明袁继咸撰，国家图书馆藏钞本。

154、《兼济堂文集》二十四卷，清魏裔介撰，清康熙三十九年（1700）刻本。

155、《鲒琦亭集》三十八卷，清全祖望撰，清嘉庆九年（1804）刻本。

156、《鲒琦亭集外编》五十卷，清全祖望撰，清嘉庆十六年（1811）刻本。

157、《曝书亭集》八十卷附录一卷，清朱彝尊撰，清文渊阁四库全书本，民国七十五年（1986）影印本。

158、《毛西河先生全集八种》四百九十七卷，清毛奇龄撰，清嘉庆萧山陆凝瑞堂刻本。

159、《寒松堂全集》十二卷，清魏象枢撰，中华书局，1996年。

160、《忠雅堂集校笺》，清蒋士铨撰，上海古籍出版社，1993年。

161、《复初斋诗集》七十卷《文集》三十五卷，清翁方纲撰，清嘉庆间李彦章校刻本。

162、《复初斋文集》影印本一百〇二卷，清翁方纲撰，台北文海出版社，1982年。

163、《频罗庵遗集》十六卷，清梁同书撰，清嘉庆二十二年（1817）陆贞一刻本。

164、《萝月轩存稿》八卷，清玉保撰，清嘉庆六年（1801）山右刻本。

165、《瓶庐诗稿》八卷，清翁同龢撰，民国八年（1919）邵松年等刻本。

166、《重桂堂集笺注》，清许正绶撰，学林出版社，2010年。

167、《乾坤正气集》一百一种，清潘锡恩等辑，清同治五年（1866）泾县潘氏刻本。

168、《百名家诗选》八十九卷，清魏宪编，清康熙二十四年（1685）圣益斋刻本。

169、《橋李诗系》四十二卷，明沈季友辑，清康熙四十九年（1710）敦素堂刻本。

170、《续甬上耆旧诗》一百四十卷，清全祖望辑，北京图书馆藏清槎湖草堂抄本。

171、《三子新诗合稿》九卷，明陈子龙、李雯、宋征舆撰，夏完淳辑，辽宁教育出版社，2000年。

172、《赖古堂名贤尺牍新钞》十二卷，清周在浚、周在梁辑，清周氏赖古堂康熙刻本。

173、《赖古堂尺牍新钞二选藏弃集》十六卷，清周亮工辑，清周氏赖古堂康熙刻本。

174、《赖古堂尺牍新钞三选结邻集》十六卷，清周亮工辑，清周氏赖古堂康熙刻本。

175、《尺牍初征》十二卷，清李渔辑，清顺治七年（1650）刻本。

176、《天启崇祯两朝遗诗》十卷，清陈济生辑，中华书局，1958年。

177、《同人集》十二卷，清冒襄辑，清康熙冒氏水绘庵刻本。

178、《胜朝越郡忠节名贤尺牍》一卷，清莫绳孙辑，清光绪间铅印《申报馆丛书》本。

179、《松陵文献》十五卷，清潘柽章撰，清康熙三十二年(1693)潘耒刻本。

180、《国朝松陵诗征》二十卷，清袁景辂辑，清乾隆三十二年（1767）吴江袁氏爱吟斋刻本。

181、《五山耆旧集》二十卷补遗一卷，清杨廷撰辑，清道光四年（1824）刻本。

182、《媚幽阁文娱初集》九卷《二集》十卷，明郑元勋编选，明崇祯间刻本。

183、《明人尺牍》四卷，清梁同书辑，清光绪十七年（1891）刻本。

184、《明人尺牍》一卷，清黄定兰辑，重印《拜梅山房几上书》本。

185、《静志居诗话》二十四卷，清朱彝尊撰，人民文学出版社，1990年。

186、《越风》三十卷，清商盘辑，清乾隆三十四年（1769）刻本。

187、《上虞诗选》四卷，清徐干辑，清光绪八年（1882）徐氏刻本。

188、《删补唐诗选脉笺释会通评林》，明周珽辑，明崇祯八年（1635）刻本。

189、《全浙诗话》，清陶元藻撰，中华书局，2013年。

190、《柳亭诗话》三十卷，清宋俊撰，清康熙天茁园刻本。

191、《雪桥诗话续集》八卷，杨钟羲撰，民国十五年（1926）刘氏求恕斋刻本。

192、《筇竹杖》七卷，清施男撰，清初留髡堂刻本。

人名索引

后 记

谭平国

本书继《伊秉绶年谱》《邢侗年谱》之后，为"中国历代书画名家年谱系列"之第三种。

这一系列主要以明清书画名家为研究对象，以年谱的形式按年月记载谱主的生平事迹和相关的时代背景，行迹则月纪年编，时事则条分缕析。知其人而论其世，是我们开展学术研究和艺术史研究的基本方法。梁启超《中国历史研究法》指出，年谱的编撰是为了说明"作者和社会的背景关系。"以往的年谱编纂中，政治家、文学家的年谱蔚为大观，而书画名家的年谱则有的比较疏简，有的尚属空白。编纂翔实可靠的年谱，是艺术史研究的一项基础性工作，将艺术家放在特定的历史环境中，对其生平轨迹、艺术风格、性格偏好、人际交往进行多维度考察，可使艺术家形象变得更加饱满、真实，艺术作品鉴赏变得更加立体、深刻。

书画名家的年谱，有着两个方面的功用，一是通过裒辑浏览谱主诗文书画作品以及相关史料文献，尽力再现谱主的全部活动及所处的时代背景和历史环境，包括家世、行迹、交游、艺术活动等；二是通过对谱主诗文书画作品的解读，对与谱主相关史料文献的发掘，对师友同僚交游圈的考证辨析，可为研究当时的政治、经济、文化提供不少有价值的材料。

倪元璐是晚明的一位著名人物，他为东林党人辩护，力主销毁《三朝要典》，在明亡之际忠贞尽节，首殉国难，这些都为他赢得生前身后名，正如清初徐倬序《倪文正公年谱》所说："天之报施，不于生前，而于身后；不在当世，而在千秋。"同时，他以奇崛刚毅的书风独树一帜，与王铎、傅山、黄道周、张瑞图并称"晚明五大家"。他和黄道周被誉为"倪黄双璧"，但却认为"作书是学问中第七、八乘事"，他们不以书法名天下而天下自重，后人重其人弥重其书也。

笔者编纂《倪元璐年谱》，从整理点校《倪元璐集》始。包括搜集校勘倪元璐诗文集的各个版本，搜辑散逸于各处的集外诗文尺牍，并对全部诗文进行断句标点，对其中涉及的事件、人物、年代作了考证，并尽力进行系年。倪元璐诗文集习见有《倪文贞集》《鸿宝应本》及二卷本《倪文正公遗稿》，计诗文约七百四十篇（首），罕见有三卷本《倪文正公遗稿》（国家图书馆藏）和清钞本《倪文正公尺牍逸稿》（台湾"中研院"傅斯年图书馆藏）。三卷本《倪文正公遗稿》较二卷本逸出诗歌八十五首，且多为《倪文贞集》诗集所未收。清钞本《倪文正公尺牍逸稿》为仅存之倪元璐尺牍专集钞本，共计收录尺牍三百二十通，其中与《倪文贞集》收录重复者仅十六通，逸出三百零四通。且比对重复收录者，前者详而后者略，显然《倪文贞集》收录时因避讳作了删改。再加上搜辑散见于明人别集、总集、地方志、传世墨迹等集外诗文一百多篇（首），总共辑得集外诗文近五百篇（首），其全部诗文相应增加至一千二百五十多篇（首），为深入开展研究提供了丰富的材料，拓展了我们的研究视野。

如倪元璐、黄道周、王铎三人进士同年，翰林同官，"最乳合，盟肝胆，孚意气"，号称"三株树"。但崇祯八年（1635）四五月间，倪、王两人均有意转官南京国子祭酒，最终王如愿转南而倪失意，两人因此而产生误解，关系也从此疏远了。对于这一公案，过去由于史料阙如，论者不得其详，仅从《明贤手札》收录倪元璐一通尺牍，有"孟津兄总求南司成，庶子掌院非其所屑，其意惟恐人不据之也。数日来始知此兄营求可耻之状，不忍言之"云云，知倪元璐求南不成，被权相温体仁戏弄而愤懑恼怒，继而迁怒于王铎之"营求"。随着与此事相关的史料的挖掘，我们发现王铎因忤宰辅温体仁、吴宗达，其实早在崇祯六年（1633）就谋求转官南都，请同乡侯恂致函首辅周延儒为之说项，并赠以周钟、古瓶为贽，有故宫博物馆藏王铎尺牍为证："家中携来周钟之真者一，图应博古，一一可披。一瓶复然。聊充老先生亲台书室清玩土仪尔，非敢为庭实也。……南京司业缺将出，专恳老亲台草一函与中堂周阁下，鸿辞丽藻，恳恳焉，则铎得以承命而南，分毫皆明德造赐。"（转引自薛龙春《王铎年谱长编》）此札可见倪元璐所谓"营求可耻之状"之一斑。而倪元璐也为转南致书求通款曲，《倪文正公尺牍逸稿》竟收此类信函七、八通，其中致首辅温体仁同乡左都御史唐世济三通，致温体仁门生前辅臣钱象坤二通，又致辅臣何吾驺二通，事后元璐致邑人徐人龙、仲弟倪元瓒的尺牍中也有涉及。这些尺牍佐证了这一事件的过程和许多细节，对倪、王关系也会有新的认识。

这次版本校勘中，也发现《鸿宝应本》一些文章收入《倪文贞集》时作了删改，有些是文字修改，如虏、寇之类，入清后就成了禁忌；有些为简明畅豁对文章作了删减，如碑传志铭多删人物生卒和家庭子女等情况；还有些删节了辽东边事或后金入关情况。如倪元璐《米友石先生墓志》，原文有："起公京卿，时卿署充塞，而公又澹然，耻自陈列，久之不补。于是东酋入寇，逼城下，京城戒严，公感愤上书，条战守事甚具，已奏劾督师袁崇焕，使虏踰蓟门，如枕席上过，咎安归乎？……于是得旨，起补公太仆寺少卿，理光禄寺丞事。守德胜门，虏退，上嘉其劳，下部记录。明年春，上朝日于东郊，公将事有怆。时公望重，主爵期大用公，而公已病，杜门月余。一日早起，呼水盥漱，索所蓄奇石两枚，怡弄许时，忽起端坐，遂卒。"但收入《倪文贞集》时或因"违碍"而删除了"起公京卿，……守德胜门，虏退，上嘉其劳，下部记录"约一百一十字，本来清军撤出京畿退回关外是崇祯三年（1630）四月，"明年春"卒即米万钟卒于崇祯四年（1631）应该是清楚的，但由于删节使时间线索隔断了，米万钟之卒年也模糊不清了，学界一度误将其卒年定为崇祯元年（1628）。

本书征引文献约五百一十种，涵盖史籍、别集、方志、家谱、墨迹、碑版等，其中引用最多的是明人别集和地方志。征引文献中，十八卷本《上虞贺溪倪氏宗谱》、崇祯刻本《三兰倪公崇祀名宦乡贤录》、万历刻本《直道编》三卷，是研究倪元璐家世的第一手材料；还有一些善本如稿本徐汧《明徐勿斋自书赠倪鸿宝诗卷》一卷，钞本许士柔《许大司成遗集》四卷、王鏊《匪石堂诗》三十二卷，孤本陆培《旃凤堂偶集》一卷、冯元仲《天益山堂遗集》十卷《续刻》一卷等，都是珍罕之籍，颇具史料价值。其中浙江省图书馆藏《明徐勿斋自书赠倪鸿宝诗卷》，手卷达四米之长，为徐汧书自作诗卷留赠倪元璐，计《送黄石斋（道周）先生》《送魏中严（呈润）》《次韵送王伟奏（绩灿）》《送吴朗公（执御）》四诗，笔者二次前往浙江省图书馆观摩抄录此卷。黄道周、魏呈润、王绩灿、吴执御均于崇祯四年（1631）冬至次年春上言忤旨被谴，反映了当时言官进言忤旨动辄被谴被逐的史实，徐汧跋云："虹倪扬辉，麟凤震愆。言者去国，轮击踵传矣。时月之间，凡为送诸公诗将溢筐箧，录其四章呈鸿宝先生，拟于风人疏稗之业，不敢自拼其芜也。"时倪元璐上疏请让官黄道周，称赞道周"为古今第一词臣"，徐汧又上疏赞道周、元璐贤，且自请罢黜，元璐作《读徐九一（汧）疏草》诗致谢。此卷见证了当时朝中乱象及倪、徐的真挚情谊，为珍贵的文物资料。

另外，故宫博物院藏《倪元璐信札册》，所收倪元璐十六通书札，吉林文史出版社曾以《倪元璐十七札》为书名影印出版。十六通书札收信人应为同一人，而诸文俱不详其人。据笔者考证应为元璐女婿王贻栻。王贻栻字尔式，为元璐次女之婿，崇祯十年（1637），元璐委托他代刻《倪鸿宝先生三刻》，倪书云"前送至芜作京刻内各种俱有续入，幸即命原梓增缀，以便送人"，即指此。又王贻栻之父为兵部尚书王业浩，万历三十七年（1609）与元璐同举于乡，时浙江督学为陈大绶（赤石），倪书云"昨诸兄为邹润长公祖举名宦，而许公祖诘以何不及陈赤石先生，盖其盛意，吾等门士闻此面赤。即日具呈，尚图借重尊公临时共投一帖耳。""尊公"即指王业浩。十六通书札俱作于倪元璐罢职闲居乡里之时,最早的作于崇祯九年(1636)十二月,最晚的作于崇祯十五年(1642)四五月间。

本谱涉及倪元璐亲友圈、交游圈人物五百余人。对于谱主交游人物及诗文、尺牍、书画作品中所涉人物,有的仅知官职、字号、地望等,不知其人,笔者通过查阅方志、文集、史籍、笔记等书,搜索勾稽,谨慎考订,查明其人,确定其时,以便理解作品的内容、背景并进行系年。如上海博物馆藏《山水花卉册》,存山水、树石、花卉八幅,每幅配以四言诗对题,题识:"己卯上元日写似平远老公祖粲。""平远"实即许豸(1612--1640),字平远,号玉史,一作玉斧,福建侯官人。崇祯四年(1631)进士,六年(1633)任宁绍巡海道,十一年改浙江学政。倪元璐与许豸交善,诗画酬酢甚多,有《贺许平远兵金晋督学序》《海兵使者许平远像赞》《为许平远使君作图并赞》,又有尺牍《与巡海道许使君豸》《中秋日为海使者许公初度启》《与海巡道许使君豸》,均即许豸。又《式古堂书画汇考》著录《倪鸿宝晴山诗》,题识"题画似玉斧老公祖",亦赠许豸之作。许豸之子许友随父宦浙,执贽元璐门下问学,元璐卒,许友有《祭倪鸿宝师文》唁之。又邓实风雨楼旧藏《倪鸿宝山水画石册》,影印倪元璐三通尺牍,无上款,亦不署年月。据笔者考证,此三通尺牍均为致门人郑元勋,应作于崇祯二年(1629)至三年春官南京国子司业时。其它如"大白年辞兄"即郑之玄,"慸轩父母"即李沾,"肯仲使君"即张尔忠,"又新老先生"即周祚新,"舒章世丈"即李雯,"阮给谏"即阮震亨,"吴符远"即吴德聚,等等,目下 E 检索、E 考证等研究方法应用益广,利用数据库和网络资源进行考索,将会事倍功半。

由于学力有限,本书在材料搜辑、诗文句读、墨迹释读、考证辨析方面难免有粗疏错谬之处,切望读者指教,以臻完善。

要感谢一直关心支持我的各位领导和师友。笔者在查阅古籍文献中,得到国家图书馆、上海图书馆、南京图书馆、浙江省图书馆及复旦大学图书馆、华东师范大学图书馆等支持和提供便利;文汇出版社独具慧眼,支持历代书画名家系列的编纂出版,责任编辑甘棠老师非常专业、热情,认真审阅全稿并提出宝贵意见,在此一并表示感谢。最后还要感谢我的妻子和女儿,她们的支持使我有信心将这一工作继续坚持下去。

2023 年冬至于沪上东篱书屋

图书在版编目（CIP）数据

倪元璐年谱 / 谭平国著. -- 上海 : 文汇出版社,
2025. 5. -- ISBN 978-7-5496-4461-2

Ⅰ. K825.72

中国国家版本馆CIP数据核字第2025J5Z539号

倪元璐年谱

著　　者 / 谭平国
责任编辑 / 甘　棠
审　　读 / 徐海清
封面设计 / 陈瑞桢
照排设计 / 上海营创文化传播有限公司

出版发行 / **文匯**出版社
　　　　　上海市威海路755号（邮编：200041）
经　　销 / 全国新华书店
印刷装订 / 启东市人民印刷有限公司
版　　次 / 2025年5月第1版
印　　次 / 2025年5月第1版第1次印刷
开　　本 / 720mm×1000mm　　1/16
字　　数 / 600千
印　　张 / 39.5

ISBN 978-7-5496-4461-2
定价：198.00元